宏源
HONGYUAN

U0805580

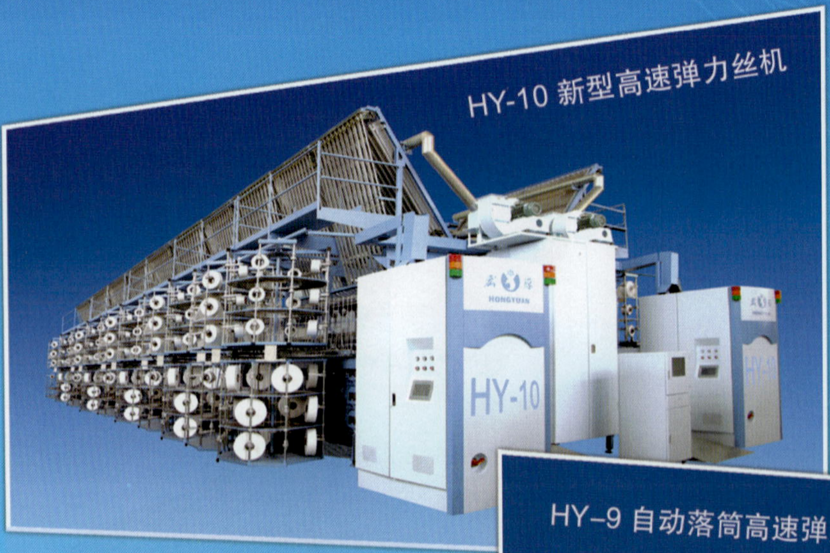

HY-10 新型高速弹力丝机

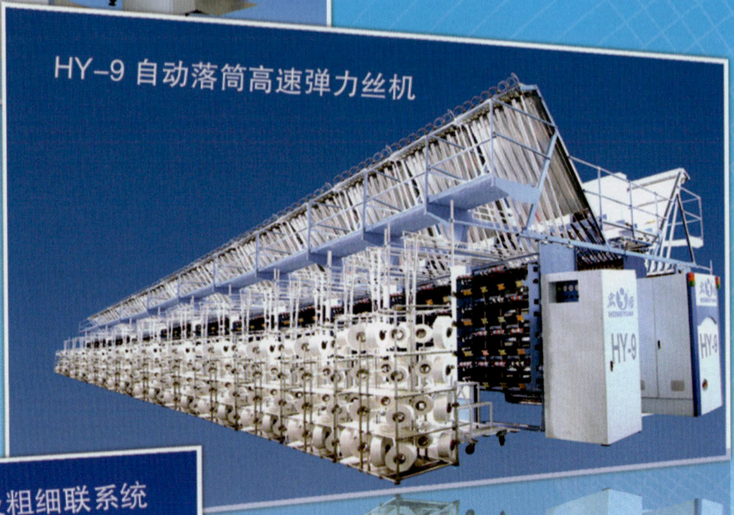

HY-9 自动落筒高速弹力丝机

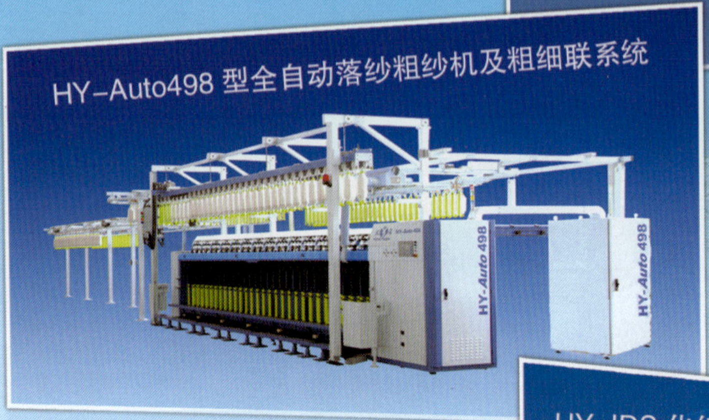

HY-Auto498 型全自动落纱粗纱机及粗细联系统

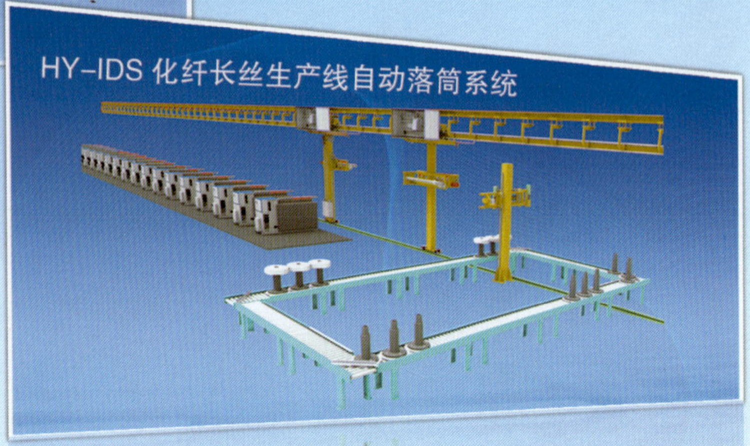

HY-IDS 化纤长丝生产线自动落筒系统

隆重推出

2015/2016《中国纺织工业发展报告》

——纺织行业白皮书

由中国纺织工业联合会编著的《中国纺织工业发展报告》，是我国一本集权威性、前瞻性、研究性、指导性于一身的“中国纺织行业白皮书”。该书集中反映了中国纺织工业及其棉、毛、麻纺织、丝绸、化纤、服装、家纺、针织、产业用、纺机等相关十多个行业的年度发展与趋势的研究报告。自2001年出版发行以来，以其观点鲜明、内容丰富、数据翔实、指导性强，深受行业内外人士的欢迎，已成为行业的品牌图书。

《2015/2016中国纺织工业发展报告》，涵盖行业运行、科技创新、品牌与质量、行业研究、经济论坛、原料供求、行业新闻、行业奖项、统计资料等栏目，该书加强了新形势下对我国纺织行业影响的研究，栏目多样可读、内容丰富翔实、视角开阔新颖、研究深入实际，具有较高的使用和参考价值。

该书主要面向国内外纺织行业及相关企业，各级政府与行业社团组织，以及金融与投资、贸易与咨询、科研与教育机构，极具参考、使用、研究和收藏价值。

权威发布　品牌图书　每年推新

广告热线：010-87809061
010-85229411

欢迎订阅　每本定价 380元 含邮资

订阅专线　010-85229411/010-85229695

本广告引用的相关数据和调查结果由中国纺织工业发展报告提供

宏源 六十年铸就 走向世界的民族品牌

宏源事业，始于1956年，是我国生产化纤、棉纺等各类纺织机械的高端机电产品制造商，是中国工业企业综合评价500优企业之一，中国质量诚信企业，国家高新技术企业，拥有国家级博士后工作站。

WUXI HONGYUAN ELECTROMECHANICAL TECHNOLOGY CO., LTD.
无锡宏源机电科技股份有限公司

HY-7高速弹力丝机

宏源 HONGYUAN

★ 1985年成功试制FK6-700高速弹力丝机，填补了国内高水平化纤长丝后加工设备的空白。

★ 1998年中标棉纺粗纱机出口叙利亚工程项目，确立了宏源在棉纺机械行业的领先地位。

★ 国家纺织行业《假捻变形机》标准的第一起草单位

★ 中国纺织机械行业假捻变形机（高速弹力丝机）产品研发中心

★ 国家纺织行业《棉纺悬锭粗纱机》《棉纺悬锭自动落纱粗纱机》标准的主要起草单位。

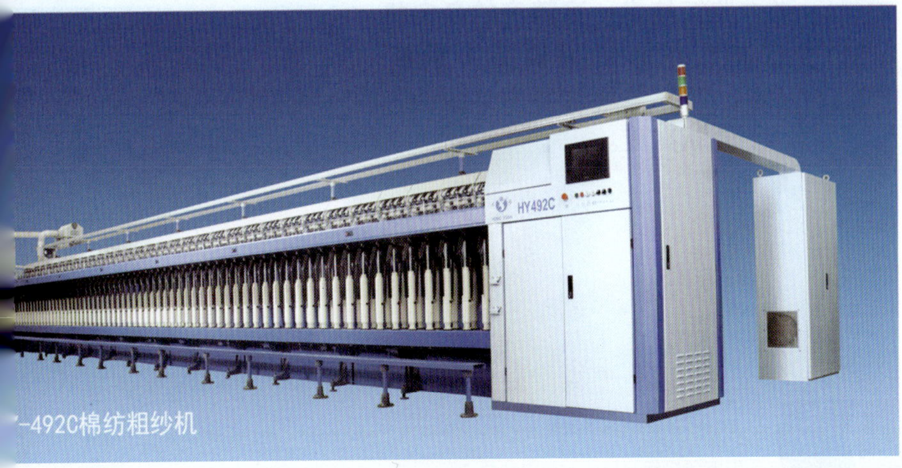

-492C棉纺粗纱机

HY-69精梳机

宏源 为传统产业转型升级提供最佳解决方案

节能减排，降低持续使用成本

凭借技术创新，公司高速弹力丝机和棉纺粗纱机形成了完整的系列，整机产品节能约10%，全方位地满足中高端客户的需求。

独创技术，实现品种差异功能

通过技术融合，公司高速弹力丝机实现了差异化设计，产品模块化组合，具有独创性，满足高端客户的各种特殊功能，实现无人化生产。

智能控制，提高产品生产效率

引领技术发展，公司高速弹力丝机和棉纺粗纱机采用了全自动落筒（纱）切换技术，实时的在线张力监控技术，高精度的多电机控制技术和远程故障诊断技术，产品智能化水平达到业内新高度。

WUXI HONGYUAN ELECTROMECHANICAL TECHNOLOGY CO., LTD.
无锡宏源机电科技股份有限公司

波司登
BSD
BOSIDENG
世界名牌

雪中飞
SNOW FLYING

雪中飞形象代言人
冯绍峰

中國紡織
紡織中國在线
www.ctn1986.com
中国纺织报
官方微信平台
中国纺织报
服装周刊官方微信
FashionNow
服装 FASHION TIMES 时报
《中国纺织报》全国邮发代号1-112，全年定价198元；
《中国纺织报》发行热线：010-87751892
广告热线：010-87751073

服装时报
国纺织服装全产业链
传播平台
服装 FASHION TIMES 时报
本报腾讯
微信号:fzsbwx
全国邮发代号1-210，全年定价96元，半年定价：48元。
-87108711
广告热线：010-67112680
新媒体传播中心：010-87751055-1073

山东岱银纺织服装集团

SHANDONG D&Y TEXTILE & GARMENT GROUP

我们渴望建设一个成功的企业，

实现这一愿望必须有明确的观念和目标作保证，

只有求实务实、真诚尽责、以人为本、开拓创新、

追求卓越、奉献社会……

才能将企业缔造成为永葆生机的经济巨人。

岱银集团董事长：

山东岱银集团位于驰名中外的泰山脚下，是一家集纺织、服装、进出口贸易、跨国生产经营于一体的大型综合性企业，年产各类纱线10万吨、牛仔布3000万米、毛呢500万米、服装800万件，在全国棉纺织行业主营收入排名中列第14名，集团已被中国纺织工业协会认定为“国家纺织产品开发基地”，获得了“中国专利金奖”、“中国纺织产品开发贡献奖” 、“山东省科技进步奖”等国家、省、市级科技创新荣誉200余项。

集团下设岱银纺织公司、雷诺服饰公司、岱银进出口公司、金辉制衣公司、岱银毛纺公司等分公司，并在国外投资建成了岱银兰卡服饰公司、岱银美国贸易公司、岱银纺织马来西亚公司等境外分公司，企业生产的纱线、牛仔布、毛呢、服装等产品远销到全球八十多个国家，培植发展的名牌产品“雷诺”服饰先后荣膺“中国国际服装服饰博览会金奖”、“国家免检产品”、“中国最具影响力商务休闲男装”、“山东省名牌产品”等殊荣，并在美国市场实现了自主品牌销售。

集团生产厂区一角

名牌化　国际化　公众化

岱立世界　银装人生

DAIYIN

岱银集团办公大楼

全自动纺纱车间一角

岱银集团进出口贸易大楼

牛仔织造车间一角

高档西服流水线一角

集团被确定为国家纺织产品开发基地

雷诺服饰系列产品

集团地址：山东省泰安市迎暄大街东首　电话：0538－6117569　邮编：271000　传真：0538－6115373　Http: www.daiyin.com

Renoir
雷诺高端专属定制
WWW.RENOIR.COM.CN
400 - 658 - 7077

山东雷诺服饰有限公司
A:山东省泰安市泰山区东岳大街12号
T: 0538-6126577
F: 0538-6118377

TONGKUN

桐昆股份：601233

GOLDEN COCK

桐昆

行纤维之事　利国计民生

桐昆集团地处杭嘉湖平原腹地桐乡市，是一家以PTA、聚酯和涤纶长丝制造为主业的大型企业。企业主业股份公司前身是成立于1982年的桐乡县化学纤维厂，经过三十多年的发展，现有总资产近150亿元，员工1.6万余名。作为国内涤纶纤维制造业中的龙头企业，目前已具备300万吨聚合和350万吨涤纶长丝的年生产加工能力，稳居世界涤纶长丝企业产能和产量前列。2011年5月，桐昆股份成功登陆A股主板市场，实现IPO上市。

桐昆集团主导产品为“GOLDEN COCK”牌、“桐昆”牌涤纶长丝以及聚酯切片，涤纶长丝有POY、DTY、FDY（中强丝）、复合丝和平牵丝等五大系列300多个品种，聚酯切片有大有光、半消光、阳离子等多个品种。其中，“GOLDEN COCK”牌涤纶长丝是中国化纤行业首批“中国名牌产品”；“桐昆”牌商标被认定为“中国驰名商标”，“桐昆”牌产品畅销国内，并远销南美洲、欧洲、中东、南非、韩国、越南等60多个国家和地区。公司80%以上的关键生产设备均为德国和日本引进，达到国际一流装备水平。作为国家高新技术企业、国家新合纤产品开发基地，公司拥有国家认证实验室和省级企业技术中心，对涤纶长丝的差别化、功能化研究始终走在国内前列，拥有多项发明专利，多项科技成果处于世界领先地位。同时，公司十分重视科学管理体系的建立，在业内较早通过了ISO9001、ISO14001、计量检测体系以及标准化良好行为认证，并在日常管理中积极推行卓越绩效模式以及6σ管理等先进管理技术，为品质保证打下了坚实的基础。

2002年起，桐昆集团连续13年名列中国企业500强，2014年排名第287位。在企业发展前进过程中，桐昆集团还先后被认定为国家大型企业、国家重点高新技术企业，并获得全国“五一”劳动奖状、全国文明单位、全国模范劳动关系和谐企业、全国质量管理先进企业、全国重合同守信用企业、中国工业行业排头兵企业、中国化纤行业“十一五”突出贡献企业等荣誉称号。

桐昆集团多年来积极引进先进技术，苦练“内功”，优化用人环境，加快技术人才引进和培养，建立高水平产品研发科研队伍。运用“分层培养、抓点带面、多方施教”的方法，充分利用现有人才资源，聘请国内外专家，并与东华大学、浙江理工大学确定校企关系，建立教学基地，加快人才培养。其中，“桐昆”牌（FDY重旦拉伸多孔丝）涤纶长丝被中国科学技术部认定为“国家重点新产品”、“桐昆”牌（多异复合纤维长丝）涤纶长丝被中国科学技术部认定为“国家重点新产品”、“桐昆”牌涤纶长丝（涤纶一步法多异复合混纤产业化技术）被中国纺织工业协会认定为

“科学技术进步奖二等奖”、“桐昆”牌（直纺非接触高温拉伸超细DTY）涤纶长丝被浙江省科技厅认定为浙江省高新技术产品证书。

实施品牌战略，大力提升产品差别化率。桐昆集团一直大力推进品牌建设，根据产品的差别化性能，实施多元化产品竞争策略，进一步巩固“GOLDEN COCK”品牌（中国名牌）和“桐昆”牌（中国驰名商标）的影响力。通过大力实施品牌战略，有效优化产品结构，促进产品品质的提升，加大产品差别化率，从而增强企业核心竞争力。

加大科技投入，提高企业自主创新能力。加大科技人才的引进和培养力度，建立健全企业创新管理体系，为科技人才在企业发挥作用创造良好环境是桐昆集团为提升产品品质的重要手段。桐昆集团积极与高校、科研单位以及国内外主流设备制造商、工程设计院所建立紧密合作关系，加强创新平台建设，争取有效推进科技成果的产业化。实施高技术产业化项目，加强新产品开发，研究开发并投产一批具有自主知识产权、有自有知名品牌、有较高附加值、有市场竞争力的新产品，进一步发挥工业行业龙头骨干企业的引领作用。

桐昆集团以市场为主导，以质量为中心，坚持走质量效益型道路，先后为国内各大纺织基地、针织基地、家纺基地等提供质量优秀的原料。形成以纺织基地、家纺基地、针织基地为重点的“远距离、广辐射”的销售网络体系。雄厚的技术力量，先进的生产设备，扎实的管理基础，完备的监测手段，优良的服务造就了一个现代化的企业。

展望未来，桐昆将始终秉承“团结、拼搏、务实、创新”的企业精神、以“行纤维之事，利国计民生”为使命，以“打造百年桐昆，实现永续经营”为目标，倡导“值得尊重的企业，受人欢迎的伙伴”的核心价值观，坚持自主创新，实施精细化管理，不断增强企业核心竞争力，把企业建设成为规模化、差别化、一体化、集约化的先进制造型企业，为中国化纤工业之腾飞和民族产业之振兴做出不懈之努力！

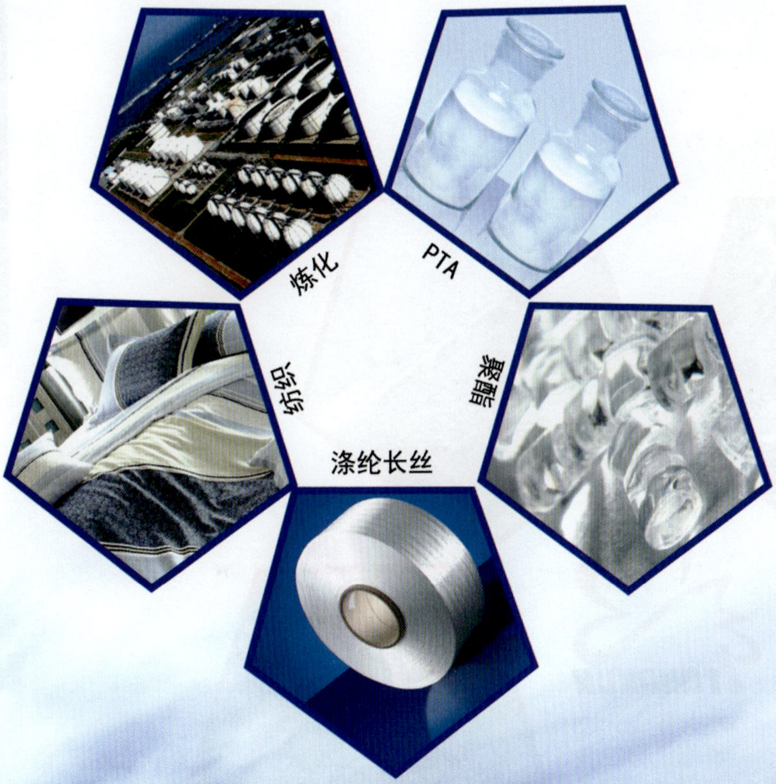

企业精神：

团结 拼搏 务实 创新

企业使命：

行纤维之事 利国计民生

企业愿景：

打造百年桐昆，实现永续经营。

核心价值观：

值得尊重的企业 受人欢迎的伙伴

企业理念：

道德理念——诚实守信，忠善亲和；
经营理念——诚信为先，合作共赢；
管理理念——以人为本，诚信规范；
人才理念——人皆有才，人尽其才；
激励理念——业绩优先，兼顾公平；
服务理念——热情主动，快捷专业；
成本理念——高效工作，节约点滴；
工作理念——寓精于为，立卓于恒；
质量理念——安身立命，品质为先；
发展理念——做强主业，拓展行业；
环境理念——清洁生产，持续改善；
安全理念——人人防范，共享平安。

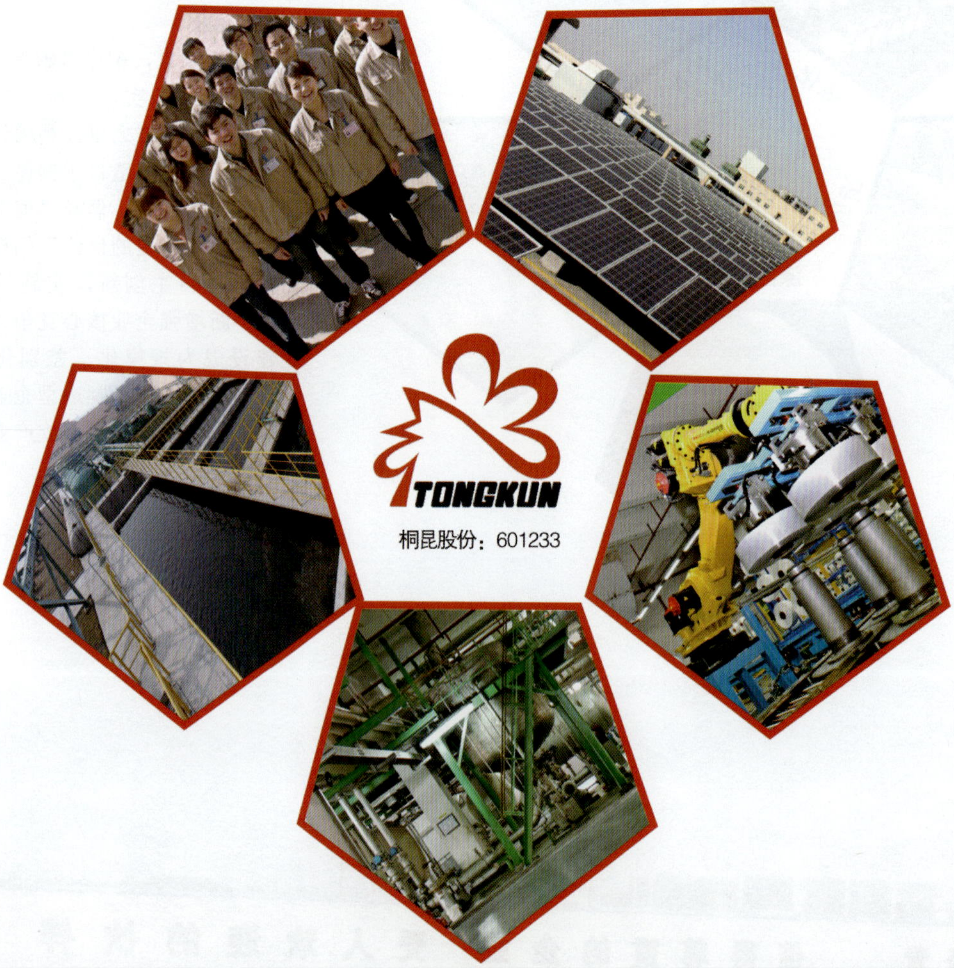

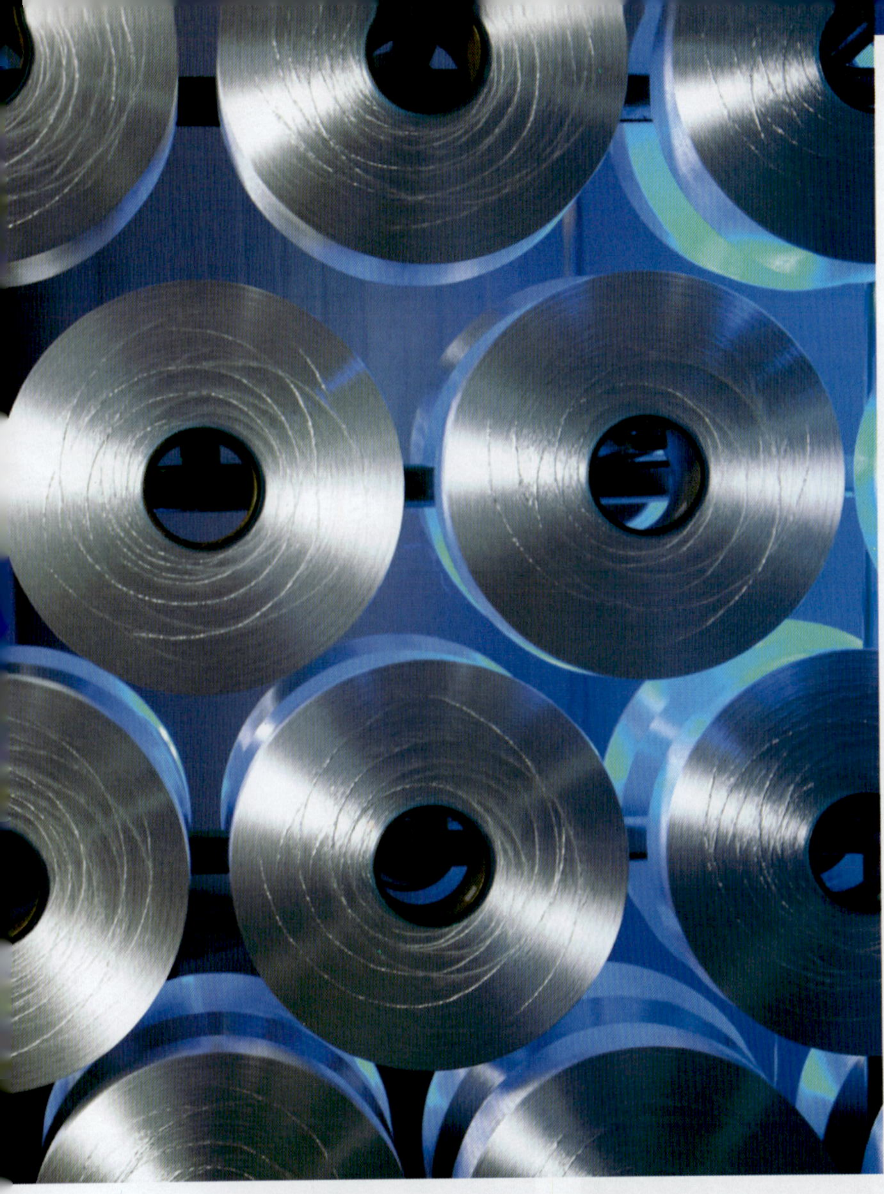

复合丝

POY

PTA

聚合

纺丝

PRODUCTS/产品

公司主导产品为“GOLDENCOCK”牌、“桐昆”牌PTA（对苯二甲酸）、涤纶长丝和聚酯切片，涤纶长丝有POY、FDY 、DTY、复合丝和中强丝五大系列300多个品种，聚酯切片有大有光、半消光、阳离子等多个系列。其中，“桐昆”牌涤纶长丝2011年5月被评为中国驰名商标，“GOLDENCOCK”牌涤纶长丝2007年9月被评为“中国名牌产品”。

PRODUCTS APPLICATIONS/产品应用

涤纶长丝主要应用于服装面料、家纺床上用品、家居装饰布、汽车内饰布、箱包布、缝纫线、帘子线、安全带、输送带、毛毯等，是需求最普遍的原材料之一。

集团主导产品“桐昆”和“GOLDENCOCK”牌涤纶长丝多年来畅销国内市场，占据国内市场10%以上的份额。

培训中心

园内实景

老厂房走秀

纺织谷

TEXTILE BASE

作为青岛纺织转型升级的重要载体和全新平台，“纺织谷”位于中国青岛四流南路80号，是在青岛市政府和行业协会支持下建设的以纺织服务贸易为主体，以科技研发、文化创意为支撑的现代纺织产业服务基地。“纺织谷”摈弃简单的订单依托和低端的加工制造，向设计研发、科技创意等产业链前端和服务贸易等价值链高端延伸，致力于打造集科研转化、创意设计、协作制造、贸易会展、金融投资、文化博览、中介服务等功能于一体的高端要素聚集区，实现产业与金融、产业与文化、产业与时尚的融合和跨界发展，建设纺织主题生态圈、中日韩贸易桥头堡和企业成长孵化器。

纺织谷

TEXTILE BASE

“纺织谷”传承百年历史底蕴，弘扬郝建秀小组“火车头精神”，发挥地处东北亚经贸关键节点及宽广辐射度的优势，依托百年建筑的地理空间和无限的发展空间优势，积极汇聚高端要素，打造全领域、多维度的主题生态圈，提升企业品质、实现资源共享、助力市场拓展。**中国色彩中心、中日韩功能性纺织品展示交易中心、电子商务中心、华秀·民族服装服饰工作室、华·秀168百年秀场、等离子纳米技术项目、中韩服装3D智能一体化技术中心**等项目相继落地“纺织谷”，成为中日韩、东北亚举办商务会务的理想去处和设立区域总部、营销展示中心的最佳选择。

中韩服装3D智能一体化技术中心

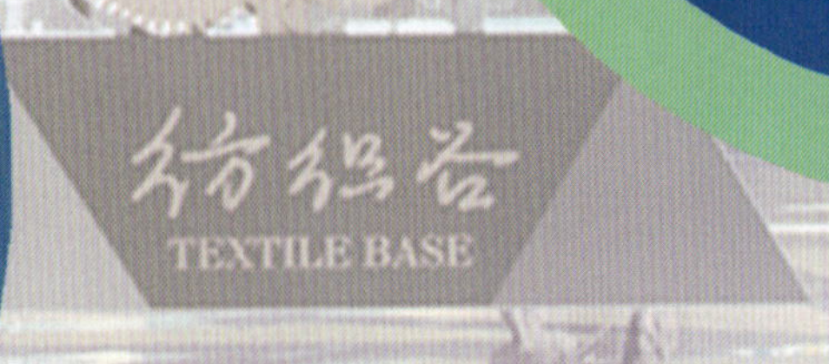

华秀·民族服装服饰工作室

隆重推出

2015/2016《中国纺织工业发展报告》

——纺织行业白皮书

由中国纺织工业联合会编著的《中国纺织工业发展报告》，是我国一本集权威性、前瞻性、研究性、指导性于一身的“中国纺织行业白皮书”。该书集中反映了中国纺织工业及其棉、毛、麻纺织、丝绸、化纤、服装、家纺、针织、产业用、纺机等相关十多个行业的年度发展与趋势的研究报告。自2001年出版发行以来，以其观点鲜明、内容丰富、数据翔实、指导性强，深受行业内外人士的欢迎，已成为行业的品牌图书。

《2015/2016中国纺织工业发展报告》，涵盖行业运行、科技创新、品牌与质量、行业研究、经济论坛、原料供求、行业新闻、行业奖项、统计资料等栏目，该书加强了新形势下对我国纺织行业影响的研究，栏目多样可读、内容丰富翔实、视角开阔新颖、研究深入实际，具有较高的使用和参考价值。

该书主要面向国内外纺织行业及相关企业，各级政府与行业社团组织，以及金融与投资、贸易与咨询、科研与教育机构，极具参考、使用、研究和收藏价值。

权威发布　品牌图书　每年推新

广告热线：010-87809061
010-85229411

欢迎订阅　每本定价 380元 含邮资

订阅专线　010-85229411/010-85229695

本广告引用的相关数据和调查结果由中国纺织工业发展报告提供

CNTAC

中国纺织工业发展报告

CHINA TEXTILE INDUSTRY DEVELOPMENT REPORT

2014/2015

中国纺织工业联合会 编著

中国纺织出版社

图书在版编目（CIP）数据

2014/2015中国纺织工业发展报告／中国纺织工业联合会编著. — 北京：中国纺织出版社，2015.6
ISBN 978-7-5180-1660-0

Ⅰ. ①2… Ⅱ. ①中… Ⅲ. ①纺织工业－工业发展－研究报告－中国－2014～2015 Ⅳ. ①F426.81

中国版本图书馆CIP数据核字（2015）第107270号

策划编辑：江海华　　责任编辑：王军锋

中国纺织出版社出版发行
地址：北京市朝阳区百子湾东里A407号楼　邮政编码：100124
销售电话：010－67004422　传真：010－87155801
http://www.c-textilep. com
E-mail: faxing@c-textilep. com
官方微博http://weibo.com/2119887771
中国纺织出版社天猫旗舰店
廊坊飞腾彩印有限公司印刷　各地新华书店经销
2015年6月第1版第1次印刷
开本：889×1194　1/16　印张：23.25
字数：500千字　定价：380.00元
京朝工商　广字第8172号

凡购本书，如有缺页、倒页、脱页，由本社图书营销中心调换

《2014/2015中国纺织工业发展报告》

编辑委员会

主　　任：王天凯

副 主 任：高　勇　孙瑞哲　徐文英　张　莉　杨纪朝　夏令敏
陈伟康　王久新　陈树津　杨东辉　张延恺　宋冬菊
李少苓

委　　员：（按姓氏笔画排列）
王树田　叶志民　冯国平　孙淮滨　朱北娜　许吉祥
乔艳津　邢冠蕾　李进才　李陵申　杨永元　杨世滨
杨兆华　杨　峻　张庆辉　陈大鹏　陈志华　郑伟良
倪阳生　徐迎新　袁红萍　梁　勇　黄淑媛　彭燕丽
端小平

特约撰稿人：王天凯　孙瑞哲　杨纪朝

撰 稿 人：（按文章先后顺序）
孙淮滨　赵明霞　张　倩　吴文静　马　琳　张书勤
钱有清　刘文全　柳恩见　罗玉成　黄潇瑾　刘添涛
林　琳　刘艳雪　王　伟　陈　润　郑俊林　李桂梅
季建兵　孙少波　冯　丽　徐　寰　董廷尉　张中娟
吴玉华　刘珊珊　马　莉　张　鹏　蒋雅丽　高建江
陆迪峰　倪国苗　袁　媛　徐婷婷　潘文能　盛其军
王秀一

中国纺织经济研究中心策划编辑

主　编：孙淮滨

副主编：吴　迪　张世平　张军胜　华　珊　程　皓

编辑部：赵明霞　张　倩　刘文杰　刘　芳

发行部：夏　雪　刘　颖　玄　凯　侯晓春

CNTAC

内容提要

《中国纺织工业发展报告》是我国唯一一部集中反映纺织工业及其子行业年度发展与趋势的研究报告，即“中国纺织白皮书”。该书2014／2015年版主要包括：中国纺织工业现状与趋势综合分析；中国纺织12个行业包括化学纤维、棉纺织、毛纺织、丝绸、麻纺织、长丝织造、印染、针织、服装、家用纺织品、产业用纺织品、纺织机械年度状况分析与展望；科技创新；企业文化；行业研究；原料供求；行业新闻；行业年度颁发的奖项及年度国内外统计资料等栏目和内容。《中国纺织工业发展报告》主要面向国内外纺织及相关企业，国内外金融与投资、贸易与咨询、科研与教育机构，以及各级政府综合管理部门和行业社团组织。为全面、客观了解中国纺织工业发展状况与趋势，提供权威性指南，为相关企业、部门机构科学决策和国家宏观经济管理提供可靠依据，极具研究和收藏价值。

Abstract:

China Textile Industry Development Report, a White Print for China Textile Industry, is the only report that reflects the annual development trend of China textile industry and individual sectors within the industry. The main contents of the 2014/2015 edition including the following:

- An analysis of the performance of China textile industry in 2014 as well as its development trend in 2015
- A review and prospect of the 12 sectors of China textile industry including: chemical fiber, cotton textile, wool textile, silk, bast fiber textile, filament weaving , printing and dyeing, knitting, apparel, home textile, industrial textile and textile machinery
- Technology Innovation
- Corporate Culture
- Industrial Research
- Raw Material Supply
- News
- Annual Award
- Statistics

The target readers of the report are mainly overseas and domestic textile enterprises, departments of finance, investment, textile trade, scientific research and education, within the government and textile industrial associations and organizations. The report provides an authoritative guide for all textile organizations related and it is highly collectable.

目　录 Contents

行业运行　Industries

科技创新　Technology Innovation

CNTAC

企业文化 Corporate Culture

行业研究 Industrial Research

原料供求 Raw Material Demand and Supply

CNTAC

行业新闻 News

年度奖项 Annual Awards

CNTAC

统计资料 Statistics

国内统计 Domestic

国际统计 Overseas

CNTAC

中国纺织工业发展报告

CHINA TEXTILE INDUSTRY DEVELOPMENT REPORT

2014/2015

行业运行

纺织工业

中国纺织工业联合会产业部

2014年纺织行业经济运行情况

2014年以来，我国纺织行业面临原料价格波动、需求增长放缓、国际竞争加剧、综合成本上升等一系列复杂的外部因素，发展压力较大。全行业坚持深入推进结构调整和转型升级，努力克服各种风险因素，总体上保持了平稳发展态势。主要运行指标增速虽有放缓，但仍在合理区间内，发展结构与质量有所改善，纺织行业"中速增长、结构调整、缓中有进"的发展新常态特征日益显现。纺织行业经济运行的特点主要表现为：

一、生产增速有所放缓

2014年，纺织行业主要生产指标实现平稳增长，但受到需求、原料、成本等因素影响，增速较2013年同期有所放缓。特别是下半年以来，受棉价较快下降影响明显，生产增速环比趋缓，全年总体呈现"前高后低"走势，见图1。根据国家统计局数据，2014年全国规模以上纺织企业工业增加值同比增长7%，增速低于2014年上半年0.5个百分点，低于2013年1.3个百分点，低于同期全国规模以上工业增加值增速1.3个百分点。

图1 规模以上纺织企业工业增加值累计增速

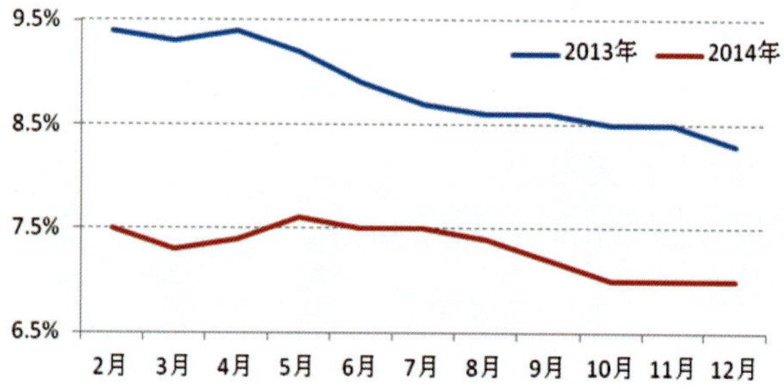

资料来源：国家统计局

各分行业中，具有较高科技附加值的产业用纺织品行业工业增加值同比增长11.7%，高于同期纺织全行业增速4.7个百分点，其作为纺织产业链新增长点的作用仍然突出。化纤行业由于基数较低，实

表1 2014年纺织行业主要大类产品产量情况

产品名称	单位	产量	同比(%)	产品名称	单位	产量	同比(%)
化学纤维	万吨	4390.0	5.5	苎麻布	亿米	5	-10.8
纱	万吨	3379.0	5.6	亚麻布	亿米	4.6	13.7
布	亿米	703.7	-0.5	蚕丝	万吨	16.7	6.9
印染布	亿米	536.7	-2.5	无纺布	万吨	361.4	10.7
毛机织物	亿米	6.0	0.4	服装	亿件	299.2	1.6

注 本表格中化纤、纱产量为全社会数据，其余为规模以上企业数据。

资料来源：国家统计局

现了8.5%的较快增长。服装、家纺两大终端行业基本平稳，工业增加值分别增长7.2%和6.5%。针织行业由于竞争压力加大，增长较为缓慢，同比增速仅为2.8%。

2014年，主要大类产品产量增速除服装略有提升外，均同比放缓，见表1。全社会化纤产量为4390万吨，同比增长5.5%，增速低于2013年2.4个百分点；纱产量为3379万吨，同比增长5.6%，增速低于2013年1.6个百分点；受棉布产量减少影响，规模以上企业布产量为703.7亿米，同比降低0.5个百分点，增速低于2013年5.1个百分点；产业链终端行业市场适应能力相对较强，服装产量为299.2亿件，同比增长1.6%，增速高于2013年0.3个百分点。印染布受环保压力加大影响，产量连续第三年负增长，全年产量为536.7亿米，同比下降2.5%。

二、出口总量增速放缓

2014年，我国纺织品服装出口总额实现平稳增长，受需求增长缓慢、市场竞争加剧等因素影响，增速有所放缓，但随着出口价格逐月提高，总体呈现逐渐回升态势。如图2所示，根据中国海关数据，2014年我国纺织品服装出口总额达3069.6亿美元，同比增长5.1%，增速低于2013年6.1个百分点，但较2014年一季度和上半年分别回升4.6和0.9个百分点。剔除价格影响，纺织品服装出口数量增长相对平稳，2014年同比增加5.2%，略低于2013年1.5个百分点。

图2 纺织品服装出口增速

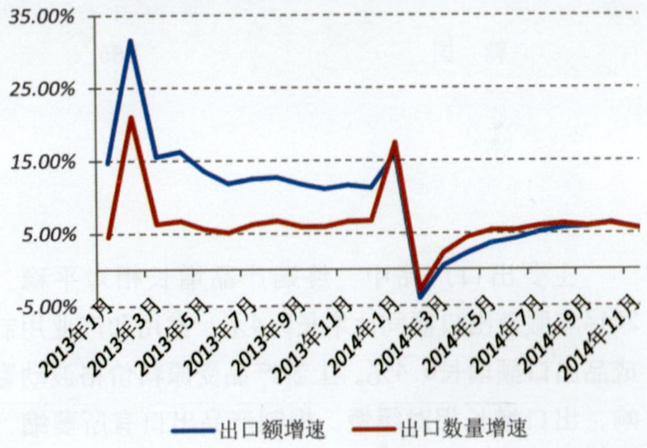

资料来源：中国海关

表2 2014年我国纺织品服装分产品出口情况

主要出口产品	出口额(亿美元)	同比(%)	增速比2013年增减(百分点)
纺织品服装	3069.6	5.1	-6.1
纺织品	1191.4	4.7	-6.5
棉制纺织品	272.6	-4.9	-17.7
化纤制纺织品	649.0	8.5	-3.8
服装	1878.2	5.4	5.9
棉制服装	686.2	-3.8	-14.1
化纤制服装	793.5	13.7	0.9

资料来源：中国海关

表3 2014年我国纺织品服装分地区出口情况

国家和地区	出口额(亿美元)	同比(%)	增速比2013年增减(百分点)
欧盟	599.3	13.4	4.5
美国	470.4	7.0	0
东盟	367.4	5.9	-22.4
日本	255.7	-8.9	-7.9
非洲	202.0	17.3	10.8
中国香港	166.2	-15.6	-35.5
韩国	85	21.0	4.2

资料来源：中国海关

主要出口产品中，终端产品增长相对平稳，2014年服装出口额同比增长5.4%，家用和产业用制成品出口额增长6.4%。上游产品受原料价格波动影响，出口增长相对缓慢，棉制产品出口有所萎缩，全年纱线出口额下降1.3%，织物出口额仅增长3.3%。

主要出口市场中，美、欧市场增长较为平稳，2014年纺织品服装出口额同比分别增长7%和13.4%；日本市场持续下行，出口增速为-8.9%；东盟市场波动较大，出口额同比仅增5.9%，较上年大幅下滑22.4个百分点；非洲和韩国市场增速较高，同比分别增长17.3%和21%，高于行业出口水平12.2和16个百分点，说明出口市场日益多元化。

三、内销增速环比提升

2014年，内需消费增速随宏观经济同步有所放缓，实体零售渠道增长减速更为明显，下半年随着我国节假日等促进消费的因素增多，消费呈现逐月回升态势。全年限额以上服装鞋帽针纺织品零售额同比增长10.9%，低于2013年0.7个百分点，低于社会消费品零售总额增速1.1个百分点，较2014年一季度和上半年分别回升2.2和0.9个百分点。

图3 衣着类商品内需零售增长情况

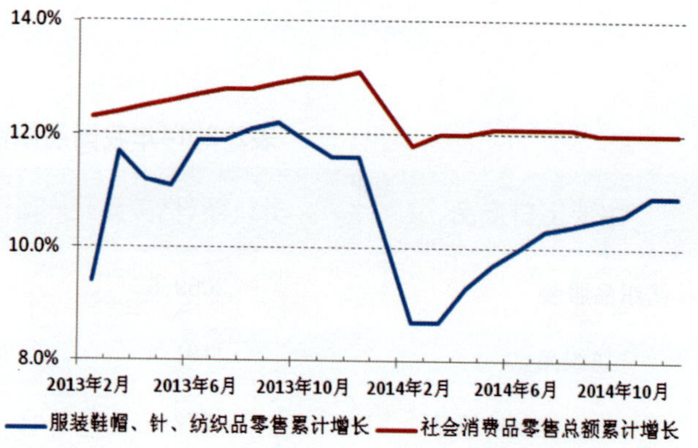

资料来源：国家统计局

内需市场在快节奏、多元化、消费特征日益明显的背景下，带动电子商务零售规模快速扩张，成为纺织服装产品重要的销售渠道，并在一定程度上对传统实体渠道形成了替代作用。

2014年，服装、家纺产品网络零售额达到6700亿元，同比增长37%，由于基数升高，增速较2013年放缓10个百分点，但仍高于实体零售增速20多个百分点。

四、投资增速有所回落

2014年，由于外部压力加大，行业发展减速，纺织企业投资信心有所减弱。根据国家统计局数据，纺织行业500万元以上项目固定资产投资完成额达10362.5亿元，同比增长13.4%，增速低于2013年3.9个百分点，较2014年上半年下滑2.7个百分点；新开工项目数同比减少0.5%，低于2013年6.4个百分点。

图4 纺织行业500万元以上项目固定资产投资完成额增速

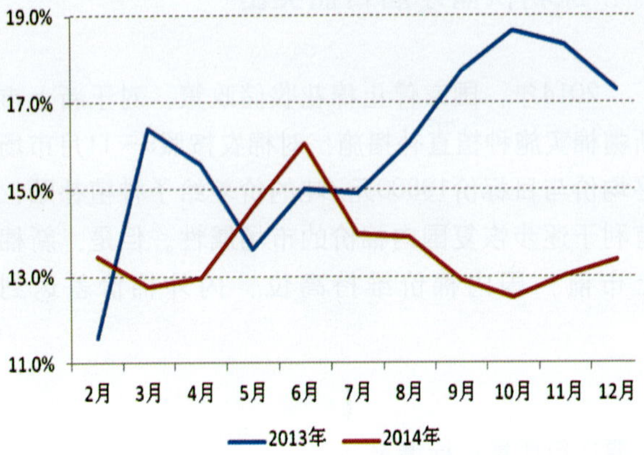

资料来源：国家统计局

纺织产业投资增长的区域结构调整有所推进，中西部地区投资增速明显高于其他地区。2014年中、西部地区投资完成额同比分别增长15.6%和21.6%，高于东部地区2.8和8.8个百分点，中西部地区占全行业投资总额比重为40.2%，同比提高1.2个百分点。西部地区中，新疆加快发展纺织服装业促进投资快速增长，2014年投资完成额增速为79.1%，新开工项目增速为90.2%。

图5 纺织行业分地区固定资产投资完成额占比情况

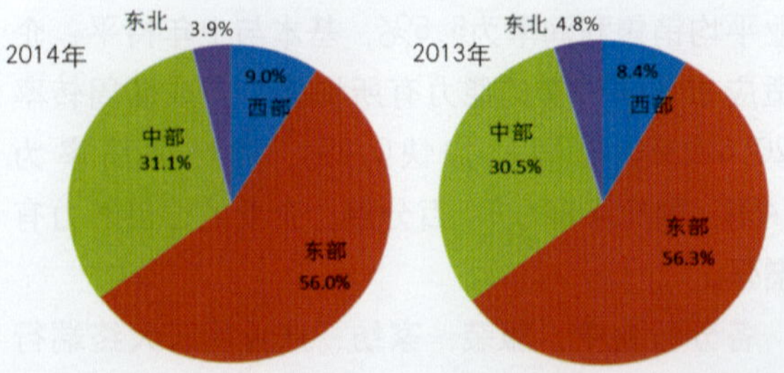

资料来源：国家统计局

五、效益增长逐步趋缓

2014年以来，纺织行业效益增长基本平稳，但由于原料价格下行影响，带动生产增长减速、产品价格涨幅收窄，企业效益增速同比、环比均呈逐步放缓走势。2014年，全国3.8万户规模以上纺织企业累计实现主营业务收入67220.1亿元，同比增长6.8%，增速低于2013年4.7个百分点，低于2014年上半年1.7个百分点。行业实现利润总额3662.7亿元，同比增长6.1%，增速低于2013年9.7个百分点，低于2014年上半年5.7个百分点。

图6 规模以上纺织企业利润增长情况

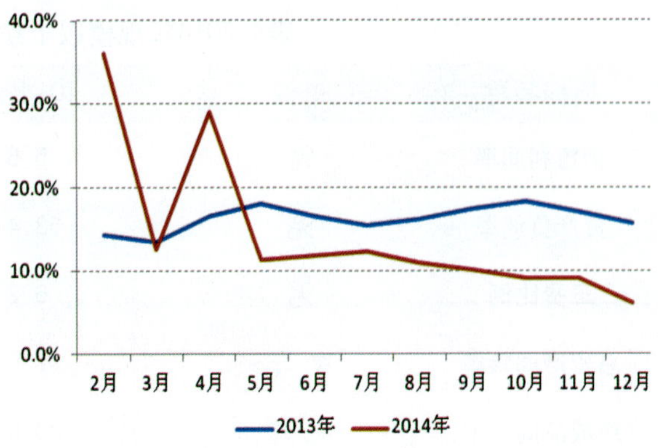

资料来源：国家统计局

六、运行质量稳中趋好

2014年，虽然经济总量增速同比放缓，但是纺织企业运行质量总体稳中趋好。2014年，规模以上企业平均销售利润率为5.5%，基本与上年持平；企业适应市场快节奏的能力有所增强，产成品周转率为20.6次/年，同比加快0.8%；资产负债率为53.4%，同比下降1.8个百分点，企业的偿债能力有所增强。

各分行业中，服装、家纺、产业用三大终端行业规模以上企业利润率分别达到6%、5.7%和5.7%，较2013年均有不同程度提高，反映终端产业品牌附加价值与市场适应性提升，纺织产业链与终端市场衔接基本顺畅。

七、结构调整持续推进

2014年，纺织行业积极深入推进结构调整，取得积极进展，成为行业在经济新常态下的重要发展特征。原料结构方面，2014年化学纤维在纤维加工总量中占比达到近83%，比2013年提高2.5个百分点，在棉花流通不畅的情况下，有效保障了纺织原料供给。产品结构方面，服装、家纺、产业用三大终端产品比例为46.8:28.6:24.6，产业用纺织品占比较2013年提高1.6个百分点，纺织产品在医疗、环保、建筑等工业应用领域进一步扩大。区域结构方面，中西部地区对全行业经济增长贡献作用有所提升，规模以上企业主营业务收入占全行业的比重达22.5%，较2013年提高0.8个百分点。产业组织结构方面，行业优势资源加速向龙头企业集聚，提高了资源利用效率，同时一批小、专、精企业的增多成为产业组织表现的新特征。

纺织行业发展中存在的主要问题

2014年，纺织行业主动推进转型升级，积极适应市场变化，确保了各项运行指标保持平稳增长，但是行业面临的政策环境、市场环境依然复杂严峻，一些结构性矛盾亟待化解，运行压力依然突出。纺织行业发展中存在的主要问题有：

一、原料供需矛盾日益突出

2014年，国家停止棉花收储政策，对于新上市新疆棉实施种植直补措施，对棉农按照9～11月市场平均价与目标价19800元/吨的价差给予种植补贴，有利于逐步恢复国内棉价的市场属性。但是，新棉上市前，国内棉价维持高位，内外棉价差达到

表4 2014年规模以上纺织企业主要运行质量指标情况

指标名称	单位	2014年	2013年	增长(百分点)
销售利润率	%	5.5	5.5	0
资产负债率	%	53.4	55.2	-1.8
三费比例	%	6.2	6.2	0
总资产周转率	次/年	1.6	1.6	0 (次)
产成品周转率	次/年	20.6	20.4	0.2 (次)

资料来源：国家统计局

4000～5000元/吨。新棉上市后虽开始实施直补新政策，但市场仍处于调整阶段，内外棉价差维持在3000元/吨左右，对国内棉纺产业国际竞争力造成较大冲击。由于国内棉价仍持续出现下行走势，用棉企业库存及生产面临亏损风险。新政策下棉花流转过程较为繁琐，增加了企业用棉时间和成本。国产棉品质总体不高，与纺织企业需求存在差距，棉花供需矛盾对纺织行业整体运行的影响十分突出。

图7 国内外棉花价格走势（元/吨）

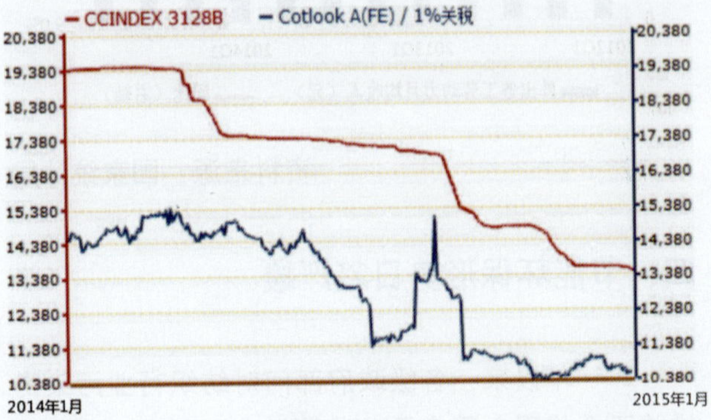

资料来源：中国纺织经济信息网

涤纶等化纤大类产品价格全年呈现下行走势，一方面是受到国际油价下滑影响，另一方面也体现出常规产品供给相对偏多，而各种下游急需的功能性、差别化纤维仍需加强供给。石化价格持续下行，不仅使化纤企业盈利压力加大，也增加了下滑企业的原料库存风险，降低了采购积极性。

二、国内外市场仍需加强开拓

2014年，世界经济虽保持复苏态势，但纺织品服装市场需求增长仍然放缓。根据相关统计数据，2014年美国纺织品服装进口额同比增长2.6%，较2013年增速下降1.2个百分点；日本纺织品服装进口额同比增长2.3%，较2013年增速大幅下滑18.4个百分点。在需求增长缓慢的情况下，国际市场竞争更趋激烈，我国纺织行业综合成本不断提升，而越南、孟加拉等东南亚国家凭借劳动力成本、汇率及关税等优势条件发展棉纺织及服装等加工制造业，在中低端市场逐渐蚕食我国市场份额。2014年，我国在美国、日本、欧盟进口市场所占份额同比分别降低0.9、1.3和0.4个百分点，保持稳定的国际市场份额压力较大。

纺织品服装内需增速同比也有所放缓，限额以上零售及网购成交增速均低于2013年。原因一方面

表5 美、欧、日主要纺织品服装进口来源国所占份额情况

国家	美国		欧盟		日本	
	2014年进口额占比（%）	较2013年增减（百分点）	2014年进口额占比（%）	较2013年增减（百分点）	2014年进口额占比（%）	较2013年增减（百分点）
中国	38.9	–0.9	37.9	–0.4	69.9	–1.3
越南	9.3	0.9	2.6	0.3	8.1	1.3
孟加拉	4.7	–0.2	11.2	0.3	1.7	0.2
印度	6.3	0.3	7.3	0	1.2	0.1

资料来源：美国商务部、欧盟统计局、日本海关

是国内宏观经济增长总体减速，对居民收入增长及消费情绪产生抑制性影响。另一方面，占据内需消费主体的城镇居民消费进入结构升级阶段，更加注重在医疗健康、文化娱乐及耐用消费品方面加大消费投入，衣着消费增长相对放缓，消费品质提升取代数量扩张成为现阶段衣着消费的主要特征，对广大纺织企业提出更高要求。

图8 内需市场消费品零售累计增速

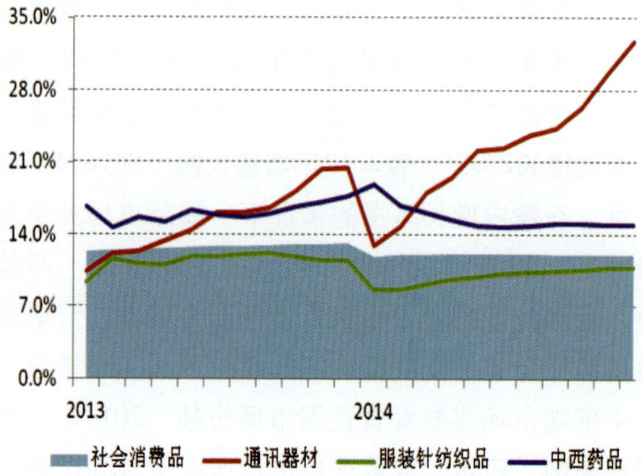

资料来源：国家统计局

三、成本提升加大中小微企业生存压力

2014年以来，纺织企业综合生产成本持续上升。根据相关数据统计，2014年全国农村外出务工劳动力收入较2013年增加9.8%；根据中国纺织工业联合会2014年四季度组织的“企业经营者跟踪调查”结果，75%的样本企业表示用工成本较2013年有所增加，平均涨幅在10%以上。此外，国内棉价平均高于国际市场约30%，染料价格自去年以来累计上涨150%，渠道、融资等费用也不断提升。

纺织行业中，中小微型企业数量众多，化解成本压力的能力普遍不足，调查结果显示近四成小微企业表示现阶段生产经营最主要问题是成本过快上涨，企业生存困境日益突出，仅有38.4%的小微企业表示盈利有所增加，设备利用率在80%以上的小型企业仅占一半，远低于大中型企业比例。

图9 外出务工劳动力月均收入情况

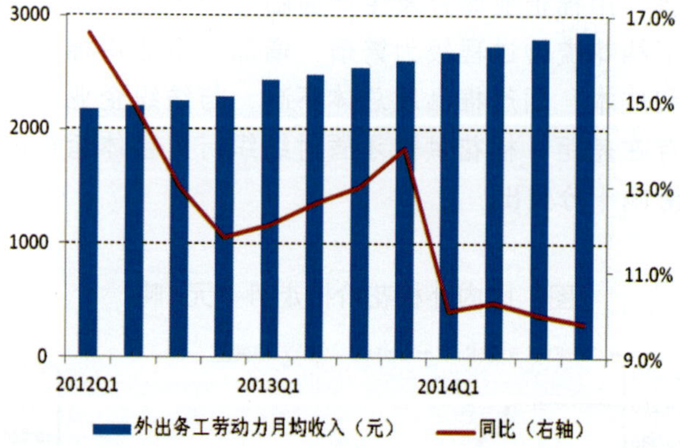

资料来源：国家统计局

四、节能环保形势日趋严峻

2014年以来，各级政府部门对纺织行业污染物排放不合格现象零容忍，监管标准不断提升，监管范围扩大，行政执法力度加强。《纺织染整工业水污染物排放标准》（GB4287—2012）要求苯胺、六价铬、硫化物不得检出，远远严于其他行业污染物排放标准中有关要求，也严于地表水环境质量标准和生活饮用水标准；《纺织印染工业大气污染物排放标准》即将出台，进一步加大了行业环保任务压力。各种标准不设过渡期、污染物总量减排任务较重等客观情况，与广大中小微型纺织企业有限的应对能力形成明显矛盾。有些地方政府为完成环保指标任务，采取“一刀切”的简单处理方式，严禁新上印染项目，造成印染行业升级发展严重受限，2014年印染布产量同比减少2.5%，中间环节受到制约影响了我国完整纺织产业体系的整合竞争优势。行业急需获取资金、技术投入以及管理经验、公共服务等支持，增强可持续发展能力。同时，相关管理政策也应结合纺织行业集聚发展、集中配套的特点适当进行调

整，为企业提供合理的生存空间。

2015年纺织行业发展环境与趋势

2015年，纺织行业面临的形势总体仍较为复杂，各种外部风险因素较多，但终端市场需求存在向好动力，企业加速结构调整的自觉需求进一步增强，行业总体有望基本保持平稳运行态势，但加快转型升级、确保健康发展的任务仍十分艰巨。2015年，纺织行业发展将呈现以下特点：

一、国内市场增长总体平稳

2015年，我国宏观经济基本面总体正常，经济结构调整加快，改革逐渐走向深入，宏观调控政策更加倾向于实体经济和民生改善，均将支撑宏观经济在合理区间保持平稳增长。我国内需消费规模仍将稳步扩大，就业形势稳定、居民收入增加、城镇化率提升、扩大消费政策落实及收入分配改革等因素均将发挥积极支撑作用。与此同时，新兴消费业态以及移动互联网、物联网等信息消费兴起，将进一步激发内需市场活力，内需消费仍将成为拉动纺织工业发展最重要的驱动力。

但是，受居民收入增速放缓、消费结构升级等因素影响，预计2015年衣着商品限额以上零售增速与2014年基本相当，电子商务渠道延续2014年较快的增长水平，消费者对于纺织服装产品个性化设计开发和营销模式创新的需求将成为内需消费的主要变化特征。

二、国际市场稳中趋好

2015年，美国、英国等发达经济体经济复苏基础更加稳固，新兴市场虽存在波动风险，但在发达市场的辐射带动下总体也将保持平稳增长，世界经济继续温和复苏，增速有望略微提升，大宗商品价格保持稳定，全球贸易增速有望小幅加快，将为我国纺织行业出口保持增长提供支撑条件。

图10 全球GDP及贸易量增速

单位：%

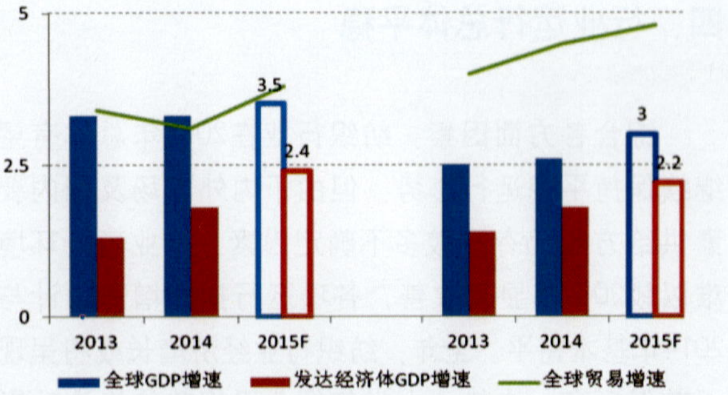

资料来源：国际货币基金组织，世界银行

但总体上看，全球经济复苏态势依然疲弱，国际金融市场波动、地缘政治风险等不确定因素仍然较多。发达国家市场较为成熟，经济缓慢复苏对纺织服装产品需求增长的带动作用有限，我国制造成本、政策成本仍将增加，在日益激烈的国际竞争环境下，纺织行业出口增长压力仍然存在。“一路一带”等相关发展战略落实，有助于行业开拓新兴市场，培育新的贸易增长点。预计2015年我国纺织品服装出口总额将实现增长，增速较2014年小幅加快，但稳定国际市场份额的压力仍然较大。

三、棉花政策影响仍将存在

2015年，直补政策全面实施将使国内棉花逐步恢复市场化流通，但棉花相关管理政策的影响仍然存在，纺织行业对棉花问题仍需高度关注。一是，2015年初，国内棉花市场仍将处于新政策调整阶段，棉价仍将下行调整，价差及价格下行引起的风险依然存在，考验纺织企业的市场反应和内部管理能力。二是国内棉花进口配额、国储棉抛储等政策将直接影响国内棉价走势，增加棉花市场不确定性。三是根据调研情况，直补政策对提高棉花品质作用有限，纺织企业对于优质外棉的需求仍存在缺口。四是由于直补措施尚未完全落实到位，棉农仍存在收入减少风险和惜售心理，可能影响新年度种植积极性和棉价走势，加大纺织行业原料保障风险。

四、行业运行总体平稳

综合各方面因素，纺织行业在2015年总体有望继续保持平稳运行态势，但由于内外市场及国内要素供给方面仍存在较多不确定因素，行业运行环境难以较2014年显著改善，各项运行指标增速预计与2014年基本持平。全年，纺织行业经济增长或将呈现“前低后高”走势，上半年行业受棉花价格波动影响，运行压力相对较大，经济指标增速可能较2014年进一步下行；下半年，如果棉花直补、放储、配额等政策均实施得当，随着国内棉价及内外棉价差进入相对平稳运行的区间，行业经济增速有望逐步提升。

纺织行业继续加快结构调整与转型升级的动力依然充足，进度仍将加快。内需消费升级将发挥正面引导作用，国际市场及原料供给等外部环境虽略有改善，但市场竞争加剧、综合成本上升等压力依然存在，外部形势的倒逼作用仍然较强，产业结构优化与升级发展取得新成效，将为纺织行业发展注入根本性的活力。

2015年纺织行业发展重点任务

面对复杂的外部形势，纺织行业将继续坚持“稳中求进”的总基调，着力加快推进转型升级，进一步优化经济发展结构与质量，主动适应宏观经济发展新常态，在确保经济运行处于合理区间的同时，继续发挥好行业在支持国民经济发展、改善民生、保持国际竞争优势等方面的重要作用。

一、大力实施创新驱动战略

加大创新要素投入，彻底改变对投资驱动的依赖，形成自主创新核心优势，是纺织行业推进转型升级的首要动力。行业要以科技创新为基石，大力强化基础研究支撑，加强创新资源整合和创新体系建设，着重围绕新型纤维材料、产业用制成品、高新纺织加工工艺技术、节能减排和资源循环、数字化智能化纺织装备等重点领域，加强重大关键技术研发创新，扩大各种先进适用技术在纺织全行业的应用。紧密结合市场流行趋势和消费模式特点，加强流行趋势和文化创意研究，积极丰富纺织产品的功能性，提升产品开发创新能力；创新企业生产组织形式和供应链管理方式，改造传统制造及流通模式，创新产品开发与企业管理，创新性地开发符合行业特性的新型网络营销平台。积极发挥创新人才的重要作用，围绕人才培养、吸引、流动、使用等重点环节，不断完善人才管理和服务机制，提高纺织专业人才的适应性和稳定性，努力在全行业形成结构合理、素质优良的现代纺织人才体系。

二、进一步加快结构调整

不断推进结构调整走向深化，提升发展质量与效率，是纺织行业实现平稳、健康发展的根本支撑。行业要大力提高棉花利用效率，加强高仿真、功能性、差别化纤维的开发与应用，积极改善纺织原料结构，为下游产业提供稳定的原料保障。紧密结合资源、环境、市场条件，推动纺织产业在中、西部地区实现特色化、体系化、集聚化发展，努力形成各地区合理分工协调发展的国内布局结构。扩大投资开放，促进纺织企业积极走出去，利用海外原料、劳动力、品牌渠道等优势条件，投资发展原料基地、加工基地等，构建内外协调互补的全球产业布局体系。鼓励行业骨干龙头企业加快兼并重组，整合优势资源；引导中小企业向小型化、智能化、专业化发展，优化产业组织结构。

三、提升可持续发展能力

进一步提升可持续发展能力，有效应对当前日趋严峻的节能环保形势，化解产业发展与资源环境约束之间矛盾，是纺织行业推动转型升级的重要基础。纺织行业将从原料上，广泛采用各种生态环保的原辅料及浆料、染料、助剂等，从生产源头上控制污染物产生和强化资源节约。从技术上，着力加强纺织全流程清洁生产、低碳节能、污染物控制以及废旧纤维资源再生利用等先进技术、装备的开发与应用。从产业布局上，加强引导纺织企业，特别是印染企业实现园区化集聚发展，便于集中配备设施，开展资源节约以及污染物减排方面的控制和监管。从社会支撑角度，加紧协调有关部门，研究建立覆盖全社会的废旧纤维制品回收系统，为加快循环发展提供基础条件；积极倡导生态环保的消费方式，为构建绿色产业链、价值链创造市场动力。从公共服务角度，加快健全相关标准体系，完善重要标准编制，完善技术咨询与推广，形成有力服务保障。

四、做好“十三五”行业发展规划研究

2015年是“十二五”收官之年，纺织行业将认真总结“十二五”时期取得的发展成绩和经验，客观评估制约行业发展的突出问题，深入研判未来5年面临的形势变化，正确认识行业面临的机遇与挑战，找出继续保持国际竞争优势和平稳健康发展的有效途径。行业、企业将积极总结在实施科技、品牌、可持续发展和人才发展战略过程中好的做法和经验，在行业中广泛推广，使之有效转化为市场竞争力与企业效益。各级行业协会组织将加强研究和编制行业、地区、纺织产业发展规划，针对行业发展趋势、指标体系、发展任务、政策保障等重点问题，组织行业内外专家开展研讨论证，形成重点突出、方向明确、操作性强的规划文本，引导行业科学发展。

五、提升行业服务能力和水平

行业协会组织是连接企业、行业与政府的桥梁纽带，发挥好行业组织的积极作用，将为产业转型升级提供更为充分的服务支撑与保障。纺织行业协会组织将坚持深入做好企业调查研究与运行监测工作，及时向有关政府部门真实反映行业发展动态及现实困难，特别是在棉花问题、环保法实施过程中遇到问题、扶持中小企业发展等方面提出政策诉求和措施建议。围绕科技进步、品牌建设、可持续发展、人才培养、产业布局等纺织产业转型升级的战略重点，广泛、深入地开展各种行业综合服务工作，做好科技成果奖励、适用技术推广、产业转移衔接、企业发展咨询、贸易展览平台等服务活动，进一步提高服务内容的针对性和品质，强化服务活动在全行业中的带动效果，切实推动产业转型升级取得积极进展。结合社会组织改革任务，积极加强行业协会组织的自身建设与发展，通过完善制度、加强管理、培养人才、文化凝聚等多种途径，不断提高服务能力与质量。

（撰稿人：孙淮滨　赵明霞　张　倩）

化纤业

中国化学纤维工业协会

2014年化纤行业运行情况

2014年，在“新常态”下，我国化纤行业运行也出现了一些新的特征：化纤产量增长速度继续放缓，化纤市场价格下行、库存增加；企业在困境中求生存，生产经营更加理性，主动控制生产负荷，投资意愿下降；行业积极适应“新常态”，进一步深化结构调整，加大研发和品牌推广的力度。在全行业的共同努力下，行业运行态势总体平稳，经济效益有所回升。

一、生产

据国家统计局统计，2014年化纤产量继续保持增长，全年共完成产量4389.75万吨，同比增长5.5%，比2013年下降2.4个百分点，与我们年初的预测基本吻合。其中，涤纶3565.8万吨，同比增长6.48%，增速微降0.16个百分点；锦纶产量同比增长10.21%，在化纤主要品种中增速是最快的，但也比2013年下降了2.23个百分点；粘胶长丝、腈纶和丙纶的产量出现负增长。

与前几年相比，见图1，化纤产量增长速度继续回落，和GDP增速变化的走势基本保持一致，但降速快于GDP，说明一方面宏观经济降速影响了对化纤产品的需求，一方面行业确实存在阶段性和结构性的产能过剩。

表1 2014年化纤行业生产情况

	2014年（万吨）	同比(%)	2013年增速（%）
化学纤维	4389.75	5.50	7.90
人造纤维	372.29	−2.81	17.07
其中：粘胶短纤	309.67	0.62	20.73
粘胶长丝	24.09	−9.97	−10.05
合成纤维	4017.46	6.20	7.02
其中：涤　纶	3565.80	6.48	6.64
锦　纶	259.16	10.21	12.44
腈　纶	67.57	−2.69	0.43
维　纶	11.07	9.75	15.83
丙　纶	26.70	−0.83	−3.02
氨　纶	49.30	9.50	27.31

资料来源：国家统计局

图1 2009年以来化纤产量增速与GDP增速变化

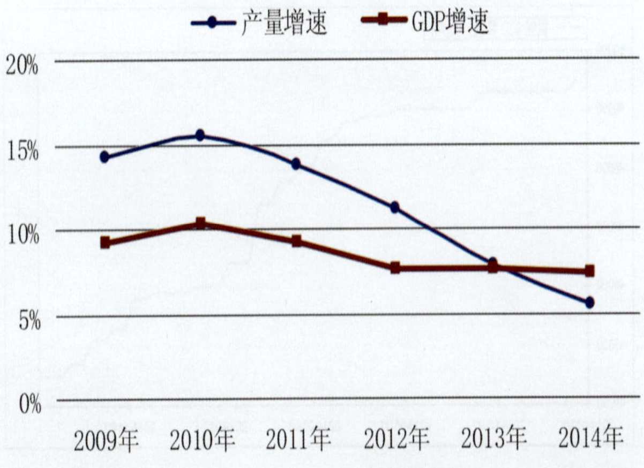

资料来源：国家统计局

图3 2014年锦纶与CPL价格走势图

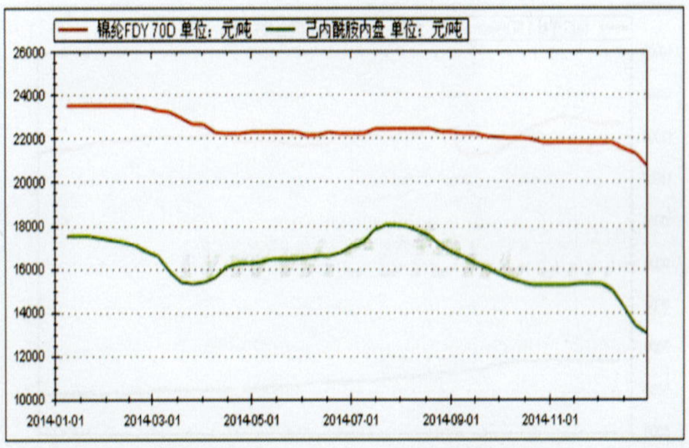

资料来源：中纤网

图4 2014年腈纶与AN价格走势图

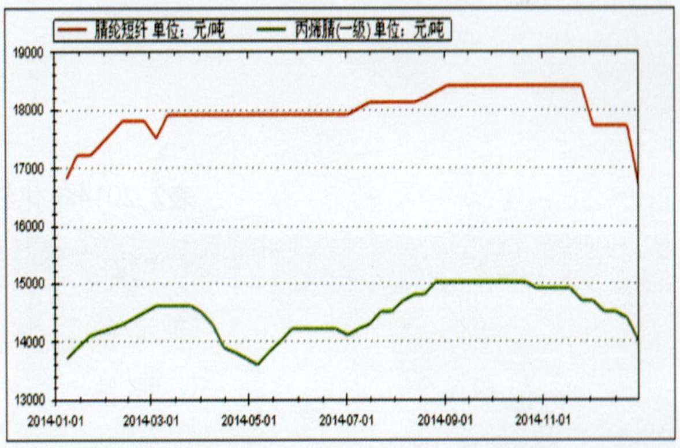

资料来源：中纤网

二、市场

2014年化纤市场需求较为平淡，化纤产品价格上半年相对平稳，受棉价和市场需求不旺的影响有一定下跌，下半年随着石油价格的大跌，涤纶、锦纶、氨纶等石油链化纤产品价格也出现了大幅下跌，粘胶短纤价格也受原辅料成本下降和棉花价格下跌的影响而弱势下行。粘胶长丝和腈纶由于供需相对平衡，加上行业自律，价格走势相对平稳，见图2～图7。

图2 2014年涤纶长丝、涤纶短纤与PTA价格走势图

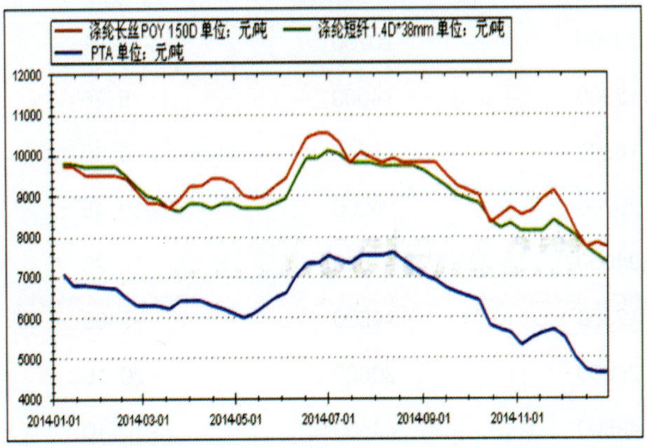

资料来源：中纤网

图5 2014年粘胶长丝与长丝级棉浆价格走势图

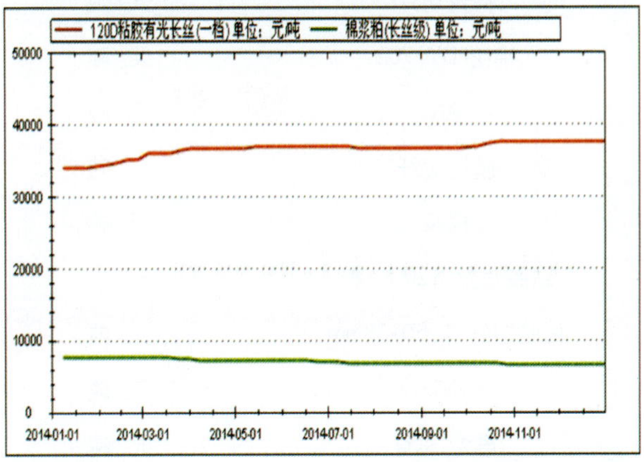

资料来源：中纤网

图6 2014年粘短纤与短纤级棉浆价格走势图

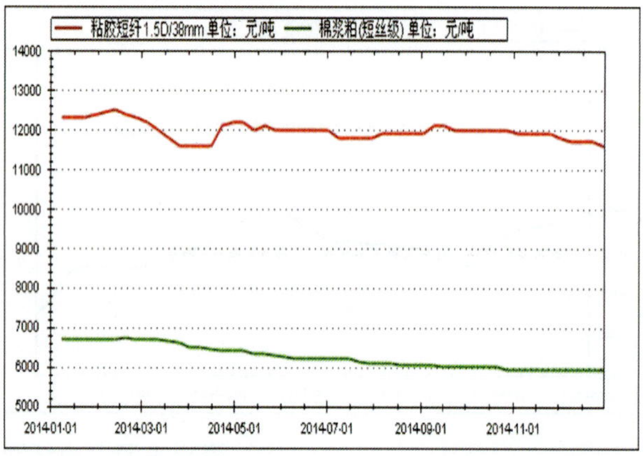

资料来源：中纤网

图7 2014年氨纶价格走势图

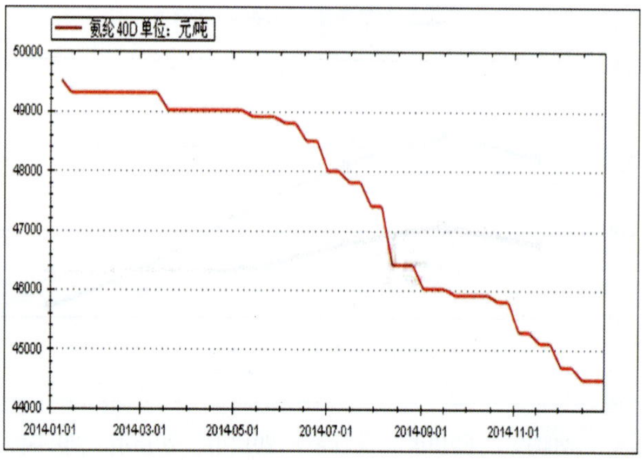

资料来源：中纤网

表2 2014年化纤主要产品价格变化表

	单位	年初	年末	涨幅(%)
PX	美元/吨	1418	848	-40.20
PTA	元/吨	7420	4610	-37.87
涤纶POY 150D	元/吨	9700	7700	-20.62
涤纶短纤 1.4D*38mm	元/吨	9800	7300	-25.51
CPL	元/吨	17600	12900	-26.70
锦纶切片	元/吨	19400	14850	-23.45
锦纶FDY 70D	元/吨	23500	20700	-11.91
AN	元/吨	13300	14000	5.26
腈纶短纤	元/吨	16800	16700	-0.60
棉浆	元/吨	6700	6000	-10.45
粘胶长丝 120D一档	元/吨	34000	37500	10.29
粘胶短纤 1.5D*38mm	元/吨	12300	11600	-5.69
PTMEG	元/吨	25800	20600	-20.16
氨纶 40D	元/吨	49500	44500	-10.10

资料来源：中纤网

2014年，除粘胶长丝外，化纤主要产品价格出现不同程度的下跌，涤纶短纤跌幅最大，达25.51%，涤纶POY跌幅也达20.62%，锦纶FDY和氨纶40D产品价格跌幅在10%左右，粘胶短纤下跌5.69%，腈纶由于供需平稳，价格变化不大。和原料价格变化相比，除腈纶外，其他化纤产品价格跌幅均小于原料，因此加工区间有所放大。但在价格下跌通道时，会造成原料和产品的库存跌价损失，影响企业利润的放大见，见表2。

三、库存

3、4月份的春季旺季是化纤产品去库存化的过程。涤纶长丝和涤纶短纤在3月份去库存很成功，到6月底库存处于正常偏低水平，7、8月份淡季上升明显，9、10月份再次回落；锦纶库存持续处于高位，9月之后才略微有所下降；氨纶行业虽然整体运行不错，但由于一直保持较高开工率，因此库存上升明显，应当引起警惕，见表3。

四、进出口

2014年，共进口化纤82.21万吨，同比减少5.68%，虽然下降，但降幅不大（可能与出口复进口的贸易方式有关）。分品种看：粘胶短纤进口量超过腈纶，成为最大进口品种，进口量17.12万吨，同比增加8.72%，占化纤进口总量的20.82%，分析显示主要是来自奥地利和印度的莫代尔纤维进口量增加；腈纶进口受反倾销申诉消息的影响大幅减少25.22%，结束了自2005年以来进口量始终保持第一的历史，见表4。

2014年，化纤出口324.59万吨，是进口量的4倍，同比增长21.13%，比2013年增速提高12.56个百分点。化纤出口市场以土耳其、巴基斯坦、美国、越南和印度尼西亚为主，对美出口占我国化纤出口比重依然保持在10%左右，对土耳其、巴基斯坦、越南、印尼等国出口量继续增长，说明这些新兴国家的纺织产业快速发展加大了对化纤的需求。在全球经济弱复苏的情况下，我国化纤出口能取得

表3 化纤主要产品月末库存天数变化

单位：天

	1月	2月	3月	4月	5月	6月	7月	8月	9月	10月	11月	12月
涤长POY	14	25	30	17	18	16	15	15	15	16	16	15
涤长DTY	29	36	35	25	25	26	26	27	27	26	25	24
涤长FDY	18	26	29	15	16	17	16	18	21	24	21	18
涤　短	10	18	21	17	19	19	17	15	20	26	20	12
锦　纶	18	26	30	32	31	31	31	33	35	36	37	36
腈　纶	7	10	10	14	15	15	15	14	10	9	9	10
氨　纶	31	36	23	17	18	19	16	10	14	15	19	21
粘　长	76	82	77	80	82	84	84	85	82	81	78	80
粘　短	4	5	17	14	13	13	12	13	15	16	15	20

资料来源：中国化学纤维工业协会

这样的成绩，反映出我国化纤产品的开发能力在提高、国际竞争力进一步提升。分品种看，涤纶长丝出口157.33万吨，占化纤出口总量的48.47%；涤纶短纤出口89.1万吨，占27.45%；粘胶短纤出口量大幅增长45.6%；腈纶出口市场取得明显突破，出口量近2万吨，比2013年翻了一番，见表5。

表4 2014年化纤产品进口情况

	进口数量			进口金额		
	2014年（万吨）	2013年（万吨）	同比（%）	2014年（亿美元）	2013年同期（亿美元）	同比（%）
化学纤维	82.21	87.17	−5.68	29.94	32.09	−6.71
其中：涤纶长丝	10.76	11.02	−2.31	3.20	3.54	−9.73
涤纶短纤	13.25	12.85	3.15	2.40	2.42	−0.60
锦纶长丝	14.00	16.16	−13.35	5.89	6.79	−13.17
腈　纶	15.86	21.21	−25.22	5.20	6.68	−22.09
粘胶长丝	0.66	0.87	−25.07	0.59	0.74	−20.35
粘胶短纤	17.12	15.74	8.72	4.13	4.27	−3.32
氨　纶	2.46	2.02	21.82	2.23	2.03	9.99

资料来源：据中国海关数据整理

表5 2014年化纤产品出口情况

	出口数量			出口金额		
	2014年（万吨）	2013年（万吨）	同比（%）	2014年（亿美元）	2013年同期（亿美元）	同比（%）
化学纤维	324.59	267.97	21.13	68.98	62.33	10.65
其中：涤纶长丝	157.33	129.22	21.75	28.39	25.18	12.76
涤纶短纤	89.10	73.37	21.43	11.32	10.14	11.60
锦纶长丝	14.81	13.66	8.44	5.99	5.62	6.48
腈　纶	1.93	0.94	105.76	0.52	0.31	66.88
粘胶长丝	8.60	8.19	5.06	4.86	4.84	0.28
粘胶短纤	26.30	18.06	45.60	4.55	3.53	29.05
氨　纶	4.55	4.67	−2.69	3.17	3.30	−3.87

资料来源：据中国海关数据整理

表6 2014年化纤行业固定资产投资情况

	新开工项目数	同比(%)	实际完成投资额(亿元)	同比(%)	2013年增速(%)
化学纤维制造业	629	-3.97	1012.39	4.74	21.13
纤维素纤维原料及纤维制造	151	-10.65	214.42	5.64	18.71
化纤浆粕制造	22	-26.67	29.21	-36.20	58.87
人造纤维制造	129	-7.19	185.20	17.83	10.57
合成纤维制造	478	-1.65	797.97	4.50	21.79
锦纶制造	44	-21.43	144.53	40.64	25.70
腈纶制造	9	125.00	9.98	410.36	-59.14
维纶制造	7	-12.50	43.93	146.21	74.94
丙纶制造	13	-27.78	20.91	21.91	-23.11
氨纶制造	33	73.68	46.48	24.70	64.14
其他合成纤维制造	212	16.48	248.06	7.18	18.15

资料来源：国家统计局

表7 2014年化纤行业经济效益情况

	利润总额			亏损企业亏损额		
	2014年(亿元)	2013年同期(亿元)	同比(%)	2014年(亿元)	2013年同期(亿元)	同比(%)
化纤	277.30	249.34	11.21	49.80	45.50	9.46
其中：人纤	83.26	81.89	1.67	12.42	11.30	9.92
锦纶	40.10	38.93	3.00	3.70	2.22	66.54
涤纶	104.09	94.08	10.64	25.64	21.60	18.72
腈纶	-0.95	-1.47		1.59	2.13	-25.49
维纶	2.40	-0.15		0.45	0.88	-48.73
丙纶	2.54	2.81	-9.80	0.34	0.23	48.14
氨纶	26.17	18.52	41.30	0.78	1.45	-45.80
其他合成纤维制造	12.09	10.22	18.25	1.80	1.62	10.73

资料来源：国家统计局

五、投资

2014年，化纤制造业新开工项目数同比减少3.97%，是2009年之后再一次出现负增长。实际完成投资1012.39亿元，同比增长4.74%，增速比2013年回落16.39个百分点，比2012年回落15.6个百分点。其中，涤纶行业新开工项目数和实际完成投资额同比均下降20%左右，说明行业投资热潮正在悄然消退，见表6。

六、质效

国家统计局数据显示，见表7，2014年化纤行业工业增加值增长速度为8.5%。化纤行业实现利润总

表8 2012年化纤行业运行质量情况

项目	单位	2014年	2013年同期	同比
偿债能力指标				
资产负债率	%	61.87	63.53	−1.65
产权比率	%	162.28	174.18	−11.90
已获利息倍数		3.21	3.09	0.12
营运能力指标				
应收帐款周转率	次	15.02	16.28	−1.26
产成品周转率	次	17.39	16.12	1.26
流动资产周转率	次	2.31	2.26	0.05
总资产周转率	次	1.12	1.14	−0.02
盈利能力指标				
主营业务利润率	%	3.85	3.58	0.27
成本费用利润率	%	3.99	3.69	0.30
总资产报酬率	%	5.59	5.36	0.23
净资产收益率	%	11.27	11.15	0.12
发展能力指标				
销售增长率	%	3.46	8.46	−5.00
总资产增长率	%	5.23	10.13	−4.90
百元销售收入三项费用比例				
销售费用	元/百元	1.0385	0.9667	7.42
管理费用	元/百元	2.4615	2.2746	8.22
财务费用	元/百元	1.8001	1.5998	12.52

资料来源：据国家统计局数据整理

额277.3亿元，同比增长11.21%。行业亏损面18.01%，同比提高0.63个百分点，并且亏损企业亏损额同比增加9.46%。说明行业内企业盈利能力两极分化态势明显。

分行业看，涤纶行业实现利润总额104.09亿元，同比增加10.64%，增速提高13.71个百分点；氨纶行业效益继续增长，但增幅明显回落；人造纤维盈利主要表现在醋酸纤维，实际上粘胶纤维行业运行比较困难。

从行业实际感受来看要困难许多，我们分析主要是PTA因素所造成。2014年是有史以来PTA行业最困难的一年，按国家统计局归类，PTA不在化纤行业，而在现实中又多数在化纤企业生产，因而导致生产在化纤行业、亏在石化行业的局面。

从化纤行业运行质量来看，见表8：行业平均负债水平有所下降，偿债能力略有提高；资金使用效率与2013年相当；盈利能力有所提高，主营业务利润率为3.85%，同比略微提高0.27个百分点；发展能力增长放缓；百元销售收入三项费用均有不同程度的增加。

关注的几个问题

一、新增产能

2014年，行业投资热潮逐渐消退，部分项目建设计划推迟或取消，也有部分项目虽已建成，但根据市场情况并未释放全部产能。初步统计，2014年聚酯新增产能348万吨，仅占年初统计的计划投产项目的一半，其中薄膜50万吨，瓶片30万吨，新增涤纶产能246万吨。预计2015年，计划投产的聚酯涤纶项目有340万吨，大部分是从2014年延迟建设或投产的，根据实际情况，估计约50%的产能可以实际达产。

二、原油价格大幅下跌

2014年国际原油市场受多重因素影响，出现暴跌，见图8。2014年底WTI油价跌至55美元/桶，比6月高点几近腰斩，相关石化产品受此拖累，价格也一路下滑。合成纤维原料失去成本支撑，价格也大幅下跌。

2015年影响油价的因素依然集中在供需基本面、金融属性、地缘政治等。供应面可能继续保持宽松，OPEC减产可能性不大，需求或许随着全球经济的弱复苏而有所改善，但仍难达到供需平衡。美元仍可能维持强势格局。预计2015年油价可能呈先抑后扬的走势，上半年将继续下探寻底，当低价格把美国页岩油公司逼至破产减产，或者地缘政治危机出现转机，原油市场才有反弹机会。

图8 2014年WTI原油价格走势图

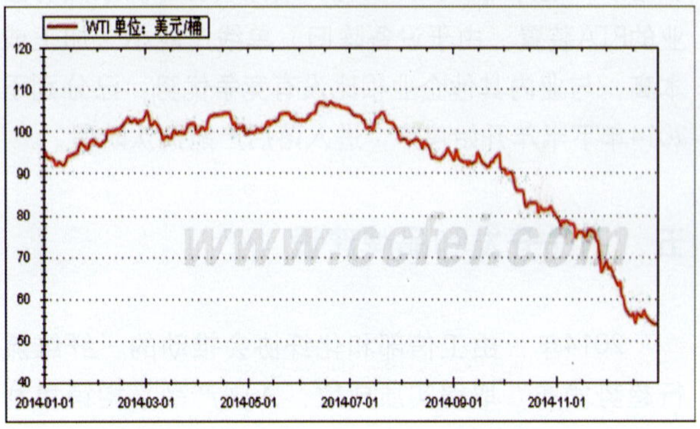

资料来源：中纤网

三、短纤与棉价差缩小

受国内棉花政策调整的影响，国内棉价大幅下跌，见图9，与涤纶短纤和粘胶短纤价差不断缩小，形成一定的价格比较优势，对化纤短纤的市场用量会产生一定影响。

但棉价放开后，对于我国纺织工业整体竞争力的提升是重大利好，从长远看化纤行业也将受益于纺织行业的整体进步。

图9 2014年涤纶短纤、粘胶短纤与棉花价格走势图

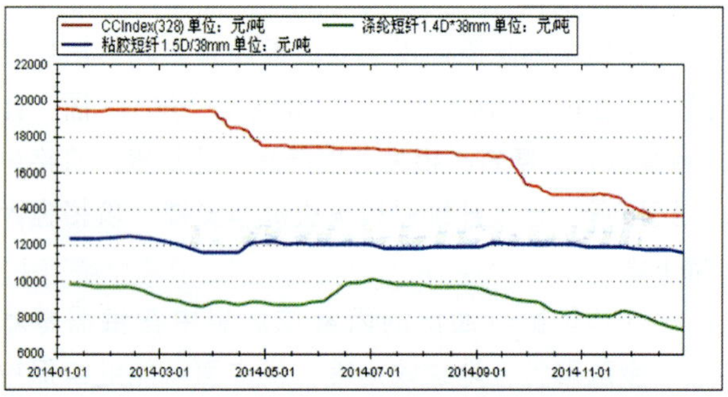

资料来源：中纤网

四、重组和退出

2014年，依靠市场调节和行业引导，资本市场出现了同行业间、上下游产业链间的资产流动和重组，化纤行业并购重组取得进展。同时，PTA行业开启淘汰落后产能序幕，天津石化、洛阳石化等四家国有企业的PTA装置，由于设备陈旧、单线产能小，加工成本高，与业内其他企业相比没有竞争优势，已分别于2014年下半年开始停产，进入落后产能淘汰阶段。

五、产品开发和品牌建设

2014年，由工信部和化纤协会推动的“纤维流行趋势发布”取得实质成效，入围产品平均销售利润率超过18%，是行业产品平均销售利润率的4.8倍。在“纤维流行趋势发布”的带动下，预计行业内将有更多企业将注意力从扩能转移到新产品开发和品牌建设。

2015年化纤行业运行预测

一、宏观经济形势和纺织化纤行业走势判断

世界经济仍处于国际金融危机后的深度调整期，2015年增速可能略有回升，但总体复苏疲弱的态势难以明显改观。美国经济复苏的势头较为强劲，明显好于欧日等其他发达经济体，新兴经济体的潜在增长率也可能出现下降。联合国和IMF分别预计2015年世界经济增长为3.1%和3.8%，均比2014年提高0.5个点。

2015年是中国实施“十二五”规划的收官之年，是承接“十三五”创新发展的关键之年，也是中国大改革和大调整全面推进的一年，中国继续处于经济增长速度换挡期、结构调整阵痛期和前期刺激政策消化期“三期叠加”之时，中国经济发展也将延续新常态模式。中国经济下行压力依然较大，但是随着稳增长再次成为政府经济工作的首要任务，GDP仍有希望保持在7%以上。

从纺织行业来看，部分纺织服装产品全额退税、棉花市场相对平稳等，有利于纺织行业提高竞争力，预期2015年纺织行业运行将保持平稳增长的发展态势。

化纤行业在运行发展中，要主动把握和积极适应经济发展新常态，着重引导化解产能过剩，优化存量、控制增量、拓展应用；继续做好行业自律工作，保障行业平稳运行；节能减排压力仍然突出，行业要大力推广节能减排先进技术，色丝也要抓住发展机遇；加快推动兼并重组，提升集中度，加快落后产能退出。

二、化纤行业运行具体预测

根据上述判断，2015年全球经济将继续保持弱复苏态势，中国经济保持中高速平稳增长，将为化纤行业创造平稳运行的宏观环境。纺织行业平稳运行使化纤需求有望好转。国际油价可能前抑后扬，化纤产品价格可能随之反弹，但PTA过剩局面难改，仍需要依靠减产来稳定市场，加上聚酯涤纶新增产能的压力，预计涤纶产品反弹力度不大。化纤行业整体运行略好于2014年。

预计2015年化纤产量4600万吨，增长5%左右；利润总额比上年有所增长，运行质量有所好转。

（撰稿人：吴文静）

棉纺织业

中国棉纺织行业协会

2014年，全球经济较为低迷，我国经济增速继续放缓。下游市场需求不振，棉花价格承压下行，各类成本继续加大，面对重重困难，我国棉纺织企业经营艰难，但在优质骨干企业的带动下，棉纺织行业整体运行相对平稳。“高征低扣”及“棉花目标价格”试点改革等利好政策的出台，为棉纺织行业点燃了希望。

当前，行业处于深化转型升级，加快强国建设的重要时期。2015年是“十二五”收官之年，同时也是“十三五”的开启之年，在利好政策的作用下，行业发展环境及经营形势或将迎来转变。

棉纺织行业产销存基本情况

一、纱布生产情况

（一）全年纱布产量同比下降

2014年，内外需求持续较为低迷，棉纺织企业纱布生产形势同比下滑。根据中国棉纺织行业协会（以下简称：中棉行协）实地调研以及跟踪企业数据（跟踪企业产能合计约占全国产能50%，全国排名百强企业基本包括在内，跟踪数据具有一定的代表性和说服力）情况分析，经会商统计，2014年全国纱产量1867万吨，同比减少4%；布产量600亿米，同比减少5%，其中色织布产量同比基本持平，牛仔布产量微降。

从跟踪企业纱布月度同比变化情况看，2014年纱产量除1～6月累计同比微增，其余各月累计同比均为负增长；2014年布生产形势呈现波动下行态势，下半年生产形势较上半年进一步下滑，月度产量累计同比小幅下降。

图1 2014年纱布产量月度累计同比变化情况

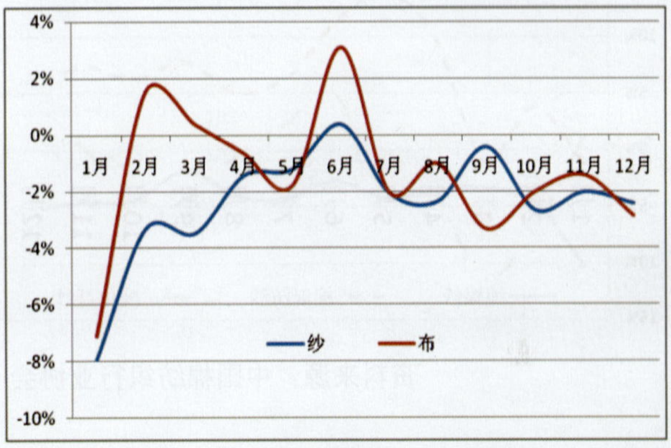

资料来源：中国棉纺织行业协会

（二）需求不足、价格下行致订单放缓

全年看，下游市场需求不足，棉花原料价格整体处于弱势下行通道，纱布价格联动下行，后市价格无法预期，为了降低风险，下游企业下单放缓，纺企接单谨慎。

（三）织造设备利用率略好于纺纱

根据中棉行协跟踪企业数据显示，2014年跟踪企业纺纱设备利用率平均在90.4%左右，低于2013年同期4.3个百分点；全年织造设备利用率平均在92.7%左右，略好于纺纱设备利用率，高于2013年同期0.6个百分点左右。

（四）纯棉类纱布表现欠佳

1.棉混纺纱表现好于纯棉纱

从中棉行协跟踪企业数据看，在主要纱线品种中，棉混纺纱产量逐月累计同比为正增长趋势，说明在棉价下跌时，纯棉产品严重亏损，越来越多的企业选择调整产品结构，不同程度地增加化纤使用量及棉混纺纱线产品的比例。纯棉纱产量月度累计同比持续负增长。

图2 2014年各类纱产量累计同比变化图

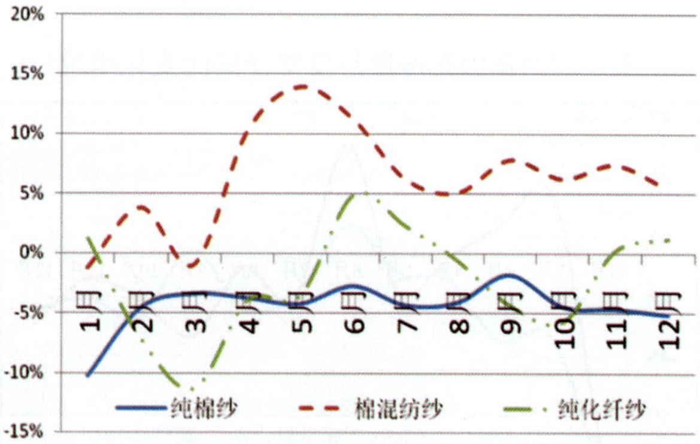

资料来源：中国棉纺织行业协会

2.纯棉布全年较萎靡，棉混纺布同比前高后低

从中棉行协跟踪企业数据看，2014年纯棉布产量逐月累计同比除6月份同比微增之外，其余月份均同比减少，反映出企业在不断减少纯棉产品的生产。全年棉混纺布产量累计同比变化呈现前高后低趋势，下半年进入持续同比减少态势；纯化纤布产量受化纤短纤原料价格变化影响，累计同比呈现出月度波动变化。

图3 2014年各类布产量累计同比变化图

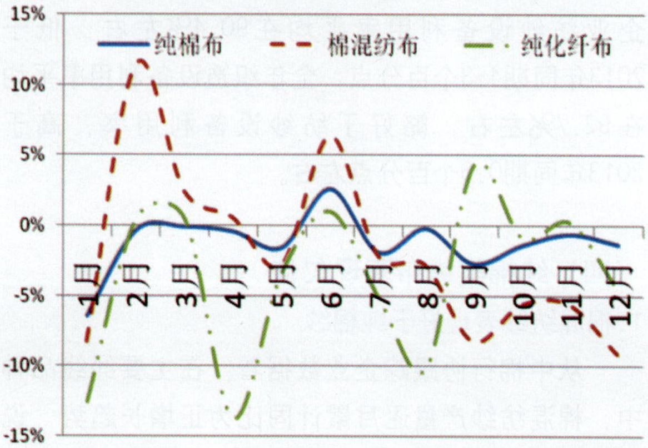

资料来源：中国棉纺织行业协会

二、纱布销售情况

从中棉行协跟踪企业纱布销售数据情况看，1～12月，纱布销售量均累计同比减少。纱布销售主要特点如下：

（一）全年销售“价跌量减”，四季度略见好转

据调研中企业反映，2014年纱布销售市场形势不如2013年，下游企业观望情绪浓郁，棉纺企业接单风险加大。在棉花原料下跌期，纱布订单均大幅放缓，加之进口纱线的冲击和替代，销售方面困难重重。此外，2014年资金压力极大，销售回款期也大大加长。国内32支纯棉普梳纱及32支纯棉坯布价格全年累计跌幅大幅高于2013年全年累计跌幅，价格下行也是导致销售不畅的原因之一。总体看，“价跌量减”逐渐成为纱布销售市场常态。跟踪企业数据显示，四季度纱布销售同比降幅呈现收窄趋势。

图4 2014年纯棉纱布产品价格走势图

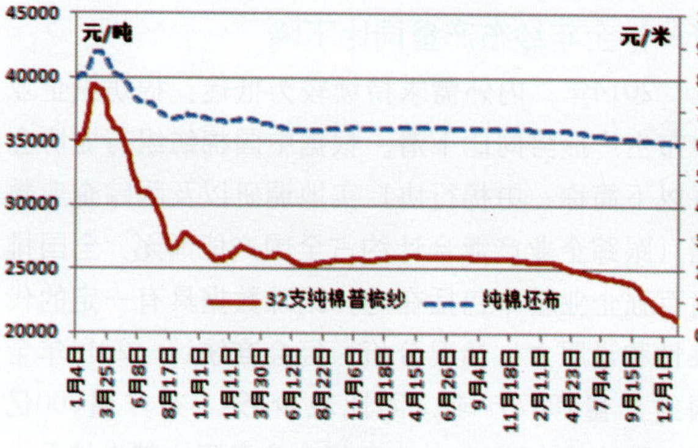

资料来源：中国棉纺织行业协会

（二）大企业销售形势好于小企业

据调研了解，大型棉纺织企业资金、营销渠道优势较为明显，订单情况明显好于中小企业；同时，由于小企业关停现象仍较多，较去年并未好转，订单向大企业集中的趋势进一步加大。

从企业类型上看，织造企业销售经营状况稍好于纺纱企业；纺纱织造联合企业，所生产纱线中一定比例为自用，销售压力相对小于单独纺纱企业。

三、纱布库存情况

从跟踪企业数据情况看，2014年纱布库存月度环比呈现波动性变化，总体重心偏于零水平线下方，实际库存量总体保持较低水平。主要特点如下：

（一）8月份纱布库存同时为较低水平

由于8月31日国家停止投放储备棉，9月新棉花年度开始试行棉花目标价格补贴政策，在此期间，棉价失去支撑，原料及纱布价格一路下跌，纺织企业加大力度去库存，除一季度季节因素之外，8月库存环比降幅达到全年最低点。

（二）企业严控纱布产品库存

2014年，纺企全年处于压低产品库存的状态，纱布库存以1个月之内为主。主要原因是棉花原料价格带动纱布价格整体下跌，导致产成品库存贬值风险较大。尽管纺织企业努力降低库存，但大多数纺织企业去库存压力大，不同程度上地遭遇贬值损失。

图5 2014年纱布库存当月环比变化图

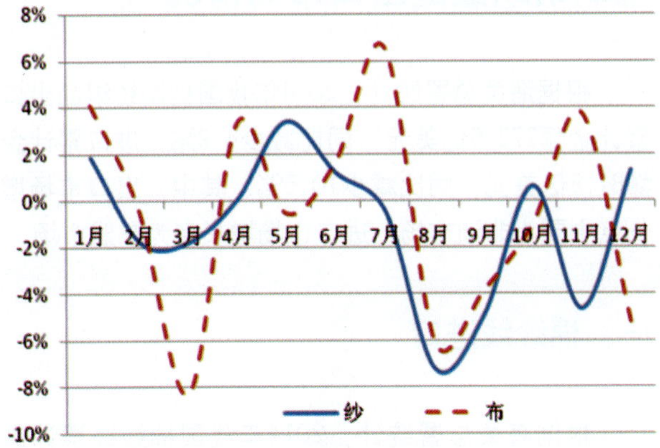

资料来源：中国棉纺织行业协会

棉纺织原料情况

一、棉花政策

2014年，我国棉花政策对棉纺织市场以及企业经营策略产生了较大影响。主要政策包括以下几个方面：

（一）储备棉投放价格下调

2014年储备棉投放分为两个阶段，第一个阶段由2013年11月28日至2014年3月31日，投放价格18000元/吨，纺织企业购买数量不得超过其4个月的棉花使用量。

2014年4月1日至8月31日，国家下调储备棉起拍价格，由18000元/吨下调至17250元/吨，直降750元/吨，允许纺织企业不限量竞买储备棉。

（二）棉花进口配额减少

2014年棉花进口配额数量较2013年同比减少，纺织企业采购外棉难度加大，内外棉价差较2013年收窄，全关税进口棉花数量也同比减少。根据我国海关总署统计，2014年全年累计进口棉花244万吨，同比减少41.2%。

为了促进储备棉的销售，1~8月期间，以纺企购买新疆库储备棉数量为依据发放滑准税进口配额。此后，9～12月期间采购新年度疆棉数量作为2015年棉花进口配额的发放依据。

（三）棉花目标价格试点改革

2014/2015棉花年度，我国取消了棉花临时收储制度，在新疆地区试行棉花目标价格试点改革，目标价格定为19800元/吨。内地按每吨2000元进行补贴。

二、原料市场

受全球经济、棉花政策的影响，2014年原料市场的表现主要包括以下几个方面：

（一）原料价格

1.原料价格整体下行

2014年，棉纺用原料价格整体呈现下跌趋势，跌幅均达两位数。国内棉花、涤纶短纤、粘胶短纤价格全年分别累计下跌26.2%、26.9%、5.9%。主要是受到棉花政策调整、石油价格波动等因素影响。

图6 2014年棉纺用原料价格走势图

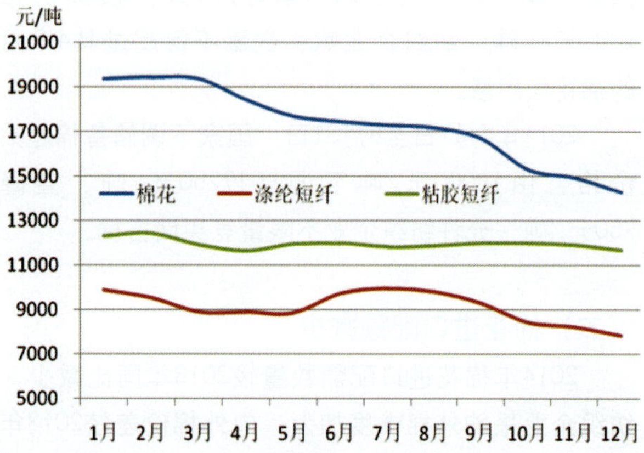

资料来源：中国棉纺织行业协会

2.内外棉花价差有所收窄

2014年，国家取消了连续执行三年的棉花临时收储制度，试行棉花目标价格改革，推动了棉花价格市场化的进程，内外棉价差有所收窄，有利于棉纺行业保持国际竞争力。据计算，全年国内外棉花无税价差平均4060元/吨，较2013年收窄了近20%。

（二）原料采购

1.棉花采购随用随买

2014年，下游需求弱势，储备棉价格下调、取消收储并进行目标价格试点改革使得棉价全年以持续下跌为主调，纺织企业采购棉花谨慎，随用随买。

2.非棉纤维采购基本平稳

纺企非棉纤维采购方面，与棉花采购相比，总体表现相对稳定。市场主要影响因素受化纤短纤市场价格波动的影响，其中涤纶短纤价格受原油价格波动影响，1～5月呈现下跌态势，6月快速上涨，7月达到全年最高价位水平后再次进入下跌通道，12月跌至全年最低水平；粘胶短纤价格受棉花价格下行的影响，全年整体呈现下跌趋势，个别月份价格反弹对采购量形成一定影响。

（三）原料消费结构

2014年棉花价格持续下跌，且下跌预期不减，使用棉花原料的贬值风险较高，全年棉花均价高于涤纶短纤均价90%，高于粘胶短纤均价45%，在较大的资金压力之下，一些棉纺织企业增加非棉纤维使用量，并加大对非棉纤维产品的研究与开发，积极调整产品结构。

另据纺织企业反映，进口棉质量及价格均较国产棉更具备优势，然而棉花进口配额数量不足，不能满足纺织企业对外棉尤其是高等级棉花的需求。这也是纺企减少用棉的主要原因之一。

根据中棉行协与有关部门会商统计，2014年我国棉纺织行业棉花加工量约710万吨，较2013年减少100万吨；化纤短纤使用量1250万吨，较2013年增加20万吨。2014年用棉比延续了近年来下降的趋势。

棉制纺织品进出口市场情况

根据海关总署统计，2014年我国棉制纺织品出口累计金额272.6亿美元，同比减少4.9%，进口累计金额81.8亿美元，同比减少10.5%。其中，出口市场增长点主要为非洲市场；进口市场增长点为东盟市场。

一、棉纱线进口

根据海关总署统计，2014年我国棉纱线累计进口201万吨，同比减少4.2%，仍处于历史高位水平。主要进口市场中，印度、巴基斯坦、越南进口量分别占比27%、25%和20%，其中越南增长明显，占比较2013年提高了8个百分点。进口品种中，中低支占比60%以上。

据调研了解，近几年中国市场对进口纱的需求不断增长，进口纱的海外生产商及贸易商竞争不断加剧，除了价格竞争之外，也注重提高产品质量，增加纱线品种以满足中国进口需求。

二、棉织物出口

根据海关总署统计，2014年我国棉织物累计出口83.8亿米，同比减少8.1%。主要出口市场为越南、孟加拉国、贝宁、中国香港，分别占比12.6%、11.2%、7.8%和6.3%；越南、中国香港、菲律宾市场同比减少幅度较大。

棉纺织行业经营质效情况

一、主要经济指标表现

从中棉行协跟踪企业数据情况看，2014年主营业务收入累计同比增长3.9%；利润总额同比降低9.5%，8月后减幅呈现收窄趋势；截至12月底亏损面为26.4%，比2013年扩大6.4个百分点，全年各月看呈现逐步小幅收窄趋势。

图7 2014年跟踪企业盈利情况累计同比变化图

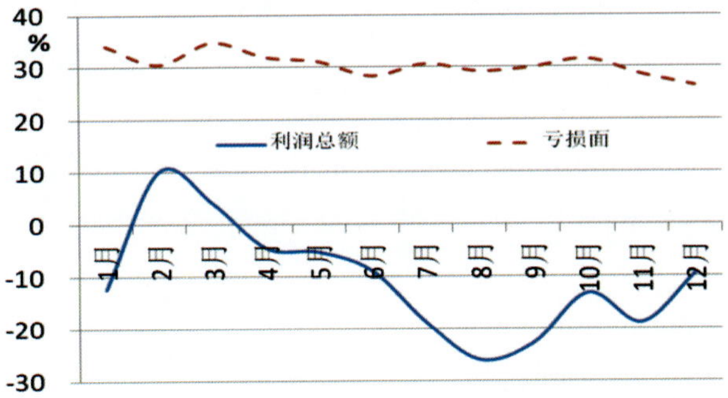

资料来源：中国棉纺织行业协会

二、利好政策支撑行业发展

2014年，国家出台了一些利好政策，棉纺织行业发展环境有所改善。主要包括：2月，“高征低扣”政策于率先在安徽试点，此后其他省份相继试行，截止2015年2月已有8省开始试点；4月，国家发改委发布有关消息，取消棉花临时收储，并于2014/2015年棉花年度启动新疆目标价格改革试点。

在有关政策的作用下，2014年4季度，棉纺织企业运行质效有所好转。

2015年棉纺织行业形势展望

一、认识和把握纺织行业“新常态”

根据中国纺织工业联合会王天凯会长在2015年中纺圆桌论坛第十届年会上的讲话，我国经济发展进入结构调整、动力转换的新常态，消费以及投资需求、生产组织方式、要素比较优势、市场竞争格局、资源环境因素等方面呈现出新的阶段性的变化。

从外部形势看，纺织行业主要面临4个方面的新常态的趋势，即内需消费结构升级加快，国际竞争格局调整重构，生产要素比较优势改变，资源环境的约束不断增强。纺织行业自身发展将主要呈现4个方面的新常态的特点，即经济增长逐步减速换挡，结构调整支持行业稳定发展，创新驱动行业的转型升级，资源配置优化纺织发展格局。

二、政策利好行业发展

2015年，或将有更多省份加入到“高征低扣”改革的队伍中，政策惠及覆盖面将进一步扩大至更多纺织企业。棉花目标价改革在试行一年后仍继续实施，有关政策细节有望得以完善。随着市场化改革进程的推进，棉花价格逐步回归市场，内外棉价差将由市场决定。随着2015年年初纺织行业出口退税率的提高，有利于棉纺织行业提高国际竞争力。

政策的利好改善了棉纺织行业发展环境。

三、行业信心有所恢复

根据国家统计局数据显示，2014年棉纺织行业固定资产投资实际完成金额累计同比增加9.96%，较2013年增速提高了4个百分点，新开工项目数同比增长1.72%，恢复至正增长，较2013年增速提高了11.5个百分点。从投资数据上看，尽管当前资金面较为紧张，仍实现了金额和项目数的双增长，表明行业信心有所恢复。

新投资项目以提高生产自动化、智能化、连续化程度为导向，减少用工，提高劳动生产率。棉纺织产业也将逐步由劳动密集型转变为资金和技术密集型。

四、原料问题依然突出

棉花政策对行业发展起到了至关重要的作用，现行的政策仍需进一步完善。根据有关政策，2015年国家原则上仅发放89.4万吨进口配额。当前正值棉纺织行业转型关键期，产品升级需要对原料要求较高，而国产棉的高等级棉数量不足以满足纺织企业需求，2015年棉纺织行业或将面临高等级棉难求的困难。此外，储备棉如何消化也是行业关注的焦点。

（撰稿人：马　琳）

毛纺织业

中国毛纺织行业协会

2014年毛纺行业运行情况

2014年，世界经济仍处在国际金融危机后的深度调整过程中，各国深层次、结构性问题没有解决，发达经济体分化加剧，发展中经济体增长放缓，全球需求不足。在世界贸易低速增长，我国经济全面向新常态转换的宏观经济背景下，毛纺全行业努力克服成本、环保、资金压力等不利因素，转方式调结构，努力消化企业运行成本，全年基本保持平稳，但下半年行业的总体形势较上半年回落，部分产品生产出现下滑，行业对未来发展形势的预期不甚乐观。

一、生产

2014年绒线产量同比增长4.21%，较2013年同比增速增长6.46个百分点。

2014年毛织物产量同比增长0.36%，较2013年同比增速提高1.99个百分点。

图1 绒线月度产量情况

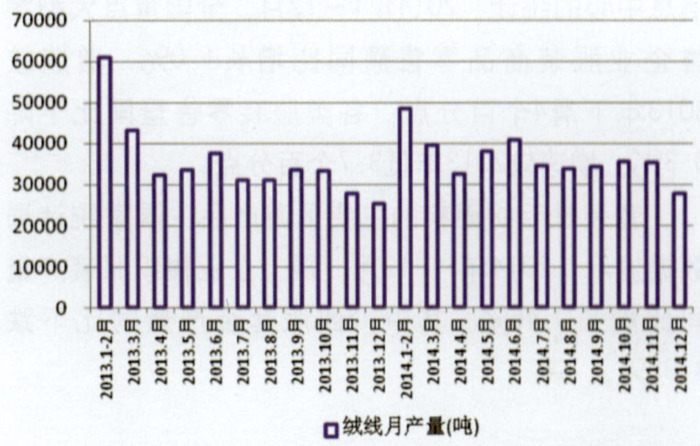

资料来源：国家统计局

图2 毛机织物月度产量情况

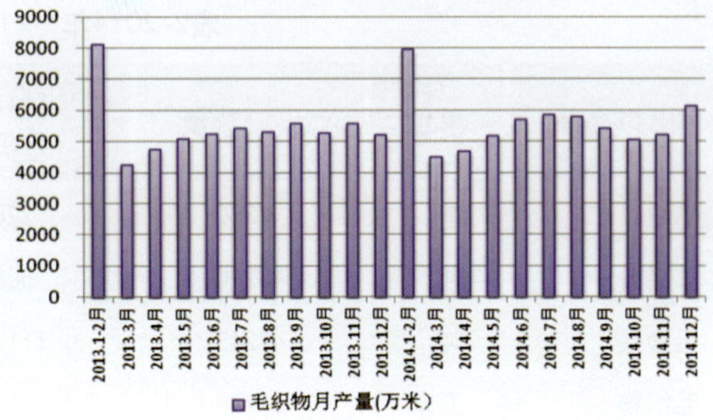

资料来源：国家统计局

表1 2014年毛纺主要产品产量表

名称	单位	累计产量	累计同比(%)	去年同比(%)	同比增长(百分点)
绒线（毛线）	吨	405594	4.21	-2.25	6.46
毛织物（呢绒）	米	60003	0.36	-1.63	1.99

资料来源：国家统计局

二、内贸

国家统计局数据显示，2014年1～12月，服装鞋帽、针纺织品消费品零售总额同比增长10.9%，增速较上半年水平提高了0.9个百分点，低于全社会消费品零售总额同比12%的增长。根据中华全国商业信息中心的统计，2014年1～12月，全国重点大型零售企业服装商品零售额同比增长1.0%，增速较2013年下滑4个百分点；各类服装零售量同比下降0.3%，增速较2013年低3.7个百分点。

套装是毛纺面料的主要下游产品，国家统计局数据显示，2014年1～12月，规上企业梭织服装产量同比增长0.46%，其中，西服套装产量同比下跌4.39%。

三、进出口

2014年毛纺原料与制品的进出口总额为177.01亿美元，同比增长4.21%。其中，出口总额135.03亿美元，同比增长7.68%，进口总额41.98亿美元，同比下跌5.6%。

2014年毛纺原料与制品出口总额135.03亿美元，同比增长7.68%，增幅较2013年同期增加5.34个百分点。毛纺产品仍主要为毛针织产品的突出表现：毛针织服装总出口共1.33亿件，同比增长16.44%，增速较2013年同期增长11.60个百分点，主要用于生产毛针织产品的毛纱线出口同比下跌1.26 %，但跌幅较上半年收窄7.71个百分点，比2013年跌幅回升了15.59个百分点。羊毛在家纺产品市场中的应用也有提高，全年羊毛毛毯出口累计同比增长115.31%，增速较2013年同期提高了122.83个百分点；羊毛地毯同比增长18.30%，增速

表2 2014年1～12月主要产品出口情况

出口商品	单位	出口数量	出口金额（万美元）	出口金额占（%）	数量同比（%）	金额同比（%）
羊绒	吨	2360	22849	1.69	−16.42	−19.59
羊毛条	吨	48276	50857	3.77	9.20	0.16
毛纱线	吨	42243	111244	8.24	−1.26	−7.86
毛织物	万米	11798	81659	6.05	1.41	5.49
毛毯	万条	65474	357337	26.46	19.25	18.14
针织人造毛皮	万米	54808	18586	1.38	16.25	18.70
地毯	吨	59895	251261	18.61	6.52	6.86
羊毛衫	万件	9615	120352	8.91	16.51	25.38
毛梭织服装	万件	5565	196010	14.52	−1.34	−1.22
毛绒围巾	万条	2054	28382	2.10	13.74	15.02
其它			111774	8.28		7.18
合计			1350311	100.00		7.68

资料来源：中国海关

表3 2014年1～12月毛纺原料与制品出口国家/地区情况

出口国家/地区	金额	金额占比（%）	金额同比（%）
出口总额	1350311	100.00	7.68
欧盟	281995	20.88	7.66
美国	202219	14.98	13.58
日本	197201	14.04	-7.12
东盟	127976	9.78	14.59
中国香港	96013	7.10	-4.07
其它	444907	32.48	

资料来源：中国海关

较2013年同期提高了24.26个百分点。毛纺加工的中间产品，包括羊毛条与毛织物等出口保持平稳。

图3 2009～2013年毛纺主要产品出口金额、同比变化情况

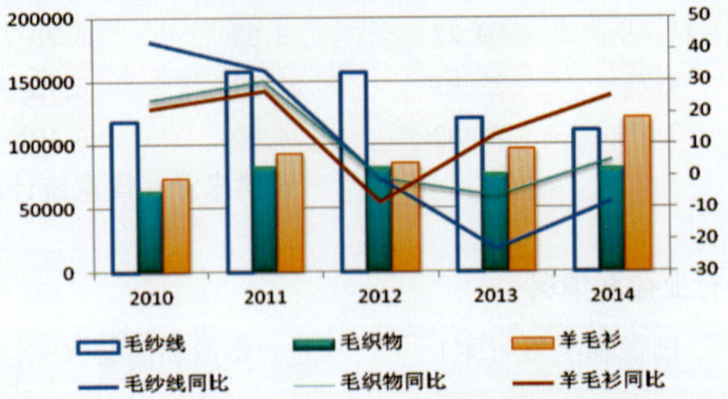

资料来源：中国海关

欧美市场，尤其是美国市场上国内消费需求的趋于强劲，毛纺产品对欧盟、美国两个市场的表现相对突出。对欧盟、美国的毛纺产品出口总额同比分别增长7.66%和13.58%，增幅分别比2013年提高0.51和10.6个百分点。其中，毛纱线对美出口数量同比增长达68.67%，与毛纱线出口总量小幅下滑的形势鲜明对比。

四、投资

2014年，毛纺织行业规上企业实际完成固定资产投资330.32亿元，同比增长11.38%，增幅较2013年同期下滑8.46个百分点，较上半年增速下滑10.23个百分点。其中，竣工项目402个，同比增长4.15%，增速比2013年同期提高3.1个百分点，较上半年增速下滑53.88个百分点。新开工项目数同比减少7.32%，比2013年同期回落了18.8个百分点，较上半年增速下滑0.35个百分点。

五、效益

根据国家统计局数据，2014年全年，规模以上

表4 2014年1～12月毛纺织分行业固定资产投资情况

行业	实际完成		
	1～12月累计（万元）	2013年同期（万元）	同比（%）
纺织业	53064027	46989929	12.93
毛纺织及染整精加工	3303195	2968480	11.28
其中：毛条和毛纱线加工	1666745	1212961	37.41
毛织造加工	1315030	1399447	-6.03
毛染整精加工	321420	356072	-9.73

资料来源：国家统计局

表5 2014年1～12月三费比例情况表

效益指标	三费比例		
	2014年累计(%)	2013年同期(%)	增减（百分点）
纺织业	5.18	5.21	−0.03
毛纺织及染整精加工	4.46	4.61	−0.15
其中：毛条和毛纱线加工	4.73	4.64	0.09
毛织造加工	3.95	4.36	−0.41
毛染整精加工	5.85	5.89	−0.04

资料来源：国家统计局

表6 2014年1～12月资金运转情况表

效益指标	总资产周转率（次）			产成品周转率（次）		
	2014年累计	2013年同期	增减（%）	2014年累计	2013年同期	增减（%）
纺织业	1.61	1.64	−1.49	22.43	22.27	0.73
毛纺织及染整精加工	1.39	1.45	−3.94	13.67	13.87	−1.44
其中：毛条和毛纱线加工	1.24	1.40	−11.61	9.27	9.83	−5.79
毛织造加工	1.58	1.51	4.71	22.92	21.68	5.73
毛染整精加工	1.45	1.40	3.28	26.92	24.90	8.10

资料来源：国家统计局

表7 2014年1～12月行业盈利情况

效益指标	销售毛利率（%）			销售利润率（%）			成本费用利润率（%）		
	2014年累计	2013年同期	增减(百分点)	2014年累计	2013年同期	增减(百分点)	2014年累计	2013年同期	增减(百分点)
纺织业	10.94	11.49	−0.55	5.42	5.60	−0.18	5.75	5.98	−0.22
毛纺织及染整精加工	10.58	11.62	−1.05	5.68	6.09	−0.41	6.05	6.55	−0.50
其中：毛条和毛纱线加工	11.50	12.58	−1.09	5.56	6.30	−0.75	5.96	6.85	−0.89
毛织造加工	9.50	10.50	−1.00	5.87	6.03	−0.15	6.22	6.42	−0.20
毛染整精加工	11.29	12.06	−0.76	5.23	5.11	0.12	5.53	5.45	0.08

资料来源：国家统计局

工业增加值同比增长8.3%，比2013年放缓1.5个百分点。其中，纺织业全年累计同比增长6.7%，增速同比回落2个百分点。2014年全年规模以上毛纺行业累计工业增加值的增速比2013年同期下滑2.2个百分点，且略低于全年纺织行业工业增加值的增速。2014年，全国经济从高速发展的轨道上调整放缓，而毛纺行业的调整幅度更大一些。

1～12月，1185家毛纺织及染整精加工规模以上企业累计完成主营业务收入2565.79亿元，同比增长14.62%，增速较2013年同期下滑1.08个百分点。规上企业平均利润率为5.68%，比2013年下滑0.41个百分点，略低于纺织业5.42%的平均利润水平。规上毛纺企业的平均资本负债率为52.08%，比2013年同期减少3.1个百分点。年累计存货390.39亿元，同比增长9.41%，明显高于纺织业存货2.66%的增幅。从规模以上毛纺企业的数据来看，行业在2014年经营与效益水平大致平稳，在全社会增长放缓的大环境下，行业发展速度从高速趋于中速，产销压力加大。

2015年趋势与展望

2015年是"十二五"规划的收官之年。2014年，规模以上（主营业务收入2000万元）毛纺织及染整精加工1185户企业实现主营业务收入2565.79亿元，同比增长14.62%，比2010年规模以上（主营业务500万元以上）1469户企业增长56.52%，年均增长11.9%。

根据2014年海关数据，毛纺织品及服装出口总额为135.03亿美元，同比增长7.68%，较2010年增长21.04%，年均增速为4.9%。出口市场结构进一步多元化，对新兴市场出口额占比提高，其中，对东盟出口额占2014年出口总额比重达到9.5%，比2010年提高5.0个百分点。

2014年规模以上毛纺织及染整精加工企业实现利润总额145.62亿元，同比增长6.85%，比2010年增长了56.22%，年均增长11.8%。

"十二五"期间，面对复杂多变的宏观形势，行业不断提升自主创新能力，根据近年入围纺织行业竞争力500强企业的数据，近年来，领先企业研发投入强度达1%以上。毛纺行业在"十二五"期间的区域结构调整步伐加快，尤其西部地区重点发展山羊绒加工为主的特色产业，出台相关政策积极推动羊绒产业从国家限制性发展行业调整为鼓励发展行业。"十二五"期间新版洗毛水污染物和染整水污染物排放标准公布实施，毛纺企业更加重视节能凑拢。据2014年参评行业竞争力企业数据分析，2013年毛纺工业万元产值综合能耗同比降低了9%，毛纺用水量同比降低4.35%。

根据国际货币基金组织的最新预测，预计2015～2016年全球增长将小幅加快，从2014年的3.3%上升到2015年的3.5%。其中，预测美国在2015年的经济增长率为3.6%，将比2014年提高1.2个百分点。欧元区2015年经济增长率预测为1.2%，比2014年提高0.4个百分点。主要发达经济体经济增长预期较好，对毛纺市场将产生一定的积极影响。2014年的出口数据也反映出毛纺原料与制品的出口保持了较稳固的增长。

国内经济方面，2014年，尤其是下半年以来，国内经济发展放缓，GDP全年增速为7.4%，较2013年下滑0.3个百分点。2015年目前的预测中国国内GDP的增速将继续下滑。从固定资产投资来看，毛纺行业已有和新增投资增速的下滑，作为发展重要动力之一的投资对行业新增发展动力的支撑不足。另一方面，由于政策的影响，工装制服市场需求不足，也使毛纺行业的内需受阻，未来，开发新的市场，改变产品与销售结构，将挑战着毛纺企业，尤其是毛精纺企业。

原料方面，2014年毛纺行业进口羊毛的总量34.34万吨，同比下滑4.54%，较上半年20.14%的跌幅有明显回升。进口羊毛价格同比下跌7.48%。主要产毛国澳大利亚羊毛累计出口量24.29万吨，同比下滑了9.61%，出口额同比下滑12%，主要用于制作服装的澳毛出口呈现量价同时下跌。7月开始的2014/2015年度，截至12月，澳毛出口累计同比跌幅为0.48%。羊毛产量长期处于历史低点，从世界范围来看，说明行业的萎缩，羊毛产品的市场受到替代不断缩水，从长期来看，对行业发展并非好事。

根据纺织企业经营管理者调查问卷反馈结果显示，不少毛纺企业反映下半年的产量、订单与盈利水平不如上半年，对接下来的市场需求与行业形势并不乐观。今年，我国经济增长速度换档到中高速增长、发展方式从规模速度粗放式增长转向质量效益集约型增长，新常态下毛纺企业面临的成本、环保、资金压力将会迎接新的挑战，"转方式调结构"仍然是行业提升发展的根本之路。因此，2015年将是毛纺行业在"新常态"下把握新常态抓住新机遇，推动传统产业向中高端迈进的关键一年。

（撰稿人：张书勤）

丝绸业

中国丝绸协会

2014年丝绸工业运行基本情况

2014年，国内经济处于增长速度换挡期、结构调整阵痛期、前期政策刺激消化期，工业经济出现新的困难和挑战，导致丝绸行业经济增速放缓，外贸出口持续下滑，行业运行经受了较大的下行压力。但茧丝绸企业坚持创新驱动产业升级，努力化解各种矛盾，使丝绸行业在困境中取得了稳定发展。

一、工业生产情况

（一）主要产品产量基本持平

2014年，据国家统计局对415家规模以上缫丝绢纺企业统计，丝产量16.73万吨，同比增长6.85%，见表1，其中40家绢丝企业绢丝产量11307吨，同比下降7.73%；273家规模以上织绸企业绸缎产量71676万米，同比增长0.49%；122家蚕丝被企业蚕丝被产量2474万条，同比下降0.02%。各省市丝绸主要产品产量见表2、表3、表4。

（二）工业经济增速回落趋稳

据国家统计局统计，2014年，全行业规模以上企业主营业务收入1281.29亿元，同比增长6.79%，见图1；利润69.58亿元，同比增长4.68%，其中缫丝加工实现利润39.20亿元，同比增长3.34%，丝织加工实现利润27.12亿元，同比增长9.26%，丝印染加工实现利润3.25亿元，同比下降12.3%，见图2。总体来看，2014年全行业主营业务增速呈现前升后稳态势，较2013年底增速回落6.32个百分点；行业利润增速较去年同期下降了9.18个百分点，如图3所示。

图1 2014年规模以上丝绸企业主营业务收入情况（金额：亿元）

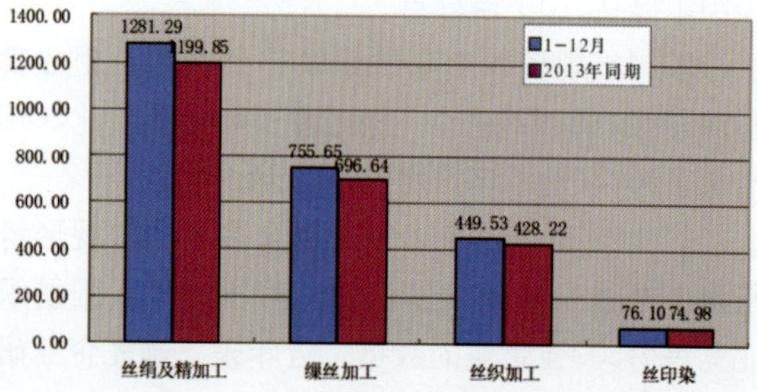

资料来源：国家统计局

表1 2014年全国规模以上企业产量情况

主要产品	单位	2014年	同比（%）
生丝	吨	167284	6.85
绢丝	吨	11307	-7.73
绸缎	万米	71676	0.49
蚕丝被	万条	2474	-0.02

资料来源：国家统计局

表2 2014年各省市丝产量表

序号	地区	产量（吨）	同比(%)	序号	地区	产量（吨）	同比(%)
1	广　西	40645	11.96	9	辽宁省	4504	−16.77
2	四川省	38096	9.46	10	云南省	3433	19.26
3	江苏省	29738	6.32	11	山东省	3414	−16.68
4	浙江省	15505	−0.59	12	广东省	2312	21.67
5	安徽省	9101	−1.17	13	河南省	2160	9.53
6	江西省	6225	27.23	14	湖北省	1683	2.51
7	陕西省	5386	6.29	15	贵州省	291	24.56
8	重庆市	4730	5.46	16	河北省	61	115.44

资料来源：国家统计局

表3 2014年各省市真丝绸缎产量表

序号	地区	产量（万米）	同比(%)	序号	地区	产量（万米）	同比(%)
1	四川省	24793	−0.82	7	重庆市	1738	15.73
2	浙江省	21574	0.04	8	河南省	925	0.63
3	江苏省	10459	2.09	9	上海市	190	−22.23
4	安徽省	7752	−1.35	10	江西省	142	69.49
5	山东省	1988	−2.66	11	云南省	93	−4.82
6	广　西	1814	22.89	12	陕西省	75	15.27

资料来源：国家统计局

表4 2014年各省市蚕丝被产量表

序号	地区	产量（万条）	同比(%)	序号	地区	产量（万条）	同比(%)
1	江苏省	450	−10.05	9	上海市	46	−8.39
2	河南省	427	−1.92	10	湖南省	45	5.43
3	湖北省	389	16.44	11	辽宁省	39	−38.13
4	浙江省	341	13.35	12	陕西省	34	−13.81
5	山东省	330	−7.19	13	重庆市	14	−24.48
6	四川省	156	11.80	14	福建省	14	48.97
7	安徽省	106	20.76	15	广　西	10	−66.11
8	广东省	71	7.42	16	云南省	2	270.83

资料来源：国家统计局

图2 2014年丝绸工业各分行业利润情况

（金额：亿元）

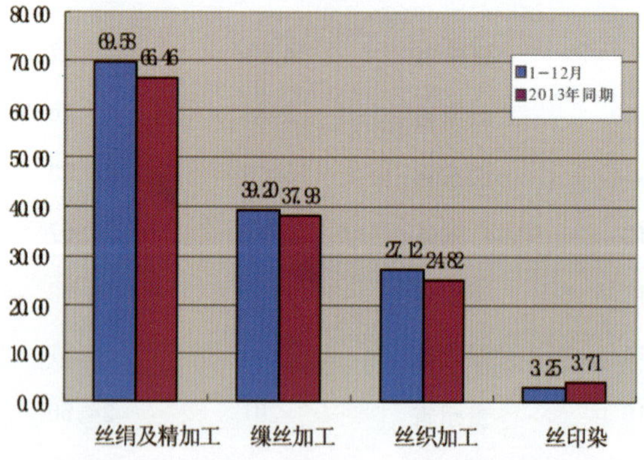

资料来源：国家统计局

图3 2014年丝绸工业利润增速情况

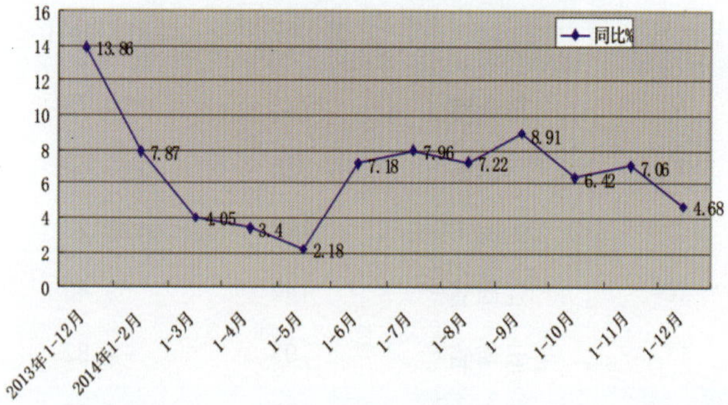

（三）行业经济下行压力加大

据国家统计局数据显示，2014年丝绢纺织及精加工行业亏损企业亏损总额2.94亿元，同比增长28.75%；企业存货143.2亿元，同比增长2.34%；企业营业费用同比增长8.57%，管理费用同比增长2.35%，财务费用同比下降4.192%，其中利息支出同比增长1.26%，见表5。

总体来看，2014年丝绸行业亏损企业亏损总额同比增长近30个百分点，较2013年增速变化达44.21%；行业亏损面12.96%，高于纺织行业平均亏损面11.51%，显示出整个行业经济下行风险和压力加大。

二、丝绸外贸出口情况

据中国海关统计，2014年全国真丝绸商品出口31.38亿美元，同比下降11.29%，见图4。丝类产品出口13384吨，同比下降了10.5%，出口金额6.15亿美元，同比下降8.21%，单价同比增长2.57%，其中生丝出口5579吨，同比下降6.07%，金额2.97亿美元，同比下降10.65%；真丝绸缎出口数量15624万米，同比下降6.84%，金额9.08亿美元，同

表5 2014年与2013年丝绸工业主要经济指标对比情况

序号	主要经济指标	2014年同比（%）	2013年同比（%）	增速变化（%）
1	利润	4.68	13.86	-9.18
2	主营业务收入	6.79	13.11	-6.32
3	主营业务成本	7.48	13.27	-5.79
4	三费支出	2.2	10.1	-7.9
5	利息支出	1.26	11.26	-10
6	亏损面	12.96	9.88	3.08
7	负债合计	7.40	11.02	-3.62
8	亏损企业亏损总额	28.75	-15.46	44.21

资料来源：国家统计局

比下降5.91%，单价增长1.04%，其中坯绸出口数量11996万米，同比下降6.06%，出口金额6.35亿美元，同比下降2.87%，单价同比增长3.52%；丝绸服装及制品出口16.16亿美元，同比下降15.11%，其中真丝绸服装出口9085万件（套），同比下降71.4%，金额10.25亿美元，同比下降21.61%，单价同比增长174.03%。出口的真丝绸服装中，针织服装出口数量同比下降81.58%，金额同比下降55.31%；梭织服装出口数量同比增长13.62%，金额同比增长8.38%，见表6。

图4 2014年真丝绸主要商品出口金额情况

（金额：万美元）

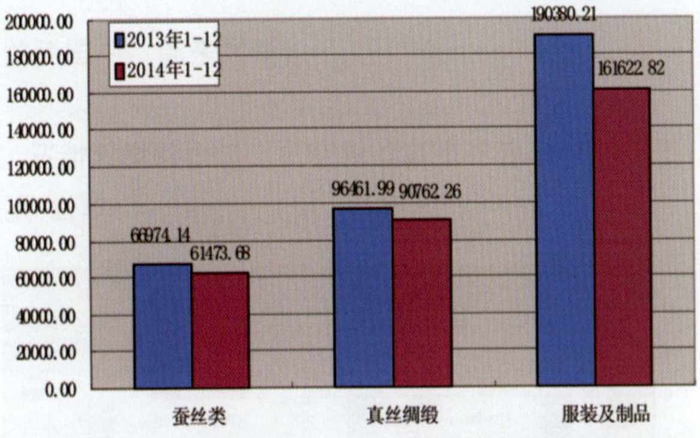

资料来源：中国海关

2014年，全国真丝绸商品出口主要呈现以下特征：

（一）丝绸商品出口金额大幅下降

据中国海关统计，2014年全国真丝绸商品出口31.38亿美元，同比下降11.29%。从出口金额单月数据看，如图5所示，除2月份受春节长假因素影响出口下降外，3、4月真丝绸商品出口金额逐步回升并趋于平稳，第三、四季度有所回落，到年底略有回升。但从全年真丝绸商品出口同比情况看，无论数量还是金额均出现了明显的下滑，可见全行业出口形势仍然不容乐观。

图5 2014年真丝绸商品出口金额同比情况

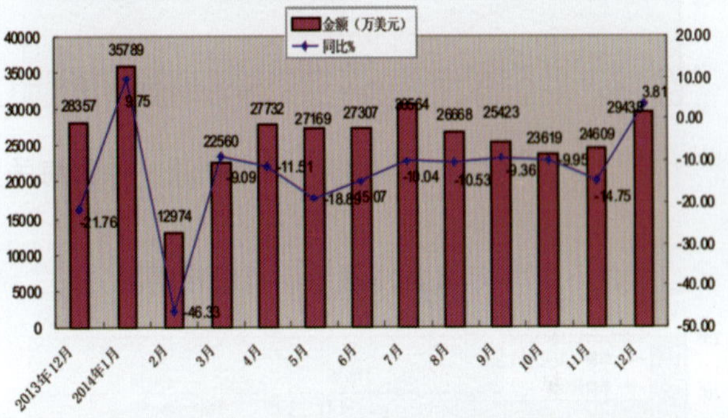

资料来源：中国海关

表6 2014年丝绸工业主要产品出口同比情况

	金额同比(%)	数量同比(%)	价格同比(%)
真丝商品	−11.29		
丝类	−8.21	−10.5	2.57
生丝	−10.65	−6.07	−4.88
绸缎	−5.91	−6.84	1.04
真丝服装	−21.61	−71.4	174.03
针织	−55.31	−81.58	142.86
梭织	8.38	13.62	−4.61

资料来源：中国海关

（二）真丝绸服装出口明显下滑

2014年，真丝绸服装出口数量和出口金额同比实现大幅下滑，出口数量和金额分别下降71.4%和21.61%。如图6所示。外贸订单萎缩，倒逼国内丝绸企业提高单件商品的附加值。2014年真丝绸服装出口单价同比持续走高，平均单价11.29美元，同比增长174.03%，见图7。

图6 2014年真丝绸服装出口数量、金额同比情况

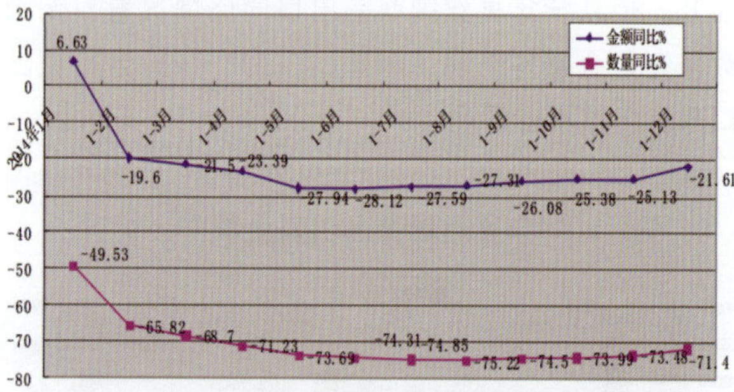

资料来源：中国海关

图7 2014年真丝绸服装出口价格情况

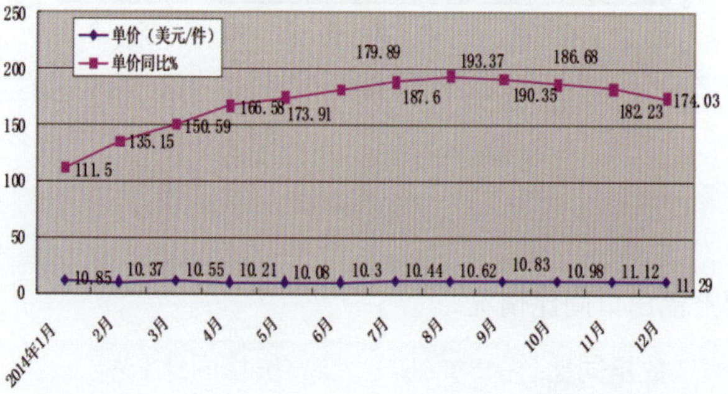

资料来源：中国海关

（三）主要省市出口下降趋势明显

根据2014年真丝绸商品出口金额各省市排名情况分析，如图8、图9所示，排名前十的出口省份，除了广东、青海、广西、重庆的出口金额有所增长外，浙江、江苏、上海、四川、山东、福建同比分别下降7.64%、15.54%、5.7%、14.21%、6.15%，1.62%，30.57%，下降趋势明显。浙江、江苏、四川、福建等省份出口下降幅度较大。2014年真丝绸商品出口金额，除了东部沿海外，中部和西部地区也出现不同幅度下降，整体下降趋势明显。

图8 2014年各省市真丝绸商品出口金额情况

单位：万美元

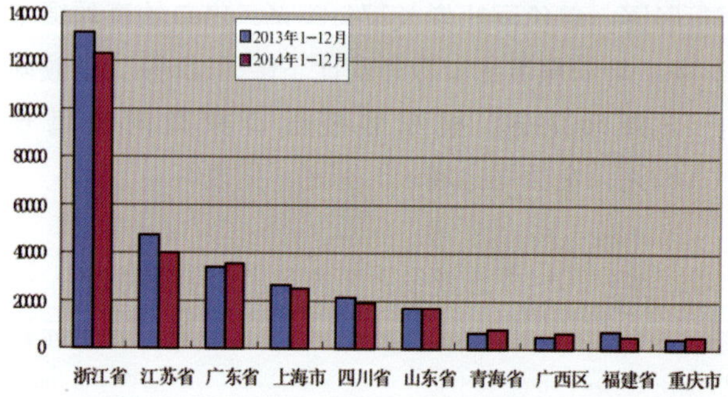

资料来源：中国海关

图9 2014年各省市真丝绸商品出口金额增速情况

单位:%

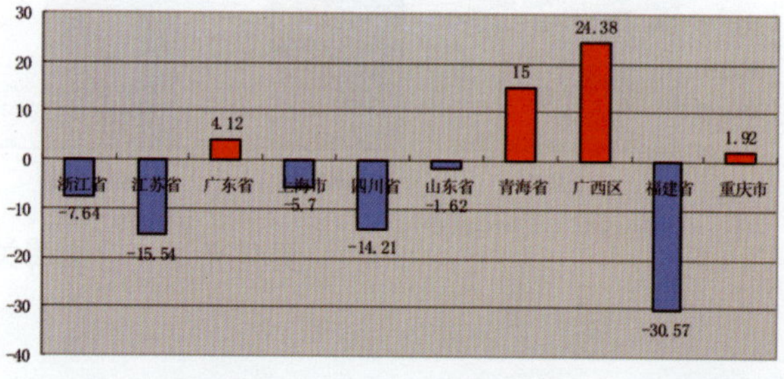

资料来源：中国海关

（四）对主销市场出口普降

2014年，国内真丝绸商品传统主销市场出口全面下降，其中出口美国53672.03万美元，同比下降9.59%，出口意大利29580.53万美元，同比下降3.79%，出口印度28067.58万美元，同比下降13.05%，出口日本和中国香港23163.61万美元和20825.96万美元，分别下降19.31%和21.28%。排名前十的国家和地区仅有德国实现小幅增长，出口金额14907.81万美元，同比增长4.59%，如图10、表7所示。

图10 2014年真丝绸商品主销市场出口金额同比情况

单位：%

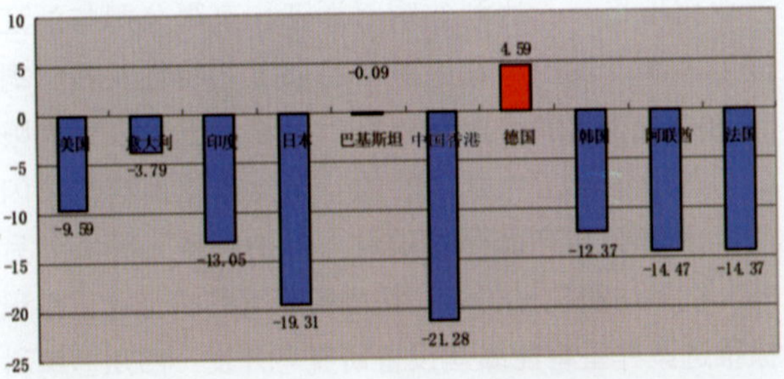

资料来源：中国海关

图11 2014年1～12月干茧价格走势图

单位：万元/吨

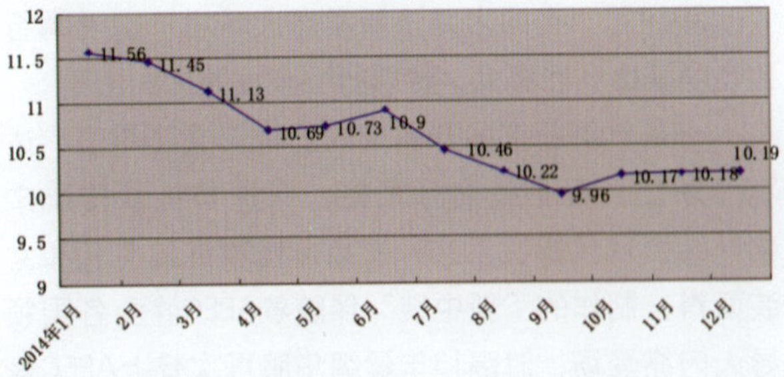

资料来源：嘉兴茧丝绸交易市场

三、茧丝市场情况

2014年以来，受国际市场需求不振，丝绸外贸出口受阻，生丝产品库存增大等因素影响，茧丝价格持续下行。11月下旬，受国家厂丝储备利好影响，茧丝价格逐渐企稳。截止到12月底，干茧和生丝价格分别较2013年同期下跌11.77%和12.12%。目前嘉兴市场茧丝价格分别为10.06万元/吨和31.4万元/吨，基本处于盘整格局，如图11、图12所示。

图12 2014年1～12月3A级生丝价格走势图

单位：万元/吨

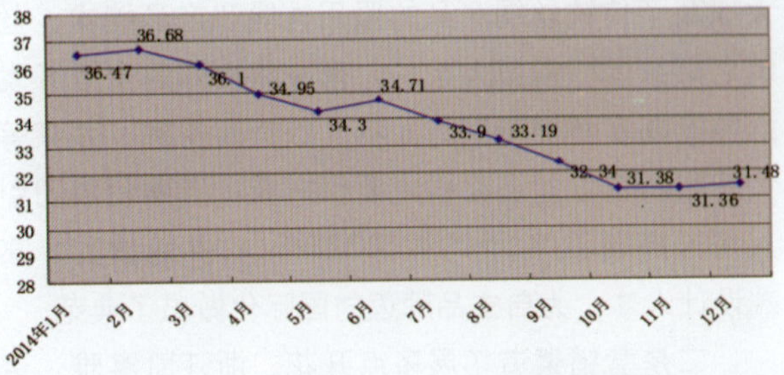

资料来源：嘉兴茧丝绸交易市场

表7 2014年真丝绸商品主销市场出口情况

排名	国家和地区	金额（万美元）	同比（%）
1	美国	53672.03	−9.59
2	意大利	29580.53	−3.79
3	印度	28067.58	−13.05
4	日本	23163.61	−19.31
5	巴基斯坦	22722.07	−0.09
6	中国香港	20825.96	−21.28
7	德国	14907.81	4.59
8	韩国	9304.86	−12.37
9	阿联酋	8292.53	−14.47
10	法国	7504.48	−14.37

资料来源：中国海关

四、行业发展亮点

2014年，在国内经济新常态大环境下，丝绸行业也涌现出一些亮点，值得行业高度关注：

一是丝绸新产品开发成效显著。吴江鼎盛、达利（浙江）等企业充分发掘、保护和传承传统文化，结合现代织造工艺开发高端优质真丝男装和女装面料，制作的“新中装”伴随着APEC峰会各国领导人闪亮登场，时隔13年丝绸华服再次登上APEC峰会历史舞台，赢得了世界的高度关注；浙江嘉欣丝绸、米赛等单位开发的丝针织系列服装，浙江金富春、江苏华佳等公司开发的真丝复合纤维面料，通过采用新材料、新工艺、新技术的研究和运用，大大提高了传统丝绸产品的服用性能和产品档次；丝绸之路集团、淄博大染坊、南充依格尔等企业开发的特宽幅真丝提花家纺面料，成为富安娜、罗莱等大牌家纺企业丝绸面料主要供应商；万事利集团引入法国高端品牌“MARC ROZIER”，并聘请国际高端设计人才，为自主品牌迈向国际化做出了典范。

二是营销渠道拓展多点开花。浙江凯喜雅、达利、万事利、嘉欣丝绸、丝绸之路等一大批丝绸骨干企业纷纷投资建立丝绸专营店，竭力打造规模化高端丝绸品牌新形象，有效地带动了企业产品销售增长。电子商务悄然成为内销市场新渠道，约有60%的丝绸企业已经在淘宝、天猫、京东商城等电商销售平台开设了品牌网店，35%的企业网上销售额超过500万元以上，初步估算全行业网上销售额超过10亿元，金三塔、万事利、鑫缘、欢莎等丝绸品牌，已成为丝绸产品网络销售的领军代表。其中，浙江嘉欣丝绸股份公司把高档丝绸标志质量认证作为产品重要卖点，2014年公司网络销售收入同比2013年增长20%以上。

三是行业科技进步加快。在2014年中国纺织工业联合会“纺织之光”科技进步奖评选结果中，苏州大学与吴江飞翔印染有限公司联合开发的“超临界CO_2流体无水绳状染色关键技术及其装备系统项目”获得二等奖；苏州大学与南通丝乡丝绸有限公司等单位开发的“面向中小型企业的服装定制智能生产系统项目”、万事利集团有限公司与浙江理工大学开发的“真丝绸装饰和文化艺术品的研发及其产业化项目”、达利丝绸（浙江）有限公司与浙江理工大学开发的“彩色茧丝色彩工艺特性及其丝绸产品关键技术和产业化项目”、浙江巴贝领带有限公司与浙江理工大学开发的“真丝提花面料花纹闪色技术研究与产品开发项目”分别获得三等奖。另外，杭州纺织机械公司、杭州天峰等纺机企业正在积极推进桑柞蚕智能缫丝设备研究与开发；四川丝绸科学研究院开发的桑皮纤维已取得重要突破，为拓展茧丝资源综合利用提供了新的方向；在“十二五”期间，真丝数码织造、计算机智能测配色、数码喷墨印花、缫丝废水零排放等先进技术在行业内得到大面积推广应用，企业生产效率和技术水平不断提高。

四是行业自律不断加强。2014年5月，针对毛脚茧泛滥的问题，在丝绸之路等龙头企业的积极呼吁下，浙江省丝绸协会、江苏省丝绸协会联合发文向两省蚕茧收购单位和缫丝企业发起不收毛脚茧的倡议。此次联合行动，对逐步改变蚕农从唯利向重质转变、引导缫丝企业自律发挥了积极而重要的作用。另外，经过行业各方十多年的长期呼吁，困扰缫丝行业多年的“高征低扣”问题终于取得了突破性进展。目前浙江省已经全面实行新的蚕茧等农产品进项税额核定扣除办法，江苏省也将于2015年1月1日起实行新税制，预计企业减少税费支出40%～50%，这将大大减轻缫丝企业的税赋压力。

茧丝绸行业发展面临的形势及2015年发展趋势展望

一、当前丝绸行业发展面临的形势

（一）行业发展面临的挑战

2014年，全行业经济运行基本平稳。但新常态下行业发展依然面临诸多挑战，主要有以下几个方面：

一是经济增长逐步减速换挡。伴随着内外市场环境和要素成本条件改变，行业经济总量增长已开始从高速向中速逐步转变。行业纤维加工量、工业增加值、出口总额、利润总额等指标，“十二五”以来增速均明显低于“十一五”时期，且到2014年均已减缓至个位数增长。“十三五”期间，行业总量增速仍存在放缓空间，但随着内需潜力的逐步释放、产业结构调整和转型升级的深化，行业仍有望继续保持平稳发展。

二是丝绸内外销形势复杂严峻。国际市场方面，2014年上半年世界经济复苏的态势弱于预期，下半年以来发达经济体持续复苏，美国经济增长强劲。但发达经济体经济增长总体仍较为疲软，短期内难以真正走出低谷，主要新兴市场经济体增速放缓。预计2015年世界经济将持续复苏，但难有大的改善。国内市场方面，坚持扩大内需仍是今后几年我国宏观调控政策的基本出发点，国内丝绸市场还有较大的增长空间，但无论国际和国内丝绸出口由于缺乏新的驱动力，短期内将难有好转。

三是丝绸面临多重纤维挑战。目前高品质生丝价格在38万元/吨左右，是化纤丝价格的15倍，棉纱价格的30倍左右。未来随着世界纺织科技的不断进步，石油价格的持续回落，蚕丝将不断受到价格相对低廉的棉花、化纤等多种纤维的剧烈冲击，丝绸在纺织纤维总量中的比重面临更大威胁和挑战。从全球范围看，预计未来茧丝原料供应增长空间十分有限，以生丝为基础的多元化真丝纤维复合材料将得到广泛应用，采取与多种纤维混纺交织的方法，改变丝绸的外观和内在品质功能，同时降低生产加工成本，将是今后丝绸产品发展的重要方向。

四是企业生产经营艰难成为新常态。一方面，由于通货紧缩，导致主要工业品价格下降，工业企业产成品存货持续回升且大幅高于主营业务收入增幅，同时库存周转率下降，企业去库存压力加大，经营效益普遍下降。另一方面，除了传统的资金、用工、土地、运输成本上升外，企业在结构调整升级如环保、技改和节能减排等方面的投入明显增加，企业转型升级难度加大。企业生产成本居高不下、开工不足、内外销市场疲软、生产经营困难、分化加剧，这都将成为今后丝绸行业发展新的常态。

五是生产要素比较优势削弱。随着我国劳动人口增长进入拐点，城乡居民就业偏好改变，使得劳动密集型行业的人力资源结构性短缺成为常态，用工成本连年快速提升，传统劳动力比较优势基本不复存在。同时，茧丝绸加工的周期性强，导致纤维原料供给的数量有限，企业生产刚性成本与缺乏竞争力的销售价格之间的矛盾时刻存在，如何有效破解要素制约和成本压力是行业面临的最大挑战。

六是行业节能减排形势日趋严峻。今后几年，各级政府部门将逐步提高工业企业污染物排放标准，监管范围还将逐步扩大，行政执法力度仍会继续加强，特别是2015年《缫丝工业污染物排放标准》过渡期即将结束，《纺织印染工业大气污染物排放标准》及《丝绸产品取水定额标准》也即将陆续出台，丝绸行业环保压力将更加突出。部分中西部地区缫丝企业、东北地区柞蚕缫丝企业还存在高耗能、高耗水、高排放的现象，节能减排任务非常艰巨，这将是“十三五”期间行业必须攻克的难题。

（二）行业发展重点

鉴于当前行业在原料供应、终端产品加工、产业布局、科技创新、企业转型升级等方面仍客观存在着诸多结构性的矛盾和问题，如何进一步“调结构、创品牌、促升级”，是未来一段时期行业亟需解决的课题，建议重点做好以下几个方面的工作：

一是积极拓展内销市场。针对内需消费结构升级加快，个性化、多元化取代数量扩张日益成为新的消费趋势特征，如何更好地满足消费者对丝绸产品时尚性、功能性、生态安全性、快捷消费等方面高品质要求，成为每个生产企业必须解决的课题。通过加强市场调研，推进上下产业链合作，消化吸收国际品牌运作经验，不断完善线上线下营销渠道，同时紧紧把握内销市场潮流趋势，加大对适销对路产品的研发设计力度，以差异化、个性化产品替代同质化竞争，以品牌优势赢得市场定价话语权，才能更好地适应内销市场发展的需要。

二是巩固扩大国际市场。随着国际竞争格局调整重构，国际竞争更趋激烈。当前我国丝绸行业成本比较优势显著下降，参与国际竞争的压力凸显，需要通过参与跨国研发设计、品牌渠道和原料及加工基地建设，以及技术、人才高水平引进等方式，加快培育和创造新的国际竞争优势，彻底改变过去主要依赖生丝、坯绸等原料性产品出口，逐步提高丝绸服装及制品等高附加值终端产品出口的比重，有效稳定传统丝绸国际市场份额。

三是坚持创新驱动行业转型升级。加强创新驱动是行业破解生产要素和资源环境制约，提升国际竞争力的根本途径，更是行业适应新常态发展的必然要求。一方面是技术创新，继续推进传统制造业与智能化、数字化、信息化的全面融合，从根本上解决影响产业高效发展的长期性、深层次问题。另一方面是模式创新，要把现代经营理念、经营模式融入到茧丝绸传统产业之中，特别是在商业模式创新上，丝绸行业还蕴藏着巨大的空间。另外，要在科技进步、产品开发、品牌建设、企业管理等重点领域加大投入，逐步完善创新体制和人才队伍培养机制，不断塑造企业核心竞争优势，使之成为驱动行业转型升级的新引擎。

四是主动适应行业经济发展新常态。丝绸作为传统民族产业，也是劳动密集型产业，随着“互联网+”、“智能制造”、“工业4.0”时代的逐步融合，未来行业发展低速稳定增长成为新常态。全行业要深入挖掘丝绸文化内涵，突出把文化传承、科技进步、品牌建设、人才培养等发展战略重点落到实处，有针对性地化解内在结构性矛盾，把握好国内外经济发展趋势和方向，努力从自身转型升级中获取更大的发展空间；同时，要紧紧抓住国家“一带一路”战略历史机遇，不断改革创新，增加内生“造血”功能，力争在新的历史阶段实现可持续发展。

二、2015年行业发展趋势展望

2015年是我国全面深化改革的关键之年，是全面推进依法治国的开局之年，也是稳增长调结构的紧要之年。在国内外经济发展新常态的大背景下，行业改革创新已经迫在眉睫。

综合国内外市场形势及行业发展实际情况看，预计2015年全国丝绸主要产品产量同比增长5%左右，外贸出口降幅有望逐步收窄，工业经济增速仍将继续维持个位数增长，上半年整个行业经济运行压力仍然较大。

（撰稿人：钱有清 刘文全 柳恩见）

麻纺织业

中国麻纺行业协会

增速减缓、结构调整、创新驱动是中国纺织经济在新常态下的显著特征。2014年，中国麻纺织行业也呈现出增速放缓、产品结构调整、投资减弱、内需市场有所扩大、出口市场稳定增长等特点。预计2015年麻纺织行业将延续增速放缓、调整巩固的“新常态”。

2014年中国麻纺织行业经济运行进入新常态

一、主营业务收入增速放缓，麻纺织大类产品结构调整

据国家统计局数据，2014年1～12月，全国292家规模以上麻纺织企业主营业务收入累计544.58亿元，较2013年514.79亿元同比增长5.79%，增速下降10.63个百分点；工业增加值增速为3.5%，低于纺织业的6.7%；而主营业务成本为476.10亿元，较2013年443.14亿元同比增长7.44%，增速下降9.23个百分点；累计实现利润总额31.64亿元，较2013年30.73亿元同比增长2.96%，增速下降28.48个百分点。由此可见，随着中国经济进入新常态发展，我国麻纺织行业也呈现了增速放缓的趋势。

与此同时，主要大类产品生产出现结构性调整趋势，亚麻布生产增速加快，而苎麻布呈现负增长。据统计局跟踪的亚麻企业生产数据，2014年1～12月，54家规模以上亚麻企业累计生产亚麻布（含亚麻≥55%）4.61亿米，同比增长13.69%，增速提高13.15个百分点，其中江苏为亚麻布（含亚麻≥55%）生产量最大省份，累计生产2.13亿米，占全国亚麻布生产比重约46.15%。苎麻布生产方面，跟踪的38家规模以上企业累计生产苎麻布（含苎麻≥55%）5.04亿米，同比下降10.75%，增速下降12.01个百分点，其中江西为全国苎麻布生产量最大省份，累计生产苎麻布（含苎麻≥55%）3.29亿米，占全国苎麻布生产比重的65.33%，由此可见，主要大类产品出现了结构性调整，亚麻产品逐步占据主导地位，而苎麻产品的生产减缓，分析认为，苎麻减产的主要原因在于生产设备陈旧落后、用工较多、环保压力大和优质原料减少。

二、固定资产投资负增长

根据国家统计局数据，2014年1～12月，纺织工业规模以上企业完成投资10362.53亿元，同比增长13.37%，其中，规模以上麻纺织企业累计完成投资110.68亿元，同比下降3.43%，增速回落了41.46个百分点，见表1。从上面数据可以看出麻纺织行业投资增速呈现负增长，不仅比纺织工业的增速低16.8个百分点，而且与2013年增速相比呈现显著下降趋势。投资的显著减少，将对麻纺织行业产生不利影响，尤其是设备相对落后的苎麻行业和黄麻行业。

三、内需市场创新扩大

中国麻纺织行业针对内需市场需求特点，加大调整麻纺织产品结构，延伸产业链，开发附加值高的麻类终端产品，促进内需市场发展。许多麻纺织企业都在大力开发内需市场适销产品，并且积极探索开拓内需市场的渠道，如电子商务、

表1 2014年规上麻纺行业固定资产投资情况（不含农户）

行业	实际完成投资（万元）	同比增长（%）	施工项目数（个）	同比增长（%）	新开工项目数（个）	同比增长（%）
全国纺织行业总计	103625322	13.37	18069	-0.09	13646	-0.52
麻纺织及染整精加工	1106777	-3.43	191	-18.38	134	-25.56
麻纤维纺前加工和纺纱	617340	0.70	101	-21.71	72	-25.00
麻织造加工	431159	-4.19	80	-8.05	59	-18.06
麻染整精加工	58278	-29.80	10	-44.44	3	-75.00

资料来源：国家统计局

工厂店、加盟店、体验店等都如雨后春笋般涌现，国内各大商场上也经常能看到高端时尚的麻纺织终端产品，专卖麻纺织产品的淘宝网店也开始火爆。值得一提的是有些棉纺织企业也在尝试棉麻混纺产品的开发，尤其是含麻量在30%以下的麻制服饰产销量增长较快。据测算，2014年麻纺织产品内销约占30%，同比提高7.14%，外销在巩固发展的基础上，在全国麻纺织产品销售中约占70%。

四、进出口稳定增长

据中国海关统计，2014年1～12月，全国麻纺织行业进出口累计总额27.52亿美元，比2013年22.34亿美元增长23.19%。

（一）进口稳定增长，麻原料为主要进口力量

据中国海关统计，2014年1～12月，全国麻纺织行业累计进口总额9.00亿美元，同比增长27.95%。

麻原料累计进口金额7.23亿美元，同比增长32.62%；麻纱线累计进口金额1.04亿美元，同比增长22.61%；麻织物累计进口金额6269.82万美元，同比增长0.11%；麻制品累计进口金额1099.25万美元，同比下降2.47%。2014年1～12月，麻原料累计进口数量81.16万吨，同比增长8.36%；麻纱线累计进口数量12.06万吨，同比增长22.04%；麻织物累计进口数量8403.90万米，同比增长62.29%。

从进口金额与进口数量的数据可以看到，麻原料为主要进口产品，占进口总金额的80.25%，并且一直保持稳定的增长趋势。主要进口种类是亚麻和黄麻原料，其中亚麻原料1～12月份累计进口数量为16.65万吨，同比增长18.32%，累计进口金额4.37亿美元，同比增长37.83%；黄麻原料累计进口数量为3.39万吨，同比下降44.34%，累计进口金额1852.66万美元，同比下降38.33%。从原料进口中可以看出，亚麻纺织企业生产加工形势比较好，对进口原料的需求逐年增加，而黄麻纺织加工行业受多方面影响逐步萎缩。

（二）出口巩固发展，麻制品为新兴出口拉动力量

据海关统计，2014年1～12月，我国麻纺织行业累计出口总额18.51亿美元，同比增长20.97%，出口巩固发展。

2014年 1～12月，麻原料累计出口数量5144.88吨，同比下降30.93%，出口金额1099.39万美元，同比增长10.27%。麻纱线累计出口数量3.99万吨，同比增长6.58%，出口金额

表2 2014年麻纺织主要产品出口情况表

月份	麻原料		麻纱线		麻织物		麻制品
	数量（吨）	金额（万美元）	数量（吨）	金额（万美元）	数量（万米）	金额（万美元）	金额（万美元）
1月	600	105	3662	2977	4196	12273	2567
2月	115	34	1543	1308	1266	4247	1198
3月	342	50	2799	2310	1662	5034	2382
4月	456	128	3021	2392	2031	6721	4562
5月	642	121	3881	3177	2254	7481	3825
6月	610	115	3266	2813	2431	9215	3410
7月	355	76	3030	2692	2981	10895	3283
8月	156	59	3861	3475	2285	7753	3292
9月	473	91	3565	3230	2536	9131	2762
10月	786	115	3705	3217	3385	11691	2937
11月	191	90	3576	3204	4027	13742	2841
12月	419	116	4037	3510	4283	15137	3331
合计	5145	1100	39945	34306	33337	113320	36390

资料来源：中国海关

3.43亿美元，同比增长10.28%。麻织物累计出口数量3.33亿米，同比增长7.31%，出口金额11.33亿美元，同比增长17.50%。麻制品累计出口3.64亿美元，同比增长48.60%，见表2。从出口金额与出口数量可以看出，不仅麻织物与麻纱线这两大出口主要产品实现了平稳增长，而且麻制品在出口金额中的比重也快速上升，成为新兴的主要出口拉动力量。

下面分别从麻纱线、麻织物和麻制品的出口情况进行详细分析。

在麻纱线出口方面，亚麻纱线与苎麻纱线是主要出口产品，2014年1～12月，亚麻纱线累计出口数量3.18万吨，同比增长10.99%，主要销往印度；苎麻纱线累计出口数量0.26万吨，同比下降4.58%，主要销往印度和韩国，苎麻企业应注意瞄准这两个新兴主流市场的需求变化，适时调整产品结构，增加企业效益。

在麻织物出口方面，亚麻织物与苎麻织物是主要出口产品，2014年1～12月，亚麻织物累计出口数量为1.55亿米，同比增长13.75%，主要销往孟加拉国和越南，呈季节性出口趋势，每年11月到次年1月达到出口高峰；苎麻织物累计出口数量1.44亿米，同比增长2.11%，主要销往中国香港和韩国，这两个市场波动式发展，且有与亚麻织物互补的趋势，既亚麻织物出口淡季时，苎麻织物出口达到旺季。

分析认为，印度、孟加拉国和越南的劳动力成本优势日益凸显，吸引了许多亚麻服装、家纺等终端加工企业进入，这是这些国家对我国亚麻纱线和织物的需求稳定的主要原因。

在麻制品出口方面，麻制床上用品、其他麻制装饰用品和麻制餐桌、盥洗及厨房用品是主要出口产品，2014年1～12月，麻制床上用品累计出口金额为1.83亿美元，同比增长8.4%；其他麻制装饰用品累计出口0.95亿美元，同比增长153.13%；麻制餐桌、盥洗及厨房用品累计出口0.63亿万美元，同比增长264.72%，见表3。

图1 2014年麻制床上用品出口国家和金额变化

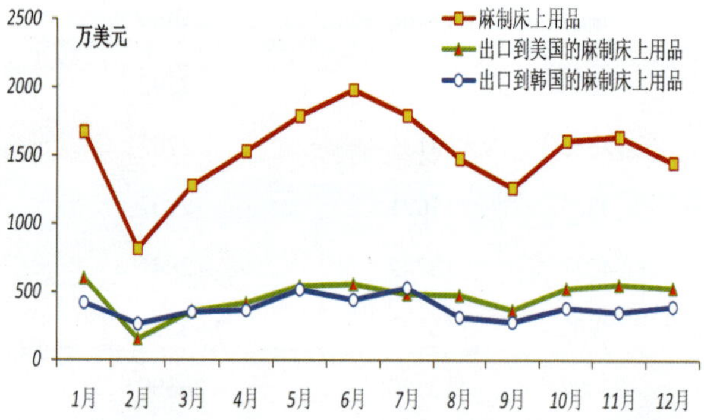

资料来源：中国海关

图2 2014年其他麻制装饰用品出口国家和金额变化

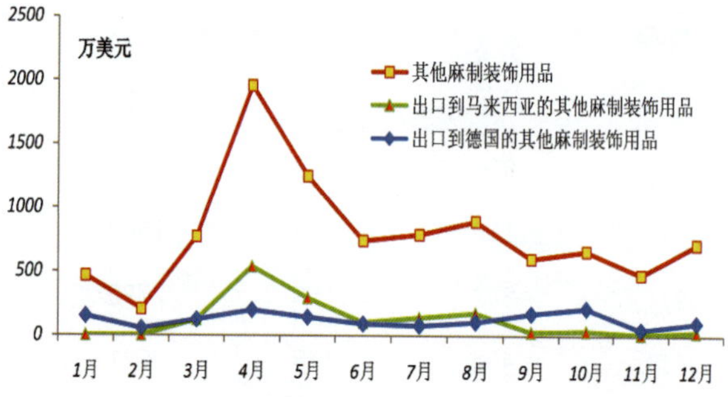

资料来源：中国海关

图3 2014年麻制餐桌、盥洗及厨房用品出口国家和金额变化

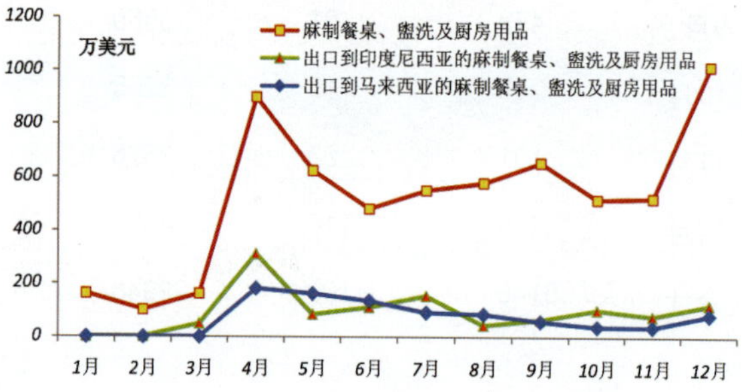

资料来源：中国海关

表3 2014年主要麻制品出口情况

商品名称	累计金额（万美元）	金额同比（%）
麻（棉）簇绒织物、装饰毯	157.04	-34.19
其他植物纤维绳、缆	1356.74	-2.79
亚麻油地毡	72.41	10.08
麻制床上用品	18294.28	8.4
麻制餐桌、盥洗及厨房用品	6261.53	264.72
其他麻制装饰用品	9512.60	153.13
包装用麻袋	700.35	65.67
麻制野营品	42.56	110.07

资料来源：中国海关

图1、图2和图3所示为麻制床上用品、其他麻制装饰用品和麻制餐桌、盥洗及厨房用品的出口情况。可以看出，2014年1～12月，麻制床上用品在6月份达到消费高峰，且重点销往美国和韩国，分析认为美国和韩国等发达国家的人民相对重视保健卫生，所以对具有清凉透气和抗菌环保等天然保健特性的麻制床上用品非常喜爱，尤其是6月夏季来临的时候。而其他麻制装饰用品和麻制餐桌、盥洗及厨房用品均在4月份达到出口高潮，且重点销往马来西亚、德国和印度尼西亚等国家，分析认为主要是受装修需求的影响。

（三）含麻服装出口持续增长

据中国海关统计，2014年1～12月，我国含麻服装出口总额283.65亿美元，同比增长13.07%；累计出口服装数量41.97亿件，同比增长9.07%。含麻服装出口数量与出口金额持续增长，这一方面是由于国际市场对含麻服装服饰的需求还在逐渐扩大。另一方面也是由于我国麻纺织时尚产品的宣传力度不断加大。

从中国海关数据可知，含麻服装服饰中以含30%亚麻的梭织女长裤（详细规格为57棉30亚麻8涤5聚胺酯梭织女长裤（休闲欧码A））和含12%亚麻的针织女式上衣（详细规格为72棉12亚麻8绢丝8腈针织女式上衣（长袖 亚麻/K72MWJ065））为主要出口品种，前者的主要出口市场为美国和日本，后者的主要出口市场为中国香港和越南。

近几年来，我国含麻服装服饰在全球最成熟、最重要的服装消费市场美国和日本都占有一席之地，尤其是含麻女长裤。这两个出口市场在经济危机后逐渐恢复，消费能力逐步上升。

从2012年下半年至2014年12月，中国香港和越南俨然成为含12%亚麻的针织女式上衣的最主要市场。分析认为，中国香港和越南都处于气候炎热的亚热带，对具有凉爽透气特性的含麻服装服饰，尤其是针织女式上衣情有独钟；而中国香港作为时尚之都，受近两年亚麻时尚文化推广的影响，掀起了一股“穿戴亚麻”的潮流；越南作为人口密集和服装文化的传递之地，对含麻服装的需求正与日俱增。

2015年发展建议

展望2015年，随着中国经济进入新常态发展时期，麻纺织行业发展虽然面临内需市场进一步扩大，出口需求巩固增长的良好机遇，但是也面临着用工等综合成本不断上升、投资减弱、环保压力不断加剧、国际环境动荡和人民币汇率波动等诸多风险和挑战。从总体上分析，麻纺织行业在2015年将延续增速放缓、调整巩固的“新常态”，预计2015年全国麻纺织规模以上企业累计实现主营业务收入550亿元以上，出口麻纺织产品及含麻服装等300亿美元以上，实现利润总额30亿元以上。麻纺织企业家要保持清醒的头脑，充分认识到前进道路上存在的风险，提高应变控制能力，适应新常态下的发展。

（撰稿人：罗玉成）

长丝织造业

中国长丝织造协会

2014年长丝织造行业经济运行情况

2014年，中国长丝织造行业步入增长速度放缓的新常态，企业在面对融资难、库存高、需求差、劳动力资源紧张等困难时，能够坚持优化产品结构、创新发展，及时调整、保护资金链，实现了全年行业经济的平稳运行。具体分析如下：

一、产量产值缓增长

2014年我国化纤长丝织物总产量为425亿米，同比增长1.19%，增速下滑5.14个百分点。据各主要产业集群地区统计，2014年全年，盛泽、长兴、秀洲、龙湖、泗阳、平望、七都、柯桥八地化纤长丝织物产量累计为298.71亿米，同比下降0.43%，工业总产值同比下降5.08%。从表1可以看出，除泗阳（新建工业园区）外，各地产量增速均较为缓慢，部分地区出现负增长，这表明，经过一段时间的高速发展，长丝织造产业开始步入缓增长的新常态。

二、出口市场全面放缓

（一）化纤长丝织物出口低增长

图1 2013～2014年我国化纤长丝织物出口情况

单位：万美元

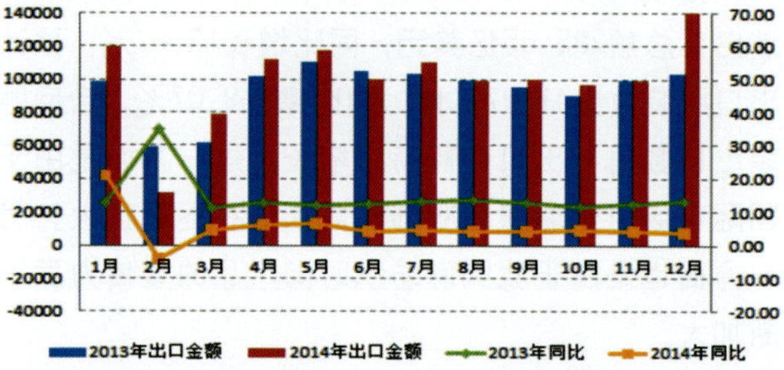

资料来源：中国海关

表1 2014年我国主要长丝织造产业集群化纤长丝织物产量表

集群名称	产量（亿米）	同比(%)
盛泽	86.32	−0.86
长兴	72.37	2.00
秀洲	38.46	4.45
龙湖	24.80	−5.33
泗阳	6.22	26.00
平望	48.00	−5.88
七都	6.00	−4.76
柯桥	16.55	−1.12
合计	298.71	−0.43

资料来源：中国纺织工业联合会产业集群

2014年，我国纺织织物出口增长缓慢。据海关统计，2014年，我国纺织织物累计出口370.63亿美元，同比增长3.33%，增速比2013年下降11.3个百分点。其中化纤长丝织物累计出口116.86亿美元，同比增长3.65%，增速比2013年下降9.5个百分点。全年来看，见图1，化纤长丝织物出口增速虽然偏低，但增长较为平稳。

（二）化纤长丝织物出口价格下降

据海关统计，2014年，我国化纤长丝织物累计出口113.32亿米，同比增长6.37%，增速下降4.81个百分点。出口平均价格为1.03美元/米，同比下降2.83%。长丝织物出口价格下降一方面是因为市场整体需求不足，加之原料价格下跌对产品价格预期有一定的影响。另一方面，随着亚非地区其

表2 2014年我国长丝织物累计出口情况表

	出口金额(亿美元)		出口数量(亿米)		平均价格(美元/米)	
	数值	同比(%)	数值	同比(%)	数值	同比(%)
长丝织物	116.86	3.65	113.32	6.37	1.03	-2.83
涤纶长丝织物	102.3	2.66	99.11	6.06	1.03	-3.74
锦纶长丝织物	3.4	9.42	8.55	9.42	1.35	1.5

资料来源：中国海关

表3 2014年我国化纤长丝织物主要贸易地区出口情况表

国家或地区	累计金额(亿美元)	金额同比(%)	累计数量(亿米)	数量同比(%)	平均价格(美元/米)	价格同比(%)
欧盟	12.34	14.64	10.69	16.55	1.2	1.52
越南	7.83	23.97	6.33	14.97	1.24	7.83
阿联酋	6.94	-26.83	5.39	-17.55	1.29	-11.25
巴西	5.90	-4.10	7.76	0.81	0.76	-4.87
印度尼西亚	5.79	17.63	6.04	15.33	0.96	2.00
巴基斯坦	5.74	10.33	3.46	26.61	1.66	-12.85
俄罗斯	3.62	-1.69	3.60	-5.54	1.01	4.07
贝宁	3.39	78.25	3.31	84.57	1.02	-3.42
马来西亚	3.32	-5.57	2.70	-11.73	1.23	6.98
美国	3.21	-1.64	2.89	-13.22	1.11	13.34
全球汇总	116.83	3.66	113.30	6.37	1.03	-2.55

资料来源：中国海关

他国家化纤长丝织造产业的快速发展，对我国形成了强有力的竞争，尤其是在劳动力成本上比我国更具优势，我国长丝织物被迫降价。即便如此，随着行业的发展和国内劳动力成本的上升，我国会逐步退出一部分低端市场。

具体产品来看，见表2，2014年，我国涤纶长丝织物累计出口102.3亿美元，同比增长2.66%，增速比2013年下降10.4个百分点，价格同比下降3.74%；锦纶长丝织物出口额为3.4亿美元，同比增长9.42%，增速比2013年下降4.22个百分点；平均价格为1.35美元/米，同比增长1.5%。

（三）国际市场竞争激烈

从主要贸易地区来看，见表3，2014年我国化纤长丝织物各主要出口市场变化较大。一是对阿联酋、巴西、马来西亚、美国出口金额下降，其中对阿联酋出口是量价齐跌，对马来西亚、美国出口则是量跌价增；二是受下游产业转移影响，越南、印度尼西亚、贝宁三国对我国化纤长丝面料的需求量增长较快，尤其是对贝宁出口额同比增长78.25%。

（四）长丝织物进口持续减少

2014年我国长丝织物进口延续了2013年的负增长，全年累计进口额18.78亿美元，同比下降5.11%。其中，涤纶长丝织物进口8.63亿美元，同比下降了8.66%；锦纶长丝织物进口5.75亿美元，同比增长1.5%。

由于国内化纤织造工艺日趋成熟完善，使得我国对长丝织物进口依存度降低。但长丝织物进口价格始终高于出口价格，且价格差逐年扩大。这表明国内市场对长丝织物产品的质量、性能、工艺等仍有更高要求。

三、内销市场持续低迷

2014年我国化纤长丝织物内销市场持续低迷，尽管价格已经逼近成本线，但市场日成交量从5月起一路下滑，见图2。淡季来得更早，持续时间更长；旺季来得更晚，持续时间也更短。

从图3可以看出，2014年长丝织物市场价格进一步下调，市场信心也一路下滑，年底略有好转。

图2 2014年东方市场成交量情况

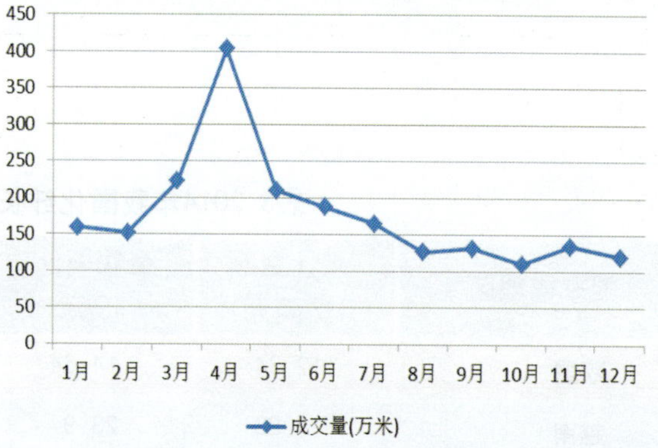

资料来源：中国绸都网

表4 2014年我国主要长丝织物累计进口情况表

名称	进口数量（亿米）		进口金额（亿美元）		平均价格（美元/米）	
	数值	同比(%)	数值	同比(%)	数值	同比(%)
长丝织物	9.82	−10.22	18.78	−5.11	1.91	5.52
锦纶长丝织物	3.48	−5.49	5.75	1.5	1.65	7.14
涤纶长丝织物	4.27	−12.27	8.63	−8.66	2.02	4.12

资料来源：中国海关

图3 2013～2014年化纤长丝面料景气、价格指数走势图

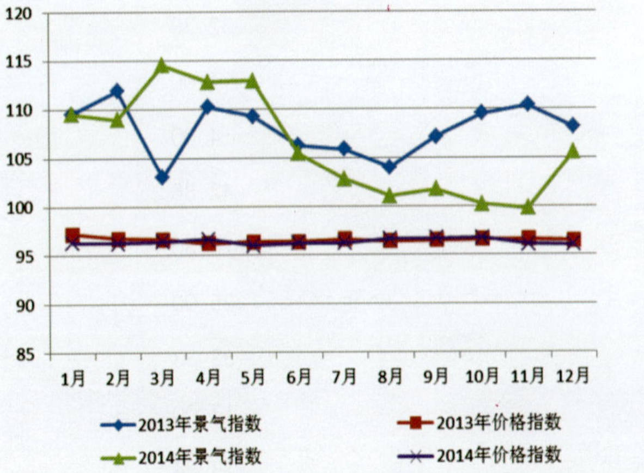

资料来源：中国绸都网

具体来看，见图4，轻型女装面料和休闲装类面料价格全年平稳，仿真丝面料受季节影响略有波动，由于这一类产品的价格几乎无利润可言，因而价格调整空间不大，市场需求却并未因低价而有所起色，产品库存加大；功能性面料在户外运动领域市场较好，羽绒服面料应季走畅，但价格比2013年有所下降。商务装面料下半年以来价格深度调整，箱包布价格更是从年初的16.54元/米下降到12.57元/米，下降幅度达到24%。

图4 2014年长丝面料价格趋势图

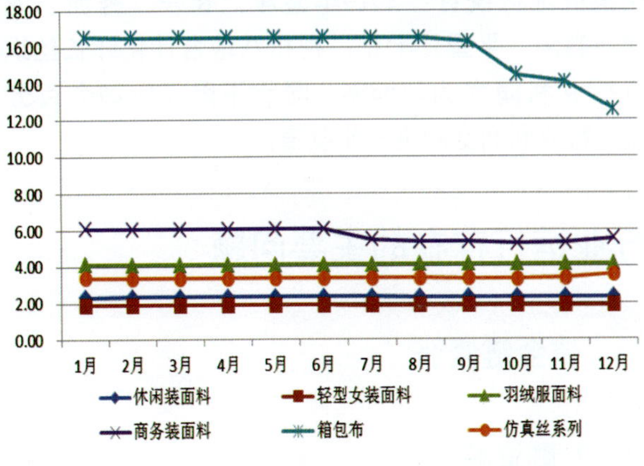

资料来源：中国长丝织造协会

四、原料价格下滑

图5 2014年我国化纤长丝及棉花价格走势图

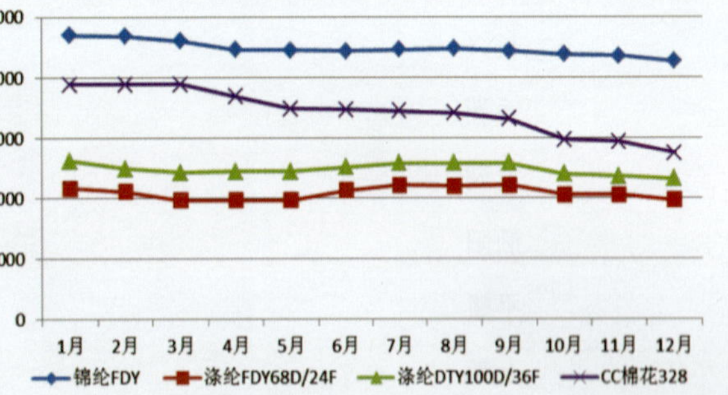

资料来源：中国纺织经济信息网

2014年以来，受新棉政策与国际原油价格大幅下跌的影响，我国化纤长丝价格出现下滑趋势。2014年3月，我国结束了最后一轮棉花收储，此后国内棉价立即进入下调通道，9月棉花新政推出后，棉花价格进一步下滑，到12月基本回归市场，但与国际市场接轨仍有待时日。受此影响，3月以来化纤长丝价格开始下滑。四季度开始，国际原油价格大幅跳水，导致化纤原料PX、PTA价格走低，化纤长丝价格继续回落。按照买涨不买跌的心理，上游原料价格进入下调通道时，市场会压低产品价格，这对本已在盈亏边缘的长丝织物而言更是雪上加霜。

五、投资更加谨慎

据国家统计局统计，截止2014年底，我国化纤长丝织造行业实际完成投资额378.23亿元，同比下降9.32%。施工项目数同比下降23.77%，新开工项目数同比下降27.47%。全年来看，面对可能的经营风险，行业投资更加谨慎。表5是长丝织造集群地区实际完成固定资产投资情况表。泗阳投资增长较快主要是由于2013年建成的中国泗阳化纤长丝面料产业园已有多家企业投资建厂并陆续投产；柯桥投资增长较快，主要用于产业链延伸，提高印染加工与后整理装备水平以及规范污水处理系统。

表5 2014年我国长丝织造集群地区实际完成固定资产投资情况表

集群名称	实际完成固定资产投资额（亿元）	同比(%)
盛泽	46.75	-32.39
长兴	32.86	-4.00
秀洲	6.25	4.00
龙湖	1.20	-42.86
泗阳	15.83	16.80
平望	21.00	-25.00
七都	2.00	-33.33
柯桥	31.78	17.00
合计	157.67	-13.94

资料来源：各地经济部门统计

六、行业经济下行压力较大

据国家统计局统计，2014年，我国规模以上化纤长丝织造行业亏损企业累计亏损额为35017万元，同比增长53.45 %；亏损面达到11.75%，比2013年扩大1.36个百分点；主营业务收入累计为915.86亿元，同比增长2.79%，增速比2013年下降了9.14个百分点；利润总额累计为43.23亿元，同比增长3.35%，增速比2013年下降了12.07个百分点。从图6可以看出，2014年下半年以来，长丝织造行业收入、利润增长速度明显下滑。

图6 2014年我国化纤长丝织造行业主要经济指标增长情况（规模以上）

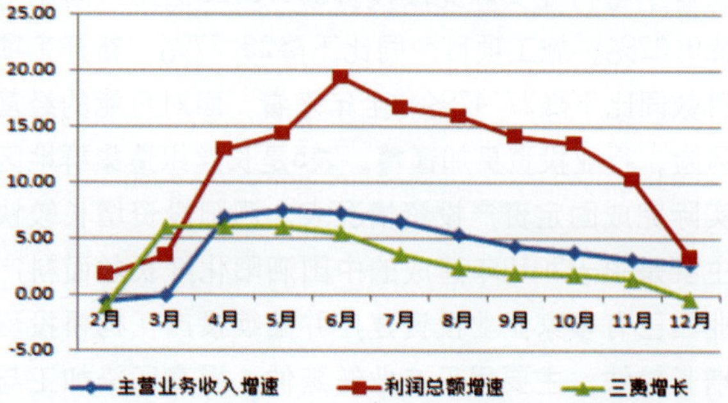

资料来源：国家统计局

另据各产业集群地区统计，2014年盛泽、长兴、秀洲、龙湖、泗阳、平望、七都、柯桥八地合计化纤长丝织造规模以上企业主营业务收入同比下降5.1%，利润总额同比下降9.18%。

2014年，我国化纤长丝织造产业营业利润同比增长3.53%，见表6，但非主营业务利润仅仅从亏损0.62亿元增长到亏损0.47亿元，没有根本性转变，这从一个侧面表明受经济大环境影响，企业在长丝织造主业以外的投资面临更多困难。

2014年，我国化纤长丝织造行业利润率为4.72%，比2013年增长了0.03个百分点；另据各产业集群地区统计，2014年盛泽、长兴、秀洲、龙湖、泗阳、平望、七都、柯桥八地合计化纤长丝织造行业利润率为3.83%，同比下降了0.24个百分点，行业利润空间进一步收窄。

行业运行存在的主要问题

一、资金链紧张

（一）融资难

1.银行贷款难得

表6 2014年我国化纤织造行业主要经济指标汇总表（规模以上）

指标名称	2014年（亿元）	2013年（亿元）	同比±（%）
主营业务收入	915.86	891.04	2.79
主营业务成本	818.86	796.09	2.86
税金合计	23.92	20.87	14.61
三费合计	49.01	49.22	0.43
营业利润	43.70	42.21	3.53
利润总额	43.23	41.83	3.35

资料来源：国家统计局

受国内金融体制制约，地方银行并不能对企业发放长期贷款。但企业需要用于更新设备、技术改造等的资金周转周期往往在三年以上。企业若需申请长期贷款，就要到总行办理审批，但成功率很低。不能得到总行的长期贷款批准，企业只能依靠地方的一年期短期贷款。使用短期贷款费用高、风险大，一方面是技改项目往往未见成效就需要东拼西凑还贷款，加大资金周转压力；另一方面银行随时会根据企业短期经营情况调整放贷数额，并通过开承兑汇票、规定定期存款数额等方式限制再放贷规模，有的甚至拒绝再放贷。这对技改项目进行了一半，急需资金周转的企业来说打击较大。

2014年下半年起，国家实施了较为宽松的货币政策，增加银行放贷量，并于11月22日起下调存贷款基准利率，但实际用于支持纺织业的有效贷款仍十分有限。

2.担保风险大

2014年，企业因争取银行贷款而进行“联保”所引发的问题日益突出，一些本来正常经营的企业正经历着因“担保”问题而背上巨额债务甚至被拖垮的风险；而那些本已无法继续经营的企业因为“被担保”而不敢轻易破产，苦苦支撑，造成了资源的浪费。

2014年下半年起，为帮助优质企业不被担保企业“拖累”，保障企业资金周转顺畅，江苏吴江区政府积极采取有效政策，在与银行充分沟通协商的同时，提供“调头资金”，帮扶有条件的困难企业度过难关，并在政府的引导下实现产业转型和升级再造。这虽然有助于解决一时的风险，但并不是长久之计，建议优质企业尽量避免卷入“担保”风波。

（二）库存风险严峻

图7 2013～2014年我国化纤长丝织造行业产成品库存情况（规模以上）

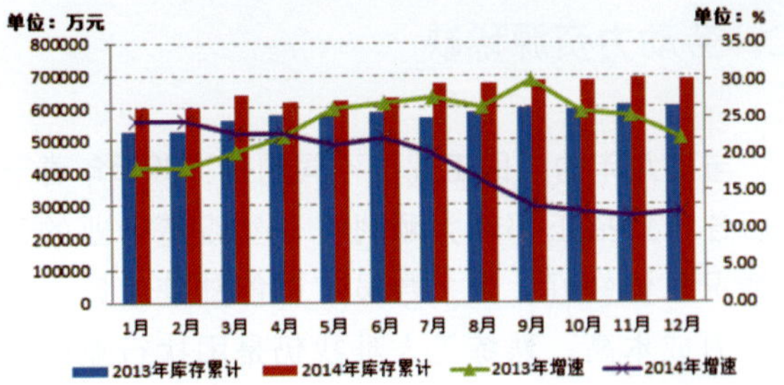

资料来源：国家统计局

据国家统计局数据显示，2014年，我国化纤长丝织造规模以上企业产成品库存达到68.67亿元，同比增长12.19 %。尽管与2013年的高增长相比，2014年以来库存增速一路下滑，但这是企业通过调整生产来为库存减压，库存基数依然庞大并持续增长。

据各产业集群地区统计，2014年全年，盛泽、长兴、秀洲、龙湖、泗阳、平望、七都、柯桥八地合计化纤长丝织造规模以上企业产销率为98.55%，同比下降0.38个百分点。销售不畅，增加了库存积压的风险。也就是说，通过市场消耗的库存十分有限。2014年下半年以来，上游原料价格深度调整，下游需求对产品的预期价格下调，库存风险进一步加剧。年底，一些企业放弃价格，努力消化库存，取得了一些效果。2015年春节后仍在积压的库存主要是2012年下半年以来陆续积压的陈旧产品，这部分库存短期内难以彻底消化。

（三）应收账款增加

应收账款的增加加剧了企业经营风险，2014年长丝织造规模以上企业应收账款累计达120.77亿元，同比增长7.39 %。多数企业的应收账款回款期限超过3个月，有的甚至在半年以上。2015年春节前，由于下游服装企业销售不畅，国内一些品牌企业不能如约结清欠款，加大了织造企业的资金链风险。春节后，由于担心再次收不回货款，一些有条件的企业开始缩小国内订单数量，积极开拓出口市场。

二、劳动力资源稀缺

与前几年的“民工荒”不同的是，2015年春节过后各行业招工都较为顺利。长丝织造行业的开工情况总体较好，大多数员工都能陆续回厂。但劳动力成本高、熟练工人难找仍是困扰行业的主要问题。

近年来，织布工人的工资直线上升，王江泾、平望和龙湖等地区8小时织布工的平均工资已从2013年的月3500元/人上升到月4000元/人以上。企业为了吸引员工，除了高工资以外，也在改善住宿环境、文化设施等方面做了很多努力，但员工追逐高工资而跳槽的情况时有发生，员工对企业忠诚度不高。由于工作环境噪音高、劳动强度大，80、90后青年人不愿走进车间，现在工人的平均年龄明显偏大，行业持续发展出现用人危机。近年来，由于我国从国家到民间都更加重视高等教育而忽略专业技能人才培育，致使专业技能人才十分匮乏，未能给纺织行业延续新生力量。此外，随着“人口红利”的消失，纺织女工更加难招，部分地区已出现男工代替女工的情况。劳动力稀缺已成为必然而长期的问题。

三、环境保护压力大

2014年夏天浙江水域锑含量超标致使江浙多地区对纺丝、染整和喷水织机采取限产停产措施，进一步加大了行业环保压力。按照《太湖流域水环境综合治理总体方案（2013年修编）》近期目标要求，到2015年，万元工业增加值用水量较2010年下降幅度江苏省为30%，浙江省为27%，上海市为30%。我国长丝织造产业主要集中在环太湖及东部沿海地区，这些地区的环保压力与日俱增。

由于长丝织造产业主要的织造设备是喷水织机，在织造过程中会产生一定的污水，受到当地环保部门的严控，在一定程度上制约了产业的发展。但实际上，与印染废水相比，喷水织机的废水主要是一些油剂（纺丝油剂，一般含油率1%~3%左右）和浆料（主要是聚丙烯酸酯类），且用水量较少，污水相对比较容易处理，目前通过中水回用等技术，很多企业都可以做到60%~90%的废水回用。

2015年长丝织造行业发展趋势

一、国际市场更加复杂

经过2014年的强势回归，2015年，已经恢复元气的美国将为继续稳固世界霸主地位，并对其他国家和地区实施更多干预，全球政治经济局势更加复杂。

对长丝织造产业而言，美国市场是全球市场的风向标。据美国商务部纺织服装办公室数据显示，2014年美国从全球进口化纤长丝织物金额同比增长8.55%，其中轻薄类长丝织物（家用服饰类）同比下降4.81%，来自中国的该类产品占比从2013年的47.07%下降到42.94%，但美国从韩国进口的轻薄类长丝织物同比却增长了11.9%，占比从2013年的19.78%提升至23.25%。不仅如此，韩国产品的进口价格略高于我国产品，这表明，韩国依然是我国强有力的竞争对手。

此外，美国从全球进口厚重类长丝织物金额同比增长13.77%，来自中国的该类产品占比从2013年的19.2%增长到20.04%%，美国该类产品进口增长额中的46%是从印度市场补充的，26%是从中国市场补充的。这表明，随着美国本土制造业的全面恢复与发展，美国对厚重类长丝织物方面的需求量有所增加，同时也对中国该类产品的质量表示认可。

受国内市场不景气影响，2015年春节后，有条件的企业陆续转向国际市场。但由于国际政治局势复杂，欧盟、新兴市场等地区货币贬值严重，国际客户虽然需求较大，但只敢分批次的下一些短期的、小批量的订单。国际市场全面走强还需要时日。

二、国内市场难有改善

2015年，中国将面临更多的困难与挑战，但经济基本面不会改变。据国际货币基金组织测算，2014年中国经济对世界经济增长的贡献率高达27.8%，世界经济论坛主席施瓦布则预计，2015年中国仍可能是对全球经济增长贡献最大的国家。中国政府将继续实施积极的财政政策和稳健的货币政策，更加致力于结构性改革上。

对长丝织造企业而言，2014年走得并不容易。面对错综复杂的国内外环境，行业的发展除了坚持更需要勇气与智慧。中国经济提质、增效和升级，为行业发展提供了广阔的平台，但经济增速换档期必须要经历的阵痛也是在所难免。2015年，长丝织造企业的头等大事是保护好资金链，无论是越收越紧的银行贷款、庞大的库存，还是回收困难的应收账款以及不断上涨的各项费用和必须面对的节能减排压力，以及持续走低的原油价格，都对企业形成较大的资金压力。预计国内市场短期内不会有明显改善，长丝织造产业必须迎难而上、积极调整，只有真正从量的扩张转变到质的提高，才能在多变的环境中生存、壮大、做强。

三、原料市场变数多

尽管2014年国家取消了持续三年的棉花收储政策，并给种棉农民实施补贴，推动棉花价格与市场接轨，但国内棉花市场形势并不明朗。这一方面是因为受棉花价格下调影响，预计2015年春播面积仍有小幅下滑；另一方面由于滑准税的存在，国内棉价很难真正与国际棉价接轨。棉花走势的不明朗牵动着整个纺织原料市场。

2014年受原油价格大幅下调的影响，化纤长丝的价格进入下降通道。但2015年国际政治局势复杂，国际油价变数难测，对 PTA价格也会产生较大影响。此外，随着“十二五”规划收尾，化纤产能结构调整步伐加快，长丝价格有上升空间。

2015年长丝织造行业发展应对措施

一、创新管理，坚持效益优先

当前，企业应更加重视企业管理，坚持效益优先，努力实现投入产出最大化。在用工上，可通过技术管理，提高看台率，工人数量；还可以通过人性化管理，稳定职工队伍，继而提高产品品质。管理的对象是人，节约的是成本，产出的是效益。管好了职工，就是管好了生产，管住了产品的质量。

二、创新服务，引领时尚

2014年以来，一些织造企业开始向下游尝试，做一些面料销售的创新服务，取得了很好的效果。面对新形势，企业不能局限于等订单或代加工，应主动出击市场，引领时尚消费。越来越多的长丝织造企业意识到，要充分发挥产业链优势，把上游长丝的科技成果转化到面料中，并通过提升印染后整理技术提高面料的档次，更要把面料的科技与艺术向下游服装、家纺产品传递，从设计风格到实用性，提供个性化定制及流行趋势引导。不仅仅向下游宣告我们能做什么，而是我们创造了什么，从长丝的选择到面料的开发，所有的一切都要在终端产品表现出来，实现产品开发的真正意义。

三、创新思路，走差异化道路

对于长丝织造行业而言，2014年走得很艰难，但也不乏表现出色的企业。一些生产色织类大提花面料的企业，因为产品从原料选取到织造工艺都与普通大路货有很大差异，产品独特，附加值高，抵御市场风险的能力大大加强。要通过大力研发，用技术引领消费，用产品创造需求，为企业注入真正的生命力。

四、创新发展，鼓励转型升级

随着装备制造业水平以及自动化技术的飞速发展，纺织服装行业的自动化水平也在快速提升。自动化水平的提高不仅可以提高产品品质也大大降低了用工，节约成本。全新的整浆并设备、全自动穿经设备、自动化程度更高的全新无梭织机、全自动检测设备等正在为行业技术进步提供有力保障。

此外，尽管喷水织机是最适合化纤长丝织造特别是涤纶长丝织造的设备，但是也有一定局限性。特别是在新型纤维不断发展、市场对多种纤维交织以及长丝短纤交织的品种需求不断增加的今天，喷气织机、剑杆织机的技术优越性更为显现。在综合考虑环保、能耗、以及电力供应的前提下，在装备上应提高喷气织机和剑杆织机的占比，依靠先进装备水平提升行业的产品开发、生产能力，提升全行业的产品适应性。

（撰稿人：黄潇瑾）

印染业

中国印染行业协会

2014年印染行业经济运行情况

2014年，印染行业主要运行指标实现增长，增速有所放缓，总体运行基本平稳。经济运行主要呈现以下特点：

一、产量增速持续负增长

2014年1～12月份，规模以上印染布产量536.74亿米，同比减少2.50%。1～12月份，浙江、江苏、福建、广东、山东等东部沿海五省产量507.43亿米，占全国总产量的94.54%。五省中浙江、广东和山东省印染布产量同比分别下降2.02%、7.75%和7.34%；江苏和福建省印染布产量同比分别增长5.47%和0.77%，见表1。

图1 2011～2014年规模以上印染企业印染布产量同比增速情况

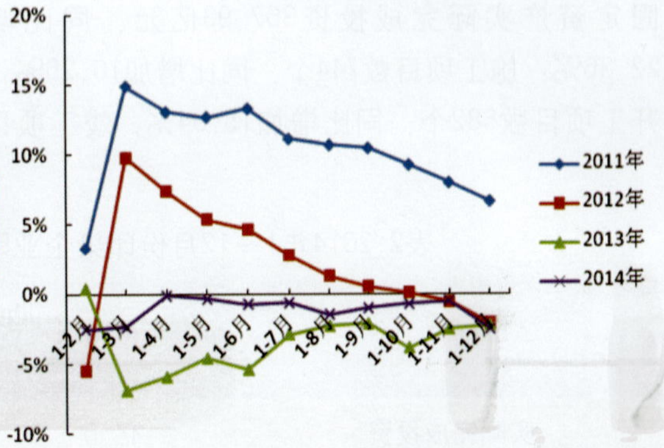

资料来源：国家统计局

2014年1～12月份，规模以上印染企业印染布产量增速较2013年同期下降0.29个百分点，全年增速保持在-0.1%～-2.5%。2014年印染布产量降幅虽然比2013年有所收窄，但仍未突破负增长。“十二五”以来，印染布产量增速明显回落，2012年开始已连续三年负增长，如图1 所示。实际上，印染

表1 2014年1～12月份主要省市印染布生产情况

产地	单位	全国	浙江	江苏	福建	广东	山东	五省合计
产量	(亿米)	536.74	324.02	63.6	47.27	42.46	30.08	507.43
同比	(%)	-2.50	-2.02	5.47	0.77	-7.75	-7.34	
占全国比重	(%)	100	60.37	11.85	8.81	7.91	5.60	94.54

资料来源：国家统计局

行业已经不是国民经济新常态的中高速增长，也不是整个纺织工业中速增长的新常态，而是进入了负增长的“新常态”。

二、固定资产投资增速较2013年有所回落

2014年1～12月份，印染企业500万元以上项目固定资产实际完成投资367.93亿元，同比增加22.36%；施工项目数744个，同比增加16.25%；新开工项目数582个，同比增加15.94%；竣工项目数589个，同比增加36.03%。其中，棉印染精加工企业的实际完成投资额、施工项目数、新开工项目数及竣工项目数增速均高于化纤织物印染精加工企业，同比增长分别达32.09%、19.87%、20.94%和46.81%，见表2。

2012～2014年，印染企业500万元以上项目固定资产实际完成投资同比增速连续三年都在20%以上，如图2所示。2014年1～12月，实际完成投资增速较2013年同期回落4.29个百分点。

表2 2014年1～12月份印染企业500万元以上项目固定资产投资情况（不含农户）

项目	单位	棉印染加工		化纤织物印染精加工	
		数值	同比（%）	数值	同比（%）
实际完成投资	亿元	292.75	32.09	75.17	-4.92
施工项目数	个	537	19.87	207	7.81
新开工项目数	个	410	20.94	172	5.52
竣工项目数	个	414	46.81	175	15.89

资料来源：国家统计局

表3 2014年1～12月份印染行业运行效益指标

印染企业	三费比例（%）	同比（百分点）	成本费用利润率（%）	同比（百分点）	销售利润率（%）	同比（百分点）
规模以上印染企业	5.96	0.13	5.32	-0.09	5.04	-0.07
棉印染精加工	5.83	0.13	5.33	-0.09	5.05	-0.07
化纤织物染整精加工	8.5	-0.25	5.13	0.03	4.88	0.01
印染企业	产成品周转率（次/年）	同比（%）	应收账款周转率（次/年）	同比（%）	总资产周转率（次/年）	同比（%）
规模以上印染企业	26.73	-0.65	10.72	-0.62	1.36	-3.47
棉印染精加工	26.71	-0.65	10.88	-0.84	1.39	-4.04
化纤织物染整精加工	27.16	-0.69	8.29	4.6	0.91	6.95

资料来源：国家统计局

图2 印染企业实际完成投资额情况

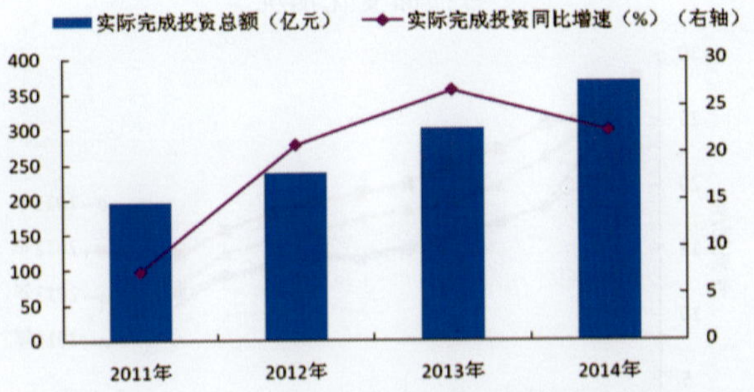

资料来源：国家统计局

三、总体效益有所回落

（一）盈利能力下滑

2014年1～12月份，规模以上印染企业三费比例5.96%，同比增长0.13个百分点，其中，棉印染企业为5.83%，低于化纤织物印染企业2.67个百分点。成本费用利润率5.32%，同比下降0.09个百分点；销售利润率5.04%，同比下降0.07个百分点。产成品周转率26.73次/年，同比下降0.65%；应收账款周转率10.72次/年，同比下降0.62%；总资产周转率1.36次/年，同比下降3.47%。

图3 2011～2014年规模以上印染企业销售利润率情况

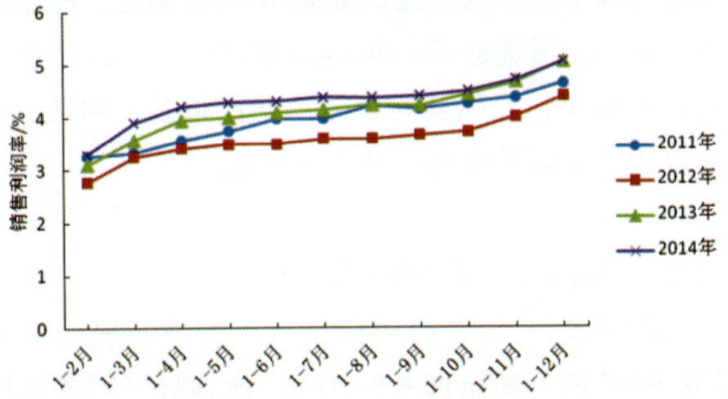

资料来源：国家统计局

“十二五”以来，规模以上印染企业平均销售利润率保持在3%～5%左右，如图3所示。2014年1～12月份，化纤织物染整精加工企业销售利润率同比增长0.01个百分点，棉印染精加工企业销售利润率同比回落0.07个百分点。

（二）主营业务收入、利润总额增速较2013年同期回落

2014年1～12月份，规模以上印染企业实现主营业务收入3747.10亿元，同比增长3.2%，增速较2013年同期回落4.81个百分点；实现利润总额188.91亿元，同比增长1.78%，增速较2013年同期回落16.37个百分点。2014年1～12月份，规模以上印染企业主营业务收入及利润总额均实现增长，但增速低于前三年，尤其是利润增速，同比回落十几个百分点，如图4～7所示。

图4 2011～2014年规模以上印染企业主营业务收入情况

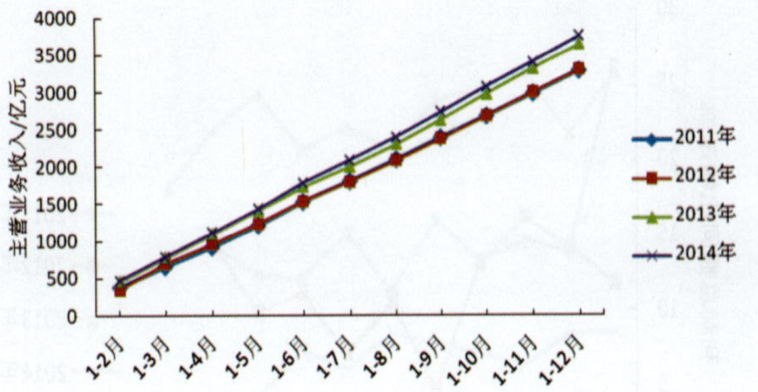

资料来源：国家统计局

图5 2011～2014年规模以上印染企业主营业务收入累计增速情况

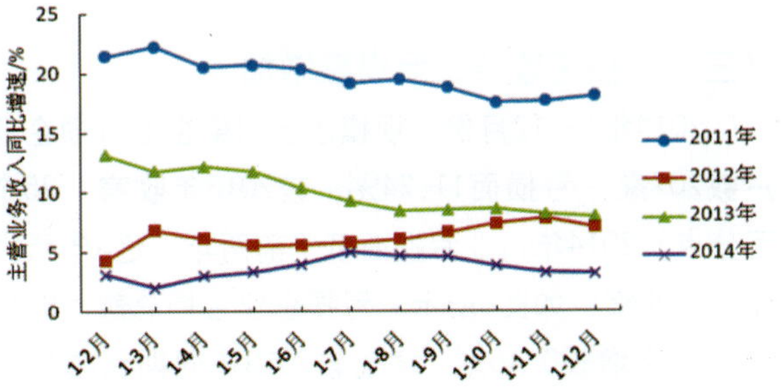

资料来源：国家统计局

图6 2011～2014年规模以上印染企业利润总额情况

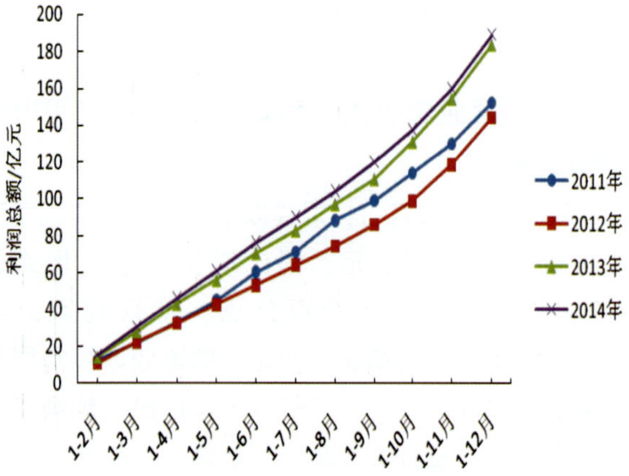

资料来源：国家统计局

图7 2011～2014年规模以上印染企业利润总额累计增速情况

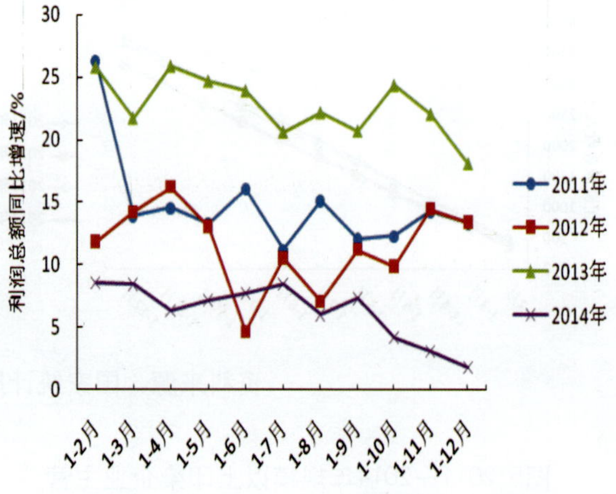

资料来源：国家统计局

（三）亏损面收窄，亏损额增加

2014年1～12月份，规模以上印染企业亏损企业户数207家，亏损面11.24%，较2013年收窄1.25个百分点。2014年行业亏损面低于前两年，近3年亏损面不断收窄，如图8所示。亏损企业亏损总额7.85亿元，同比增长0.46%，增速较2013年同期大幅提高23.25个百分点。

图8 2011～2014年规模以上印染企业亏损面变化情况

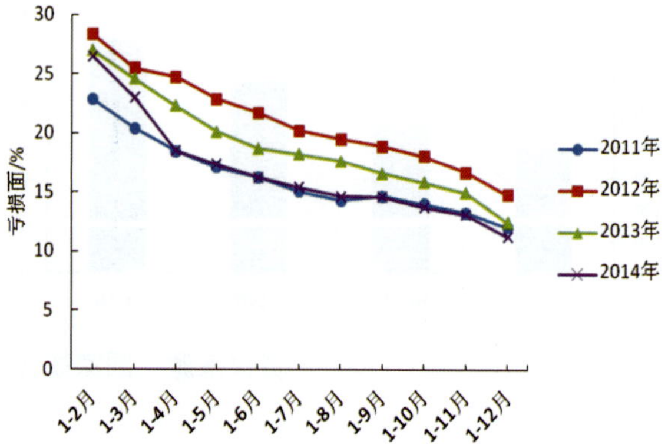

资料来源：国家统计局

四、进出口总额增速较2013年同期回落

2014年1～12月份，印染八大类产品进出口总额271.48亿美元，同比增长8.56%，增速较2013年同期回落2.71个百分点；贸易顺差218.84亿美元，同比增加13.20%，增速较2013年同期回落5.15个百分点。

（一）进口增速继续下降

2014年1～12月份，印染八大类产品进口数量12.68亿米，同比减少11.18%，增速较2013年同期回落2.86个百分点；进口金额26.32亿美元，同比减少7.24%，增速较2013年同期提高0.34个百分点；进口平均单价2.08美元／米，同比增长4.44%，增速较2013年同期提高3.64个百分点。

（二）出口增速有所回落

2014年1～12月份，印染八大类产品出口数量202.95亿米，同比增长8.20%，增速较2013年同期回落4.20个百分点；出口金额245.16亿美元，同比增长10.58%，增速较2013年同期回落3.67个百分点；出口平均单价1.21美元／米，同比增长2.20%，增速较2013年同期提高0.55个百分点。由

图9、图10可知，2009年以后印染八大类产品出口金额、出口数量不断增加；2011～2014年，出口金额增速高于出口数量；2012～2014年，出口平均单价增速逐年上升，说明印染行业出口产品的附加值不断提高。

图9 印染八大类产品出口情况

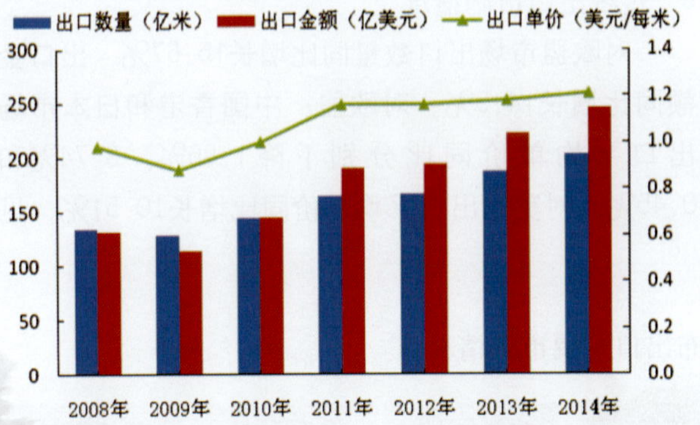

资料来源：中国海关

图10 印染八大类产品出口增速情况

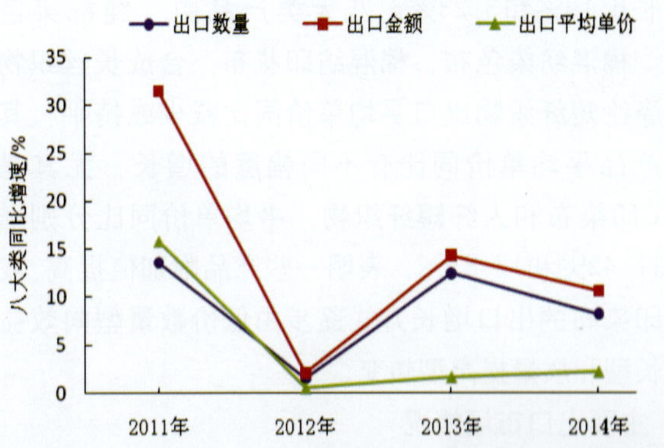

资料来源：中国海关

1．印染八大类产品出口情况

2014年印染八大类产品出口情况如表4所示。八大类产品中，棉混纺染色布和棉混纺印花布出口数量同比分别增长29.06%和47.36%，出口金额同比分别增长28.44%和39.62%，但其占比较小。出口

表4 2014年1～12月份印染八大类产品出口情况

品种	数量（亿米）	金额（亿美元）	单价（美元/米）	数量同比（%）	金额同比（%）	单价同比（%）
纯棉染色布	12.74	28.06	2.2	10.02	10.38	0
纯棉印花布	19.95	26.78	1.34	1.2	2.06	0.75
棉混纺染色布	2.62	6.06	2.31	29.06	28.44	−0.43
棉混纺印花布	0.82	1.63	1.99	47.36	39.62	−5.24
合成长丝织物	112.42	115.27	1.03	6.19	3.23	−1.90
涤纶短纤织物	14.38	12.23	0.85	13.99	13.58	0
T/C印染布	19.25	29.89	1.55	7.38	25.89	17.42
人纤短纤织物	20.77	25.24	1.22	20.17	40.33	17.31
合计	202.95	245.16	1.21	8.20	10.58	2.20

资料来源：中国海关

占比最大的合成长丝织物出口数量和金额同比分别增长6.19%和3.23%。八大类产品中，纯棉染色布、棉混纺染色布、棉混纺印花布、合成长丝织物和涤纶短纤织物出口平均单价同比减少或持平，其它产品平均单价同比有不同幅度的增长，尤其是T/C印染布和人纤短纤织物，平均单价同比分别增长17.42%和17.31%，表明一些产品附加值提高，我国印染布的出口增长方式逐步由低价数量型向效益增长型和质量提高型转变。

2. 主要出口市场情况

印染八大类出口数量前五市场分别为越南、贝宁、阿联酋、孟加拉国和印度尼西亚，五市场占总出口数量的26.46%，见表5。五市场中，出口数量和出口金额增速除对阿联酋呈负增长外，对其它四个国家都保持增长。对越南出口数量及出口金额增幅分别达42.40%和84.23%，出口平均单价增幅达29.38%；对贝宁、阿联酋、孟加拉国和印度尼西亚出口平均单价增速分别下降1.8%、6.85%、3.00%和1.77%。

3. 传统出口市场情况

对欧盟市场出口数量同比增长16.67%，出口金额同比增长14.5%。对欧盟、中国香港和日本市场出口平均单价同比分别下降1.86%、3.74%和0.45%，对美国出口平均单价同比增长10.51%，见

表5 2014年1～12月份印染布出口主要市场情况

国家及地区	数量（亿米）	金额（亿美元）	单价（美元/米）	数量同比（%）	金额同比（%）	单价同比（%）
越南	17.27	32.81	1.90	42.4	84.23	29.38
贝宁	10.52	12.68	1.20	11.64	9.63	−1.80
阿联酋	9.33	11.23	1.20	−11.74	−17.79	−6.85
孟加拉国	8.41	13.72	1.63	5.69	2.52	−3.00
印度尼西亚	8.17	9.80	1.20	11.82	9.84	−1.77

资料来源：中国海关

表6 2014年1～12月份印染布出口传统市场情况

国家及地区	数量（亿米）	金额（亿美元）	单价（美元/米）	数量同比（%）	金额同比（%）	单价同比（%）
欧盟	14.5	17.95	1.24	16.67	14.5	−1.86
美国	4.52	5.69	1.26	−6.26	3.59	10.51
中国香港	3.94	6.69	1.7	−18.29	−21.34	−3.74
日本	1.62	1.33	0.82	1.92	1.46	−0.45

资料来源：中国海关

表6。"十二五"以来，印染布出口欧盟和美国市场占总出口数量的比重基本稳定，出口中国香港占比逐年下降，出口日本市场占比也逐年小幅下降，如图11所示。

图11 2008～2014年印染布传统出口市场占比情况

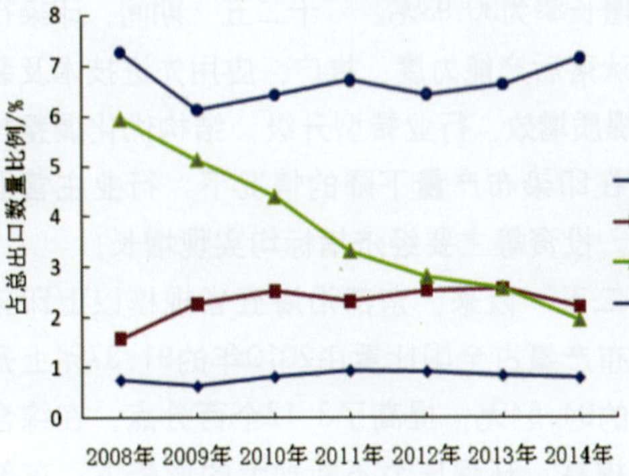

资料来源：中国海关

4. 新兴市场出口情况

对东盟和印度出口数量和出口金额保持了两位数的增长速度，出口数量同比分别增长14.34%和30.57%，出口金额同比分别增长33.91%和24%；对东盟、俄罗斯的出口平均单价同比分别增长17.12%和0.08%，见表7。自2008年开始，印染八大类产品出口东盟市场占总出口数量的比重逐年上升，得益于东盟自贸区的建立；2012年开始出口俄罗斯市场占比逐年下降，出口印度市场占比逐年上升，如图12 所示。

图12 2008～2014年印染布新兴出口市场占比情况

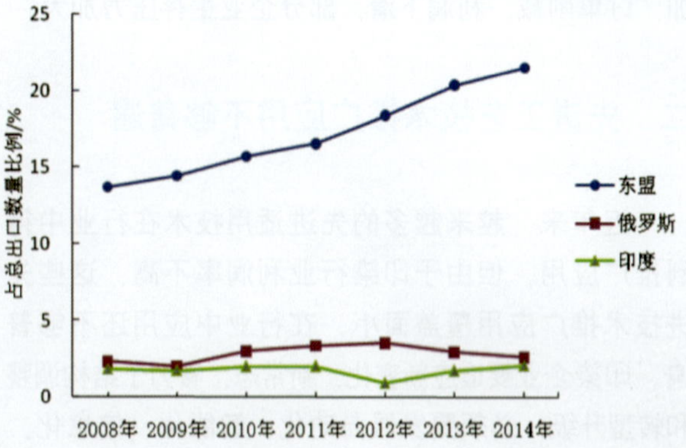

资料来源：中国海关

2014年印染行业面临的主要问题

2014年，印染行业主要经济指标实现了增长，行业运行总体平稳。同时，印染行业在发展过程中，也面临综合成本大幅上涨，先进技术推广面小，终端市场需求不旺等诸多困难和现实问题。

一、综合成本不断上升

由于融资、土地、用工、营销渠道、环保投入等费用持续增长，染料、物流等生产要素价格上涨，企业综合运行成本显著提升。综合成本上升成为印染企业不能躲避的困难，不但增加了企业运营

表7 2014年1～12月份印染布出口新兴市场情况

国家及地区	数量（亿米）	金额（亿美元）	单价（美元/米）	数量同比（%）	金额同比（%）	单价同比（%）
东盟	43.68	63.58	1.46	14.34	33.91	17.12
俄罗斯	5.27	6.21	1.18	–4.1	–4.02	0.08
印度	4.15	3.45	0.83	30.57	24	–5.04

资料来源：中国海关

成本，更会影响企业对市场的断定，导致企业库存增加、订单削减、利润下滑，部分企业生存压力加大。

二、先进工艺技术推广应用不够普遍

近年来，越来越多的先进适用技术在行业中得到推广应用，但由于印染行业利润率不高，这些先进技术推广应用覆盖面小，在行业中应用还不够普遍。印染企业要适应新变化、新常态，着力于结构调整和转型升级，必须要发展自动化、智能化、信息化，大力提高劳动生产率，降本增效，提升要素水平。

三、市场需求缺乏向好动力

国际经济形势依然复杂，世界经济仍处在金融危机后的调整期。从国内发展来看，我国的经济进入了新常态，国内投资和经济增长放缓。在疲软经济环境下，衣着消费总量增速难以明显加快，印染布市场需求缺乏向好动力，生产和效益情况提振困难。

四、比较优势减弱，新的竞争优势尚未形成

近30年来，我国印染行业在发展过程中拥有依托劳动力、土地充分供应所形成的要素成本比较优势，产业链配套所形成的生产效率比较优势，经济社会发展、人民生活水平提高所形成的市场比较优势，这些比较优势支撑了印染行业30多年的发展。新的历史阶段，传统比较优势正在逐渐消失，支撑行业优化升级的劳动生产率、创新驱动、可持续等新的竞争优势亟待形成。

“十二五”以来印染行业经济运行情况

2014年，规模以上印染企业印染布产量536.74亿米，比2010年减少3.91亿米。“十二五”以来，印染布产量年均增长率为-2.8%，产量逐年下降，总量规模逐渐缩小。2010～2014年，规模以上印染企业主营业务收入从2777亿元增长到3747.1亿元，年均增长率为7.78%；利润总额从134.37亿元增长到188.91亿元，年均增长率为8.89%；实际完成投资额从125.22亿元增长到367.93亿元，年均增长率为30.93%。“十二五”期间，印染行业加大淘汰落后产能力度，推广、应用先进技术及装备，降耗提质增效，行业转型升级，结构优化调整扎实推进，在印染布产量下降的情况下，行业主营业入、利润、投资等主要经济指标均实现增长。

“十二五”以来，东部沿海五省规模以上印染企业印染布产量占全国比重由2010年的91.37%上升到2014年的94.54%，提高了3.17个百分点。在综合成本不断提高，环保压力不断加大的形势下，东部沿海地区集中度不断提高，印染行业没有出现明显的向中西部转移的现象，东部地区依然是印染布生产的集聚地。

2010～2014年，印染八大类产品出口数量从144.71亿米增长到202.95亿米，年均增长率为8.82%；出口金额从144.66亿美元增长到245.16亿美元，年均增长率为14.1%；出口平均单价从1美元/每米增长到1.21美元/每米，年均增长率4.88%，说明印染行业出口产品的附加值不断提高。印染八大类产品出口平均单价比同期进口单价低，中国印染产品档次及附加值还有较大提升空间。

2015年印染行业发展趋势展望

2015年，印染行业仍面临复杂多变的国内外环境，但生产要素、政策环境等方面的有利因素好于2014年。2015年印染行业开局行情好于预期，也好于往年，部分优势企业春节后开工率达到90%以上，行业基本上实现平稳开局。

一、国际形势向好，但回升空间有限

国际方面，市场稳中趋好，尤其是美国经济复苏将带动印度、越南等新兴市场服装出口，我国纺织面料对这些国家的出口增速也将回升。越南统计总局统计资料显示，2014年越南进口中国面料同比增长20.7%，2015年1月越南纺织成衣鞋类等原配料进口金额大幅增长43.2%，工业生产指数纺织业成长33.8%，中国仍为越南最大进口来源。但由于2015年美国经济强劲增长的可能性不高，新兴经济体总体仍处于增长调整期；欧日经济将依然低迷，欧洲的高失业率和结构问题，使其内在增长动力严重不足；日本安倍经济学的刺激效应，使其经济再陷低迷状态，2015年整个全球市场回升空间有限。此外，由于目前我国原材料、人工成本仍将增加，在日益激烈的国际竞争环境下，我国纺织面料出口压力仍然存在。预计2015年，印染布出口仍将保持平稳增长，出口东盟、印度增速将好于2014年。

二、国内消费需求变化成为行业发展新的增长点

国内方面，经济运行新常态的阶段性特征将更加凸显，经济下行压力加大与转型升级优化并存。随着宏观经济运行总体平稳、就业形势持续向好、居民收入增幅加快，以及城镇化稳步推进，内需规模将继续扩大。近年来，我国面料进口产品替代率不断提高，目前，除了少数高档品牌服装采用进口面料外，国内中低档服装以及部分高档服装均采用国产面料，因此，面料的内销市场将随服装消费的增加而增长。在科技进步和经济发展的同时，人们的着装理念发生了变化，更加注重环保、多种功能性和智能化，为满足这一市场需求，高性能、多功能面料市场潜力大。预计2015年，印染布内销市场保持增长。

三、行业总体有望继续保持平稳运行态势

2015年，印染行业面临的国内外经济形势依然复杂，不确定因素仍然较多，既有有利条件，也存在诸多风险因素，但国内外经济环境总体有利于行业保持稳定发展，总体上预计基本保持2014年的增长水平，各项运行指标增速基本持平或略有提升。

（撰稿人：刘添涛　林　琳）

针织业

中国针织工业协会

2014年，世界经济复苏疲弱的状态依然持续，经济金融风险上升，大国博弈和地缘政治风险加剧，国际大宗商品价格持续走低。中国针织行业在世界经济复苏步伐缓慢的形势下，全年出口额达1061.4亿美元，再次越过千亿美元大关。

从针织行业的出口数据中可以看到，欧美市场的微弱复苏拉动了部分针织服装出口数量的增长回升，但是受到国内原料价格的影响，全年出口单价同比下降，尤其是棉类针织服装的价格下降较为明显。同时，随我国劳动力成本的增加，纺织业生产要素比较优势降低，加之针织产品生产流程易于新手掌握的等特点的存在，我国针织服装制造表现出向次发达国家转移的趋势相对明显。未来，对于更高端面料、更高端成衣制造及全成型等技术的广泛应用将成为我国针织行业应对下一轮国际竞争的努力方向。

从全国工业运行的角度看，工业增加值的波动轨迹与政府稳增长的努力存在较强的一致性，2014年规模以上企业工业增加值同比增长7.9%，呈现小幅反弹。针织服装板块的全年工业增加值累计保持在10%以上，虽在11月、12月期间有小幅下降，但仍两位数的增长，明显好于纺织业整体。

2014年针织行业经济运行分析

从拉动工业经济增长的“三驾马车”来看：2014年针织行业境内投资较2013年有所下降，针织织物与针织服装板块均小于纺织业平均值，趋于回归理性；消费维持平稳增长，2014年限额以上企业（单位）商品零售中服装鞋帽、针、纺织品类同比增长10.9%，电子商务渠道中针织品消费尤其表现突出；外部需求中，美欧日经济复苏缓慢，消费增长不明显，同时受周边国家的比较竞争优势影响，我国针织品出口的国际竞争压力不断加大。

一、行业两极分化继续，中小企业问题凸显

从国家统计局的统计数字看，2014年1～12月针

表1 2014年1～12月针织行业经济效益情况（规上企业）

行业	企业户数	亏损户数	亏损面（%）	主营业务收入			利润总额			亏损企业亏损额		
				2014年（亿元）	2013年（亿元）	同比（%）	2014年（亿元）	2013年（亿元）	同比（%）	2014年（亿元）	2013年（亿元）	同比（%）
纺织行业	38319	4412	11.5	67220.1	62925.2	6.8	3662.7	3451.2	6.1	211.8	188.4	12.4
针织织物	2407	185	7.7	3124.2	2927.8	6.7	180.1	184.9	−2.6	4.3	3.5	23.0
针织服装	3175	399	12.6	3732.3	3472.6	7.5	198.5	174.5	13.8	10.6	9.8	7.7

资料来源：国家统计局

织织物板块规上企业主营业务收入3124.2亿元，同比增长6.7%，利润总额180.1亿元，同比减少2.6%，亏损额同比增长23.0%。针织服装板块规上企业主营业务收入3732.3亿元，同比增长7.5%，利润总额198.5亿元，同比增长13.8%，亏损额同比增加7.7%。其中，针织服装板块利润同比增长大于主营业务收入的增长，好于纺织行业及服装行业，反应出针织服装规上企业运行状态良好，去库存化等措施收到一定效果。

从整体数据分析看，行业内两极分化依然存在，如何在日趋激烈的竞争中找到差异化、特色化竞争新优势，成为行业企业面临的挑战。详见表1所示。

二、针织服装产量增长转负为正

国家统计局数据显示，2014年1～12月针织服装板块继续保持累计同比正增长，增幅2.9%，累计产量达到144.1亿件。从全年看四个季度产量增幅分别

表2 2014年1～12月份针织服装产量

名称	单位	企业户数	2014年12月	2014年累计	累计同比(%)
服装	万件	10916	285626	2992060	1.6
梭织服装	万件	7554	150395	1550700	0.5
针织服装	万件	4224	135231	1441360	2.9

资料来源：国家统计局

表3 2014年1～12月针织服装产量前十名省份

地区	针织服装		
	2014年12月(万件)	2014年累计(万件)	同比(%)
全国	135231	1441360	2.9
广东省	31734	355397	10.6
福建省	24902	247819	6.3
浙江省	22290	230580	0.3
山东省	20243	200959	−1.1
江苏省	11529	126492	−1.4
江西省	4730	55350	−23.2
河南省	4371	48464	6.7
安徽省	3415	36127	8.4
上海市	2086	24779	−9.0
湖北省	2290	23905	−11.9

资料来源：国家统计局

为5.3%、5.8%、3.9%、2.9%，后半年呈现下降趋势，但是好于2013年的全年负增长，绝对值高于2012年同期，见表2。

累计产量前五名的依然是传统五省广东、福建、浙江、山东、江苏，其中广东省生产呈两位数同比增加，比较显著，而上海市有所下降，名列第九名，同比减少8.98%，与其向欠发达地区转移有关。见表3。

三、境内行业投资趋于理性

从投资的角度来看，国家统计局数字显示，针织行业两个板块的实际完成投资的同比增长分别为12.6%和10.6%，均小于行业平均值，尤其是针织服装板块差值较大，与2013年的42%大幅增长相比，行业境内投资趋于理性，见表4。

四、针织行业进出口好于预期

从海关总署发布的2014年出口数据看，针织织物出口累计数量达102.6亿米，累计金额141.4亿美元，数量同比上升13.1%，金额同比上升9.6%，单价同比下降2.8%；针织服装出口累计数量达220.7亿件，累计金额790.1亿美元，数量同比下降2.0%，金额同比下降6.3%，单价同比下降4.3%，见表5所示。

（一）两板块在重点市场表现不同

对针织织物重点出口市场跟踪分析，可以看到：美国、欧盟两市场出口数量呈现同比增长，分别为6.6%和14.8%，但单价略有下降，同时，日本市场数量小幅下降，而单价呈现两位数增长，如表6所示。

对针织服装重点出口市场跟踪分析，可以看到：美国、欧盟两市场数量同样呈现同比增长，分别为5.4%和8.7%，但单价有所增长，另外不同的是，针织服装板块中的日本市场除数量小幅下降外，单价也呈现出0.5%的小幅下降，如表7。

（二）原料与市场竞争成为单价下跌的主要原因

从中国海关公布的针织行业的出口数据中，可以看到针织织物和针织服装两板块单价均有小幅下跌。在分析中发现，出口价格的影响主要受原料下跌的影响，同时内外棉价差使得中国针织品缺乏竞争力，出现数量、单价的大幅同比下降。而对于单价因素来说，棉织针织服装以基本款为主，其制作工艺容易被新进入产业的劳动者掌握，成为产业转移中较早转移的品类之一，从而裹挟了我国该品类的报价。

1.针织服装“外衣化”趋势渐进

针织服装外衣化趋势，是近几年来在国际国内

表4 2014年1～12月针织行业固定资产投资情况

行业	实际完成投资（亿元）	施工项目数	新开工项目数	竣工项目数	实际完成投资比13年同期增长（%）	施工项目数比13年同期增长（%）	新开工项目数比13年同期增长（%）	竣工项目数比13年同期增长（%）
纺织业	10362.5	18069	13646	13558	13.4	−0.1	−0.5	6.3
针织织物	476.5	1111	902	921	12.6	−1.6	0.4	6.4
针织服装	490.9	1065	811	808	10.6	4.0	−2.3	10.5

资料来源：国家统计局

表5 2014年1～12月针织行业出口情况

类别	单位	累计数量	累计金额（亿美元）	单价（美元）	数量同比（%）	金额同比（%）	单价同比（%）
针织织物	亿米	102.6	141.4	1.4	13.1	9.6	-2.8
针织服装	亿件	220.7	790.1	3.6	-2.0	-6.3	-4.3

资料来源：中国海关

表6 2014年1～12月针织织物出口重点市场

国家/地区	累计数量（亿米）	累计金额（亿美元）	平均单价（美元）	数量同比（%）	金额同比（%）	单价同比（%）	数量占比（%）	金额占比（%）
全球	102.6	141.4	1.4	13.1	9.6	-2.8		
美国	5.9	6.8	1.2	6.6	3.7	-2.5	5.7	4.8
日本	0.3	0.6	2.1	-2.2	9.2	11.8	0.3	0.4
欧盟	6.6	9.1	1.4	14.8	10.4	-3.9	6.5	6.4

资料来源：中国海关

表7 2014年1～12月针织服装出口重点市场

国家/地区	累计数量（亿米）	累计金额（亿美元）	平均单价（美元）	数量同比（%）	金额同比（%）	单价同比（%）	数量占比（%）	金额占比（%）
全球	220.7	790.1	3.6	-2.0	-6.3	-4.3		
美国	34.9	134.6	3.9	5.4	10.0	4.1	15.8	17.0
日本	20.0	86.5	4.3	-10.2	-10.6	-0.5	9.1	10.9
欧盟	48.9	179.0	3.7	8.7	8.8	0.1	22.1	22.7

资料来源：中国海关

市场表现突出的行业特点。无论是随着技术的提升带来的织物花型的多变、织造效率的提升、染整技术的提升，都给针织服装的舒适与时尚带来更多提升的可能性。在电子商务渠道中，针织服装因其适应性强而广受欢迎，在对外贸易中，出口金额累计前10名的品类有70%为外衣化产品，分别为套头衫、T恤衫、女式上衣、女式长裤、男长裤、女式连衣裙、男上衣。

2.针织服装进口大幅提升，集中度高

针织行业的进口情况看，我国针织织物进口依赖度有所改善，数量下降的同时，单价提升，说明仅有高档面料需要依靠进口来补充。而针织服装板块的进口数量保持增长，见表8。尤其越南、孟加拉、朝鲜、柬埔寨、葡萄牙泰国等国家数量增加较快，或与产业转移及全球资源配置有关。在对进口累计金额进行排序后，可以看到我国针织服装进口金额前10名的国家数量及金额总和占到总进口总量的80%左右，集中度很高。

2015年针织行业形势展望

2015年，预计针织行业总体发展保持平稳。从前期市场调研来看，针织企业间竞争更加激烈，洗牌加剧，虽对牢牢坚守以针织本行业为主营业务的企业影响不大，但是市场竞争必将带来更加深入的细分化格局。从宏观政策分析，我国经济政策将从对国内生产总值的关注走向对国民生产总值的关注，经济模式的变化将带来更多的行业增长机会。

一、行业保持稳步增长

2015年，全球经济预计较为复杂多变，不确定性因素较多，发达经济体消费复苏动力较弱，但是人民币面临贬值压力、原料价格下行、出口退税率提高等几大利好消息给我国针织行业订单回流带来希望。同时东南亚最低工资上涨速度加快，加之劳动生产率的因素，中国纺织业可能重新会受到发达国家的重视。

我国服装消费内需保持平稳，基本面良好，针织行业总体判断将保持稳步增长。尤其是随着城镇化的有序推进、城乡居民收入的增加，针织产品在电商渠道会有更好的增长可能。

二、互联网带动生产和消费模式变化

在两级分化日益加剧、消费潜力有待激发的形势下，行业企业在2014年开始出现分化，未来当人力资源、金融成本不能继续支撑企业不断扩张时，无论是大企业还是中小企业，其中有特色、勇于创新的企业会从中脱颖而出，让规模与个性化不再是矛盾体，而是统一体。互联网的发展及小米粉丝经济的风靡，让去中心化、非主流、“长尾”成为可能，这些思维方式的转变，将带来针织行业生产消费模式的变化，细分化、个性化企业将成为行业发展的新亮点。

三、科技进步成为下一阶段竞争的有力武器

随着我国全球劳动力比较优势的减弱，我国纺织行业正在进入到全球资源配置、全球布局的阶段，针织行业因具有流程短、操作相对简单等特点，或将成为率先进行产业转移的产业之一。在简单复制性转移之后，我国针织行业也将迎来技术升级的挑战，未来，高端面料生产、时装化成衣制作、全成型生产及无人化生产线等都将成为行业发展的关注热点。

（撰稿人：刘艳雪）

表8 2014年1～12月针织行业进口情况

类别	单位	累计数量	累计金额（亿美元）	单价（美元）	数量同比（%）	金额同比（%）	单价同比（%）
针织织物	亿米	12.7	20.4	1.6	−15.4	−12.1	3.9
针织服装	亿件	2.7	18.7	6.7	38.6	26.3	−9.0

资料来源：中国海关

服装业

中国服装协会

2014年运行情况

2014年1～12月，中国服装行业经济运行总体平稳良性，增速持续放缓，转型调整加快，运行质量提升。

外销方面，世界经济持续弱复苏，中国服装出口先抑后平，全年较去年同比小幅增长，增速回落；内销方面，中国经济减速，需求有所减弱，服装内销增速放缓，但总体规模继续扩大；生产方面，由于内外销市场增长，我国服装产量保持弱增长，增速较去年有小幅回升；效益方面，行业积极调整，向创新、管理、效率要效益，运行质量提升，效益增长。

在2014年的“新常态”下，中国服装行业实现了一定的增长，它体现出行业和企业在新形势下，努力加快转型，积极应对复杂形势，来之不易。

但是，影响行业的不利因素客观存在：国内外经济仍存在不确定性，内外销市场增长放缓成为常态，而生产要素成本刚性上涨压力也长期存在。行业仍面临着较大的困难。

面对困难和压力，行业适时做出调整，寻找新的增长动力和增长点。部分企业已经调整到位，而也有企业仍处于艰难的调整期，效益出现分化。与此同时，中小企业抗风险能力弱，依然普遍困难突出，压力巨大。

一、外销市场

2014年，世界经济仍处在国际金融危机之后的深度调整时期，复苏力度较弱，且复苏程度不均衡。发达经济体中，随着劳动和市场恢复和货币政策继续维持宽松，美国经济复苏势头加快；而欧元区和日本经济复苏依然乏力。新兴经济体增速放缓，不同国家经济走势分化同样明显，但作为一个整体，其经济增速仍高于发达经济体。

由于世界经济复苏的步伐缓慢，国际市场需求

表1　2014年1月～12月我国服装出口情况

地区	数量（万件）	金额（万美元）	单价（美元/件）	数量同比（%）	金额同比（%）	单价同比（%）
服装及衣着附件		18781603			5.38	
服装合计	3268992	15168947	4.64	4.24	4.89	0.65
（A）针织服装及附件		9200160			–4.95	0
（1）针织服装	2206912	7900635	3.58	–2.02	–6.27	–4.28
（B）梭织服装及附件		8144970			19.32	
（2）梭织服装	1062080	7268312	6.84	20.23	20.5	0.15

资料来源：中国海关

不振等因素，我国服装出口增速较去年有所放缓，从全年来看，出口先抑后平，保持平稳，较2013年同比小幅增长。

（一）整体情况：先抑后平，保持平稳

据海关统计，2014年1月～12月我国累计完成服装及衣着附件出口1878.16亿美元，同比增长5.38%，较2013年同期回落5.9个百分点。服装出口数量为326.90亿件，同比增长4.24%，较2013年同期回落4.22个百分点。服装出口平均单价4.64美元/件，同比增长0.65%，较2013年同期回落2.02个百分点。其中，针织服装及附件出口920.02亿美元，同比下降4.95%，出口数量为220.69亿件，同比下降2.02%，梭织服装及附件出口814.50亿美元，同比增长19.32%，出口数量为106.21亿件，同比增长20.23%，见表1、图1。

图1 2012～2014年服装出口累计增幅情况示意图

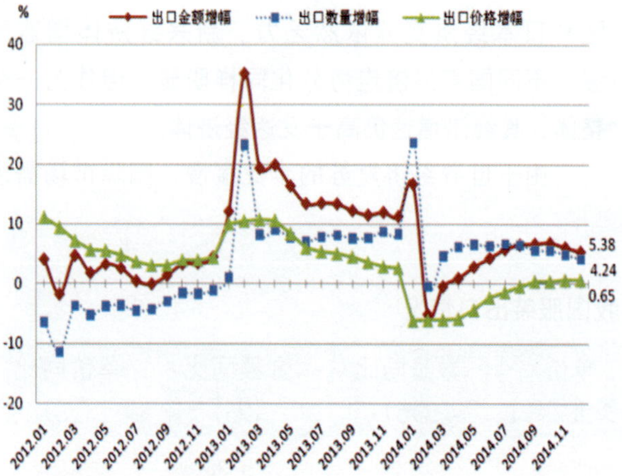

资料来源：中国海关

（二）需求疲弱、成本上升致增速有所放缓

2014年我国服装出口同比增长，平稳运行，增速有所下降。增速放缓的原因主要有以下几点：

一是世界经济复苏缓慢，2014年全球经济没有表现出迅速回暖的迹象，发达经济体的经济增长明显分化，欧洲复苏乏力，日本经连续几个季度出现负增长，主要新兴市场国家经济增速也在进一步放缓，较疲弱的需求无法支撑我国服装出口的增速。我国服装对部分主要市场的出口表现不尽人意。

二是我国服装出口的低成本比较优势不断削弱。尽管当前我国服装出口竞争优势依然存在，但比较成本优势正在发生变化，包括劳动力、融资等经营成本持续上升，资源环境的约束加大，产业竞争优势正在削弱。根据中国服装协会对浙江服装出口企业的调查，“出口钱难赚”成了很多企业的普遍感受，企业表示，受成本压力影响，外国采购商对服装产品的订单大量流向越南、孟加拉等国家已成为趋势。

（三）我国服装对主要市场出口情况

根据海关统计，2014年1～12月，亚洲仍是我国服装出口第一大洲，占出口总额的37.40%，同比下降2.77%。欧洲占出口总额的30.53%，同比增长11.85%，第三是北美洲，出口额同比增长7.06%，占出口总额19.56%。我国对拉丁美洲、非洲和大洋洲出口额同比分别为6.69%、30.68%和8.01%，分别占出口总额的5.09%、4.85%和2.58%，见表2、图2、图3。

图2 2014年1～12月我国服装出口各大洲占比情况

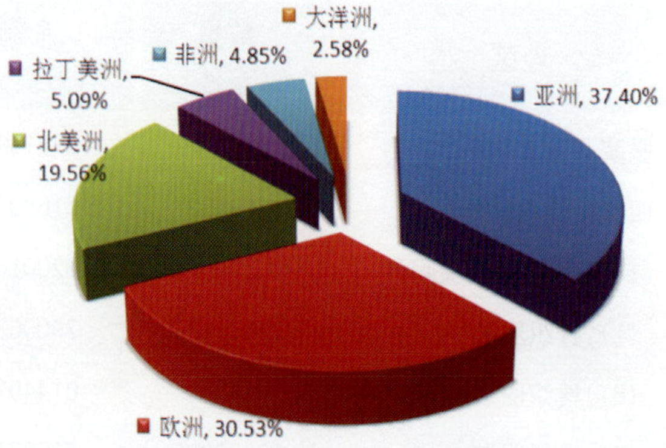

资料来源：中国海关

表2 2014年1～12月我国服装出口各大洲情况

地区	出口金额(亿美元)	同比(%)	占比(%)	占比增长(%)
亚洲	702.38	−2.77	37.40	−3.14
欧洲	573.42	11.85	30.53	1.77
北美洲	367.31	7.06	19.56	0.31
拉丁美洲	95.54	6.69	5.09	0.06
非洲	91.09	30.68	4.85	0.94
大洋洲	48.40	8.01	2.58	0.06

资料来源：中国海关

图3 服装出口主要国家/地区比重

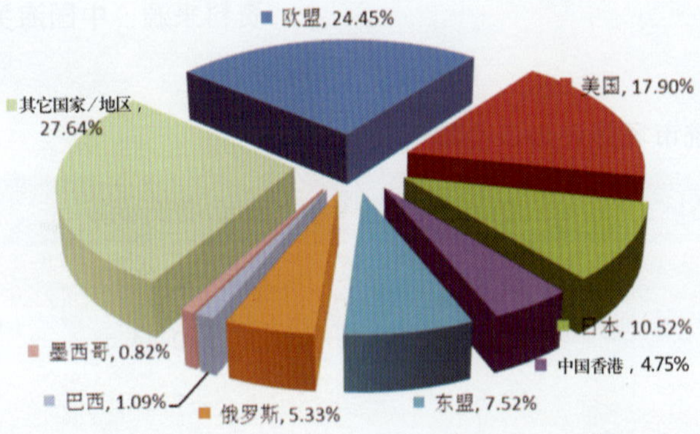

资料来源：中国海关

1.对传统市场出口情况

欧美经济持续复苏，需求有所恢复，而日本经济连续出现负增长，对于服装产品的市场需求也有所减弱。

据海关数据，2014年1～12月，我国对欧盟、美国、日本、中国香港传统市场的出口金额总计为1082.09亿美元，同比增长4.10%，占全国服装总出口的57.61%，份额略降0.71个百分点。出口数量为176.52亿件，同比增长2.76%，占全国服装总出口数量的54.00%，份额减少0.78个百分点。

美国市场：美国经济稳健复苏并推动全球经济，数据表明，美国经济强劲反弹势头快于世界其他多数地区，正在引领全球经济复苏。受天气等因素影响，2014年第一季度，美国经济同比下降2.1%。第二季度，美国经济开始强劲反弹，同比增长4.6%。而之后，美国经济延续强劲复苏，第三季度，美国经济同比增长3.5%，超过市场普遍预期。第四季度美国实际国内生产总值按年率计算增长2.6%，相比前两个季度增长步伐有所放缓。初步核算，2014年全年美国经济同比增长2.4%，略高于2013年2.2%的涨幅。消费支出是拉动美国经济增长的主要动力。数据显示，第四季度，美国消费支出按年率计算增长了4.3%，是2006年第一季度以来的最大涨幅。

经济和消费支出增长，使美国服装需求有所恢复。根据中国海关统计，2014年1月～12月，我国对美国服装出口金额336.15亿美元，同比增长8.02%，出口数量57.92亿件，同比增长4.01%，出口单价同比增长4.04%。

欧盟市场：欧盟经济继续复苏，2014年第四季度，欧元区和欧盟国内生产总值（GDP）分别环比增长0.3%和0.4%，显示整体缓慢复苏。欧元区第一大经济体德国，第四季度环比增长0.7%，继第三季度重返增长后有较大幅度改善。西班牙、爱尔兰、葡萄牙、希腊等欧债危机国家经济继续好转，也会产生正向贡献。

受此影响，我国对欧盟服装出口增速高于其他传统市场。根据中国海关统计，2014年1～12月，我国对欧盟服装出口金额459.23亿美元，同比增长14.85%，出口数量74.47亿件，同比增长10.63%，出口单价同比增长5.19%。

日本市场：日本经济今年先升后降，第二季度经济大幅缩水，三季度以来，主要指标出现向好趋势，但整体经济复苏仍弱于预期，“安倍经济学”效果不明，是否能为日本经济带来更为持久的改善，目前尚难定论。尤其上调消费税以来，更对日本消费产生影响。日本家庭支出率跌幅扩大，表明今年4月初消费税上调后，消费者支出仍疲弱。

受此影响，我国对日本服装出口出现下滑。根据中国海关统计，2014年1～12月，我国对日本服装出口金额197.51亿美元，同比下降10.81%，出口数量28.67亿件，同比下降9.91%，出口单价同比下降2.02%，见表3、表4、图4。

图4 2011～2014年我国对主要市场服装出口金额累计增幅情况

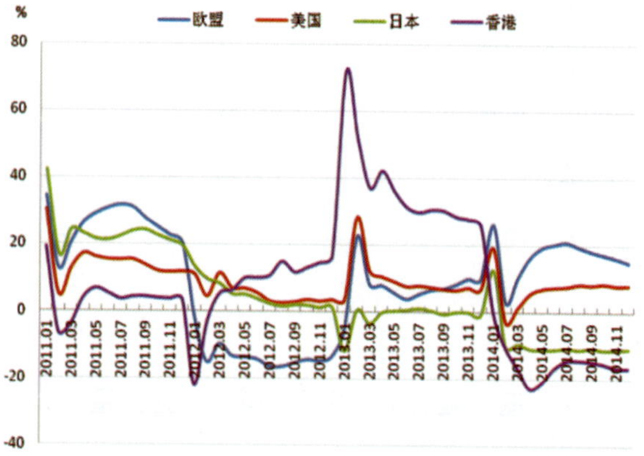

资料来源：中国海关

表3 2014年1～12月我国对传统市场服装出口金额情况

国家/地区	出口金额（亿美元）	金额同比（%）	占比（%）	占比增长（%）
欧盟	459.23	14.85	24.45	2.02
美国	336.15	8.02	17.90	0.44
日本	197.51	-10.81	10.52	-1.91
中国香港	89.20	-16.6	4.75	-1.25
合计	1082.09	4.10	57.61	-0.71

资料来源：中国海关

表4 2014年1～12月我国对传统市场服装出口数量情况

国家/地区	出口数量（亿件）	数量同比（%）	占比（%）	占比增长（%）
欧盟	74.47	10.63	22.78	1.32
美国	57.92	4.01	17.72	-0.04
日本	28.67	-9.91	8.77	-1.38
中国香港	15.45	-8.79	4.73	-0.68
合计	176.52	2.76	54.00	-0.78

资料来源：中国海关

表5 2014年1～12月我国对新兴市场服装出口金额情况

国别	出口金额(亿美元)	金额同比（%）	占比(%)	占比增减(%)
东盟	141.18	-1.67	7.52	-0.54
俄罗斯	100.09	7.87	5.33	0.12
巴西	20.39	16.48	1.09	0.10
墨西哥	15.31	41.08	0.82	0.21
合计	276.97	4.62	14.75	-0.11

资料来源：中国海关

表6 2014年1～12月我国对新兴市场服装出口数量情况

国别	出口数量（亿件）	数量同比（%）	占比(%)	占比增减(%)
东盟	31.91	2.51	9.76	-0.17
俄罗斯	8.07	8.78	2.47	0.10
巴西	4.97	15.35	1.52	0.15
墨西哥	3.59	43.34	1.10	0.30
合计	48.53	7.01	14.85	0.38

资料来源：中国海关

2.对新兴市场出口情况

新兴经济体已经步入经济发展的新常态，主要表现为经济增速的下滑，但其本质反映为内生驱动力不足、技术、品牌、营销等高端生产要素匮乏、内部经济结构严重失衡，产业结构升级缓慢等问题。新兴经济体对出口的依赖程度普遍非常高，导致国内出现货币贬值、就业困难和通货膨胀等问题突出。

新兴市场经济减速致需求减弱，也使我国对新兴市场服装出口增速放慢明显。横向对比来看，对新兴市场的出口增速仍然较对传统市场出口增速为高，但纵向对比来看，对新兴市场的出口增速比之前几年，有了明显的下降。

根据海关统计，2014年1～12月，我国对东盟、俄罗斯、巴西、墨西哥等新兴市场出口服装金额合计276.97亿美元，同比增长4.62%，增速较2013年下降30.14个百分点。出口数量48.53亿件，同比增长7.01%，增速较2013年下降27.32个百分点。其中，对东盟地区服装出口金额141.18亿美元，同比下降1.67%，服装出口数量31.91亿件，同比增长2.51%，出口单价同比下降6.15%。对俄罗斯、巴西和墨西哥的出口金额分别为100.09、20.39、15.31亿美元，增幅分别为7.87%、16.48%和41.08%，出口数量增幅分别为8.78%、15.35%和43.34%，见表5、表6。

（四）出口单价持续提升

作为传统劳动密集型产业，我国服装出口以前一直以低档低价产品为主。近年来，随着服装产业的发展，我国服装出口企业不断调整转型升级，出

表7 2014年1～12月我国服装出口单价情况

	单价（美元/件）	单价同比（%）
服装合计	4.64	0.65
（1）针织服装	3.58	−4.28
（2）梭织服装	6.84	0.15

资料来源：中国海关

口产品的档次和附加值不断提高，产品出口单价持续提升；同时，由于国内劳动力等生产要素成本不断提高，部分低端产品订单转移，外流到生产成本相对较低的东南亚等新兴经济体。

根据海关统计，2014年1～12月，我国服装出口单价4.64美元/件，同比增长0.65%，见表7。

二、内销市场

2014年中国经济减速换挡。2014年中国国内生产总值（GDP）636463亿元，首次突破60万亿，GDP增幅为7.4%，其中一季度同比增长7.4%，二季度增长7.5%，三季度增长7.3%，四季度增长7.3%，略低于预期。从三驾马车的贡献来看，全年消费对GDP增长的贡献率达到51.2%，成为拉动经济增长的主要动力。

由于经济减速、购买力减弱，服装内销增速有所下降，但市场总体规模仍继续扩大，且增速逐渐企稳。但是与其它消费品行业相比，服装消费表现尚可。根据中华全国信息中心的统计，2014年1～12月，全国百家重点大型零售企业零售额同比增长0.4%，其中，服装类商品零售额同比增长1%，增速较2013年同期下降4个百分点；家用电器类商品零售额同比下降1.6%，增速大幅放缓12.1个百分点；金银珠宝类商品零售额同比下降11.6%，增速大幅下滑33.3个百分点；化妆品类商品零售额同比增长0.6%，增速放缓9.7个百分点；日用品类商品零售额同比增长3.7%，增速放缓3.0个百分点。

（一）整体情况：规模继续扩大，结构性分化更趋明显

根据国家统计局数据显示， 2014年1～12月 社会消费品零售总额262394亿元，同比增长12.0%（扣除价格因素实际增长10.9%），增速比2013年同期回落1.1个百分点。其中，限额以上企业（单位）消费品零售额133179亿元，同比增长9.3%，比去年同期增速回落2.3个百分点。服装类商品零售额累计8936亿元，同比增长10.8%，比去年同期增速回落0.7个百分点，见图5。

图5 2010～2014年社会消费品及服装类零售总额增速情况

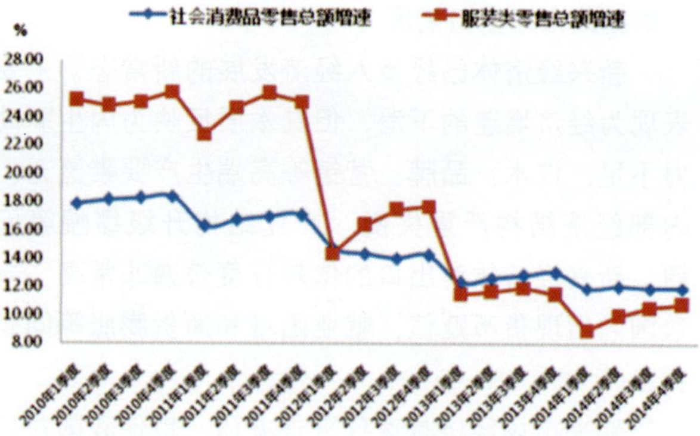

资料来源：国家统计局

价格指数的变化也可以从另一方面反映出服装内销市场的需求状况。根据国家统计局的数据，2014年1～12月全国服装类商品零售价格同比上涨2.4%，较2013年同期增长0.2个百分点。衣着类居

民消费价格同比上涨2.4%，较2013年同期增长0.1个百分点。其中服装价格上涨2.6%，鞋类价格上涨2.0%。2014年1～12月衣着类生产者出厂价格同比上涨0.7%，较2013年同期下降0.5个百分点，见图6。

内销市场服装零售价格增速的再次提高，主要可以从以下几个方面进行理解：

首先，是企业去库存工作取得进展。根据上市公司公开数据显示，调整较早的休闲装行业目前大多数品牌已完成去库存化，男装行业调整较晚，目前去库存工作也在进行当中。库存产品减少，新品增加致价格上涨。

其次，目前内销市场，人工、租金等各项刚性运营成本高企，企业盈利空间受到挤压，服装企业不得不通过提价的方式保证盈利。

而更关键的是，价格增速上涨，说明在供求关系上偏于卖方市场，也就是说，目前服装内销市场增速虽相对疲弱，但仍存在足够的市场需求和购买力支撑市场总体规模的增长。

图6 2011～2014年服装类消费价格指数变化情况

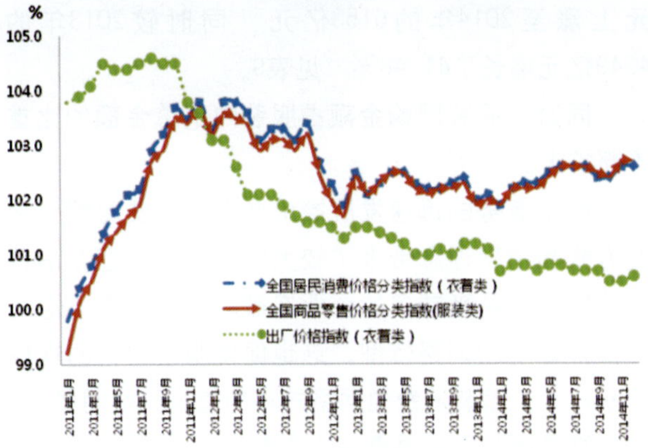

资料来源：国家统计局

从整体来看，2014年服装内销市场结构性分化趋势更趋明显：一是三四级及农村市场服装消费增速明显高于城镇市场；二是服装消费更多转移到网购市场；三是市场整体增速有所放缓，但新消费需求和消费点不断产生。

（二）各层级市场结构分析

2014年，服装内销总体规模扩大，但各层级市场表现不尽相同：一二线市场增长疲软，增长几乎停滞；三四线及农村市场依然较有活力，是内销市场总规模扩大的有力支撑；网购市场以方便快捷和高性价比的优势，承接了从实体渠道转移的购买力，继续保持高速增长，见表8。

1.三四线及农村市场是服装内销市场规模扩大的有力支撑

服装内销市场整体规模的扩大，一个重要的方面是来自三四线市场以及量大面广的农村市场的支撑。这块市场受经济减速影响较小，同时服装产品价格相对较低、市场容量及需求较大、竞争相对不很激烈，所以相对一二线市场，仍然表现出较强活力。

根据中国纺织工业联合流通分会的统计，2014年1～12月，流通分会重点监测的43家单位成交额保持增长，总成交额为8782.30亿元，同比增长7.76%。

2.一二线市场增长明显放缓，几近停滞

与之形成鲜明对比的是一二线市场。根据中华全国信息中心的统计，2014年1～12月，全国百家重点大型零售企业服装类商品零售额同比仅增长1%，增速较2013年同期下降4个百分点。

一二线市场增长放缓，主要由于其产品价格相对较高。而经济减速下，购买力下降的背景下，高价产品消费受到一定程度的抑制。

大中城市服装产品档次及企业运营成本都较高，导致服装价格偏高。从国家统计局数据可以看出，自2012年以来，服装价格指数一直保持在高位。在经济减速、购买力有所下降的情况下，高价格对服装销售产生了抑制作用，这一现象在一二线市场表现得更为明显。

从企业角度来看，在一线市场的销售也较差。

表8 2014年不同渠道服装类商品销售额增长同比情况

渠道	同比（%）	同比增减（百分点）
限额以上企业	10.80	-0.7
全国重点大型零售企业	1.00	-4.00
服装专业市场	7.76	-2.32
网购	41.48	-1.12

资料来源：国家统计局、中华全国商务信息中心、中国纺织工业联合会流通分会、中国电商研究中心

表9 2011～2014年服装网购占服装内销市场比重情况

年份	单位	2011	2012	2013	2014
服装网购金额	亿元	2035	2950	4349	6153
服装网购金额占服装内销总额比重	%	14.54	17.35	21.75	30.77
重点大型零售企业服装零售额占服装内销总额比重	%	11	12.13	10.48	≈10

资料来源：中国服装协会、中华全国商业信息中心、中国电商研究中心、阿里巴巴

如最近申请股票上市的休闲装品牌太平鸟，2013年实现营业收入38.3亿元，净利润为2.1亿元。截至2014年上半年，太平鸟在全国共有门店3173家，营收和净利润分别为19.1亿元和1.3亿元。而在一线市场，其业绩并不理想。截至2014年上半年，北京太平鸟门店21家，2013年和2014年上半年分别亏损了924万元和179万元；上海太平鸟2013年和2014年上半年，分别亏损425万元和261万元。

3.购买力继续向网络平台转移，网购市场保持高增长

传统实体销售渠道、尤其是一二线市场的传统实体渠道服装价格的上涨，促使部分市场需求转向了网络。网络服装销售价格较低，缓解了高价服装带给消费者的压力，同时网购浏览选择方便快捷，也顺应了一部分消费者的需求。中国电子商务研究中心的数据显示，从2008年以来，我国的服装网上购物飞速发展，服装网购交易额从2008年的180.7亿元上涨至2014年的6153亿元，同时较2013年的4349亿元增长了41.48%，见表9。

同时，服装网购金额占服装内销总金额的比重不断扩大。

电子商务的迅速发展给消费者的消费习惯、消费方式和消费理念带来了较大的改变，为迎合消费者的需求，越来越多的企业在被动接受网络渠道之后，开始主动调整转型。这也促使服装网销的规模不断扩大，服装消费向网络转移的趋势日益明显。

4.高性价比产品赢得更多消费者

在向网络转移的同时，购买力也在向更顺应消费需求的高性价比产品进行转移。目前，越来越多的国际快时尚品牌进入中国。国际快时尚品牌通过国际大牌最新款发布会及其它渠道搜集时尚信息进行整合设计，付诸生产销售，以时尚和低价带动购

表10 部分快时尚品牌在华开店情况

品牌	进入中国时间	在中国开设门店数		
		至2013年7月（个）	至2014年7月（个）	同比（%）
UNIQLO	2002年	212	289	26.32
MANGO	2002年	123	129	4.88
ZARA	2006年	131	145	10.69
MUJI	2006年	77	108	40.26
C&A	2007年	51	61	19.61
H&M	2007年	148	209	41.22
GAP	2010年	57	83	45.61
合计		799	1024	28.16

资料来源：公开资料，中国服装协会整理

表11 2014年1～12月服装行业规模以上企业产量情况

名称	企业户数	产量（万件）	同比（%）
服装	10916	2992060	1.61
1、梭织服装	7554	1550700	0.46
其中：羽绒服	478	34288	5.10
西服套装	650	57292	−4.39
衬衫	691	109972	−3.83
2、针织服装	4224	1441360	2.88

资料来源：国家统计局

买欲。在2014年，这些品牌不但仍以较快的速度拓展中国市场并进行渠道下沉，而且其业绩表现也相当突出，见表10。

国际快时尚品牌在中国销售的快速增长，有两个层面的含义：一是它们确实给同国内服装企业带来比较大的挑战和冲击，而且它们的渠道正在不断下沉，深入到国产品牌占主导地位的二三四线市场，与国产品牌进行更为直接的竞争。上述快时尚品牌已经覆盖了国内至少22个省市的66个城市。

而另一方面则说明，虽然目前服装内销市场增速有所放缓，但是仍然具备了相当的潜力。这种潜力来源于新消费需求和消费点的涌现和产生，以及在新形势下，服装产品对于消费者需求的切实把握。

三、产品产量

2014年，我国服装产量保持稳定，同比平稳增长，增速较去年有小幅回升。

（一）基本情况：产量稳定，增幅有所提升

2014年1～12月，服装行业规模以上企业累计完成服装产量299.21亿件，同比增长1.61%，较2013年同期提高0.34个百分点，增速较1~11月下降0.38个百分点。其中梭织服装155.07亿件，针织服装144.14亿件，同比分别为0.46%和2.88%，见表11。

由于国内外需求疲弱、生产要素成本上升等多方面因素的影响，近年来，我国服装行业产量增速一直呈下降趋势。根据国家统计局数据显示，近三年来，服装行业规模以上企业产量增速，从2012年的6.2%，降至2014年11月的1.99%，回落4.21个百分点，较2011年和2010年，更是分别回落了6.15和16.61个百分点，增速放缓趋势明显，见图7。

图7 2010～2014年服装行业规模以上企业产量增幅情况

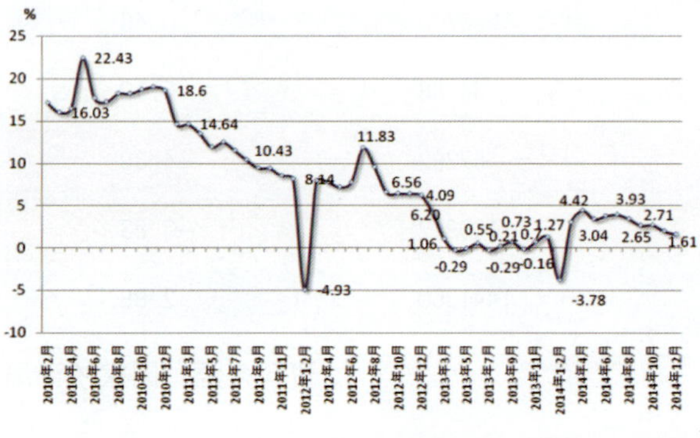

资料来源：国家统计局

（二）分地区情况：近年来中西部地区产量比重增加，产能转移持续

东部地区仍是我国服装业的主要产区，受土地、能源、劳动力等生产成本上涨、生态环境约束等因素影响，该地区资源密集性和劳动密集性产业的发展受到制约，服装产业结构优化升级压力也不断增加，服装产能不断向中西部低生产成本地区转移。虽然2014年1～12月，东部地区服装产业占全国比重略有上升，但从近年趋势来看，东部地区服装产量占全国比重持续减少。

2014年1～12月东部地区完成服装产量237.89亿件，同比增长2.78%，占全国服装总产量比重微增0.90个百分点。中部地区产量占全国服装总产量比重下降1.10个百分点，同比下降4.15%。西部地区产量占全国服装总产量比重微增0.19个百分点，同比增长11.36%。东北地区产量占全国服装总产量比重微增0.08个百分点，同比增长4.14%，见表12。

从长期趋势来看，东部地区服装产量占全国服装总产量比重呈减少趋势。2008年，东部地区服装产量占全国服装总产量的89.08%，中西部地区服装产量占全国服装总产量的10.92%。至2014年1～12月，这两个数字分别为79.51%和20.49%，见图8。

图8 2008～2014年东、中、西部地区规模以上服装企业产量占全国比重变化情况

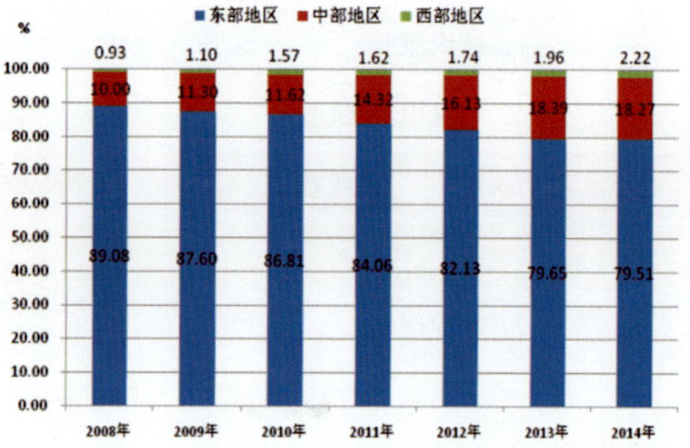

资料来源：国家统计局

（三）分省市情况：前五大省保持平稳增长

我国服装产量前五名大省仍为广东、江苏、浙江、福建和山东省，该五省总产量同比增长3.05%，占全国总产量的72.83%。

在服装产量前十五名省市中，传统服装生产大

表12 2014年1～12月服装行业规模以上企业产量分地区情况

	产量（万件）	同比（%）	比重（%）	比重增减（%）
东部地区	2378897	2.78	79.51	0.90
中部地区	546608	-4.15	18.27	-1.10
西部地区	66555	11.36	2.22	0.19
东北三省	95670	4.14	3.20	0.08

省浙江省、山东省出现负增长，同比分别下降0.47%和1.00%。内陆省份中江西、辽宁和上海服装产量同比分别下降31.15%、2.60%和2.41%，见表13。

四、经济效益

2014年中国服装出口保持平稳，有回暖迹象，但复苏基础不稳定，外需市场无显著增长；伴随着购买力向网络平台和高性价比产品的转移，服装内销市场规模继续扩大。与此同时，行业积极转型，企业更加注重对新增长点的探索和挖掘，努力提高盈利能力和运行质量。因此，行业整体效益依然获得平稳增长。

但是，国内外经济仍存在不确定性，行业生产要素成本刚性上涨压力长期存在，国内服装行业仍面临着较大的困难，部分企业受困于旧有粗放式发展模式等问题，正处于艰难的调整期，企业经营状况分化。与此同时，中小企业普遍困难突出，压力巨大。

（一）整体情况：平稳增长，亏损面收窄

根据国家统计局统计显示，2014年1～12月服装行业规模以上企业15167家，实现主营业务收入20769.83亿元，同比增长8.02%；利润总额1247.28亿元，同比增长10.55%。亏损企业1734家，亏损面为11.43%，比2013年同期下降0.52个百分点，见表14。

从整体上来看，2014年，行业效益平稳增长，亏损面有所收窄。根据国家统计局统计，2014年以来，规上企业主营业务收入及利润总额同比增长稳定。2014年各季度，主营业务收入累计同比增长分别为10.06%、9.8%、9.01%和8.02%；利润总额累计同比增长分别为10.56%、13.93%、13.97%和10.55%；而亏损面分别为19.64%、17.29%、14.92%和11.43%，见表15。

（二）运行质量：保持稳定，小幅提升

在经济减速、成本高企、消费者购买力下降的情况下，行业取得平稳发展，主要在于运行质量在保持稳定的基础上，有小幅提升。

根据国家统计局统计，2014年1～12月我国规模以上服装企业销售利润率为6.01%，比2013年同期微增0.14个百分点；但销售毛利率比2013年同期下降0.44个百分点。三费比例为8.09%，同比减少了0.13个百分点。

在企业产品售价提升、销售收入增长的情况下，销售毛利率的下降，表明企业盈利空间仍然受到成本上涨的挤压。从国家统计局对规模以上企业主要经济指标同比增长的统计中也可以看到，2014年，企业主营业务成本同比增长虽然逐季下降，但仍高于各个季度主营业务收的增幅。成本问题在一些正处于调整之中的企业表现得更为明显。浙江男装上市公司步森三季报披露营业利润同比大

表13 2014年1～12月服装产量分省市情况

序号	地区	产量(万件)	同比（%）	占比（%）
	全 国	2992060	1.61	100.00
1	广东省	636477	5.49	21.27
2	江苏省	462853	2.22	15.47
3	浙江省	398455	−0.47	13.32
4	福建省	374528	7.56	12.52
5	山东省	306885	−1.00	10.26
前5名		2179197	3.05	72.83
6	河南省	138281	12.96	4.62
7	江西省	122430	−31.15	4.09
8	安徽省	109263	5.82	3.65
9	湖北省	106302	0.33	3.55
10	辽宁省	63033	−2.60	2.11
11	河北省	58916	3.93	1.97
12	上海市	49975	−2.41	1.67
13	湖南省	36158	12.18	1.21
14	吉林省	26251	24.26	0.88
15	广 西	21694	14.84	0.73
前15名		2911501	1.48	97.31
16	天津市	19222	12.60	0.64
17	四川省	18559	10.01	0.62
18	重庆市	10700	−4.18	0.36
19	北京市	8515	−15.67	0.28
20	黑龙江	6386	5.91	0.21
21	内 蒙	4312	−1.62	0.14
22	贵州省	4289	82.20	0.14
23	陕西省	2219	−3.18	0.07
24	云南省	1697	37.92	0.06
25	山西省	1537	7.84	0.05
26	新 疆	941	−2.93	0.03
27	宁 夏	837	32.62	0.03
28	甘肃省	692	63.13	0.02
29	青海省	615	11.19	0.02
30	海南省	38	−27.49	0.00

资料来源：国家统计局

表14 2014年1～12月服装行业规模以上企业主要经济指标

指标名称	单位	2014年1月～12月累计	2013年同期累计	同比（%）
企业单位数	户	15167		
亏损企业数	户	1734		
亏损面	%	11.43		
亏损企业亏损金额	万元	515602	451683	14.15
资产合计	万元	122697081	110168131	11.37
主营业务收入	万元	207698285	192280796	8.02
利润总额	万元	12472753	11282812	10.55
出口交货值	万元	51677305	50157690	3.03
主营业务成本	万元	177469935	163443725	8.58

资料来源：国家统计局

表15 2014年服装行业规模以上企业主要经济指标同比增长及亏损面情况

单位：%

	2013年	2014年			
		1季度	上半年	前三季度	1～12月
主营业务收入同比	11.29	10.06	9.8	9.01	8.02
利润总额同比	9.83	10.56	13.93	13.97	10.55
主营业务成本同比	12.51	11.95	10.85	9.31	8.58
亏损面	11.95	19.64	17.29	14.92	11.43

资料来源：国家统计局

幅下降291.8%，公司表示，导致公司业绩滑坡的主要原因，除了终端销售疲软外，就是渠道成本的增加，见表16。

（三）行业进入深度调整期，企业自觉转型升级，寻找新的增长点

近两年来，经济增长放缓，下行压力增大，加之成本不断不涨，行业困难突出。中国服装协会提出：行业已经进入深度调整期，企业从低水平、低成本扩张，向质量效益型增长的转型升级，已经成为必然。而在现阶段，要实现转型升级，就必须适应新常态，加快渠道创新与产业融合，增强品牌的生命和活力。

目前，已经有许多服装企业开始围绕主业展开更为深入的转型升级。

如报喜鸟尝试新的营销渠道模式，从2014年9月

表16 2014年1～12月服装行业经济效益指标情况

盈利能力主要指标	2014年累计	2013年同期	同比增减(百分点)
销售毛利率(%)	14.55	15.00	–0.44
销售利润率(%)	6.01	5.87	0.14
成本费用利润率(%)	6.42	6.29	0.13
总资产贡献率(%)	16.98	17.23	–0.25
净资产收益率(%)	19.70	20.63	–0.93
三费比例(%)	8.09	8.23	–0.13
营运能力主要指标	2014年累计	2013年同期	同比增减(百分点)
产成品周转率(%)	18.87	19.28	–0.41
应收帐款周转率(%)	12.25	12.15	0.10
流动资产周转率(%)	2.85	2.81	0.04
总资产周转率(%)	1.69	1.75	–0.05
两金占用比例(%)	36.18	35.52	0.66
偿债能力主要指标	2014累计	2013年同期	同比增减(百分点)
资产负债率(%)	48.39	50.36	–1.97
已获利息倍数	10.67	10.14	0.52
产权比例(%)	0.94	1.01	–0.08

资料来源：国家统计局

开始进尝试线上/线下（O2O)模式，在天猫旗舰店推出个体定制化服务，主要服务于80后、90后年轻消费者。客户在线上下单、线下体验。公司承诺72小时内上门量体，360小时内做到货品交付。

维格娜丝不断关闭低端店铺，放缓开店速度，同时继续扩大直营店数量，提升店铺档次，进行渠道升级。目前，公司近400家终端中，九成为直营店，有利于及时掌握和反应终端消费变化。目前，公司对店铺进行精细化管理，小批量多批次的快速补货体系，保证单店坪效的提升。

运动品牌调整较早，随着转型速度加快，目前初步效果已经显现。2014年，安踏实施“以零售为导向”，对订货会机制进行调整，调整货品的搭配度，用优化产品来盘活渠道。目前，安踏订单增长已经转正，2014年前三季度订货会数据呈高单数位增长，第四季度订货会之订单金额保持正增长，按年取得低双位数的升幅。公司连续四个季度录得持续而稳健的订货会订单增长，进一步显示公司可能已走出低潮。接下来，公司将不再盲目开店，而是把精力放在提高单店销售额上，通过提高产品质量和渠道管理尽快实现业绩增长。

乔治白2014年营业收入6.58亿元，同比增长13.11%，营业利润0.89亿元，同比增长26.44%。以职业装定制为主营业务的乔治白，又找到了新的增长点。最近，公司正在各地招募的校服业务合伙人，拟以城市为单位合伙运营校服业务，打造校服领域的品牌产品。

青岛红领集团迎合消费者对个性化需求呈逐年快速增长的趋势，进行商业模式创新，将工业化服装C2M定制模式作为企业适应市场变化，提升企业竞争力的有效手段。建立柔性和快速响应机制，满足了市场的个性化需求和快速反应、迅速交货的要求。2013年，红领销售额达20亿元，2014年有望实现150%的增长。

2015年行业展望

一、外销市场

全球经济复苏较弱且不同步。新兴经济体的外部需求环境有望进一步得到改善，发达国家的总需求将出不同程度的企稳或复苏。其中：美国就业市场复苏势头依然保持强劲，就业市场进一步改善，消费领域将受到提振；欧元区受经济复苏缓慢、失业率维持较高水平等影响，零售销售率增幅低于预期；日本消费税上调对消费产生一定影响，同时，日本劳动者现金收入增长缓慢，可能拖累个人消费以及更为广泛的经济活动。

受经济环境和市场环境影响，2015年中国服装出口总体或将保持小幅度增长。其中对新兴市场增长依然较快，但增速将继续下降；对发达市场、尤其对美国市场出口有望进一步复苏。

二、内销市场

我国GDP增速尽管有所回落，但经济社会发展更加平衡，经济运行平稳、稳中有进、稳中提质的大势未变，而经济发展模式正在发生积极转折。2015年，服装内销市场将在此背景下出现一些调整和变化。内销整体规模继续扩大，但受经济减速影响，增速进一步放缓，其中一二线城市市场销售增长放缓明显，甚至可能出现下降。同时，服装内销市场将可能出现一些新趋势，包括：消费者将更加注重服装的品质；个性化、定制化将成为服装的发展趋势；线上和线下渠道融合发展将进入新阶段；科技含量高的功能性服装将呈现快速增长；生活方式主导的创新商业模式将不断出现。

三、经济效益

整体来看，2015年服装行业运行压力仍然较大，企业盈利空间进一步受到挤压，抗风险能力较差和调整转型较慢的企业，将遇到更多困难。

目前，中国服装产业仍处于深度调整阶段，旧有扩张模式已经不适应新环境，难以为继，新的行业增长点或还需要探索。在这期间，行业增长将进入到中高速增长的新常态。

而在新形势下，新需求涌现，新机遇凸显，更需要通过持续的转型、升级、调整、创新，为行业平稳增长注入新的驱动力。

（撰稿人：王　伟）

家用纺织品业

中国家用纺织品行业协会

2014年，在国内经济放缓进入新常态的情况下，家纺行业增速同样有所回落，进入一个新的发展阶段。观察新常态下的我国家纺行业的运行状况至少应有3个维度：一是行业规模维度，如主营收入速度、投资增速、出口增速等，这一维度展示的是行业运行的增速侧面；二是经济运行效益和质量的变化，这一维度展示的是经济运行的质量侧面；三是行业改革的进展，这一维度展示的是运行机制的变化，它揭示的是行业发展的潜力和动力。这3个维度对应着新常态下行业运行的“速度变化、结构优化、动力转化”3大特征。本文依次从三个方面来阐述2014年家纺行业的具体运行情况，最后做出2015年行业趋势预判。

行业总体情况

从2014年行业经济运行数据来看，家纺行业呈现出一些新变化，比如，规模以上企业主要经济增长指标已全面放缓至中个位数增长；出口增速下滑等等。这些现象是在宏观经济增速放缓的新常态背景下表现出来的新特点。

一、行业规模缓中有进

家纺行业总体运行是较为平稳的。2014年，国家统计局统计的1809家家纺规上企业实现主营业务收入2605.4亿元，同比增长6.0%，增速较2013年回落2.4个百分点，行业难以长期维持高速增长，增速有所放缓，但行业在增速放缓的同时，是缓中有进的，主营收入增速仍然处于稳定的区间范围，如图1所示。

图1 家纺行业规上企业累计主营业务收入增速

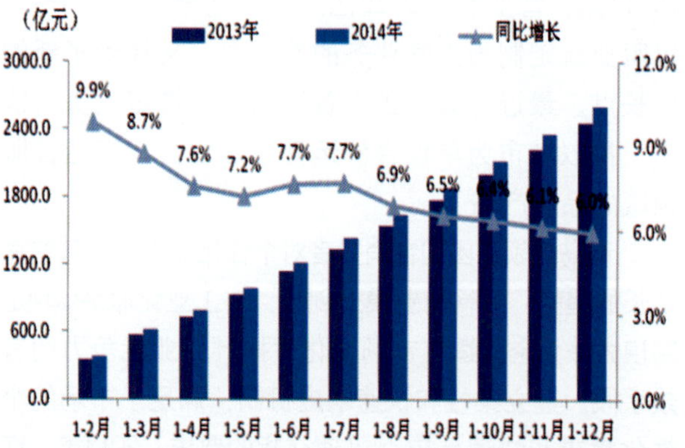

资料来源：国家统计局

二、产量保持稳定

尽管在发展中遇到一些困难，但行业总体产量并未出现大幅下降，这反映行业企业生产状况较为稳定。据协会对9个产业集群和部分骨干企业统计，2014年，协会统计的集群床品产量同比增长9.5%，毛巾产量同比增长8.1%，布艺产量同比增长6.5%，如表1所示。

三、出口中个位数增长

近年来，由于出口困难、国内成本上升、内外棉价仍保持较大差距，使一些企业感受到前所未有的生存危机与发展压力，已经开始转向东南亚投资，我国家纺行业出口增速有所放缓。中国海关统计数据显示，2014年我国家纺产品累计出口420.9亿美元，同比增长了5.3%。增速较2013年同期下降4.1个百分点，下降幅度较大，但出口额总体规模仍能保持中个位的平稳增长。

表1 2014年行业9个产业集群产量情况

产品	单位	产量	2013年同期	同比（%）
4家床品集群	万件	73827.4	67442.2	9.5
1家毛巾集群	万条	180959	167372	8.1
4家布艺集群	万米	307154	288286	6.5

资料来源：中国家纺协会

四、投资顺利，新开工增速放缓

中国家纺行业对未来市场需求发展的预期仍较为稳定，在转型升级方面，一些产业集群着手加快机器换人，加快技术创新和产业调整，因此在实际投资方面更加侧重新装备的应用，而非单纯投资数量的增加。2014年，国家统计局统计的1809家规上企业实际完成投资675.6亿元，同比增长34.7%。其中，床品企业和窗帘布艺企业完成实际投资最好，共完成实际投资324.1亿元和49.5亿元，同比分别增长32.3%和38.3%；毛巾类企业实际完成投资99.1亿元，增长相对较慢，同比增长22.3%。1809家规上企业新开工项目数907个，同比增长25.1%，增速比2013年上升8个百分点。其中，窗帘布艺企业新开工项目增长最快，同比增长84.6%；床品类和毛巾类企业新开工项目同比增长相对缓慢，同比分别增长16.7%和38.4%。具体投资情况如表2所示。

行业运行特点：总体健康

一、效益良好，结构优化

总体来讲，家纺行业质量较好。2014年1809家规上企业利润总额为148.5亿元，同比增长5.9%，增速比较稳定。2014年1809家规上企业利润

表2 2014年行业固定资产投资情况（不含农户）

行业	实际完成投资（万元）	同比（%）	施工项目数（个）	同比（%）	新开工项目数（个）	同比（%）	竣工项目数（个）	同比（%）
全行业	6755879	34.7	1150	13.0	907	25.1	883	13.5
床品	3240672	32.3	568	10.3	462	16.7	447	10.5
毛巾类	991189	22.3	167	24.6	121	38.4	119	11.0
窗帘布艺	494647	38.3	117	30.0	89	84.6	96	32.8
其他	2029371	45.3	298	6.8	235	19.5	221	14.6

资料来源：国家统计局

率为5.7%，较2013年同期微降0.01个百分点，三费比例为6.16%，较2013年同比下降了0.12个百分点。产业集群的利润率较2013年同比下降0.38个百分点。跟踪企业的利润率却较2013年下降了0.15个百分点。总体来讲，行业效益和质量较2013年略有下降，但总体利润率仍是较好的，如表3所示。

2014年，集群和协会跟踪企业的人均产值分别为50.1万元和69.9万元，分别较2013年提高2.2万元和3.5万元。行业人均产值在提升，表明企业的管理水平和生产效率在提升。如图2所示。

图2 家纺集群与跟踪企业人均产值情况

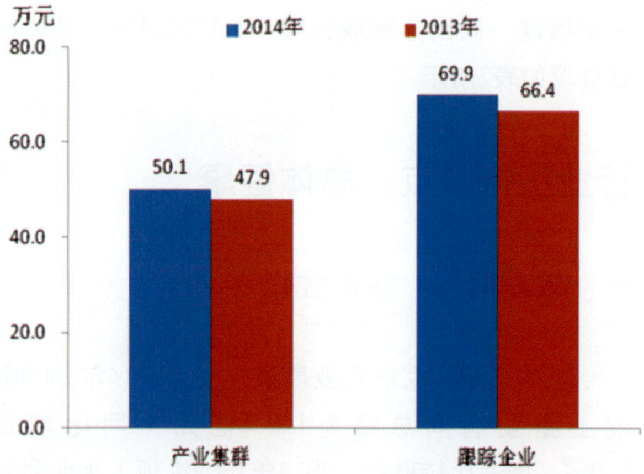

资料来源：中国家纺协会

从我国规上企业主营业务收入在东中西部的分布来看，虽然东部地区占比很大，但是增速要比中部地区和西部地区慢，说明中西部的家纺产业正在加速发展，行业区域结构进一步优化。如图3所示。

图3 2014年规上企业区域分布及增长情况

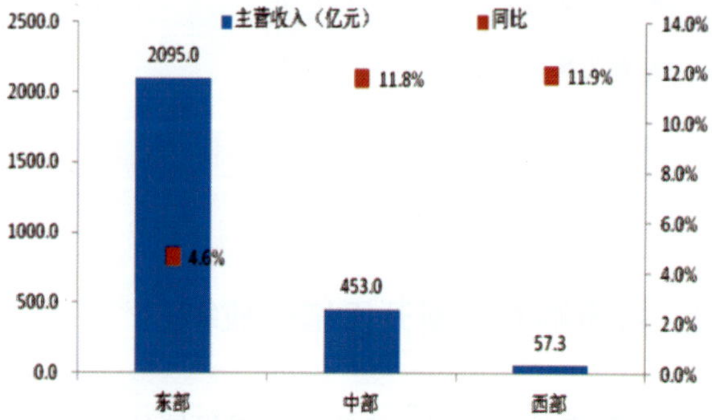

资料来源：国家统计局

二、出口规模扩大，增速回落

（一）出口靠数量拉动

据中国海关数据显示，2014年我国家纺产品出口数量同比有所增加，但出口单价有所回落。其中，出口数量同比增长5.4%，出口价格同比降低0.2%，从2014年3月份起，出口数量的增速高于出口单价的增速，出口额增长主要靠出口数量拉动，如图4所示。同样自3月份起，协会测算的出口价格指数趋于稳定，截至2014年12月，出口价格指数为143.5，虽然年末有翘尾因素存在，但较2013年同期还是有所回落，如图5所示。

表3 2014年家纺企业利润率及增减情况

利润率	2014年（%）	2013年（%）	同比增减（百分点）
规上企业	5.70 %	5.71 %	-0.01
产业集群	6.06%	6.44%	-0.38
跟踪企业	6.05%	6.20%	-0.15

资料来源：国家统计局、中国家纺协会

图4 家纺产品出口数量及单价增速

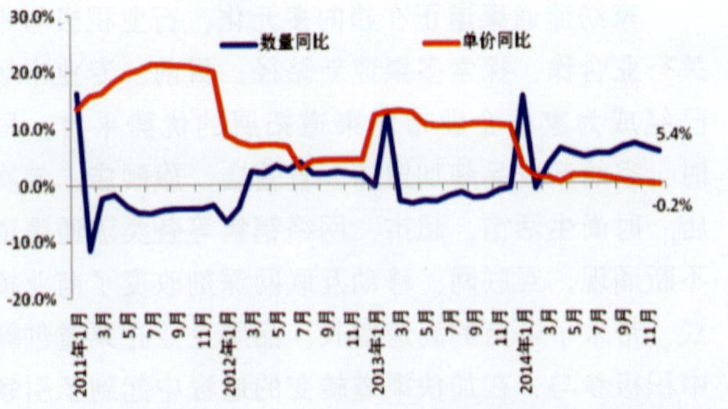

资料来源：中国海关

图5 2010年至今家纺产品出口价格指数

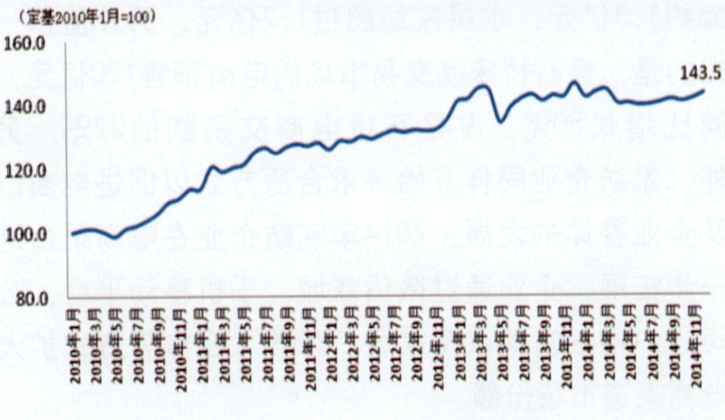

资料来源：中国海关

（二）三大市场与其他市场增速趋近

2014年，我国对美国、欧盟和日本三大主要国家和地区出口202亿美元，同比增长了4%，增速较2013年同期下降0.3个百分点。分开来看，2014年，我国家纺产品对美国市场出口增长保持平稳，对欧盟市场出口增长较快，对日本市场出口出现负增长。对美国出口总额95.4亿美元，同比增长了3.7%；对欧盟出口67.2亿美元，同比增长10.6%；对日本出口总额为39.4亿美元，同比下降5%。

2014年我国对三大市场以外的其他国家和地区累计出口218.9亿美元，同比增长了6.5%，增速较2013年同期下降8.2个百分点，明显趋缓，我国对欧美日市场和其他市场的出口增速正在逐步接近。如图6所示。

图6 2011年以来家纺出口美欧日和其他市场增速

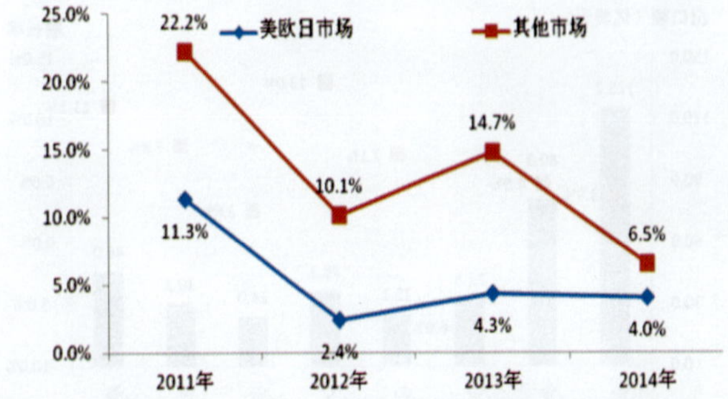

资料来源：中国海关

2014年，我国家纺产品对东盟十国出口39.6亿美元，在2013年高速增长的基础上，仍然保持高位增长，同比增长17.3%，出口额首次超过日本，成为我国家纺产品的第三大出口地区。对俄罗斯出口18.1亿美元，同比增长了3.3%，受俄乌地缘政治的影响与俄罗斯经济危机的影响，我国家纺产品对其出口的增速较2013年大幅下降22.1个百分点。此外，我国家纺产品对中东十七国出口总额累计37.6亿美元，同比增长了12.3%，对南亚三国出口14.9亿美元，同比增长26.6%，都保持了良好的出口增速。

（三）除毛巾外，其他产品继续保持稳定增长

从出口产品分类来看，2014年我国家纺产品品类多数保持稳定增长，但毛巾产品下降较快。如图7所示。出口占比最大的是床品和布艺产品，出口额为125.2亿美元和80.8亿美元，同比分别增长3.9%和4.8%。出口增速最快的是毯子，同比增长13%。毛巾出口32.5亿美元，同比下降6.9%，细分看，浴巾同比增长2.5%，盥洗及厨房用毛巾出口金额同比下降了14.2%，毛巾被同比下降了41.8%。如表4所示。毛巾类出口尤其对日本和俄罗斯市场出口减少，一些日资企业把工厂迁至东南亚地区，也影响到国内基本款毛巾产品出口，和东南亚国家相比，我国家纺行业在原料、劳动力成本方面的优势逐渐丧失，毛巾产品在国际市场上面临的竞争压力日趋加大。

图7 家纺各产品类别出口情况

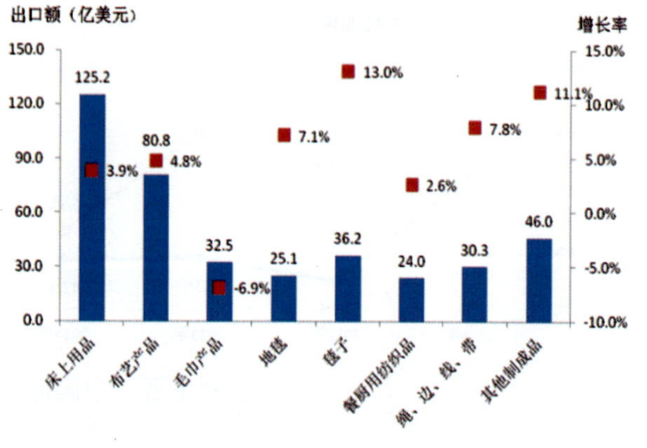

资料来源：中国海关

三、内销在调整中发展

（一）内销总体增速放缓

目前家纺行业仍处于转型之中，内销方面存在的问题虽尚未得到明显改善，但在调整中不断发展。国家统计局数据显示，2014年1809家规上企业实现内销产值1997.6亿元，同比增长8.2%。16家产业集群内销产值2362.5亿元，同比增长6.1%，增速较2013年下降2.3个百分点。2014年协会跟踪的237家重点家纺企业内销产值639亿元，同比增长4.7%，综合数据显示，行业整体内销增速降至中速增长，整体较为稳定。

（二）渠道变化

家纺流通渠道正在趋向多元化，行业积极与相关行业合作，探索多渠道新路径。目前，专业市场已经成为家纺企业市场渠道拓展的优势平台。同时，家纺产业品牌加盟店、直营店、旗舰店、专卖店、时尚生活馆、超市、网络销售等各类流通渠道不断涌现。互联网、移动互联网深刻改变了商业模式，带来了电商的高速增长。品牌企业在渠道创新中积极参与，在加快渠道转变的过程中起到了引领作用。根据阿里巴巴零售平台发布的交易数据显示，2014年“双11”当天，三大家纺公司当日线上销售额超4.38亿元，其中罗莱家纺1.88亿元，富安娜约1.3亿元，水星家纺超过1.2亿元。另外值得一提的是，叠石桥床品交易市场的电商销售120亿元，同比增长50%，占叠石桥电商交易额的22%。另外，家纺企业同样开始寻求合适方式以促进电商以及企业整体的发展。2014年家纺企业在电商渠道进一步拓展，企业通过微信商城、手机移动平台、公司门户网站直购以及家居“跨界”合作等方式扩大电商渠道市场份额。

电商的快速发展，并不影响家纺企业对实体店的重视，企业认为实体店所带给消费者的“体验”和“情景”是电商永远不可取代的。2014年家纺企业实体加盟店质量有所提高，企业更注重终端门店的“成活率”。因此，电商渠道是一个发展趋势，

表4 主要毛巾产品出口情况

品种	数量（万条）	金额（万美元）	单价（美元/条）	数量同比（%）	金额同比（%）	单价同比（%）
毛巾	45545.6	153307	3.37	−3.78	2.47	6.65
浴巾	214986.2	125035	0.58	−8.73	−14.24	−6.45
毛巾被	1245.4	10823	8.69	−36.23	−41.83	−8.81

资料来源：中国海关

家纺企业不能怠慢。但是又要防止盲目进入，应做好各方面的准备。电商不可能取代线下终端门店，但线下也要积极变革创新，找到两个渠道甚至是多渠道相互融合的道路。

（三）产品结构

据国家统计局数据显示，2014年1809家我国家纺规上企业的内销产值中，床品的内销产值占48.1%，占到家纺规上企业全国内销总产值的一半左右，毛巾产品内销产值占46.7%，布艺产品所占份额最低，仅为7%。如图8所示。

图8 2014年家纺规上企业内销产值品类占比

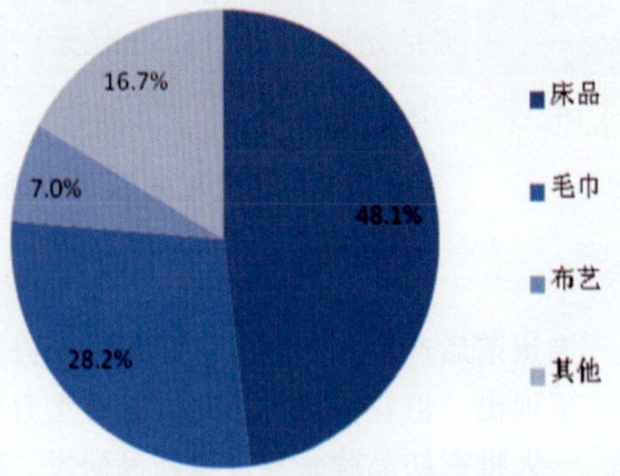

资料来源：国家统计局

床品内销增速放缓，尤其是床品传统零售渠道较2013年有所下降。据全国商业联合会大型零售企业数据显示：2014年我国床上用品零售额同比下降3.9%，2013年同期增速是−2.6%，较2013年下降1.3个百分点。2014年协会跟踪统计的129家床品企业内销产值为49.4亿元，同比增长5.0%。

布艺内销增速放缓。2014年协会跟踪统计的69家布艺企业内销产值为50.9亿元，同比增长2.8%。2014年全年全国商品房销售面积累计120,648.5万平方米，同比下降7.6%，其中住宅销售面积累计同比下降9.1%，房地产市场下滑是导致布艺销售增速有所下降的一个原因。如图9所示。

图9 2013～2014年国内商品房与住宅销售面积累计增速

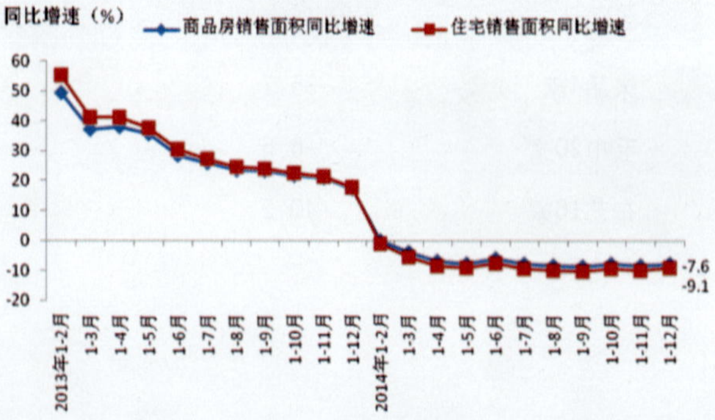

资料来源：国家统计局

毛巾内销增速保持平稳。2014年协会重点跟踪的33家毛巾企业内销产值135.1亿元，同比增长4.7%。

值得一提的是，相对于内销整体增速放缓，而家纺产品专业市场销售额则保持稳定增长，最具代表的床品市场叠石桥交易市场2014年交易额同比增长9.1%。布艺专业市场海宁中国家纺城2014年销售额同比增长10.5%。主营毛巾的河北高阳县纺织商贸城2014年销售额同比增长4%。

四、小微企业压力加大

新常态下，行业总体运行和发展的压力加大，原因包括需求增长相对减弱，资源环境约束加剧，要素成本上涨，以个性化、差异化为主流的终端需求变化加快，以及一些分行业产能阶段性、结构性过剩等微观市场因素。而最为重要的原因是，进入新常态，原有发展模式难以为继，而新的模式还在探索形成过程之中。因此，企业对保持经营业绩增长感到困难，尤其是小微企业的经营则是困难重重。

协会统计的40家小微企业和产业集群的规下企业数据显示其经营状况不佳。其中，40家小微企业床品和毛巾企业主营收入、利润、产值和内销等各

表5 2014年协会跟踪40家小微企业总体情况

单位：%

	主营收入同比	利润总额同比	工业总产值同比	内销同比
床品4家	-35.7	-63.7	-34.32	-33.9
毛巾20家	-6.6	-7.4	-0.2	-0.35
布艺16家	-40.2	12.5	-0.95	-15.2

资料来源：中国家纺协会

表6 2014年集群规下企业总体情况

工业总产值		主营收入		利润总额		利润率	出口交货值		内销产值	
金额（亿元）	同比（%）	金额（亿元）	同比（%）	金额（亿元）	同比（%）	（%）	金额（亿元）	同比（%）	金额（亿元）	同比（%）
869.1	1.5	853.7	0.0	35.3	-13.0	4.1	165.9	13.1	684.7	1.8

资料来源：中国家纺协会

项指标均有所下降，布艺企业除利润总额外，其余各项经济指标也有所下降。2014年协会跟踪40家小微企业总体情况如表5所示。产业集群规下企业利润总额下降13%，工业产值和主营收入基本和2013年持平。2014年集群规下企业总体情况如表6所示。

行业发展与预判

一、行业发展重点

（一）继续提高科技创新

在新常态下，行业发展应该加快推动转型升级，不断减少对投资和要素驱动的依赖，行业逐步增强科技创新、经营模式的创新来提高行业质量和效益，更好地促进行业的发展。

2014年，家纺集群和企业转型升级均在加速推进，淘汰落后产能，更新技术装备，提升产品质量等，呈现出“百花争艳”态势。在转型升级的过程中，一大批家纺品牌企业注重新品研发、坚持科技创新取得了许多新突破。在2014“纺织之光”中国纺织工业联合会科技教育奖励大会中，8家家纺企业荣获科学技术进步奖，创造了获奖企业和项目数目历年之最，愉悦家纺“拔得头筹”荣获一等奖，实现了零的突破。

（二）加快转型升级

产业集群加快对新设备、新工艺、新材料、新技术的引进、消化、吸收和创新，把企业竞争实力转向产能、高效、节省人工、信息化控制、环保等方面，助推纺织产业节能降耗、转型升级。如2014年前三季度，柯桥区纺织技改项目投资153.42亿元。其中在技术设备升级改造等方面投入了122亿元资金。如余杭区质量计量监测中心积极开展技术性公益活动，计划2年内免费为拥有自营出口权的20多家余杭家纺企业实施产品检测4批次（每年2批次），同时该平台将向上级部门申报省级家纺检验中心。北京方仕国际窗帘城根据京津冀协同发展战略和政府指导，逐步将传统批发、零售交易模式转型为产品形象展示+网络电话交易+专业定制服务的多元化、电商化融合服务平台。

（三）加强品牌建设和跨界合作

继续加强品牌建设、打造拳头产品，增强大中型企业的市场活力，促成强效的经济增长点，实现以名牌为支撑的产品结构调整和资源优化配置，积极探索不同产业间的跨界合作。借用家居渠道，共享饰品渠道，以补充和完善行业营销网络；并以配套产品间的互补性为依托，打造颇具竞争优势的渠道新格局。

（四）加快“走出去”步伐

在继续巩固传统市场的同时，鼓励企业“走出去”，积极拓展新兴市场，开设海外营销窗口。核心技术研发与市场渠道建设并举，力争在高端产业链有所突破。筹办海外专业展会，加强与国际大型流通集团的合作，提高中高档产品全球市场占有率，增加国内企业在国际市场话语权。

（五）充分发挥协会组织的作用

家纺协会帮助企业与上下游合作，扩宽新市场，整合新资源，将帮助企业找到增量。未来家纺协会要在开拓新市场中不断进步，将工作越做越细。充分完善行业协会的各项公共职能，发挥桥梁和纽带作用。深入开展行业分析，反映企业动态变化和企业诉求。不断完善行业展会功能，国际化程度和影响力得到加强，地方展特色越来越明显，取得了阶段性成果。

家纺协会与纺机协会、印染协会、中纺联科技部多部门上下游联手，组成中纺联“联合舰队”深入产业集群和企业，帮助解决转型升级过程中遇到的技术性问题。如河北高阳毛巾产业集群根据国家发展战略和市场需求变化，在地方政府支持下积极进行转型升级。“联合舰队”从设备更新、纺织印染新技术入手，为高阳制订出家纺产业集群发展规划，许多项目已经进入实施阶段，加快了该产业集群转型升级的步伐。家纺协会与化纤协会合作，针对涤纶家纺和纯棉家纺产品研究循环利用路线，建立起废旧家纺产品的回收利用体系和再循环体系。

二、行业趋势预判

通过对2014年行业数据分析，可以看出行业和中国宏观经济情况具有一致性，家纺行业进入中速增长时期。就2015年发展趋势来看，预计行业内销仍能保持稳定持续的中速增长，而出口同样不会出现大幅波动，年内中速的出口增长仍能保持。

（一）国内经济稳定

从国内看，根据中央经济工作会议的部署，2015年经济工作的五大主要任务中第一项就是努力保持经济稳步增长，而其余四项也都是围绕稳增长这一任务来部署的。由此可见，稳增长是2015年经济工作的重中之重。2015年中国经济发展的主要目标是国内生产总值增长7%左右，居民消费价格涨幅3%左右，城镇新增就业1000万人以上，居民收入增长与经济发展同步。

（二）居民消费需求稳定

家用纺织品的需求量对于居民收入的反应较为灵敏，消费者对家纺产品需求很大程度上取决于收入的变化，另外家纺产品本身市场的广泛性、时代性、消费多样性等也会产生一定影响。近年来，我国居民的消费者购买能力和购买意愿都没有发生太大变化。2014年全国农村居民人均现金收入扣除价格因素实际增长9.2%，全国城镇居民人均可支配收入扣除价格因素实际增长6.8%。社会消费品零售总额26.2万亿元，同比名义增长12.0%（扣除价格因素实际增长10.9%）。2014年全年服装鞋帽、针纺织品零售额12563亿元，同比增长10.9%。居民消费能力依然较为强劲，这为家纺的稳定销售提供最基本的保障。

2015年我国经济发展的主要目标之一就是居民消费价格涨幅3%左右，城镇新增就业1000万人以上，进出口增长6%左右，居民收入增长与经济发展同步。“十三五”期间要解决三个“一亿人”，已经进入城市的一亿人，要提高市民待遇；中西部还有一亿人要进城；还要改造城中村等等涉及到一亿人，城镇化将创造出巨大的需求。

（三）国外需求复杂多变，出口有望中速增长

从外部形势来看，2015年的国际环境仍然复杂多变。一些新兴经济体复苏过程还是比较艰难曲折的，加上国际地缘政治动荡，原油下跌，国内劳动力等要素价格上涨使得行业成本有所提高，这些对我国家纺出口都是不利的因素。但是更多的是一些有利方面，例如，发达经济体如美国和欧盟确实在加快复苏，对其出口将保持稳定增长；新兴经济体同样增速虽在趋缓，但是仍能保持较快增长；家纺企业正在加快与世界各国的交流与合作；加上国家促进出口升级等“稳出口”措施以及人民币有效汇率贬值的预期。所以2015年家纺出口仍将保持一个稳定的中速增长。

（撰稿人：陈　润）

产业用纺织品业

中国产业用纺织品行业协会

2014年行业运行情况

2014年中国经济进入了以增速放缓为明显特征的新常态，纺织工业进入了深度调整期，产业用纺织品也面临着复杂的发展环境。由于产业用纺织品的需求多元，部分领域的需求呈现一定刚性，而且国家的相关政策对行业具有较强的刺激作用，同时行业内骨干企业抓住机遇进行产业结构的优化升级，将科技创新作为行业发展的主要动力，较好的适应了行业发展趋势。2014年行业仍然处在快速发展的成长期，全行业主营业务收入、利润总额、工业增加值增速、纤维加工总量均继续保持两位数以上增长，固定资产投资更是保持20%以上的增速。根据对会员企业的直报数据分析，2014年行业全年的景气指数为78.8，虽然比2013年略有下降，但仍处在很高水平，表明行业内企业对2014年的运营情况满意度比较高。

一、2014年行业整体情况

（一）生产稳步增长

根据统计测算，2014年产业用纺织品行业完成纤维加工总量1230万吨，增长8.85%，占纺织纤维加工总量的比例为24.6%；非织造布的总产量达到436万吨，同比增长12.07%。2014年我国出口非织造布65.6万吨，进口15.2万吨，国内实际消费385.6万吨。

（二）经济效益良好

2014年产业用纺织品行业的经济增加值增速为11.7%，纺织业为6.7%，规模以上工业增加值8.3%。

1795家规模以上产业用纺织品企业的主营业务收入和利润总额分别为2702.2亿元和154.3亿元，分别增长12.39%和13.79%，比纺织行业高出5.6和

表1 2014年产业用纺织品纤维加工量

单位：万吨

产品类别	产量	产品类别	产量
医疗与卫生用纺织品	115.7	包装用纺织品	87.3
过滤与分离用纺织品	96.8	文体与休闲用纺织品	34.6
土工用纺织品	75.8	篷帆类纺织品	210.4
建筑用纺织品	56.5	合成革用纺织品	105.4
交通工具用纺织品	61.6	隔离与绝缘用纺织品	38.3
安全与防护用纺织品	31.7	线绳（缆）带类纺织品	61.8
结构增强用纺织品	107.3	工业用毡毯（呢）类纺织品	40.0
农业用纺织品	66.9	其它	40.0

资料来源：中国产业用纺织品行业协会

7.7个百分点。行业平均利润率5.71%，比2013年略有增长。亏损企业的亏损额同比下降了近50%。2014年行业的经济效益继续向好的方向发展。

分行业看，非织造布的销售收入增长了13.73%，利润总额增长6.28%，与2013年同期相比分别下降4.6和17.8个百分点。收入和利润增速下降，一方面是由于产量增速下滑，更重要的是由于原材料价格的大幅降低使得产品价格承受压力；另外随着行业产能的增加导致的竞争加剧也侵蚀了企业的部分利润。从海关数据看，我国出口的非织造布价格微降0.18%，在原材料价格大幅降低的背景下，由于技术进步和产品结构的调整，我国非织造布产业在国际市场的竞争力已经显著加强。

纺织带和帘子布、篷帆布行业的经济效益提升明显，利润总额分别同比增长了57.43%和14.51%，成为带动整个行业效益提升的主要因素。这两个领域2013年的效益较差，经过本次增长，均恢复到行业平均水平，是行业的一次正常调整。

（三）投资快速增长

根据国家统计局数据，2014年行业全年完成固定资产投资565.5亿元，同比增长25.99%，在纺织行业中处于前列，与2013年相比增速稍有回落，表明企业对行业的发展继续保持较高信心。根据协会的调研，目前企业的投资主要集中在技术改造和新增高端产能两个方面，单项投资的金额较高，为行业的技术进步和参与国际竞争打下了良好基础。

分行业看，非织造布依然是投资最为活跃的领域，投资额的增速达到44.15%，新开工项目数增速32.19%，与2013年同期相比反弹明显，在未来一段时间还将会保持高速增长。据统计，2014年前三季度我国销售的针刺非织造布生产线80条，水刺生产线15条。纺织带和帘子布、篷帆布等领域的投资也保持了高速增长，绳索缆的投资保持中速增长。另外，行业在过滤用纺织品、土工与建筑用纺织品等领域的投资也保持了较高增长。

（四）进出口稳定增长

1.出口总量

2014年，我国出口各类产业用纺织品207.4亿美元，同比增长7.6%。产业用纺织品出口在2012年出现过负增长，2013年出口增速反弹到8.36%，2014年的出口形势则继续企稳，但是与2011年26.3%的增速相比还有较大距离。主要是由

表2 2014年行业投资情况

	投资额		施工项目		新开工项目		竣工项目	
	数值(亿元)	增速(%)	数值(个)	增速(%)	数值(个)	增速(%)	数值(个)	增速(%)
产业用纺织品	565.5	25.99	969	13.07	740	14.37	712	21.71
非织造布	254.2	44.15	398	25.95	308	32.19	292	38.39
绳索缆	50.9	8.99	114	16.33	88	2.33	87	35.94
纺织带和帘子布	70.7	45.54	95	−10.38	72	−5.26	69	−1.43
篷帆布	53.3	46.11	101	36.49	87	45.00	74	29.82
其他	136.4	−3.09	261	−0.76	185	−3.65	190	3.83

资料来源：国家统计局

于除美国以外的发达经济体的经济复苏依然乏力，外需动力不强。

2.主要出口产品

产业用塑料涂层织物、医疗卫生用纺织品、非织造布、篷帆类制品、包装袋、产业用玻纤制品是行业出口额最大的六类产品，总额占全部出口的比重已达到79.2%。医疗卫生用纺织品和非织造布的出口形势比较好，增速分别为14.46%和17.42%；篷帆类制品和产业用玻纤制品的增速接近10%；塑料涂层织物是行业最大宗的出口产品，由于出口价格降低，导致其尽管出口数量增长6.69%，但是出口额与2013年基本持平。由于外需增长乏力，加之原材料价格的大幅下跌，数量成为支撑2014年出口增长的主要因素。

3.主要出口市场

从地区看，亚洲是我国产业用纺织品最大的出口市场，占全部出口额的45%，其次是欧盟和北美洲，其份额都在17%左右。在这三个主要市场中，对欧盟的出口增速达到10.9%，对北美的出口增速为7.8%，对亚洲的出口增速为7.6%，其中对东盟的出口接近10%。非洲在我国产业用纺织品的出口中所占份额只有7%，但是增速可观，达到10.3%。对欧洲的非欧盟市场的出口则出现5.6%的下降。

图1 2014年我国产业用纺织品的主要出口地区

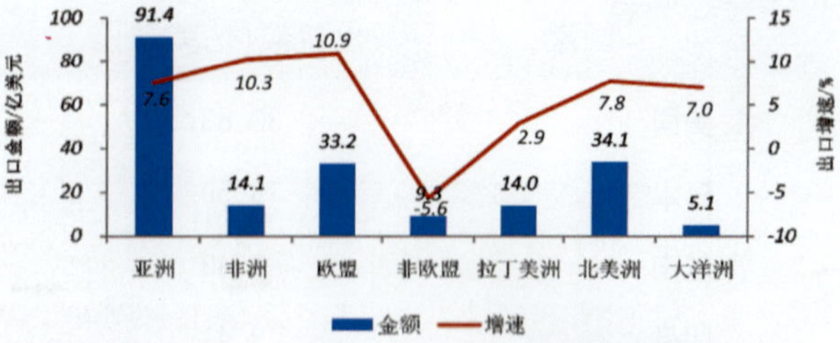

资料来源：中国海关

从国家看，美国、日本、越南、印度和韩国是我国产业用纺织品前5大出口国，出口额占我国出口总额的34.6%，对这些主要国家的出口均保持了较高的增速，特别是对越南的出口增长21.71%。

4.进口情况

2014年，我国进口产业用纺织品43.8亿美元，同比增长10.89%。塑料涂层织物、非织造布、医疗卫生用纺织品、产业用玻纤制品、过滤用纺织品是我国主要的进口产品，进口额占总额的比重为81.07%，集中度非常高。其中前四类产品同时也是我国出口量大的品种，但是同类产品进口均价明显高于出口均价。替代进口，缩小进出口产品之间的差价是今后我国产业用纺织品行业重要的努力方向。

中国台湾、日本、韩国、美国和德国是我国产

表3 2014年我国出口的主要产业用纺织品情况

产品名称	金额(亿美元)	金额增长(%)	数量增长(%)	价格增长(%)
塑料涂层织物	52.8	0.64	6.69	–5.67
医疗卫生用纺织品	34.8	14.46	–	–
非织造布	23.1	17.42	17.64	–0.18
篷帆类制品	20.9	8.72	3.09	5.46
包装袋	19.6	5.55	3.66	1.83
产业用玻纤制品	13.0	9.20	9.75	–0.50

资料来源：中国海关

表4 2014年我国产业用纺织品主要出口国家情况

国家	出口额(亿美元)	份额(%)	出口额增速(%)
美国	30.83	14.87	8.71
日本	13.59	6.56	9.69
越南	9.49	4.57	21.72
印度	9.41	4.54	9.76
韩国	8.51	4.10	11.20

资料来源：中国海关

业用纺织品主要进口来源地，占全部进口总额的比重为77.5%。自中国台湾地区的进口产品中，塑料涂层织物和玻纤制品的比重占75%。从日本、美国和德国的进口产品则以非织造布为主。

二、重点领域发展情况

（一）医疗卫生用纺织品

医疗卫生用纺织品属于刚性需求，国内外市场需求都比较稳定。行业内的骨干企业具有规模、成本优势，2014年生产经营状况良好。

我国医用纺织品的出口比重较高，国际市场对行业的发展影响比较大。2014年我国出口医疗卫生用纺织品34.8亿美元，同比增长14.46%。婴儿尿裤、妇女卫生巾等吸收性卫生用品是推动出口增长的主要因素，该类产品出口单价增长7.5%，数量增长20.52%，呈现蓬勃发展的态势。吸收性卫生用品出口到亚洲和非洲市场的比重较大，这两个市场的人口数量特别大，卫生用品产业的发展相对滞后，未来我国在这些市场还将继续保持较高的增长。我国在非织造布防护服和药棉、纱布和绷带方面还是以传统产品为主，附加值不高，主要依靠成本优势向欧、美、日等发达国家出口，议价能力不强，同时还受到东南亚等低成本国家的竞争，而且发达国家的市场正在逐步饱和。如果要推动出口增长，我国需要提升产品技术含量，提高功能性敷料和高性能防护服的出口比重，逐步占领发达国家的中高端市场。

（二）交通工具用纺织品

2014年我国汽车工业发展呈现新的特点，汽车产销量分别同比增长7.3%和6.9%，低于年初预期。受国际市场不振的影响，我国整车出口继续下降，同时自主品牌汽车的市场份额继续降低，加上部分重点城市采取限购政策，这些都对汽车行业的发展产生了一定影响，也传导到了为其配套的交通工具用纺织品领域。

尽管面临种种挑战，但是交通工具用纺织品生产企业通过技术升级和延长产业链条，使得行业保持了10%左右的增速。

长期看，我国的汽车工业的增长前景还是比较可观。一方面是由于随着城镇化的深入，将会有更多的家庭购买汽车；另一方面，新能源、轻量化是汽车的未来发展趋势，纺织材料具有重量轻、强度大和成本低等优势，单辆汽车消耗的纺织品用量还会增长。同时，汽车整机厂商对配套企业的要求将更加严格，有实力的大企业将会有更多的发展机会，会加大行业的集中化程度。

（三）过滤与分离用纺织品

用于液体过滤的机织过滤布市场相对比较稳

定，但是2014年也迎来了较好的发展时机，企业订单比较饱满，盈利情况良好。

在高温过滤领域，由于持续的雾霾天气使得公众和国家高度重视大气治理，工业烟尘等污染物的排放标准日益提高，使得以往的静电除尘技术已经不能满足要求。2014年，国家实施了大气治理专项和工业强基高温过滤领域示范项目，有力地推动了袋式除尘行业的发展。根据先期的示范项目实施结果，通过使用袋式除尘技术、袋式除尘和静电除尘复合技术，能够将排放浓度从原来的100毫克以上大幅降低到20毫克以下，有些项目甚至可以达到5毫克以下。

随着下游相关行业对过滤精度的要求提高，以及我国聚苯硫醚、芳纶1313、聚酰亚胺纤维等高性能纤维的产业化水平和产品质量的不断提升，过滤行业的技术水平和产品质量也快速提升，明显缩小了与国外先进水平的差距。

过滤与分离用纺织品已经成为产业用纺织品内发最为活跃的领域。根据协会对会员企业的统计，这些企业的研发费用同比增长了15.4%，研发费用占主营业务收入的比重达到3.62%，固定资产投资增长了56.1%。行业还积极开拓国际市场，根据海关数据，2014年出口的过滤用纺织品超过了1亿美元，增长27%。

（四）土工用纺织品

2014年，土工用纺织品行业呈现先抑后扬的状态。上半年由于国家的部分重点工程没有开工，给行业的发展造成一定压力。随着下半年多项微刺激政策的出台，多集中在基础设施建设领域，特别是铁路投资额创历史第二高。交通水利建设是土工用纺织品的传统市场，这些领域的大规模投资为行业带来了不少订单。

同时，土工用纺织品企业还积极开拓环境工程市场，在垃圾填埋、尾矿处理、石油勘探、工业防渗和生态护坡等领域取得很好的业绩，2014年企业的订单都比较饱满，环保行业已经成为土工材料的新增长点。

根据对骨干土工企业的统计，行业的主营业务收入和利润增速均超过10%，盈利状况良好。

（五）结构增强用纺织品

纤维增强复合材料不仅是高技术及尖端技术领域关键材料，同时也是汽车、新能源、新型建材、信息产业、石油化工、环保等领域更新换代和产业升级中的重要材料。在全球面临能源危机和资源短缺的大环境下，纤维增强复合材料正在迎来新的发展机遇。

目前，风力发电叶片用经编玻纤织物是结构增强用纺织品的主要应用。风电行业在2013年逐步复苏。2014年国家大力支持风能产业的发展，不断加大核准力度，保证风电市场空间，同时也加大了管理力度，加快电网外输通道建设，尽快解决风电消纳问题。因此，风电行业逐步回暖，风电机组价格持续回升，风能设备制造业效益大幅改观。行业内从事叶片用经编织物生产的企业得到快速发展，经济效益大为改观。

同时，行业业内企业还积极开拓新的应用领域，芳纶、碳纤维、高强高模聚乙烯纤维等制作的复合材料、蜂窝材料等在航空航天、军事国防、基础设施建设、交通工具、体育休闲等领域中的使用量正在不断加大。

（六）安全防护用纺织品

我国制造、建筑、采矿、电力、燃气等行业的从业人员超过7000万人，现阶段个体防护装备的金额约为年均300亿元，远未达到行业发展和相关法律法规的要求。如果国家提高职业防护的标准，将会对安全防护用纺织品的发展带来很好的发展机遇。

2014年底，国务院发布了《关于加快应急产业发展的意见》，提出重点发展预防防护类应急产品，在个体防护方面，发展应急救援人员防护、矿山和危险化学品安全避险、特殊工种保护、家用应急防护等产品。国家相关政策和标准的实施将有力促进行业的发展。目前行业除了发展一般劳动防护品外，重点开发防静电、阻燃、防刺、防割、防弹等产品，未来将向高性能、多功能、舒适性、智能化、系列化方向发展。

三、技术进步情况

技术创新是推动产业用纺织品行业发展的主要力量。2014年，行业内的骨干企业和研究机构继续加大研究开发的投入，与产业链上下游的企业进行联合协同创新，在高技术纤维、先进装备和高性能产业用纺织品等方面取得了突破，推动了行业的科技进步和产业升级。

在高技术纤维和生物基纤维方面，高模量芳纶纤维、膜裂法聚四氟乙烯纤维、涤纶高强工业母丝、高吸液型壳聚糖纤维、大直径共聚聚酰胺单丝、蛋白质复合纤维、高强度大伸长安全气囊用涤纶工业丝、车用低雾化有色涤纶长丝的产业用取得了突破，为医疗卫生、高温过滤、交通工具等高性能产业用纺织品的开发提供了高质量的纤维材料。

在装备技术方面，大连华阳与安国中建无纺两家企业共同完成的“高强聚酯长丝胎基布产品及其装备开发”项目，生产的高强聚酯长丝胎基布产品完全满足下游使用性能要求，性能优于国内外聚酯胎基布指标，达到国际同类产品先进水平，获得“纺织之光”2014年度中国纺织工业联合会科学技术进步一等奖。国家科技支撑计划“碳纤维多层织造装备及技术研发”项目结题，填补了国内空白，对碳纤维复合材料行业产生重大影响。恒天重工承担的“W1573M系列模块化水刺机”投入产业化生产。江苏迎阳无纺机械有限公司承担的“厚重非织造高温热定型机”已经完成小试，与南通大学、宏祥新材料共同研发的“高强高效非织造土工合成材料装备与技术”达到国际先进水平。大连合成纤维研究设计院和山东天鼎丰非织造布有限公司承制的“智能化国产节能型涤纶纺粘针刺防水胎基布装备技术及产业化”项目实现了生产的柔性化，生产效率大幅增加，总体技术水平达到国际先进水平。

在生产工艺方面，非织造布复合膜催化酯化制备生物柴油技术、芳纶Nomex阻燃耐热混纺织物低温染色技术、超声固结技术制备高强定伸土工织物、多向多层叠网造纸毛毯制备技术、三维非对称氟/醚复合滤料关键技术及应用、超柔软高弹聚氨酯仿头层皮超纤革关键技术、可降解聚乳酸非织造节能环保材料研发及产业化、排球用柔软型超纤合成革关键技术等取得突破，实现了产业化。

2014年，工业和信息化部选择中国纺织科学研究院作为工业强基工程高温过滤领域公共服务平台；选择南京际华三五二一环保科技有限公司、厦门三维丝环保股份有限公司、烟台泰和新材料股份有限公司、江苏蓝天环保集团有限公司等作为工业强基工程高温过滤先进技术应用示范企业。经过半年努力，公共服务平台和强基示范工程做了大量工作，大气污染防治行动初见成效。据中电联统计数据显示，随着工业烟粉尘排放标准从严和袋除尘技术进步，袋/电袋除尘技术在燃煤电厂的应用比例已经由2012年的不足10%，提升到2013年末的20%，2015年有望达到23%～25%。龙净环保主持的“电袋复合除尘技术及产业化”项目荣获2014年国家科学技术进步奖二等奖。

2015行业发展预测

一、行业发展面临的挑战

产业用纺织品行业既存在着诸如资金、劳动力、土地等要素成本上涨等共性问题，同时由于自身的行业特点也面临一些特殊的挑战。

行业内骨干企业的规模偏小，应用市场碎片化，企业在做大规模的过程中面临市场、技术和资金的限制。由于企业规模偏小，使得企业在技术方面的重大创新比较少，更多的依赖高校、研究机构等外部的技术资源。

作为中间产品，产业用纺织品必须满足最终产品的结构特征、性能需求和成本制约，其自身难以形成独立品牌，往往受制于配套产品的市场行为。再加之受到行业壁垒、技术壁垒、市场准入壁垒的制约，以及用户应用标准与行业技术现状的脱节，存在技术的先进性和经济可行性之间的冲突，许多产品难以打开国内外市场，只能为国外品牌代工，致使我国大多数企业目前仍处于价值链低端，这与技术纺织品高附加值的行业特征严重相悖。

尽管行业近年来的投资主要集中在高端产能方面，但是整体看行业的中低端产能还占一定比例，产能结构不尽合理；部分领域由于产能扩张过快出现过度竞争的情况，加大了行业运行的风险，市场秩序趋于复杂，使得我国在国际高端产业用纺织品市场的竞争力不足。

二、2015年行业发展预测

中国经济运行由过去的高速增长进入新常态，主要表现在经济增长放缓，产业结构调整的步伐加快和培育新的增长点。经济放缓会给行业的发展带来不利影响，但是产业用纺织品作为纺织产业结构调整的重要方向、作为纺织行业的新增长点，将会迎来更好的发展机遇。行业正在向以技术、人才、品牌和可持续发展为特征的高构化调整，会极大增强行业在国内外市场的竞争能力。

产业用纺织品领域广泛，需求多元。国内市场是推动产业用纺织品行业发展的最大动力。随着城镇化建设加快推进和经济刺激政策的实施，国家在基础设施建设、环境治理、卫生保健、安全防护、军事国防等方面的投入会不断加大，将会释放出更大的内需市场，为产业用纺织品行业的快速发展和骨干企业成长提供广阔空间。

投资将保持高增长。2014年的新开工项目保持高速增长，这些项目将会在2015年继续建设。随着企业加快升级步伐来适应不断高构化的市场需求，在高性能设备和技术改造等方面的投入还会不断加大。投资的高速增长对低档产品的挤出作用会更为明显，对缺少技术和品牌的中小企业的发展和生存带来很大挑战。

世界经济正处于深度调整之中，复苏动力不足，地缘政治影响加重，不确定因素增多。我国产业用纺织品出口将会继续保持平稳增长的态势。行业出口经过2013年的触底反弹后，2014年的出口形势更趋稳定，主要产品和主要市场方向均保持了较好的增长。2015年发达经济体的复苏将会更加稳固，海外市场需求会保持一定增长。而且纺织品出口退税率的提高也会在一定程度上刺激出口。但是石油等大宗商品价格的下跌和主要货币汇率的波动会给行业出口带来一定的不确定性。

综上所述，2015年产业用纺织品行业的内需市场会较快增长，外需市场有所复苏，科技进步对行业发展推动明显，行业仍处于稳中有进的平稳较快发展阶段，同时产业结构调整的步伐将会继续加快。预计2015年行业的工业总产值、销售收入、利润总额及主要产品产量将会保持10%以上的增长速度，经济效益良好。

（撰稿人：郑俊林 李桂梅 季建兵）

纺织机械制造业

中国纺织机械协会

2014年是完成“十二五”规划的关键一年，在中国经济进入新常态的大环境下，纺机行业克服国内市场需求变窄、成本上涨等不利因素，在结构调整和技术进步方面取得了明显成就，出口增速明显，行业整体保持平稳运行。

2014年行业经济运行情况

一、行业规模

2014年，全国规模以上纺机企业720户，纺机行业实现主营业务收入1147.10亿元，同比增长2.37%，资产总计达到1011.38亿元，同比增长7.91%。4年来纺机行业主营业务收入逐年递增，但增速趋缓。纺织机械行业2011～2014年主营业务收入同比情况如图1所示。

图1 纺织机械行业2011～2014年主营业务收入同比情况

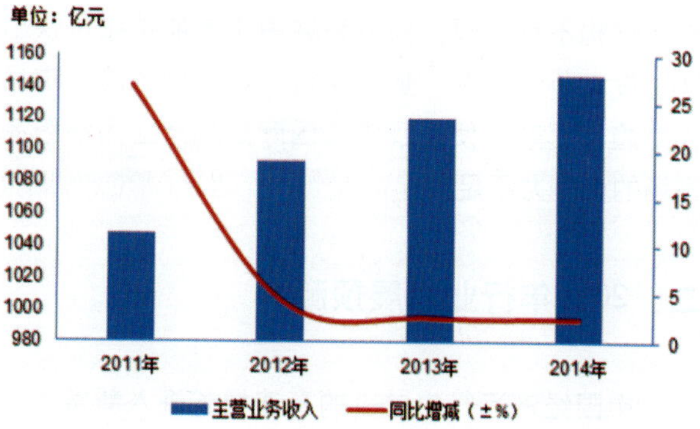

资料来源：中国纺织机械协会

表1 2014年纺织机械产品出口情况

产品名称	累计金额(亿美元)	所占比重(%)	金额同比(%)
总额	3148120228	100.00	24.64
针织机械	847863147	26.93	30.13
辅助装置及零配件	657704817	20.89	17.05
印染后整理机械	485892580	15.43	16.83
纺纱机械	514876836	16.36	35.72
织造机械	395464090	12.56	62.24
化纤机械	173540665	5.51	-10.91
非织造布机械	72778093	2.31	0.64

资料来源：中国海关

二、发展特点

（一）分行业市场各不相同

纺织机械涵盖产品众多，分行业市场各不相同。

2014年，在饱受原材料价格、人工和能源成本困扰的同时，棉纺织企业不得不面对市场需求下降的挑战。受下游产业链的影响，2014年涉及纺纱机械设备的销售全线下滑。但国内棉纺企业对自动化高、能够节约用工的设备需求已成为常态，如细纱机中长车所占的比例达到了历史最高值。

随着国家宏观经济形势的调整和前些年化纤产能的大幅扩张，2014年市场对化纤机械设备的需求有所下降。受化纤市场影响，常规化纤生产设备明显滞销，常规标准型成套设备已不能满足现阶段市场需求，功能化、差异化、高质化的化纤设备已成为化纤生产企业的首选。

经过二十多年高速增长，我国各类非织造布年产量已超过400万吨。非织造布机械市场也进入了一个平稳发展期。

2014年以来，织造与准备机械行业面临较大压力。无梭织机的销售都出现了一定幅度的下降。但产业升级转型带来一定新需求，无梭织机高端设备的需求前景乐观，突出表现在喷水织机的治理、淘汰以及毛巾织机的升级上。

2014年我国的针织机械行业中圆机行业平稳、经编机行业下滑、横机行业处于低谷。

技术升级、更新设备已成为印染企业节能减排的根本途径。市场对拉幅定形机的需求仍保持旺盛。数码喷墨印花机由于具备多样化、小批量、个性化定制等特点，正在得到越来越多的市场关注。

（二）出口保持良好态势

随着国内纺织机械产品的结构调整和技术进步取得了不凡的成就，同时纺织企业加快了“走出去”的步伐，海外投资建厂带动了国产纺机产品出口的增长，2014年我国纺织机械产品出口金额突破30亿美元大关，达到31.48亿美元，同比增长24.64%。

出口产品中，除化纤机械出口为负增长外，其余均为正增长。针织机械出口额仍然排在首位，金额同比增长30.13%；织造机械出口同比增速上升到首位，达到62.24%，其中织物宽度>30厘米的剑杆织机出口位居首位，出口额为1.62亿美元，同比增长48.84%，其中出口到印度的剑杆织机达到6983台，同比增长54.32%，占比达到45.24%。2014年纺织机械产品出口情况见表1。

随着中国制造业成本费用的不断上涨，东盟地区继续成为中国纺织企业的投资热点，如印尼、越南、缅甸及孟加拉等国家。印度、越南、孟加拉国、印度尼西亚、巴基斯坦仍是我国纺机产品出口的前五大市场，出口到此五大市场的总额为15.52亿美元，占整个出口市场的49.30%，同比增长30.68%。对越南、孟加拉国的出口金额同比均超过了50%。2014年纺机出口市场份额与2013年对比情况见图2。

图2 2014年纺机出口市场份额与2013年对比情况

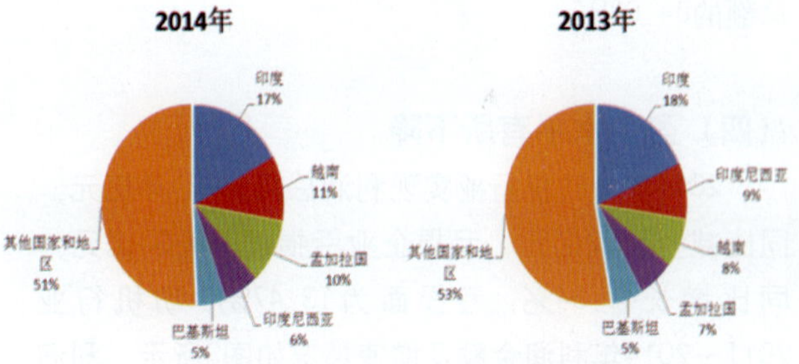

资料来源：中国海关

（三）进口略有下降

受纺织行业趋于新常态和国内纺机水平的提高等多种因素影响，2014年我国进口总额为38.95亿美元，同比下降7.69%。

2014年仍是化纤机械进口排在第一位，进口总额为9.65亿美元，同比增长17.43%，其中合成纤维长丝纺丝机位居首位，进口金额5.92亿美元，同比增长94.32%，占化纤机械进口总额的61.36%；进口产品中，非织造布机械进口增长显著，金额同比增加42.85%。2014年纺织机械产品进口情况见表2。

表2 2014年纺织机械产品进口情况

产品名称	累计金额(亿美元)	所占比重(%)	金额同比(%)
总额	3895369297	100.00	−7.69
化纤机械	964669797	24.76	17.43
辅助装置及零配件	687652596	17.65	−11.10
织造机械	504311823	12.95	−30.59
纺纱机械	669958122	17.20	−7.27
针织机械	477482387	12.26	−14.80
印染后整理机械	507646471	13.03	−8.83
非织造布机械	83648101	2.15	42.85

资料来源：中国海关

2014年，纺织机械进口的主要国家和地区以德国、日本、意大利、瑞士、中国台湾为主。进口前五位国家和地区的贸易总额为32.96亿美元，占进口总额的84.62%。

（四）盈利水平有所下降

2014年，纺机行业实现利润总额为72.36亿元，同比减少6.92亿元；亏损企业亏损额为6.90亿元，同比增长49.34%；亏损面为13.47%，纺机行业2011～2014年利润金额及增速情况如图3所示，利润增速4年来首次为负。

图3 纺机行业2011～2014年利润金额及增速情况

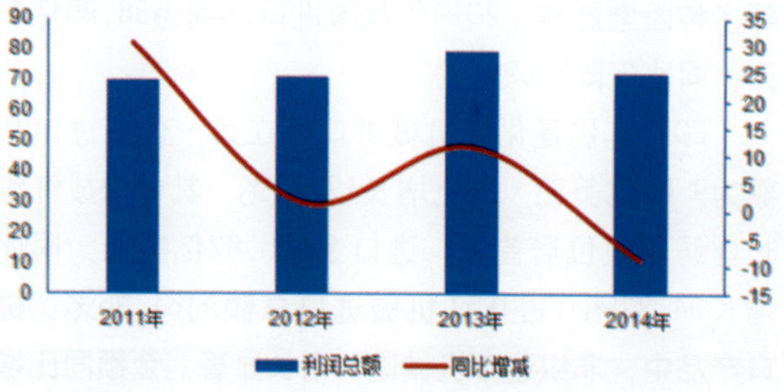

资料来源：国家统计局

纺机行业重点地区江苏、浙江、山东三省的利润总额达到47.07亿元，利润总额集中度为65.12%。

（五）成本费用略有上升

2014年，纺机行业成本费用总额为1073.22亿元，同比增长3.08%，其中，主营业务成本966.56亿元，同比增长3.20%；营业费用为32.51亿元，同比增长5.30%；管理费用为62.13亿元，同比增长0.55%；财务费用为12.02亿元，同比增长1.63%。各项费用占总费用比重如图4所示，其中，主营业务成本和管理费用占比较2013年有所下降。控制好成本费用的增长是影响行业经济效益的重要点。

图4 2014年纺机行业各项费用占总费用的比重

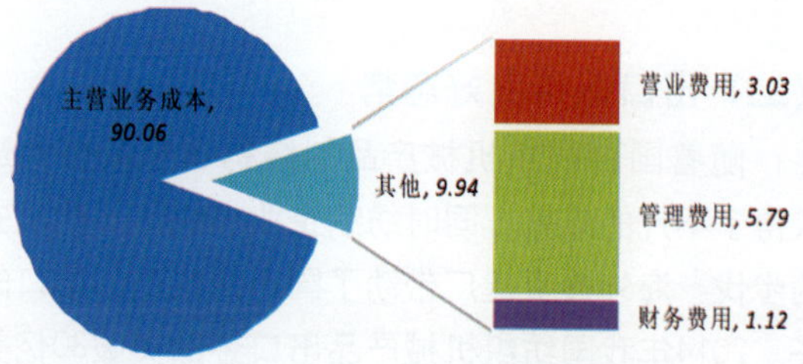

资料来源：国家统计局

纺机行业重点地区江苏、浙江、山东三省的成本费用总额达到697.63亿元，成本费用集中度为65.03%。

（六）固定资产投资下降

“十二五”以来，纺机行业固定资产投资额平均以50亿元的年增幅在提高，但受经济大环境影响，2014年纺机行业固定资产投资、新开工项目均同比下降。固定资产投资额为270.75亿元，同比下降4.57%，纺机行业固定资产投资额占纺织业固定资产投资额的比重为2.61%。新开工项目为337项，同比下降10.37%。

（七）协会重点企业调研情况

2015年初，协会对117家重点企业进行了调研，57%的企业2014年订货量比2013年减少，针织机械企业首当其冲，近80%企业订货量下降；纺纱机械企业紧随其后，近70%企业订货量下降；近50%的织造和印染机械企业订货量下降；化纤与非织造机械企业相对平稳，半数企业订货量能够持平。但2014年各专业海外市场增长明显，60%的企业国外订货量比2013年增长。2014年的产品售价49%的企业与2013年同比持平。国内市场需求不足、无序和价格不良竞争、产成品库存压力是调研企业在生产经营中遇到最多的问题。

行业结构调整和科技创新成果显著

2014年在《纺织机械行业“十二五”发展指导意见》、《纺织工业“十二五”发展规划》和《建设纺织强国纲要(2011～2020年)》的继续指导下，全行业在结构调整、科技创新方面取得了可喜的成绩。

一、产品结构调整步伐加快

首先虽然目前纺纱设备在纺机行业总量中的占比仍居首位，但是相较过去占比逐步降低，针织机械、非织造布机械行业占比逐步增长。

再次在市场相对低迷时期，传统产品市场发展缓慢，自动化、网络化和连续化程度高的纺机产品市场较好，设备更加强调在减少用工方面的效果。

二、新产品日益增多，水平提升明显

2014年通过中国纺织机械协会组织的科技成果鉴定的产品共30项，新产品充分体现了行业技术进步方向。在鉴定的纺机项目中，专家都给予了很高的评价，国际领先水平6项，充分显示了近年来纺机行业科技创新和技术进步的能力提升。尤其是在化纤设备和非织造布设备领域出现了跨越式的进步，新机型的及时推出对纺织工业的结构调整将发挥积极的推动作用。此外，国内第一台涡流纺纱机通过了科技成果鉴定，填补了国内空白。

三、研发与创新成果显著

只有通过提升创新和研发能力，才能保持行业的竞争力。2014年国家科技支撑计划项目顺利进行中，“碳纤维多层织造装备及技术研发”项目通过结题验收；“数控一代机械产品创新应用示范工程一期项目”“纺织行业(苎麻、针织、涂布)装备数控化应用示范”课题按计划执行完成，目前正在准备验收结题；2014年开始启动的“先进印染关键技术研究与装备开发”项目正在按计划执行过程中。

2014年纺机行业的技术进步明显，硕果累累。2014年国产纺织机械新产品共获得国家级科技成果奖3项。“筒子纱数字化自动染色成套技术与装备”摘得国家科学技术进步奖一等奖；“高效能棉纺精梳关键技术及其产业化应用”项目、“新型熔喷非织造材料的关键制备技术及其产业化”项目获得国家科学技术进步二等奖。

2014年度中国纺织工业联合会科学技术进步奖纺机行业中5项成果荣获一等奖，占一等奖总数的33.33%；8项成果荣获二等奖；10项成果荣获三等

奖。6家企业获得“中国纺织工业联合会产品开发贡献奖”。2014年度桑麻纺织科技奖中，纺机行业1名获一等奖，3名获二等奖。2014年“中国纺织工业联合会科技指导性计划”项目中有24项纺织机械产品被列入。

四、纺织机械创新体系建设继续稳步进行

2014年，新一代纺织设备技术创新产业联盟继续发挥行业创新的引领作用。目前联盟成员44家，联合了行业内骨干企业、大学、科研机构以及上下游产业，形成创新产业链条，充分利用行业内优质资源，围绕纺织机械产业技术创新的关键问题，共同开展新一代纺织设备关键共性技术和前瞻性技术与装备的研发。

同时，纺机行业产品研发中心评定和建设工作稳步进行，2014年又有5家企业申报的产品研发中心评审通过。

五、纺机展凸显技术进步

2014年中国国际纺织机械展览会暨ITMA亚洲展览会6月在上海成功举办，展示出了中国纺机行业的实力和水平。展会规模再创新高。参展展品普遍体现出了与当前纺织工业结构调整和产业升级发展需求相结合的状况，在数字化、网络化、智能化、节能环保方面有了长足发展，在新材料、新工艺等领域有明显的拓展。

标准化工作稳步进行

2014年纺机行业共有25项行业标准颁布实施，其中新制定的标准15项，修订标准10项。截至2014年12月底，纺机行业现行的国家标准112项，行业标准462项，标准总数574项。

继续完善技术标准体系，2014年纺织机械行业标准复审项目共46项，经过广泛征求意见，最终的复审结论是，确认继续有效21项，建议修订2项，废止23项。标准化工作在行业产品结构调整和升级中发挥了重要作用。

《纺织机械行业“十二五”发展指导性意见》中任务完成情况

2014年是“十二五”发展规划实施的第四年，在《纺织机械行业“十二五”发展指导性意见》中提出的技术研发及产业化目标（50项）、技术推广项目（38项）都取得了不同程度的进展。

化纤机械重点项目大部分项目已经完成，部分项目进入样机试运行阶段。

非织造机械设备在自动化、数字化与智能化方面有了新的发展。各设备制造商开始重视节能和资源的循环利用。

新型纺纱设备项目都取得了一定的进展。在棉纺成套设备中，棉精梳机、粗细联合、细络联技术取得长足进步。

新型织造设备的研发及产业化推广继续取得进展。国产剑杆织机继续向产业化纺织品织造领域延伸，国内喷气织机的技术水平，仅从车速、入纬率指标看，已向高档喷气织机行列靠拢。

针织机械中经编机的整体水平有了较显著的提高，国产电脑横机在多针床技术、动态密度调节、机头快速回转取得了初步成效，在细针距上缩小了与国际先进水平的差距。大圆机的针距分别向粗、细两个方向发展，筒径继续向更大或更小方向发展。

印染机械在产品和技术的研发及产业化方面都取得了一定的进展。国内连续式前处理设备克服技术难点，取得了较大技术进步；气流染色机在降低风机功率的技术上取得了很大成果；圆网印花机技术仍在不断改进提高；数码喷墨印花机技术经过多年进步，数码印花在市场中所占有的份额在逐渐扩大。

国内纺织仪器企业瞄准国际先进水平，通过加大科技投入，加速新品的开发，逐步缩小与国际先

进水平的差距，取得了明显进步。

专件器材企业通过对生产工艺、模具、材料、设备的研发与数控化改造，通过对生产流程再造，提高生产过程的自动化水平，提高了产品的可靠性、一致性。

行业面临的主要问题

一是产业集中度较低。纺机行业高端产品相对较少，产品同质化严重、过度竞争导致企业经济效益低下，影响行业的持续发展。

二是企业自主创新能力相对薄弱。国外先进企业大都非常重视科研投入，其研发投入大都会超过企业销售收入的10%，而国内企业多在价格竞争，低利润难以为研发提供更多的投入，此外行业竞争不够规范，一些技术得不到有效的保护，使得企业研发投入比例不高，从而导致了我国纺机产品自主创新能力的薄弱。

三是人才问题。纺机行业工人工资普遍不高，工人的素质和稳定性都有待加强，如何加强技术人员的培养和保持人才的稳定性是行业企业都重视的关键问题。

2015年纺织机械行业发展展望

一、发展环境分析

2015年，全球经济在美国复苏的支撑下，增速有望略有提升，但总体缓慢的复苏态势难有明显改观，金融市场波动、地缘政治风险等不确定因素仍然较多。国际货币基金组织IMF2015年1月将2015年全球增长的预期下调为3.5%。从国内看，在新常态下，着眼于保持中高速增长和迈向中高端水平“双目标”，坚持稳政策稳预期和促改革调结构“双结合”，中央将继续保持货币政策的稳定性，财政政策或将更加积极有力度。“中国制造2025”首次在政府工作报告中被提出，指出要“坚持创新驱动、智能转型、强化基础、绿色发展，加快从制造大国转向制造强国”。

2015年我国纺织行业仍面临较为复杂的整体环境。原料市场仍存较大不确定性，节能环保压力加大，用工成本、国际汇率等问题以及融资、渠道费用持续上升，纺织行业调整升级任务紧迫，这就对纺织机械的发展提出了要求。

二、发展趋势

2015年随着棉花调控政策改革持续推进，将有利于改善行业生产环境。

伴随着纺织行业结构调整和转型升级，2015年纺机行业以数字化、网络化、智能化为代表的高端纺机市场将有较大的发展空间和需求潜力。

国际市场方面，中国纺织行业的向外转移给纺机行业带来了机遇，但同时仍面临着国际竞争激烈、汇率等的影响，国际市场形势仍有波动。

总之，2015年在经济新常态的环境下，纺机行业仍面临考验，但在结构调整、技术进步的大趋势下，仍有望保持平稳运行，预计2015年全年纺织机械行业的主营业务收入比2014年小幅增长。

三、发展方向

纺织机械行业未来发展思路：

一是提高产品可靠性和稳定性。企业注重产品创新的同时，要更加注重产品的可靠性，使用户用得放心，提高性价比，从而提升行业的整体水平。

二是提升自动化、智能化水平。随着纺织工业的持续转型，通过纺织机械的自动化、智能化水平来提升整个纺织工业的竞争力是大势所趋。

三是提高设备的节能、环保性。纺织行业要以环境友好的方式发展，这就对设备的节能和环保性能提出了要求，通过先进技术的应用，提升和发展纺织机械的节能、环保性是纺机发展的重要任务。

（撰稿人：孙少波）

CNTAC

中国纺织工业发展报告

CHINA TEXTILE INDUSTRY DEVELOPMENT REPORT

2014/2015

科技创新

纺织4项目荣获2014年度国家科学技术奖

中国纺织工业联合会科技部

2014年度国家科学技术奖纺织获奖项目共有4个。由山东康平纳集团有限公司等单位完成的“筒子纱数字化自动染色成套技术与装备”荣获国家科学技术进步奖一等奖，江苏凯宫机械股份有限公司等单位完成的“高效能棉纺精梳关键技术及其产业化应用”、天津工业大学等单位完成的“新型熔喷非织造材料的关键制备技术及其产业化” 荣获国家科学技术进步奖二等奖，顾丽霞（东华大学）等人完成的“新型共聚酯MCDP连续聚合、纺丝及染整技术”荣获国家技术发明奖二等奖。

筒子纱数字化自动染色成套技术与装备

筒子纱染色不仅是高档色织面料的基础，也是针织等行业色织产品不可缺少的前道工序。传统筒子纱染色工艺复杂、流程长，基本上靠技术人员和人工操作执行，导致因染纱品种繁多而排产难，染料计量波动大且稳定性差，染色一次合格率通常仅为80%以下，水耗、能耗、污水排放量高，劳动强度大。因此，人为因素的影响和自动化程度低已成为筒子纱染色行业迈向现代化的重大瓶颈。但筒子纱染色全过程数字化自动化的实现存在工艺参数多、反馈控制复杂、纱线自动装卸易受损、染料助剂精准计量输送难、生产线成套装备自动精确控制等系列技术难题。

该项目通过多年的系统技术攻关及应用研究取得了重大突破，创新研发出筒子纱数字化自动染色工艺、生产流程自动化成套装备、生产全过程自动控制技术，首次实现了筒子纱染色从原纱到成品的全过程数字化自动生产。主要包括：（1）创建了筒子纱自动化染色工艺数学模型，创新研究出从原纱到成品的全过程数字化中央控制自动染色工艺技术，建立起百万组工艺数据库；（2）创新研制出基于中央控制的筒子纱立式自动染色机、粉状助剂精确计量及干式输送系统、纱线无损柔性装卸机器人及多功能智能装运天车等数字化自动染色成套技术及装备；（3）创新开发出包括筒子纱自动染色全流程在线检测及反馈控制、全过程自动化生产控制管理、生产线安全可靠运行的中央自动化控制系统。在成套技术及装备创新开发基础上，创建了筒子纱数字化自动高效染色生产线，实现了筒子纱间歇式生产流程的全线控制，建立起筒子纱数字化自动染色车间，实现了筒子纱染色从手工机械化、单机自动化到全流程数字化、系统自动化的跨越。

申请专利54项（国际发明5项），获授权专利25项，其中授权发明专利7项。登记软件著作权12项，制定企业标准5项。所开发的技术及装备获国家重点新产品2项，入选第五、第六批印染行业节能减排先进技术推荐目录。获中国纺织工业联合会科技一等奖、桑麻纺织科技一等奖、山东省人民政府节能奖各1项。筒子纱数字化自动染色方法及工艺、基于中央控制的筒子纱自动染色成套技术设备及生产线达到国际领先水平。

该项目建成筒子纱数字化自动染色生产线，在多家企业推广应用。所开发的具有完全自主知识产权的筒子纱数字化自动染色成套技术及装备，不仅对推动筒子纱染色行业的现代化具有极其重要的意义，并且其关键技术还可应用于面料印染行业。推进了印染行业数字化、绿色化、智能化进程，对纺织行业技术进步和产业升级具有重要推动作用，经济社会效益显著，推广应用前景广阔。

高效能棉纺精梳关键技术及其产业化应用

精梳是纺织产品高档化的重要手段，国家《纺织工业调整和振兴规划》将“扩大精梳纱产品的比重、推广高档精梳纱线”作为纺织工业的战略目标。2009～2012年，我国精梳纱的比重由24%增加到31%。但随着精梳产品比重的增加，精梳用棉低品级趋势及精梳纱低支化趋势越来越明显，国内外精梳机难以适应原棉品级及精梳纱支的变化。由于棉纺精梳机主要机件运动配合精准性及传动系统的复杂性，国产精梳设备未能在高速高效等关键技术方面取得突破，高端精梳设备的市场一直由国外公司垄断，精梳纱的生产成本高、效益低。

该项目针对上述技术瓶颈问题，开展了产学研合作攻关。主要创新点：（1）独创锡林大弧面梳理技术，实现了高效梳理：通过分析椭圆齿轮偏心率对梳理过程、时间及与运动部件配合的相关性，建立了精梳机锡林弧面梳理的数学模型，开发出锡林椭圆齿轮变速机构，突破了高精度椭圆齿轮等核心部件的关键加工技术，大幅度扩展了锡林梳理弧面；（2）建立了多目标综合优化模型，实现了多系统高速运行及精准配合：综合应用机构运动学、动力学及有限元分析方法，对精梳机的多个系统运动部件及结构进行仿真，优化高速机件的动平衡设计，有效降低了高速复合运动部件的加速度与转动惯量，实现了精梳机的高速运行；（3）开发了纤维长度柔性适应技术，扩展了纤维长度的适纺范围：揭示了精梳机分离机构运动模式与纤维长度间相关性与规律，发明了可调式给棉罗拉装置，开发了新型分离罗拉传动系统及牵伸机构，扩大了精梳机对原棉品级及纤维长度的适纺范围。

该项目技术创新集成的高效精梳设备，在纺纱速度、对原棉及纱支的适纺性、节能等关键技术指标优于国内外同类设备，整体技术水平达到国际先进水平，在高效节能精梳技术及锡林变速梳理技术等方面达到国际领先水平。获国家授权专利28项，其中发明专利7项，发表论文28篇，荣获中国纺织工业联合会科技进步一等奖。

该项目推广应用以来，打破了高端精梳机长期依赖进口的局面，对我国棉纺织行业科技进步和产业结构升级起到了较大的推动作用。

新型熔喷非织造材料的关键制备技术及其产业化

产业用纺织品是全球战略性新兴产业不可或缺的关键材料，全球年产值高达3000亿美元，由于技术含量高，应用范围广，市场潜力大的优势，其发展水平已成为衡量一个国家纺织工业综合实力的重要标志之一。熔喷非织造技术是高效生产和加工产业用纺织品的重要手段，工艺流程短、生产效率高，其产品具有纤维超细、比表面积大、孔隙率高等特点，在医卫防护（雾霾、禽流感等）、保暖隔热（高寒防护、高温绝热等）、吸音降噪等领域具有独特的优势。然而，现有熔喷技术及其产品仍存在以下亟待解决的关键技术难题：（1）熔喷超细纤维非织造材料作为过滤材料无法同时兼具高过滤效率与低阻、高容尘量的难题；（2）熔喷纤维超细、纤网蓬松导致产品抗拉、抗压、耐磨等力学性能不足；（3）国产熔喷设备幅宽窄、能耗大、产能低，已成为制约我国熔喷技术及产品发展的瓶颈。针对上述难题，该项目以多维度复合技术为核心，形成了纳米掺杂双组分熔喷、短纤插层和层间复合等多项具有自主知识产权的新型熔喷非织造材料制备技术，实现了熔喷非织造材料的高效低阻、高弹耐压、抗拉耐磨、产品多样化以及宽幅熔喷装备的国产化。

主要创新点：（1）攻克了纳米掺杂双组分熔喷耐久驻极纳微纤维非织造材料制备技术，揭示了电荷储存机制和驻极材料过滤机理，实现了高效、低阻熔喷非织造过滤材料的产业化；（2）开发了短纤

插层复合熔喷非织造材料制备技术，攻克了短纤维气流输送与可控分布的技术难题，实现了高弹耐压复合熔喷非织造材料的产业化；（3）研发了层间复合协同增效熔喷非织造材料制备技术，解决了复合过程中张力匹配和层间粘接等技术难题，实现了复合熔喷非织造保暖材料产业化，装备全军部队；（4）研制了多级熔体压力分配衣架式熔喷模头和快装式纺丝组件，解决了宽幅熔喷设备中气流均匀分布与多气流的匹配平衡问题，实现宽幅熔喷装备的国产化。

该项目申请国家发明专利22项，其中授权10项，获得实用新型专利12项；发表科技论文66篇，其中23篇被SCI、EI等收录；荣获省部级科技进步一等奖3项，二等奖1项。自实施以来，成果广泛应用于高效过滤、医卫防护、汽车隔音、军用保暖等领域，产品远销欧美，在非典、甲流等重大公共突发事件中发挥了积极作用，取得了显著的社会和经济效益。

该项目实施显著提升了我国熔喷非织造技术和装备水平，拓展了非织造材料应用领域，提高了产品的国际竞争力，对我国产业用纺织品行业的结构调整、转型升级发挥了重要促进作用。

新型共聚酯MCDP连续聚合、纺丝及染整技术

我国聚酯纤维产量占世界总量70%以上，但同质同构化严重，亟需解决功能化大容量聚酯连续聚合关键技术。改进聚酯纤维的染色性、舒适性一直是聚酯纤维功能化重要方向，国内外先后研制了CDP、ECDP等改性聚酯纤维，但是CDP的SIP含量少，须高温高压染色。ECDP是常压可染共聚酯，但ECDP四单为PEG，存在醚键，耐热性较差，这些使得共聚酯纤维和织物性能受到限制，严重制约了聚酯纤维改性技术的推广应用和制品开发。该项目针对聚酯纤维功能化需求，在国家科技支撑计划支持下，取得了一系列原创成果。主要包括：

发明了基于空间位阻和染色高效协调改性的聚（对苯二甲酸，间苯二甲酸-5-磺酸钠-乙二醇，2-甲基-1,3-丙二醇）的共聚酯（简称MCDP）。设计了间苯二甲酸乙二醇酯磺酸钠（SIP）为第三单体、2-甲基-1,3-丙二醇（MPD）为第四单体的聚酯大分子结构，由于SIP与MPD的间位效应，在低含量SIP和MDP时实现聚酯的高效改性，使得无定型区含量增加、染料富集，并且在湿热、应力环节下保持稳定，提升了纺丝加工、染整加工的适应性。

设计了SIP独立反应系统和多层次强化混合搅拌装置，采用液位自控、在线检测等组合技术，解决了单体分散不匀难题，首次实现了在10万吨/年大容量连续聚合装置上稳定生产MCDP。控制SIP和MPD在大分子中的比例，研发了柔软度接近于天然纤维的MCDP纤维。发明了熔体直纺低温高效凝固技术和低温牵伸、高温定型技术，研发了柔软、易染熔体直纺短纤维；选用纤维素酯CAB和MCDP共混，并通过熔融化学反应，研发了纤维回潮率达2.91%的亲水性纤维。

发明了深染易染，中、浅色匀染，松弛低温湿热定型等关键技术。精选染料，设计、构筑缓冲染色体系，确保深染；发明缓染、移染剂，梯度升温提高染料迁移性，确保中浅色匀染；研发功能整理剂、结合湿热定型，设计、开发了系列高中档多功能舒适性面料和印花地毯。

该项目获授权中国发明专利10项，申请国际发明专利3项。形成了具有自主知识产权的新型共聚酯、纤维与染整技术体系。发表论文10篇，其中SCI/EI/ISTP收录6篇。总体技术达到国际先进水平，获上海市技术发明奖一等奖。

该项目的开发与应用，为后道纺织企业提供了一种质量优异的新型生产原料，丰富了化纤产品种类，提升了最终纺织制品的质量和附加值，取得了显著的经济和社会效益。该项目对促进了大容量连续设备聚酯纤维的升级换代，提升了我国聚酯生产与应用技术。

（撰稿人：冯　丽）

2014年度国家科学技术奖纺织获奖项目

序号	项目名称	主要完成单位	主要完成人	获奖等级
1	筒子纱数字化自动染色成套技术与装备	山东康平纳集团有限公司、机械科学研究总院、鲁泰纺织股份有限公司	单忠德、陈队范、吴双峰、刘　琳、鹿庆福、王绍宗、张　倩、王家宾、靳云发、沈敏举、杨万然、刘子斌、罗　俊、李树广、李　周	科技进步一等奖
2	高效能棉纺精梳关键技术及其产业化应用	江苏凯宫机械股份有限公司、中原工学院、江南大学、上海昊昌机电设备有限公司、河南工程学院	任家智、苏善珍、崔世忠、高卫东、张立彬、谢春萍、张一风、马　驰、钱建新、贾国欣	科技进步二等奖
3	新型熔喷非织造材料的关键制备技术及其产业化	天津工业大学、天津泰达洁净材料有限公司、中国人民解放军总后勤部军需装备研究所、宏大研究院有限公司	程博闻、唐世君、陈华泽、刘玉军、邢克琪、康卫民、宋晓艳、庄旭品、刘　亚、杨文娟	科技进步二等奖
4	新型共聚酯MCDP连续聚合、纺丝及染整技术		顾利霞（东华大学）、何正锋（上海联吉合纤有限公司）、蔡再生（东华大学）、王学利（东华大学）、杜卫平（上海联吉合纤有限公司）、邱建华（上海联吉合纤有限公司）	技术发明二等奖

“纺织之光”2014年度中国纺织工业联合会科学技术进步奖获奖项目

根据《中国纺织工业联合会科学技术奖励办法》的规定，由中国纺织工业联合会科学技术奖励评审委员会评审、奖励委员会审定，中国纺织工业联合会批准，“纺织之光”2014年度中国纺织工业联合会科学技术进步奖授奖项目共135项，其中：授予“特宽幅织物高精度清洁印花关键技术研发与产业化”等15项成果科技进步一等奖，授予“JWG1009型自动络筒机”等47项成果科技进步二等奖，授予“功能性色织大提花织物复合织造关键技术与产业化”等73项成果科技进步三等奖。

一等奖

序号	项目名称	主要完成单位	主要完成人
1	特宽幅织物高精度清洁印花关键技术研发与产业化	愉悦家纺有限公司、山东黄河三角洲纺织科技研究院有限公司、天津工业大学	张国清、胡立华、房宽峻、赵义斌、赵爱国、齐乐乐、王克峰、乔传亮、刘尊东、于秉清、石亮亮、常景新、吕强强、肖树会、范宜军
2	K3501C系列高效节能直捻机	宜昌经纬纺机有限公司	杨华明、陆国兴、张　明、潘　松、杨华年、范红勇、汪　斌、许金甲、别佑廷、吕昌法、张金鹏、吴　磊
3	新型聚酯聚合及系列化复合功能纤维制备关键技术	盛虹控股集团有限公司、北京服装学院、江苏中鲈科技发展股份有限公司	王　锐、缪汉根、张叶兴、梅　锋、朱志国、边树昌、张秀芹、周静宜、徐春建、王建明、王建华、董振峰、朱军营、王　然、陈　思
4	高模量芳纶纤维产业化关键技术及其成套装备研发	河北硅谷化工有限公司、东华大学、国网冀北电力有限公司、国网冀北电力有限公司电力科学研究院	余木火、宋福如、宋志强、叶　盛、孔海娟、宋利强、宋聚强、游传榜、滕翠青、韩克清、鲍饴训、蔡俊娥、刘新亚、马　禹、陈　原
5	特高支精梳纯棉单纺紧密纺纱线研发及产业化关键技术	无锡长江精密纺织有限公司、江南大学	周晔珺、王鸿博、范琥跃、唐戚逸、毛鉴新、王晓敏、刘新金、张忠宝、季　承、缪梅琴
6	基于蛋白酶集成催化体系的羊毛高品质化加工及其产业化	天津工业大学、天津市联宽生物科技有限公司、大连圣海纺织有限公司、天津科技大学	刘建勇、姚金波、万忠发、张伟民、刘洪斌、刘延波、杨　丽、刘　浩、杨万君、牛家嵘、李　政、巩继贤

续表

序号	项目名称	主要完成单位	主要完成人
7	高强聚酯长丝胎基布产品及其装备开发	大连华阳化纤科技有限公司、安国市中建无纺布有限公司	曾世军、王占峰、叶锡平、李桂梅、王占立、金正日、关跃跃、智来宽、刘　鹏、黄云龙、倪　岩、史敬月、叶　飞、张春苗、高　娜
8	膜裂法聚四氟乙烯纤维制备产业化关键技术及应用	浙江理工大学、上海金由氟材料有限公司、浙江格尔泰斯环保特材科技有限公司、总后勤部军需装备研究所、西安工程大学、上海市凌桥环保设备厂有限公司	郝新敏、郭玉海、黄斌香、陈美玉、黄　磊、徐志梁、冯新星、张华鹏、茅惠东、孙润军、陈观福寿、来侃、马　天、朱海霖、陈　晓
9	SYN8高温气流染色机	立信染整机械（深圳）有限公司	徐达明、林达明、陈　和、王智山、欧阳威、张旺笋
10	基于高动态响应的经编集成控制系统开发与应用	江南大学	蒋高明、丛洪莲、夏风林、张　琦、张爱军、缪旭红、吴志明、郑宝平、张燕婷、赵　岩、万爱兰、马丕波、陈　晴、徐存东
11	低旦醋酸纤维制备关键技术及产业化	南通醋酸纤维有限公司、东华大学	杨占平、覃小红、徐　坦、黄建新、黄　骅、王荣武、张　丽、张弘楠、赵从涛、王跃飞、宋敏峰、吴德群、肖　峰、李鹏翔、吴佳骏
12	中国化纤流行趋势战略研究	纺织化纤产品开发中心、中国化学纤维工业协会、东华大学	王　伟、端小平、王华平、缪汉根、王玉萍、陈新伟、张叶兴、梅　峰、赵向东、刘　青、戎中钰、陈向玲、李东宁、靳高岭、李增俊
13	棉织物低温快速连续练漂工艺技术	山西彩佳印染有限公司、东华大学	柴化珍、闫克路、马学亚、牛虹强、柴致东、赵增全、赵根生、柴沛东、刘　云、冯　森、李卫东、李　戎、王建庆、侯爱芹、李杏玲
14	细菌纤维素（BC）高效生产与制品开发	东华大学、上海奕方农业科技股份有限公司、嘉兴学院	王华平、黄锦荣、洪　枫、陈仕艳、顾益东、颜志勇、丁　彬、张玉梅、杨敬轩、李　喆、洪永修、雷学锋、李丽莎
15	非织造布复合膜催化酯化制备生物柴油及甾醇提取集成技术	天津工业大学、中粮天科生物工程（天津）有限公司	李建新、何本桥、曹玉平、严　峰、王　虹、周学晋、崔振宇、梁小平

二等奖

序号	项目名称	主要完成单位	主要完成人
1	JWG1009型自动络筒机	青岛宏大纺织机械有限责任公司、北京经纬纺机新技术有限公司	赵云波、朱起宏、车社海、贾　坤、王海霞、王　华、常红磊、刘晓良、倪成法、巩家伟
2	多花色新型纱线连续涂料染色技术和设备	张家港三得利染整科技有限公司、武汉纺织大学、张家港市金陵纺织有限公司、南通东帝纺织品有限公司、南通隆迪纺织有限公司	马新华、徐卫林、宋心远、曹根阳、徐谷仓、王运利、李汝龙、葛荣德、张琴芬、蔡惠琴
3	高密化纤织物冷轧堆前处理关键技术及其产业化	盛虹集团有限公司	唐俊松、钱琴芳、张建芳、段　佳、张建国、周　强、吴学芬、唐金奎、谢小云、朱冬兰
4	基于前端治理的针织印染工艺再造和产业化应用	上海市纺织科学研究院、常熟新锦江印染有限公司	张　庆、李国清、李慧霞、陈　申、李颖君、王　蓉、鲍恩泽、张乃舒、蔡秀平、周铁军
5	异型态大卷装同染技术的研究与应用	鲁泰纺织股份有限公司	王家宾、邢成利、李友祥、刘淑云、杨道喜、孙会丰、王新波、李克金、牟晓伟、国　涛
6	节水型牛仔纱线清洁染色关键技术研发	黑牡丹（集团）股份有限公司、常州大学	邓建军、纪俊玲、仇振华、王宗伟、贝嘉林、彭勇刚、熊国富
7	芳纶Nomex阻燃耐热混纺织物低温染色新技术的开发及应用	西安工程大学、际华新三零印染有限公司、南通东盛之花印染有限公司、陕西华润印染有限公司	谭艳君、刘昌南、邢建伟、张　瑾、王志刚
8	超临界CO2流体无水绳状染色关键技术及其装备系统	苏州大学、吴江飞翔印染有限公司	龙家杰、程安康、陆同庆、蒋耀兴、赵建平、潘永祥
9	防水透湿涂层面料格栅印花技术	丹东优耐特纺织品有限公司	张迎春、陈百顺、蔡智怡、李晓霞、李金华、李翠艳、刘凤兰、任亚坤、赵　颖、常秀英
10	基于DNA技术的羊绒羊毛精确定性定量检测方法的建立及应用	上海出入境检验检疫局工业品与原材料检测技术中心	段冀渊、孙美蓉、费　静、周　辉、刘敏华、魏孟媛、袁志磊、刘　芳、隋阳华、谢璐蔓

续表

序号	项目名称	主要完成单位	主要完成人
11	应对欧盟REACH法规纺织品中高关注物质检测标准体系的研究与应用	浙江出入境检验检疫局检验检疫技术中心、浙江理工大学、浙江立德产品技术有限公司	吴　刚、赵珊红、陈海相、鲁　丹、阮　毅、吴俭俭、谢维斌、王力君、王　琛、郭永华
12	GB/T 21655.1—2008和GB/T 21655.2—2009纺织品吸湿速干性的评定系列国家标准	中国纺织科学研究院、中华人民共和国上海出入境检验检疫局、香港理工大学、泉州海天材料科技股份有限公司、太仓金辉化纤实业有限公司、锡莱亚太拉斯（深圳）有限公司	王宝军、吴雄英、李　翼、任鹤宁、胡军岩、王启明、谈　辉、李晓雯
13	IWTO国际标准《羊毛、羊绒及其绒毛混纺针织物起球性能测试方法》研制	内蒙古鄂尔多斯羊绒集团有限责任公司	张　志、张梅荣、田　君、杨桂芬、孟令红、朱　虹、张俊峰
14	纺织纤维成分快速测定—近红外光谱法及其检测标准的建立	江西出入境检验检疫局检验检疫综合技术中心、中山出入境检验检疫局、广东出入境检验检疫局技术中心、浙江理工大学、聚光科技（杭州）股份有限公司	桂家祥、耿　响、要　磊、周丽萍、王京力、张晓利、祝建新、陈智峰
15	纺织品测色及供应链颜色集成应用技术开发	中国纺织信息中心	孙瑞哲、胡　松、邓有义、陈惠娥、齐　梅、朱荣生、张惠山、黄　艳、米　曦、宋　鹏
16	新税制改革对陕西纺织经济发展的影响	西安工程大学、陕西省纺织工业协会、陕西省科学院	徐焕章、张丽丽、申　玲、王小红、宋　玉、王秀云、高民芳、田　谧
17	FB220型半精纺梳理机	青岛东佳纺机（集团）有限公司	纪合聚、唐　明、杨效慧、李　政、刘洪磊
18	RFJW10型高速低耗喷水织机	山东日发纺织机械有限公司	李子军、冀永省、金　洪、张国良、王业华、许泽兵、马传磊、马自信、何才新、张争取
19	宽门幅产业用布剑杆织机关键技术的研究及产业化	浙江万利纺织机械有限公司、浙江理工大学	周香琴、万祖干、周巧燕、沈元旦、汪斌华、王德星、王先康、周学海、邵文湘

续表

序号	项目名称	主要完成单位	主要完成人
20	双针床电子贾卡经编机	常州市中迈源纺织机械有限公司	孙嘉良、莫筱红、林光兴、徐美春、孙嘉益、唐义庭
21	全自动模板缝制系统	天津宝盈电脑机械有限公司	高接枝、刘景波、鲍胜群、何德甫、李　帅
22	竹节纱自动检测及其CAD/CAM技术研究与应用	山东岱银纺织集团股份有限公司、天津工业大学	吕汉明、赵焕臣、李广军、马崇启、谢松才、亓焕军、于传文、刘月刚、赵兴波、刘军明
23	基于现代数字生产的中型服装企业先进制造工程的研究与应用	湖南省忘不了服饰有限公司、东华大学	蔡力强、张文斌、刘冠彬、夏　明、齐行祥、刘佳玟、罗元珍、杨子田、王咏梅、杨　姣
24	自动化制衣生产技术的研发与应用	广东溢达纺织有限公司	许新毅、张雄颜、张润明、梁伟伦、夏嘉强、夏仲开、林延荣、夏德强、萧伟新、罗振明
25	XJ129棉结和短绒测试仪	陕西长岭纺织机电科技有限公司	朱吉良、齐明德、刘卫东、杨　虎、张秀丽、刘宝晋、袁光辉、安少元、谭浩然、张　慧
26	低温可染异型中空聚酯纤维关键技术及其产业化	绍兴文理学院、绍兴市云翔化纤有限公司、浙江红绿蓝纺织印染有限公司、浙江越隆控股集团有限公司	刘　越、占海华、胡玲玲、段亚峰、王维明、虞　波、周建红、陈宇鸣、黄新明、王荣根
27	基于强化分散混合的高品质熔体直纺功能性聚酯纤维开发	中国纺织科学研究院、中国石化仪征化纤股份有限公司、江苏恒力化纤股份有限公司	李　鑫、孔令熙、尹立新、井连英、徐相宏、任怀林、薛　斌、李　健、金　剑、汤方明
28	涤纶高强度工业母丝	苏州龙杰特种纤维股份有限公司、苏州大学、广东出入境检验检验局检验检疫技术中心	席文杰、秦传香、关　乐、秦志忠、李　淳、徐醒我、潘正良

续表

序号	项目名称	主要完成单位	主要完成人
29	高吸液型壳聚糖纤维关键技术研究及产品开发	青岛即发集团股份有限公司	杨为东、黄聿华、衣宏君、万国晗、王占锐、徐红梅
30	高弹工艺地毯关键技术开发	东华大学、义乌市新彩虹工艺地毯有限公司	陈仕艳、季诚昌、吴钟鸣、王军波、张玉梅、付肃令、易友生、王华平、李天禄、王姗姗
31	再生聚丙烯直纺长丝关键技术及装备产业化	福建三宏再生资源科技有限公司	张振文、沈来勇、汤华锋
32	FDY无油牵伸新技术的研发和产业化	桐昆集团股份有限公司	陈士南、赵宝东、孙燕琳、沈建伦、屠奇民、费妙奇、曹立国、李红良、薛银华、张玉勤
33	超声固结技术制备高强定伸土工织物的研究	宏祥新材料股份有限公司	崔占明、孟灵晋、刘好武、王　静
34	基于高强耐磨型割草(灌)线材的大直径共聚聚酰胺单丝与关键技术研究	南通新帝克单丝科技股份有限公司、南通大学	马海燕、孙启龙、樊冬娌、马海军、张　军、邵小群、徐　燕
35	多向多层叠网造纸毛毯制备技术	上海金熊造纸网毯有限公司、四川环龙技术织物有限公司	陈　风、谢宗国、杨金魁、周兴富、戴永君、张薇薇
36	超柔软高弹聚氨酯仿头层皮超纤革关键技术及产业化应用	山东同大海岛新材料股份有限公司、青岛大学、山东省皮革工业研究所、齐鲁工业大学	王乐智、张丰杰、王吉杰、郑永贵、陈召艳、纪　全、于永昌、付丽红、马丽豪、王晓磊
37	三维非对称氟/醚复合滤料关键技术及应用	厦门三维丝环保股份有限公司	蔡伟龙、罗祥波、郑锦森、李桂梅、郑智宏、胡恭任、王　巍、邱薰艺、张静云

续表

序号	项目名称	主要完成单位	主要完成人
38	固体聚丙烯酸类浆料生产关键技术与产品开发	西安工程大学、宝鸡天健淀粉生物有限公司	沈艳琴、吴长春、李冬梅、武海良、李海红、李晓燕、本德萍、钱　现、吴　钦、张明社
39	新型热湿舒适性功能混纺纱线面料纺织染整关键技术及产业化	福建省长乐市长源纺织有限公司、绍兴中纺院江南分院有限公司	王晓东、崔桂新、程学忠、井连英、汪　军、施宋伟、韩　静、许增慧、王兆生、娄钰华
40	纯棉凉爽舒适色织面料开发的关键技术研究	鲁泰纺织股份有限公司	王美荣、任纪忠、杜俊萍、贾云辉、王维维、张春花、刘　刚、耿彩花、夏文静
41	粗梳特高支纯山羊绒针织绒线加工技术	浙江中鼎纺织有限公司	陈学彪、沈伟凤、郭　磊、沈明忠、钱惠菊、何廷香、吕忠明、沈雪芬
42	影立方粗纺面料关键技术研发及应用	浙江神州毛纺织有限公司	牟水法、张金莲、王建华、王春荣、沈建军、陈利明、丁昊元、陈彩香、王洪海、金　峰
43	防辐射复合功能精纺毛织物关键技术研究与产业化	山东南山纺织服饰有限公司、西安工程大学、烟台南山学院	潘　峰、王进美、刘刚中、沈兰萍、许云生、朱广桥、李世朋、张国生、朱明广、王　升
44	牦牛绒纤维纯纺精细化加工关键技术与产业化	张家港市中孚达纺织科技有限公司、沙洲职业工学院、江南大学	倪春锋、徐　阳、王鸿博、李建明、颜晓青、于　勤、马华东、沈　霞、肖剑波、卢雨正
45	基于塑身效果的全成型无缝针织内衣设计和生产技术	深圳市美百年服装有限公司	张　洪、陈明芳、聂文平、刘　帆、刘振志、岳小雷、李雪勇、薛庆利
46	薄型防风防水绒类面料的技术研究及产业化	上海嘉麟杰纺织品股份有限公司	董　蓓、黄　俊、王俊丽、钱爱军、丁　晨、张国兴、何国英、陈小湘、赵　灿、朱金刚
47	高蓬松高稳定摇粒绒制备关键技术与产品开发	泉州海天材料科技股份有限公司、东华大学、苏州金辉纤维新材料有限公司	王启明、王华平、谈　辉、许贻东、王朝生、李崇保、陈力群、李建武、蒲　剑、徐秋舒

三等奖

序号	项目名称	主要完成单位	主要完成人
1	功能性色织大提花织物复合织造关键技术与产业化	浙江三志纺织有限公司、浙江理工大学、常熟纺织机械厂有限公司、苏州华毅机械有限公司	张声诚、钱陈辉、祝成炎、丁水法、李晓东、叶德勋、韩耀军
2	嵌段聚合硅氧烷整理剂生产及应用技术	浙江传化股份有限公司	蔡继权、陈八斤、王胜鹏、刘志华、曹　政、赵　婷、陈华群
3	双丝光棉60支双股雕印面料的技术研发及应用	浙江富润印染有限公司	宣海地、周启飞、王益峰、魏　强、孙旭安、赵立娟、孟开仁
4	二氧化钛作为催化剂在印染上的应用	成都纺织高等专科学校、重庆3533印染服装总厂有限公司	郑光洪、杨东洁、冯西宁、伏宏彬、郑庆康、张利英、曾跃兵
5	液状溴靛蓝染料专用多功能助剂的开发及应用技术研究	北京中纺化工股份有限公司	罗灯洪、赵　平、朱清峰、宋春华、黄文博、朱文兵、袁　东
6	高效涂料印染粘合剂制备关键技术及应用	江南大学、广东德美精细化工股份有限公司	蒋　学、田秀枝、王树根、黄　丹、蒋　静、郭玉良、吴少新
7	少水短流程复合功能性织物关键技术研究及产业化	滨州亚光家纺有限公司	王红星、王兴明、杜换福、胡增祥、王小强、于春波、李　飞
8	气流雾化染色技术研究及装备研制	浙江理工大学、浙江怡创印染有限公司、浙江卓信机械有限公司、绍兴县舒美针织有限公司	郑今欢、胡旭东、钱淼根、王旭东、张国华、傅继树、袁嫣红
9	亚光棉织物气流漂染技术	福建众和股份有限公司	高炳生、张俊峰、许　漪
10	功能性全棉机织粘合衬关键技术及产业化	南通海汇科技发展有限公司、南通大学	曹　平、王春梅、朱红耀、黄　俊、曾　燕、杨静新、姜　伟

续表

序号	项目名称	主要完成单位	主要完成人
11	环保型超柔印花	山东欧化印染家纺有限公司	刘　忠、裴晓博、全亦然、欧翠英
12	真丝织物染整节能减排技术的研究与开发	达利（中国）有限公司	吴　岚、陶尧定、翁艳芳、王明亮、王　彩、王晓芳
13	蛋白改性剂改性棉织物及其活性染料无盐染色	西安工程大学	王雪燕、习智华、谭艳君、任　燕、孙　伟、刘元军、高少莹
14	环保型无泡防沾污净洗剂的研究	四川省纺织科学研究院、四川益欣科技有限责任公司	黄玉华、吴晋川、胡于庆、幸仲先、陈朝武、罗艳辉、韩丽娟
15	FZ/T 21006—2010《丝光防缩毛条》、FZ/T 20024—2012《羊毛条毡缩性测试 洗涤法》	江苏阳光股份有限公司、江阴市纤维检验所	陈丽芬、曹秀明、杨海军、龚　珊、陆永良、何　良、陆卫东
16	FZ/T 24016—2012《超高支精梳毛织品》	上海市毛麻纺织科学技术研究所、恒源祥（集团）有限公司、江苏澳洋纺织实业有限公司、国家毛纺织产品质量监督检验中心（上海）	诸亦成、何爱芳、金伟荣、曹宪华、朱　婕、陈思唯
17	FZ/T 51001—2009《粘胶纤维用浆粕》	上海市纺织工业技术监督所、山东海龙股份有限公司、山东银鹰化纤有限公司、宜宾长毅浆粕有限责任公司	陆秀琴、夏坚琴、邢春花、陈忠国、黄　俊、李红杰
18	GB/T 29258—2012《精梳棉粘混纺本色纱线》	南通双弘纺织有限公司、浙江春江轻纺集团有限责任公司、青岛纺联控股有限公司	吉宜军、吴加顺、陈乃英、李军华、乐荣庆
19	纺织品抗折皱性能检测方法研究	宁波市纤维检验所、宁波纺织仪器厂	邝湘宁、石东亮、金美菊、胡君伟、洪武勇、孟奇峰、万中奎

续表

序号	项目名称	主要完成单位	主要完成人
20	GB/T 17780.1～17780.7—2012《纺织机械安全要求》系列国家标准	中国纺织机械器材工业协会、恒天重工股份有限公司、邵阳纺织机械有限责任公司、苏州工业园区职业技术学院、晋中开发区贝斯特机械制造有限公司	王静怡、亓国红、林　健、冯　翠、徐景禄、王　莉、冯广轩
21	FZ/T14022—2012《芳纶1313印染布》	陕西元丰纺织技术研究有限公司、上海市纺织工业技术监督所、烟台泰和新材料股份有限公司、奉化市双盾纺织帆布实业有限公司、无锡市远东纺织印染技术服务有限公司	张生辉、贺美娣、宋西全、马建超、王云侠、是伟元
22	GB/T28463—2012《纺织品装饰用涂层织物》和GB/T 28464—2012《纺织品　服用涂层织物》	中国纺织科学研究院、浙江中天纺检测有限公司、浙江和心纺织有限公司、浙江朗莎尔维迪制衣有限公司	姜慧霞、郑园园、王宝军、方春锦、顾洁萍
23	FZ/T97025—2011《横机数控系统》	浙江恒强科技股份有限公司、杭州致格智能控制技术有限公司、浙江理工大学现代纺织装备技术教育部工程研究中心、绍兴金昊机械制造有限公司、浙江方正轻纺机械检测中心有限公司	胡弘波、胡军祥、郭　辉、史伟民、茅木泉、曾志发、彭来湖
24	FZ/T94044—2010《自动络筒机》	青岛宏大纺织机械有限责任公司、上海二纺机机械有限公司、中国纺织机械器材工业协会、江苏凯宫机械股份有限公司、浙江泰坦股份有限公司	耿佃云、王　莉、王静怡、赵　刚、傅时杰、江岸英、梁永青
25	纺织品制造环节碳足迹基础理论及棉纺织生产碳排放量实证研究	东华大学、上海出入境检验检疫局工业品与原材料检测技术中心	薛文良、魏孟媛、钱竞芳、陆维民、陈　革、刘　芳、张瑞寅
26	基于可持续发展的河南承接沿海纺织产业转移研究	河南工程学院	段文平、高顺成、李红艳、张　珺、管荣伟、孟曙艳、李二亮
27	国际时装名牌登陆北京对本土品牌消费影响研究	北京服装学院	郭　燕、卢　安、杨楠楠、姚　蕾、刘宝成
28	纺织业内涵发展的技术并购研究与实践	武汉纺织大学	胥朝阳、刘睿智、李　宇、周　磊、金贞子、邹彩芬、王珍义

续表

序号	项目名称	主要完成单位	主要完成人
29	中国化纤行业发展与环境保护（化纤白皮书）	中国化学纤维工业协会	端小平、赵向东、王玉萍、李伯鸣、李德利、林世东、邓　军
30	永磁同步大功率电机直驱节能高速剑杆织机	广东丰凯机械股份有限公司	夏云科、戴晓晗、董　明、黄晓彬、袁　婷、游　敏、孙　亮
31	CA082喷气织机	陕西长岭纺织机电科技有限公司	魏钰利、王　华、赵　利、白宝明、张志刚、宁而慷、强　勇
32	TQ2012系列高耐磨辊包皮（糙面橡皮）	济南天齐特种平带有限公司	祝荣烈、张　磊、焦东英、郭　强、杨依真、周钦源、韩高亮
33	宽幅高频起绒针刺机	汕头三辉无纺机械厂有限公司	杨长辉、郑昌平、黄学佳、方　霓、刘　臣、吴吉昌、方木雄
34	TMFD81L型数字化自调匀整高速并条机	湖北天门纺织机械股份有限公司	郑　强、杨家轩、陈　冰、谭鹏飞、徐　红、梁新舫、杨文峰
35	SME485C高速刷毛机	连云港鹰游纺机有限责任公司	司朝兵、孙中文、安全胜、徐同强、李高贵
36	纤维枕芯高效制备系统	深圳市富安娜家居用品股份有限公司	付　磊、施建平、林国芳、陈永胜、颜义平、胡振超、谭　珍
37	服装设计数字化管理系统	际华三五零二职业装有限公司、河北科技大学	侯东昱、黄建江、仇满亮、贾丽丽、王丽霞、刘壮宏、宋海珍

续表

序号	项目名称	主要完成单位	主要完成人
38	面向中小型企业的服装定制智能生产系统	苏州大学、南通丝乡丝绸有限公司、苏州工业园区雅怡服饰有限公司	刘国联、金春来、戴宏钦、王建民、苏军强、匡才远、顾冰菲
39	服装三维测体试穿系统的开发及应用	上海嘉纳纺织品科技有限公司	刘优然、叶畋宇、卿艳虹、黄　萍、刘静华、宋海川、陆　洋
40	防护材料耐接触热试验关键技术的研究及相关仪器的研制	山东省纺织科学研究院、山东省特种纺织品加工技术重点实验室	杨成丽、林　旭、刘　壮、李娟娟、冯洪成、李　政、付　伟
41	皮革透气耐水检测关键技术及其仪器的研制	山东省纺织科学研究院、山东省特种纺织品加工技术重点实验室	何红霞、林　旭、许曙亮、冯洪成、付　伟、李娟娟、丁　帅
42	棉花快速检测技术及系列智能检测仪器	上海出入境检验检疫局工业品与原材料检测技术中心、宁波纺织仪器厂、西安阿尔特测控技术有限公司、宁波检验检疫科学技术研究院、上海天合电子有限公司	赵　洁、傅科杰、郑　晔、胡君伟、俞　方、刘敏华、李世星
43	多功能丙纶及其复合纱线的研发与产业化	浙江省现代纺织工业研究院、新凤鸣集团股份有限公司	汪乐江、胡克勤、郑世睿、陶仁中、范艳苹、冯新卫、崔　利
44	聚酯地毯纱（PTT—BCF）关键技术研究及产业化	常州灵达特种纤维有限公司、东华大学	周　吕、王朝生、蒋韶贤、薛小平、陈向玲、郑耀伟、陆惠林
45	新型再生纤维素/蛋白质复合纤维的纺制及其产业化	恒天海龙股份有限公司、武汉纺织大学	王乐军、李文斌、马君志、李昌垒、孙东升、刘　欣、秦翠梅
46	扁平易收缩系列涤纶纤维的开发	荣盛石化股份有限公司、浙江理工大学	郭成越、孙　福、徐永明、焦岩岩、李岳春、周先何、吴维光

续表

序号	项目名称	主要完成单位	主要完成人
47	高强度大伸长气囊用涤纶工业用丝开发及应用	浙江海利得新材料股份有限公司、浙江理工大学、嘉兴学院、北京胜邦鑫源化纤机械有限公司	马鹏程、颜志勇、姚玉元、孙永明、李长琦、顾　锋、韩　峰
48	改性竹炭系列功能纤维的技术研究	中原工学院、新乡化纤股份有限公司	张旺玺、王艳芝、曹俊友、张瑞文、邵长金，谢跃亭、焦明立
49	车用低雾化有色涤纶长丝FDY技术	浙江华欣新材料股份有限公司	曹欣羊、钱樟宝、赵江峰、项利民、顾点飞、樊伟良、王国萍
50	高防水高透湿登山滑雪服面料的技术开发及其应用	江苏南纬悦达纤维科技有限公司	戴　俊、李　健、陆灯红、张亚东、凌良仲、孔劲松、封怀兵
51	可降解聚乳酸非织造节能环保材料研发及产业化	浙江弘扬无纺新材料有限公司	王殿生、杨永兴、何艳芬、马建伟、刘　扬、张抗震、李　健
52	排球用柔软型超细纤维合成革关键技术开发	烟台万华超纤股份有限公司	吴发庆、赵春湖、曾跃民、陆亦民、姜　东、石　静、沈　岩
53	高档彩色涤锦复合超细纤维水刺非织造擦拭布关键技术开发与产业化	中国纺织科学研究院江南分院、绍兴中纺院江南分院有限公司、东纶科技实业有限公司	张孝南、李淑莉、孟　红、井连英、吴　伟、崔桂新、贾　佳
54	一种细旦超薄弹力面料的开发与研究	吴江福华织造有限公司	肖　燕、鲁宏伟、林清旭、陈信咏、吴　庆、胡国东、张　宁
55	汉麻在家纺产品中的开发与应用	孚日集团股份有限公司	王　军、蔡文言、刘显高、周文国、赵红玉、张树明、周吉柱

续表

序号	项目名称	主要完成单位	主要完成人
56	绢丝与精梳棉混纺赛络纺纱产业化开发及应用	南通华强布业有限公司	吴露明、张瑞丽、赵　娟、沈　卫
57	舒适保暖功能复合纱线产业化技术研究	昌邑市杨金华纺织有限公司、山东科技职业学院	杨金华、于子文、王剑平、李秀林、于敏伟、于成刚
58	高感性聚酯鲨鱼皮织物	浙江正凯集团有限公司	汪春波、冯卫芳、王炳奎、李雪丽、冯国民
59	新型有捻蓬松纱及面料的开发研究	南通大东有限公司	高　军、顾用旺、黄亚军、沈三群、缪　斌、苏闪龙
60	纯棉单亲单防梭织面料及其生产方法	广东溢达纺织有限公司	周立明、汤克明
61	相变调温纺织新产品的研发	河南工程学院、郑州四棉纺织有限公司、河南新野纺织股份有限公司	许瑞超、周　蓉、张海霞、马　芹、张喜昌、张一平、王　琳
62	棉及棉混纺针织内衣织物提高滑爽性加工技术研发	上海题桥纺织染纱有限公司	潘玉明、潘豪炜、彭继芝、陆妹红、许静鸣、龚小弟
63	利用多元化纱线开发针织呢绒的关键技术	江苏阳光集团有限公司	陈丽芬、刘丽艳、曹秀明、查神爱、孙　喜、许　勇、华玉龙
64	舒适性精纺面料关键技术研究与应用	山东济宁如意毛纺织股份有限公司	杜元姝、赵　辉、孟　霞、张庆娟、商显芹、王彦兰、李春霞

续表

序号	项目名称	主要完成单位	主要完成人
65	桑皮纤维的绿色高效制取及其功能性纺织产品的开发	盐城工业职业技术学院、江苏悦达家纺有限公司、江苏富安茧丝绸股份有限公司、江苏斑竹服饰有限公司	瞿才新、张荣华、周　彬、徐　帅、刘　华、王曙东、张圣忠
66	真丝绸装饰和文化艺术品的研发及其产业化	万事利集团有限公司、杭州万事利丝绸科技有限公司、浙江理工大学、浙江水利水电学院	马廷方、周劲锋、姚菊明、张忠信、刘　琳、张梅飞、田　雪
67	彩色茧丝色彩工艺特性及其丝绸产品关键技术和产业化	达利丝绸（浙江）有限公司、浙江理工大学	俞　丹、祝成炎、寇勇琦、李艳清、丁圆圆、张红霞、田　伟
68	真丝提花面料花纹闪色技术研究与产品开发	浙江巴贝领带有限公司、浙江理工大学	周　赳、屠永坚、马　爽、姚冬青、范力群、冼锡勇、赵　蕾
69	等模量四面弹针织面料技术开发	福建凤竹纺织科技股份有限公司	樊　蓉、秦学礼、李昌华、唐亚军、张　宇、冯岚清
70	智能调温纤维商务休闲两用针织服装研发及应用	青岛雪达集团有限公司、青岛市新型纤维应用研发专家工作站、青岛益泉针织服装有限公司、青岛荣海服装有限公司	张世安、王显其、关　燕、刘方全、李军华、钟世娟、李　良
71	基于人体足部的功能性系列保健袜品	浙江健盛集团股份有限公司	张茂义、郭向红、方　伟、汤占昌
72	高档亚麻针织产品的生产技术研究及产品开发	广东溢达纺织有限公司	何劲松、杨文春、周　锋、王　剑
73	储能/麻浆新型吸湿发热功能纤维针织面料的技术开发	上海帕兰朵纺织科技发展有限公司	林润琳、方国平、高小明、张佩华、季立新、赵树松

中国纺织机械协会会刊

《纺织机械》征订中……

240 元 / 年

每月 1 期　全年 12 期　20 元 / 期

［订阅热线］

北京：010-85872602/2633/2637

上海：021-57670313

［付款方式］

收款单位：《纺织服装周刊》杂志社有限公司

开户银行：中国工商银行股份有限公司北京东长安街支行

帐户：020 005 340 900 461 3464

开户所在地：北京

［联系地址］

地址：北京市朝阳区东四环中路 39 号华业国际中心 B 座 207

名称：《纺织机械》杂志社

邮编：100025

CNTAC

中国纺织工业发展报告

CHINA TEXTILE INDUSTRY DEVELOPMENT REPORT

2014/2015

企业文化

深化品牌文化建设 促进自主品牌打造

中国纺织工业联合会副会长、中国纺织职工思想政治工作研究会常务副会长 杨纪朝

中国纺织工业联合会、中国纺织职工思想政治工作研究会（中国纺织企业文化建设协会）为推进文化强纺、文化兴企、文化铸牌，倡导文化创造品牌价值，促进自主品牌打造，加速纺织强国建设，自2005年开始，持续开展了年度中国纺织十大品牌文化推介活动。这项活动的开展，在行业引起较大反响，十年来,已成功向全行业推介了90个“中国纺织十大品牌文化”企业，同时推介了177个品牌文化创新奖企业、24个品牌市场开拓奖企业、6个品牌文化传播奖企业、12个老字号品牌文化传承奖企业、101位品牌文化建设杰出人物。期间，向全行业隆重推介了“中国纺织品牌文化50强”和30位企业家为中国纺织品牌文化建设领军奖。受到推广的企业较好地发挥了典型示范作用，有力引领推动了行业品牌文化建设。

2014年的中国纺织十大品牌文化推介活动，推介了10家企业为“2014中国纺织十大品牌文化”，同时推介了15家品牌文化创新奖企业、12家纺织服装老字号品牌文化传承奖企业、12位品牌文化建设杰出人物。他们用文化塑造品牌，用品牌传承文化的风采与经验充分说明：品牌文化是企业的软实力，是企业发展的正能量，品牌文化建设与行业发展紧密相连，能为纺织强国建设提供有力的文化支持。

2014中国纺织十大品牌文化企业的经验和启示

2014年推介的十大品牌文化企业，各有千秋，特色不同，发展之路不同，对品牌文化有自己不同的理解，他们的经验与启示主要有以下几点：

一、注重用先进理念引领，提升品牌文化价值

品牌文化是品牌的灵魂，是品牌所凝聚的价值观念。十大品牌文化企业的一个突出特点，就是品牌建设的理念先进，注重用文化引领品牌建设，创造品牌价值。鲁泰公司实施以“安全生产是保障，品牌建设是方向，科技创新是关键，走出国门是必然，科技印染广开路，全球第一色织布”的战略，坚持用文化塑造品牌，以品牌价值为内涵，以产品品牌为支撑，以社会责任为外延，将产品的品质、服务质量、营销策略等作为品牌建设的有机整体，引领企业逐步走上了多品牌发展道路。2013年实现销售收入64.8亿元，出口创汇7.7亿美元，荣获第三届“中国工业大奖”“2013最重股东回报上市公司”。盛虹集团秉承“质量第一，服务至上，人诚品优”的理念，通过满足顾客、股东、员工、供方和伙伴、社会每方面的需求和期望，提升盛虹品牌培育能力和绩效，提升品牌价值，2013年销售收入达79.18亿元，荣获第三届中国工业大奖表彰奖，成为化纤行业唯一一家承担了两项ISO国际标准化组织结构的企业。上海纺织时尚产业发展有限公司秉承以“为城市添加精彩，为生活增加色彩”的发展理念，以打造“设计之都”“时尚之都”为目标，在致力打造高端服装服饰为主打的服装服饰品牌、以城市时尚体验区和国家级时尚活动运作为载体的展会品牌、以上海国际交流为中心依托的园区品牌、以上海纺织博物馆为窗口的公益品牌，为进一步推进时尚产业链的建设迈出了坚实的步伐，企业品牌竞争力迅速提升，被工信部评为2013年度“中国企业品牌竞争力前百强”。鸿星尔克以“年轻、时尚、阳光”为品牌产品定位，坚持自主创新的发展

观、以人为本的人才观、感恩回馈的慈善观、和谐共建的企业观、生态绿色的环保观，促进企业转型升级，拥有100多件专利发明，成为亚洲品牌500强。

二、注重产品质量，夯实品牌基础

质量是品牌的基石。2014十大品牌文化企业都非常注重质量建设，以质量求生存，以质量铸品牌，以质量拓市场。福华公司在深化质量管理上狠下工夫，先后建立了1000多项制度和标准，包括200多项技术标准、200多项管理标准、300多项工作标准的企业标准体系，推行TQM质量管理体系，通过了“三证一体”的全面质量管理体系，确保为客户提供足码足条，质量优良的产品，连续两年获纺织行业质量管理示范单位。即发集团从为外国人打工到创造出中国名牌，很关键一条就是把客商把消费者装在心中，在产品质量上“自己和自己过不去”，使“不合格的产品不出厂”成为即发集团的铁律。即发人凭着这种强烈的责任感和质量观赢得了国际客商的信赖，有十几个世界级的名牌产品都在即发加工生产。河北宁纺集团坚持“宁要一米优质，不要百米高产”的质量观和“质量上不去，干部要下来”的铁律，加强质量文化建设，健全质量管理体系，坚持源头把关、过程控制、技术突破、持续改进的原则，对标高端，细化措施，强化执行，真正让客户用上优质布，有效提升了品牌产品的市场竞争力，使宁纺成为中国北方最大的灯芯绒产品出口企业。

三、注重科技创新，不断增强品牌产品的市场竞争力

近年来，鲁泰公司成功开发了600多项新技术、新产品，其中国际领先8项、国际先进21项。金考拉公司致力打造“贴身服饰专家”，从内衣面料入手，与上海东华大学通力合作，并斥资成立了国内唯一的“木棉纤维与纺纱技术研究所”，经过近三年的努力，攻克了木棉纺纱难题，成功织出了木棉保暖内衣，其保暖率经国家权威机构检测高达52.46%，超过国家标准的1.75倍，为金考拉品牌升级奠定了基础。铜牛集团以“塑造世纪品牌，创建领先企业”为愿景，与北京服装学院、中国航天员科技训练中心、总后汉麻研发中心等专业研发机构合作，为神舟系列飞船宇航员研发制造了航天用内衣、出仓服、除湿材料等10多个高端宇航功能性产品，为支持中国航天事业做出了积极贡献。北京中丽公司坚持“把不成熟的产品做成成熟产品，把成熟产品做成精品”的战略，实施“精品工程”方案，产品覆盖国内三十多个省市以及印度、俄罗斯、叙利亚、巴基斯坦、韩国等多个国家和地区，在国际市场与日本TMT、德国巴玛格形成“三足鼎立”局面。

四、注重履行社会责任，树立良好的企业与品牌形象

2014年推介的十大品牌文化企业，都是行业的知名企业，他们都非常重视依法治企、诚信经营、节能环保，积极参加扶贫慈善、抢险救灾等社会公益事业，获得了众多荣誉，建立良好的社会信誉，树立了良好的产品形象、企业形象和企业家形象。如铜牛集团是中国纺织企业社会责任管理体系（CSC9001T）全国10家纺织服装企业试点单位；北京中丽制机是“中央企业先进集体”“国家级征信企业”；宁纺集团是“全国先进集体”“中国质量诚信企业”；上海纺织时尚产业发展有限公司被工信部评为2013年度“中国企业品牌竞争力前百强”“上海市文明单位”；盛虹公司是“第三届中国工业大奖表彰奖企业”“全国循环经济先进单位；吴江福华公司是“中国长丝织造最具影响力品牌企业”“江苏省标准化良好行为4A级企业”；鸿星尔克公司是“全国模范劳动关系和谐企业”“亚洲品牌500强”；鲁泰是“第三届中国工业大奖”纺织行业唯一获得者、中国服装行业百强企业；即发是

“全国模范职工之家”、青岛市社会责任示范企业；金考拉是“全国纺织工业先进集体”“全国纺织产业转移试点园区”。特别是金考拉公司牵头创办的重庆纱线产品交易中心，已成为中国最大纱线产品交易平台、中国纺织数据备份中心、中国纺织电子交易确权中心。由金考拉公司牵头，总投资60亿元，占地3平方公里的金考拉国际纺织产业城建设也已初具规模。建成后，将形成解决2万人就业，助推周边缔造一座聚集15万人口，最终达到30万人口的城市中心宜业宜居的纺织产业域。这种产业报国情怀和强烈的社会责任感，是值得钦佩的。

五、注重发挥企业家的导向引领作用，扩大品牌社会影响力

卓越企业和知名品牌的背后是杰出企业家，这一点，在十大品牌文化企业中体现很明显。2014中国纺织十大品牌文化企业中，鲁泰董事长刘石祯、金考拉董事长杨建明、中丽制机总经理仝文奇、河北宁纺总经理徐建林同时被评为2014中国纺织品牌文化建设杰出人物，其他十大品牌企业主要负责人以往都被评过纺织行业乃至全国的先进人物和优秀企业家。有的是连续多届的全国人大代表，有的是全国劳动模范，有的是全国五一劳动奖章获得者，他们对企业、品牌的培育成长都有自己独特的理念与思考，都付出了艰辛的劳动，做出了突出的贡献，无一例外都受到员工的尊重、政府的褒奖和社会的赞许，也成为公众关注的焦点，他们既代表自身企业的形象，也传递着企业的品牌和价值。

随着品牌文化建设的深化，一些纺织服装老字号品牌也焕发出了新的活力，2014年推出的12家品牌文化传承奖企业，既有解放前乃至19世纪创建仍在创新发展的企业，也有解放后创建有突出文化特色的企业。如解放前创办的企业中，江苏大生集团创办于1895年；武汉裕大华创办于1919年；湖南莎丽袜业创办于1920年；上海龙头家纺的老品牌创办于1922年；恒源祥创办于1927年；西安大华创办于1935年；上海三枪创办于1937年；北京京工集团雷蒙品牌创办于1940年。解放后创建的企业，如北京大华衬衫厂、榆次纺机创建于1954年；株洲雪松创建于1957年；西北一棉创建于1963年。他们都有其品牌文化的特色，尤其是西北一棉培育了梦桃小组文化，涌现了吴桂贤、翟福兰、周惠芝等一大批先进模范人物，对纺织行业班组建设产生了重要影响。

拓宽视野，建设兼容并蓄、富有张力、体现纺织特色的品牌文化

习近平总书记前不久在河南考察时指出“我国发展仍处于重要战略机遇期，我们要增强信心，从当前我国经济发展的阶段性特征出发，适应新常态，保持战略上的平常心态”。纺织工业也和全国一样，同样面临增长速度的换挡期，结构调整的阵痛期，各种矛盾和问题相互交织，传统行业的低门槛与品牌做强的高难度的矛盾尤为突出。进一步深化行业品牌文化建设，提升文化软实力，促进自主品牌打造，是当前和今后一个时期纺织行业的重要而紧迫的任务。

一、认真贯彻党的十八大、十八届三中和四中全会精神，进一步增强搞好行业品牌文化建设的紧迫感与自觉性

党的十八大提出了扎实推进社会主义文化强国建设的战略任务，十八届三中全会又强调要“建设社会主义文化强国，增强国家文化软实力”。习近平总书记最近又强调指出，“文明特别是思想文化是一个国家、一个民族的灵魂”，“文以载道，文以化人”。在加强纺织行业文化软实力建设中，我们要认真领会、自觉践行党中央“文化强国”的战略思想和习近平总书记系列讲话精神，并自觉贯穿到文化强企、文化铸牌的实践中。特别是要看到，

我国虽然是纺织工业生产大国、消费大国、出口大国，但还不是品牌强国，特别是缺少国际知名品牌，产品附加值不高。有资料显示，全球市场80%的份额由20%的优势品牌占据，有60多个世界顶级服装品牌和500多个世界知名品牌在中国市场立足。当国际市场从“商品消费”进入“品牌消费”阶段，打造自主品牌，提升品牌价值和影响力，已经成为全球市场必须争夺的制高点，更是我们纺织服装业在市场博弈中必须应对的严峻挑战。特别是当前，纺织工业面临增速换挡、结构调整、动力转换的新常态，纺织服装企业将进入一个更高层次的竞争，加强品牌建设的难度将更大。要建设纺织品牌强国，品牌文化是灵魂。因此，加强品牌文化建设，促进自主品牌打造，势在必行，必须增强紧迫感、使命感和自觉性。

二、认真培育品牌文化的价值体系，推进纺织品牌强国建设

纺织品牌文化建设是社会主义先进文化建设的重要组成部分。在加强行业品牌文化建设实践中，我们逐步总结、不断提升，形成了“质量、创新、快速反应、社会责任”四位一体的价值体系。这种价值体系，已经写入了《建设纺织强国纲要（2011～2020年）》，我们要一以贯之地用以指导引领纺织行业深化品牌文化建设。一是要以社会主义核心价值体系为指导，坚持品牌文化的正确导向。企业的文化基因和价值体系决定企业的健康状况和品牌的市场导向。一定要按照社会主义核心价值体系和社会主义先进文化的基本要求，建立起符合企业发展战略的核心价值体系，强化企业文化、品牌文化管理，尤其是注重抓好市场观、品牌观、人才观、道德观等先进理念的建立，并把它变成领导与员工的自觉行为，使企业保持持久的发展活力与动力，促进企业科学发展。二是要将质量视为品牌的生命，把重视质量、讲究品牌、提高品质作为品牌文化建设的重要任务。高质量、高品质是消费者想要得到的，应该成为企业的最高追求。要切实把保证产品质量、提升产品品质贯穿到品牌产品的设计、生产、营销服务与管理的全过程，建立严格的质量管理体系。三是要不断丰富品牌的文化内涵，创新使用价值。在纺织品服装日益同质化的当代，企业在实施品牌战略过程中，一定要重视把科技进步与文化创意、自然科学与社会科学有机结合起来，不断丰富品牌文化内涵，创新纺织服装产品的使用价值，提高附加值，满足人们对纺织服装的时尚、科技、环保、健康的美好追求与期待。四是要不断创新管理手段，应对市场激烈竞争。当今时代是速度经济时代，激烈的市场竞争使时间的价值含量不断上升，谁能在时间竞争、速度竞争、信息竞争、渠道竞争取得优势，用“第一速度”在“第一时间”满足客户要求，谁就可能赢得市场竞争优势。所以，我们要主动适应市场，高度关注国内外纺织新产品、新工艺、新技术和新兴市场成长的情况，把握产品需求、审美趋势、价格变化和贸易壁垒等方面的动向，及时采取应对措施，建立快速反应机制，抓住发展机遇，主动开拓市场，化解经营风险。五是要自觉履行社会责任，当好企业公民。品牌产品讲究的是美誉度和忠诚度，应以诚信、信誉为保证，做到产品可靠、形象可信、性格可亲，品牌企业应通过规范、合法的经营活动来创造利润、回报投资者的同时，切实承担对职工、对社会、对环境的责任，坚持科学发展、和谐发展、绿色发展和可持续发展。

三、搞好品牌文化与企业文化、思想政治工作、党建工作的深度融合，提升企业综合竞争力

近几年来，我们除了持续开展十大品牌文化推介活动，加强品牌文化建设外，还注重加强企业文化建设。我们联合会自身还研究制定了《中国纺织工业联合会文化手册》，率先加强团队文化建设；与中国财贸轻纺烟草工会一起在全行业持续开展了

创建和谐劳动关系企业活动，连续三年召开企业党建工作现场观摩经验交流会，加强企业党建工作；宣传表彰纺织劳模，开展创建郝建秀小组式先进班组活动，表彰行业思想文化建设先进单位和个人，对于凝聚人心、鼓舞斗志、提升企业与行业软实力、促进纺织强国建设，起到了积极推动作用。今后我们还要不断创新、进一步总结提升，搞好品牌文化与企业文化、思想政治工作、党建工作的深度融合，使之有机结合、相互渗透，全面提升企业软实力和市场竞争力。

四、坚持继承与创新的有机结合，不断把行业品牌文化建设引向深入

我国纺织服装文化历史悠久，底蕴深厚。近年来，伴随着国家改革开放的脚步，我们坚持继承与创新相结合，不断加强企业文化、品牌文化建设，通过开展企业文化年、十大品牌文化推介活动、举办品牌文化博鳌论坛等系列活动，有效促进了行业与企业文化软实力的提升。但是，我们应该清醒地看到，人们生活水平日益提高将带来纺织品服装消费数量的增长，人们生活方式的改变将对纺织品服装提出更高的审美价值要求。根据国家对城镇居民抽样调查分析，质量品质的提高和审美价值的提升因素占据城镇衣着消费价值增长的80%。相对于音乐、美术、戏曲等纯粹的文化产品，纺织品服装既有文化内涵又有实用功能，与人民生活息息相关，文化元素与纺织品服装相结合，有利于创造纺织品服装的价值，提升产品档次，给人民消费带来健康、舒适、时尚、尊严等消费体验。所以，纺织行业品牌文化建设要坚持继承与创新有机结合，认真关注和研究社会生活、社会文化、意识形态、文化传统等人文因素，把握和解读不同种族、地区、国家人群的审美和品味，跟踪不同消费市场的时尚动向和消费心理，提高品牌原创思路认知和市场反馈敏感度，大力提升新品开发、视觉设计、文化注入、管理流程方面的创新能力，培育良好的社会价值尊崇观和企业经营文化氛围，培养诚信、公平、负责任的社会文化，内强企业素质，外塑品牌形象，打破发达国家在营销渠道、文化认同、设计创意等方面的垄断地位，提高我国纺织行业知名品牌产品、知名品牌企业和知名区域品牌的国际市场竞争力和影响力。

五、加强典型宣传推广力度，推动行业品牌文化建设向纵深发展

自开展中国纺织十大品牌文化推介活动以来，我们成功向全行业推介了90个十大品牌文化企业和中国纺织品牌文化50强，还有一大批创新奖、开拓奖、传承奖和杰出人物，通过对他们的推广宣传，较好地发挥了示范引领作用，推动了行业品牌建设，促进了自主品牌打造，对推进纺织强国建设起到了积极作用。今后，还要采取积极措施，加强调查研究，继续总结推广不同类型的典型，开拓品牌文化建设视野，创新品牌文化建设活动形式，提高行业品牌文化建设水平，为促进纺织强国建设作出新的贡献。

聚焦服务 推进纺织行业基层党建工作

中国纺织职工思想政治工作研究会

近年来，中央和国家有关部门对纺织行业推进基层党建工作给予了充分肯定。深入贯彻党的十八大和十八届三中全会和习近平总书记系列重要讲话精神，结合行业实际，认真落实中共中央办公厅印发的《关于加强基层服务型党组织建设的意见》的工作部署，进一步推介新形势下基层党建工作的新经验和新探索，以服务型党组织建设引领基层党建工作，是推进全面深化改革，促进产业转型升级和纺织强国建设强有力的组织保障。

加强基层服务型党组织建设是推进纺织强国建设的内在要求

党的十八大报告指出："要以服务群众、做好群众工作为主要任务，加强基层服务型党组织建设。"2014年初，中央办公厅印发的《关于加强基层服务型党组织建设的意见》突出强调，以服务型党组织建设引领基层党建工作，使服务成为基层党组织建设的鲜明主题，推动基层党组织在强化服务中更好地发挥领导核心和政治核心作用。服务型党组织建设既是建设学习型、服务型、创新型马克思主义执政党的基础工程，也是对基层党组织功能定位认识的深化和飞跃，同时也是基层党组织建设工作思路创新和方式方法转型的必由之路，对于推进纺织强国建设，也具有十分重要的意义。

当前，我国纺织强国建设仍然处于大有可为的战略机遇期和攻坚克难的关键时期。近年来，由纺织品服装消费结构和产业结构升级创造的纺织市场空间不断扩大；由新技术革命和新兴产业兴起带来的纺织工业融合发展的领域不断拓宽；随着全面深化改革的推进，纺织企业发展的政策环境和配套公共服务也在不断优化和加强。但同时也要看到，纺织工业的发展确实面临不少困难，一是资源环境等约束因素不断增强，对纺织技术进步的要求日益紧迫；二是要素成本攀升，市场竞争日趋激烈；三是价格下行压力较大，结构性、阶段性产能过剩问题日益显现；四是国内外经济形势依然复杂，不确定性、不稳定性因素不断增加。我国纺织经济运行中呈现的这些新特征，表明纺织行业正在走上转型升级、提质增效的新路子，进入了与过去多年来高速增长期不同的新阶段，出现了趋势性、不可逆的"新常态"。

面对新常态，一方面，全行业要科学认识、积极应对，抓住全面深化改革的机遇，以科学发展观为指导，实施创新驱动发展战略，强化企业创新主体地位，加快自主创新，更多地运用市场化工具和手段调整优化结构，注重节能环保和生态文明，形成以技术品牌与绿色发展为核心的竞争新优势，促进行业持续健康发展，加快纺织强国建设。

另一方面，要不断增强企业发展的活力和内生动力。建设纺织强国，工作的重心在企业，企业发展的活力，直接影响到科技、品牌、可持续发展和人才战略的实施。激发企业的发展活力，凝聚建设纺织强国的内生动力，必须要有坚强有力的基层党组织，切实担负起纺织强国建设的组织者、推动者和践行者的职责，这就要求基层党组织切实把工作的重心转移到强化服务上来，牢固树立纺织强国建设的大局意识、中心意识和服务意识，围绕本单位的中心工作，寓领导和管理于服务之中，推动服务理念和方法创新，推动服务效益和效率提升，不断调动和激发全行业广大党员、干部自觉服务发展的内在动力，真抓实干、攻坚克难，通过提升服务能力，形成纺织强国建设的强大合力。

近年来我国纺织行业推进服务型基层党组织建设的实践探索

近年来，特别是党的十八大以来，我国纺织行业基层党组织在各地党委的领导下，把建设服务型党组织摆上重要位置，坚持把服务作为基层党组织建设的主要任务和根本价值取向，充分发挥基层党组织推动发展、服务群众、凝聚人心、促进和谐的作用，涌现了江苏红豆集团、浙江海宁经编产业园、中国轻纺城等一批不同类型的先进典型，取得了明显成效。

一、不断扩大党的组织和工作覆盖，夯实服务基础

覆盖广泛、设置合理的组织架构是基层党组织开展服务工作的基础。近年来，纺织行业基层党组织，特别是非公企业党组织积极推进和完善党的组织覆盖和工作覆盖，在创新组织设置模式、健全组织架构上下功夫，做了大量探索工作，实现了以组织覆盖推进服务覆盖。

红豆集团坚持把支部建到生产经营一线，做到哪里有党员，哪里就有党组织，哪里有群众，哪里就有党的工作，并早在2007年就在国外建立了中国第一个民营企业党支部。多年来，红豆集团创造了一整套非公企业党建工作经验、工作方法和工作标准，不仅实现了党的组织和工作全覆盖，而且实现了党的组织和工作的有效覆盖。

海宁经编产业园区依靠园区体制优势，突破“单位党建”局限，将490家企业划分为16个片区，配备党建指导员和党建联络员，以片区为单位统筹开展党建双覆盖工作，构建起开放式、区域化的组织网络，形成片区内组织整合、功能拓展、开放互动的党建工作格局。

绍兴市柯桥区中国轻纺城市场根据经营户众多，各地商会有一定工作基础的实际，推行两种覆盖形式，一是把支部建在商会上，通过单独组建和联合组建等形式，组建商会支部15个；二是把支部建在网格上，针对没有加入商会的党员经营户，依托市场网格管理工作，在五大专业市场组建了11个网格支部以及6个企业支部，实现了党的组织和工作全覆盖。

二、整合资源、拓展平台，不断增强基层党组织的服务功能

创新载体、搭建平台是党组织和党员发挥作用的形式和途径，也是加强基层服务型党组织建设的迫切需要，各地纺织行业基层党组织为此做了大量创造性工作。

一是在各地纺织行业基层党组织中普遍开展了领导干部联系点、党员责任区、党员示范岗、党员志愿服务、送温暖等主题实践活动，使得党建工作在围绕中心、服务发展、服务群众中彰显了作为。福建鸿星尔克集团明确党委在政治方向、构建和谐、先进文化、人才队伍、党群共建的“五引领”作用，促进党建工作与企业发展的深度融合。党委充分发挥党的组织和思想政治工作优势，把企业理念、战略发展目标、阶段性目标和完成当前生产任务紧密结合起来，搭建“创优争优、助力品牌”的党建活动平台，把先锋榜活动深入到生产现场，以党员的先锋模范作用引领各个生产中心、部门之间、员工之间展开“比、学、赶、超”的劳动竞赛，有力地推动了企业经济效益平稳较快地增长。

二是打造实体化的服务平台，延伸党组织的服务功能。海宁经编产业园区党委依托党群服务中心建设“一站式”公共服务、教育培训、社会服务等十大创新服务平台，通过“党员干部领衔+项目服务团队”，形成企业服务、党员服务、志愿服务、公共服务全覆盖，近年来走访企业1300多次，梳理并解决问题230多个。

三是建设虚拟化服务平台，开辟服务党员和职工群众新空间。不少企业探索运用信息化手段为党

员和职工群众提供各类服务。如创办企业党建网站，为党员职工提供信息资讯和学习咨询等网上服务。又如开办手机报、充分发挥手机普及率高、快捷便利的优势实现信息的及时送达和交流互动。

四是构建党建联动服务平台，中国轻纺城市场党委为做好文化背景、价值观念不同的数以万计来自五湖四海的创业者的服务工作，构建了以党组织为核心，工、青、妇群团组织联合运作的党建工作一体化平台——纺城有家，以党建带群建，以群建促党建，为市场内的党员、经营户和客户构建了共同的家，满足了社会、市场、党员、经营户等不同层次的需求，推动了轻纺城"二次创业"和市场升级发展。

五是构建企业党建和社区党建联动的服务平台。福建鸿星尔克体育用品有限公司党委与企业所在社区合作，共同构筑了社会和企业联动的服务平台，实现了党建联建、经济联促、治安联防、环境联创、服务联抓、文体联谊，打破了社区、企业党建资源分割的局面，构建了社区和企业党组织服务互帮互促资源共享的机制。

三、求实创新，不断增强基层党组织的服务实效

近年来，纺织行业基层党组织顺应时代发展变化，适应职工群众的新期待、新需求，拓宽视野，创新方法，延伸服务内容，不断增强基层党组织的服务实效。

一是不断提升服务企业发展的质量。北京中丽制机工程技术有限公司党委把党员队伍"创先争优树标杆"活动贯穿于企业生产经营中，注重创新和实效，服务企业发展，大力推动党员、骨干在企业重点岗位和完成重大任务中，特别是在"精品工程"中发挥先锋模范作用，千方百计克服困难，把不成熟的产品做成成熟产品，把成熟产品做成精品，一举打破国外技术垄断，实现高端技术领域重大突破。

二是不断延伸服务职工的新领域。山东德州恒丰集团针对青年职工渴望成才的追求，开辟了管理人才成长通道、技术人才成长通道、工人技师成长通道、内训师成长通道和专业学历教育成长通道等五条人才成长通道，为不同学历，不同年龄段的职工圆梦恒丰提供有针对性的服务。江苏红豆集团多年来形成了"生活有保障，情绪有释放，事业有希望"的员工成长机制。2014年以来，集团党委进一步加大力度，实施了吃住优惠、薪酬倍增，星级评选、畅通诉求、慈善基金、长年培训、竞争上岗等服务员工成长的系列工程。

四、加强骨干队伍建设，不断提升基层党组织的服务能力

打造一支高素质的党员干部队伍，是基层党组织服务群众、服务发展的重要保障。各地纺织企业基层党组织在这方面做了大量工作。

一是注重加强带头人队伍建设。上海纺织控股集团党委在班子建设中坚持抓导向、抓能力、抓作风、抓素质，各级领导班子的综合素质和职业能力不断提高。经纬纺织机械股份有限公司党委出台了一系列制度，拓展方式渠道，不断强化对党员干部的教育、培训、管理和培养，真正把党性强、能力强、群众公认的优秀人才选拔到基层领导班子中来。

二是以提升服务能力为重点，加强党务干部培训。山东如意科技集团坚持"短期班、长期办"的形式，每年组织党务干部不少于7天的学习培训，并选派基层党务干部参加省、市举办的培训班学习。

三是不断增强党员的服务意识和能力。江苏金龙科技股份有限公司党总支在党员活动中开展了合理化建议座谈会、职工思想状况分析会、企业经营情况通报会和企业创新技术现代管理辅导课等新"三会一课"，引导党员增强服务企业发展、服务职工群众的意识和能力。

五、加大资源和力量投入，不断强化服务保障

一是落实责任保障。内蒙古鹿王羊绒有限公司党委下设10个基层支部，支部书记都是党务行政双肩挑，实行“党委抓书记、书记抓党员”的党建工作责任制。公司党委书记是党建工作总负责人，委员也要同时抓好分管范围内的党建工作，形成了党委统一领导，有关部门各司其职，一级抓一级的党建格局。

二是落实阵地保障。各地规模以上纺织企业基本建立了服务职工和党员学习教育活动的阵地。如阅览室、图书室、活动室、职工之家等，并适时对党员和广大职工开放，确保党员和职工共享学习和活动的阵地资源。一些纺织产业集群建立了开放共享的更为完备的活动阵地及软硬件设施，为区域内基层党组织开展工作、服务职工群众创造了良好条件。

三是落实经费保障。党员活动经费不足曾经是困扰非公企业党建的难点问题。近年来在各地党委的领导下，经费问题逐步得到解决。中国轻纺城市场党委创新推出“商会会费提一点、上级党委助一点，党员自愿捐一点”的模式（其中市场党委按照每名党员200元的标准予以补助），保证了市场党建工作的有效运转。

以服务为主题，进一步加强纺织行业基层党组织建设

党的基层组织是党的全部工作和战斗力的基础，是落实党的路线方针政策和各项工作任务的战斗堡垒；新时期加强和改进纺织行业党的基层组织建设，必须贯彻党的十八大精神，以中共中央办公厅印发的《关于加强基层服务型党组织建设的意见》为指导，以服务引领基层党组织建设，让服务成为基层党组织建设的鲜明主题。

一、进一步贯彻落实中共中央办公厅《关于加强基层服务型党组织建设的意见》

2014年初，中共中央办公厅印发了《关于加强基层服务型党组织建设的意见》，提出了建设基层服务型党组织必须坚持服务改革、服务发展、服务民生、服务群众、服务党员的“五个服务”内涵和有坚强有力的领导班子、有本领过硬的骨干队伍、有功能适用的服务场所、有形式多样的服务载体、有健全完善的制度机制、有群众满意的服务业绩的“六有”建设目标，明确了强化服务功能，健全组织体系、建设骨干队伍、创新服务载体、构建服务格局五项具体创建任务。这些新部署、新任务，以服务为主题，理念更鲜明，职责更明确，评价更聚焦，是建设基层服务型党组织的总体要求。贯彻这些要求和部署需要各地纺织行业基层党组织结合各自实际大胆探索和实践。一是要在突出“五个服务”中，强化服务功能；二是要在“六有”上下功夫，提升服务能力；三是要围绕五项具体任务，推动纺织行业基层党建工作向服务转型。

二、建设基层服务型党组织，要着眼于求真务实、增强实效

基层服务型党组织建设是对基层党组织建设常规工作的深化拓展和转型升级。推进基层服务型党组织建设要在巩固现有的组织基础、工作基础和功能基础之上，根据“五个服务”的要求，把服务作为自觉追求和基本职责，使服务成为基层党组织建设的鲜明主题，推进基层党建工作的创新发展，这对基层党组织建设提出了更高的要求。

比如服务改革，既要广泛宣传改革方针政策，回应职工群众关心的热点问题，做好宣传引导，更要站在改革全局高度思考问题，注重协调利益关系。全面深化改革，需要攻克的体制顽瘴痼疾很多，特别是很多改革举措直接关系到群众的切身利

益，要始终保持同职工的密切联系，引导职工正确对待利益格局调整，在遇到难以权衡的利益问题时，要注意维护职工合法利益，让职工在改革中得到更多实惠。

又如服务发展，既要组织和动员职工围绕行业发展目标任务、围绕促进企业生产经营共同奋斗，更要在当前中国经济，包括纺织经济步入新常态的新形势下，积极引导广大职工科学认识新常态是纺织经济30多年高速发展后的必然结果，是客观经济规律作用的体现，是纺织经济进入更高层次发展阶段后出现的新状态。要引导广大职工学会适应新常态、积极应对新常态，充分调动广大职工群众的积极性和创造性，提升自身综合素质，抓住新常态蕴含的多种机遇，积极面对新常态的多种挑战，加快纺织行业经济转型和结构优化，再创纺织经济的新辉煌。

再如服务群众，既要进一步解决好广大职工在生产生活中遇到的实际困难和问题，更要适应我国纺织行业经济成分、企业组织形式、就业方式、分配方式和利益关系日益多元化，针对职工群众的生存条件、生活方式、思想观念不断发生变化，新生代农民工已成为企业生产一线的实际主体，特别是在当前经济社会加速转型、职工群众的需求更加多样化的实际，在工作理念上实现由传统的“管理型”向“服务性”转变，切实增强服务意识，改进服务手段，拓宽服务渠道，提升服务能力，以多样化的服务满足职工多样化的需求，通过服务贴近职工、团结职工、引导职工、赢得职工，把党的政策转化为职工群众的行动，增强党组织的凝聚力、号召力。

事实上，“五个服务”是互相联系、互为条件的整体，回答了建设服务型党组织的出发点、基本路径和落脚点等基本问题，服务群众、服务党员、主要回答了服务的出发点和落脚点，即为谁服务的问题。服务改革、服务发展、服务民生，主要是回答了服务的基本路径，即如何服务的问题。服务群众、服务党员，从根本上来说，还是要通过服务改革、服务发展和服务民生来实现；而服务改革、服务发展、服务民生的最终目的是为了服务群众、服务党员。

三、推进基层服务型党组织建设要突出基层党组织主导地位和党员主体地位

基层服务型党组织建设是党建工作的创新，其中包括很多社会工作的成分但不完全是社会工作，建设基层服务型党组织，主要是通过增强党组织的服务功能来实现“五个服务”，党组织在其中发挥主导作用，党员在其中发挥主体作用。同时也要看到，基层党组织掌握的资源、力量毕竟是有限的，仅仅依靠基层党组织的力量完成好“五个服务”任务显然不够，因此，作为企业基层党组织要充分发挥政治核心和政治引领作用，善于运用和整合多方面的资源和力量，注重发挥党组织服务和杠杆作用，撬动各方力量和资源做好服务工作。中国轻纺城整合“纺城有家”服务平台，紧紧依靠市场相关各方的职能力量，形成多方参与机制，采取“部门联合、党群联动”的双联形式，推进基层服务型党组织建设，就是一个比较成功的探索。

四、建立考核导向机制

要建立考核导向机制，以职工满意与否为标准来衡量基层服务型党组织建设的成效。要科学设置考评指标，健全完善职工易于理解、便于掌握的基层党组织和党员干部考核考评体系，让职工知晓、受职工监督；要让职工参与评价，切实增加职工群众在考核评价中的话语权；采取座谈了解、满意度测评等方式让职工群众直接参与，对基层党组织和党员干部服务群众情况作出评价；要强化考核结果运用，把服务成效作为基层党组织年度工作考核的重要内容，作为基层党员干部评先评优、考核奖惩的重要依据，真正把服务落到实处。

构建和谐劳动关系 加强班组建设 推进纺织强国建设

中国纺织职工思想政治工作研究会

在全面深化改革、全面推进依法治国的新的历史进程中，加强纺织企业和谐劳动关系建设，提升纺织行业班组建设水平，培养适应现代纺织产业发展的高素质、高技能的员工队伍，是推进纺织人才强国发展战略的实施，增强企业核心竞争力的重要环节。

充分认识新形势下加强企业和谐劳动关系和班组建设的重要意义

一、构建和谐劳动关系是建设和谐社会、促进行业发展的前提和基础

劳动关系是生产关系的重要组成部分和核心内容，构建和谐劳动关系，能激发劳动者和用人单位的劳动潜能、促进社会生产力发展、夯实和谐社会的物质基础。因此，劳动关系稳定是社会和谐的基础和前提。建设和谐社会，首先是提升协调稳定劳动关系的能力，这既是对党的执政能力的重大考验，也是我国进入全面深化改革、发展处于关键时期面临的重大课题。企业是社会的细胞，劳资和谐则企业兴旺、行业发展、社会和谐、国家昌盛。当前，我国全面深化改革正在稳步推进，行业发展正处在结构调整、产业升级和转型的关键时期，利益关系的调整不可避免地带来劳动关系矛盾和社会问题，只有高度重视并妥善处理好劳动关系问题，维护劳动者和用人单位的合法权益，实现互利双赢，才能为行业发展和社会稳定奠定坚实基础。

二、加强班组建设是构建纺织企业和谐劳动关系、推进纺织强国建设的落脚点

班组建设是企业从事生产经营活动或管理工作最基层的组织单位，是激发职工活力、提升企业管理水平、构建和谐企业的落脚点。

班组建设是企业综合性的基础建设，班组工作的执行力直接影响到企业的管理质量、产品质量、服务质量、安全生产和经营目标的完成，关系到企业发展战略、发展规划和发展举措的具体实施。班组工作从微观上讲是企业工作的立足点，从宏观上讲是纺织强国建设的立足点。坚持以人为本、建设和谐企业，要做到职工与企业共同发展，构筑起关心人、爱护人、发展人的和谐环境，在企业不断发展的过程中，职工的积极性、主动性、创造性得到充分调动，职工的综合素质得到不断提高，职工的生活水平得到新的改善，职工的人生价值得到充分体现。构建和谐企业，重点在班组，只有不断加强班组和谐建设，提高班组民主管理、自主管理水平，稳妥化解各类矛盾，构建团结和谐班组，调动好纺织职工的积极性、创造力和聪明才智，才能使企业生产中最活跃的因素达到最佳精神状态，企业才能进一步做强、做优，纺织强国建设发展才能有坚实的基础。

近年来创建全国纺织劳动关系和谐企业和郝建秀小组式全国纺织先进班组活动的基本做法和经验

一、关于全国纺织劳动关系和谐企业的创建工作

全国纺织劳动关系和谐企业创建经验各具特

色，丰富多彩，主要有以下几个方面：

（一）以工资收入分配为核心，保障职工权益

工资收入分配是劳动关系的核心问题，扎实推进劳动合同制度、集体合同制度，建立工资集体协商和职工工资正常增长机制，使职工的经济利益得到很好维护，是劳动关系和谐企业的一个共同特点。内蒙古鹿王羊绒有限公司将全体劳动者纳入合同管理范畴，并建立了合同分类管理体系，集体合同做到协商充分、程序规范、内容具体、标准量化、操作性强，并建立了相应的职工参与考核评价、监督检查和违约追究等制度，近年来，合同签订率始终保持在100%。青岛即发集团不断完善工资分配平等协商机制和职工工资正常增长机制，职工工资近年来保持了10%左右的增长，在劳动力供求关系紧张的情况下，2014年又吸引了800名新职工入职。吉林化纤集团有限责任公司坚持工资集体协商，深化薪酬体制改革，建立了以定岗定薪为基础、以工作绩效考评为依据、以按劳分配为核心的薪酬分配激励机制，确保了按劳取酬、多劳多得分配原则的贯彻执行。

（二）满足职工精神需求，为职工全面发展提供平台

将解决事关职工切身利益的突出问题作为工作重点，在企业发展中秉承以人为本的理念，在重视员工物质利益的同时，高度重视员工精神生活，使职工在创建和谐劳动关系中得到全面发展，是创建企业的普遍做法。江苏金龙科技股份有限公司努力为职工营造一个温暖的家，已建成并投入使用了阅览室、音像活动室、多媒体会议室，建成了乒乓球活动场地、篮球场，以公司的名义购买商品房优惠供应给员工，实现企业的经济效益、社会效益和职工身心发展的“三赢”。波司登股份有限公司外地员工数量接近员工总数的六成，为了给他们创造安全、舒适的生活环境，公司在各生产基地都建造了宽敞舒适、设施完备的职工公寓楼，公司还设立了“波司登爱心基金会”，以帮助公司员工在遭遇突发事件或意外时，能及时地获得救助。至今，基金会通过助残扶弱、帮贫济困解决职工后顾之忧，扶助总额已达数十万元。上海华申进出口有限公司提出要将“中国梦”“华申梦”和“员工梦”结合起来，实施年度员工“梦想计划”，推动员工全面发展和成长，帮助员工自我价值实现。

（三）加强企业民主管理，畅通职工维权渠道

职工是企业的主体，是企业发展最宝贵的资源。依靠职工办企业必须坚持和完善职工代表大会和其他形式的企业民主管理制度，坚持厂务公开，激发职工的主人翁责任感，这是建立和稳定和谐劳动关系的基础。无锡宏源机电科技有限公司重视民主管理制度，通过民主形式建立工会、职代会民主管理组织，专门成立了九个民主管理小组，如：劳动法律监督委员会、劳动保护监督检查小组、生产生活工作小组等，各民主管理小组明确工作职责，开展民主管理工作，服务于企业生产经营需要，保障职工切身利益，促进了企业与职工的良性互动、和谐发展。安徽华茂集团有限公司尽最大努力关注职工最关心的利益问题，通过厂务公开民主管理，及时把董事会的决策和集团领导对广大职工的关怀迅速传递给每一位职工，确保职工的知情权和参与监督权。同时，把企业的生产安全和员工生命安全作为创建工作的重要方面，抓好并落实好，强化安全工作四条防线的职责，即以党支部、党员、管理人员为主的安全思想防线；以集团领导、各单位行政负责人、班组长为主的安全管理防线；以安全员为主的安全监察防线和以专业技术人员为主的安全技术防线，为广大职工提供了可靠的安全保障。

（四）积极协调化解矛盾，维护企业和谐稳定

积极协调化解矛盾，是建立和稳定和谐劳动关系的重要环节。建立健全劳动关系矛盾疏导机制，妥善处理劳动关系矛盾，将劳动争议解决在基层、

消除在萌芽状态，也是行业创建劳动关系和谐企业的重要经验。石家庄常山纺织股份公司有员工近2万人，近三年来，在市区老企业的整体搬迁过程中，因劳动关系的变化，不可避免地会发生劳动争议，公司各级监督和调解组织均及时做好工作，依法化解矛盾，调解劳动争议，保持了劳动关系的稳定。公司还聘请了资深劳资专家为企业法律顾问，凡涉及到职工切身利益的工作方案都由法律顾问把关，有效杜绝了重大劳动争议问题的发生。河北宁纺集团有限公司自2007年以来相继建立了劳动关系预警机制和应急预案，建立了以两级劳动调解委员会成员为依托的横向到边、纵向到底、触角灵敏的预警网络，定期对劳动关系状况和职工关注的热点进行分析预测。两年多来，捕捉到可能产生劳动争议的信息23件，通过有针对性的疏导工作，把问题消除在了萌芽状态。

二、关于郝建秀小组式全国纺织先进班组创建工作

2014年创建郝建秀小组式全国纺织先进班组活动，涌现出了一批纺织行业班组建设的佼佼者，在引领企业基层班组建设中起到了典型示范作用。

（一）班组劳动热情高涨，勇于拼搏甘于奉献，为企业发展建功立业

2014年推介的郝建秀小组式全国纺织先进班组的一个突出特点是，班组能勇于承担生产重任，劳动热情高，创造活力强，出色完成生产任务，为企业的发展做出了积极贡献。山东如意服装公司西装一厂绱袖小组以“操作标准最高、操作水平最优、操作标杆最多”的骄人业绩成为如意服装总厂一支精英荟萃的明星级班组，他们把劳动竞赛作为不断进步和提升的载体，开展比出勤、比效率、比技术、比质量、比超产“五比”和无迟到早退、无坐岗脱岗、无毛漏瑕疵“三无”的竞赛活动，各项产质量指标一直名列车间各班组之首。天津天纺投资控股有限公司棉纺织工厂一分场织造工序丙班，勇于承担生产工作重任，勇于破解生产难题，在关键时刻冲在前，连年安全、优质、高效地超额完成年度生产任务，三年来共生产棉布3731万米，各项生产指标处于天津纺织系统同工序前列，员工整体操作技术水平列天津纺织系统前茅。

（二）班组学习能力强，职工素质高，为企业竞争力提供人才保障和技术支撑

先进班组的共同特点是学习能力强，员工具有较强的专业技能、优良的职业道德和突出的创新能力，班组成为职工成长成材的摇篮，在班组里，学习技术，钻研技能，提高科学文化素质，形成良好的氛围。上海洁润丝新材料股份有限公司圆网印花高分子新材料班组始终把学习放在首位，提倡在工作中学习，在学习中工作。班组针对成员实际，制定班组学习规划，使各项学习活动有计划、有组织、有内容、有措施、有落实、有检查，并逐步建立起科学、合理、规范的学习型组织管理机制，出色地完成了企业下达的各项生产任务。恒丰纺织品有限公司细纱车间丙班四组，坚持学习工作化，工作学习化，在鼓励班组成员个人学习的基础上，不断拓展班组学习内容、丰富班组学习形式，小组经常有针对性地开展新老员工结对子、班中进行小型观摩赛、操作帮教一对一、操作进步技术分享等多种形式的操作培训和练兵，使整个小组的操作水平在全车间处于领先水平。

（三）优秀班组长导向引路，职工学有榜样，班组形成你追我赶的良好氛围

班组长是“兵头将尾”，是企业生产一线的指挥者、组织者和直接管理者，也是班组员工身边最直接的学习榜样。先进班组都有一位在思想、技能、品德方面作表率，善于解决班组管理中的各种实际问题，在班组里发挥核心和凝聚作用的班组

长。吉林化纤集团拓普纺织公司纺纱车间工艺甲班班长李红梅，在全省纺织行业大赛中获得过细纱岗位第一名，她在生产实践中摸索总结出细纱“一步到位生头法”，新的生头方法在班组员工中推广，有效提高了值车工的看台能力和机台生产效率，值车工看台数量由4台提高到7台，机台生产效率提高了2%，年增创效益100万元。她本人也获得吉林省“创新标兵”和吉林省“五一劳动奖章”光荣称号，获得“最美吉纤人”的称号。山东德棉集团有限公司织布分厂织布车间甲班轮班长魏风珍连续十一年获本工序操作第一名，连续6年获得集团“劳动模范”称号，2006年在全国棉纺织（喷气织机）操作技术大赛上，夺得了大赛单项、全项两个第一名，被授予“全国纺织行业技术能手”“全国纺织工业劳动模范”称号。

（四）凝聚力不断增强，人文关怀处处体现，培育出班组特色文化

先进班组注重将班组建设融入企业战略之中，使企业文化在班组中落地，培育班组员工共同价值理念和各具特色的班组文化，营造良好的人际关系，班组的凝聚力和战斗力不断增强。宜宾海丝特纤维有限责任公司纺丝制造部四纺工段，大力宣传企业文化，为了使员工认同公司、部门、工段的文化，工段统一思想、行动，对员工进行分层次、分步骤开展宣传教育，对员工进行技能提升培训和岗位练兵大比武，实现了员工“岗位成才的人性化管理”的工段文化，构建了一支质量过硬、技术领先、团队和谐的生产主力军。鲁泰纺织股份有限公司纺纱三厂细纱保全组，在日常工作中注重班组企业文化建设，积极倡导公司理念，定期开展民主座谈会，参加企业文化主题演讲比赛，并利用班前、班后会宣传践行企业文化，使员工保持积极健康向上的精神风貌，增强了员工对企业的认同感和归属感，激发了员工立足本职工作，与鲁泰共发展的使命感和责任感。

深化和谐劳动关系创建，进一步加强班组建设

党的十八届四中全会是在我国全面建成小康社会进入决定性阶段召开的一次重要会议，会议审议通过的《中共中央关于全面推进依法治国若干重大问题的决定》，深刻总结了我国社会主义法治建设的经验，明确提出了关于依法治国的一系列新观点、新举措，系统回答了党的领导、人民当家作主和依法治国关系等一系列重大理论和实践问题。结合行业和企业工作实际，认真学习宣传贯彻四中全会精神是纺织行业当前和今后一个时期一项重要政治任务。

随着经济社会的快速发展和市场经济体制改革的不断深入，我国纺织行业的劳动关系发生了深刻的变化，班组建设也面临许多新情况、新问题。一是随着现代企业制度的建立和非公有制企业的迅速发展，企业组织结构、管理模式、经营方式、用工方式的不断变革，用工制度和劳动关系日益复杂化，班组类型和管理方式呈现了多样化；二是经济结构调整，非公企业职工和新生代农民工已成为纺织产业工人主体，职工队伍结构发生了变化，整体素质分层化日趋明显；三是社会利益格局的深刻调整，使职工思想观念日益发生新的变化，不同利益群体的利益诉求更加复杂而多样。

当前，我国纺织行业面临的形势依然较为复杂，既存在国际经济逐步回暖，国内全面推进深化改革和依法治国等有利条件，也存在内需增长放缓、下行压力依然较大、国际竞争加剧等不利条件。坚定发展信心，坚持改革开放，促进行业加快转型发展，实现我国纺织工业由大到强的历史跨越，迫切需要我们在学习贯彻四中全会精神的过程中，与时俱进地深化和谐劳动关系的创建，强化班组建设，夯实企业和行业发展的基础，增强企业凝聚力和创新力。

一、依法治企，进一步推进劳动法律法规的贯彻实施，以法治思维、法治方式促进劳动关系和谐稳定

企业要发展壮大，必须依法经营、依法管理，

就其内部管理而言，最关键的因素是依法构建一个和谐稳定的劳动关系。构建和谐劳动关系，首先必须认真贯彻落实劳动法律法规。1994年，作为新中国第一部以维护劳动者合法权益为立法宗旨，全面规范调整市场化劳动关系的基本法律——《劳动法》正式颁布。20年来，为破解和应对劳动关系中出现的新情况、新问题，我国陆续颁布并已经形成了比较完整的以《劳动法》、《劳动合同法》、《安全生产法》、《就业促进法》、《劳动整理调解既仲裁法》、《社会保险法》为主体，以《劳动合同法实施条例》、《集体合同规定》、《最低工资规定》等一批配套法规、规章为补充的劳动关系法律法规体系，并在不断完善。这套法律法规体系，确立了用人单位与劳动者的市场经济主体地位，体现了向劳动者倾斜的利益重整原则，全面规范了企业用工行为，为劳动合同和集体合同制度，工时工资和劳动保护等标准，安全生产、社会保险和职工福利以及劳动监察和争议处理等提供了必须遵循的法律规范，为劳动者依法维权提供了强有力的依据和保障。

劳动法律法规是企业内部管理最重要的法律依据之一，劳动关系各方和用人单位都要加大宣传力度，引导广大企业经营者和职工认真学法、遵法、懂法、守法，增强法制理念，弘扬法治精神，养成遇事找法、办事依法、解决问题靠法的行为习惯，提高依法维权意识；要学会运用法治思维和法治方式提高驾驭处理劳动关系的协调能力，让法规说话、让制度说话，把劳动关系的建立、运行、监督、调处的全过程纳入法治化轨道。

二、依法健全和完善劳动关系协调机制

近年来，纺织行业规模以上企业或所在的园区、社区已初步建立起劳动关系协调机制，要在总结经验的基础上，以法律法规和规章制度为准绳进一步健全完善、提升质量。

一是要深化企业民主管理制度。运行良好的企业民主管理制度是促进劳动关系双方合作共赢的润滑剂，能在很大程度上消除分歧，促进和谐。要强化企业民主管理的理念，按照有关法规规定，健全以企业职工代表大会、企业厂务公开等为基本形式的企业民主管理制度，结合实际，创新企业民主管理形式，如探索建立职工民主管理委员会、民主议事会、劳资恳谈会、民主协商会等多种形式的民主管理，丰富职工参与企业民主管理和监督的具体形式，切实保障企业职工的知情权、参与权和监督权。

二是要健全职工利益协调机制。要进一步完善劳动合同制度，以实现劳动合同制度的全覆盖为重点，规范劳动关系的建立，完善职工权益保障机制；要健全和完善企业集体协商制度，不断扩大集体协商覆盖范围，实现工资分配公平公正。要按照市场机制调解、企业自主分配、平等协商确定、政府监督指导的原则，建立反映劳动力市场供求关系和企业经济效益的工资正常增长机制，让企业发展的成果更多地惠及职工。

三是畅通职工诉求合理表达机制。要积极回应职工诉求表达的需求，创新诉求表达渠道，在进一步完善座谈会、定期走访、专门工作室等传统渠道的同时，探索利用微博、微信等新媒体，搭建立体、高效、多维的诉求表达渠道。

四是优化劳动争议处理机制，坚持预防为主、调解为主、注重源头治理。要切实加强劳资矛盾的预防、预警制度，提前介入劳动争议，化解矛盾。要加强企业劳动争议调解机构建设，进一步完善劳动争议调解的程序和工作规范，充分发挥调解的基础性、前端性作用。

三、加强企业文化建设、营造和谐的工作环境

优秀的企业文化是凝聚员工向心力、激发员工工作热情、营造和谐工作环境、增加企业竞争力、推动劳动关系和谐的重要力量。推进企业文化建设，核心是强化职工主体地位，倡导和弘扬企业核

心价值观，积极营造和加快形成尊重劳动、尊重职工的文化氛围。要建立和健全企业职工教育培训制度，让在岗职工都有机会参加各种形式的培训和学习，提高职工队伍的整体素质；要不断完善企业内部文化设施，开展多种形式的企业文体活动，不断满足职工日益增长的精神文化需求；要积极营造有利企业内部人际沟通的环境，关注职工的心理波动，做好思想政治工作，对职工特别是青年职工和新生代农民工关注的重点和热点问题进行深入的沟通交流和心理疏导，增进对职工的人文关怀；要着力解决职工生产生活中的突出困难，增强职工对企业的认同感和归属感，密切企业与职工的关系。

四、形成合力，深化全国纺织和谐劳动关系创建活动

构建和谐劳动关系，深化全国纺织和谐劳动关系创建活动是一项复杂的系统工程，涉及到多个方面，需要各方协调，相互支持，共同推进。要坚持党委领导、政府负责、社会协同、企业和职工参与的工作格局，在各地党委领导和政府的主导下，纺织行业将进一步加大创建劳动关系和谐企业的工作力度。一是要加强纺织企业党建工作，这是发展和谐劳动关系的核心和保证。企业党组织要紧密围绕生产经营开展活动，充分发挥推动企业发展、凝聚职工群众，促进和谐稳定的作用；要加强非公企业党组织建设，特别是要选好党组织书记，坚持党建带群团建设，努力提高工会、共青团在非公有制企业的组建率，不断增强群团组织在非公有企业的活力；党组织要把构建和谐劳动关系提到重要议事日程上，纳入党建工作的重要内容，充分发挥企业党组织在发展和谐劳动关系中的核心作用，引导企业坚持尊重职工、依靠职工、关心职工，坚持追求企业发展和履行社会责任并重，坚持靠诚信经营、守法经营把企业做优做强，同时引导广大职工关心企业成长，为企业持续发展贡献力量。二是要发挥群团组织的作用。有效的工会工作是发展和谐劳动关系的支撑。要按照《工会法》要求，在企业广泛建立工会组织，充分发挥工会组织在签订集体合同、工资集体协商、组织职工参与民主管理，关心服务职工和调处劳动争议等方面的职能，不断推进创建和谐劳动关系活动的深化，切实维护职工权益。企业共青团组织也要在创建和谐劳动关系中发挥生力军作用。三是要坚持全心全意依靠工人积极、充分调动和激发企业职工和经营者作为劳动关系主体双方的积极性和主动性，不断提高创建和谐劳动关系工作的效率和水平。

五、发扬纺织行业重视班组管理的传统，进一步提升班组建设水平

班组管理是企业管理的基础，班组工作是企业工作的落脚点，班组也是纺织工人为建设纺织强国建功立业、劳动竞赛的主阵地和主战场。

纺织行业历来重视班组工作，也有责任继续做好班组工作。1951年7月，中国纺织工会主席陈少敏在青岛主持召开了全国纺织厂细纱工作暨推广郝建秀工作法现场会，会上，陈少敏高度评价了郝建秀工作法。1951年8月，纺织工业部和中国纺织工会在青岛召开全国纺织细纱职工代表会议，会议决定将郝建秀工作法推广到全国。1952年，青岛国棉六厂将郝建秀所在的小组命名为“郝建秀工作法推广模范小组”，简称“郝建秀小组”，后被国家承认。60多年来，郝建秀小组在生产一线勇挑重担，发扬火车头精神和工人阶级的优良传统，脚踏实地，勇于开拓，拼搏进取，成为飘扬在全国纺织行业班组建设中的一面旗帜，也为纺织行业班组建设树立起一根标杆。我们今天开展创建郝建秀小组式全国纺织先进班组活动，就是继承传统，以弘扬郝建秀小组的“火车头”精神为主线，以培养高素质、高技能的员工队伍为核心，在企业建设一批具有创造力、竞争力和凝聚力的优秀班组，推动纺织企业基层班组建设制度化、规范化、科学化和民主化。

新形势下，加强纺织企业班组建设，一是要突

出重点，夯实基础。要加强班组制度建设，特别是要根据班组的岗位职责，用制度规范班组的各项工作流程、工作要求和工作标准。制度建设更具有根本性、长期性、稳定性，是推进班组建设的重要保障；要加强班组创新创效机制建设、广泛开展小改革、小发明、合理化建设、课题攻关等活动，提高班组自主创新能力，推进班组主要技术经济指标的持续进步；要加强学习型班组建设，围绕提升班组工作质量和产品质量，针对班组成员不同工作性质、技术水平、知识结构等情况，实施共性化和个性化的各种培训，提升班组成员的工作技能，努力培育一支一专多能的专业化、复合型员工队伍，提升职工队伍的整体素质；要加强班组民主管理，坚持和完善班组民主管理制度，积极探索班组民主管理的新途径和新形式，使班组的民主管理工作不断适应企业发展的要求，切实保障班组员工的知情权、参与权、监督权和决定权；要加强班组文化建设，在积极践行本单位企业文化的同时，努力塑造独具特色、凝聚班组成员精神内涵和价值取向的班组理念。

二是要加强组织领导。各地企业要把班组建设纳入企业发展战略，作为企业管理的重要内容，结合实际，认真研究制定加强班组建设的目标和主要措施，明确职责部门，深入组织实施；要建立健全推动班组建设的工作机制，形成党委领导、行政主抓、工会运作、部门配合、全员参与的班组建设工作格局。各级纺织工会要将班组建设作为工会围绕中心、服务纺织强国建设的重要任务，加强统筹协调和组织推动。行业各相关部门要密切配合，形成合力，共同推动班组建设工作上水平。

三是要创新方式方法，企业工会作为班组建设的主要力量，要进一步发挥优势，履职尽责，积极作为。要继续坚持和提升劳动竞赛、民主管理和技术革新活动等工会班组建设的传统工作，并赋予其新的时代内涵；要适应形势发展要求，拓展思维，与时俱进，把推进班组建设与构建和谐劳动关系有机结合起来，把推进班组工作争先创优与维护职工合法权益有机结合起来，把班组技术革新与实现职工个人价值有机结合起来，使班组工作建立在坚实的群众基础之上，不断增强班组工作的凝聚力、战斗力和执行力。

CNTEX 中纺网络

旗下资源

CTEI.CN 中国纺织经济信息网

TEXTILE SECURITY LABEL

CNTEX 中纺达软件

TIMES 家纺时代

D. CNTEX 中纺设计中心

中纺经信网

资讯天下享

WWW.CTEI.CN

视频采编

图文专题

视频直播

指数发布

白名单管理体系

海外合作

创意设计

大数据分析

可持续发展

行业信息化

CTEI微信

CTEI微博

互联网+

中纺网络信息技术有限责任公司

中纺网络信息技术有限责任公司（简称：中纺网络）隶属于中国纺织工业联合会，为国内外纺织服装企业提供行业大数据分析（电子商务、指数服务、在线营销服务），基于网站平台的品牌营销整合推广，行业信息化，软件产品及开发，可持续发展（节能降耗、绿色生产、创意设计、新技术应用、纺织品安全、金融服务）等多项专业化服务。

1997年中国纺织经济信息网（www.ctei.gov.cn）上线，是国内第一家纺织网站

2000年中纺网络网站www.cntextile.com上线成为国内第一家纺织商业类网站

2004年CTEI与cntextile合并，成为中国纺织工业协会官方网站

2005年与北京大学供应链研究中心联手，开发出纺织行业综合竞争力指标测评体系

2007年建立中国纺织品价格指数体系

2009年推出《纺织决策参考》系列，纺织经济数据仓库和数据挖掘系统建成并投入使用

2010年家纺指数系统、纺织服装品牌系统、纺织信用系统建成并投入使用

2011年“纺织品白名单注册系统”上线投入使用，完成多项ERP项目、分析咨询工作及研究课题

2012年研制多项指标体系　多家纺织企业信息系统建设　在多地建立纺织服装设计研发基地

2013年引入世界领先的技术工艺，梳理多元化的服务模块，为纺织服装行业可持续发展助一臂之力；承担常熟男装指数的建设工作

2014年大朗毛织价格指数决策参考出版

地址：北京市朝阳区东四环中路39号华业国际中心B207　内容合作：010-85872136/2523/2549　战略合作：010-85872528/2545　白名单：010-85872551/2546/2540

邮箱：ctei@cntac.org.cn

CNTAC

行业研究

共同的机遇　共同的责任

中国纺织工业联合会会长　王天凯

自国际金融危机以来，世界经济形势复杂多变，国际贸易格局、产业分工体系、先进制造模式、生产组织形式等也发生着深刻变化，这为全球纺织产业谋求新突破、实现新发展提供了重要契机。与此同时，努力改善全球气候与环境的共同责任，也成为激励全球纺织业加快自我调整的外部动力。加强融合发展，实现互补、互助、互利，是国际金融危机以来全球纺织产业有效把握新机遇、担当新责任的重要途径。

当前，中国纺织行业正处于重要的发展转折时期，作为全球纺织产业体系的一员，在面对当前世界经济不稳定、不确定因素依然较多的同时，面临着中国经济增速换挡、结构调整、动力转型的重大宏观形势变化，行业一些长期积累的内在结构性矛盾由此更加凸显。进一步深化产业结构调整，加快转型升级，努力适应世界和中国经济“新常态”，成为中国纺织工业发展的根本任务。与全球产业实现协调、融合发展，寻求和落实发展中的共同机遇和责任，并以此推进行业结构调整和转型升级，也是中国纺织行业发展的必然要求。

中国纺织行业发展步入深度转型升级的新常态

近年来，伴随着外部形势变化，中国纺织行业的发展方式在发生转变。行业总量规模有所扩大，但与本世纪第一个十年相比较，增长势头显著减弱。行业正致力于逐步改善产业结构与发展质量，为化解复杂的外部风险提供有效支撑。中国纺织行业当前发展主要呈现出四方面新特征：

一、总量增速明显放缓

近年来，中国纺织行业的总量规模增速总体呈现逐步放缓的走势。2013年，中国纤维加工总量达到4850万吨，与2010年相比较增长17.4%，年均增长5.5%，而本世纪头十年，即2001～2010年，年均增速达到11.7%，增速下降6.2个百分点。2013年纺织品服装出口总额为2921亿美元，较2010年增长37.8%，年均增长11.3%，较此前十年15.1%的年均增速放缓3.8个百分点。2011～2013年，全国规模以上纺织企业主营业务收入年均增长12%，较此前十年下降6.8个百分点；资产总额年均增长9%，较此前十年下降3.1个百分点。

从2011年到2014年前8个月，规模以上纺织企业工业增加值按不变价同比分别增长10.7%、10.8%、8.3%和7.4%，2014年的前8个月，规模以上纺织企业主要指标已全面进入个位数的增长，其中主营业务收入增长8.2%，出口增长5.7%。数据变化表明，中国纺织行业已经进入由高速增长向中高速增长变化的周期，开始步入产业结构深度调整、行业转型升级加快的历史新阶段。

二、结构调整逐步深化

中国纺织行业的产业结构调整逐步走向深化，其中纺织产品结构进一步优化。2013年，中国产业用纺织品产量达到1130万吨，较2010年增加37.5%，服装、家用、产业用三大类终端产品纤维加工比例由2010年51:29:20调整为2013年48:29:23。作为产业链终端新的增长点子行业，产业用纺织品行业有效带动了新型纤维材料和专业装备制造等环节发展，促进了纺织产业体系的结构升级。

原料供给结构加快改善。2013年，化学纤维占中国纤维加工总量比重达到80%，较2010年提高10个百分点，国产化纤差别化率超过50%，在延续多年存在国内外较高棉花差价的情况下，有效保障了纺织原料的稳定供给。纺织再生纤维2013年产量超过600万吨，占纤维加工总量比重由2010年9.6%提高到12.4%，纺织循环经济在加强原料保障方面的作用逐步显现。

产业布局结构调整稳步推进。2013年中西部地区规模以上纺织企业主营业务收入占全行业比重为21%，较2010年提高4.2个百分点，国内区域结构调整继续推进。2011、2012年，中国纺织行业对外直接投资同比分别增加56.4%和107%，企业利用国际资源优化全球布局的能力有所提升。

三、运行质效稳中趋好

中国纺织行业运行质量稳中趋好。与2010年相比较，2013年全国规模以上纺织企业总资产周转率提高6.7%，产成品周转率提高3.6%，管理、销售、财务三项费用占主营业务收入的比例下降0.3个百分点，资产负债率55.8%，下降0.2个百分点，反映出企业的综合管理与风险控制能力逐步提升。

盈利水平较为稳定。2011～2013年，规模以上纺织企业利润总额年均增长16.1%；平均销售利润率2013年达到5.5%，较2010年提高0.6个百分点。其中，约占规模以上企业户数三分之一的1.2万户优势企业平均利润率达10.2%，利润总额占全行业比重达81.7%。

国际市场份额基本保持平稳。在成本提升及人民币升值的冲击下，中国纺织行业参与国际竞争的压力明显加大。但随着出口产品附加值不断提升，以及企业对外投资及贸易活动打开新兴市场通道，行业的国际市场份额总体保持稳定，2013年占全球纺织品服装贸易总额的比重为37.1%。

四、转型升级依然紧迫

中国纺织行业在结构调整与运行质效方面取得了一些进展，但当前所面临的各种外部压力仍然突出，其中成本上升以及资源环境约束日益加剧所带来的挑战尤为严峻。

近年来，中国纺织行业生产要素成本持续提升，人均工资以年均超过10%的速度增长，工资水平远高于发展中邻国，棉花价格近三年持续高于国际市场30%以上，行业在国际竞争中的成本优势明显减弱。

中国政府在面对资源环境矛盾突出的情况下，作为负责任大国应尽的义务和自身发展的迫切需要，在低碳、环保方面的监管标准及任务要求更趋严格。依托附加值提升，纺织行业在2012年实现了单位增加值能耗和二氧化碳排放强度较2010年分别下降25%，2011年单位增加值用水量较2010年下降30%，但能源、资源消耗的绝对水平与发达国家相比仍有一定差距。行业主要污染物减排的进展相对缓慢，与政府对排放的要求还存在一定差距，完成“十二五”规划要求到2015年比2010年总量减排10%的约束性任务压力依然很大。

加快产业转型升级，提升全要素生产率与可持续发展能力，有效破解资源环境瓶颈制约，更好参与国际市场竞争和全球产业分工，是当前中国纺织工业发展所面临的紧迫任务。

各国间加强融合共进是全球纺织产业发展的重要趋势

近年来，世界经济复苏总体缓慢、曲折，发展形势错综复杂，但各国经济关联度大为增强，经济全球化仍是重要发展趋势。世界在经济发展格局、工业技术革新、生态环境保护、分工体系升级等方面呈现新的发展特征，为纺织产业加强创新发展方式、提升发展高度、有效突破世界经济低增长制约提供更多机遇空间，同时也提出了更高的责任要求。各国产业间结合各自资源优势，加深相互融合，实现高效分工协作，把握共同机遇，担当共同责任，成为全球纺织产业在新时期的必然发展趋势。作为世界产业体系的一员，深度参与全球化进程，与各国纺织产业协同共进、互利共赢，也是中国纺织工业加快转型升级的必然要求。当前，全球纺织产业发展趋势以及中国纺织行业融入全球发展主要呈现以下四方面特点：

一、国际市场新格局为全球纺织产业开拓市场创造机遇

自国际金融危机以来，世界经济的多元化格局更为突出，经济重心总体向新兴经济体逐步转移，发达经济体自2013年以来也呈现较好的复苏势头。国际纺织品服装市场同步呈现多元发展特征，发达市场的长期稳定性和新兴市场的快速成长性，为各国开拓多元市场、优化贸易结构提供有利条件。全球纤维消费需求将随人口增长、经济发展及纤维应用领域拓展继续增加，到2020年将突破1亿吨，其中新兴市场将成为全球1000多万吨纤维消费增量的主要来源。新型城镇化及人均十年收入倍增的远景计划，将支撑中国成为全球最具活力的消费市场，到2020年中国内需市场新增纤维消费将占到全球纤维增量的一半左右。

新的国际市场格局，将促使全球纺织产业进一步加强产业链、供应链合作，在产业链配套、物流系统、零售渠道、市场信息等方面加深融合互动，积极打通全球市场，特别是通过新兴市场扩大贸易往来。深化新型纤维材料及产业用纺织品的开发合作，使之更广泛替代传统材料，不断扩大纤维的应用领域和需求，也是全球纺织产业的共同责任。就自由贸易和市场开放建立更广泛共识，不断优化贸易环境，扩大贸易交往，成为全球纺织产业的共同要求和责任。

中国纺织行业将着力进一步提升产品制造与市场运营能力，积极参与国际贸易合作，为各国纺织产业体系及终端市场输送更为优质的产品。同时，积极与世界各国特别是广大新兴市场，开展专业会展、贸易洽谈、市场信息等方面的合作，以产业链互补结构为基础，促进相互开拓市场。

二、技术变革新趋势为纺织产业深化国际合作增加动力

近年来，世界工业发展变革的新趋势日渐明显，信息网络技术与传统制造业深度融合，实现制造设备、生产管理系统的智能化以及商业链条的重构，促进纺织产业在制造模式、生产组织形式、营销模式等方面发生重要改变。全球生产要素、加工制造、配套服务等产业资源通过信息技术实现高度共享，为全球纺织产业链与供应链加强资源整合，提高运行效率创造重要机遇。电子商务平台及大数据技术发展，为纺织产业更好开拓全球市场提供信息化技术支撑。在这一新趋势下，各国纺织产业亟待加强信息平台体系建设与合作，实现全球产业资源及市场信息的有效汇集和共享，使工业技术革新真正发挥提升纺织产业的效果。

全球纺织产业技术创新的步伐从未停止，伴随着化工、机械、电子、现代材料、生命科学等相关产业的发展，新型纤维材料、高技术纺织品、高端装备等领域的先进技术不断涌现，大大丰富了全球纺织产业的发展资源。由于产业分工不同，为加快科技创新成果转化为市场价值，各国间深入开展技术开发、成果转移等国际产业合作，一方面促进技术原创国开拓国际市场，另一方面也借助技术外溢效应带动全球产业提升。

中国纺织行业一直将科技进步作为转型升级的首要着力点。在新形势下，将以前瞻性基础研究、科技创新体系建设以及创新人才培养为重点，进一步提升自主创新能力，在共性、关键技术研发应用方面取得更多积极进展；同时在技术成果转移、产

品协同开发、人才引进与培养等方面深化国际交流与合作，为提升全球产业发展水平做出努力。

三、全球气候环境责任对纺织产业加强共同行动提出要求

应对全球气候变暖，保护生态环境，是全人类的共同使命，加强低碳、绿色、循环发展成为全球纺织产业的共同责任。不断提升染整、化纤浆粕、浆料、助剂等关键技术环节，加快专用装备及通用设施创新，实现全流程低碳、清洁加工制造；提升发展理念，从设计、生产、消费到废旧处理，实现全生命周期的低碳、绿色发展，是全球纺织产业的共同任务。

共同的责任增强全球纺织产业在低碳、绿色、循环领域的协作发展动力。除技术、装备方面的交流与合作以外，围绕低碳、清洁的各种企业管理、技术诊断、技术应用咨询等生产性服务，将形成新的市场需求，促进各国纺织产业加强合作。废旧纤维制品回收利用则需要全球加强渠道与研发合作，促进废旧资源作为纺织原料顺畅流通和再利用。同时，全球产业将在低碳、技术标准及检测、认证方面加强交流与合作，避免形成市场壁垒，积极维护自由贸易环境。

中国作为负责任的大国，在二氧化碳减排及生态环境保护方面对全世界做出了郑重承诺。实现清洁安全的新型工业化发展，是中国纺织行业的必然责任。行业将着力加强低碳、环保技术、装备的开发与应用，扩大先进技术与专业管理人才的引进，积极引导企业园区化布局、集中进行设施配备和监管，全面提升可持续发展水平。同时，借鉴国外先进经验，建立废旧纤维制品社会回收和分检系统，开展旧衣回收公益活动，构建生态环保的生产、生活方式。

四、国际分工布局新体系促进全球纺织产业加强协同发展

国际金融危机以来，全球纺织产业的分工布局体系发生重要调整。发达国家重振实体经济，对制造产业链高端和高附加值环节加强再造。新兴经济体加速崛起，东南亚、南亚等国家依托要素成本及资源优势，加速承接纺织制造领域产业转移，在国际分工布局体系中的作用不断增强。区域性自由贸易关系快速发展，发达国家给予区域自贸伙伴的市场准入优惠，对纺织产业的投资流向产生重要影响，促进国际分工布局呈现调整新趋向。

在国际分工布局体系调整过程中，产业结构相近的国家地区之间、产业链局部环节之间的国际竞争将更趋激烈。在全球化更趋深入的背景下，整合资源、分工合作、协同发展仍是主流趋势。各国纺织产业相互加强投资需求以及投资政策、环境方面的信息互通，促进资本有序流动，结合各自资源条件建立优势互补、合理分工、高效协作的国际布局体系，是全球产业长久保持发展活力的关键。

中国纺织行业尽管面临国际分工调整所带来的较大竞争压力，但仍将始终坚持深度融入国际产业调整进程。行业将大力推动中国企业“走出去”，到海外投资建设纺织原料基地、研发中心、加工基地以及营销渠道等，努力构建与国内相互补充的产业布局，有效弥补国内产业体系的薄弱环节，同时通过扩大跨国资源配置，促进全球产业分工布局优化，在推动全球纺织产业协同发展中发挥积极作用。

（本文节选自王天凯会长在2014年国际纺织制造商联合会年会上的演讲）

发现与再造

——大变革时代背景下的产业升级

中国纺织工业联合会副会长 孙瑞哲

盘点当今经济社会发展的时代特征，不难发现，我们正在进入一个有序失控的新时代。

首先，人类进入一个虚实交错的世界。我们的社会正在从持续了千百年的实体物理社会向刚刚新兴的虚拟数字社会延伸。

其次，科技驱动新一轮产业变革。大数据、物联网、云计算和移动互联技术融入未来产品和网络。先进传感器、增材制造、数字化工厂、“工业4.0”、制造业服务化、资源节约型工厂、协作和移动型企业、以人为本的制造等一系列创新的制造理念和模式不断涌现，促进产品设计、制造、销售和使用方式的根本性转变。制造业正向网络化、智能化、绿色化、柔性化和服务化转型。

再有，企业的倒下去与站起来似乎都在转瞬之间。恐龙型企业倒塌，“隐形冠军”崛起，企业传统身份的持续洗牌与价值聚合。商业社会正在以跨越式的进化方式，改变我们曾熟悉的一切。在新旧之间，崛起与没落共存。

同样，我国纺织产业发展也正处于新的时代背景和经济环境之下，“变革”是这个时代的重要特征。而在大变革的时代背景下，在传统实体物理社会向新兴虚拟数字社会延伸的过程中，我国经济进入了“新常态”，经济以中高速持续稳定发展，经济结构优化升级，创新作为重要的驱动力逐渐塑造着国民经济的新面貌。

在此背景下，我国纺织产业持续发展一方面需要“准确发现”，把握产业发展“新常态”所蕴含的机遇与挑战；另一方面需要进行“优势再造”，乘势而为，塑造产业发展竞争优势，实现建成纺织强国的伟大目标。

目前，宏观经济和纺织产业的新常态主要体现在“缓中有快”、“缓中有变”、“缓中有难”、“缓中有为”四个方面。应对新常态，产业的竞争优势再造需要从四个维度入手，即提升资源控制力、环境友好度、劳动生产率、时尚导向力。从具体路径来说，便是要实现三个方面的创新，即思维创新、模式创新和技术创新，多管齐下，打造产业发展新格局，带来产业发展新面貌。

“新常态”：我国纺织工业发展新环境

2014年5月，习近平主席在河南考察时首提“新常态”。11月9日，习近平主席在APEC工商领导人峰会上系统阐述了“新常态”的含义。他指出：“中国经济呈现出新常态，有几个主要特点：一是从高速增长转为中高速增长；二是经济结构不断优化升级，第三产业消费需求逐步成为主体，城乡区域差距逐步缩小，居民收入占比上升，发展成果惠及更广大民众；三是从要素驱动、投资驱动转向创新驱动。”2014年12月，中央经济工作会议对经济发展新常态进一步作出系统性论述，剖析新常态下中国经济的趋势性变化，提出要“认识新常态，适应新常态，引领新常态”。概括地说，经济新常态就是中高速、中高端、创新驱动。这是国家领导层对我国当前经济形势的准确理解和清醒判断，对未来宏观经济政策制定和执行有着重要的导向意义。

我国经济的整体形势，对我国纺织产业的发展提出了挑战，同时也赋予了机遇，这构成了我国纺织产业的新常态。

一、产业发展新常态 ——缓中有快

（一）增速放缓是当前经济发展的典型表现

当前我国国民经济由高速增长阶段过渡到了中高速增长阶段，经济增长正发生着具有中长期意义的转折性变化。据国家统计局初步核算，2014年我国国内生产总值增速为7.4%，略低于2012年和2013年，经济增长速度放缓。2000～2010年，中国名义GDP扩大了4倍，年均复合增长率达到了15%，实际GDP扩大了近3倍，年均复合增长率达到了10%。未来10～20年，中国经济增长速度将长期维持在两位数以下的中速水平，GDP年增长率在5%～7%之间，见图1。

图1 2000～2020年我国名义GDP增长趋势

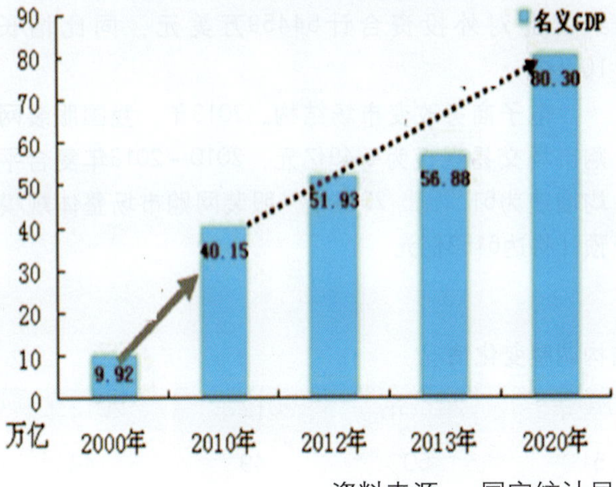

资料来源：国家统计局

与国民经济的整体形势类似，我国纺织经济增速放缓明显。2014年以来，纺织行业在生产、出口、投资、内销、利润等各项指标上增速较前几年均有所放缓，2014年6月以来结束了此前的逐月回升走势，下半年更呈现明显减速态势。同时，作为重要原料的棉花价格持续下行，行业投资区域结构调整步伐也在趋缓。尤其具有代表性的是，2014年，纺织行业增加值增速持续回落，逐渐接近并略低于GDP增速，见图2。

图2 近几年纺织工业增加值增速与GDP增速情况

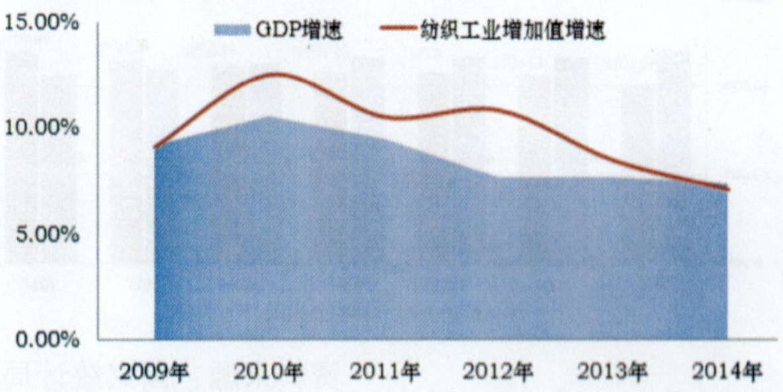

资料来源：中国纺织工业联合会统计中心

（二）国家经济结构调整转型加速进行

增长速度的换挡与调整，本质上是增长动力的转换与接续，调整和转型的根本目标是挖掘经济增长新动力。需求动力表现为出口、投资和消费“三驾马车”，供给动力表现为制度变革、结构优化和要素升级。近两年中国经济呈现出重化工业去产能、房地产挤泡沫、融资平台去杠杆、消费领域挤浪费等态势。

我国需求结构持续发生重大调整，消费贡献保持稳定，内外需结构开始向相对合理的状态迈进。2014年前三季度投资、消费和出口对GDP贡献分别为41.3%、48.5%、10.2%，消费对经济的贡献继续超出投资与出口，见图3。

图3 2012～2014年消费对我国GDP的贡献率
高于投资与出口

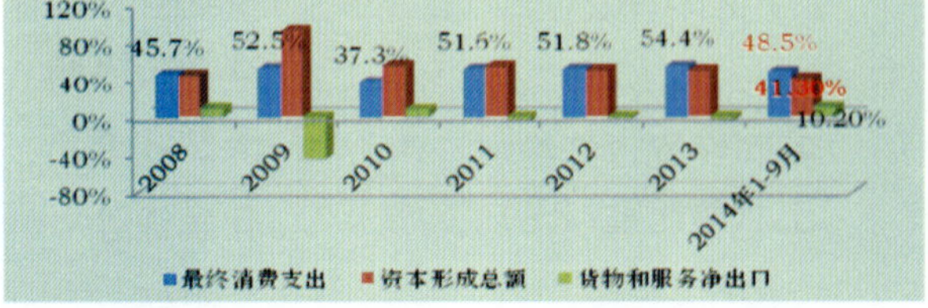

资料来源：国家统计局

服务业对国民生产总值的贡献持续加大，继续超出第二产业。2014年第三产业占我国GDP比例为48.2%，高于第二产业5.6个百分点（图4）。

图4 第二产业、第三产业占GDP的比重

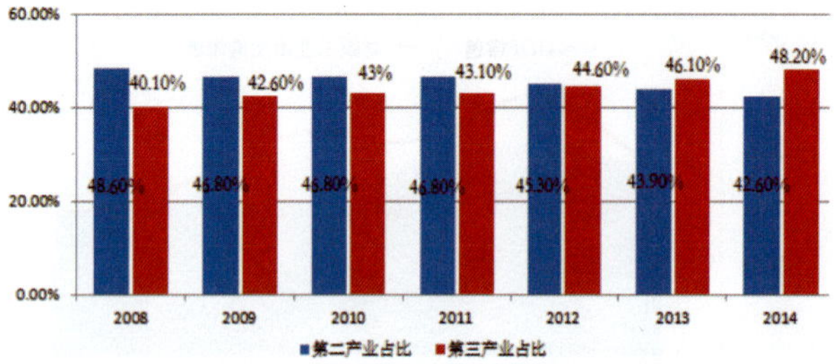

资料来源：国家统计局

同时，国民经济的总储蓄与总消费结构发生结构性变化，总消费率（50.5%）开始稳定超过总储蓄率（49.5%）；刘易斯拐点到来，中国总体劳动力供需状况发生变化，劳动力就业与工资结构也将发生重大调整；区域结构发生快速变化，消费、投资、出口都在向中西部转移，区域GDP增速在持续回落中出现分化；收入分配结构有所改善。经济结构的优化调整对于我国经济健康可持续发展具有十分重要的战略意义。

（三）纺织行业结构调整和转型升级加快

产业结构和产品结构优化改善加快，见表1。产业用纺织品行业“十二五”以来复合年均增长率为11.2%，高于我国纤维加工总量增速5.7个百分点；服装、家纺、产业用三大终端纤维消费比例调整为48:29:23；化纤加工量占纤维加工总量的比重达到80%，比2010年提高10个百分点；差别化率持续提高，产品品种不断丰富。

产业组织效率稳步提高。骨干企业对全行业发展贡献作用提升，重点行业产业集中度有所提高，产业组织效率进一步提升。2013年，占规模以上企业数量约1/3的1.2万户优势企业，利润总额占全行业比重达到81.7%，平均利润率达到10.2%。全行业已有30多家企业年主营收入突破百亿元。

区域结构调整持续推进。2013年，中西部地区规上纺织企业主营业务收入占全行业比重为21%，较2010年提高4.2个百分点。2012年，纺织工业对外投资合计54459万美元，同比增长107%。

电子商务改变市场结构。2013年，我国服装网购市场交易规模为4349亿元，2010～2013年复合平均增速为51.2%。2014年，服装网购市场整体规模预计将达6153亿元。

表1 近几年纺织行业结构调整变化情况

		2010年	2011年	2012年	2013年
终端产业纤维消耗占比（%）	服　装	51	50	49	48
	家用纺织品	29	29	29	29
	产业用纺织品	20	21	22	23
不同纤维占纤维加工总量比重（%）	天然纤维	30	28	22	20
	化学纤维	70	72	77	80
各地区主营业务收入占全行业比重（规上企业，%）	东部	80.6	78.2	77.2	76.1
	中部	12.0	14.4	15.3	16.2
	西部	4.8	5.1	4.9	4.8
	东北	2.6	2.4	2.7	2.9

资料来源：中国纺织工业联合会统计中心、国家统计局

二、产业发展新常态——缓中有变

（一）消费成为经济增长第一引擎

新常态下消费成为经济增长的重要引擎，是我国发展的巨大潜力所在。2014年前三季度我国消费对经济增长贡献率达48.5%，拉动GDP增长3.6个百分点，消费对经济的贡献率高出投资0.5个百分点，见图5。我国已成为世界最大的网络零售市场，2014年前三季度，全国网上零售额为18238亿元，同比增长49.9%。

图5 我国消费总量增长的三层原因

（二）世界产业布局新调整

近几年，发达国家纷纷推出再工业化战略，推动制造业的高层次回归。如美国的先进制造业国家战略计划、德国工业4.0战略、日本的制造业竞争策略、英国的工业2050战略等。

发达国家制造业开始形成新的比较优势，重塑全球制造业版图。这种比较优势集中表现在两个方面：

一是综合成本逐步降低。美国页岩气革命的成功，使得其能源价格只有中国的1/3，工业用电价格不到中国的1/2，物流成本略超中国的1/2。在融资上，2013年中国银联体的贷款利率为6.15%，而美国为2.25%，日本只有1%。根据波士顿公司《成本竞争力指数》报告，到2015年，美国制造业成本仅比我国长三角地区高5%左右，全球制造业分工格局开始逐步调整。

二是生产效率日益提高。以美国为代表的工业化国家智能制造提高了劳动生产率，冲抵了高昂的人力成本。根据国际纺联发布的《国际纺织业生产成本报告》，我国环锭纺纱成本已高于美国、韩国等国家，见图6。美国纺织服装行业就业人数下降速度逐渐企稳，投资出现正增长，企业出厂产值也不断增长，见表2。

图6 2012年各国环锭纺纱生产成本比较

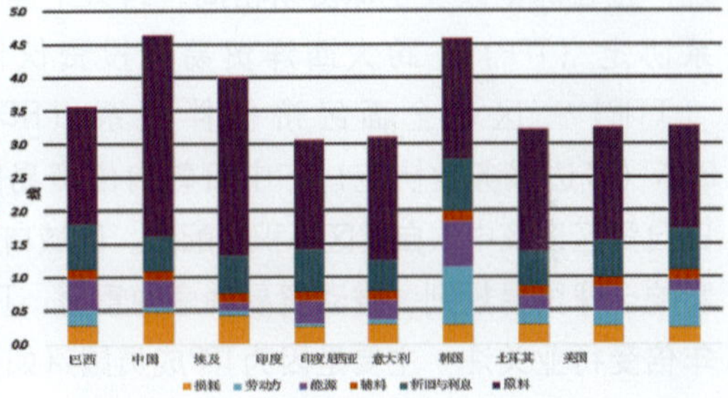

资料来源：ITMF国际纺织业生产成本报告

表2 美国纺织行业出厂产值

单位：百万美元

年份	纱线和面料	纺织制品	服装	合计
2008年	31959	26736	19145	77840
2009年	26395	21430	13941	61766
2010年	29383	21005	13637	64025
2011年	30512	22108	12862	65482
2012年	30798	23156	13122	67076
2013年	31657	24916	13433	70006

资料来源：NCTO，US Census Bureau

（三）全球贸易格局和秩序新演变

一方面，中国积极融入全球贸易之中，推动全球贸易格局和秩序向着有利于我国的方向发展。近年中国致力于区域贸易一体化战略，是全球新一轮区域合作的重要参与者。一系列密集式的谈判快速推进，是当前中国自贸区建设的亮点与焦点，表明中国自贸区建设进入战略性提速阶段。目前，中国在建自贸区20个，涉及32个国家和地区。其中，已签署自贸协定12个，涉及20个国家和地区。自贸区的建立将对我国纺织品服装贸易的发展产生重大影响。例如，2014年正式生效的《中国——瑞士自由贸易协定》使得瑞士对来自中国的纺织品、服装、鞋帽等实行大幅度的降税，而这些都是中国的主要出口利益产品。2014年11月APEC会议期间中韩自贸协定结束实质性谈判，这意味着中国在推动区域贸易自由化方面又取得了新进展。

另一方面，越来越多的区域性贸易谈判开始涌现，正在深刻改变全球贸易格局。跨太平洋伙伴关系协定（TPP）、跨大西洋贸易与投资伙伴协定（TTIP）、区域全面经济伙伴关系（RCEP）、PSA（多边服务业协定）、中日韩自由贸易区、欧日自贸区以及中欧自贸区等积极酝酿。区域自贸或将影响全球贸易规则，推动贸易秩序的重塑。TPP近几年倍受行业关注，主要是因为TPP成员国（如美国、越南等）在纺织行业具有重要影响。协定中对原产地的界定是从“织布后”还是“从纺纱”一直是行业关注的焦点。协定如果采用“从纺纱”的原则，将会对我国纱线等纺织品的出口带来不小压力。除传统贸易救济之外，贸易保护主义以国家援助、政府采购等形式隐蔽出现，对我国出口也形成了新挑战。

（四）国际采购格局新变化

当前国际采购格局出现新的变化，需要从全局出发，审时度势，把握机遇。以人均GDP衡量，2013年世界上比中国贫穷的经济体已超过110个，这意味着这些国家的劳动力成本优势已超中国，见图7，因此近年来产业转移和订单转移趋势明显。

图7 中国在全球竞争中劳动力优势已不再明显

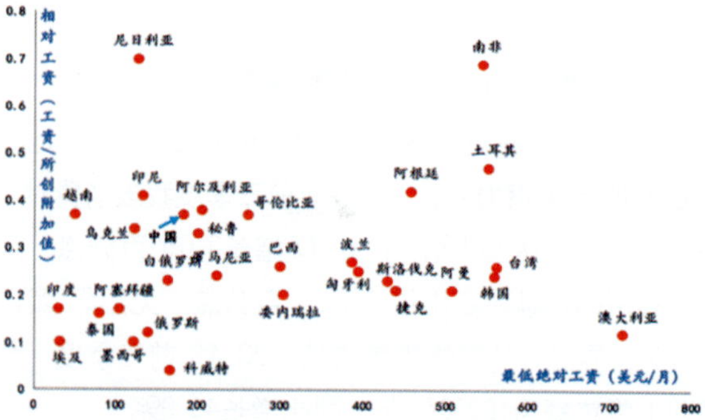

资料来源：世界银行，民生银行研究院整理（2013）

但与此同时，国际采购格局正在被四种因素重塑：环境、需求、供应和技术。国际采购不再单纯追逐成本低廉，还要考虑规避潜在风险，提高采购效率。东南亚一些国家的生产效率低下抵消了其劳动力成本优势，在国际采购商建立每分钟成本基准之后，综合采购成本的透明度提高，采购商有了更加理性的选择。基础设施、生产能力、产品质量和企业社会责任是现有国际采购“热门候选地”的主要障碍。而我国拥有良好的政治经济环境，一是产业配套设施齐全完善，二是政局稳定、可持续发展环境良好。同时，中国劳动力成本上升的劣势，被生产效率较高的优势所抵消，综合来看，竞争力并不输于劳动力成本更低廉的东盟与南亚地区。这些使得中国在未来10～20年以内依然是国际采购的首选之地。

（五）中国劳动年龄人口持续下降

2011年以来，中国15～59岁劳动年龄人口绝对数量持续下降，见图8。当前中国劳动力供需存在“两个短缺”的问题，一是初级劳动力短缺，表现为劳动密集型企业出现招工难的现象。二是以技师、技工等专业技术人才为代表的“中级劳动力”供需失衡。要填补这“两个短缺”，产业、企业和教育等部门需要联手协作，用人才红利接力人口红利，使行业从向人口红利要数量转为向人才红利要质量。

图8 15～59岁的劳动年龄人口的变动情况

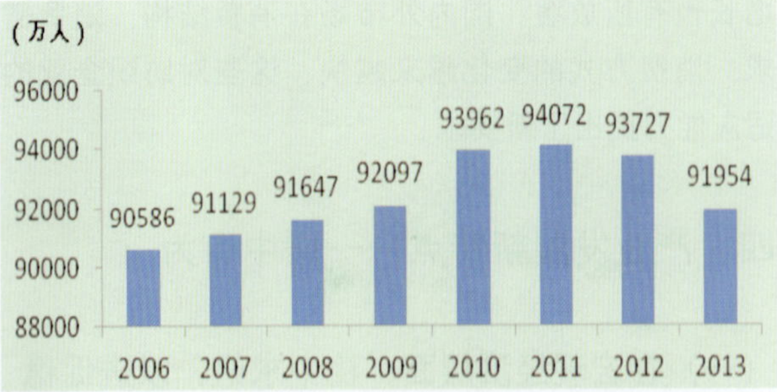

注 2013年数据为16～59岁的劳动年龄人口。

资料来源：国家统计局

（六）价值创造和传递模式更新

互联网的跨界融合正在加速“微笑曲线”向“全程协同”转变的进程。工业化时代“微笑曲线”模式将一条产业链划分为三个区间，即研发与设计、生产与制造、营销与服务，其中生产制造环节总是处在产业链上的低利润环节，见图9。互联网时代为制造业升级发展带来了新的机遇。消费者体验式的参与正在颠覆传统生产的垂直分工体系，企业、客户及各利益方可以互助式参与到价值创造、传递、实现等环节，从而使客户得到个性化产品与定制化服务，使企业获得超额利润。在“全程协同”模式下，构建平台型商业生态系统的能力将成为企业的核心竞争力，见图10。

图9 工业化时代的微笑曲线

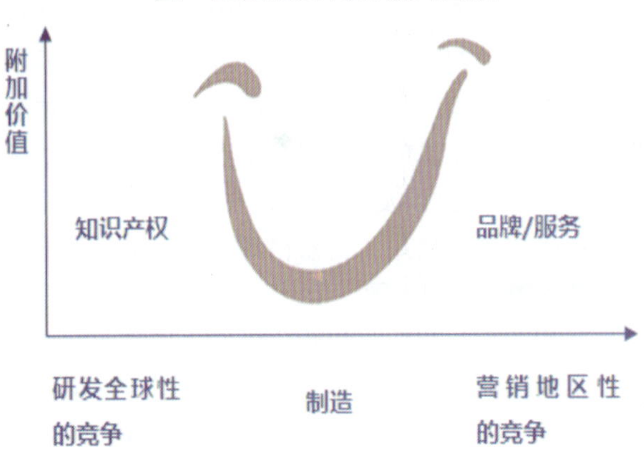

图10 从微笑曲线到全程协同

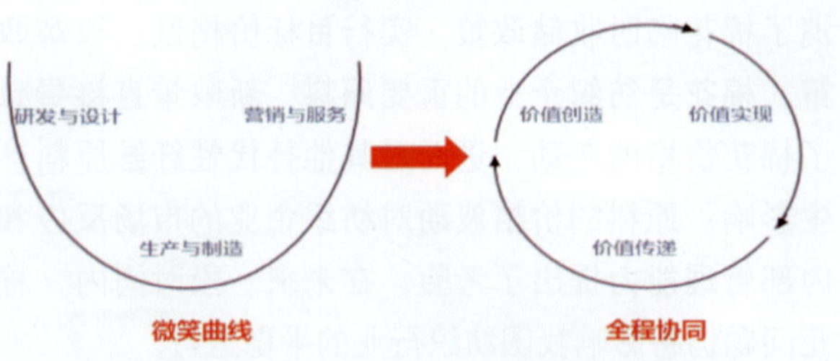

三、产业发展新常态——缓中有难

（一）宏观经济的压力

投资增长后劲不足。不足主要表现在：一是民间投资意愿减弱；二是房地产投资持续下行；三是税收和土地出让收入减少，偿债进入高峰期，地方政府投资能力受限；四是国有大中型企业和外商企业投资步伐放慢；五是新开工项目减少，目前新开工项目增速低于近10年20%左右的平均水平约5个百分点，部分地区在建项目和储备项目接续不好。

融资瓶颈约束凸显。社会融资和信贷规模大幅回落，资金面较为紧张。2014年7～10月份社会融资总量共计3.03万亿元，仅为上年同期的60%。小微企业普遍存在融资难、融资贵和贷款利率上浮等问题。而银行出于降低贷款风险的考虑，惜贷、限贷现象有所增加，甚至有抽贷行为，这些都加剧了企业的融资难度。工业企业应收账款净额和比例也呈现上升之势。

企业经营依然困难。这一方面是由于受主要工业品价格下降影响，企业产成品存货持续上升且大幅高于主营业务收入增幅，库存周转率下降，去库存压力加大。另一方面，在传统的资金、用工、土地、运输成本上升的同时，企业在结构调整升级（如环保、技改和节能减排等）方面的投入也明显增加。而在一些财政增收压力较大的地方还存在收过头税等加重企业负担的行为。

（二）纺织行业发展面临的挑战

国内棉花市场和用棉形势依然复杂。为充分发挥市场在资源配置中的决定性作用，2014年国家取消了棉花临时收储政策，实行目标价格试点改革政策。棉花是纺织企业的重要原料，新政策直接导致了棉花价格的变动，进而对其他替代性纤维原料产生影响。原料的价格波动对纺织企业的市场反应和内部管理能力提出了考验。在未来一段时间内，棉花问题仍将影响我国纺织行业的平稳运行。

化纤产能结构调整任务艰巨。化纤原料发展滞后于产品创新发展，且原料对外依存度高，生产能力阶段性、结构性过剩以及市场过度竞争问题突出。如何继续维持产业自律与市场秩序、如何向下游产业有效传导原料价格波动影响等问题，仍需行业相关各方加强关注和研究。

节能环保约束压力增大。我国纺织产业面临着逐渐高于发达国家环保要求的排放标准的压力，面临着来自社会尤其是国内外环保组织的舆论压力，面临着不断趋严的行业准入、用地、融资限制的压力。这些压力都对产业发展形成了环保倒逼之势。同时，被称为“史上最严”的新环保法于2015年1月1日起施行，使企业的环保违法成本大大提高，进而促进企业加快采用节能环保工艺技术和装备、减少污染物的产生与排放。

产业布局调整面临新问题。区域承接产业转移不平衡，加强规划与布局依然重要。当前，我国中部地区承接纺织产业转移的步伐仍在继续放缓，新疆逐步成为国内纺织产业投资新热点。产业区域转移需要加强规划指导；转移过程不仅要关注纺纱等个别环节，更应因地制宜大力推进全产业链的转移，从而实现带动当地就业的预期目标。

中小企业生存发展压力突出。受制于资金、技术、人才、管理等局限，广大中小微型企业提升发展的能力明显不足，生存困境日益凸显。按照新标准，我国纺织服装行业90%以上的企业为中小微企业。这些企业的生存与发展决定了行业整体运行形势。如何提升中小微企业的持续发展能力是行业面对的重要课题。

国内外市场需求变化复杂。国际市场长期处于金融危机后的缓慢复苏周期，国内市场与宏观经济增长也有所放缓，国内外市场在消费结构、消费需求、消费方式的变化越来越快，这些对纺织企业的适应能力提出了新要求。

四、产业发展新特点——缓中有为

（一）在宏观经济层面，稳中求进，以进促稳

中高速增长，不是放弃增长。而是坚持底线思维，保持战略定力，创新宏观调控方式，沉着应对经济下行压力；敏锐抢抓先机，实施创新驱动发展战略，坚定推进经济发展战略转型。

国家主动作为，适时有序预调微调，瞄准经济运行中的突出问题，确定调控“靶点”，对关键领域和薄弱环节精准发力，避免经济增速滑出合理区间。具体举措包括：实施稳健货币政策和积极财政政策；加大企业债务重组支持，避免金融风险扩散；逐步释放改善性需求，促进房地产市场软着陆；促进信息、旅游等消费热点和网络购物等消费模式加快发展；加快推动企业兼并重组，积极化解产能过剩；加快推进服务业对内对外开放，促进非贸易部门效率提升；通过深化改革促进扩大内需；加快科技创新体系建设，破除体制机制障碍，鼓励大众创业、万众创新。

（二）在纺织产业层面：满足期待，巩固优势

困境下有所作为，是我国纺织工业的责任担当。当前，纺织工业在中国国民经济和世界贸易中的地位依然稳固，对整个国民经济增长的贡献依然是正向推动，尤其体现在规上企业利润总额、纺织品服装出口占比以及贸易顺差等三个方面，见表3。在世界产业格局和贸易格局中，中国仍然是当之无愧的第一纺织大国。

纺织工业是工业化初始阶段的主导产业，是将奢侈品变为必需品的领导行业；纺织工业是工业化及后工业化时代的主流产业，是经济和就业的支柱行业；纺织工业是信息化时代发展中国家的永续产

表2 2000年以来我国纺织工业主要经济指标

	中国纤维加工总量（万吨）	中国纤维加工总量占全球比重（%）	纺织品服装出口占全球比例（%）	规上企业主营业务收入纺织工业占比（%）	规上企业利润总额纺织工业占比（%）	规上企业税金纺织工业占比（%）	纺织品服装出口占全国出口总额比例（%）	纺织品服装占全国进出口顺差比例（%）	纺织工业就业人数占规模以上企业就业人数比例（%）
2000	1360	26	14.88	9.91	6.72	5.99	21.28	162.36	13.28
2005	2570	41	24.56	8.09	4.79	5.03	15.42	98.58	14.66
2007	3530	49	30.10	7.51	4.84	4.89	14.42	59.83	13.99
2008	3510	49	30.98	6.85	4.99	4.86	13.27	57.87	13.26
2009	3700	52	32.71	6.83	5.52	4.33	14.26	78.76	12.71
2010	4130	52	34.28	6.59	5.61	4.21	13.44	104.69	12.07
2011	4310	53	35.15	6.32	5.45	4.14	13.38	148.88	11.24
2012	4540	54	36.00	6.24	5.48	4.17	12.81	102.88	
2013	4850	56	37.07	6.20	5.58	4.23	13.22	99.21	
2014				6.14	5.66	2.11	13.10	73.10	

注 2013年中国纤维加工总量占比为估算数据

资料来源：国家统计局、中国海关、中国纺织工业联合会统计中心

业，是经济社会转型升级的基础行业。这是纺织工业的历史发展规律，遵循这一规律路径，中国纺织工业当前正处于由大变强的关键阶段。

产业竞争优势的重塑与再造

发现是为了重塑和再造。对产业发展新常态的准确把握，为全力打造产业竞争新优势创造了坚实的基础。建设纺织强国，需要在认清宏观经济形势和产业形势的基础上，打造以材料智能为突破的创新力建设纺织科技强国、以时尚导向为目标的消费力建设纺织品牌强国、以环境倒逼为动力的责任力建设纺织可持续发展强国以及以社会青睐为基础的凝聚力建设纺织人才强国。具体来说，便是要在产业新常态背景下，进行思维创新、模式创新和技术创新。

一、产业竞争优势再造——思维创新

（一）思维创新——工业服务化

信息化的深入发展推动着传统制造业向制造服务业转变，推动着刚性制造向软性制造升级。软性制造，就是增加产品附加价值，拓展更多、更丰富的服务与解决方案。从发达国家发展先进制造业的战略规划来看，制造业的概念和附加值正在不断从硬件、设备、生产资源等有形资产向软件、服务、解决方案等无形资产转移。据麦肯锡研究报告，美国制造业从业人员34%从事服务类的工作，生产性

服务业的投入占整个制造业产出的20%～25%。欧盟委员会联合研究中心的前瞻研究认为，在发达经济体，企业服务型活动和生产型活动的比例正在改变，到2025年服务型活动提供的就业岗位可能占制造业就业岗位的50%以上。全球500强企业共涉足51个行业，28个属于服务业，从数量上看，有56%的公司从事服务业。发达国家普遍存在两个70%现象，即服务业增加值占GDP比重的70%，制造服务业占整个服务业的70%。

我国服务业与制造业在国民经济中的地位正在发生改变。2013年我国第三产业占GDP比重达到46.1%，比第二产业高出2.2个百分点，首次超过第二产业，见图11。作为中国经济中坚力量的500家大企业的组成结构正在发生调整：制造业企业上榜数量不断减少；服务业继续稳步发展。《2014年中国企业500强报告》显示，上榜的制造业企业为260家，比上年减少了7家，而且260家制造企业的营业收入总额占500强的40.6%，净利润仅占19.3%，连续三年下降。《2013中国企业500强报告》显示，中国服务业企业500强实现营业收入总额同比增长15.13%，首次超过制造业500强的营收增速，而且是以高出近一倍增速大幅领先。

图11 2013年中国第三产业占比超出第二产业

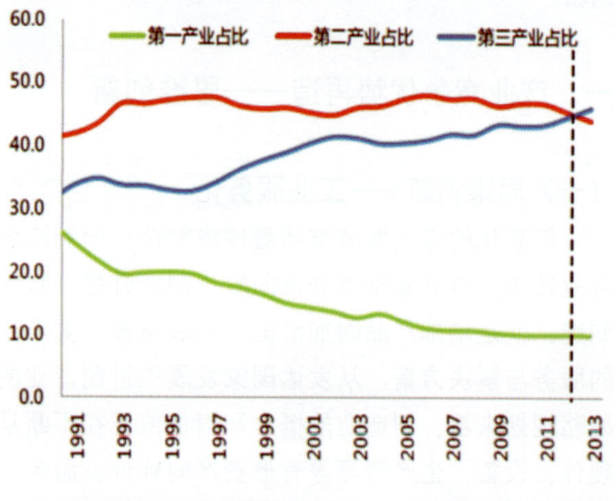

资料来源：Wind,民生证券研究院

未来制造业的商业模式，是基于大数据和技术革命，以不断解决客户问题为导向的商业模式。服务化已经成为引领制造业产业升级和保持可持续发展的重要力量，是制造业走向高级化的重要标志之一，制造业的生产将从提供传统产品制造向提供产品与服务整体解决方案转变，研发与设计、生产与制造、营销与售后之间的边界已经越来越模糊。

未来中国不能是单一的纺织制造大国，也不能是单一的纺织服务大国，而是纺织制造服务业强国。

（二）思维创新——工业资本化

工业资本化是对企业资源特别是无形资产的充分运用和转化。企业仅仅依靠自有资源寻求快速发展较为困难。通过整合外部资源实现快速发展壮大是企业成长的必然规律。纺织企业需要转变单纯重视产品商品属性的传统思维，通过结合政策、结合金融工具、结合技术创新和商业模式创新建立自身的金融属性，努力找到产业的商品属性与金融属性的平衡点。

并购成为产业资本融合的重要方式之一，并呈现出一些典型特征：一是增速快，2014年中国纺织服装行业并购数量、规模呈爆发式增长，仅一季度，纺织服装行业的并购事件达到11例，并购金额达到2.23亿美元，超过2013年全年；二是单项并购规模并不大，多数在2亿元以下，部分为5000万～7000万元；三是多数并购交易由私募股权投资或风险投资主导，大部分接受投资的公司有上市计划，部分公司在接受投资后已经成功上市；四是跨国并购趋势隐现，国内企业收购国际品牌的案例时有发生。

融资能力是推动和实现产品竞争力转变为现实生产力的资金准备能力。产业资本的融资方式，就是做实业的方式。企业不应完全依赖银行这一融资渠道，还可依靠债券、非人民币融资（通常在境外融资，成本较低）、直接股权融资以及基金模式。截至2014年1月，我国在全球各主要证券交易所上市的纺织服装企业（主营业务为化纤、纺织、鞋服）约248家，见图12。其中在沪、深两市上市企业124家，占沪深全部上市公司的4.98%。

图12 我国纺织服装企业上市融资情况

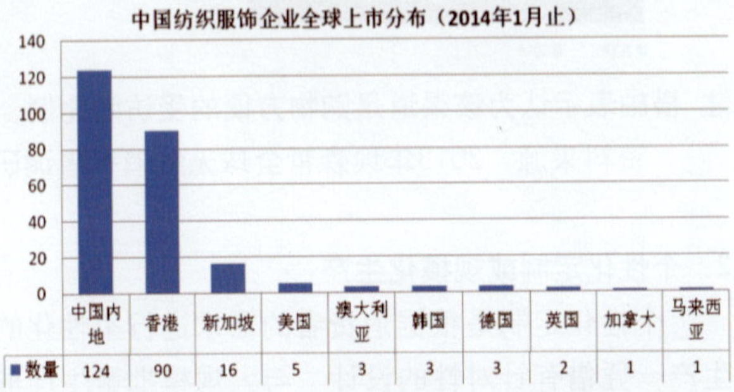

资料来源：中国纺织工业联合会统计中心

目前，我国企业与美国等发达国家相比，融资能力尚有差距，主要表现为企业融资结构失衡、资源优化配置能力不强、资本运作与配置的国际化程度不够。

（三）思维创新——工业绿色化

工业绿色化是全球范围的共识。1987年世界环境与发展委员会提出可持续发展应该放到战略层面，1998年世界银行提出“全面综合发展”，到2002年联合国开发计划署在《2002年中国人类发展报告：让绿色发展成为一种选择》中明确提出“绿色发展”，绿色生产已成为全球倡导的工业发展价值与模式。

我国始终重视环境保护和生态文明建设。十八大提出将生态文明建设纳入“五位一体”的建设发展体系，首提“绿色发展”，标志着执政理念的新发展。中央十八届三中全会进一步提出要加快生态文明建设，实现人与自然和谐共存，为保护环境、节约资源和应对气候变化的工作指明了努力的方向。

除传统意义上的节能减排外，循环利用是工业绿色化的核心内容之一。企业应引入循环思维，改变线性的工业模式，以材料为切入点，视其为高价值的、可再利用的存货，而不是运行一次的生产要素。循环思维应深入贯穿到产品的整个生命周期中，让废弃品成为后续使用的有价值原料。2014年国家发改委发布的《中国资源综合利用年度报告》指出，2013年我国废旧纺织品产生量约2000万吨，废旧纺织品综合利用量为300万吨，相当于节约原油380万吨，节约耕地340万亩。中国纺织工业联合会环资委发起公益性“旧衣零抛弃——名牌服装企业旧衣回收活动”，倡导建立生产、消费、再利用、再生利用，可持续发展的封闭式循环体系。H&M 推出的店内回收计划，鼓励顾客以旧衣换取新品的折扣优惠券，大部分回收衣物发往世界二手服装市场；不适合再穿的则应用到其他领域，如作为清洁布或作为汽车行业中的阻尼和隔绝材料，或用于建筑行业的管道保温等。而最终剩余的纺织品（约1%～3%）也成为了发电燃料。

绿色技术应用与产业化是工业绿色化的关键。我国研发成功的“废旧纺织品-纤维剥离-除尘与一次消毒-纤维复合配比-热熔成形或针刺成形-半成基材”物理生产技术，成功实现了产业化，目前已建成年利用5万吨废旧纺织品生产汽车内饰和空调外壳生产线；引进的国外“废旧纺织品-碎片、颗粒物-再生DMT-再生PET-涤纶纤维”化学法循环生产工艺，也建设形成了年利用3万吨废旧衣物、年产2.5万吨化学纤维的生产规模。

二、产业竞争优势再造——模式创新

（一）模式创新——转向大规模定制生产

当前，在互联网技术推动下，我国已经开始出现了大规模批量生产转向大规模定制生产的趋势。定制模式在商业领域获得了较快发展，主要表现在如下几个方面：

1.C2M、C2B的共创型定制：企业员工与客户共同在企业平台上开发产品，如红领、尚品、阿迪达斯。

2.B2B、B2C的适应型定制：客户可在一个企业的标准产品平台上实现个性化定制运营，如阿里巴巴、微信。

3.B2C的透视型定制：客户通过体验、企业根据深度的客户知识和数据，将独特的产品提前供给客户，如亚马逊、沃尔玛、苹果。

大规模定制模式推动实现了以客户为中心、由需求驱动的经济发展和管理，催生了一个以“C2C（Customer to Customer）商业生态圈”为核心的新模式的出现。第一个C，指的是基于客户为中心的个性化需求体系；第二个C，指的是基于客户参与产销过程的供给体系。C2C从需求到消费，形成一个线上与线下（O2O）、人与人、人与物环形连接的新商业生态。

（二）模式创新——辩证看待几组关系

1．电子商务或实体店

电子商务注重与用户连接，聚合用户需求，使得信息更加透明化，推动提供的产品与服务与聚合的用户需求更加匹配。但是，电子商务也面临着一些问题与挑战，例如如何将公平、诚信作为其进行生产经营和市场竞争的核心原则来践行，促进统一、开放、竞争、有序的电子商务市场体系的形成与完善；如何促进与电子商务相配套的知识产权和专有技术的开发、保护与应用，并采取管理措施尊重和保护他人的知识产权和专有技术；如何为消费者提供真实公正的信息，作好消费者投诉与争议解决机制安排，保护消费者的个人信息安全，建立规范采集、使用消费者信息的制度等。

实体店的传统核心优势是提供信息流、物流、资金流服务，而这三个优势在电子商务的冲击下逐渐式微。迎接创新不意味着一定要抛弃传统。毫无疑问的是，实体店在售后服务、情感维系、品牌认同等多个方面都具有比较优势，可以重塑价值，进而在新环境下迸发出全新的生命力，见图13。

图13 中国市场不同渠道的购物方便性对比

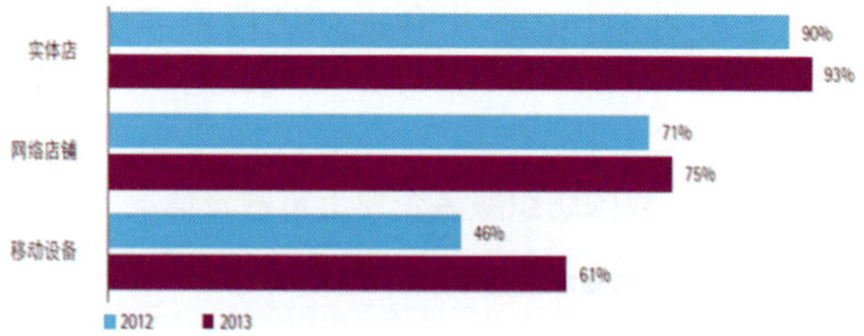

注 横轴表示认为该渠道足购物方便的受访者比例。

资料来源：2013年埃森哲全球无缝消费者调研

2．个性化定制或规模化生产

个性化定制是根据消费者的需求进行柔性化的生产，凭借有针对性的设计，与大规模批量生产形成差异化竞争。但商品并非无休止地由单一向个性化发展，追求个性化的制造理念未必真的代表市场趋势。

畅通无阻的国际贸易，没有区域壁垒的电子商务，都会让胜者通吃效应加剧，爆款、大规模快速制造可能才是制造业的主要趋势。

3．扁平化或层级化

互联网思维强调开放、协作与分享，要求减少企业管理的内部层级结构，在产业分工中注重专业化与精细化，从而促进企业的生产组织更富有柔性和创造性。

扁平化的问题是“一对多”的构架使得决策过程中领袖的作用过于突出。多数优秀企业都不是简单依靠一两位杰出领导人来推进创新，而是依靠整体实力、卓越管理、组织结构来推进创新。

可见，上述三对关系绝不是非此即彼、非黑即白的简单颠覆和对立，选择与平衡适当可实现优势互补、共生共荣。

二、产业竞争优势再造——技术创新

（一）技术创新：企业网络化

从个人互联网到企业互联网。根据麦肯锡2014年的调研报告，中国正在从消费者主导型的互联网转变为企业主导型的互联网。2013年中国互联网经济占GDP的比重已经超过美国和德国。预计2013～2025年间，互联网将帮助中国提升GDP增长率0.3～1.0个百分点，这意味着互联网将有可能在中国GDP增长总量中贡献7%～22%。

企业利用互联网进行改造的主要路径有，一是要形成用户思维，加强服务；二是实现企业生产过程的全面智能化，提高创新效率和生产效率；三是推动营销业务的网络化，充分利用网络提高用户群体数量，形成长期的固定市场；四是推进企业管理科学化，缩减冗余环节，实现企业资源的最大效用。

面对这样的发展趋势，纺织产业要从传统制造业中焕发出新活力，就需要思考如何构建云平台将社会的资源整合到生产和运营的各个环节与链条中。在技术上实现用虚拟网络把不同的实体设备联系到一起，让工厂成为一个整体；通过虚拟网络，使产业链成为一个整体，与社会融为一体，从而完成纺织生产模式的根本性转变，见图14。

图14 纺织云平台的资源整合

（二）技术创新：生产智能化

生产智能化需要打造制造业与物联网融合的新模式，建设中国纺织行业的智能工厂。这可以借鉴德国"工业4.0"和美国"工业互联网"模式，形成终端需求（定制需求）、智能产品、智能工厂、智能物流的完整链条。完成这一战略的

图15 智能化技术创新发展路线图

数字化、智能化纤维与复合材料技术	化纤智能化技术向实现工艺可追溯性方向发展：化纤工艺优化与全流程生产模拟软件；化纤生产流程的网络化过程控制系统……	实现化学纤维行业信息化与自动化，提高整体效率
数字化、智能化纺织加工与装备技术	纺织智能技术向提高劳动生产率方向发展：纺纱工序连续化技术；纺纱生产、环境的自动监控系统；纺纱生产流程系统集成；纺织机器人技术和产品分析；机器人共性技术研究；纺织机器人产品开发……	建立智能化纺纱工场；纺织机器人应用于纺织加工各环节
数字化、智能化纺织印染技术	印染智能技术向高效环保方向发展：数字化印染在线采集系统；智能化颜色及工艺管理系统；染化料中央配送系统；连续织造喷印工艺技术；高速喷墨印花技术……	印染加工过程全面数字化和自动化；全面突破高速数码印花技术
数字化、智能化服装设计制造技术	服装智能技术向大规模个性定制方向发展：服装设计生产数字化技术、大规模个性定制生产技术、智能化缝制技术；基于大数据的流行趋势监测、预测研究……	数字化综合集成技术达到产业化标准，并在行业内推广
数字化、智能化纺织供应链管理技术	供应链管理技术向大数据方向发展：满足市场个性化需求、企业管理需求；CAD/CAM相关技术；现代管理商贸及相关硬件支撑技术；企业间信息协同技术……	实现纺织行业全流程协同管理和供应链管理数字化

纺织全流程数字化与智能化

核心在于建设“一个网络”、研究“两大主题”以及实现“三项集成”。

建设一个网络，即信息物理系统网络（CPS）。CPS可以将资源、信息、物体以及人紧密联系在一起，从而创造物联网及相关服务，并将生产工厂转变为一个智能环境。

研究两大主题，即智能工厂和智能生产。“智能工厂”是未来智能基础设施的关键组成部分，重点研究智能化生产系统和过程以及网络化分布生产设施的实现，“智能生产”的侧重点则在于将人机互动、智能物流管理、3D打印等先进技术应用于整个工业生产过程。

实现三项集成，即横向集成、纵向集成与端对端的集成，将无处不在的传感器、嵌入式终端系统、智能控制系统、通信设施通过CPS形成一个智能网络，使人与人、人与机器、机器与机器以及服务与服务之间能够互联，从而实现企业内部、企业之间以及整个价值链的横向、纵向和端对端的高度集成。

以高速、高效、高灵活性、高品质和节能环保为目标，开发智能纺织技术，实现各工序生产设备的智能控制，各种纺织品及设备的在线自动检测，纺织品设计的数字化以及生产营销管理供应链全过程的数字化智能管理，应该是今后智能化纺织技术的发展方向，见图15。

以华纺股份有限公司为例，该公司基于透明工厂、大数据分析、智能决策的智能制造模式，以“自我进化的纺织制造产业链”为最终目标，通过物联网与服务网将智能机器、存储系统和生产设施融入到CPS中，大大提高了全产业链的自动化、智能化程度，成功打造了“智能工厂”、“智慧纺织”。

（三）技术创新：营销数字化

营销数字化不是单纯地将数字技术融入营销过程当中，而是需要利用技术来彻底改造公司。数字化后，产品制造商开始变成零售商、经销商和媒体运营商，见图16。

图16 营销数字化的价值链整合

例如，优衣库较早搭建了完整的数字平台，其移动应用程序（APP），有超过两百万的用户，APP里所有的商品，包括店铺的服装库存都可以查得到，APP可以直接连接到天猫官方网络旗舰店上购物；此外，还有微博、微信平台，天猫官方网络旗舰店，超过上千万的粉丝。波司登公司开发建立数字化、协同化的产品系统和数字化产品数据库，协同国际、国内设计能力，利用预测模型计算结果，营销符合预期市场需求的产品。

（四）技术创新：路径多样化

一般来说，技术创新包括两大类，一类是重大的、革命性的、理念性的突破式创新，另一类是持续性的技术改善及更新。具备先进能力和丰富资源的企业进行自主创新，多数企业利用后发优势，学习、引进、模仿、联合创新、自主创新。

纺织行业转型升级的成效与质量取决于把先进科技成果转化为现实生产力的速度与程度。未来，中国纺织工业技术创新的路径主要包括五个方向。

首先，劳动生产力提升是纺织工业从传统产业向现代先进制造业转型的首要目标，智能技术的应用是其重要标志。新型生产技术水平的提高越来越以高效、自动化、智能化装备的应用作为标志，以及信息化技术的广泛应用，将大大推动纺织工业劳动生产力的提升。

第二，突破纤维资源瓶颈是产业安全有序发展的根本。纺织纤维材料产业已确立重点推进差别化纤维、高技术纤维、生物质纤维技术及其产业化，即一方面解决量大面广的纤维资源供给问题，另一方面推动高技术纤维的开发与产业化。

第三，节能减排和资源循环利用水平提高是纺织工业赢得社会和政策认同、获取可持续发展空间的重要保障。节能降耗减排技术在全行业获得广泛推广应用具有战略意义。

第四，支撑产业发展的纺织基础研究要软硬兼顾。特别是注重软技术，如标准的完善、技术导向与市场需求相结合的流行趋势研究、供应链管理技术、物流技术等。

第五，引发新的、更高层次的消费需求的纺织服装技术。纺织服装产业与经济社会新领域、信息产业、时尚产业的交叉融合，注定要在颠覆传统材料、引领新的生活方式、营销方式方面做出表率，如产业用纺织品、人体工学技术、智能服装等。

未来，中国纺织工业拟开展的重大工程包括三大方面：纺织材料创新工程、数字化、智能化先进装备创新工程和节能减排和资源循环利用创新工程。

在纺织材料创新工程方面，发展差别化、功能性纤维以及生物质纤维满足消费增长需求，发展纤维再生循环利用技术以提高纤维原料利用效率，发展高技术纤维满足航天等高端领域需求。主要包括仿棉纤维创新工程、循环再生纤维创新工程、生物基纤维创新工程、高性能纤维及其复合材料创新工程和产业用纺织品创新工程。

在数字化、智能化先进装备创新工程方面，从规模扩张型向质量效益型转变，实现智能化、自动化，连续化生产，提高产品质量和劳动生产率，降低工人劳动强度。主要包括：智能化管理的差别化涤纶长丝成套装备创新工程、智能化纺纱成套生产线的创新工程和智能化印染成套生产线创新工程。

在节能减排和资源循环利用创新工程方面，突破印染废水资源化共性关键技术，形成成套工艺、技术与综合性示范项目及推广平台，实现废水处理与资源化技术产业化。主要包括：印染废水处理及资源化创新工程和纤维资源循环利用创新工程。

结语

发现是为了再造，适应还要引领。对经济新常态特征与规律的把握，是为了更好地服务于产业竞争优势的塑造与提升；同时，产业发展则需时刻以“度量衡”为准绳，反思产业是否、能否健康持续发展。

“度”包括高度、广度和深度。高度，是指产业结构的高度化，即纺织产业是战略性新兴产业的组成部分、时尚产业的推动力量；广度，是指跨界融合的广度化，即纺织产业是两化融合的示范行业、先进科技成果的融汇产业；深度，指的是资源环保的深度化，解决量大面广的纤维资源安全、普及节能降耗减排技术。

“量”包括体量与质量。体量意指有效依托规模优势，促进产业集中度与产业集聚，实现规模效益；质量则意指回归产品本源重质量，保持产业发展重内涵，推动行业提质升级。

“衡”则为环境和发展的平衡、技术和就业的平衡以及生产方式和生活方式的平衡。发展为可持续发展战略下的“绿色经济型”产业，实现环境和发展的平衡；打造劳动力素质综合提升下的“新型智能型”产业，实现技术和就业的平衡；结合“大众消费”与“小而美”个性化需求，实现生产方式和生活方式的平衡。

在大变革年代，需正视新常态，确立新格局，构筑新梦想，塑造新身份！

纺织行业“十三五”可持续发展前期研究

中国纺织工业联合会环资委

“十二五”纺织行业可持续发展概况

一、“十二五”初期纺织行业节能目标完成良好

2010～2013年，纺织行业能源消耗总量呈递减趋势，在2012年之后趋于稳定。2013年，行业规模以上企业能源消耗总量6164万吨标准煤，其中纺织业、服装服饰业、化学纤维制造业能源消耗总量分别为4144、583、1437万吨标准煤。按照《纺织行业“十二五”规划纲要》提出的约束性指标，纺织行业“十二五”时期单位工业增加值能源消耗2015比2010年下降20%、二氧化碳排放量下降20%”要求，我纺织行业2010年、2011年、2012年单位工业增加值能源消耗分别为0.6吨/万元、0.49吨/万元、0.44吨/万元;二氧化碳排放强度分别为0.38吨/万元、0.21吨/万元、0.29吨/万元。2012年单位工业增加值能源消耗、二氧化碳排放强度比2010年分别降低26.7%、23.68%。“十二五”初期，纺织行业单位工业增加值能源消耗和二氧化碳排放量下降20%的目标已提前完成。

二、“十二五”初期纺织行业节水取得了一定的进展

纺织行业是我国工业行业的用水大户。根据环保部有关数据，2012年环保部共调查了上万家规上纺织企业，用水总量达到了60.6亿吨，占全国比重的1.6%；取水总量35.4亿吨，占全国的比重为7.5%，与2010年36.2亿吨的总量相比，在全行业纤维加工总量不断上升的情况下，仍下降了2%。不过，行业用水效率总体水平较低，水的重复利用率平均42.5%，远低于全国80%的平均水平。（以上数据来源于《中国环境统计年报》）

三、“十二五”初期污染物（COD、二氧化硫、氨氮）稍有上升

2010年以来，纺织工业废水排放量变化不大，总体呈下降趋势。2012年，纺织工业废水排放量

表1 2010～2013年纺织工业能源消耗总量情况

统计指标	计量单位	2010年	2011年	2012年	2013年
纺织工业能耗总量	万吨标煤	6447	6193	6174	6164
单位工业增加值能耗	吨/万元	0.60	0.49	0.44	
单位工业增加值能耗比2010年	%		−18.3	−26.7	
二氧化碳排放强度	吨/万元	0.38	0.31	0.29	
二氧化碳排放强度比2010年	%		−18.42	−23.68	

资料来源：中国纺织工业联合会统计中心

表2 2012年我国主要工业行业用水量情况

项目	单位	全国工业	电力、热力的生产和供应业	黑色金属冶炼及压延加工业	化学原料及化学制品制造业	石油加工、炼焦及核燃料加工业	造纸及纸制品业	纺织工业	其他工业
用水量	亿吨	3675.8	1446.8	776.4	575.9	241.5	121.3	60.6	453.3
占全国比例	%	100.00	39.4	21.1	15.7	6.6	3.3	1.6	12.3

资料来源：《2012年中国环境统计年报》

表3 2012年我国主要工业行业取水量情况

项目	单位	全国工业	电力、热力的生产和供应业	化学原料及化学制品制造业	造纸及纸制品业	纺织工业	黑色金属冶炼及压延加工业	其他工业
取水量	亿吨	472.1	184.0	46.9	40.8	35.4	31.5	133.5
占全国比例	%	100.00	38.97	9.91	8.64	7.50	6.67	28.31

资料来源：《2012年中国环境统计年报》

28.96亿吨，较2010年稍有下降。与其他工业行业相比，废水排放量仅次于造纸及纸制品业和化学原料及化学制品制造业。

化学需氧量是国家环境保护的一项约束性指标，2010年以来，化学需氧量排放量变化不大，略有上升。2012年，纺织行业化学需氧量排放量44.03万吨，仅次于造纸业和农副食品加工业。纺织行业中，印染企业对化学需氧量的贡献最大，约占全行业排放量的50%以上。2010年以来，我国纺织工业纤维加工总量从4130万吨增加到4500万吨，增长了8.95%，而化学需氧量仅增加了0.34%。但从指标完成情况来看，该项指标并没有达到预期减排目标。

氨氮是国家“十二五”环境保护规划中新增的一项约束性指标，2010年以来，氨氮排放量变化不大，略有增长。2012年，纺织行业化学需氧量排放量2.45万吨，仅次于化学原料及化学制品制造业。2010年以来，我国氨氮排放量由2.20万吨增加到2.45万吨，增长了11.3%，但绝对量只增加了2500吨。从指标完成情况来看，该项指标并没有达到预期减排目标。

四、“十二五”初期纺织行业综合利用重点由“废”转到“旧”

纺织企业历来重视资源的综合利用，研发新技

表4 2010～2012年我国纺织行业废水排放量汇总表

单位：亿吨

年份	2010	2011	2012
数值	29.99	30.21	28.96

资料来源：《2012年中国环境统计年报》

表5 2010～2012年我国纺织行业化学需氧量排放量汇总表

单位：万吨

年份	2010	2011	2012
数值	43.88	46.13	44.03

资料来源：《2012年中国环境统计年报》

表6 2010～2012年我国纺织行业氨氮排放量汇总表

单位：万吨

年份	2010	2011	2012
数值	2.20	2.67	2.45

资料来源：《2012年中国环境统计年报》

术新设备新工艺，充分利用生产过程中产生的边角废料；纺织工业粉煤灰、炉渣、污泥等固体废物的综合利用率早在“十一五”时期就达到90%以上的较好水平。此外，化纤行业对废旧聚酯回收利用，到“十二五”初期已形成700万吨再生涤纶产能。2010至2012年，纺织行业工业固废利用率一直保持在85%左右。

进入“十二五”中期，随着纺织工业结构调整和转变发展方式的压力不断增大，废旧纺织品，尤其是社会存量巨大的旧纺织品的综合利用，逐渐成

表7 2010～2012年纺织行业工业固废生产及利用情况

单位：万吨

	工业固废产生量	工业固废综合利用量	工业固废综合利用率
2010	1271	1195	94.1%
2011	1085	937	86.4%
2012	1042	901	86.4%

注 1.纺织工业固废包括生产过程中产生的边角废料、纺织工业粉煤灰、炉渣、污泥。

2.工业固废综合利用率=工业固废综合利用量/（工业固废产生量+往年贮存量），该表设定往年贮存量为0。

资料来源：《2012年中国环境统计年报》

表8 2013年我国废旧纺织品社会总存量估算表

单位：万吨

	2011年	2012年	2013年
纤维加工总量	4310	4540	4850
产业用纤维加工总量	910	1100	1130
国内棉纤维加工总量	660	540	486
国内其他天然纤维加工总量	60	60	82.8
2013年废旧纺织品存量	总存量	2007.3	
	其中	棉纤维	562
		其他天然纤维	67.6
		化纤	1377.7

注 年废旧纺织品存量=（连续三年国内纤维加工总量-连续三年国内产业用纺织品）/3

资料来源：中国纺织工业联合会统计中心

为纺织行业实施纤维原料结构调整、发展循环经济和建立资源节约与环境友好型产业的重要抓手之一。从我国纺织行业的原料结构来看，废旧涤纶、纯棉、涤棉类产品要占废旧纺织品总存量的80%以上，调研显示，废旧涤纶和废旧纯棉这两大类产品的资源化和综合利用也是纺织行业目前开展废旧纺织品（服装）综合利用的主要领域。综合利用再利用的产品方向以再生纤维、产业用布、板材、建筑材料、再生纱、布等为主。其中再生聚酯纤维产业已实现废旧涤纶纺织品再生工业化生产，产品附加值较高；废旧纯棉纺织品再利用产品的生产和应用较为成熟；废旧纺织品综合利用生产板材、无纺布等产业用品的企业已经具有一定规模。

2013年，我国纺织行业纤维加工总量4850万吨，以3年为纺织品的淘汰周期计，2013年我国产生了约2007.3万吨废旧纺织品的社会存量。其中，化纤1377.7万吨，占废旧纺织品总存量约68%，棉纤维562万吨，占废旧纺织品总存量约28%，其他天然纤维67.6万吨，占比4%左右。提高这些固废的综合利用率具有重大的行业和社会意义。

十三五”期间纺织行业可持续发展面临的主要形势

2012年，中国共产党第十八次全国代表大会把生态文明建设纳入中国特色社会主义事业五位一体的总体布局，提出推进生态文明，建设美丽中国。资源、环境、生态等社会经济环境的变化要求纺织行业迅速转变发展方式，以适应越来越严格的环境管理要求。

一、节能减排降碳指标和任务明确

2014年上半年，国务院办公厅印发《2014～2015年节能减排低碳发展行动方案》，进一步硬化节能减排降碳指标、量化任务、强化措施，其中明确提出将建立碳排放权、节能量和排污权交易制度；推进碳排放权交易试点，研究建立全国碳排放权交易市场；加快制定节能量交易工作实施方案，依托现有交易平台启动项目节能量交易；继续推进排污权有偿使用和交易试点。

二、水资源使用指标更加严格

我国工业用水需求一直呈增长趋势，2012年全国工业用水总量3675.8亿立方米，相比2003年增加了36.3%。我国工业用水集中度高，对新鲜水的需求量大，主要集中在电力、冶炼、化工等几个重点行业，占工业用水总量的60%以上。由于我国工业化进程还在持续加快，用水效率总体水平偏低，导致了水资源供需矛盾等问题愈加突出。为了解决严峻的水资源形势，国务院在2012年发布了《关于实行最严格水资源管理制度的意见》的文件，划定了用水总量控制、用水效率控制和水功能区限制纳污等三条红线。

三、废旧纺织品综合利用成为发展循环经济的重点和慈善热点

2014年5月，中宣部、国家发展改革委部署开展节俭养德全民节约行动，要求在全社会营造厉行节约、拒绝浪费的浓厚氛围，为废旧纺织品的再使用和综合利用提供了良好的社会氛围。随后，国家发展改革委和民政部联合开展了废旧纺织品综合利用体系建设，将废旧纺织品综合利用作为推动国家、地区和行业发展循环经济的重要抓手之一予以考虑，并将废旧纺织品综合利用作为扶贫济困、发展慈善事业的热点予以重视。商务部发布《再生资源回收体系建设中长期规划（2015～2020年）》，明确要求提高废旧纺织品等回收率和分拣加工水平，推动资源再生利用产业化。纺织行业是“新”纺织品服装的加工产业，也是废旧纺织品、废旧服装综合利用、实现资源化的“属地”，纺织行业资源结构的调整要求也为全面深入开展废旧纺织品综合利用、提升现有废旧纺织品加工产业链提出了全新要求。

纺织行业重点领域节能减排降碳潜力分析

一、化纤行业节能减排潜力分析

（一）聚酯行业

在纤维级聚酯过程中存在着高温高压工艺、气液固相的转变、环境空调等特点，在生产过程中需要消耗较多的公用工程，燃料及电在综合能耗中占较大比重，燃料主要用于聚合过程中的保温，以电能为主，也有部分企业有锅炉，消耗煤和燃料油。

（二）粘胶行业

粘胶生产的耗能环节包括锅炉、送排风系统、蒸汽装置、车间热设备保温，粘胶企业节电与采用先进设备提高工艺技术水平和稳定生产有关。全场工业设备用电量最大的包括二硫化碳输送设备、黄化机排风设备、粘胶给料泵、纺丝机排风设备，其次是空调及排风、照明用电。

二、印染行业能耗、水耗与污染物排放分析

纺织工业80%的用水量消耗在染整环节，纺织工业废水中的75%的废水排放也源于染整行业，在印染企业中，水、电、煤等成本占总成本的40%左右。印染行业生产工序中的洗、漂、染、定型等设备，前处理工序中的浆料、棉胶、纤维素、半纤维素和碱，染色、印花工序中使用的助剂和染料是印染行业消耗能源、产生废水的主要来源。

三、棉纺及长丝织造行业能耗分析

棉纺行业纤维加工量占我国纤维加工总量的65%左右，棉纱、布及服装出口量占我国纺织品服装出口总量的45%以上。棉纺行业以及长丝织造行业设备保有量十分巨大，从清花、梳棉、并条、粗、细纱机到各种有梭、无梭织机以及空调、照明等主辅设备电力消耗突出，而且纺织企业整体所用的电机驱动系统运行效率比国外低近20%。棉纺行业节能技术目前集中在空调余热回收、变频调节技术、照

明节能、配电系统节电和能源监控信息化等。

四、废旧纺织品综合利用被视为温室气体排放的减量

一件服装从棉花种植或从纤维制造开始，经纺纱、织造、印染、制成成衣之后，又经物流和消费使用，直至最终变成垃圾掩埋降解或焚烧，每一个环节都在排放温室气体。在服装废弃阶段，填埋和焚烧也会造成对环境的影响：一是温室气体排放；二是固体废弃物填埋的土地使用；三是填埋过程中产生的有害物质。因此从循环经济的角度看，一件衣服进入废弃阶段，只有实现3R的再使用（reuse）、再循环（recycling即再生资源利用）、能源化利用（recovery），实现资源—产品—消费—再生资源的循环模式下，才能促进经济、环境和社会的协调发展。因此，这时候废弃物的各种资源再利用被视为温室气体排放的减量。

五、管理节能潜力分析

清洁生产、碳足迹认证、合同能源管理等手段对推动纺织行业节能减排将具有显著成效。

行业可持续发展面临的主要困难

一、主要装备、技术、工艺指标与国际先进水平还有差距

纺织装备还有较大的升级空间。部分重大关键技术及工艺水平有待进一步提高。适合我国特点的废旧纺织品综合利用相关技术有待研发。

二、节能减排与废旧纺织品综合利用工作体系有待完善

在节能领域，缺乏与碳交易市场相配合的、符合纺织行业特点的衡量排放和减排的标准与方法体系，以及核查体系。在污染物排放领域，缺乏一套符合行业发展特点的技术标准体系。在废旧纺织品综合利用领域，缺乏连接回收与再利用两个链条的分拣环节，急需建立完善的废旧纺织品综合利用体系。除建立分拣环节外，废旧纺织品综合利用产业还需要从头开始建立数据统计、技术研发、标准制定、产品认定等相关工作与服务体系。

缺乏可持续发展和循环经济相关的评价标准体系、经济核算体系。

纺织行业可持续发展基本路径

一、推进原料结构多元化，缓解纤维资源紧缺矛盾

（一）挖掘天然纤维生态优势，提高天然纤维集约化利用水平

通过良种研发、基因工程等方式，实现天然纤维在盐碱地、荒滩地等非耕地的种植、生产，并进一步改善天然纤维线密度、形态、柔软度和卷曲度等可纺、服用性能，满足纺织品日益高档化的市场需求。

（二）开发新型生物质纺织纤维材料，扩大天然原料在纺织原料中的比重

充分利用农作物废弃物如竹、麻、速生林及海洋生物等资源，开发替代石油资源的新型生物质纤维材料。

（三）开展机制、科技创新，提高各类纤维的回收再利用水平

巩固和提升以废弃聚酯、废弃聚丙烯及其他废弃物为原料的再生化学纤维产业；建立、完善废旧纺织品资源化体系。通过建立产业联盟、研发基地等方式，发挥整合资源优势，推动产学研合作，加

快技术攻关和前沿技术突破及应用推广。

二、大力推广先进和新型适用技术

大力推广先进和新型适用技术，促进纺织生产加工低碳和可持续发展。重点是化纤、纺纱织造、印染以及服装、家纺和产业用等终端产品的废旧纺织品综合利用相关技术。

三、建立健全节能减排降碳相关体系

（一）以印染行业为主要突破口，完善全行业节能减排数据统计

大力推动印染企业使用自动染化料配送与新数控技术，引入可以整合物流系统和信息流系统的技术平台，实现物料与水耗、染化料消耗、能耗的精确计量、统计和分析。

（二）完善相关节能减排标准体系建设

紧密结合产业转型升级需要，加强重要技术标准研制，不断完善、优化重点领域技术标准体系，包括能耗、取水定额、污染物排放以及综合利用相关标准体系，制定产业发展急需的重要技术标准和配套标准，支撑、引领产业发展和转型升级。

（三）深入推动废旧纺织品综合利用产业发展

重点包括：完善相关标准体系和政策法规；建立健全废旧纺织品多渠道回收体系；探索建立旧衣物分级利用机制，以废旧涤纶和纯棉废旧纺织品综合利用为重点，加快替代产业用纺织品中的原生纤维，注重培育各类综合利用产品的合理技术路线，提高高值化综合利用产品的研发能力；加大市场推广力度；强化宣传引导；加强行业自律等。

“十三五” 纺织可持续发展重点任务和推广技术

一、纺织行业可持续发展重点工程

印染等关键行业大数据平台建设；“十三五”节能与综合利用领域标准、环境标准及评价体系建设；纺织行业碳足迹认证研究；废旧纺织品循环利用体系建设。

二、节能减排关键共性技术推广

（一）低碳节能领域关键共性技术

棉纺织企业智能空调系统节能技术；染整企业节能集热技术；高温高压气流染色技术；聚酯化纤酯化工艺余热制冷技术；合成纤维熔纺长丝环吹冷却技术；超低浴比高温高压纱线染色剂高效节能节水染整装备技术；空压节能系统。

（二）绿色环保关键共性技术推广

茶皂素印染前处理技术；针织平幅水洗技术；气流染色技术；冷轧堆染色技术；数码印花技术；水污染治理及深度处理回用技术；绿色制溶解浆工程化技术。

（三）废旧纺织品综合利用重点技术推广

分拣及分拆、破碎等预处理技术；低纤维损伤率、高效的开松技术及设备；废旧纺织品替代原生纤维生产汽车、空调、板材等产业用材料技术；废旧纯涤及涤棉纺织品高值化再生回收技术，包括纯涤及涤棉纺织品快速检测技术、废旧纯涤纺织品处理技术——化学法再生回收技术、废旧涤棉纺织品处理技术；废旧纯棉纺织品再生回收技术，包括纯棉纺织品快速检测技术，再生棉色纱纺纱技术等。

（撰稿人：徐　寰 董廷尉 张中娟）

2014年纺织行业质量工作情况

中国纺织工业联合会产业部

2014年以来，纺织行业在棉花原料价格大幅波动、市场需求增长放缓、生产成本持续上升等一系列复杂因素影响下，转型升级日渐深入的新常态特征进一步显现，经济增长继续由高速向中高速逐步换挡，产业结构优化和运行质量提升的支撑作用进一步增强。

质量管理已上升为国家战略高度

随着我国经济社会的发展，结构调整的推进，质量管理工作环境发生了很大的变化，但质量管理宗旨始终没有变，广大质量管理工作领导者、推进者和员工事业心、责任感和使命感没有变。三年来，中国纺织工业联合会以全国纺织行业质量奖评选活动为抓手，推动和激励了一批又一批企业走上追求卓越之路，随着卓越绩效模式的不断推进，实现了行业经营绩效和管理水平的持续提升。

2014年以来，党中央国务院高度重视质量工作，国家主席习近平在质量方面作出了一系列重要论述和指示，特别指出要推动“三个转变”——中国制造向中国创造转变、中国速度向中国质量转变、中国产品向中国品牌转变。“三个转变”是对党的十八大关于“将推动经济发展的立足点转到提高质量和效益上来”的深入阐释，是对提高经济增长质量的具体要求，对企业管理工作具有重要的指导意义。

在2014年首届中国质量大会上，国务院总理李克强强调指出，质量是国家综合实力的集中反映，是打造中国经济升级版的关键，关乎亿万群众的福祉。中国经济要保持中高速增长、向中高端水平迈进，必须推动各方把注意力放在提高产品和服务质量上来。要“向管理要质量”，要“树立中国质量新标杆”。中国纺织工业联合会开展行业质量奖评审活动，恰是要激励和引导企业实施卓越绩效模式，提高产品服务质量与企业经营管理质量，树立卓越经营的标杆，带动行业共同成长，促进行业经济发展质量与整体竞争能力的提升。

质量管理工作开展情况

“十二五”期间，全行业在积极推进QC小组活动的同时，对管理工作也给予了高度重视，特别是中纺联于2012年首次在行业内推出了全国纺织行业质量奖评审活动，又于2014年推出了纺织行业设备管理优秀单位和优秀工作者评优活动，以提高行业企业设备使用质量与使用效率，支撑产品创新和质量保障，实现设备资产效益最大化。

一、QC小组活动稳步推进

近年来，纺织行业QC小组活动坚持不懈地开展，这些活动在提高产品质量、推动企业技术改造和科技创新中发挥了重要的作用。2014年QC小组活动在覆盖领域、实施方法、成果水平等方面又取得了一系列新进展，使这项群众性质量管理活动呈现出顽强的生命力。2014年QC小组申报和发表成果数量与上年基本持平。参评企业覆盖了18个省、市和地区，主要集中在中东部沿海地区，尤其以山东、浙江、江苏三省最为突出。其中山东省上报企业占总数的18.36%。浙江省上报企业占总数的16.32%，江苏省上报企业占总数14.28%。QC小组活动的开展促进了企业员工专业素质的提升，2014年新增QC小组活动诊断师资格增幅为53.57%。随着企业投入的增加，2014年坚持活动的

QC小组个数、取得成果的小组个数、参加小组活动人数、小组活动创造可计算的经济价值等指标比上年同期均有不同程度提升。其中，2014年坚持活动小组个数为3235个，增幅为4.86%。取得成果的小组个数为2993个，增幅为6.77%。

二、卓越绩效模式先进质量管理方法有序推行

2014年，是中纺联组织开展行业质量奖的第3年。在探索和实践中我们认识到，企业实施卓越绩效模式的意义，在于学会用科学的管理理念、方法和模式指导质量改进，提升质量管理能力和水平、追求持续的绩效提升。开展行业质量奖评审活动正是有效实现这一目的的引导路径、评价方式和激励手段。

经过严格的资格审查、资料评审、现场评审等程序，安徽华茂等八家企业荣获了第三届全国纺织行业质量奖。截止目前，三年累计已有28家企业获得纺织行业质量管理领域的最高荣誉。其中棉纺7家，化纤5家，家纺3家，针织3家，毛纺3家，服装2家，印染1家，长丝1家，纺机1家，丝绸1家，麻纺1家。主要省市分布有：浙江8家，江苏8家，山东6家，河北2家，安徽1家，上海1家，福建1家，广东1家。根据历年申报情况分析，这些企业在行业内发挥了良好的标杆和示范作用，影响着一批优秀企业走上追求卓越之路。同时，也体现出获奖企业整体抗冲击能力和盈利水平居于行业领先水平。

同其他奖项相比，纺织行业质量奖呈现出以下特点：

其一是突出专业。纺织行业质量奖评审采用国际公认的最为科学、系统的《卓越绩效模式评价准则》GB/T19580，并将其成功导入卓越企业经营管理实践；根据不同行业、不同类型企业的特点，灵活运用标准，从领导、战略、顾客与市场等方面对组织经营管理进行系统梳理和成熟度评价，帮助企业总结优势、发现改进机会。

其二是讲求价值。与一般的评比活动不同，全国纺织行业质量奖评审不仅仅是给企业的一个荣誉，更重要的是通过参与创奖过程为企业带来价值，并且将这种创造价值的活动贯穿于企业参与行业质量奖活动的各个环节。尤其在现场评审阶段，评审专家通过与企业直面沟通，帮助企业准确把握管理水平现状，发现优势、寻找改进机会，并积极传播成功企业的最佳实践，帮助企业拓展视野、实施改进。

其三是具有其独特的定位和价值取向。行业质量奖即通过建立一种激励机制，引导和推动企业重视质量的改进工作，让卓越绩效模式与组织的管理实践更好地融合，帮助企业提升绩效、增强综合竞争能力。目前，纺织行业结构调整和转型升级对继续开展好行业质量奖活动提出了更高要求。因此继续规范运作，严格按照卓越绩效评价准则和管理办法进行评审，这也是行业质量奖保持并不断提升公信力和美誉度的基本保障。

连续三年评奖实践，让我们深刻认识到今后行业质量奖推进主要关注点有以下三个方面：

1.将宣传、推广卓越绩效模式标准放在突出位置。以行业质量奖等评审活动为抓手，大力开展卓越绩效等先进质量方法的宣传、推进工作。一是开拓思路、创新方式。力求在卓越绩效模式推进、创奖梯队建设、质量奖影响力提升等方面有新突破。二是重视过程，创造价值。行业质量奖的价值不仅仅在于荣誉本身，更在于创奖过程中给企业管理水平改进、生产绩效提升带来的价值。通过专业化、高水平的服务，让企业在创行业质量奖的全过程中充分感受到导入并实施卓越绩效模式的价值，吸引更多企业加入追求卓越的队伍中来。

2.注意发挥企业高层领导的关键作用。导入实施卓越绩效模式、争创行业质量奖，对企业来讲是一项系统工程，需要协调企业内部所有部门，是全员行动，不可避免会遇到阻力，因此必须得到高层领导的全力支持。因此，充分调动企业高层领导的积极性，使领导认识到卓越绩效模式的价值，并对质量奖形成系统的认识和理解，保证卓越绩效模式在企业

的落地生根，使之真正成为企业管理的有力抓手。

3.纺织行业要以贯彻落实“三个转变”为契机，系统总结，扩大交流。为广大企业搭建更为丰富、有效的交流渠道与平台，影响和带动更多企业导入卓越绩效模式，走上追求卓越之路，使获奖企业在争创行业质量奖过程中得到管理理念、方法的改进。开展行业质量奖评审活动，重要目的之一是激励和引导企业导入卓越绩效模式这一先进的管理方法，系统提升管理水平、增强竞争能力，确切地讲这是一种质量理念和方法的推广方式。

下一步工作重点

2015年是全面深化改革的关键之年，也是“十二五”规划的收官之年。面对复杂的外部形势，纺织行业将继续坚持稳中求进的总基调，主动适应宏观经济发展新常态。2015年，纺织行业将重点围绕以下方面开展工作。

一、加快技术改造和技术进步，加强自主研发和科技创新

加快开发新产品、开拓新领域。加强质量和设备管理工作，推进维修诊断技术应用，开展增效、降耗优化改进活动，鼓励企业管理自主创新。加强与科研院所合作，引导科研院所技术成果产业化，通过产学研结合，帮助企业搭建技术改造、产业升级平台。

二、加快先进管理方法的推广应用，提高质量效益

积极引入和推进先进管理方法，吸收、融合国外先进质量管理理念，把普及和提高有机结合起来，增强技术和管理服务能力和水平。鼓励企业采用先进管理模式和方法，提升管理水平。深入普及推广和全面扩大质量管理QC小组活动、卓越绩效模式和设备管理普及的范围和影响，建立与国际接轨的质量管理体系，着力提高行业整体质量管理水平。

三、加强骨干培养，增强生机活力

着力提高从业人员素质技能，培育职业精神，造就责任心强和有专业素养的队伍。提高全员管理意识，使企事业各层次人员，掌握并有效应用质量管理科学知识和方法，提高广大员工结合本岗位工作参与质量管理的积极性和创造性。加强企业骨干的培养，壮大QC小组活动诊断师、卓越绩效评审员和设备管理及专家委员会的队伍建设，这也是企业能持之以恒、深入发展的必备条件。把教育培训、知识更新、素质提高作为一项推进管理的重要工作开展落实好。

四、组织评审第四届中国工业大奖

积极组织动员纺织企业申报中国工业大奖，并修订中国工业大奖（纺织）实施管理办法和中国工业大奖（纺织）评价细则，按优中选优原则，组织行业院士和专家针对申报企业和项目进行遴选，形成纺织行业评审推荐意见，通过参与中国工业大奖工作委员会和审定委员会评审，力争取得更好成绩。

（撰稿人：吴玉华）

2014年纺织服装专业市场运行分析

中国纺织工业联合会流通分会

过去的一年，国际国内经济形势持续波动，特别是国内经济发展已经告别过去的高增长态势，转而进入中高速、平稳的“新常态”发展区间。作为市场化程度最高的纺织服装行业，也已经进入中速增长的新常态。在这样的大环境下，如何主动适应经济发展新常态，努力做到“调速不减势、量增质更优”，行业转型升级发展显得犹为迫切，任务也更为艰巨。作为产业发展中最重要的流通环节，也更加需要积极发挥市场配置资源的决定性作用，通过商业模式创新、流通效率提升，务实地参与到产业转型升级发展的进程中来。

2014年纺织服装专业市场运行情况

一、总体运行情况

2014年，专业市场成交规模总体保持增长，但增速明显放缓。据流通分会统计，2014年万平米以上纺织服装专业市场833家，市场经营面积达到7636.23万平米，同比增长11.99%，增幅较2013年有所增长；市场总成交额2.02万亿元，同比增长3.61%，增幅较2013年有所下降。

1.市场运行效率分析

数据显示，2014年单体专业市场平均面积9.17万平米，每个市场平均拥有1454个商铺，平均商铺效率为166.49万元，较2013年下降2.01万元；平均拥有1181个商户，平均商户效率为204.94万元，较2013年增长4.66万元；纺织服装专业市场平均效率为26410元/平米，较2013年下跌2135元/平米。

2.市场区域结构分析

从区域结构看，纺织服装专业市场的总体规模和效益仍然集中在东部地区，尤其以浙江、江苏、广东等产业集群地更为突出。

从经营面积看，东部市场占全国专业市场总面积的66.17%，其中，浙江、江苏、广东三省分别占东部市场总面积的29.88 %、21.11%和19.29%，而东北、中部、西部市场分别占全国专业市场总面积的为5.91%、11.47%和16.45%。

表1 2011～2014年专业市场主要指标一览表

	2011	2012	2013	2014
经营面积（万平米）	6031.44	6428.44	6818.82	7636.23
同比（%）		6.58	6.07	11.99
市场场总成交额（亿元）	16540.53	18053.71	19464.13	20167.17
同比（%）		9.15	7.81	3.61

资料来源：流通分会

图1 2014年各地区专业市场经营面积占比情况

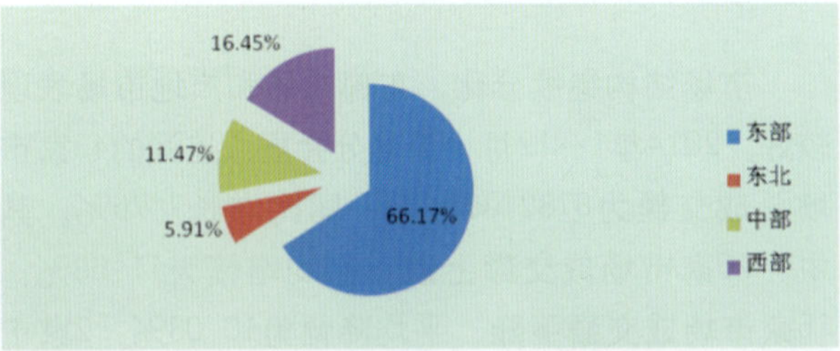

资料来源：流通分会

从成交额看，东部市场占全国专业市场总成交额的74.52%，其中，浙江、江苏、广东三省分别占东部市场总成交额的29.81%、28.15%和11.96%，而东北、中部、西部市场占比分别为6.87%、10.46%和8.15%。

图2 2014年各地区专业市场成交额占比情况

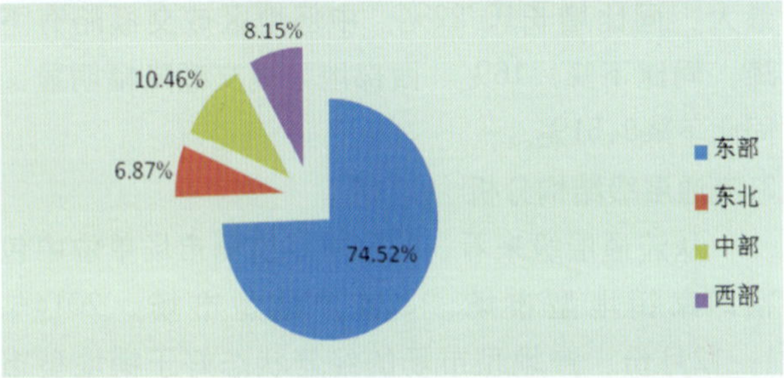

资料来源：流通分会

浙江的桐乡、海宁、许村、义乌，江苏的常熟、海门，广东的广州、东莞等地聚集了大量面料、家纺、小商品、服装生产企业，产业集聚化能力突出，与当地专业市场形成合力发展，也为其它地区专业市场的发展提供了示范效应。中部湖南株洲芦淞服饰城近两年强化专业市场的发展与产业布局的结合，其产业园区、创意服务园区、物流园区、新兴商贸园区等正陆续建成并投入使用，为承接产业转移，服务本地企业发展提供了更好的条件和资源。

2014年东部地区专业市场与全国市场总体运行态势基本一致，经营总面积同比增长6.92%，商铺总数同比增长4.33%，商户总数同比增长1.58%，成交金额同比增长4.81%。由于贵州、陕西、四川等地新市场的大量投入建设，西部地区经营面积同比增长达到39.00%，商铺总数同比增长6.53%，商户总数同比增长1.29%，但西部地区成交额同比下降8.1%，西部地区新市场投入运营之后会对当地成交额起到一定的促进作用。

图3 2014年专业市场分地区主要指标同比变化情况

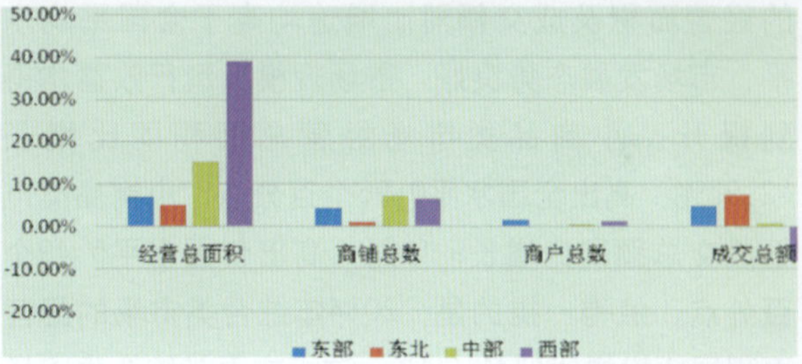

资料来源：流通分会

3.经营类别结构分析

从经营类别看，全国纺织服装专业市场的经营类别仍以服装类市场为主。服装类市场经营面积占全国专业市场总面积的45.22%；其次为综合类、原面（辅）料类和小商品类市场，分别占16.16%、15.58%和11.87%；家纺类市场仅占4.68%。服装类市场成交额占全国专业市场总成交额的49.93%，其次为原面（辅）类市场，占24.37%，小商品类、综合类及家纺类市场分别占8.72%、5.54%及5.09%。

图4 2014年各类别专业市场经营面积占比情况

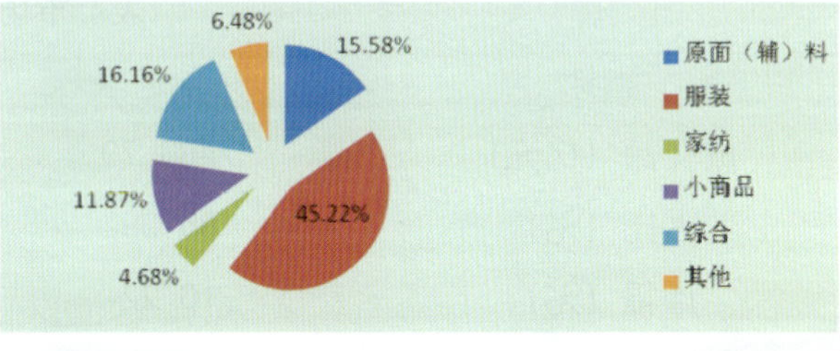

资料来源：流通分会

图5 2014年各类别专业市场成交额占比情况

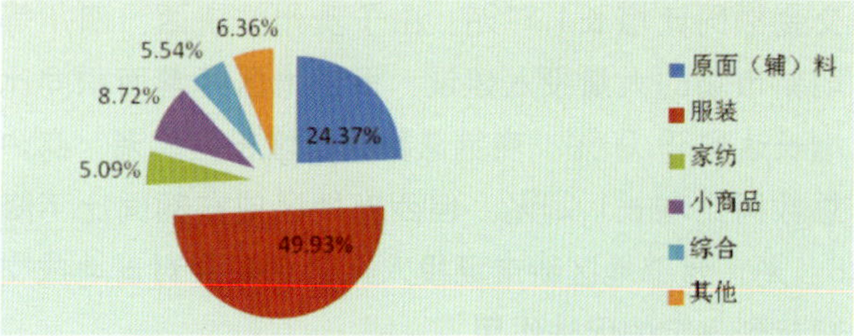

资料来源：流通分会

从各类别市场主要指标增速看，小商品类市场的经营面积及成交额同比增速均高于全国平均水平，市场发展态势良好，市场规模、运行效益均得到提升。小商品类市场经营总面积同比增长12.95%，高出全国水平0.96个百分点；小商品类市场成交总额同比增长9.10%，高出全国水平5.49个百分点。值得一提的是，2014年综合类市场的经营面积同比增幅达到41.08%，这一方面与综合类市场原有面积基数小有关，另一方面是由于各地的新增市场多为大体量的综合类专业市场。

图6 2014年专业市场分类别主要指标同比变化情况

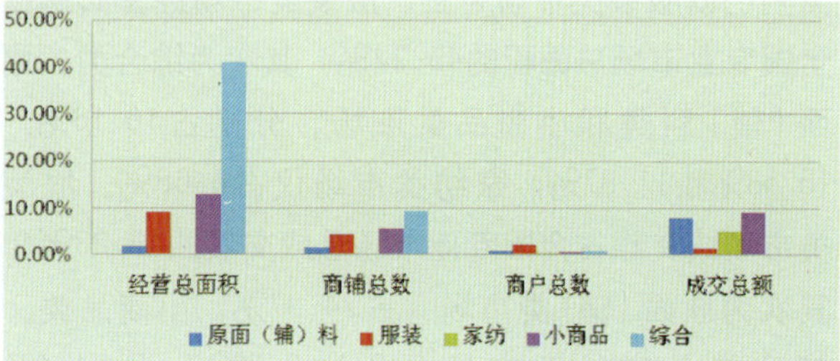

资料来源：流通分会

二、重点市场运行情况

市场结构继续分化，东部市场和产地市场表现较好。2014年1～12月，流通分会重点监测的43家市场总成交额为8782.30亿元，同比增长7.76%。其中，26家市场成交额上涨，平均增幅为11.68%；15家市场成交额下降，平均降幅为10.03%；2家市场成交额持平。

1.市场运行效率分析

从市场运行效率看，2014年1～12月重点监测的43家市场的单位营业面积运行效率提升，每平方米年成交额为46540.57元，同比增长7.76%；经营商户运行效率提升，平均每个商户年成交额为403.65万元，同比增长8.86%。

2.市场区域结构分析

从区域结构看，东部地区市场成交额增长幅度最大，同比增长10.22%；中部地区成交额略有下降，同比下降1.16%；西部地区成交额降幅明显，同比下降8.51%。

3.流通层级结构分析

从流通层级来看，43家重点监测市场单位中包括21家销地型市场、22家产地型市场。2014年1～12月份，产地型市场的经营状态好于销地型市场。其中，22家产地型市场成交额7115.69亿元，同比增长11.07%；21家销地型市场成交额1666.66亿元，同比下降4.32%。

4.市场规模结构分析

从经营规模看，我国纺织服装专业市场主要划

表2 市场区域与效率分析

指标	东部地区	中部地区	西部地区
成交额（亿元）	7490.79	716.23	575.28
占比（%）	85.29	8.16	6.55
增幅（%）	10.22	−1.16	−8.51

资料来源：流通分会

分为年度成交额500亿元以上、100亿～500亿元、50亿～100亿元和50亿元以下四个层次。

成交额在500亿元以上的主要为绍兴柯桥中国轻纺城、义乌小商品城等市场集群，成交额接近全国总成交额的三成。这类集群由多个单体市场组成，集群内整体规划布局，错位经营，综合配套较为完善，管理服务不断优化，呈现良好发展态势；而年度成交额50亿元以下的市场数量众多、分布广，经营面积接近六成、成交额超过三成。

从经营面积看，年度成交额500亿元以上、100亿～500亿元、50亿～100亿元和50亿元以下的市场占比分别为22.10%、12.78%、9.34%和55.78%；从成交额看，这四类市场的占比分别为27.26%、27.63%、13.85%和31.26%。

图7 2014年各规模市场经营面积占比情况

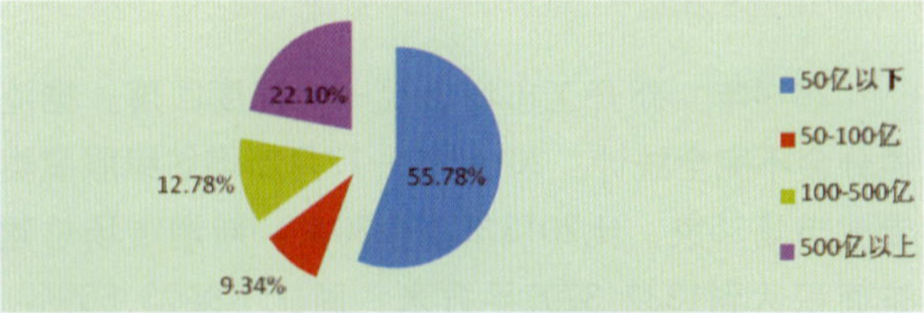

资料来源：流通分会

图8 2014年各规模市场成交额占比情况

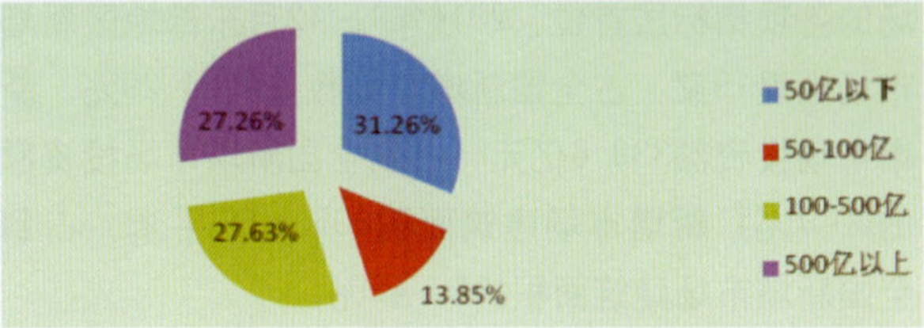

资料来源：流通分会

表3 2014年1～12月新增纺织服装专业市场情况

	市场数量(家)	投资额（亿元）	建筑面积（万平米）
2013年	65	1020.71	1745.34
2014年	35	559.43	1332.37

资料来源：流通分会

表4 2014年1～12月各区域新增纺织服装专业市场投资额及占比

指标	东部地区	中部地区	西部地区
投资额（亿元）	339.60	137.33	82.50
占比（%）	60.70	24.55	14.75

资料来源：流通分会

表5 2014年1～12月各区域新增纺织服装专业市场建筑面积及占比

指标	东部地区	中部地区	西部地区
建筑面积（万平米）	805.80	361.24	165.33
占比（%）	60.48	27.11	12.41

资料来源：流通分会

三、2014年新增纺织服装专业市场情况

2014年，新开工市场出现一定程度回落。据流通分会不完全统计，2014年1～12月新增纺织服装类专业市场35家，比2013年减少30家；新增市场总建筑面积达到1332.37万平方米，同比下降23.66%；新增市场总投资额为559.43亿元，同比下降45.19%。

从区域结构看，东部地区新增纺织服装专业市场的各项指标居首位，2014年1～12月东部地区新增市场数量19家，占全国新增市场数量的54.29%；新增市场投资额339.6亿元，占到全国新增市场投资额的60.7%；新增市场建筑面积805.80万平米，占到全国新增市场建筑面积的60.48%。

2014年纺织服装专业市场运行现存问题

一、国际竞争压力加大

从宏观情况看，由于国际经济复苏缓慢、东南亚新兴的纺织品基地与中国本土抢夺订单，外向度较高的专业市场成本价格优势逐渐消失，外贸增幅近年来明显收窄。

二、国内竞争日益加剧

目前，国内纺织服装专业市场基数庞大，新增市场不断建设投入运营，一些老市场既有的优势虽突出，但内部积累性、遗留性问题仍然较多，市场创新发展压力较大，国内竞争逐步加剧。

三、商户经营理念提升较慢

从整体看，虽然专业市场的硬件设施、经营理念和管理方法在不断提升，但是许多商户在经营时仍然墨守成规。市场在转型升级过程中，老一代经营户的经营理念提升较慢，在适应新时代经济特点、发展现代电子商务等方面步伐明显偏缓，在利用互联网、移动电子商务等方面停滞不前。

2015年纺织服装专业市场发展趋势

新常态下，纺织服装专业市场一方面表现出总体成交额增速放缓、市场结构继续分化等典型特点；另一方面面临国际竞争压力明显加大，国内竞争日益加剧等问题。在当前形势下，专业市场也有了一些新的发展特点：

一、有形市场正与期货、电子商务等无形市场相结合

线上与线下市场充分互动，线上交易市场正逐渐成为线下有形市场重要的渠道补充。虎门富民集团、南通叠石桥家纺城、常熟服装城、郑州锦荣轻纺城等单位，都建设了电子商务产业园区或电子商务服务中心，服务于区域内企业拓展线上市场的服务工作。而广州白马服装网、沈阳五爱购、常熟服装城在线、红豆商城等一批线上平台也已经相继投入使用；同时，柯桥网上轻纺城、盛泽中国绸都网、无锡纺织材料交易中心等相关原材料交易平台的B2B交易模式也日渐成熟。

二、在市场配置资源的力量下，产业转移速度正在加快

原有的集散型市场平台正成为产业落地的引擎，流通格局中传统的一级批发与二级批发之间的关系正变得模糊。辽宁西柳服装市场、湖南株洲芦淞服饰城，这些原本以集散为主的专业市场，在一段时间内，将不仅作为集散地，满足东部企业的产品完成中转、销售的功能，还将成为新兴产地，带

动本地产业发展，为东北地区、中西部地区新兴服装、家纺品牌提供流通服务。

三、各专业市场都以服务商户成长为根本要务

各专业市场积极投入人力、物力，努力提高管理水平，提高专业化的服务能力，在区域市场与产业链上下游的合作与对接方面不断加大力度。以柯桥中国轻纺城、石狮服装城、江苏常熟服装城、辽宁西柳服装城、广州越秀流花服装商圈、虎门富民商圈等为代表的市场集群，大多已经在“十一五”期间完成了市场区域的调整规划和硬件建设，在新的发展时期，其升级发展的重点任务，已经从过去的重新规划布局、大拆大建、商户安置、划行归市等转向更为深化的商户经营服务体系建设、市场运营管理水平提升、公共服务平台建设和市场与产业的协同配套发展。

四、各专业市场加大品牌孵化、培育、建设功能

市场品牌意识不断增强、品牌服务体系建设不断加强。一些市场已经取得了较好的效果，如广州白马打造的时尚女装品牌、湖南株洲芦淞服饰城的女裤品牌、北京天雅女装大厦的自主女装品牌、辽宁西柳服装市场的北派服饰品牌，这些品牌在获得市场认可和关注的同时，也为专业市场提升了影响力和美誉度。

（撰稿人：刘珊姗）

2014年纺织服装行业上市公司情况综述

中国银河证券股份有限公司

纺织服装综合版块上市公司现状与特点

2014年A股纺织服装综合板块的上市公司总数为79家，在A股上市公司总数（2662家）中的占比为2.97%，其中，子板块纺织制造的上市公司数量为41家、服装家纺为38家。2014年纺织服装综合板块新上市公司数量有3家，在当年首发上市公司数（125家）中占比2.40%，其中，3家公司均在上海交易所上市。

因纺织行业以中小企业为主，盈利能力薄弱，在规模指标方面，纺织上市公司的股本、资产等指标在A股中的占比很小。截止2014年3季度，纺织综合版块上市公司总股本在两市总股本中的占比为1.05%，总市值占比1.32%，净资产占比0.83%，总资产占比仅0.23%，远低于纺织上市公司数量在上市公司中的比重。

图1 纺织板块与沪深两市规模比较

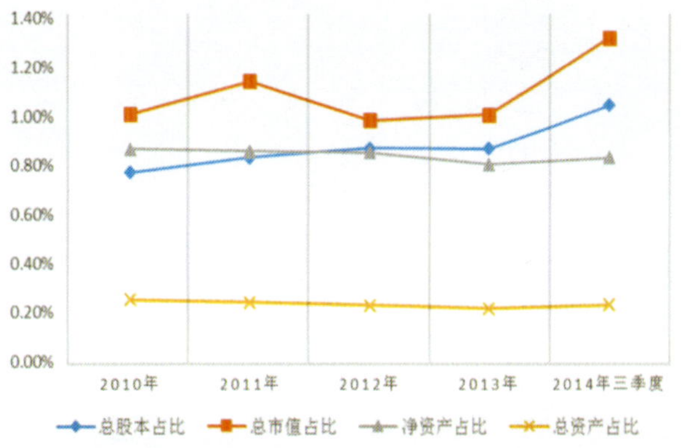

资料来源：WIND资讯、中国银河证券研究部

在每股指标方面，从2010年到2014年第三季度，纺织板块的平均EPS一直低于市场平均水平。平均BPS从2010年到2012年高于市场水平，从13年开始低于市场平均水平。2014年三季报，纺织综合版块的EPS与沪深两市平均EPS均下滑，且行业EPS持续低于沪深两市水平。2014年三季报，两市BPS较2013年上升，但纺织综合版块的BPS仍然下滑。

图2 纺织板块与沪深两市每股收益（EPS）走势比较

单位：元/股

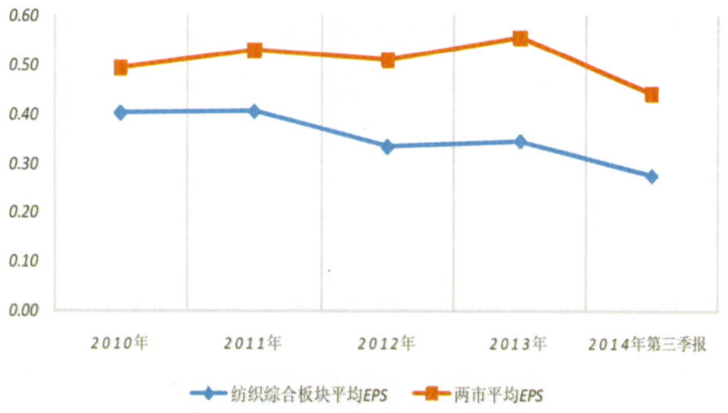

资料来源：WIND资讯、中国银河证券研究部

图3 纺织板块与沪深两市每股净资产（BPS）走势比较

单位：元/股

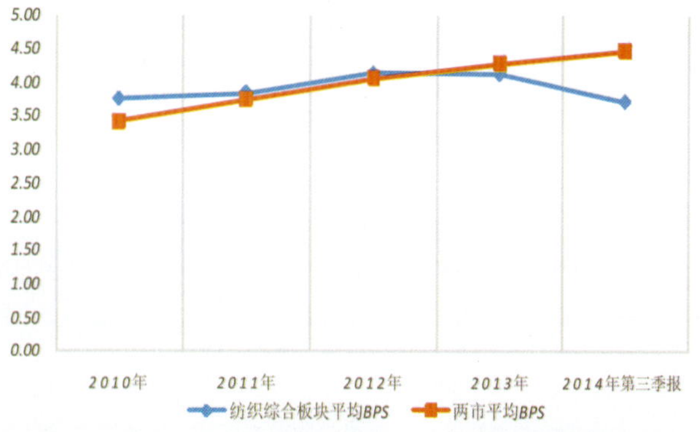

资料来源：WIND资讯、中国银河证券研究部

纺织服装上市公司经营业绩分析

一、上市公司全行业整体业绩有所上升，重点个股板块业绩有所下降

（一）全行业板块比较

纺织综合板块上市公司2014年前三季度平均营业收入同比上升8.59%，净利润同比上升27.71%。上市公司业绩上升主要在于板块内公司转型频现导致的业绩干扰。接下来我们选取了部分具有代表性的主流公司来计算整个行业业绩情况。

（二）重点个股板块比较

样本说明：选取主流代表性公司。

纺织制造重点个股子板块：鲁泰纺织、联发股

表1 纺织服装主要子板块收入与净利增长情况

板块名称	2014年三季营业总收入（亿元）	2013年三季营业总收入（亿元）	同比（%）	2014三季平均归属母公司股东的净利润（亿元）	2013三季平均归属母公司股东的净利润（亿元）	同比（%）	2014三季销售毛利率（%）	2013三季销售毛利率（%）	增幅（%）
纺织服装	1553.18	1430.37	8.59	126.63	99.16	27.71	24.93	24.23	0.7
纺织制造	730.44	648.16	12.69	44.91	35.80	25.45	17.52	16.42	1.1
服装家纺	822.74	782.21	5.18	81.73	63.36	28.98	31.51	30.84	0.67

资料来源：WIND资讯、中国银河证券研究部

表2 纺织服装主要子板块收入与净利增长情况

板块名称	2014年三季营业总收入（亿元）	2013年三季营业总收入（亿元）	同比（%）	2014三季平均归属母公司股东的净利润（亿元）	2013三季平均归属母公司股东的净利润（亿元）	同比（%）	2014三季毛利率（%）	2013三季毛利率（%）	增幅（%）
纺织服装重点个股	462.84	459.70	0.68	48.18	53.45	−9.89	12.82	15.67	−2.85
纺织制造重点个股	218.38	199.85	9.27	21.09	20.45	3.14	11.38	12.01	−0.62
服装家纺重点个股	244.46	259.84	−5.92	27.08	33.00	−17.96	14.13	18.65	−4.52

资料来源：WIND资讯、中国银河证券研究部

份、华孚色纺、百隆东方、伟星股份、兴业科技、华斯股份、际华集团、航民股份。

服装家纺重点个股子板块：朗姿股份、七匹狼、报喜鸟、九牧王、卡奴迪路、搜于特、美邦服饰、森马服饰、探路者、罗莱家纺、富安娜、梦洁家纺、奥康国际。（注：剔除雅戈尔、际华集团多元化业务影响、海澜之家与凯诺科技13年资产重组）

纺织服装板块上市公司2014年前三季度平均营业收入同比上升0.68%，净利润同比下降9.89%。纺织服装板块净利润的下降主要来自于服装家纺子板块净利润大幅下降了17.96%，而这主要是消费市场疲弱导致的。

二、重点个股板块主要财务指标分析

选取重点个股板块，取算数平均值进行财务指标分析。

盈利能力方面，服装家纺重点个股的销售净利率同比下降3.07个百分点至11.34%。纺织制造和服装家纺重点个股板块的净资产收益率均下降，截至2014年三季报，纺织制造重点个股板块的净资产收益率为8.26%，同比下降0.54个百分点；服装家纺为7.07%，同比下降2.31个百分点。

在偿债能力方面，重点个股子版块表现不一，总体变化不大。截至2014年第三季度，纺织制造和服装家纺重点个股子版块的流动比率分别为2.61和3.58。

在营运效率方面，截至2014年三季度，纺织制造重点个股存货周转率为3.68，同比上升0.22。主要得益于纺织业的原材料价格走低。服装家纺重点个股的存货周转率为1.18，同比减小了0.22。源自于渠道快速扩张带来大量库存压力。

三、重点个股子行业上市公司业绩分析

选取重点个股子行业上市公司，取算数平均值进行业绩分析。

表3 纺织上市公司财务指标比较

指标		报告期	纺织制造重点个股	服装家纺重点个股
盈利能力	销售净利率（%）	2014年1～3季度	15.66	11.34
		2013年1～3季度	11.21	14.41
	净资产收益率（%）	2014年1～3季度	8.26	7.07
		2013年1～3季度	8.80	9.38
偿债能力	流动比率	2014年1～3季度	2.61	3.58
		2013年1～3季度	2.88	3.46
	带息债务/股权价值（%）	2014年1～3季度	22.20	7.08
		2013年1～3季度	25.33	6.36
营运能力	存货周转率（次）	2014年1～3季度	3.68	1.18
		2013年1～3季度	3.46	1.40
	应收账款周转率（次）	2014年1～3季度	9.07	8.02
		2013年1～3季度	11.00	7.79

资料来源：WIND资讯、中国银河证券研究部

表4 纺织服装重点个股各细分行业营收、净利增速及费用率指标表现

单位：%

细分板块	政券简称	营收同比	净利润同比	销售费用率		管理费用率		财务费用率		销售净利率	
				2014年三季报	2013年三季报	2014年三季报	2013年三季报	2014年三季报	2013年三季报	2014年三季报	2013年三季报
色织布	鲁泰A	-1.40	2.62	2.58	2.89	8.65	9.95	0.81	0.23	15.04	15.66
	联发股份	7.49	0.19	5.01	5.12	4.05	3.89	1.54	1.25	7.75	7.22
	算数平均	6.09	2.80	7.58	8.00	12.70	13.84	2.36	1.48	22.79	22.88
色纺纱	华孚色纺	14.33	27.34	4.45	4.31	4.48	4.12	3.22	2.73	3.26	3.63
	百隆东方	7.57	-10.11	2.42	2.93	6.43	5.68	-0.30	1.17	13.50	11.28
	算数平均	10.95	8.61	3.43	3.62	5.46	4.90	1.46	1.95	8.38	7.46
纽链	伟星股份	3.99	14.52	8.10	8.31	10.98	11.55	0.96	0.24	12.59	13.86
皮革	兴业科技	33.79	-31.93	0.42	0.51	2.63	5.30	-1.13	0.87	11.81	6.01
印染	航民股份	11.35	23.93	1.68	1.65	5.69	5.61	0.69	1.03	12.21	13.59
裘皮	华斯股份	32.97	10.96	3.64	5.64	5.23	6.78	-0.55	1.58	13.49	11.26
女装	朗姿股份	-11.77	-58.38	25.66	33.19	12.60	15.87	-2.88	-0.09	21.08	9.95
男装	七匹狼	-25.06	-37.74	13.52	17.62	7.73	9.62	-0.97	-3.54	16.10	13.37
	报喜鸟	2.82	-16.79	29.10	33.20	14.77	12.59	-0.30	0.83	9.83	7.95
	九牧王	-15.07	-27.99	20.98	24.30	7.76	9.84	-3.47	-4.83	24.18	20.50
	卡奴迪路	-7.04	-89.63	33.62	45.48	9.33	11.73	-0.02	0.75	18.24	2.03
	算数平均	-11.09	-43.04	24.31	30.15	9.90	10.94	-1.19	-1.70	17.09	10.97
休闲	搜于特	-29.88	-48.05	10.80	15.55	5.14	6.46	-1.66	0.31	15.55	11.52
	森马服饰	8.82	21.29	13.48	12.22	3.76	4.07	-2.59	-1.70	11.20	12.48
	美邦服饰	-18.54	-40.94	31.40	33.08	3.09	3.94	1.47	2.20	6.64	4.81
	算数平均	-13.20	-22.57	18.56	20.28	4.00	4.82	-0.93	0.27	11.13	9.60
户外	探路者	21.04	23.98	18.58	17.48	12.27	11.00	-0.86	-0.75	16.20	16.59
家纺	罗莱家纺	9.13	16.66	21.19	21.59	6.64	6.72	-0.96	-0.95	13.77	14.72
	富安娜	3.51	15.79	24.01	21.90	5.85	5.03	-0.36	-0.34	16.78	18.77
	梦洁家纺	5.99	14.58	31.30	28.84	5.03	7.19	0.32	-0.05	5.39	5.83
	算数平均	9.92	17.75	23.77	22.45	7.45	7.48	-0.47	-0.52	13.04	13.98
鞋业	奥康国际	0.55	-27.98	17.02	15.28	7.54	7.17	-0.79	-0.49	12.35	8.85

鲁泰A资料来源：WIND资讯、中国银河证券研究部

从各细分子行业来看，根据公司2014年三季报，纺织制造子行业如色织布、色纺纱、纽链、印染等营业收入和净利润同比均有所增加，主要是受益于持续的海外复苏，加上原材料价格下跌导致。

服装行业无论是男装女装的营收和净利润均有所下降，主要是因为服装行业仍处于收缩调整阶段。服装企业面临传统渠道支撑的业绩增长模式难以为继的局面。

纺织服装板块二级市场表现

A股市场2014年1月至7月相对平稳，8月开始上行，至年末涨幅超过40%。纺织各子板块大趋势上与上证综指波动一致。分行业看，2014年9月至10月，纺织制造子板块表现好于大盘，服装家纺子版块与大盘相近。2014年12月，纺织制造和服装家纺表现均不如大盘。

图4 2014年纺织服装板块与全部A股走势对比

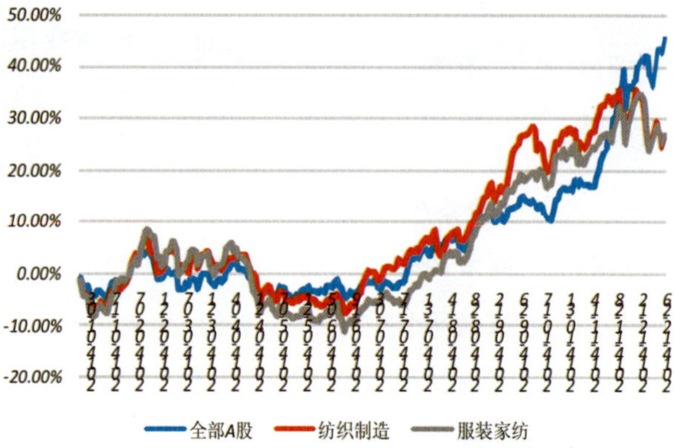

资料来源：WIND资讯、中国银河证券研究部

2014年纺织服装板块筹资情况

得益于IPO开闸等因素，我国上市公司融资规模2014年明显上升。截至2014年底，两市通过新股发行、增发、配股及发行可转债共筹资6718.16亿元。

表5 沪深两市及纺织综合板块一级市场2010～2014年融资状况

市场融资		2010年		2011年		2012年		2013年		2014年	
		金额	同比(%)	金额	同比(%)	金额	同比(%)	金额	同比(%)	金额	同比(%)
沪深	筹资额（亿元）	10750	140.7	7116	−31.4	4721	−33.7	4191.41	−11.22	6718.16	60.28
两市	筹资次数	531	113.25	481	−9.4	324	−32.6	263	−18.83	532	102.28
纺织	筹资额（亿元）	174.54	98.03	197.03	12.89	98.25	−50.1	8.40	−91.45	292.69	3384.40
板块	筹资次数	21	90.91	22	4.76	11	−50.0	2	−81.82	15	650.00

资料来源：WIND资讯、中国银河证券研究部

表6 2014年主要纺织上市公司筹资及项目投向

代码	名称	实际募集总金额（亿元）	筹资类型	拟投项目
603889.SH	新澳股份	4.79	首发募投	20,000锭高档毛精纺生态纱项目；偿还1亿元银行贷款项目
603518.SH	维格娜丝	7.41	首发募投	营销网络建设项目；补充流动资金；研发中心技改项目
603555.SH	贵人鸟	9.43	首发募投	全国战略店建设项目；鞋生产基地（惠南）建设项目；设计研发中心建设项目；信息化建设项目
002640.SZ	百圆裤业	1.50	增发	收购环球易购100%股权
601599.SH	鹿港科技	1.50	增发	收购世纪长龙影视100%股权
002494.SZ	华斯股份	2.30	增发	裘皮服饰生产基地搬迁升级改造项目；直营店建设项目
600483.SH	福能股份	46.46	增发	购买福能集团所持有的鸿山热电 100%股权；福能新能源100%股权；晋江气电75%股权的股份
600273.SH	嘉化能源	5.00	增发	用于上市公司“热电联产机组扩建项目”
600448.SH	华纺股份	4.00	增发	收购亚光公司的工业园相关资产；6.5万锭精梳紧密纺纱生产线技术改造项目；家纺生产线项目
600398.SH	海澜之家	130.00	增发	借壳凯诺科技上市
000982.SZ	中银绒业	23.00	增发	用于公司生产经营活动，包括补充公司营运资金、偿还金融机构贷款等
000902.SZ	新洋丰	22.59	增发	资产置换，交易后主营业务将变更为磷复肥的研发、生产和销售业务
000810.SZ	创维数字	29.71	增发	资产置换，置入盈利能力相对较强的数字机顶盒业务
002634.SZ	棒杰股份	1.39	配股	年产2,000吨锦纶DTY和1,200吨包覆纱的技改项目；补充公司流动资金及偿还银行贷款
002036.SZ	汉麻产业	2.93	配股	用于汉麻纺纱项目

资料来源：WIND资讯、中国银河证券研究部

其中125家发行新股筹资668.89亿元；15家公司配股筹资145.26亿元；增发公司379家募资合计5583.03亿元；发行可转债公司13家合计募资320.98亿元；平均每家筹资额12.63亿元。

纺织服装行业2014年有3只新股在A股发行上市，共筹资21.62亿元；汉麻产业、棒杰股份通过配股筹资4.32亿元；创维数字、新洋丰、中银绒业、华斯股份、百元裤业、海澜之家等10家通过增发筹资266.75亿元；平均每家筹资额19.51亿元。与两市筹资规模相比，纺织上市公司的融资能力高于市场平均水平。

2014年IPO被否的纺织服装公司较多，原因主要是业绩波动、产品质检瑕疵、高库存、产能过剩、生产成本高企、出口持续低迷等问题，造成纺织服装企业经营上的乏力，这直接影响了资本市场对纺织服装行业投资价值的判断。如被否的知名童装品牌小猪班纳，在筹备A股IPO期间，小猪班纳频频曝出质量问题。例如在2011年5月，西安市质监局的一项抽检结果显示，当地儿童服装有近两成存在质量问题，小猪班纳就在黑名单之列。同年二季度，武汉工商局的抽检中，小猪班纳一款儿童圆领短袖针织衫被查出不合格。

此外，据WIND数据，2014年纺织服装板块处于IPO排队的企业共计有19家，其中处于“已反馈”状态的有深圳汇洁集团股份有限公司，处于“已受理”状态的包括深圳玛丝菲尔时装股份有限公司、欣贺股份有限公司、雷迪波尔服饰股份有限公司、杭州诺邦无纺股份有限公司，处于“已预披露更新”状态的有金发拉比妇婴童用品股份有限公司，处于“中止审查”状态的公司包括安正时尚集团有限公司、宁波太平鸟时尚服饰股份有限公司、比音勒芬服饰股份有限公司、江苏申利实业股份有限公司、江苏丹毛纺织股份有限公司、北京富泰革基布股份有限公司，处于“终止审查”状态的公司包括德尔惠股份有限公司、珠海威丝曼服饰股份有限公司、江苏AB集团股份有限公司、江苏云蝠服饰股份有限公司、新凤鸣集团股份有限公司、上海水星家用纺织品股份有限公司、泉州海天材料科技股份有限公司。2015年，伴随着注册制的推行，监管逐步放开，新股发行进入市场化，纺织服装板块企业的上市节奏将会加快。

2015年纺织行业发展展望

一、持续健康发展面临着需求增长缓慢和成本上升等诸多挑战

在过去的2014年，我国纺织工业坚持深入推进产业结构调整，积极适应国内宏观经济发展新常态，基本保持了平稳发展态势，运行质效稳中趋好，但是增速比2013年普遍回落。全年规模以上纺织企业工业增加值同比增长7.0%，增速较2013年同期下降1.3个百分点；出口总额达2984亿美元，同比增长5.1%，增速下降6.1个百分点；实现利润总额3663亿元，同比增长6.1%，增速下降9.7个百分点。

目前，纺织行业面临的发展形势仍较为复杂，首先是国际金融危机后续影响还没有完全消除，一些作为主要出口市场的经济体的复苏仍然脆弱；其次是国内经济形势不甚客观，国内消费需求增长放缓；最后是棉价走势不确定性增强、综合生产成本持续上升等因素的影响仍然突出，行业继续保持平稳运行面临较大的压力。所以纺织工业需要进一步提供自身的创新能力，应用新一代信息技术，进一步提升装备现代化水平，深入推动信息化建设，为破解当前发展瓶颈以及实现产业转型升级提供新动力。

二、线上线下融合发展，电子商务激发新活力

电子商务的迅速发展，为国内服装品牌提供了一个全新的助推力。2014年纺织品服装电子商务十

分活跃，成为最具活力的商业渠道，扩大了服装零售渠道的覆盖面，极大地满足了消费者的消费需求，刺激了服装消费增长，提升了服装市场规模，现已成为重要的服装零售渠道。上半年服装家纺网络零售总额为2770亿元，占全国各类商品网络零售总额的25%；零售总额较上年同期同比增长39.2%，增速较上年同期加快6.4个百分点，远远高于传统渠道10.4%的增速。

适应零售时代的转型，企业开始进行运营模式的大变革，进行线上线下的紧密融合。传统品牌纷纷触网，通过品牌官网、第三方平台旗舰店以及网络分销等方式积极拓展网络零售市场，并取得了可观的销售业绩。另外，电子商务也催生了一批服装网络品牌，形成了全新的服装品牌轻资产运作模式。这些网络品牌通过电子商务、网络零售在短期内成为具有较高知名度和美誉度的品牌，并形成规模销售，这对于传统品牌企业是难以想象的。

三、关键技术期待新的突破

大数据、智能制造、云计算、物联网、移动互联（简称“大智云物移”）等新一代信息技术逐步开始在各个行业加快渗透，纺织服装也开始向着数字化、网络化、智能化的方向迅速发展，成为行业发展新的亮点。比如上海嘉纳公司开发了服装三维测体试穿系统，包括三维测量及人体数据处理、三维服装设计系统、三维虚拟试衣平台和虚拟服装走秀系统，可以使用移动智能终端，并已作为产品应用到多家服装企业和相关院校。

在2015年及未来几年中，这些新一代信息技术在纺织信息化进程中将发挥越来越重要的引领作用。这几项关键技术和应用领域取得重点突破，将有利于开发出适合行业特点、满足企业需求的应用系统和软件，有力促进纺织行业在产品设计、生产制造、经营管理、物流配送、市场营销等各个环节的信息化建设，形成覆盖更广泛，资源更丰富，响应更迅速，功能更强大，应用更深入的一体化系统，从而推动整个产业的改造提升。

（撰稿人：马　莉）

CNTAC

中国纺织工业发展报告

CHINA TEXTILE INDUSTRY DEVELOPMENT REPORT

2014/2015

原料供求

2014年棉花市场回顾及2015年展望

中国棉花协会

2014年，全球经济复苏艰难曲折，主要经济体走势分化，消费回升缓慢，棉花价格震荡下行，世界棉花产量连续下降，市场呈现持续低迷态势。我国经济下行压力不断加大，多重困难和挑战相互交织，国家对棉花宏观调控政策进行了重大调整，中央一号文件明确要逐步建立农产品目标价格制度，目标价格补贴试点改革取代三年临时收储政策，政府减少干预，原料回归市场。有关部门启动了新疆棉花目标价格改革试点补贴政策，2014年棉花目标价格水平定为19800元/吨。新疆有关部门积极准备，各项工作稳步推进，新棉收购开始后，新疆自治区和兵团的具体实施方案也相继公布。

受到价格、成本、效益、政策调整等多方面因素影响，2014年国内植棉面积继续下滑，气象条件总体好于2013年，但棉花产量仍然下降。新年度收购初期，棉农和加工企业均持观望态度，籽棉价格出现下跌。全国棉花电视电话会之后，国内调控政策基本明确，中国棉花协会组织中棉集团等棉花骨干企业，发挥示范带头和引导市场的作用，积极入市收购，籽棉价格趋于稳定。受高库存和需求疲弱的影响，新棉上市以来销售依然滞缓，中国棉花现货价格全年呈现阶梯下滑趋势，企业经营压力加大。纺织行业主要指标继续增长，但受资金、成本等多种因素影响，各指标增幅均出现明显回落，总体运营依然困难，棉花需求不旺。从全年看，上半年纺织企业购棉以储备棉和进口棉为主，国内市场持续清淡，新棉上市后，储备棉投放停止，纺织企业采购以新棉和进口棉为主。

展望2015年，世界经济仍处于深度调整之中，复苏动力不足，不确定因素增多，我国经济下行压力加大，但改革红利正在逐步释放。纺织行业挑战与机遇并存，一些作为主要出口市场的经济体的复苏仍然脆弱，国内服装消费需求有待逐步释放，行业提高运行质量和经济效益任务艰巨，企业创新能力需要加紧培育，新旧增长点的衔接尚需时日。2015年中央一号文件指出，总结目标价格改革试点经验，完善补贴方式，降低操作成本，确保补贴资金及时足额兑现到农户，合理确定重要农产品储备规模。目前国际市场棉花仍然供大于求，价格处于较低水平，对国内棉价有一定压力，市场主体对棉花价格走势可能会出现预期不稳。但也应当看到，保持国内棉花市场平稳运行具备有利条件。中国棉花协会2月对全国主要棉区进行植棉意向调查，结果显示2015年全国平均种植意向下降约23%。国家对储备投放和进口安排是可控的，可以预测，今后国内有关政策措施将会紧紧围绕新棉销售、储备投放和进口安排之间的关系，保护农民利益与提高纺织竞争力之间的关系，市场形成价格与政府调控之间的关系，引导市场棉价在合理区间运行，保持国内棉花供求总量平衡。

棉花供求基本形势

一、棉花供给

（一）产量继续下降

2014年中央一号文件明确指出，启动东北和内蒙古大豆、新疆棉花目标价格补贴试点。执行三年的棉花临时收储政策结束，棉花价格由市场供需决定，但由于受棉花市场长期低迷、种棉成本上涨、比较效益较差、费工费时等多种因素影响，棉农植棉积极性持续下降。4月初，2014年棉花目标价格发布，为每吨19800元，提高了目标价格改革试点地区新疆的农民植棉积极性。由于内地棉花主产区自然灾害较多、质量较差、价格较低，内地棉花补贴政策发布较晚，内地植棉面积继续大幅下降。

国家统计局公布的全国棉花产量数据显示，2014年全国棉花播种面积6328.6万亩，同比减少2.9%，全国棉花总产量616.1万吨，较2013年度同比减少2.2%，其中，因播种面积减少减产18.3万吨。分地区看，目标价格改革试点地区新疆棉花播种面积扩大，比2013年增加352.6万亩，同比增加13.7%；其他省由于预期收益下降，棉花播种面积普遍减少，减少542.4万亩，同比下降13.8%。全国棉花平均单产为97.4公斤/亩，同比提高0.7%，新疆棉花播种面积占全国比重提高是全国棉花单产水平上升的主要原因。分地区看，新疆是我国最主要的棉花产区，2014年产量占全国的59.7%，棉花生产区位优势明显。2014年新疆棉花由于受大风低温、虫害等因素的影响单产有所下降，但由于播种面积增加，产量达到367.7万吨，同比增长4.5%；新疆以外省（区、市）棉花产量共计248.4万吨，同比减少10.7%。

中国棉花协会监测统计，2014年全国植棉面积6339.7万亩，同比下降9.35%，气象条件总体好于2013年，棉花单产增长2%，全国棉花产量为650.4万吨，同比下降7.11%。

图1 2010～2014年我国棉花产量

单位：万吨

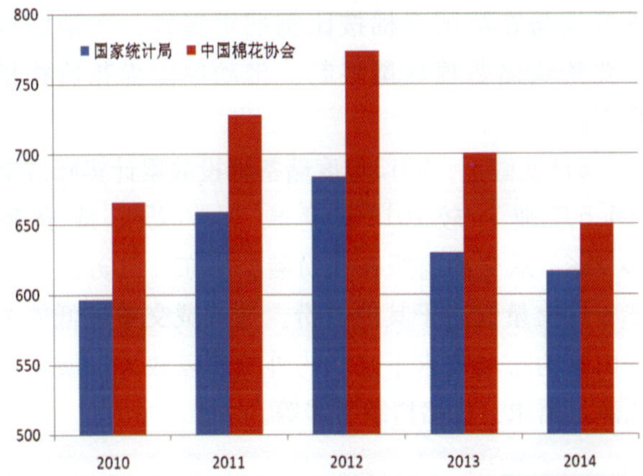

资料来源：国家统计局、中国棉花协会

（二）进口量大幅缩减

1.内外棉价差不断缩小

2014年，受政策调整、储备棉投放价格下调、国内外需求不旺等因素影响，国内棉花价格下跌，内外棉价差缩小，棉花进口量大幅回落。从全年走势看，内外棉价差逐步收窄，年末中国进口棉价格指数（FC Index M ）1%关税下折人民币价格低于中国棉花价格指数（CC Index 3128B）2253元，而年初这一差价为4842元；滑准税下，已高于中国棉花价格指数（CC Index 3128B）132元，而年初时仍低于价格指数3738元。

图2 2014年中国棉花价格指数与进口棉价格指数走势

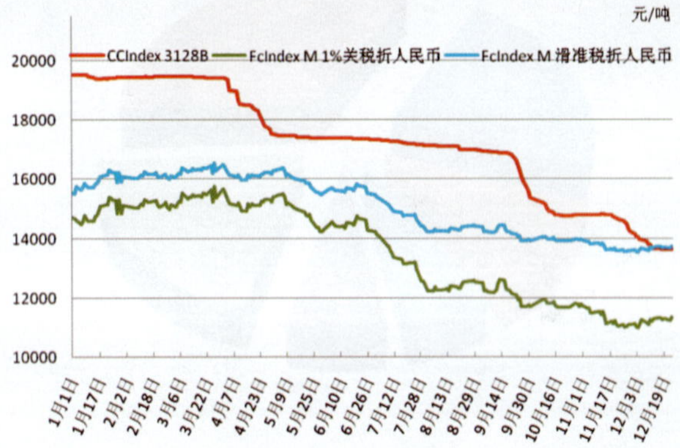

资料来源：中国棉花协会

2.进口量大幅缩减

据海关统计，2014年我国累计进口棉花244万吨，同比减少41.2%，各月进口量均明显低于2013年同期；全年平均进口价格2046美元/吨，同比上涨0.5%，进口均价年初缓慢上升，7月之后大幅回落；配额使用以1%关税为主，进口份额接近六成；进口贸易方式以进料加工为主，超过一般贸易方式，位居首位；印度继续为第一大进口来源国，美棉和澳大利亚棉花分列第二、三位。2014年各贸易方式中只有来料加工进口量增长，其他方式进口均有所下降，但进料加工降幅较小，所占份额已升为首位。

图3 2013～2014年我国棉花进口量价趋势图

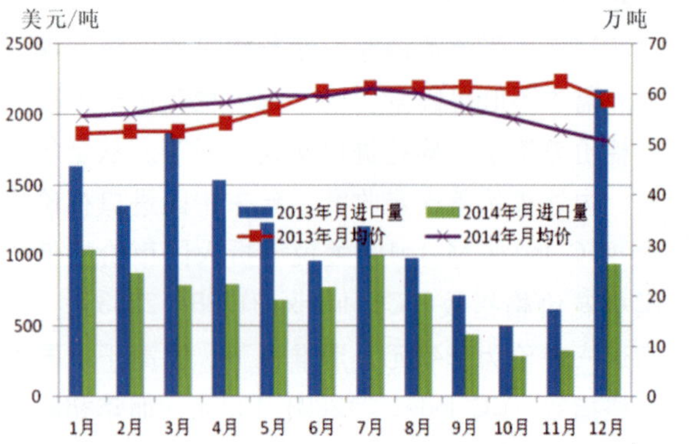

资料来源：中国海关

图4 2014年我国棉花进口分国家占比图

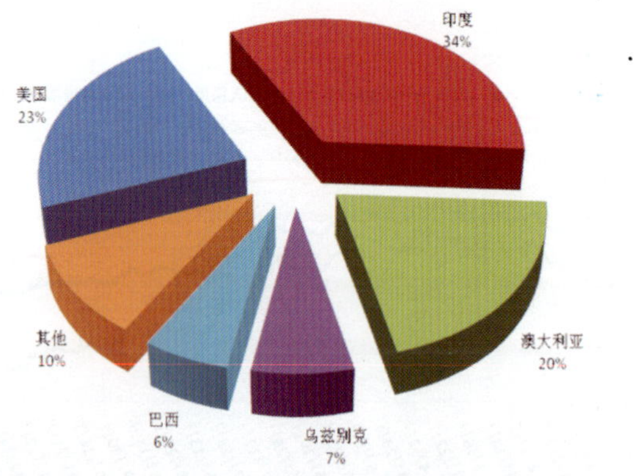

资料来源：中国海关

（三）棉花收放储政策

1.棉花临时收储政策结束

2014年，连续实施三年的棉花临时收储政策落下帷幕，目标价格改革试点在新疆启动。2011年以来，为保护棉农利益、稳定棉花生产，国家对棉花实行了临时收储政策，三年累计成交量近1600万吨，占全国总产量（统计局）的80%，实际入库量达到1633万吨，超过实际产量的七成。临时收储政策实施三年期间，国内棉价波动幅度较小，保证了籽棉收购价格相对稳定，棉农收入实现三连增，实现了棉农收入、棉花市场“双稳定”的预期目标，在全球经济形势不佳的大环境下保证了棉农收入不下降。

2014年3月底，2013年度收储结束，按20400元/吨的价格累计收储棉花658万吨（其中新疆地区428万吨），占当年棉花总产量的九成以上。

图5 2011～2013年度临时收储量与内外棉价差图

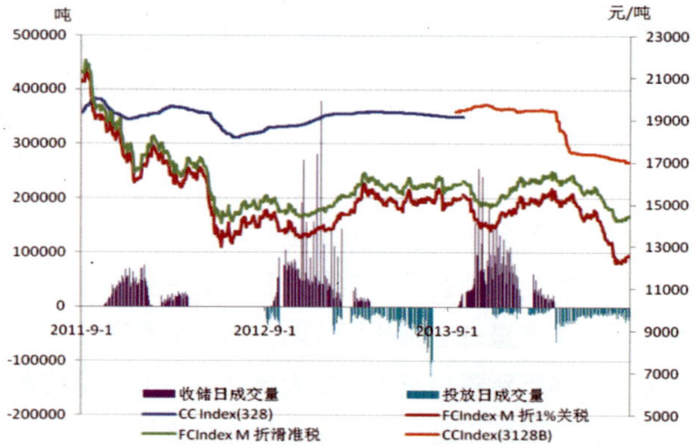

资料来源：中国棉花协会

2.储备棉成交量减少

2013年度大部分棉花进入国储库，市场流通资源有限，为满足纺织企业需求，2013年11月28日起开始投放储备棉，竞卖底价初期为标准级18000元/吨，限定参与企业的最大竞买数量，储备棉成为纺织企业购买原料主要渠道之一。2014年4月1日竞卖底价调整为17250元/吨，同时，储备进口棉与在疆国产棉按比例捆绑销售，取消纺织企业购买储备棉数量限制，带动中国棉花价格指数下跌。

8月底截止，2013年度储备棉投放累计实际成交264.5万吨，较2013年度减少37.2%，成交率20.2%，从交易商所在省份看，山东、江苏、河南三省成交量远高于其他省份。造成成交率较低的主要因素为市场需求不足、内外棉价差较大、质量不能满足需求、价格持续下滑等。

图6 2014年度储备棉投放量价对比图

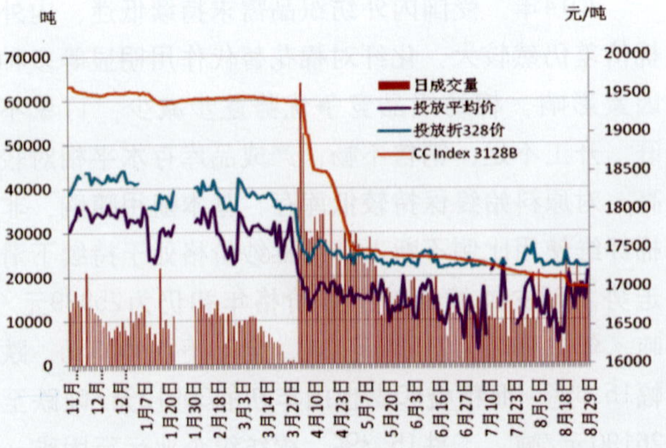

资料来源：中国棉花协会

图7 2013～2014年我国纺织品服装出口金额

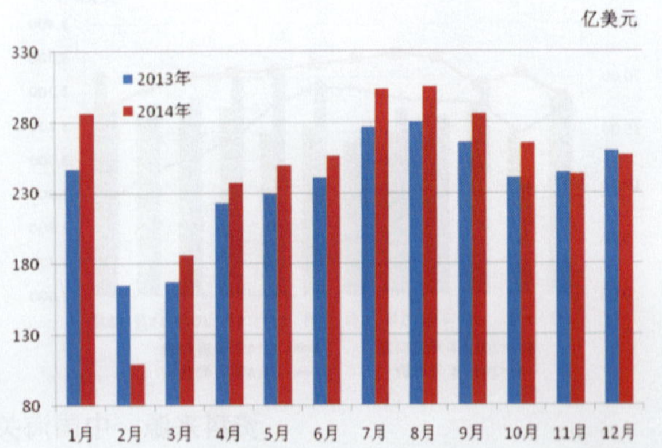

资料来源：中国海关

二、棉花需求

（一）纺织品出口增幅回落

2014年，各国经济复苏乏力，主要经济体走势分化，欧盟、美国经济复苏势头渐稳，我国纺织品服装对欧美出口保持增长，日本经济复苏动力不足，加上消费税对国内消费的抑制，我国纺织品服装对日出口持续低迷；对东盟市场持续下降。

据中国海关统计，2014年我国累计出口纺织品服装2984亿美元，同比增长5.1%，增幅较2013年回落6.3个百分点；其中纺织纱线、织物及制品出口1121亿美元，同比增长4.9%，增幅较2013年回落6.8个百分点；服装及衣着附件出口1863亿美元，同比增长5.2%，增幅较2013年回升6.1个百分点。全年来看，前期除2月份外，各月出口金额同比均为增加，年末同比开始下降。

2014年全国面料进出口数量413亿米，较2013年同比增长2.8%，进出口额为616亿美元，较2013年同比增长2.9%。其中出口数量为380亿米，较2013年增长4.4%；出口金额544亿美元，较2013年增长4.9%；出口平均单价1.43美元/米，较2013年同比提高0.4%。进口数量33.6亿米，较2013年下降12.5%；进口金额72.4亿美元，较2013年下降9.7%。进口平均单价2.15美元/米，较2013年同比上升3.2%。

自2008 年到2013年的几年间，我国棉纱进口逐年增长，2011年进口金额为34.1亿美元；2012年为49.6亿美元，同比增长45.3%；2013年全国棉纱进口金额68.2亿美元，同比增长37.5%。2014年全国棉纱进口回落，进口金额为62.3亿美元，同比下滑8.7%；进口总量达201.1万吨，是棉纱线出口总量的近5倍，同比下滑4.2%。从全年趋势来看，上半年棉纱线均价相对稳定且有所上升，进口量呈下降趋势，下半年进口均价大幅下降，进口量开始回升。

图8 2013～2014年我国棉纱进口数量价格

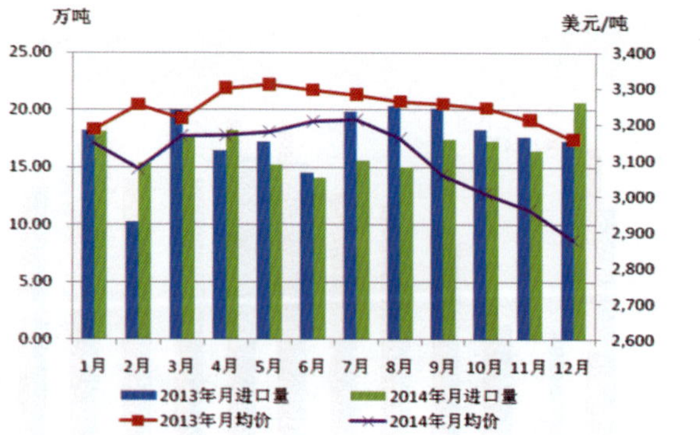

资料来源：中国海关

（二）纺织业增速减慢

受需求不旺、成本较高等多种因素影响，纺织行业运行仍然艰难，从全年来看，各项指标均出现增速回落。据国家统计局统计数据，2014年规模以上企业中，纺织业工业增加值比2013年增长6.7%，增幅回落0.5个百分点，其中，纱产量3379.2万吨，比2013年增长5.6%，增幅回落1.6个百分点；布产量893.7亿米，比2013年减少0.4%，增幅回落4.4个百分点；化学纤维产量4389.8万吨，比2013年增长5.5%，增幅回落1.9个百分点。在限额以上企业商品零售额中，服装、鞋帽、针纺织品类零售额比2013年增长10.9%。纺织纱线、织物及制品累计出口金额为6888亿元，比2013年增长3.8%；服装及衣着附件出口11445亿元，增长4.2%。

图9 2005～2014年我国纱产量及增幅

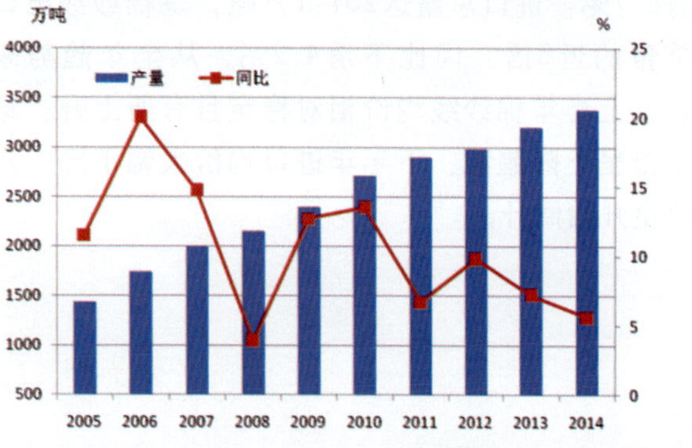

资料来源：国家统计局

（三）棉纱价格大幅下调

2014年，受国内外纺织品需求持续低迷、内外棉价差仍然较大、化纤对棉花替代作用明显等多种因素影响，棉纺织品竞争优势逐步减少，订单不旺、开工不足、销售不畅，产成品库存水平相对较高，对原料始终保持较低库存，基本随用随购，非棉纤维使用比例不断上升，棉纱价格处于持续下滑走势。32支纯棉纱针织纱价格年初仍为25939元/吨，年末则降为21880元/吨，全年下跌4059元，跌幅15.6%；而精梳40支也由年初的30912元/吨跌至26190元/吨，下跌15.3%。棉纺织企业运行困难，开工率总体较低，用棉量下降。

图10 2014年纺纱主要品种价格走势图

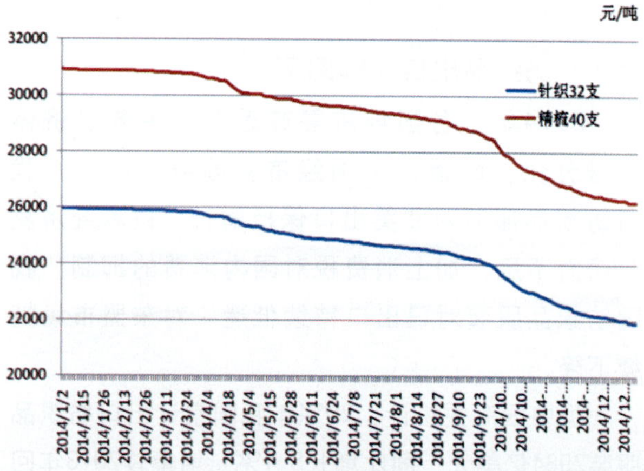

资料来源：中国棉花信息网

三、全球棉花

（一）全球棉花产量继续减少

近三年，国际产量呈下降趋势，消费逐渐有所恢复，但在库存高企和价格走低影响下，棉花市场持续低迷，棉花产量连续减少。美国农业部（USDA）2015年3月公布的全球棉花供需预测为，2014棉花年度全球棉花产量2596万吨，较2013年下降1%，产量排名前五位的产棉国中，印度产量为664.1万吨，同比减少1.6%，超越中国排第一位；

中国产量为653.2万吨，同比减少8.3%；美国产量为350.2万吨，同比增加24.6%；巴基斯坦产量为228.6万吨，同比增加10.5%。全球产量减少的同时，消费量连续小幅回升至2416万吨，增幅1.7%，当年度供需形势有所好转，但由于期初库存连年增长，达到2396万吨的历史高位，库存消费比更是高达99.2%，因此全球市场总体仍然供过于求。

图11 2010～2014年度全球棉花产销存情况

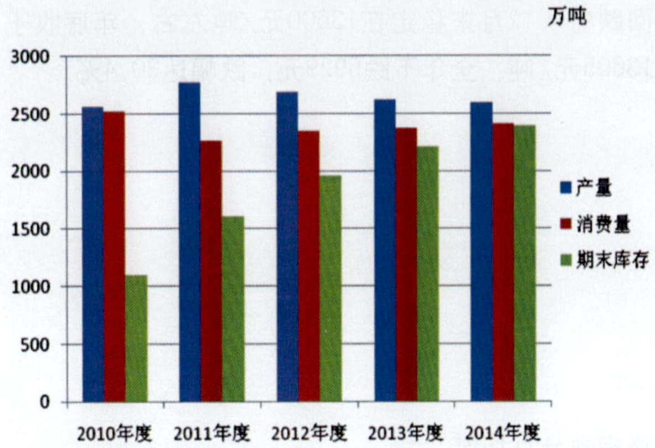

资料来源：美国农业部

（二）国际市场震荡下行

三年临时收储政策不仅对国内市场形成有力支撑，也在一定程度上托起了国际市场价格，2014年临时收储政策结束后国内棉价大幅下跌的同时，国际棉价随之下跌。2014年，国际棉花市场受多种因素影响，整体呈震荡下跌走势，其中第一季度受中国收储政策支撑震荡回升，第二季度开始价格趋于走弱，与国内棉价走势相同，第三季度弱势加剧，第四季度在低位调整。纽约期货近期合约年平均价75.78美分/磅，较2013年下跌7.54美分，跌幅9%。Cotlook A指数年平均价83.14美分/磅，同比下跌7.28美分，跌幅8%。中国进口棉价格指数FC Index M年均价86.05美分/磅，同比下跌7.93美分，跌幅8.4%。

图12 2014年Cotlook A指数与中国棉花价格指数走势图

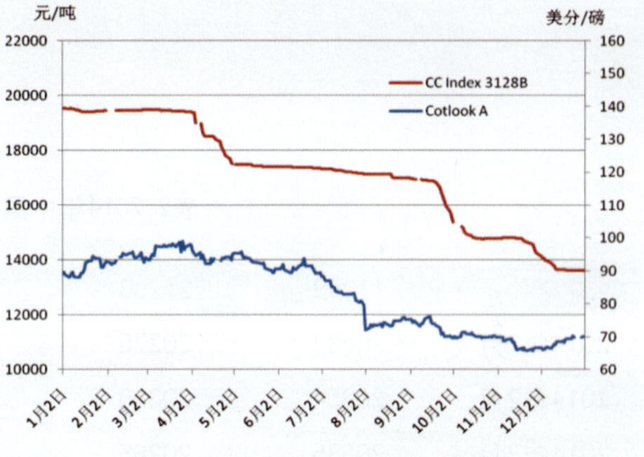

资料来源：中国棉花协会、Cotlook

表1 2010～2014年度全球棉花供需平衡表

单位：万吨

年度	2011/2012	2012/2013	2013/2014	2014/2015
期初库存	1101	1606	1960	2215
产量	2775	2692	2622	2596
总供给	3876	4298	4582	4811
消费量	2265	2347	2375	2416
期末库存	1606	1960	2215	2396
库存/消费比(%)	70.9	83.5	93.2	99.2

资料来源：美国农业部

棉花市场运行情况

一、棉花价格走势分析

2014年，连续实施三年的棉花临时收储政策落下帷幕，目标价格改革试点在新疆启动。受政策调整、储备棉投放价格下调、国内外需求不旺等因素影响，2014年中国棉花现货、期货价格呈现阶梯下滑趋势。国际市场供大于需，价格持续走低，但跌幅小于国内，内外棉价差有所缩小。

（一）棉花现货价格持续走低

3月底前，在临时收储政策支撑下，中国棉花价格指数（CC Index 3128B）保持平稳，在19500元/吨左右。收储结束后，储备棉投放竞卖底价由18000元/吨调整为17250元/吨，中国棉花价格指数将储备棉成交价格纳入采集范围，带动价格指数从19500元/吨左右下跌至17500元/吨左右，5月后转为缓慢下跌。进入新年度，随着棉花目标价格试点工作的推进，新旧棉花价格逐渐接轨，棉价再次加速下跌，10月下旬因纺织企业短时补库稳定在14800元/吨左右。11月下旬随着新棉大量上市，棉花现货价格重回跌势，12月末稳定在13600元/吨左右，年底收于13605元/吨，全年下跌5929元，跌幅达30.4%。

表2 2014年中国棉花价格指数分月均值

单位：元/吨

	1129B	2129B	3128B	4128B	1228B	2227B
2014年1月	20832	20275	19447	18786	18918	17930
2014年2月	20854	20315	19455	18756	18903	17911
2014年3月	20835	20285	19440	18735	18875	17804
2014年4月	19924	19294	18437	17848	18011	17007
2014年5月	18800	18288	17434	17001	17190	16326
2014年6月	18595	18139	17371	16852	17057	16215
2014年7月	18359	17937	17241	16655	16837	16115
2014年8月	18119	17721	17076	16476	16612	15990
2014年9月	17474	17197	16591	16006	16136	15475
2014年10月	15600	15323	14848	14208	14384	13714
2014年11月	15393	15217	14685	14088	14286	13604
2014年12月	14602	14389	13743	13313	13487	12809
2014年均价	18282	17865	17147	16560	16725	15908

资料来源：中国棉花协会

图13 2014年中国棉花价格指数走势图

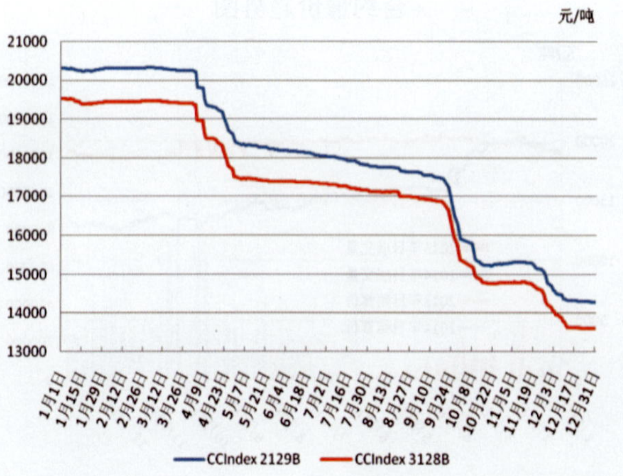

资料来源：中国棉花协会

（二）棉花等级差价率有所扩大

受市场供求变化影响，2014年高等级棉差价率波动较大，整体呈扩大趋势。以标准级CC Index 3128B为计算基准，2129B年末（2014年12月31日）差价率为5.13%，这同时也是年内的最大值，较年初的4.01%扩大1.12个百分点；较年内的最低点2.75%（2014年10月10日）高2.38个百分点。4128B年末为3.2%，较年初的3.37%缩小0.17个百分点；2227B年末为6.76%，较年初的7.9%缩小1.14个百分点。

（三）国际棉花现货价格震荡下行

2014年，国际棉花市场受多种因素影响，整体呈震荡下跌走势。Cotlook A指数年平均价82.98美分/磅，较2013年同比下跌7.41美分，跌幅8.9%。从走势看，上半年走势与2013年基本相同，下半年先是快速下行，之后保持低位震荡走势。

图14 2013～2014年Cotlook A指数趋势图

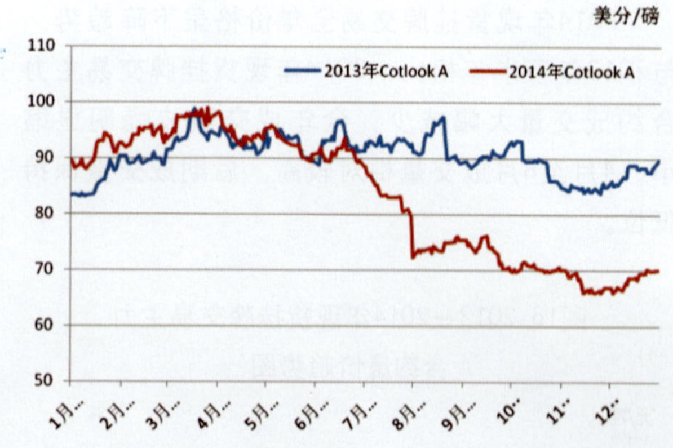

资料来源：Cotlook

二、市场流通交易情况

（一）商品棉流通数量飙升

由于国内大部分棉花入储，国内市场需求低迷，2013年商品棉周转库存始终处于较低水平，即使在收购高峰期也没有增长，商品棉库存以进口棉和储备棉为主，其中进口棉占比始终较高。2014年1至9月份商品棉周转库存连续下跌，屡创历史新低，10月之后新棉大量上市，商品棉周转库存迅速飙升并创近年来新高。中国棉花协会棉花仓储分会对222家仓储会员单位统计，截至2014年12月底全国商品棉周转库存总量约为285.5万吨，其中新疆棉占九成多，地产棉与进口棉数量很少。

图15 2013～2014年全国商品棉周转库存变化趋势

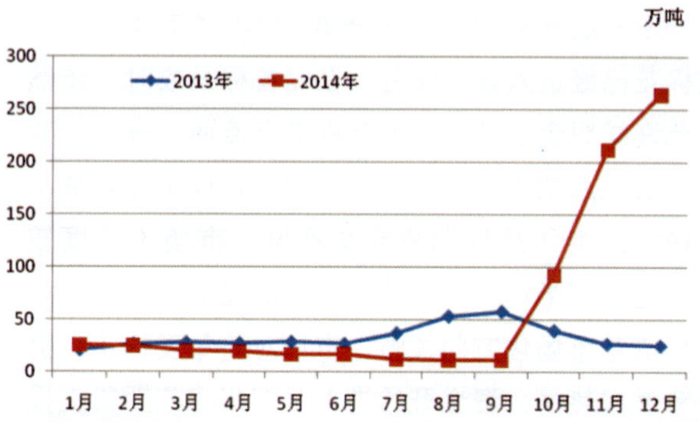

资料来源：中国棉花协会

（二）现货挂牌交易成交减少

2014年现货挂牌交易全年价格呈下降趋势。与2013年下半年相比，2014年现货挂牌交易主力合约成交量大幅减少，全年成交量波幅明显缩小，4月至8月成交量相对较高，后期成交量保持低位。

图16 2013～2014年现货挂牌交易主力合约量价趋势图

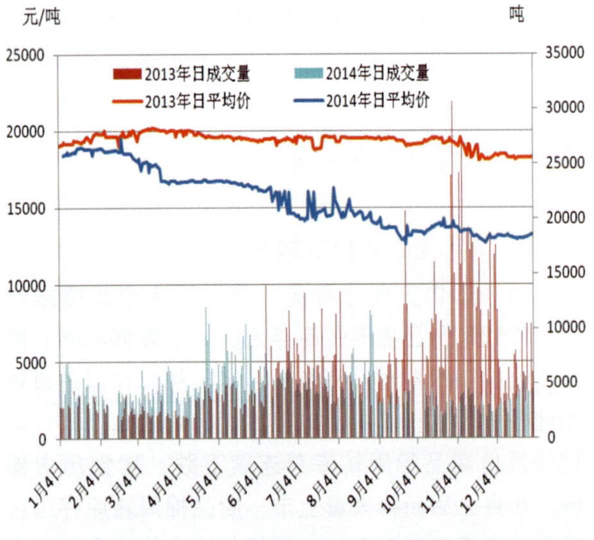

资料来源：全国棉花交易市场

（三）郑商期棉交易成交活跃

2014年，郑州商品交易所棉花期货交易全年价格呈下跌趋势。3月跌幅最大，之后持续下行，10月后保持低位震荡，年末收于13310元/吨，累计下跌30.9%。从成交量看，由于2013/2014年度绝大多数棉花已经进入国家储备，在储备棉投放时，依然只允许纺织企业参与，不允许进行流通，进口棉花也无法进入期货市场，可供交割的仓单十分紧缺。2014年上半年郑棉期货成交不振，市场关注度较低。进入下半年，随着各项政策的逐渐明确，目标价格改革市场化方向清晰，市场对新年度棉花走势重新燃起热情，资金开始进入，郑州棉花期货交投再趋活跃，成交量较上一年度大幅增加。

图17 2013～2014年郑商所棉花主力合约量价趋势图

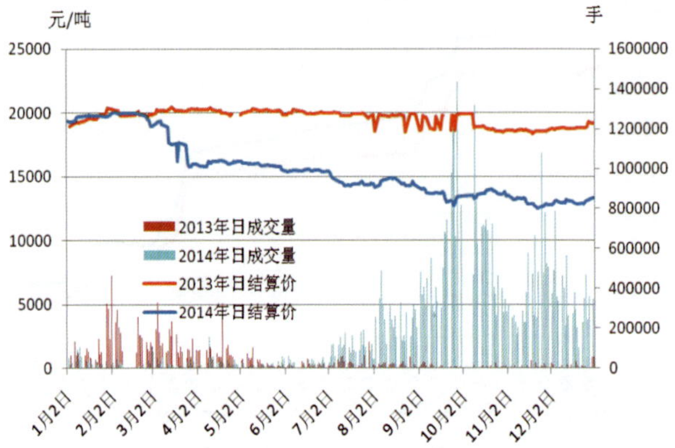

资料来源：郑州商品交易所

（四）ICE交易震荡下行

ICE主力合约结算价年初缓慢上升，5月后大幅回落，8月后震荡下行，11月中旬跌破60美分/磅，年末收于60.27美分/磅，全年累计下跌28.8%。从成交量看，9月之前成交量总体低于2013年同期，11月中旬成交最为活跃。

图18 2013～2014年ICE主力合约量价趋势图

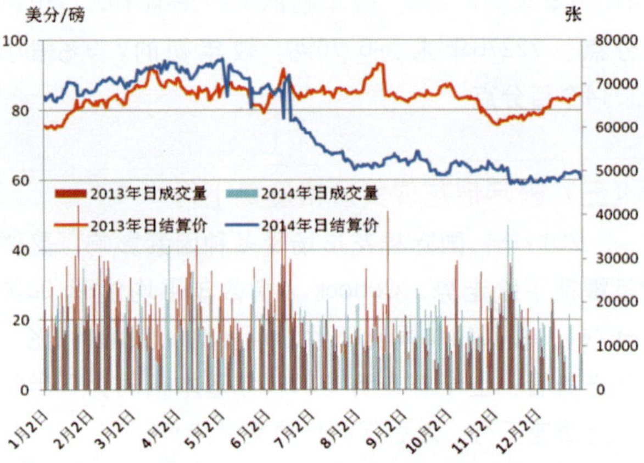

资料来源：ICE

三、棉花产业宏观环境

（一）政策因素

1.新疆棉花目标价格补贴试点启动

2014年1月19日，中共中央、国务院印发了《关于全面深化农村改革加快推进农业现代化的若干意见》的中央一号文件。文件明确指出，2014年启动新疆棉花目标价格补贴试点。4月初，经国务院批准，国家发改委、财政部、农业部联合发布2014年棉花目标价格，为每吨19800元。7月初，国家发改委、财政部印发棉花目标价格改革试点方案。9月16日，《新疆棉花目标价格改革试点工作实施方案》和《兵团棉花目标价格改革试点工作实施方案》正式发布。其中新疆自治区按照核实确认的棉花实际种植面积和籽棉交售量相结合的补贴方式，中央补贴资金的60%按面积补贴，40%按实际籽棉交售量补贴；兵团按照棉花产量补贴。11月底，首批棉花目标价格补贴资金已陆续发放，涉及1700多万亩棉花的新疆自治区基本农户获得每亩191元的国家预拨补贴资金，剩余补贴将在后期兑付。从试点情况看，进展基本顺利，收购工作总体顺畅，棉花价格回归市场，内外棉价格逐步接轨。

2.内地棉花补贴政策明确

2014年11月初，财政部公布中央财政补贴内地棉花主产区政策。内地补贴范围为山东、湖北、湖南、河北、安徽、河南、江西和甘肃9省，2014年度补贴标准为2000元/吨，以后年度的补贴标准以新疆补贴额的60%为依据，上限不超过2000元/吨。中央财政给主产棉省的补贴依据为国家统计局确定的棉花产量，补贴方式由各相关省份自主决定，可选择按面积或按产量补贴。

3.多项措施保障新老机制平稳过渡

2014年9月25日，国家发改委等八部门联合召开全国棉花工作电视电话会议，部署2014年度相关工作。2014年，在执行目标价格改革试点的同时，有关部门按照统筹兼顾原则，采取有效措施，引导市场预期稳定。一是停止储备棉投放，为新棉购销留出空间，只要棉花市场没有出现供不应求且价格较快上涨的情况，储备棉不会出库打压市场；二是控制进口，除发放入市承诺的89.4万吨关税配额外，原则上不再增发进口配额，鼓励纺织企业多用国产棉；三是制定工作预案，防止“卖棉难”问题。

4.临时收储政策结束

2013年度累计成交631万吨，实际入库数量658万吨，约占当年度产量的九成左右。2011年度至2013年度连续三个年度实行临时收储政策，标准级皮棉到库价格分别为19800元/吨、20400元/吨和20400元/吨，三年累计成交量近1600万吨，实际入库量达到1633万吨，超过实际产量的七成。临时收储政策保证了籽棉收购价格相对稳定，实现了棉农收入、棉花市场“双稳定”的预期目标，但是，受世界经济形势影响，临时收储政策被动地位常态化，国家收储压力急增，财政负担加重，市场活力减弱，内外棉价差持续扩大，削弱了我国纺织行业竞争力。

5.储备棉成交量减少

2013年度大部分棉花进入国储库，市场流通资源有限，为保证纺织企业需求，2013年11月底开始投放储备棉，储备棉成为纺织企业购买原料主要渠道之一。初期投放标准级竞卖底价为18000元/吨，同时限定参与企业的最大竞买数量。自4月1日起，调整为17250元/吨，同时，采取将储备进口棉与在疆国产棉按比例捆绑销售，取消纺织企业购买储备棉数量限制等措施。

受需求不足、内外棉价差较大、质量不能满足企业要求、价格持续下滑等多种因素影响，2013年度储备棉投放成交率较低，从2013年11月28日至2014年8月29日累计投放计划量1311万吨，实际成交264.5万吨，较2013年度减少37.2%，成交率20.2%。

6.多省增加皮棉增值税进项税额核定扣除试点

2013年9月，财政部和国家税务总局发布《关于扩大农产品增值税进项税额核定扣除试点行业范围的通知》（财税[2013]57号），授权各省级税务部门可商同级财政部门，选择部分行业扩大核定扣除试点。进入2014年，各省结合本地特点，陆续公布了扩大农产品增值税进项税额核定扣除试点的范围，其中浙江、湖南、江西、安徽、河北、河南、山东、陕西、江苏等省确定了以购进皮棉为原料生产纯棉纱等产品纳入扩大试点范围，并对这些产品统一的单耗数量、进项税额分期转出的办法等问题做出了明确规定。将皮棉进项税额核定扣除率调整为产成品的适用税率，可以化解纺织企业对“高征低扣”的误解，可以减轻企业增值税负担，促进行业发展。

7.新疆纺织业获多项政策支持

国家发改委、财政部从2014年到2018年，每年分别拿出10亿元支持新疆纺织服装产业发展，财政部还出台了新疆纺织服装企业增值税返回政策措施。7月18日，新疆自治区人民政府在京召开新疆发展纺织服装产业带动就业新闻发布会，出台10项扶持纺织服装产业发展措施。新疆还发布了《发展纺织服装产业带动就业规划纲要（2014～2023年）》，将重点发展棉纺织、服装等七大产业。10月17日，新疆财政厅发布通知，提高出疆棉纱、棉布运费补贴，其中对棉纱类产品出疆补贴，北疆增加200元/吨、南疆增加300元/吨；对棉布类产品出疆补贴，在原来基础上再增加500元/吨。

（二）行业因素

1.中国贸仲委首次出任棉花行业仲裁员

随着中国进口棉花贸易量的增多，贸易方式及贸易主体多元化发展，贸易纠纷不断增加，仲裁数量增多，而国内企业由于不熟悉仲裁条款，又缺乏棉花专业仲裁员，很多都放弃了通过仲裁维护自己权益的机会。5月，中国国际经济贸易仲裁委员会聘任了中国棉花协会推荐的六位棉花行业专业人士作为仲裁员，为涉棉企业提供专业仲裁服务及法律咨询服务，为我国填补了没有棉花专业仲裁员的空白。

2.中国棉花协会开始定期发布质量差价表

2014年9月11日，中国棉花协会公布《中国棉花协会国产棉质量差价表定期发布办法》，并开始试行。《办法》指出，根据《中棉协－国产棉条款》的规定，为便于棉花贸易双方进行结算，指导企业进行生产、收购和加工，促进棉花资源的合理利用，实现优质优价、提高棉花质量，将于每个月的首个工作日发布《锯齿加工细绒棉质量差价表》、《皮辊加工细绒棉质量差价表》和《长绒棉质量差价表》。

3.2014年度中国棉业发展高峰论坛成功举办

2014年5月15日～16日，由中国棉花协会主办的《2014′中国棉业发展高峰论坛》在福建厦门举办。论坛的主题为“新时代 新棉业”，来自近20个国家和地区的专家学者、政府官员、棉花纺织业者近700人参会，探讨在新形势、新政策环境下，棉花产业如何顺势而为、改革创新，实现产业可持续发展。论坛上，国家有关部门及国内外棉业组织、有关企业分别解读了中国新一轮农村改革与棉业政策，分析展望了中国与全球棉花、纺织形势，详细介绍了棉花国际贸易规则，论坛还就“目标价格下产业链各环节新思路、新对策”为题进行圆桌对话，使众多国内外专家和与会代表得以充分沟通交流。

2015年棉花市场展望

当前，世界经济正处于深度调整之中，复苏动力不足，我国经济下行压力还在加大，发展中深层次矛盾凸显。同时机遇与挑战并存，我国新型工业化、信息化、城镇化和农业现代化持续推进，发展基础日益雄厚，改革红利不断释放。从世界主要经济体来看，美国经济复苏基础在不断稳固，尽管政府支出和私人投资仍显不足，但就业好转、个人消费支出增加说明经济增长的内在动力在不断增强；欧洲已经度过了债务危机的最困难时期，但内部复苏不均匀，欧洲的高失业率和结构问题，使其内在增长动力严重不足，2014年以来出现的通货紧缩苗头更是雪上加霜；日本安倍政府的刺激政策效应已经明显衰减，经济再度陷入低迷状态；新兴经济体仍处于发展调整期，普遍面临结构调整和经济下行压力。世界经济总体呈现温和复苏态势，纺织需求难有大的改观，棉花库存依然处于高位，预计2015年棉花价格走势仍将以低位震荡为主。

从宏观调控政策来看，2015年中央一号文件指出，总结新疆棉花、东北和内蒙古大豆目标价格改革试点经验，完善补贴方式，降低操作成本，确保补贴资金及时足额兑现到农户。积极开展农产品价格保险试点。合理确定粮食、棉花、食糖、肉类等重要农产品储备规模。完善粮食、棉花、食糖等重要农产品进出口和关税配额管理，严格执行棉花滑准税政策。收储机制退出后，市场在价格形成中起决定性作用，内外棉价差回归正常，同时，目标价格水平也会对生产、市场预期产生影响。

当前国际经济形势复杂多变，我国纺织行业对外依存度较高，影响国内棉花市场稳定运行的不确定性因素依然较多。目标价格政策启动后，棉价将逐步回归市场，国内国际棉花市场的联动性增强。目前国际市场棉花仍然供大于求，价格处于较低水平，对国内棉价有一定压力。在国际市场持续低迷的情况下，市场主体对棉花价格走势可能会出现预期不稳情况。

但也应当看到，保持国内棉花市场平稳运行也具备有利条件。2015年2月，中国棉花协会对全国主要产棉区进行植棉意向调查，结果显示：2015年各个棉区植棉意向普遍下降，全国平均种植意向下降23%，其中，内地棉区受棉花价格低、产量不高、人工成本增加等因素影响，棉农植棉意向大幅下滑。国家对储备棉的投放和进口棉的安排是可控的，只要我们妥善处理好新棉销售、储备投放和进口安排之间的关系，保护农民利益与提高纺织竞争力之间的关系，市场形成价格与政府调控之间的关系，就可以引导棉价在合理区间运行，保持国内棉花供求总量平衡和市场基本稳定。对于棉农来说，新棉应适时售棉，不宜惜售，防止因囤棉而造成不必要的损失；对于棉花企业来说，要注意培育客户，加强质量管理，做好风险控制，积极入市收购；对于纺织企业来说，棉花价格回归市场，内外价差缩小，有利于其提高其产品竞争力，纺织企业应扩大国产棉使用比例，与主产区建立起持续稳定的购销关系。

（撰稿人：张　鹏）

2014年国际、国内羊毛市场回顾及2015年展望

南京羊毛市场

2014年的一年里，国际油价从年内最高点下跌近50%。从数据来看，国际大宗商品的跌幅已经远远超过了股票市场。在荷兰壳牌等大型能源公司猛跌2.5%的带领下，欧洲StoxxEurope 600 指数下跌0.5%，MSCI全球指数下跌0.2%。现货黄金亦陷入疲软，现货铜和铝均震荡走低。原油的暴跌也拉低大宗商品的价值重心，同时也拖累了商品货币的走势，澳元/美元汇率势必再创新低，羊毛也接连受挫。

现在新兴经济体的发展在减速，尤其是制造业出现明显的下滑，在这样的大背景下，在原油价格暴跌带动下，经济整体疲弱造成市场需求乏力，构成了对2015年国际大宗商品的抑制力量。

国际羊毛市场

一、澳大利亚市场

2014年初圣诞节休市后的复拍，由于供应充足，而需求不旺，澳洲市场延续2013年的下跌走势。加上恰逢中国春节期间，各工厂停止采购，澳洲拍卖市场遭受冷遇，特别是超细羊毛出现破位下跌。但品质好的羊毛价格相对稳定。

但是因澳洲经历了夏季严重干旱，随后上市的羊毛草杂量普遍较高，好品质羊毛数量减少，价格受到影响，羊毛拍卖价格一路走低，牧民惜拍，流拍率升高，市场疲态尽显，市场指数创下了11个月来的新低。经过连续数周的供应量下降，市场出现全面强劲反弹，加之澳元汇率走软，市场开始出现积极信号，买家热情持续，粗支毛价格上涨较多，再次缩减了细支毛与粗支毛之间的价差。

图1 2014年T54PPP、T55、T424的澳分拍卖价格指数较上年同比变化情况

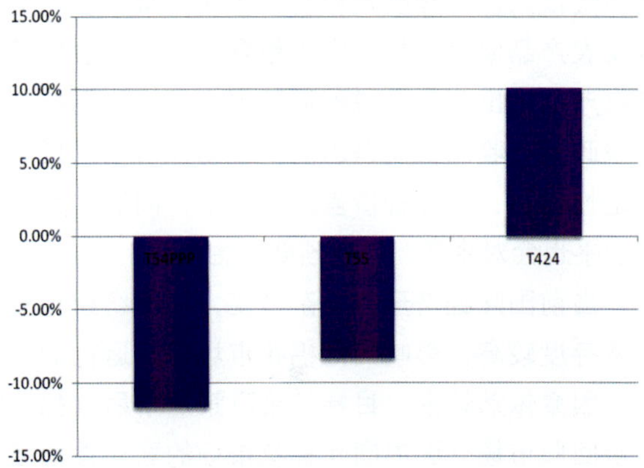

资料来源：南京羊毛市场整理

进入2014/15新羊毛年度，市场开局良好，由于22～23微米供应量有限，竞争激烈，价格上涨甚至一度高于19.5～20微米羊毛，19.5～23微米之间价格更加接近。八月复拍后，市场跌宕起伏。虽然供应量大爆发，但因持续三周的休市以及买家急于补货，造成市场上的羊毛价格普涨，超细和细支羊毛涨幅较大，市场的反弹也只是昙花一现。粗支毛由于前期过度上涨而有所回落。随后进入九月，借助国际羊毛大会的影响效应，市场价格开始上涨，成就了五个月来最大涨幅。低中部断裂的羊毛继续受到追棒，弱节和部分弱节毛也很受欢迎。

到2014年底，由于国际金银价格暴跌以及美国中期选举，美元走强，澳元汇率飞流直下，带来了澳分拍卖价直线上涨，中支毛和粗支毛价格涨幅最大。但随着供应量的增大，价格稍有回落。

2014年尤其是第四季度，澳元兑美元汇率大幅跳水，让国内外企业措手不及，主要是由于金

表1 2014年澳大利亚东部拍卖市场指数

	年初	年末	最高	最低	平均指数	均价同比2013年(%)
澳元价(澳分/kg)	1131	1059	1132	993	1046	-2.5
美金价(美分/ kg)	1004	883	1004	884	947	-9.3

资料来源：南京羊毛市场整理

银暴跌以及美国中期选举，美元多头坚挺，再加上本地经济增长数据疲弱，引发进一步降息的讨论，澳元最低触及82.00美分，创下2010年7月以来最低水平。

图2 2014年澳大利亚东部拍卖市场指数与澳元兑美元汇率走势

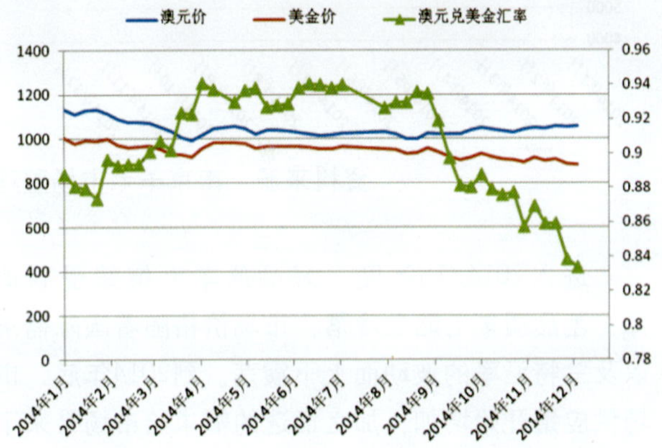

资料来源：南京羊毛市场整理所得

1～12月份澳洲供应量总计为1854684包，成交1643028包，成交率为88.6%。其中前五名买家分别是：泰克羊毛购买了212304包，福克斯利购买了118300包，天宇购买了79932包，中纺（澳）购买了69611包，PJ MORRIS购买了60552包。

二、新西兰羊毛市场

与澳洲市场截然相反，新西兰市场全年呈现整体坚挺上扬态势。主要是因为供应紧缺，需求旺盛，拍卖形势大好。

年初的时候，牧民对疲软的价格不很满意而纷纷惜售，加上新西兰元一路走强，抑制了毛价上涨，导致牧民惜售态度更加明显，成交率下降。之后，因某些型号羊毛需要执行近期的装船合同，出口商加紧采购，拍卖价格不断推高。进入六月，由于前期恶劣天气影响剪毛，导致羊毛供应量减少，使得有一次南岛拍卖被迫取消。粗支毛需求依然旺盛，出口装运要求迫切，各品种羊毛价格普遍上涨，特别是毛丛长度较短的羊毛及零次毛涨幅较大，而毛丛长度较长的羊毛价格更加坚挺。

进入了2014/15年度，在新西兰市场，由于供应紧缺，急需装船的羊毛供应商积极买进可用的羊

表2 2014年新西兰羊毛市场常规品种指数表

单位：新分/公斤

	年初	年末	最高价	最低价	平均指数	均价同比2013年(%)
中支套毛	726	796	800	726	747	-6.7
细支杂交毛	517	538	593	488	539	5.5
粗支杂交毛	498	503	568	476	515	13.4

资料来源：南京羊毛市场整理

毛，市场价格坚挺。一直到10月份出口商基本完成了中国买家的订单，市场开始相对平静，加上新元对美元汇率走强，导致拍卖价格出现普遍下跌。由于即将到来的圣诞节期间带来的船运问题，导致买家购买意向不浓，针对性的采购使绝大多数品种价格下跌，市场观望情绪浓厚。

图3 2014年新西兰羊毛市场常规品种价格指数走势

单位：新分/公斤

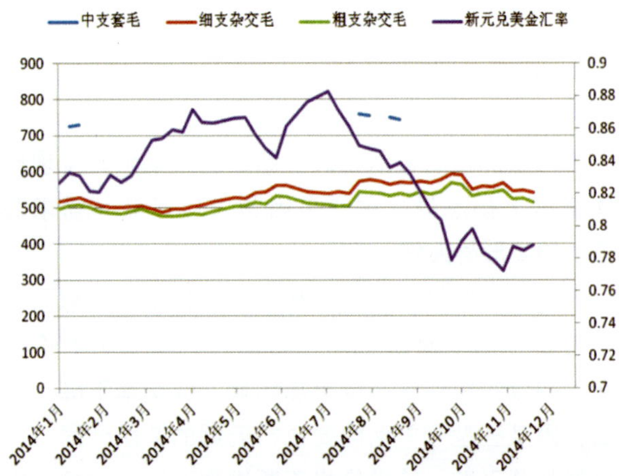

资料来源：南京羊毛市场整理

2014年新西兰羊毛拍卖量总计490002包，成交416059包，成交率为84.9%。购买羊毛的前五名买家是：马修德公司购买104140包，新西兰国际羊毛公司购买89980包，福曼公司购买67350包，JSB公司购买58400包，B&B公司购买23255包。

三、南非羊毛市场

新年首次拍卖，毛价维持坚挺，好型号羊毛、特别是20微米以细品种最受买家青睐。但由于南非羊毛价格居高不下，买家不愿购买当前价格的羊毛，因此结束了连续上涨的走势，价格出现下滑。

好型号羊毛的供应短缺和强大的国际需求，市场竞争激烈，又再次拉动开普羊毛美利奴指数连续上扬，2013/14年底最后一次拍卖因需求旺盛，汇率下跌，羊毛价格出现上涨。

图4 2014年南非开普羊毛美利奴指数走势

单位：兰特分/公斤

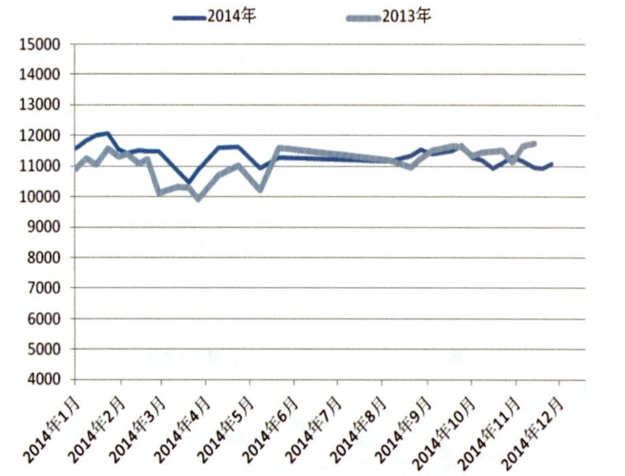

资料来源：南京羊毛市场整理

进入2014/15年度，好品质羊毛继续受到追捧，差品质羊毛略受冷落，市场价格随着国际需求以及兰特汇率的波动而上下震荡。到2014年底，市场供应量开始增加，加之低迷的需求给市场带来了一定压力，买家表现一般，羊毛价格出现下跌。2014年圣诞节前最后一次拍卖中，羊毛市场略有走强，开普羊毛美利奴指数上涨1.5%，收于110.82兰特/公斤。比本季度首拍下跌0.7%，较上年同期相比下跌了5.6%。澳大利亚羊毛市场指数下跌0.2%。

2014年总供应量为323391包。成交率为96.9%。

四、南非马海毛市场

2014年马海毛拍卖市场各品种需求旺盛，粗支毛较受欢迎，一直处于平稳上扬的走势。好品质毛市场竞争激烈，尤其幼年马海毛涨幅较大，年底拍卖即将结束，出口商们积极备货，买家竞相争夺。冬季最后一次拍卖市场表现平稳，由于青年马海毛和细支成年马海毛质量更好，幼年马海毛市场价格相对小幅走软。

2014年供应量与2013年持平，并未像预期那样有所上涨。与第一次冬季马海毛拍卖相比，价格上涨11%，与2013年冬季拍卖的市场平均指数117.60兰特/公斤相比，本年度市场平均指数收于179.38兰特/公斤。预计对马海毛的需求将持续到2015年，市场前景依然乐观。

国内羊毛市场

一、2014年南京羊毛市场回顾

2014年冰火二重天格局一直未改变。粗支毛依然呈现供不应求的态势，70S以细羊毛却一直处于寒冬。羊毛市场，从3月4日上海面料展期间组织召开的“现状、出路——2014年毛纺行业形势分析会”上的情况看，国内精纺需求下降的趋势不可逆，毛纺面料企业需要改变而不是坚守。

图5 2014年南京羊毛市场综合指数走势图

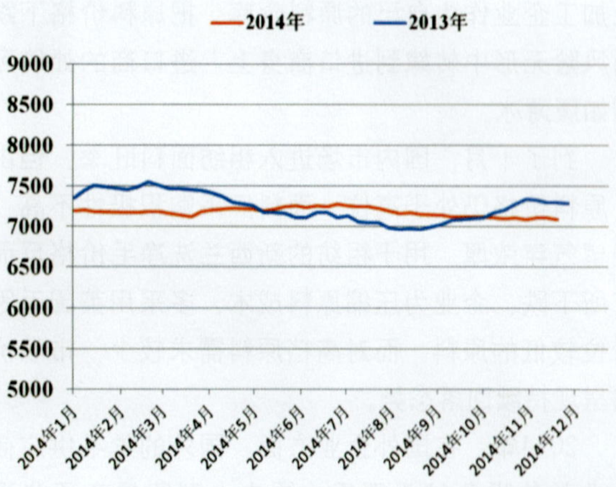

单位：分/公斤

资料来源：南京羊毛市场整理

春季原本是每年的毛纺外单旺季，但2014年的外贸订单还迟迟未下，终端需求不旺，使得企业库

表3 2014年底各品种平均价格指数

单位：分/公斤

品种	2014年 12月份平均	2013年 12月份平均	环比(%) (2014年11月)	同比(%) (2013年12月)
澳原毛	78.84	86.48	-0.62	-8.83
澳毛自梳条	84.94	95.84	-0.59	-11.37
澳炭化毛	62.00	65.05	-0.29	-4.69
新原毛	35.95	37.09	-1.91	-3.07
新洗净毛	38.03	37.53	-1.53	1.33
新毛自梳条	46.37	44.03	-1.13	5.31
乌拉圭毛条	48.82	49.60	-0.51	-1.57
欧洲毛条	35.10	35.86	-0.65	-2.12
国毛条	70.70	72.52	1.25	-2.51

资料来源：南京羊毛市场整理

存积压、资金短缺、原料走货不畅。许多羊毛经营者从年初开始就一直在为卖毛难、卖出羊毛收款难所困扰，往往是四处奔波讨债。使用原料的企业为了减少市场风险以及资金成本，成品用毛企业把初级加工企业作为自己的原料仓库，把原料价格下跌的风险无形中转嫁到进口商身上，进口商的处境可谓如履薄冰。

到了十月，国内市场进入粗纺面料旺季，但由于原料价格仍处于高位，面料厂采购积极性不高，观望气氛浓厚。用于粗纺的新西兰洗净毛价格反而有所下跌，企业为压缩原料成本，多采用英国毛等价位较低的原料，而对高档原料需求较少，市场价格呈现持续回落态势。

2014年，在国外企业方面，国外的羊毛供应商企业关停现象较为严重，国内大型贸易商逐步退出，行业严重缺血，出现了企业压缩规模的趋势，但市场不规范的现象也层出不穷，屡屡出现质量问题，导致许多会员企业要求通过羊毛市场投诉平台协助解决纠纷，对那些屡次违约或拖欠货款的企业进行曝光，并对以上现象重点监控、报道。

二、2014我国进口原毛以及出口毛条情况

图6 2012～2014年我国原毛进口量同比情况

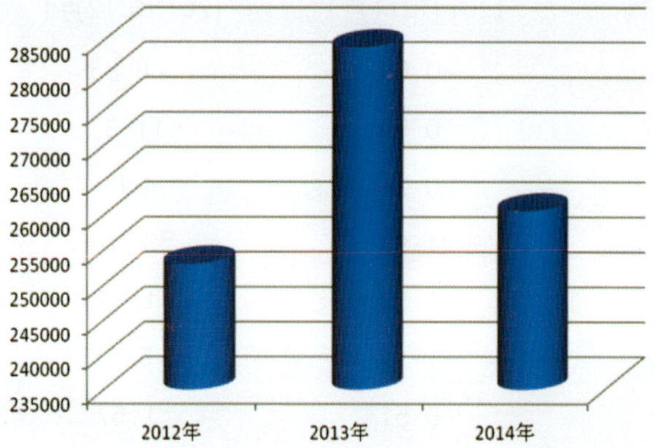

单位：吨

资料来源：中国海关

2014年1～12月份，我国累积进口原毛量约26.04万吨，较上年同比下跌8.2%。

图7 2012～2014年我国毛条出口量同比情况

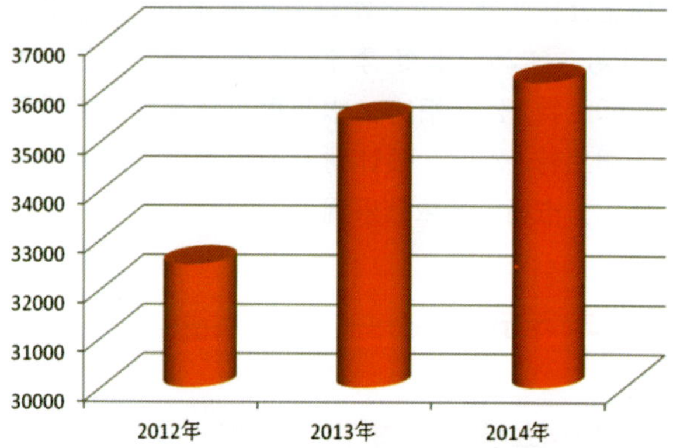

单位：吨

资料来源：中国海关

2014年1～12月份，我国累积出口毛条量约3.61万吨，较上年同比上涨2.2%。

三、展望

2014年底，澳洲对外宣布的2014/2015年度羊毛的产量预报中阐明，下年度的产量几乎没有变化。也就是说，特别是受到羊肉价格上涨的影响，市场供给产量难有明显增长。从目前进场采购的主要买家来看，不仅有中国的各大中型企业，也有传统的采购国家。那些新兴的毛纺加工国家也早已进场参加“抢购”。

总体来看，原毛供给急剧减少、毛条库存有限，纱线需求逐步增强，2015年传统市场将会开始加速回归。

（撰稿人：蒋雅丽）

2014年聚酯产业链市场回顾及2015年展望

浙江华瑞信息资讯股份有限公司

PX市场

一、2014年PX市场回顾

亚洲PX价格走势回顾：2014年，从客观规律上，亚洲PX主要受市场供应过剩和原油成本震荡下行双重影响，全年PX价格虽有起伏，但重心下滑趋势明显。而从主观操作上，受到较多的装置减产和新装置推迟开车影响，PX价格在5～7月展开了一波较大幅度的反弹，高点甚至超过了2014年初的高位。

从PX的成本面来看：2014年原油和石脑油的价格走势如图1所示，可以明显看到震荡下滑的趋势。

表1 2014年中国PX工厂产能表

单位：万吨/年

企业名称	产能
中石化镇海炼化	75
中石化扬子石化	85
中石化天津石化	39
中石化金陵石化	70
中石化洛阳石化	23
中石化上海石化	100
中石化齐鲁石化	6.5
中石化海南炼化	66
中石化福建炼化	80
中石油乌鲁木齐石化	106.5
中石油辽阳石化	70
中石油彭州石化	65
GS青岛丽东	100
中海油惠州	84
福佳大化	140
腾龙芳烃	160
合计	1270

资料来源：中国化纤信息网

图1 2014年原油和石脑油的价格走势对比图

资料来源：中国化纤信息网

图2 2014年的交易日的PX−石脑油价格走势和两者价差对比

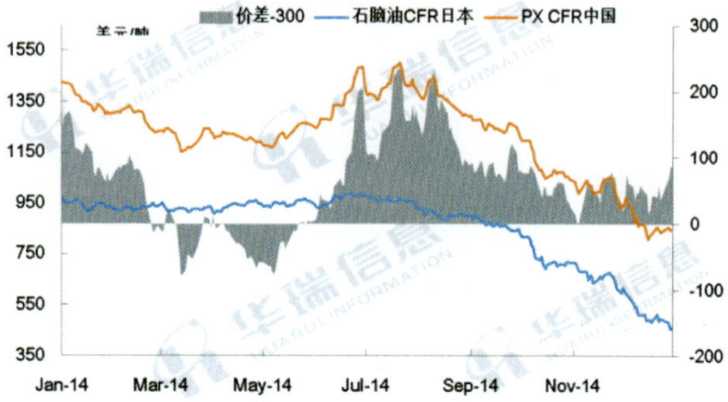

资料来源：中国化纤信息网

PX−石脑油价差走势回顾：图2分别是2014年各交易日的PX、石脑油价格走势和两者价差对比。可以看出，PX价格下跌的时候，价差一般是缩小；而上涨的时候，价差一般扩大。总的来说，大部分时间PX−石脑油的价差处在300美元/吨以上水平，一体化的PX装置基本都属于盈利状态，当然这里的盈利没有考虑减产造成的损失；小部分时间两者价差低于300美元/吨，PX装置亏损的概率较大。

二、2014中国PX生产及需求情况分析

2014年中国PX产能继续扩张。据中国化纤信息网统计，截止2014年年底，中国大陆PX产能提升至1270万吨/年。2014年中国PX产能增速在13.6%。

2014年PTA产量在2818.5万吨，那么PX对应实际PTA领域需求在1854.5万吨附近，而表观需求上升至1932万吨，两者差77.5万吨附近。总的来说，2014年PX行业处于供大于求的格局，但由于部分时间段的大幅度减产或者下游需求较好，库存也出现明显的升降走势，但总体库存上升格局确定。

表2 2008～2014年PX供需平衡表

	2008	2009	2010	2011	2012	2013	2014
PX年底产能（万吨/年）	446	726	726	826	906	1118	1270
PX产量（万吨/年）	323	475	610	707	770	850	945
PX进口量（万吨/年）	340	370	355	498	629	881	997
PX出口量（万吨/年）	45	30	16	37	19	18	10
PX表观消费量（万吨/年）	619	814	949	1148	1379	1713	1932
进口依存度（%）	55.0	45.4	37.4	43.4	45.6	51.4	51.6

注 本网统计当年产能均为年底产能。

资料来源：中国化纤信息网

而进入2015年，亚洲仍有400万吨左右的PX新增产能投产计划，且前期的新装置预计将稳定供应，考虑到中国聚酯在2015年的扩能仅有400万吨附近，PX行业继续过剩在所难免。至于PTA，中国2015年仍有600多万吨的增量，当然亚洲更多，基本与PX增量匹配或者比PX更多，但其负荷预计不会增加多少。总而言之，相对于聚酯而言，PX和PTA的投资速度仍偏快，因此2015年聚酯的情况可能会相对良好，而PX–PTA需要更多的调节装置负荷。

PTA市场

一、2014年PTA市场运行回顾

图3 2014年PTA内外盘现货价格走势图

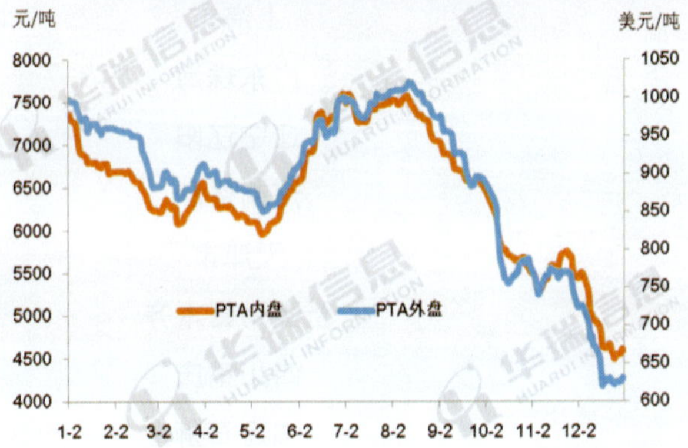

资料来源：中国化纤信息网

2014年PTA现货行情波动较大，但整体趋势依旧在产能过剩压力下处于弱势下跌走势。

2014年年初开始，由于春节期间PTA开工率一直维持高位，总体社会库存压力较大，PTA现货价格从年初7400元/吨附近，一度跌至3月中6000元/吨附近，行业生产效益惨淡，PX–PTA生产价差缩小至200元/吨左右，从而引发了一波行业集体减产动作，PTA现货价格小幅反弹至6500元/吨附近，但随着生产效益的改善，行业开工又大幅提升，PTA现货价格再度进入下跌通道，再度突破前期低点，至6000元/吨偏下。

5月上旬开始，PTA主要供应商认识到一味的减产保价并不能得到长久的发展，因此进行了PTA合同结算价的改革，首度引入“PX成本定价模式”，同时国内三大主力供应商：逸盛、恒力、翔鹭，为了促成结算价模式的调整，形成了以三大寡头为首的“限产联盟”，聚酯下游只能被动接受，PTA现货价格迅速触底反弹至年内高点，从6000元/吨偏下，一个月内反弹1000多元，最高反弹至7600元/吨左右，随后6～8月份PTA行业维持了一段时间的高价格、高效益阶段。

9月份之后，由于上游成本端的塌陷，以及限产联盟内部的松懈，双重利空影响下，PTA行情呈现断崖式下跌，几乎无任何像样的回调，一直跌至年底，现货价格跌至4600元/吨左右，从年内高点下跌3000元/吨，跌幅达到39.5%，离2008年4280元/吨的最低现货价格仅有320元/吨之差。

二、中国PTA生产及需求情况分析

2014年国内PTA产能投放达到1020万吨，至2014年年底，国内PTA产能达到4348万吨，亚洲地区PTA总产能在6826万吨，中国PTA产能占亚洲比重达到63.7%，较2013年提升5个百分点。

2015年国内新增PTA产能投放主要集中在一季度，而且主要是2014年年底投产延期的产能投放，恒力石化三期220万吨、珠海BP三期125万吨，一季度产能投放预计达到345万吨，四川晟达100万吨由于基础运输建设推迟至2015年6月份左右投产，汉邦石化二期220万吨装置计划在四季度投产，其他装置均不能按期投产；2015年年底国内PTA总产能预计将达到5013万吨。

需求方面，2014年国内聚酯产量达到3268万吨。按2014年国内聚酯总产量来测算，相当于消耗PTA总量约2810万吨，考虑PTA在DOTP、PTT、以及涂料行业的应用，全年总需求量在75万吨左右；2014年PTA出口量大幅增加，全年出口量为46.48万

表3 2014年我国主要的PTA企业

单位：万吨/年

企业名称	设计产能	地点
翔鹭石化	165	福建厦门
	450	福建漳州
扬子石化	130	江苏南京
仪征化纤	99	江苏仪征市
远东石化	320	浙江绍兴
台化兴业	120	浙江宁波
三菱化学	70	浙江宁波
逸盛（宁波）	555	浙江宁波
逸盛（大连）	600	辽宁大连
逸盛（海南）	200	海南海口
亚东石化	75	上海市
上海金山石化	40	上海市
珠海碧阳石化	170	广东珠海
中石油辽阳石化	80	辽宁辽阳
中石化洛阳石化总厂	32.5	河南洛阳
天津石化公司	34	天津市
中石油乌鲁木齐石化	7.5	新疆乌鲁木齐
蓬威石化	90	四川重庆
福建佳龙	60	福建石狮
江阴汉邦	70	江苏江阴
江阴海伦	240	江苏江阴
嘉兴石化	150	江阴乍浦
恒力石化	440	辽宁大连
虹港石化	150	连云港
合计	4348	

资料来源：中国化纤信息网

吨左右；综合来看，2014年国内PTA总需求量在2931.48万吨。而从供应层面来看，2014年，国内PTA产量达到2818万吨，进口量在116.2万吨，因此2014年国内PTA绝对总供应量在2934.2万吨。因此，从绝对供需数量来看，2014年国内PTA供应量仅小幅过剩约3万吨左右。

表4 2014年及以后中国PTA项目在建拟建情况

	产能（万吨）	地点	投产时间
翔鹭石化	450	厦门	2014年二季度
盛虹石化	150	连云港	2014年6月初
逸盛宁波（三期）	220	宁波	2014年4月中
江阴海伦	120	江阴	2014年9月初
逸盛大化1号线（扩产）	80	大连	2014年7月上旬
2014年合计	1020		
恒力石化	220	大连	2015年一季度
珠海BP（三期）	125	珠海	2015年一季度
四川晟达	100	四川南充	2015年二季度
汉邦二期	220	江阴	2015年四季度
2015年合计	665		
亚东石化（仪征）	200	仪征	2016年
乌鲁木齐石化	120	乌鲁木齐	2016年底
云天化	100	昆明	不明确
台化（宁波）	300	宁波	不明确
嘉兴石化二期	150	嘉兴	不明确
逸盛海南二期	250	杨浦	不明确
三菱2#（宁波）	120	宁波	不明确
逸盛大化（三期）	200	大连	不明确
福建佳龙（二期）	110	石狮	不明确
2016年及以后拟建合计	1550		

资料来源：中国化纤信息网

MEG市场

一、2014年MEG市场运行回顾

图4 2014年MEG内外盘价格走势图

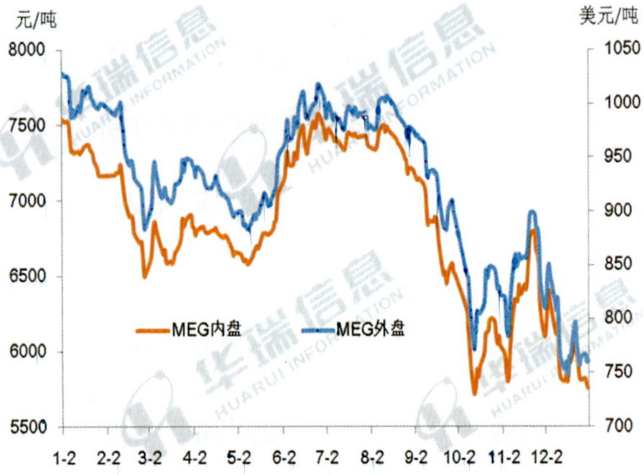

资料来源：中国化纤信息网

2014年MEG整体迎来两波先跌后涨行情，但价格平台逐级下陷，同时年均价较2013年明显下降，全年景气度较前期预估偏低。

2014年初，MEG市场受聚酯负荷下降、港口库存攀升至历史新高及PTA期货的持续拖累，价格重心震荡下滑，市场悲观情绪较浓。同时贸易环节做多主力因受资金压力等影响，开始平仓或者移仓以缓解资金压力，因此市场上现货货源流通量增加。3月份开始，随着下游聚酯开工负荷回升加上工厂产销阶段性走好，同时PTA工厂主动减产降负等消息面利好带动，MEG价格企稳震荡，但波动区间相对有限。4月份MEG行情震荡走弱，主要受融资环境及汇率双向波动因素影响，MEG美金交易活跃度明显下降，特别是远期船货买气甚低，与近期船货价差持续缩窄。5月下旬开始，乙二醇市场受宏观及PTA的带动价格震荡上行，原本做空氛围逐步瓦解，市场空单陆续回补、贸易商逐步建仓，由空转多的气势表现淋漓。6月份贸易商为推涨行情的主力，聚酯工厂因与PTA矛盾明显，期间聚酯负荷逐步走弱，供需去库存力度弱化，下游工厂高位备货积极性不强，因此港口原先的去库存状态发生转变。8月份开始在PTA与聚酯工厂矛盾持续发酵的影响下，聚酯负荷的明显下降对MEG供需关系造成明显拖累，乙二醇在基本面的压制下迎来一波持续下跌行情。期间9～10月份受国内外宏观经济疲弱、地缘政治冲突引导下的原油价格持续下跌以及其他石化品种纷纷走弱等因素影响，乙二醇价格在10月中旬跌至2008年以来的新低。10月下旬开始，一方面乙二醇绝对价格跌至低位，另一方面原料压缩让利下游后聚酯负荷明显提升，乙二醇供需关系开始明显改善，港口库存、社会库存等纷纷进入明显的去库存通道。另外原油及PTA价格的企稳也支撑了原本中性偏强的乙二醇心态，MEG在补空盘及多头的推动下触底反弹。11月中下旬开始，原油大幅下挫，大宗商品纷纷暴跌，MEG受此拖累，持续下跌至12月底。

二、中国MEG生产及需求情况分析

2014年，国内MEG新增产能56万吨，截至年底，企业总产能达594.5万吨/年。2015年，国内MEG投产进度加快，2015年计划投产产能达274万吨。按生产工艺分，合成气制法产能为172万吨，约占62.77%；乙烯制法产能为90万吨，约占32.85%；MTO制法产能占12万吨，约占4.38%。

2014年国内MEG产量约为362.5万吨左右，进口总量约845.0万吨，表观需求量约1206.9万吨。2014年聚酯全年产量累计在3268万吨，聚酯对乙二醇需求在1111.1万吨；非聚酯方面，2014年国内非聚酯对乙二醇的需求为98.8万吨。整个社会库存相比2013年年底约减少3万吨。

表5 2008～2014年中国MEG生产消费情况

单位：万吨/年

	2008	2009	2010	2011	2012	2013	2014
MEG产能	235.6	255.6	382.6	392.6	460.6	538.5	614.5
MEG国产量	179.8	171.7	250	290	300	356	362.5
进口量	521.6	582.8	664.4	727.6	796.6	824.6	845.0
出口量	2.9	0	0.5	0.6	1.08	0.5	0.6
表观消费量	698.5	754.5	913.9	1017	1095.52	1180.1	1206.9
进口依存度(%)	74.7	77.2	72.7	71.5	72.7	69.9	70.0
MEG供应	701.4	754.5	914.4	1017.6	1096.6	1180.6	1207.5

资料来源：中国化纤信息网

聚酯切片

一、2014年我国聚酯产能产量情况

2014年，我国实际新投产聚酯装置16套，合计产能409万吨。但因剔除海南盛之业25万吨聚酯瓶片、SK振邦15万吨聚酯瓶片、辽阳石化10万吨聚酯瓶片、宁波华鑫25万吨聚酯长丝装置以及对部分聚酯装置产能的重新修正，截至2014年底，国内聚酯产能将达到4418万吨，较2013年增长7.62%。

2014年，全国聚酯产量达到3268万吨，较2013年增长1.97%。其中，涤纶长丝产量达到2118万吨，较2013年增长0.86%；聚酯瓶片产量596万吨，较2013年增长6.43%；涤纶短纤产量428万吨，较2013年增长2.39%；聚酯薄膜产量123万吨，较2013年下降0.81%。此外，2014年聚酯切片的净出口量在3万吨左右。

表6 2008～2014年我国聚酯产能产量表

单位：万吨/年

年份	2008	2009	2010	2011	2012	2013	2014
年底聚酯产能	2492	2648	2788	3200	3700	4105	4418
聚合体产量	1870	2000	2340	2720	2980	3205	3268
切片瓶片进口量	22.8	24.95	23.74	19.68	18.3	18.9	18
切片瓶片出口量	95.7	67.98	79.08	104.37	135.9	195.8	229.8
聚酯负荷(%)	77.9	77.8	86.1	90.8	86.4	82.1	76.7

注 聚酯负荷=当年聚酯产量/当年及前一年底聚酯产能的平均值

资料来源：中国化纤信息网

二、2014年聚酯切片市场运行回顾

图5 2014年聚酯切片现货价格走势

单位：元/吨

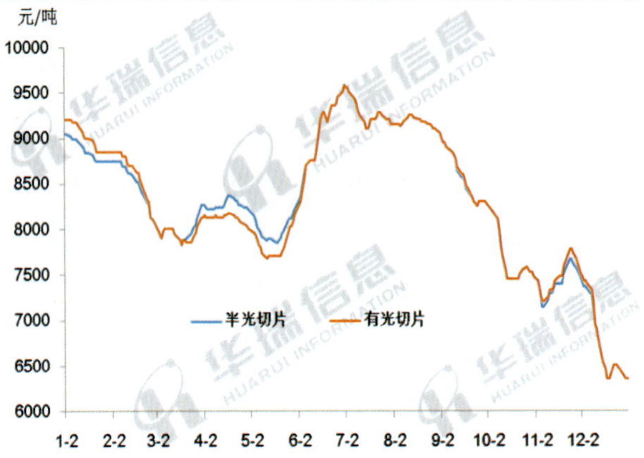

资料来源：中国化纤信息网

据统计，2014年CCF半光切片的均价为8288元/吨，相比2013年CCF半光切片均价9643元/吨，下跌1355元/吨，跌幅在14.05%。2014年终端需求增速继续放缓，聚酯产业链在产能过剩背景下，整体维持弱势下行态势。

2014年，聚酯切片价格震荡下行，年内最高点在7月初9575元/吨，最低点在12月底6350元/吨，受上游聚酯原料价格大幅波动影响，聚酯切片价格也呈现宽幅震荡，其中一季度弱势下行，二季度大幅反弹，三季度明显下挫，四季度底部震荡。具体聚酯切片走势回顾如下：

一季度，受聚酯原料高负荷、高库存压力，同时下游聚酯环节负荷大幅下降，聚酯原料价格大幅下跌，创下新低，聚酯切片跟随原料下跌，整体1、2月份市场处于下跌通道，半光切片从年初9050元/吨一路下跌至7825元/吨，而有光切片受阶段性的供需影响，价格从年初高位9200元/吨下跌至7825元/吨。进入3月份，随着部分PTA工厂的减产带动，聚酯市场价格逐步止跌企稳。

二季度，聚酯原料工厂的减产成为主旋律，带动聚酯市场大幅反弹，PTA工厂在3月份的小幅减产尝到了一定甜头，进入5月份，三巨头形成减产联盟，一方面将PTA负荷控制在7成以下，另一方面更改结算模式为成本定价模式，聚酯原料开始大幅反弹，聚酯产品在成本支撑下被动跟涨，整体涨幅达到1500～2000元/吨，聚酯半光切片价格从低点7825元/吨大幅反弹至9575元/吨。

三季度，终端需求开始走弱，加之聚酯原料联盟更改结算模式抢夺了部分聚酯效益，导致PTA与聚酯的矛盾愈演愈烈，期间聚酯负荷大幅下滑，聚酯原料开始走弱，另一方面原油石化大幅下挫，导致产业链成本平台下移，9月份聚酯切片大幅下跌，至月末，半光切片回落至8300元/吨附近。

四季度，聚酯产业链继续下探，尤其国庆归来，原油石化继续大幅下挫，聚酯毫无成本可言，加之PTA工厂联盟有所松懈负荷抬升至75%，聚酯产品弱势下跌，不断刷新低点。至11月初，聚酯半光切片重心下跌至7150元/吨，局部低价在7000元/吨，但随后随着PTA工厂减产传闻再起，聚酯市场逐步止跌小幅反弹。但进入12月，原油石化再度下挫，聚酯切片跟随成本平台下移，至中下旬，聚酯切片价格跌至6300～6400元/吨。

三、2015年聚酯切片市场预测

2015年，受下游切片纺市场持续疲弱影响，聚酯切片需求量将继续萎缩。随着熔体直纺长丝的日臻完善，其在成本和工艺上的优势已经变得不可动摇，未来切片纺整体开工率将继续下滑，部分主要生产常规品种的切片纺厂家生存空间被进一步缩小，当然对于切片纺来说，差别化或许是市场发展的另一个方向，尤其通过2014年来看，部分切片纺工厂已经开始转向色丝、全消光、阳离子、复合丝等等差别化产品，因此切片纺整体开工率经过近两年显著压缩后，继续大幅压缩的空间已经不大，预计2015年平均开机将维持在3成附近，较2014年小幅下滑。

从聚酯切片产量来说，随着切片纺开机继续下

滑，聚酯切片工厂负荷同样面临下滑，部分老旧的聚酯切片装置将继续处于半停半开或者持续停车的情况，其余的聚酯装置同样会尽量减少开切片的时间，总体2015年聚酯切片产量将继续小幅下降。

从聚酯切片价格来说，2015年聚酯市场仍将处于底部震荡，原油石化成本支撑力不强，加之聚酯产业链在产能过剩大背景下，市场向上突破阻力重重，预计聚酯切片整体仍将跟随大盘弱势震荡。

从聚酯切片效益来说，2014年在切片工厂的限产措施下，行业整体效益较2013年大幅改观，现金流回归至盈亏平衡线上方，聚酯切片工厂也尝到了一定的甜头，对于2015年来说，下游需求仍面临萎缩，切片工厂继续限产或势在必行；同时，在2014年里，上游聚酯原料在弱势行情中承担了更多的亏损，PX效益大幅压缩，PTA亏损加剧，聚酯产品反而得到了一定喘息空间，2015年产业链矛盾仍然集中在聚酯上游，聚酯切片整体效益或将继续维持在保本或微利。

涤纶长丝

一、2014年涤纶长丝市场运行回顾

图6 2014年CCF涤纶长丝价格走势图

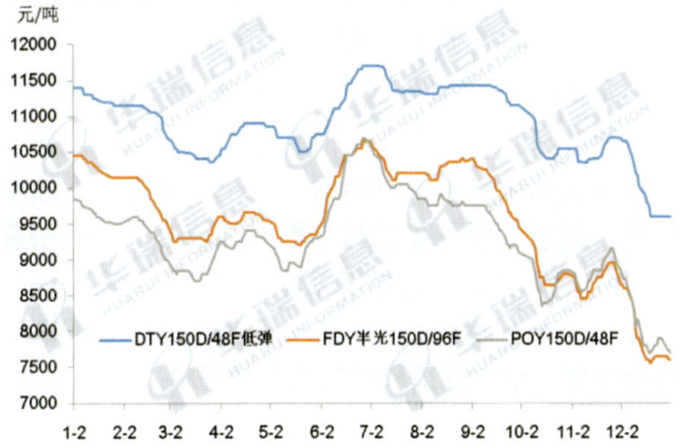

资料来源：中国化纤信息网

2014年的涤纶长丝价格走势基本呈现宽幅震荡态势，上半年涤纶长丝行情表现为两波下跌和两波上涨。年初因库存压力和上游PTA价格打压拖累，涤纶长丝价格呈现一路下跌态势，价格创下历年新低，之后PTA大幅减产带动聚酯成本上移，同时在传统旺季需求的拉动下，涤纶长丝在3月下旬展开一轮持续性的上涨行情。到了5月份，下游需求开始季节性走淡，涤纶长丝价格也逐步小幅下探，但是5月下旬随着PTA工厂的再一次大幅减产，以及在结算价模式改变的预期下，聚酯产业链进入了一轮成本推涨的大行情，短短一个多月时间里，涤纶长丝涨幅达到两千元。进入下半年的7～8月份，一方面下游处于淡季，在前一轮涤丝价格大幅上涨之后，下游生产成本压力加大，在销售清淡的情况下采购积极性回落，另一方面国际原油价格也开始高位回落，在成本和需求端走弱的情况下，涤纶长丝价格也再次进入了一轮大幅下跌的通道。到了10月份，涤纶长丝价格已经再次创下年内新低，下半年的旺季需求有所显现，一部分投机性需求也再次进入市场抄底，导致价格止跌企稳，并进入一轮上涨通道。不过进入12月，下游工厂生意趋于下滑，涤丝的刚性需求趋弱，而距离农历新年尚有较长一段时间，涤丝的投机性备货需求还没体现，同时上游聚酯原料处于不断下滑中，丝价也处于不断下跌中，年度最低价也在这个时候出现。

二、2014年中国涤纶长丝产能投资情况

根据中国化纤信息网的统计，2014年全国涤纶长丝产能净新增148.4万吨，其中直纺长丝产能净新增183万吨，切片纺长丝产能净淘汰34.6万吨。综合估算，在2014年全国涤纶长丝产能净新增148.4万吨以后，年底总产能达到3163.1万吨，同比增长4.9%。

2014全年涤纶长丝产量在2118万吨，较上年增长仅18万吨，加上进口量11万吨，减去出口量160万吨，得出涤纶长丝的表观消费量为1969万吨，较上年减少13万吨。

表7 2008～2014年我国涤纶长丝供需平衡表

单位：万吨/年

年份	2008	2009	2010	2011	2012	2013	2014
产能	1748	1900	2027	2424	2641	3015	3163.1
产量	1283	1320	1510	1738	1957	2100	2118
产能利用率(%)	75.3	72.4	76.9	78.1	77.3	74.3	68.6
进口量	17	17	16	15	12	11	11
出口量	79	62	81	94	108	129	160
表观消费量	1221	1274	1445	1659	1861	1982	1969

注 产能利用率取当年产量除以当年产能和上一年产能的平均值

资料来源：中国化纤信息网

直纺涤纶短纤

一、2014年直纺涤纶短纤市场运行回顾

2014年直纺涤短价格大幅波动，总体呈下行走势。由CCF价格指数来看，年初为9980元/吨，年底为7300元/吨，跌幅2680元/吨。全年波动幅度为2815元/吨。

图7 2014年半光1.4D直纺涤短价格走势图

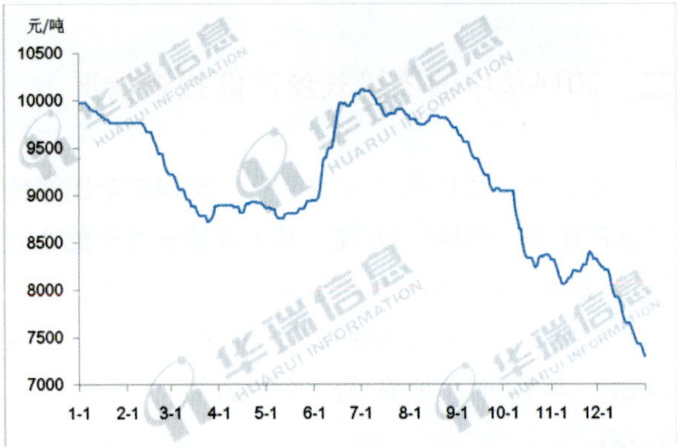

资料来源：中国化纤信息网

1～3月份，在原料价格持续走跌及春节前后下游停车放假影响补货需求等拖累下，直纺涤短价格持续震荡下滑，跌幅达1200～1300元/吨左右，跌幅近13%。

4～5月份，尽管PTA价格仍在下行，但上半年的下游需求表现尚可支撑涤短价格，涤短价格维持盘整走势，此阶段也是上半年直纺涤短运营最好时间段。

5月份开始，上游原料在持续亏损之后，包括PX和PTA均开始实施减产自救，特别是PTA产业在巨头合力大幅度减产降负外，同时推出与成本挂钩的结价模式，将PTA带入一波大涨行情，直纺涤短跟随成本快速上调，自5月中旬开始，快速拉涨1300～1400元/吨，到6月底及7月初，直纺涤短成交至10100元/吨偏上，涨幅15.5%。

7月份以后：前期涤短跟随成本的大幅拉涨，导致下游纱厂陷入亏损，进而需求大幅萎缩。之后，在原油价格大跌为主导因素影响下，加之上游成本塌陷、需求一般等多重利空因素的情况下，一路震荡下跌，到年底，直纺涤短跌至7300元/吨，跌幅高达27.8%。但到了四季度，下游传统旺季需求仍有所体现，企业开工和产销都有所好转。

二、2014年直纺涤短供需情况分析

2014年国内直纺涤短产能增长31万吨，截至

2014年底总产能达到近655万吨，同比增长5%，产能增速继续放缓。新增产能主要分布在福建、山东和浙江。新增产能主要仍是2010～2011年度期间规划的投扩产能。

产量方面一改前几年持续下降的走势，出现小幅增长。一方面，新产能投扩贡献出新增产量，更重要的是PTA过剩之下，利润向下游转移，涤短工厂效益回升也在一定程度保证了企业的生产积极性。此外，四季度后期由于直纺涤短价格低位运行，造成再生化纤价格优势丧失，也带来了部分转产需求。同时，四季度价格低位运行之后，陆续出现的低价位抄底囤货动作也促进了市场的需求放量。

年度表观供应细节上看，2014年国内直纺涤短出现了双增长局面：产量和进出口均有升高。产量增长10万吨，出口量增幅也十分明显，全年涤短（原生+再生）增量在15.42万吨。其中直纺涤短工厂自身出口大增10万吨左右，增幅29%，再考虑到部分贸易商出口量增加，原生涤短全年出口增量在12万吨。原生涤短出口依存度提高至11.2%附近。同时原生涤短的进口量较之2013年也有1.6万吨左右的增加，主要仍旧在于部分差别化产品的需求。此外，由于年底短纤工厂库存较年初下降约1.5天，所以全年国内直纺涤短总供应量较2013年增长约10万吨，在392万吨左右。

三、2015年直纺涤短后市展望

尽管2014年直纺涤短仍处于震荡下跌走势，但厂家通过限产保价等措施，整体盈利状况较2013年大幅改善。2015年市场又会产生一些新的因素，这些因素也将对2015年直纺涤短市场有所影响。

基本面来看，原油价格的大幅下挫有望使得2015年短纤价格重心下降一个平台，同时2015年PX和PTA大幅投扩，来自原料端的竞争加剧有望继续对涤短产生有利影响。而从直纺涤短自身来看，2015年新增产能的有效释放将再度加剧市场竞争格局，比如福建市场，甚至会通过部分厂家、部分市场传导至全国范围内。同时新增产能继续加剧行业产能过剩问题，控制负荷、丰富产品结构、增加出口仍是行业面临的持续性问题。需求方面，棉花政策改变带来的棉价大幅回归，2015年棉价一旦企稳，即使涤棉价差仍旧维持高水平，但终端需求仍可能会部分适度回流至棉花，不过相对于回料纺再生化纤来说，直纺涤短价格低位也将有望提升自身优势，有望抢占部分再生纱市场。所以总体预估2015年棉纺类涤短需求会有所下降，但幅度不会太大，甚至有可能保持平稳。另外新一年的亮点仍可能来自于出口，近年来终端纺织品服装的转移，将会继续提升海外对中间半成品的需求，所以涤短出口仍有增长空间。此外，2014年期货交易所已经在准备1.4D半光纺纱用直纺涤短上期货合约，如果2015年能够顺利上市，也将为市场带来更大的多元化变化，特别是金融市场的动荡将以更直接的方式影响涤纶短纤价格和行业发展。

（撰稿人：高建江 陆迪峰 倪国苗 袁 媛
徐婷婷 潘文能 盛其军）

CNTAC

中国纺织工业发展报告

CHINA TEXTILE INDUSTRY DEVELOPMENT REPORT

2014/2015

行业新闻

2014年度中国纺织行业十大新闻

中国纺织报社
《中国纺织》杂志社

“艺之卉杯”2014年度中国纺织十大新闻

一、纺织行业积极适应“新常态”

增速减缓、结构调整、创新驱动，这是中国纺织经济在新常态下的主要特征。2014年以来，行业生产、出口、投资、内销、利润增速指标都较前些年明显放缓。行业开始进行产业转型服务化，由产品制造向产业两端的研发设计和销售环节延伸。行业发展的驱动力由数量增长向科技创新、品牌提升转变。新产品、新技术、新工艺不断开发应用，劳动生产率快速提升是科技创新的主要特点，而品牌提升更多地表现在质量、设计和快速反应能力的增强。电子商务促进产业转型升级，适应小批量、多品种、个性化和快速反应的需要，电子商务已成为纺织行业重要的流通渠道手段，同时也加快了纺织服装企业的信息化建设步伐。

二、棉花目标价格改革补贴试点启动

经国务院批准，2014年启动新疆棉花目标价格改革补贴试点。9月17日，新疆维吾尔自治区政府正式公布《新疆棉花目标价格改革试点工作实施方案》，出台新疆棉花目标价格补贴细则。11月5日，中央财政确定内地棉花主产区的补贴范围和标准，内地补贴范围为山东、湖北、湖南、河北、江苏、安徽、河南、江西和甘肃9省，2014年度补贴标准为2000元/吨，以后年度补贴标准以新疆补贴额的60%为依据，上限不超过2000元/吨。

三、四项纺织成果获国家科学技术奖

2014年1月10日，中共中央、国务院在北京举行2013年度国家科学技术奖励大会。

纺织行业共有4个项目获得2013年度国家科学技术进步奖（通用项目）二等奖，分别是：华中农业大学、河间市国欣农村技术服务总会、湖北惠民农业科技有限公司的“棉花种质创新及强优势杂交棉新品种选育与应用”；苏州大学、天津工业大学、苏州天立蓝环保科技有限公司、邯郸恒永防护洁净用品有限公司的“功能吸附纤维的制备及其在工业有机废水处置中的关键技术”；桐昆集团浙江恒通化纤有限公司、新凤鸣集团股份有限公司、东华大学、浙江理工大学的“超大容量高效柔性差别化聚酯长丝成套工程技术开发”；苏州大学、鑫缘茧丝绸集团股份有限公司、浙江理工大学、苏州膜华材料科技有限公司、湖州南方生物科技有限公司、湖州澳特丝生物科技有限公司、兴化市大地蓝绢纺有限公司的“丝胶回收与综合利用关键技术及产业化”项目。

四、新疆纺织服装业发展获密集政策支持

2014年，新疆成为纺织服装业发展的一片热土。7月18日，新疆维吾尔自治区人民政府在北京发布国家和新疆自治区在“新疆发展纺织服装产业带动就业方面”制定的十大优惠政策，并首次发布《新疆纺织服装产业发展规划》，到2023年，新疆将最终实

现纺织服装全产业链就业容量达到100万人的目标。

十大优惠政策包括设立规模为200亿元左右的纺织服装产业发展专项资金、实施税收特殊优惠、低电价优惠、纺织品服装运费补贴、使用新疆棉花补贴、企业员工培训和社保补贴、支持集中建设印染污水处理设施、加大对南疆地区支持力度和加大金融支持力度等政策。

五、九省份为行业松绑“高征低扣”

2014年，随着简政放权日益深入，纺织企业呼吁多年的棉纺业“高征低扣”税赋不合理现象得以逐步松绑。安徽省自2014年2月1日起率先把皮棉、棉纱纳入农产品增值税进项税额核定扣除试点范围，突破13%，成为全国范围内首个打破“高征低扣”政策的省份。随后，河北省也将从事“籽棉加工”、“皮革鞣制加工”、“羽绒生产”等5个行业的增值税一般纳税人实行核定扣除。5月1日起，河南将棉花纳入进项税额核定扣除试点范围。8月1日起，浙江省、湖南省；10月1日起，山东省和陕西省都纷纷加入改革试点大军。随后，江西省自11月1日起、江苏省自2015年1月1日起也加入“高征低扣”试点。

六、王天凯出任新一届国际纺联主席

2014年10月16～18日，2014国际纺织制造商联合会（ITMF）中国年会举行。2014年正值国际纺织制造商联合会成立110周年，本次年会上，中国纺织工业联合会会长王天凯，正式接替约书亚·戈麦斯出任新一届国际纺联主席。这是中国纺织界人士首次在国际纺联中担任主席。王天凯表示，中国纺织工业将一如既往，为进一步推动世界纺织产业合作共赢，发挥更加积极和重要的作用。

七、鲁泰纺织获“中国工业大奖”、“全球卓越绩效奖”

第三届中国工业大奖表彰大会于2014年5月17日在人民大会堂举行。纺织行业的鲁泰纺织股份有限公司获得本届“中国工业大奖”。11月23～25日，在第20届亚太质量组织会议暨全球卓越绩效奖颁奖大会上，鲁泰纺织股份有限公司荣获本届“全球卓越绩效奖”（世界级）荣誉称号。

八、中国纺织行业加快生态文明建设

2014年5月，中国纺织工业联合会环境保护与资源节约促进委员会组织发起“旧衣零抛弃——中国品牌服装回收活动”，这是第一次由行业牵头开展的旧衣回收活动，标志着纺织行业循环经济建设步伐加快。活动由产业界和慈善机构联手，通过旧衣零抛弃进校园、进社区和品牌服装店定点回收旧衣等举措，为废旧纺织品综合利用面临的难题提供了具体解决方案，并成为引领消费者践行低碳生活方式的一面旗帜。该活动有利于加快完善我国废旧纺织品回收体系、打破二手服装买卖的政策壁垒，同时促进废旧纤维资源再生产品的市场推广。

九、APEC“新中装”展现“中国设计”整体实力

2014年11月10日，2014年度APEC领导人欢迎宴会上，参加会议的各成员经济体领导人身着中国特色服装“新中装”出场，拍下了一张具有浓郁中国特色的亚太大家庭“全家福”照片。“新中装”面料、服装款式的研发、设计等话题，引起了人们的广泛关注。

十、纺织三项职业技能赛事纳入中国技能大赛

2014年4月16日，2014年度中国技能大赛——全国纺织行业职业技能竞赛在上海启动，本次技能竞

赛已被列入国家级二类竞赛，并按要求冠以“2014年中国技能大赛”名称。竞赛包括棉纺行业“大生杯”穿经工职业技能竞赛、印染行业“西樵杯”染化料配制工职业技能竞赛、针织行业“佰源杯”纬编工职业技能竞赛。三大赛事由中国纺织工业联合会、中国就业培训技术指导中心、中国财贸轻纺烟草工会共同主办，中国棉纺织行业协会、中国印染行业协会、中国针织行业协会分别承办。

全国性技能操作比赛的举办与“升格”，对提高全行业整体操作技能水平和员工队伍整体素质都具有着重要的意义。

纺织天下·强国版图
决策者的智囊，创业者的指南
纺织行业内最具权威性的期刊，研究产业战略与政策，跟踪行业经济运行趋势，交流企业经验，推进纺织行业转型升级。
www.tex1951.com
010-85229008
中国纺織
CHINA TEXTILE
中国纺织工业联合会会刊
《中国纺织》微信二维码

CNTAC

中国纺织工业发展报告

CHINA TEXTILE INDUSTRY DEVELOPMENT REPORT

2014/2015

年度奖项

2014年度中国纺织工业联合会产品开发贡献奖获奖企业及产品开发推动奖单位名单

（排名不分先后）

2014年度中国纺织工业联合会产品开发贡献奖获奖企业名单

淄博银仕来纺织（集团）有限公司
齐鲁宏业纺织集团有限公司
汶上如意天容纺织有限公司
德州华源生态科技有限公司
青岛纺联控股集团公司
德州恒丰纺织有限公司
江苏悦达纺织集团有限公司
苏州金科达纺织科技股份有限公司
山东济宁如意毛纺织股份有限公司
山东南山纺织服饰有限公司
威海迪尚华绮毛纺织有限公司
湖南华升株洲雪松有限公司
湖南郴州湘南麻业有限公司
达利丝绸（浙江）有限公司
四川顺成纺织品有限公司
湖州永昌丝绸有限公司
上海三枪（集团）有限公司
无锡恒诺纺织科技有限公司
浙江巴贝纺织有限公司
江苏宝缦卧室用品有限公司
江苏腾盛纺工集团
江苏聚杰微纤纺织科技集团有限公司
吴江汉通纺织有限公司
浙江三志纺织有限公司
上海金熊造纸网毯有限公司
大连华阳化纤科技有限公司
北京五洲燕阳特种纺织品有限公司
保定三源纺织科技有限公司
杭州路先非织造股份有限公司
福建华阳超纤有限公司
浙江华峰氨纶股份有限公司
福建三宏再生资源科技有限公司
徐州斯尔克纤维科技股份有限公司
永盛新材料有限公司
连云港神鹰碳纤维自行车有限责任公司
江苏文凤化纤集团有限公司
杭州贝斯特化纤有限公司
长春高琦聚酰亚胺材料有限公司
宜宾丝丽雅股份有限公司
华纺股份有限公司
浙江美欣达印染集团股份有限公司
华懋（厦门）织造染整有限公司
浙江嘉名染整有限公司
泉州海天材料科技股份有限公司
广东健业纺织集团有限公司
青岛即发集团控股有限公司
山东同大海岛新材料股份有限公司
天诺光电材料股份有限公司
陕西元丰纺织技术研究有限公司
江苏维凯科技股份有限公司
无锡宏源机电科技有限公司
立信染整机械(深圳)有限公司
福建省鑫港纺织机械有限公司
宁波慈星股份有限公司
邵阳纺织机械有限责任公司
赛特环球机械（青岛）有限公司
深圳市叶子服装实业有限公司
波司登股份有限公司
广东柏堡龙股份有限公司
宁波狮丹努集团有限公司

2014年度中国纺织工业联合会产品开发推动奖获奖单位名单

佛山市南海南方技术创新中心有限公司

2014年度产品开发贡献奖获奖企业简介

获奖企业及标识	获奖简评
银仕来	**1.淄博银仕来纺织（集团）有限公司** 企业主要从事高档家纺和服装面料及制品的设计、研发、生产和销售等业务，产品开发管理体系健全，建有“省级企业技术中心”和“省级大提花面料工程技术研究中心”。主导产品包括：天丝及天丝与真丝、天丝与其它新型纤维交织大提花系列，各类新材料、新纤维大提花系列，高支高密大提花系列，纯棉特宽幅纬向管状三维系列等。拥有专利50项，其中发明专利2项。“化纤及混纺本色坯布”荣获中国棉纺织行业推荐“最具影响力产品品牌”称号。
QILUHONGYE	**2.齐鲁宏业纺织集团有限公司** 企业主要从事纺纱、织造、服装的生产与销售等业务，是“国家功能性、差别化纤维纱线产品开发基地”。主导产品包括：高比例非棉类高档天然纤维与功能性差别化新型纤维混纺纱线、嵌入式雪花纱、环锭纺纯羊绒/绢丝120Nm单纱等。企业拥有专利32项，其中发明专利14项。企业参与制、修订国家、行业标准共3项。被评为“山东省高新技术企业”。
	3.汶上如意天容纺织有限公司 企业从事色纺纱的开发、生产与销售等业务。建有“山东省企业技术中心”，具有先进的设备和色纺纱的技术研究优势。主导产品包括四大系列：自然环保系列，新型纤维系列，外观工艺系列，多组分系列。拥有各项专利18项，其中发明专利1项。参与制定国家、行业标准共6项。“奇幻自然之破碎冰洋”产品设计荣获“中国国际面料设计大赛暨中国流行面料入围评审”优秀奖，“溢彩纱关键设备的改造及工艺研究”荣获“山东省技术创新优秀新产品”一等奖。
德州华源	**4.德州华源生态科技有限公司** 企业主要从事各种功能性纤维系列纱线的研发、生产与销售等业务，是“国家新型纤维纱线产品开发基地”。建有完整的质量控制体系，已通过ISO9000质量管理体系认证，推行5S管理，实施精细化生产。主导产品包括：锦密纺、锦梳纺、锦绒纺等系列纱线等，其中“锦密纺”纱线获得“中国驰名商标”、“山东著名商标”称号。拥有发明专利3 项。参与制定行业标准1项。被评为“国家火炬计划重点高新技术企业”、“山东省高新技术企业”、“中国差别化纱线精品基地”、“山东省纺织行业管理创新企业”。
青纺联 百年经典 演绎时尚 —Since 1902—	**5.青岛纺联控股集团公司** 企业主要从事功能性纺织品开发、生产与销售等业务，是“国家多组份差别化纱线坯布产品开发基地”。建立了以企业技术为依托，人才培养为战略，项目合作为载体，自主研发、成果转化和人才培养于一体的开放式的创新平台。主导产品包括：吸湿排汗、透气优良的“舒爽绸”系列，“七彩纺”系列，防静电和EMR防护系列等。企业拥有专利60项，其中发明专利4项。参与制定国家、行业标准共8项。“‘青纺联’牌多组份功能性纱线”被评为“山东省名牌产品”。
恒丰纺织 德州恒丰集团 DEZHOU HENGFENG GROUP	**6.德州恒丰纺织有限公司** 企业主要从事新品种纤维、纱线的生产和销售等业务。主导产品包括：木代尔、粘胶、莱赛尔、竹纤维、水溶纱（PVA）、圣麻、麻赛尔等系列纱线。拥有发明专利3项。7项新产品荣获“山东省科学技术奖二等奖”，5项新产品荣获“山东省科学技术进步三等奖”；“木代尔纤维本色纱线”荣获 2013年“山东名牌产品”称号；荣获“山东省企业重大成果奖”。
YDTEX	**7.江苏悦达纺织集团有限公司** 企业主要从事纺织、印染、家纺、服装和产业用纺织品的研发、生产与销售等业务，是“国家新型纱线及功能性面料产品开发基地”。建立了完整的质量控制体系，已通过ISO9001：2008、ISO14001：2004、GB28001—2001管理体系认证，瑞士USTERIEEDOR质量控制过程论证，GB/T23331—2009能源管理体系认证。拥有专利17项，其中发明专利2项。被评为“江苏省企业认定技术中心”、“江苏省新型纱线及织物工程技术研究中心”。企业获得“江苏省质量奖”、“中国纺织工业联合会质量管理奖”等奖项。

续表

获奖企业及标识	获奖简评
	8.苏州金科达纺织科技股份有限公司 企业主要从事弹力面料开发、生产与销售等业务，是“国家弹力交织面料产品开发基地”。企业产品开发管理体系建设完善，建立了完整的质量控制体系，已通过ISO质量体系认证。主导产品包括：天丝/棉弹力、棉/锦弹力、粘/棉弹力、棉/麻、棉/锦等五大系列面料。拥有专利377项，其中发明专利3项，实用新型专利6项，外观设计专利368项。
	9.山东济宁如意毛纺织股份有限公司 企业主要从事精毛纺产品的生产和销售等业务，是“国家精毛纺产品开发基地”。主导产品包括：经典永恒、生态环保、智能科技及技术融合四大系列等。企业拥有专利共24项，其中发明专利3项，实用型专利4项，外观专利17项。参与制定国家标准4 项。被评为“国家高新技术企业”、“国家创新型试点企业”。拥有国家级技术研发中心、院士工作站和博士后工作站。2013—2014年，企业获得“中国质量提名奖”、“纺织技术企业示范单位”等奖项。
NATSUN Natsun Holdings Limited	**10.山东南山纺织服饰有限公司** 企业主要从事高品质毛精纺面料及服装的研发和生产等业务，是“国家高支纯毛产品开发基地”。主导产品包括：毛/丝/绒极品花呢、绒面大提花呢绒、英国羊毛花呢、空气层羊毛3D立体花呢、浓黑呢绒、全毛抗皱呢绒、全毛机可洗呢绒、OZONE羊毛水洗呢绒、毛/丝高支呢绒等系列。企业拥有发明专利6项。参与制定国家标准《纺织面料编码毛部分》。建立了“国家级企业技术中心”、“CNAS认证检测中心”、“首批省级工业设计中心”、“省级功能性毛纺织品工程技术研究中心”。“防辐射复合功能精纺毛织物关键技术研究与产业化”项目荣获2014年度中国纺织工业联合会科学技术进步二等奖。
迪尚华绮 Dishang Huaqi	**11.威海迪尚华绮毛纺织有限公司** 企业主要从事粗纺呢绒面料的开发设计、生产与销售业务。主导产品包括：拷花大衣呢、轻薄花呢、双层顺毛大衣呢、双层纹面大衣呢、麦尔登、法兰绒等。企业产品质量达到国家行业标准和欧洲质量标准，先后通过ISO9000质量管理体系认证和OEKO-TEX® Standard100质量认证。获得“山东省省级先进企业”称号。
雪松 XUESONG	**12.湖南华升株洲雪松有限公司** 企业主要从事苎麻类纺织产品生产和销售业务，母公司——湖南华升集团公司是“国家苎麻产品开发基地”。产品开发管理体系建设贯穿于产品的市场调研、开发研究、生产管理、质量管理到营销推广整个过程，建立了以技术中心为研发龙头，组合营销部、生产部在内的“一条龙”开发体系。主导产品包括：高品质纯苎麻纱，高档纯苎麻女装面料，高档麻类交织、混纺面料，高档麻类针织面料等。企业拥有专利共14项。企业参与制定国家、行业标准共9项。企业及产品获得“国家重点新产品”、“中国专利优秀奖”，“上海市科学技术进步一等奖”等奖项、称号。
湘郴 XIANGCHEN	**13.湖南郴州湘南麻业有限公司** 企业主要从事黄麻、剑麻纺织加工和贸易业务，是“国家黄麻产品开发基地”。主导产品包括：麻布、麻袋、麻纱线、麻绳四大系列；特色产品有：无油环保粮食作物包装袋、鞭炮捆扎线、鞋材纱、超高支纱、混纺纱、混捻纱、交织布等三十多个品种系列。企业拥有专利共6项，其中发明专利4项。
达利丝绸 HIGH FASHION SILK	**14.达利丝绸（浙江）有限公司** 企业主要从事丝绸产品设计、研发、生产、销售及丝绸文化工业旅游等业务，是“国家丝绸产品开发基地”。产品开发管理体系建设完善。主导产品包括：真丝宽幅提花面料、真丝功能性梭织面料、真丝自然弹面料、真丝针织面料等。企业拥有专利53项，其中发明专利7项。参与制定国家、行业标准共16项。承担国家茧丝绸发展专项1项，“彩色茧丝色彩工艺特性及其丝绸产品关键技术和产业化”项目荣获2014年度中国纺织工业联合会科学技术进步三等奖。“达利发”被评为“中国驰名商标”。被评为“国家级高新技术企业”。

续表

获奖企业及标识	获奖简评
SACHEM	**15.四川顺成纺织品有限公司** 企业主要从事真丝绸面料生产和对外贸易等业务。主导产品包括：强捻顺纡乔其、蜀绘丝绸系列、宽幅素绉缎、弹力雪纺、提花绸缎、桑蚕丝被及家纺用品等。企业拥有“蜀绘丝绸工艺方法”发明专利，独立研发的“蜀绘”、“蜀锦”和“蜀绣”并称四川丝绸工艺“三绝”。企业产品获得中国丝绸协会“全国丝绸创新产品”金奖、“第49届全国工艺品设计大赛”铜奖。“大丝之道”牌蚕丝被、床上用品被授予“四川名牌”称号。
永昌丝绸 YongChang Silk SINCE 1919	**16.湖州永昌丝绸有限公司** 企业主要从事丝绸面料的研发、生产与销售业务。产品开发管理体系建设完善，建立了专门的研发部门、研发人员培训及绩效考核机制。主导产品包括：真丝重磅面料、真丝色织面料、真丝交织面料、真丝提花面料、真丝数码织锦面料、真丝数码印花面料等。参与制定国家、行业标准共3项。企业产品曾获得“中国国际面料设计大赛暨中国流行面料入围评审”最佳市场应用奖等奖项。
huafon 华峰	**17.浙江华峰氨纶股份有限公司** 企业主要从事聚氨酯弹性纤维的技术开发、生产和销售等业务。主导产品包括：耐高温氨纶、耐氯氨纶、高回弹经编氨纶、低模量袜用氨纶、黑色氨纶、抗静电氨纶、抗菌除臭氨纶等。企业拥有发明专利7项。参与制定国家标准1项、行业标准3项。企业被评为“国家高新技术企业”、“全国资源节约型和环境友好型试点企业”、“全国化纤行业竞争力十强企业”。产品荣获“浙江省化学工业科学技术奖”、“国家重点新产品”、“浙江省工业优秀新产品”等奖项、称号。
SANHONG	**18.福建三宏再生资源科技有限公司** 企业主要从事丙纶纱及其制品的生产经营，废旧塑料的消解和再利用，以及箱包系列产品的研发与销售等业务。主导产品包括：PP纱、织带及箱包等系列。企业现拥有专利技术30项，其中发明专利3项。被评为“国家聚丙烯再生产品生产研发基地”、“福建省高新技术企业”、“福建省创新性试点企业”。产品获得“福建省科学技术三等奖”、“全国发明展金奖”、“中国专利技术成果交易会特别金奖”等奖项。“再生聚丙烯直纺长丝关键技术及装备产业化”项目荣获2014年度中国纺织工业联合会科学技术进步二等奖。
江苏斯尔克集团 Jiangsu Silk-Group	**19.徐州斯尔克纤维科技股份有限公司** 企业主要从事一步法异收缩混纤丝的研发和生产业务，是“国家异收缩涤纶混纤丝产品开发基地”。主导产品包括：各类涤纶ITY超仿真功能性异收缩混纤丝、异彩功能性异收缩混纤丝、异彩竹节丝、超仿棉功能性异收缩混纤丝等。企业拥有专利60项，其中发明专利26项。参与制定行业标准2项。被评为“国家火炬计划高新技术企业”、“江苏省多异混纤丝制造工程技术研究中心”、“江苏省高新技术企业”，“江苏省多异混纤丝工程技术研究中心”。
	20.永盛新材料有限公司 企业主要从事化纤、纺织、染整及进出口贸易业务，是“国家差别化纤维及染织产品开发基地”。主导产品包括：差别化纤维长丝（如SPH、SQH、SSY、PTH、S800等）、皮革基布和麂皮绒面料等。拥有“异型锦纶细旦纤维”等实用新型专利22项。作为第一起草单位牵头制定行业标准《弹性涤纶牵伸丝》。
ZGL	**21.连云港神鹰碳纤维自行车有限责任公司** 企业主要从事碳纤维自行车、零部件及其他碳纤维复合材料制品生产和销售等业务。主导产品包括：碳纤维系列自行车（如山地车、公路车、休闲车、竞速车、折叠车等）、碳纤维球拍（如羽毛球拍、网球拍等）、碳纤维乐器（如小提琴、吉他等）等。企业拥有专利31项，其中发明专利1项。被评为“江苏省高新技术（后备）企业”、“江苏省工业设计优秀单位”、“江苏省体育产业示范基地”。企业“碳纤维系列自行车”荣获“江苏省优秀新产品”、“中国优秀工业设计奖”、“省首届工业设计大赛”铜奖等奖项。

续表

获奖企业及标识	获奖简评
	22.江苏文凤化纤集团有限公司 企业主要从事锦纶6民用长丝的生产与销售业务。主导产品包括："新型锦纶有光机织用绞边丝"、"15D/5F锦纶6长裤袜用弹力丝"、"新型凉爽玉石纤维"等十余项新产品。企业拥有发明专利2项。作为第二起草单位参与制定国家标准《锦纶牵伸丝》。企业被评为"国家级高新技术企业"。"文峰牌"锦纶民用长丝获得"江苏省名牌产品"称号。
	23.杭州贝斯特化纤有限公司 企业主要从事以聚酯PET瓶片为原料，生产面向家居、家纺、填充玩具、针织无纺、仿羽绒制品等领域的纤维材料。主导产品包括：仿羽绒系列、家具系列、家纺系列、毛绒玩具系列和户外用品系列等。企业拥有发明专利7项。作为第一起草单位制定行业标准1项，参与制定行业标准3项。承担了22项高新技术项目，其中7项产品获得"省级新产品"称号。
HiPolyking	**24.长春高琦聚酰亚胺材料有限公司** 企业主要从事聚酰亚胺材料的研究、生产与销售业务，是"国家聚酰亚胺研发生产基地"。建立了省级企业技术中心。主导产品包括：聚酰亚胺纤维、聚酰亚胺特种工程塑料制品等。拥有发明专利5项，其中国际专利2项。参与制定国家、行业标准共3项。"聚酰亚胺纤维产业化项目"荣获"纺织之光"2013年度中国纺织工业联合会科学技术进步一等奖。
丝丽雅 GRACE	**25.宜宾丝丽雅股份有限公司** 企业主要从事纤维制造业务。主导产品包括：粘胶长丝，粘胶短纤，高强低伸粘胶、超仿棉生物基纤维——雅丝绒产品，短流程低成本荧光增白粘胶短纤，细旦粘胶短纤，易染粘胶短纤等10 多种新产品。拥有专利1038项，其中发明专利414项。参与制定国家标准1项、行业标准4项。建立了"国家级企业技术中心"；获得"国家科学技术进步二等奖"、"中国专利金奖"、"全国纺织科技型企业"等奖项、称号。
华纺股份有限公司 HUAFANG CO., LTD	**26.华纺股份有限公司** 企业主要从事高档纺织品印染业务，是"国家印染产品开发基地"。主导产品包括：家纺面料、服装面料、家纺成品和服装等。企业拥有授权专利22项，其中发明专利18项，实用新型专利4项。参与制定行业标准3项。建立了"国家级企业技术中心"，是公安部和中国人民解放军总后勤部指定的"专用面料生产企业"。产品获得"上海市科技进步一等奖"、"中国优秀印染面料"一等奖、"国家重点新产品"等奖项、称号。
MIZUDA	**27.浙江美欣达印染集团股份有限公司** 企业主要从事各类服装面料的生产、销售业务，是"国家特种工装及休闲面料印染产品开发基地"。产品开发管理体系建设完善（如：ISO9001、ISO14001质量环境管理体系、有机纺织品（GOTS/OE100）质量管理体系）。主导产品包括：无甲醛免烫面料、爽丽丝面料、超仿棉面料，发泡印花面料，提花面料，双芯纱面料，多纤交织与混纺面料等。拥有授权发明和实用新型专利10项。参与制定行业标准5项。建立了国家级企业技术中心。被评为"浙江省高新技术企业"、"国家火炬计划重点高新技术企业"。
H.M. GROUP 华懋集团	**28.华懋（厦门）织造染整有限公司** 企业主要从事中、高档化纤面料的研发、生产以及销售业务，是"国家户外服装面料产品开发基地"。。通过ISO9001：2008质量管理体系认证，拥有一个CNASL3516国家认可实验室，建立了完整的产品开发创新体系。拥有发明专利1项，另有5项发明专利进入实质性审查阶段。产品获得 2014年度"中国印染行业优秀面料"一等奖。2014年企业新开发产品中有14款入选德国慕尼黑ISPO户外展，其中5款"智能仿生户外面料"荣获2014年ISPO OUTER LAYER TOP 10。

续表

获奖企业及标识	获奖简评
嘉名 CHARMING	**29.浙江嘉名染整有限公司** 企业主要从事新型功能性纤维面料的织造、丝光、染色、印花及后整理生产业务，是"国家纬编针织面料产品开发基地"。主导产品包括：生态型、差别化、功能性针织内衣、童装和品牌服装面料等。企业拥有许可发明专利1项，自主研发发明专利2项。参与制定国家标准1项、行业标准1项。被评为"国家高新技术企业"、"中国针织面料创新研发基地"。企业建有"浙江省级高新技术企业研究开发中心"、"浙江省企业技术中心"。
HTT 海天材料科技 HTT CORPORATION	**30.泉州海天材料科技股份有限公司** 企业主要从事针织面料与服装研发、生产与贸易等业务，是"国家纬编针织产品开发基地"。主导产品包括：CoolDry®吸湿速干系列，Sunlite®中空保暖系列，Ecorona®塑料瓶片再生涤纶系列、Corntec®生物基绿色环保系列等。企业拥有发明专利18项。参与制定国家、行业标准共6项。被评为"国家火炬计划重点高新技术企业"、"福建省高新技术企业"。拥有"国家星火计划龙头企业技术创新中心"、"国家博士后科研工作站"、"福建省企业技术中心"。"高蓬松高稳定摇粒绒制备关键技术与产品开发"项目荣获2014年度中国纺织工业联合会科学技术进步二等奖。
纺 健 業 絨 ® JYFZ 健業紡織 JIANYE TEXTILE	**31.广东健业纺织集团有限公司** 企业主要从事时尚蕾丝及绣花面料的设计、开发、生产和销售等业务，是"国家花样设计及时装面料产品开发基地"。已通过ISO9001质量管理体系认证，国际生态纺织品OEKO—TEX® Standard 100认证等。主导产品包括：染色系列，印花系列，特色工艺系列等。企业拥有专业的设计研发团队，花样创新每天20个、面料创新每年1000个、工艺创新每年过百种，色彩应用符合流行趋势。
	32.青岛即发集团控股有限公司 企业主要从事纺织服装研发、生产和出口业务。主导产品包括：特种行业用服装，医用防护服，化学防护服，消防服等。拥有国家授权发明专利13项。参与制定国家、行业标准共30余项。拥有国家级企业技术中心、CNAS认证的纺织服装材料检测中心、院士专家工作站和博士后科研工作站。被评为"国家创新型企业"、"高新技术企业"、"火炬计划重点高新技术企业"和"国家资源节约型、环境友好型创建试点企业"、"纺织技术创新示范企业"。"高吸液型壳聚糖纤维关键技术研究及产品开发"项目荣获2014年度中国纺织工业联合会科学技术进步二等奖。
三枪 THREEGUN LivingConcept®	**33.上海三枪（集团）有限公司** 企业主要从事针织物织造和染整加工，"三枪牌"针织服装生产和销售等业务。主导产品是棉针织内衣系列。企业拥有实用新型专利15项，外观设计专利100余项。企业参与制定行业标准2项。企业被评为"上海市创新设计示范企业"；"纳米复合抗菌/芳香功能针织产品"获得"中国纺织工业联合会针织内衣创新贡献奖"。
HANUO®	**34.无锡恒诺纺织科技有限公司** 企业主要从事功能性运动面料的研发、生产等业务，是"国家功能性针织面料产品开发基地"。主导产品包括：吸水快干、抗静电、抗紫外线、抗菌防臭、冷感、蓄暖发热等高品质功能性运动面料。企业共申请专利22项，其中发明专利6项，已授权3项。产品获得"中国国际面料设计大赛暨中国流行面料入围评审"最佳运动功能面料应用奖和最佳运动休闲面料应用奖。
BABEI 巴贝	**35.浙江巴贝纺织有限公司** 企业主要从事高档色织提花家纺面料、家纺面料及家纺成品的设计、生产和销售等业务。建立了ISO9001质量管理体系、ISO14001环境管理体系、OHSAS18001职业健康安全管理体系。2011年企业参与制定行业标准《色织大提花桑蚕丝织物》。企业"真丝提花面料花纹闪色技术研究与产品开发"项目荣获2014年度中国纺织工业联合会科学技术进步三等奖。获得"中国家纺品牌影响力传媒大奖"等奖项。

续表

获奖企业及标识	获奖简评
宝缦 Bermo HOME TEXTILE	**36.江苏宝缦卧室用品有限公司** 企业主要从事床品、家用软装饰、功能性被芯类产品的生产和销售等业务。主导产品包括：以传统喜庆为主，佐以各种西方时尚元素形成中西合璧，传承古今的《喜之坊》系列；以高端品质和低调奢华为核心，展示优雅生活的《米兰之尊》系列；体现现代简约生活，满足当代年轻人对简约舒适的追求的《比萨之约》系列；以现代家庭为核心受众群，体现家庭温馨惬意的《科摩之湖》系列等。企业拥有发明专利8项。
腾盛集团	**37.江苏腾盛纺工集团** 企业主要从事提花窗帘、遮光布、墙布的研发设计、生产和销售等业务，是"国家窗帘及墙布产品开发基地"。主导产品包括：特恩特高档环保型遮光布系列、部维新功能性提花窗帘布系列、Tungmax®色织提花窗帘布系列、Lobest®高档窗帘布等。拥有专利719项，其中发明专利11项。被评为"国家高新技术企业"、"江苏省创新创造领航企业"、"江苏省科技型中小企业"、"江苏省科技创业优秀民营企业"、"江苏省民营科技企业"，"江苏省企业技术中心"。
JUJIE	**38.江苏聚杰微纤纺织科技集团有限公司** 企业主要从事超细纤维系列面料及制成品的研发、生产与销售业务。主导产品包括：超细纤维麂皮绒系列、超细纤维双面绒系列等功能性面料。企业拥有发明专利1项，实用新型和外观设计专利20余项。2014年企业获得工信部关于《超细纤维双面绒丝织物》行业标准的撰写制定资格。2013年企业再次被评为"江苏省高新技术企业"。
ANTONG 汉通	**39.吴江汉通纺织有限公司** 企业主要从事高档纺织面料的生产与销售业务，是"国家环保时装面料产品开发基地"。企业研发人员占比11.30%，研发费用投入占比5.41%，新产品产值率80.01%。企业建立了ISO9001质量管理体系。企业主导产品包括：环保天然面料、超薄高支强捻面料、单丝面料等系列。企业拥有专利121项，其中发明专利1项，实用新型专利20项，外观设计专利100项。获得"江苏省高新技术企业"、"江苏省企业技术中心"称号。
SZC	**40.浙江三志纺织有限公司** 企业主要从事功能性遮光家纺面料的研发、生产与销售业务。主导产品包括：抗静电遮光面料、阻燃遮光面料、防水防油遮光面料、抗紫外遮光面料、色织遮光面料等。企业拥有发明专利18项。被评为"国家高新技术企业"，建有"浙江省高新技术企业研究开发中心"。"功能性色织大提花织物复合织造关键技术及产业化"项目荣获2014年度中国纺织工业联合会科学技术进步三等奖。
Gobear 专业·彰显品质	**41.上海金熊造纸网毯有限公司** 企业主要从事工业用呢、造纸网毯、纺织品生产与销售等业务。主导产品包括：高抗压底网压榨造纸毛毯、抗污底网压榨毛毯、多向多层叠网造纸毛毯和高车速高线压接缝造纸毛毯等。企业拥有发明专利7项（4项在受理中）。参与制定行业标准《底网造纸毛毯》。高线压底网压榨造纸毛毯（叠层底网压榨毛毯）荣获"上海市优秀新产品"二等奖和"国家重点新产品"等荣誉。"多向多层叠网造纸毛毯制备技术"项目荣获2014年度中国纺织工业联合会科学技术进步二等奖。
华阳工程 HUAYANG ENGINEERING	**42.大连华阳化纤科技有限公司** 企业主要从事纺粘法非织造布以及各种化学纤维的生产工艺研究、新产品及新技术开发、装备研制和工厂设计等业务。主导产品包括：高性能的聚酯长丝纺粘法非织造布的成套设备及服务，如：聚酯长丝纺粘针刺油毡胎基生产线，土工布用PET纺粘针刺非织造布生产线，PET、PLA纺粘热轧非织造布生产线，PET、PP两用纺粘针刺和水刺非织造布生产线，双组份复合纺粘水刺非织造布生产线，非织造布定型、浸胶生产线等。拥有发明专利16项。制定行业标准3项。"高强聚酯长丝胎基布产品及其装备开发"项目荣获2014年度中国纺织工业联合会科学技术进步一等奖。

续表

获奖企业及标识	获奖简评
	43.北京五洲燕阳特种纺织品有限公司 企业主要从事军用及产业用特种纺织品的开发和生产业务。建立了符合国际标准的产品开发管理体系与质量管理体系，已通过美国石油协会API认证和ISO质量管理体系认证。主导产品包括：以软质储罐、软体输液管、消防水带、软质储罐用胶布为基础的二十余个品种，以及军民两用的聚氨酯软质系列装备。拥有专利12项，其中发明专利5项。参与制定国家军用标准1项。荣获“国家科技进步二等奖”、“总后勤部科技进步一等奖”等奖项。
三源®	**44.保定三源纺织科技有限公司** 企业主要从事产业用纺织品和PPE产品（个体防护装备）的研发、生产和销售业务。主导产品包括：金属纤维纺织品、防静电服装（面料）、阻燃防护服装（面料）及军民通用制品等。企业拥有实用新型专利9项，发明专利1项。企业被评为“国家高新技术企业”、“河北省科技型中小企业”、“全国防护用纺织品研发中心”等荣誉称号。
	45.杭州路先非织造股份有限公司 企业主要从事高性能、高附加值非织造材料的研发与生产业务。主导产品包括：医疗防护材料、合成革基材、卫生材料等产品。拥有国家发明专利5 项。企业是国家标准《纺织品 合成革用非织造基布》和行业标准《水刺法非织造布》的起草单位之一。成功开发了具有完全自主知识产权的高强聚酯胎基布全流程生产工艺技术，实现全套生产线装备国产化，产品的整体性能达到国际先进水平。
TOPSUN	**46.福建华阳超纤有限公司** 企业主要从事汽车内饰超纤材料生产业务。主导产品包括：汽车内饰用生态超纤材料、服装面料用生态超纤材料、鞋用超纤材料、沙发用超纤材料、箱包用超纤材料等。企业拥有专利2项，其中发明专利和实用新型专利各1项。参与制定国家、行业标准共3项。被评为“福建省高新技术企业”、“中国合成革行业最佳出口企业”及“中国合成革用超纤新材料研发基地”。
	47.山东同大海岛新材料股份有限公司 企业主要从事超细纤维合成革的研发、生产和销售业务。主导产品包括：鞋革、沙发革、绒面革、箱包革、球革等多种系列。企业拥有发明专利7项。主持起草国家标准1项，主持或参与制定行业标准6项。被评为“国家高新技术企业”，建有“山东省海岛新材料工程技术研究中心”。产品荣获“国家科技进步二等奖”1项，省部级奖励20余项。“超柔软高弹聚氨酯仿头层皮超纤革关键技术及产业化应用”项目荣获2014年度中国纺织工业联合会科学技术进步二等奖。
天诺光电 Tiannuo Photoelectric	**48.天诺光电材料股份有限公司** 企业主要从事软体膜功能复合材料研发、生产和销售业务，是“国家抗菌电磁屏蔽功能纺织产品开发基地”。主导产品包括：软体电磁屏蔽材料、功能纤维及抗菌纤维等。拥有专利40余项，其中发明专利29项。牵头起草国家标准和行业标准各1项，参与起草国家标准1项。是“中国专利山东明星企业”、“国家火炬计划重点高新技术企业”、“知识产权试点企业”。
方科®	**49.陕西元丰纺织技术研究有限公司** 企业主要从事安全防护用纺织品及其他产业用纺织品、纺织机电产品的研究与开发业务，是“中国安全与防护用纺织品研发基地”。主导产品包括：芳纶、抗静电、防电弧、防熔融金属飞溅等8 大系列安全防护类纺织面料。企业授权或申请专利4项，其中发明专利3项。企业参与修订国家标准《防静电服》，起草制定了公安部标准《警服材料 特警战训服面料》以及行业标准《芳纶1313印染布》。产品获得“陕西省科学技术奖”、和“公安部科学技术奖”。

续表

获奖企业及标识	获奖简评
VEIK 维凯	**50.江苏维凯科技股份有限公司** 企业主要从事特种纤维的织造和纤维基氟硅复合材料研发、生产和销售业务。主导产品包括：PTFE永久性建筑膜材、PTFE装饰网格材料、PTFE网格复合膜材、PTFE柔性保温面层材料、PTFE耐高温输送带等。企业拥有授权发明专利1项，参与制定国家、行业标准共2项。曾承担中小企业创新基金项目1项，火炬计划项目1项。5项产品获得“江苏省高新技术产品”称号。
宏源 HONGYUAN	**51.无锡宏源机电科技有限公司** 企业主要从事化纤、棉纺等各类纺织机械的研发、生产和销售业务。主导产品包括：FK6、HY系列高速弹力丝机，FA系列、HY系列棉纺粗纱机，HY系列精梳机等产品。拥有专利44项，其中发明专利17项。参与制定国家标准7项，主持制、修订行业标准2项。被评为“国家级火炬计划重点高新技术企业”、“国家级高新技术企业”、“纺织技术创新示范企业”。
FONG'S 恒天立信	**52.立信染整机械（深圳）有限公司** 企业主要从事高端染整机械设备的研发、生产、销售和服务业务。主导产品包括：气流染色机、高温染色机、高温筒子染色机等。近两年研发的新产品包括：SYN8高温气流染色机、TEC高温染色机、SUPERWIN高温筒子纱单向外流染色机等，其中SYN8高温气流染色机的性能达到国际领先水平。拥有各类专利/著作权72项，其中发明专利31项。企业“SYN8高温气流染色机”项目荣获2013年度“香港工商业奖及香港工程师工程创意大奖”冠军，2014年度中国纺织工业联合会科学技术进步一等奖。
鑫港纺机 Xin Gang Textile Machinery	**53.福建省鑫港纺织机械有限公司** 企业主要从事经编机的研发、生产和销售业务。主导产品是电脑多梳贾卡提花经编机。拥有发明专利3项。“XGHF43/1/26全电脑多梳栉带压纱板高速提花经编机”项目荣获“纺织之光”2013年度中国纺织工业联合会科学技术进步三等奖。被评为“福建省高新技术企业”。获得“福建省科学技术进步二等奖”等奖项。
CIXING	**54.宁波慈星股份有限公司** 企业主要从事电脑针织机械研发和生产业务。主导产品包括：慈星牌电脑针织横机、电脑无缝针织内衣机、电脑高速丝袜机、电脑针织圆纬机等。企业拥有授权专利581项，其中发明专利46项。企业参与制定国家、行业标准各2项。企业产品荣获2013年度香港桑麻纺织科技一等奖。“HP全自动电脑横机关键技术研发及产业化”项目荣获2013年度中国纺织工业联合会科学技术进步一等奖。被评为“国家创新型试点企业”、“国家火炬计划高新技术企业”、“纺织技术创新示范企业”。
	55.邵阳纺织机械有限责任公司 企业主要从事纺织化纤机械和印染机械的开发、生产及销售等业务。主导产品包括：新型拉幅定形机、低浴比液流染色机、高温高压气流染色机、涤纶短纤纺丝设备、锦纶6工业丝纺丝设备、特种纤维纺丝设备、涤/丙纶纺粘无纺布设备等。企业共申请国家专利179项，其中已获授权125 项。参与制定国家、行业标准共17项。被评为“国家火炬计划重点高新技术企业”、“湖南省高新技术企业”。建立了“湖南省化纤印染机械工程技术研究中心”。近三年获得省、部级以上科技进步奖共3项。
HICORP环球集团 HICORP GROUP	**56.赛特环球机械（青岛）有限公司** 企业主要从事纺织机械的研发、生产和销售业务。主导产品包括：CMT1801全自动落纱粗纱机、HCP810喷气织机、HCP810喷气提花织机、毛条复洗机和CMT1800粗细联合智能全自动粗纱机系统等。拥有国家专利29项，其中发明专利4项，有软件著作权1项。参与制定国家、行业标准共3项。荣获部、省级科技进步奖共12项。获得“国家高新技术企业”、“国家火炬计划重点高新技术企业”等称号。

续表

获奖企业及标识	获奖简评
EACHWAY 藝之卉 你的气质 原来可以被阅读	**57.深圳市叶子服装实业有限公司** 企业主要从事服装设计研发及销售业务。建立了完整的产品开发规划及实施流程，拥有原创设计实力强大的研发设计团队。企业主导产品包括：EACHWAY、HUI、SOFA 等品牌服装及饰品等。企业拥有外观设计专利5项。企业参与制定行业标准1项。
波司登 BSD BOSIDENG 世界名牌	**58.波司登股份有限公司** 企业主要从事品牌羽绒服产品的研究、设计、开发、生产以及营销业务。主导产品包括：波司登、雪中飞、康博、冰洁等品牌羽绒服。拥有发明专利38项。参与制、修订国际标准4项、国家标准6项、行业标准2项。企业产品研发中心被评为“国家级博士后科研工作站”、“江苏省工业设计中心”、“江苏省企业技术中心”。企业获得“中国纺织服装领军品牌”、“中国世界名牌产品”、“中国工业大奖”、“全国质量奖”等奖项、称号。
bobaolon 柏堡龍®	**59.广东柏堡龙股份有限公司** 企业主要从事服装及面料设计、研发、生产和销售等业务。主导产品包括：各式运动、休闲、商务类T恤和衬衫等。企业拥有服装工业设计版权1998项，发明专利5项。被评为“广东省高新技术企业”、“广东省民营科技企业”、“广东省创新产业化示范基地”；建有“广东省工程技术研究开发中心”和“广东省省级企业技术中心”。
sedano 狮丹努集团	**60.宁波狮丹努集团有限公司** 企业主要从事织造、染色、制衣、国际贸易等业务。拥有国家级纺织品测试中心实验室，重视面料信息资源整合、开发和符合钻工模板技术的研究，建立了纺织面料信息中心。主导产品包括：吸水、吸湿、保暖、抗菌、防臭、防紫外线等功能性新式面料。参与制定国家、行业标准共4项。2008－2013年连续6年企业荣获“中国服装行业百强企业”，2013年荣获“中国驰名商标”等荣誉称号。
西樵面料 XIQIAO FABRICS 流行 时尚 品质 低碳	**61.佛山市南海南方技术创新中心有限公司** 企业是西樵纺织产业创新平台建设的主要承担单位。平台建立了一系列管理运营机制，主要包括：多元化合作共创机制、科技资源共享机制、技术创新激励机制和社会化服务体系等。平台除服务于西樵纺织企业外，还延伸到珠三角其他地区如广州、东莞、中山、顺德、江门等地，服务企业超过1300 家，累计提供各类技术支持服务约10 万次。平台被评为“国家中小企业公共服务示范平台”、“中国纺织科技创新先进建设单位”、“中国纺织行业中小企业公共服务示范平台”、“广东省纺织工程技术研究开发中心”、“广东省中小企业技术支持服务机构示范单位”等荣誉称号。

2014中国纺织十大品牌文化等先进单位和个人

中国纺织工业联合会
中国纺织职工思想政治工作研究会

2014中国纺织十大品牌文化推介活动，是中国纺织工业联合会、中国纺织职工思想政治工作研究会为深入贯彻党的十八大和十八届三中全会精神，以实际行动促进社会主义文化强国建设，推动行业自主品牌建设的一项重要活动。按照中国纺织十大品牌文化推介活动通知要求，由纺织专业协会和省市纺织服装协会（主管部门）推荐和企业自荐，中国纺织职工思想政治工作研究会考察，经审核初评、网上公示、推介活动领导小组审定，2014年10月15日，中国纺织工业联合会决定授予重庆市金考拉服饰有限公司等10家企业“2014中国纺织十大品牌文化”荣誉称号；授予际华连锁商务有限公司等15家企业“2014中国纺织品牌文化创新奖”荣誉称号；授予江苏大生集团有限公司等12家企业“中国纺织服装老字号品牌文化传承奖”荣誉称号；授予上海龙头（集团）股份有限公司总经理王卫民等12位同志“2014中国纺织品牌文化建设杰出人物”荣誉称号。

上述受到表彰的单位和个人，在市场激烈竞争的大潮中，以创立自主品牌为使命，坚持以文兴企、以文育人、以文铸牌，注重企业文化、品牌文化建设，致力于文化软实力提升，以实际行动昭示了企业的竞争是品牌的竞争，品牌的竞争最终是文化的竞争，用突出业绩书写了企业与个人的辉煌，为纺织行业品牌文化建设深入开展，促进纺织强国建设做出了突出贡献。

2014中国纺织十大品牌文化企业名单

重庆市金考拉服饰有限公司
北京铜牛集团有限公司
北京中丽制机工程技术有限公司
河北宁纺集团有限责任公司
上海纺织时尚产业发展有限公司
江苏盛虹科技股份有限公司
吴江福华织造有限公司
福建鸿星尔克体育用品有限公司
鲁泰纺织股份有限公司
青岛即发集团控股有限公司

2014中国纺织品牌文化创新奖企业名单

际华连锁商务有限公司
大连思凡服装服饰有限公司
上海新联纺进出口有限公司
上海德福伦化纤有限公司
连云港鹰游纺机集团
江苏金龙科技股份有限公司
常州依丽雅斯纺织品有限公司
江苏华佳控股集团有限公司
宁波大发化纤有限公司
安吉天下竹业有限公司
青岛宏大纺织机械有限责任公司
湖北陈贵顺富纺织服装有限公司
广州市唯佳安达新材料科技有限公司
重庆金猫纺织器材有限公司
陕西昌荣纺织有限责任公司

中国纺织服装老字号品牌文化传承奖企业名单

江苏大生集团有限公司（1895）	上海三枪(集团）有限公司（1937）
武汉裕大华集团股份有限公司（1919）	北京京工服装集团有限公司（1940）
湖南莎丽袜业股份有限公司（1920）	北京市大华衬衫厂（1954）
上海龙头家纺有限公司（1922）	经纬纺织机械股份有限公司榆次分公司（1954）
恒源祥（集团）有限公司（1927）	湖南华升株洲雪松有限公司（1956）
西安大华纺织有限责任公司（1935）	西北一棉纺织股份有限公司（1963）

2014中国纺织品牌文化建设杰出人物

（以姓氏笔划为序）

王卫民	上海龙头（集团）股份有限公司总经理
王春花	江苏华佳控股集团有限公司董事长
石惠中	榆林市蒙赛尔服饰有限责任公司董事长
仝文奇	北京中丽制机工程技术有限公司总经理
刘石祯	鲁泰纺织股份有限公司董事长
杨建明	重庆市金考拉服饰有限公司董事长
杨崇明	重庆金猫纺织器材有限公司董事长
宋日友	山东南山纺织服饰有限公司总经理
张志军	广州市唯佳安达新材料科技有限公司总经理
张国良	连云港鹰游纺机集团董事长
顾宪祥	西安四棉纺织有限责任公司董事长
徐建林	河北宁纺集团有限责任公司总经理

第三届全国纺织行业质量奖获奖企业

中国纺织工业联合会

2014年是贯彻落实"十二五"规划的关键一年，为了树立追求卓越的典范企业，激励和引导纺织企业提高产品、服务质量和经营管理水平，为顾客、企业及其他相关方创造价值，实现卓越绩效，提升企业竞争力，我联合会按照工业和信息化部关于深入开展"质量品牌建设年"和"质量兴业"的工作部署，积极开展全国纺织行业质量奖活动，并于2014年3月启动了全国纺织行业质量奖申报评审工作。根据《卓越绩效评价准则》（GB/T19580-2004）和《全国纺织行业质量奖评审管理办法》的有关规定，由全国纺织行业质量奖评审委员会对资料和现场进行评审，经全国纺织行业质量奖审定委员会审议通过，决定对安徽华茂集团有限公司等8家企业予以表彰。

希望获奖企业再接再厉，珍惜荣誉，持续改进，不断追求卓越。希望全国纺织企业学习实践《卓越绩效评价准则》GB/T19580-2012和获奖企业的成功经验与做法，不断提高自主创新能力和产品质量水平，积极参与国际竞争，为建设纺织强国做出更大贡献。

全国纺织行业质量奖获奖企业名单

安徽华茂集团有限公司
浙江华峰氨纶股份有限公司
鑫缘茧丝绸集团股份有限公司
江苏盛虹科技股份有限公司
滨州东方地毯有限公司
江苏东渡纺织集团有限公司
青岛东佳纺机（集团）有限公司
岜山集团有限公司

2014年全国纺织行业实施卓越绩效模式先进企业

中国纺织工业联合会

2009年纺织行业通过导入卓越绩效模式，不断创新、持续改进，取得了显著成效。为了激励企业实践卓越绩效模式先进管理方法，促使观念转变和管理创新，2014年中国纺织工业联合会继续开展全国纺织行业质量奖活动，旨在树立先进典型，总结推动企业最佳实践，以提高企业质量管理科学性、有效性，引导企业不断追求卓越。

根据《卓越绩效评价准则》（GB/T19580—2004）和《全国纺织行业质量奖评审管理办法》的有关规定，由全国纺织行业质量奖评审委员会对资料和现场进行评审，经全国纺织行业质量奖审定委员会审议通过，决定授予经纬纺织机械股份有限公司榆次分公司等17家企业全国纺织行业实施卓越绩效模式先进企业奖。

希望受表彰企业再接再厉，坚持持续改进，不断追求卓越，努力提高产品、服务和经营质量，为建设我国纺织强国做出新的更大的贡献。

全国纺织行业实施卓越绩效模式先进企业

经纬纺织机械股份有限公司榆次分公司
浙江红黄蓝服饰股份有限公司
恒天天鹅股份有限公司
南方寝饰科技有限公司
杭州奥坦斯布艺有限公司
济南元首针织股份有限公司
大连瑞光非织造布集团有限公司
山东聊城华润纺织有限公司
连云港鹰游纺机有限责任公司
华芳集团有限公司
杭州路先非织造股份有限公司
四川安泰茧丝绸集团有限公司
青海银河纺织有限责任公司
浙江嘉名控股有限公司
上海题桥纺织染纱有限公司
深圳市中南活力实业股份有限公司
福建省长乐市欣美针纺有限公司

2014年度全国纺织行业优秀质量管理小组

中国纺织工业联合会
中国财贸轻纺烟草工会全国委员会

2014年，中国纺织工业联合会和中国财贸轻纺烟草工会在纺织行业企业积极推进质量管理小组活动，取得了显著成效，并涌现出一批优秀质量管理小组、质量信得过班组、质量管理小组活动优秀企业、质量管理小组活动卓越领导者、质量管理小组活动优秀推进者和质量管理小组活动优秀成果。为鼓励和引导纺织企业进一步开展质量管理创新，树立全国纺织行业质量管理的先进典型，全面提升市场竞争力，在行业推荐和企业申报的基础上，组织专家对资料进行了认真审核，召开了成果发表会议。经评审，决定命名恒天重工股份有限公司技术开发中心设计一室QC小组等88个小组为2014年度全国纺织行业优秀质量管理小组；浙江富润印染有限公司孙旭安核样班组等7个班组为优秀质量信得过班组；青岛纺织机械股份有限公司非织造布厂加工中心班组等9个班组为质量信得过班组；五环（集团）股份有限公司等17家企业为质量管理小组活动优秀企业；石家庄常山纺织股份有限公司肖荣智等18位同志为质量管理小组活动卓越领导者；江苏阳光集团有限公司曹秀明等13位同志为质量管理小组活动优秀推进者。恒天重工股份有限公司技术开发中心设计一室QC小组降低圆网烘燥机热损耗等5个质量管理小组成果荣获2014年全国纺织行业质量管理小组活动成果一等奖；青岛纺织机械股份有限公司"探索无限"QC小组提高新型梳棉机锡林合格率等10个质量管理小组成果荣获2014年全国纺织行业质量管理小组活动成果二等奖；神马实业股份有限公司帘子布公司品质保障处二原化QC小组提高尼龙66聚合物中碘离子的检测速度等16个质量管理小组成果荣获2014年全国纺织行业质量管理小组活动成果三等奖。

请各单位按照中国纺织工业联合会与中国财贸轻纺烟草工会联合发布的《纺织行业优秀质量管理小组活动表彰与奖励意见》对获得国家级、省部级、省部厅局级、公司总厂内的优秀QC小组、信得过班组、优秀推进者、卓越领导者称号的人员予以表彰，有条件的单位要给予适当的物质奖励，积极支持职工参加全国的经验交流活动，促进QC小组活动水平的不断提高。

为在全行业扩大QC小组活动的影响，进一步推动纺织企业质量管理创新活动的开展，主办方将在《纺织服装周刊》、《中国纺织报》、《中国纺织经济信息网》（网址：www.ctei.cn）上进行宣传报道。

希望获奖团体和个人珍惜荣誉、再接再厉，继续攀登新的高峰。希望全国广大纺织企业、职工以此为榜样，求真务实、开拓创新，积极主动地推进质量管理工作，努力推动纺织强国战略的实现。

2014全国纺织行业党建工作先进典型

中国纺织工业联合会
中国纺织职工思想政治工作研究会

近年来，我国纺织行业各级党组织坚持以邓小平理论、“三个代表”重要思想和科学发展观为指导，认真学习贯彻党的十八大、十八届三中全会和习近平总书记系列重要讲话精神，扎实开展群众路线教育实践活动，紧紧围绕纺织工业发展大局，大力加强基层服务型党组织建设，发挥了基层党组织推动发展、服务群众、凝聚人心、促进和谐的作用，涌现出了一批党建工作的先进典型，特别是红豆集团坚持把党的政治优势转化为企业的发展优势，创造了一整套党建工作经验和工作方法，探索了一条符合企业发展实际的民企党建新路。

为充分发挥先进典型在基层党建工作中的引领和示范作用，推动行业基层党建工作，2014年9月2日，中国纺织工业联合会决定授予红豆集团有限公司为全国纺织行业党建工作模范企业；授予北京中丽制机工程技术有限公司等40家企业（单位）为全国纺织行业先进党建工作示范企业（单位）。

2014全国纺织行业党建工作模范企业名单

红豆集团有限公司

2014全国纺织行业先进党建工作示范企业（单位）名单

北京中丽制机工程技术有限公司

北京方恒置业股份有限公司

北京雪莲集团有限公司

北京京棉纺织集团有限责任公司

经纬纺织机械股份有限公司

石家庄常山纺织股份有限公司

经纬纺织机械股份公司榆次分公司

内蒙古鹿王羊绒有限公司

吉林化纤集团有限责任公司

江苏金龙科技股份有限公司

江苏悦达纺织集团有限公司
波司登股份有限公司
江苏红杉树服饰有限公司
江苏泰丰针织有限公司
江苏康乃馨织造有限公司
连云港鹰游纺机集团
江苏大生集团有限公司
绍兴市柯桥区中国轻纺城建设管理委员会
浙江凯喜雅国际股份有限公司
安吉县竹纤维行业协会
福建省长乐市华源纺织有限公司
福建鸿星尔克体育用品有限公司
晋江市深沪镇企业委员会
福建浔兴集团有限公司
长乐力恒锦纶科技有限公司
山东南山纺织服饰有限公司
青岛即发集团控股有限公司
德州恒丰集团
新乡白鹭化纤集团有限责任公司
随州市三梦服饰有限公司
湖南华升株洲雪松有限公司
广东省丝绸纺织集团有限公司
海南椰海毛纺有限公司
四川嘉陵纺织（集团）股份有限公司
四川省纺织工业设计院
云南工艺美术学校
陕西五环（集团）实业有限责任公司
陕西方圆实业集团股份有限公司
陕西昌荣纺织有限责任公司
陕西八方纺织有限责任公司

2014郝建秀小组式全国纺织先进班组

中国纺织工业联合会
中国财贸轻纺烟草工会全国委员会
中国纺织职工思想政治工作研究会

过去的一年，在创建郝建秀小组式全国纺织先进班组活动的推动下，各地纺织企业把班组建设作为强化企业管理和人才强企，增强企业核心竞争力的基础性工作来抓，坚持以弘扬郝建秀小组的火车头精神为主线，以落实岗位责任制为核心，以高效安全完成各项生产（工作）任务为目标，以不断提升班组管理水平和员工队伍素质为重点，完善班组建设管理机制，增强班组团队的学习能力、创新能力、实践能力，实现员工与企业的和谐发展、共同进步，涌现出了一大批先进班组。

为深入推动创建郝建秀小组式全国纺织先进班组活动全面发展，推进纺织行业班组建设再上新台阶，2014年11月4日，中国纺织工业联合会、中国财贸轻纺烟草工会全国委员会决定授予北京中丽制机喷丝板有限公司喷丝板精密加工班组等39个班组为郝建秀小组式全国纺织先进班组荣誉称号。

2014郝建秀小组式全国纺织先进班组名单

北京中丽制机喷丝板有限公司喷丝板精密加工班组
北京中丽制机电气有限公司医疗产品部
北京方拓商业管理有限公司营运管理部
天津天纺投资控股有限公司棉纺织工厂一分场织造工序丙班
河北吉藁化纤有限责任公司短纤车间原液工段丙班
河北燕阳特种纺织品有限公司固安挤出生产班组
石家庄常山恒新纺织有限公司后纺车间丙班络筒小组
永济市凯通印染有限责任公司成品车间甲班
内蒙古鹿王羊绒有限公司粗纺工场乙工段
阜新福棉纺织染集团纺纱车间细纱工序甲班工段
吉林化纤股份有限公司长丝三车间纺丝甲班

吉林化纤股份有限公司长丝一车间加工丙班

吉林奇峰化纤股份有限公司毛条车间针梳丙班

吉林市拓普纺织产业开发有限公司纺纱车间工艺甲班

吉林四季盛宝纺织有限公司细纱丙班

长春际华三五零四职业装有限公司四车间402组

上海洁润丝新材料股份有限公司圆网印花高分子新材料班组

上海申安纺织有限公司成品丙班X5型机组

常州天虹纺织有限公司新品研发小组

黑牡丹(集团)股份有限公司蔡志忠染色组

无锡宏源机电科技有限公司金工分厂假捻器班组

安徽华茂集团有限公司朱全贵班组

德州恒丰集团陵县恒丰纺织品有限公司细纱车间丙班二期四组

鲁泰纺织股份有限公司纱线事业部纺纱三厂细纱保全组

山东德棉集团有限公司织布分厂织布车间甲班

山东宏诚集团有限公司纺纱一车间甲班

山东南山纺织服饰有限公司拼毛打样班组

山东如意科技集团服装公司西装一厂绱袖小组

湖北省赤壁盛宇纺织有限公司李志红落纱小组

际华三五零九纺织有限公司前纺车间甲班

武汉裕大华集团股份有限公司准备工序整浆班

重庆三峡技术纺织有限公司紧密纺一厂前纺设备工段

宜宾海丝特纤维有限责任公司纺丝制造部四纺工段

四川绵阳纺织有限公司织布车间运转甲班

陕西五环（集团）实业有限责任公司细纱车间丁班五组

西北一棉纺织股份有限公司喷气织布车间常日班质量组

兰州三毛实业股份有限公司织布厂穿筘小组

兰州三毛实业股份有限公司毛条厂配毛小组

新疆际华七五五五职业装有限公司二车间五班

2014年度中国纺织工业联合会经济研究成果奖

中国纺织工业联合会

为了进一步加快纺织工业结构调整、产业升级，继续落实《纺织工业“十二五”发展规划》、《纺织科技发展纲要》及《建设纺织强国纲要》，促进新型城镇化与纺织产业转型发展，逐步完善政策措施，我联合会在全行业开展了“2014年中国纺织经济研究成果”的征集评审工作。

根据中国纺织工业联合会经济研究成果评审的有关规定，经中国纺织工业联合会经济研究成果评审委员会的初评和终评，现决定授予“2014年度中国纺织工业联合会经济研究成果奖”共计60项，其中《产业政策与纺织经济研究（2006～2010）》等7项研究成果为一等奖；《新疆机采棉发展战略研究》等11项研究成果为二等奖；《服装知识产权保护及侵权案例评析》等13项研究成果为三等奖；《基于新型城镇化的纺织产业发展战略研究》等29篇为优秀奖。

希望受表彰的个人及研究团队，以此荣誉为起点，再接再厉，创出新的佳绩。继续对行业出现的新问题新形势，加强宏观与微观行业经济研究，献计献策，开拓创新，多出好的研究成果。为促进产业结构调整和升级，努力提高我国纺织经济研究水平做出新的更大贡献。

2014年度中国纺织工业联合会经济研究成果奖获奖项目

一等奖

序号	论文题目	主要完成人	主要完成单位
1	产业政策与纺织经济研究（2006～2010）	田　丽	中国纺织经济研究中心
2	服装全生命周期碳足迹（专著）	郭　燕　陈丽华　郝淑丽　卢　安　姚　蕾　杨楠楠	北京服装学院

二等奖

序号	论文题目	主要完成人	主要完成单位
1	新疆机采棉发展战略研究（专著）	王志坚　徐　红　张立杰　夏　金	新疆大学
2	河南省纺织服装企业自主创新能力评价及承接沿海纺织产业转移研究	高顺成　段文平　刘中刚　李红艳　李二亮　管荣伟　王志伟　孟曙艳	河南工程学院

三等奖

序号	论文题目	主要完成人	主要完成单位
1	服装知识产权保护及侵权案例评析（专著）	郭　燕	北京服装学院
2	服装品牌文化消费经济视角下的产品开发与店铺陈列展示研究	黄永利　苏军强　邢文凯　刘　征　朱　红　李秦颖　路　娟　李　婵	常州纺织服装职业技术学院　河北工业大学　建筑与艺术设计学院

2014年度中国纺织工业联合会经济研究成果奖获奖论文

一等奖

序号	论文题目	主要完成人	主要完成单位
1	新型城镇化与纺织产业转型的协同发展研究	胡星辉	武汉纺织大学纺织业绩效评价与风险预警研究中心
2	基于协同进化的纺织产业创新驱动发展路径建模与提取	邵景峰　王进富　白晓波　马创涛　刘　晟　刘　勇	西安工程大学管理学院　咸阳华润纺织有限公司
3	纺织类非遗适度产业化保护动态评价体系构建	姜　弘　赵　宏　覃兰静	天津工业大学经济学院
4	O2O模式在我国品牌服装业的应用分析	邓　旺　肖　岚	东华大学纺织经济研究所
5	环境因素制约下天津纺织行业可持续发展研究	田玉梅　马　涛	天津工业大学经济学院

二等奖

序号	论文题目	主要完成人	主要完成单位
1	萧山化纤产业可持续发展研究	吴文静　李德利　李伯鸣	中国化学纤维工业协会
2	基于“非遗嫁接”案例推演的纺织企业转型发展之路	金贞子　胥朝阳	武汉纺织大学会计学院

续表

序号	论文题目	主要完成人	主要完成单位
3	纺织类非物质文化遗产保护中的金融支持研究	王 巍 赵 宏 朱春红 齐敏森	天津工业大学经济学院
4	区域经济发展对纺织类非物质文化遗产保护积极效应研究	于小桐 尹艳冰	天津工业大学经济学院
5	城乡居民服装消费行为及其差异研究	赵娟霞 朱春红	天津工业大学经济学院
6	基于大数据的成都家纺服装产业信息化生态模式初探	何 涛 庞霓红 姜宁川	成都纺织高等专科学校
7	快时尚企业快速反应能力评价研究	孙 筱 赵洪珊 刘海燕	北京服装学院商学院
8	纺织服装行业CSR报告环境披露水平的量化评估	朱 挺 徐英娇	盐城工业职业技术学院纺织服装学院 North Carolina State University, College of Textiles,
9	纺织上市公司战略绩效评价研究——基于改进型BSC与KPI结合系统方法的应用	郭 伟 杜雨薇 张克英	西安工程大学管理学院

三等奖

序号	论文题目	主要完成人	主要完成单位
1	市场因素、技术创新、政府制度与纺织服装业转型升级——以新疆为例	蒙永胜 夏修国	新疆财经大学经济学院
2	论我国纺织非物质文化遗产保护	李超群	中国纺织经济研究中心
3	传统与现代的融合——对于传统扎染传承的思考	王 利	天津美术学院
4	非物质文化遗产蓝印花布工艺的推广研究	张 晋 吴金秋	天津工业大学经济学院
5	基于传统亮布的产业化需求	王 岩 龚 奭 沈 蓓 王春玲	北京服装学院 材料科学与工程学院

续表

序号	论文题目	主要完成人	主要完成单位
6	基于经济外部性我国纺织类非物质文化遗产的保护研究	曹明福　姜潇潇	天津工业大学经济学院
7	低碳壁垒的起源及实施特征分析	耿安逸　姚　蕾　陈　洋	北京服装学院商学院
8	纺织行业多元化经营与企业能力关系研究	邹彩芬　喻吉西	武汉纺织大学会计学院
9	化纤行业促进"信息化与工业化融合"发展战略研究	付文静　王玉萍	中国化学纤维工业协会
10	基于SEM的消费者品牌信任的影响因素研究——以西安市羊绒衫为例	凌　旭　郭　伟　钱维玲　吴昌敏　易佳岐	西安交通大学管理学院 西安工程大学管理学院
11	我国中低档休闲服装品牌推广的调查研究	陈　美　施羽希	天津工业大学 艺术与服装学院

优秀奖

序号	论文题目	主要完成人	主要完成单位
1	基于新型城镇化的纺织产业发展战略研究	赵自强　曹明福	天津工业大学经济学院
2	驱动新疆纺织服装产业格局变动的政策研究及建议	田　丽　徐　红	中国纺织经济研究中心 新疆大学纺织服装学院
3	新型城镇化纺织产业转型的管理创新研究	许君泽　王乔伟　刘芳芳　胡星辉	武汉纺织大学
4	新型城镇化背景下区域纺织产业转型发展研究	王乔伟	武汉纺织大学
5	新型城镇化中纺织企业转型的案例研究——"新澳"由传统到时尚的"华丽转身"	李成钢	北京服装学院

续表

序号	论文题目	主要完成人	主要完成单位
6	利用纺织类非遗提升纺织产品的品牌文化发展	姜　弘　朱春红　马晓虹	天津工业大学经济学院
7	纺织类非遗保护对区域经济发展的影响研究——以浙江省为例	罗雅文　尹艳冰	天津工业大学经济学院
8	以符号化运作实现纺织类非遗产品价值创新	马大力	天津工业大学 艺术与服装学院
9	政府主导纺织类非物质文化遗产保护的途径研究	尹晓丹　赵　宏	天津工业大学经济学院
10	从特质看纺织类非遗的适度产业化	宋雨璇　林　萍　姜　弘	天津工业大学经济学院
11	以纺织类“非遗”助推我国纺织服装业发展的策略	马艳华　高　健	天津工业大学经济学院
12	基于竞争不确定性的服装业销售人员动机及绩效的关系研究	张正林　郭　伟	西安工程大学管理学院
13	基于战略和定位的服装品牌跨界营销新探析	何　涛　李　晶　姜宁川	成都纺织高等专科学校
14	精准时尚下纺织服装供应链订单交货期研究	万俊文　赵　慧　周兴建	武汉纺织大学管理学院
15	企业社会责任采购的影响因素研究	陈国业　万俊文　万志康 陈　瑶　张月磊　杨卫丰	武汉纺织大学管理学院
16	浅析服装市场营销方式的现状与未来趋势	吴妍妍	天津美术学院
17	时尚设计对服装消费的影响	施羽希　马大力　刘丁嘉	天津工业大学 艺术与服装学院
18	消费伦理对服装购买行为影响的研究	李小页　赵洪珊	北京服装学院商学院
19	英国企业工装回收再利用现状及启示	杨楠楠	北京服装学院

续表

序号	论文题目	主要完成人	主要完成单位
20	奢侈品广告效果评价实证研究	王雪琴　赵洪珊　刘海燕	北京服装学院商学院
21	纺织企业转型升级绩效评价研究——以近期爆发的知名企业经营危机为例	尹朝晖　胡星辉	武汉纺织大学会计学院
22	纺织行业政府补贴、研发投入与创新绩效研究	邹彩芬　刘　双　周雅婕	武汉纺织大学会计学院
23	“旧衣零抛弃”活动的理论基础及推广建议研究	郭　燕　徐　寰	北京服装学院商学院 中国纺织经济研究中心
24	河南纺织服装业低碳经济发展方式研究–基于碳排放视角	李红艳　姜　霄	河南工程学院管理工程学院
25	汇率变动对中美纺织品贸易影响的实证分析	钱竞芳　刘蕴莹　薛文良	东华大学纺织学院 东华大学纺织经济研究所
26	中国纺织服装自主品牌的国际化经营路径探析	张　慧　赵自强	天津工业大学经济学院
27	一种面向纺织过程的质量不确定性预测方法	邵景峰　王进富　白晓波 马创涛　马晓红　刘　勇	西安工程大学管理学院 长安大学信息工程学院
28	基于ARCH族模型的中国棉花价格波动性分析	刘海宏　朱春红	天津工业大学经济学院
29	纺织企业内部控制执行过程评价研究	郭　伟　宁潇霖	西安工程大学管理学院

CNTAC

中国纺织工业发展报告

CHINA TEXTILE INDUSTRY DEVELOPMENT REPORT

2014/2015

统计资料

国内统计

表1 2014年国民经济主要指标

指标名称 Indicators	单位 Unit	数值 Volume	比上年增长(%) Percentage Change over Previous Year
国内生产总值 GDP	亿元 100 million yuan	636463	7.4
规模以上工业企业实现利润 Gained Profit of Enterprises above Designated Size	亿元 100 million yuan	64715	3.3
其中：国有及国有控股企业 State-owned and State-controlling Enterprises	亿元 100 million yuan	14007	5.7
全部工业增加值 All Industrial Added Value	亿元 100 million yuan		7.0
其中：规模以上企业增加值 Added Value of Enterprises above Designated Size	亿元 100 million yuan		8.3
其中：国有及国有控股企业 State-owned and State-controlled Enterprises	亿元 100 million yuan		4.9
集体企业 Collective-owned Enterprises	亿元 100 million yuan		7.1
股份制企业 Stock Enterprises	亿元 100 million yuan		9.7
外商及港澳台投资企业 Foreign, Hong Kong, Macao and Taiwan Invested Enterprises	亿元 100 million yuan		6.3
私营企业 Private Enterprises	亿元 100 million yuan		10.2
其中：采矿业 Mining and Quarrying	亿元 100 million yuan		4.5
制造业 Manufacturing	亿元 100 million yuan		9.4
电力、燃气和水的生产和供应业 Production and Distribution of Electricity, Gas and Water	亿元 100 million yuan		3.2
全社会完成固定资产投资 Total Fixed Assets Investment in the Whole Country	亿元 100 million yuan	512761	15.3
固定资产投资（不含农户） Fixed Assets Investment Excluding Rural Household	亿元 100 million yuan	502005	15.7
农户投资 Fixed Assets Investment by Rural Household	亿元 100 million yuan	10756	2.0
全年社会消费品零售总额 Social Consumable Retail Total Amount	亿元 100 million yuan	262394	12.0
全国居民消费价格指数 National Residents' Consumption Price Index	上年=100	102	2.0
全国城镇居民人均可支配收入 National Urban Residents' Disposable Income Per Capita	元 RMB YUAN	28844	9.0
全国农村居民人均纯收入 National Rural Residents' Net Income Per Capita	元 RMB YUAN	10489	11.2

Table1 Main Indicators of National Economy in 2014

指标名称 Indicators	单位 Unit	数值 Volume	比上年增长(%) Percentage Change over Previous Year
全年进出口总额 Imports and Exports Total Value	亿美元 USD 100 million	264334	2.3
其中：出口总额 Export Total	亿美元 USD 100 million	143912	4.9
进口总额 Import Total	亿美元 USD 100 million	120423	−0.6
全年进出口差额 Favorable Balance of Imports and Exports	亿美元 USD 100 million	23489	45.9
国家外汇储备 National Foreign Exchange Reserve	亿美元 USD 100 million	38430	0.6
广义货币供应量(M2)余额 Money Supply (M2) Balance in Broad Sense	万亿元 1,000 billion yuan	122.8	12.2
狭义货币供应量(M1)余额 Money Supply (M1) Balance in Narrow Sense	万亿元 1,000 billion yuan	34.8	3.2
流通中现金 (M0)余额 Balance of Cash (M0) in Circulation	万亿元 1,000 billion yuan	6.0	2.9
金融机构本外币存款余额 Home and Foreign Currency Balance of Deposits of Financial Organization	万亿元 1,000 billion yuan	117.4	9.5
全国总人口 National Total Population	万人 10,000 persons	136782	0.5
全年城镇新增就业人员 Urban Newly-increased Employees	万人 10,000 persons	1322	0.9
城镇登记失业率 Urban Registered Unemployment Rate	%	4.09	0.04（百分点）

表2 2014年纺织工业经济指标完成情况汇总表（规模以上全行业）

Table2 Textile Industry Main indicators in 2014 (Enterprises above Designated Size)

序号 Number	指标名称 Indicators	单位 Unit	本月止累计 Current Year	去年累计 Previous Year	同比(%)Percentage Change over Previous Year
1	企业单位数 Number of Enterprises	户 household	38319		
2	亏损企业数 Number of Loss-making Enterprises	户 household	4412	3855	14.45
3	亏损面 Proportion of Loss-making Enterprises	%	11.51		
4	主营业务收入 Revenue from Principle Business	万元 10,000 yuan	672201172	629251836	6.83
5	主营业务成本 Cost of Principle Business	万元 10,000 yuan	591897686	551977061	7.23
6	主营业务税金和附加 Taxes and Other Charges on Principal Business	万元 10,000 yuan	3568477	3221871	10.76
7	营业费用 Sales Expenses	万元 10,000 yuan	13381195	12358913	8.27
8	管理费用 Management Expenses	万元 10,000 yuan	20085334	18752681	7.11
9	财务费用 Financial Expenses	万元 10,000 yuan	7979808	7684782	3.84
10	其中：利息支出 Interest	万元 10,000 yuan	7207101	6868826	4.92
11	利润总额 Total Profit	万元 10,000 yuan	36627333	34515313	6.12
12	亏损企业亏损额 Total Loss of Loss-making Enterprises	万元 10,000 yuan	2118198	1883846	12.44
13	应交增值税 The due VATs	万元 10,000 yuan	17150942	15790239	8.62
14	资产合计 Total Assets	万元 10,000 yuan	433313113	398161176	8.83
15	其中：流动资产合计 Total Working Capitals	万元 10,000 yuan	233372384	221597383	5.31
16	其中：应收帐款 Net Receivables	万元 10,000 yuan	47970103	44622963	7.50
17	存货 Inventory	万元 10,000 yuan	63256976	61488191	2.88
18	其中：产成品 Finished Goods	万元 10,000 yuan	28769520	27043451	6.38
19	负债合计 Total Liabilities	万元 10,000 yuan	231289338	219828747	5.21
20	出口交货值 Export Delivered Value	万元 10,000 yuan	96641493	94546673	2.22

表3 2014年纺织工业经济指标完成情况汇总表（国有控股）

Table3 Textile Industry Main indicators in 2014 (State—owned and State—controlling Enterprises)

序号 Number	指标名称 Indicators	单位 Unit	本月止累计 Current Year	去年累计 Previous Year	同比(%)Percentage Change over Previous Year
1	企业单位数 Number of Enterprises	户 household	463		
2	亏损企业数 Number of Loss—making Enterprises	户 household	136	115	18.26
3	亏损面 Proportion of Loss—making Enterprises	%	29.37		
4	主营业务收入 Revenue from Principle Business	万元 10,000 yuan	15819605	16434600	−3.74
5	主营业务成本 Cost of Principle Business	万元 10,000 yuan	13902429	14520611	−4.26
6	主营业务税金和附加 Taxes and Other Charges on Principal Business	万元 10,000 yuan	78346	67558	15.97
7	营业费用 Sales Expenses	万元 10,000 yuan	301099	303234	−0.70
8	管理费用 Management Expenses	万元 10,000 yuan	1003294	999650	0.36
9	财务费用 Financial Expenses	万元 10,000 yuan	300201	296528	1.24
10	其中：利息支出 Interest	万元 10,000 yuan	328452	301445	8.96
11	利润总额 Total Profit	万元 10,000 yuan	696234	591006	17.80
12	亏损企业亏损额 Total Loss of Loss—making Enterprises	万元 10,000 yuan	227829	307309	−25.86
13	应交增值税 The due VATs	万元 10,000 yuan	406083	410588	−1.10
14	资产合计 Total Assets	万元 10,000 yuan	22011741	20818259	5.73
15	其中：流动资产合计 Total Working Capitals	万元 10,000 yuan	11168672	10790502	3.50
16	其中：应收帐款 Net Receivables	万元 10,000 yuan	1279145	1112310	15.00
17	存货 Inventory	万元 10,000 yuan	3240033	3185326	1.72
18	其中：产成品 Finished Goods	万元 10,000 yuan	1529020	1529591	−0.04
19	负债合计 Total Liabilities	万元 10,000 yuan	13056949	12927082	1.00
20	出口交货值 Export Delivered Value	万元 10,000 yuan	1882363	1942470	−3.09

表4-1 2014年纺织工业经济指标分省完成情况（规模以上全行业）

地 区	Region	企业户数 Number of Enterprises	亏损企业数 Number of Loss-making Enterprises	亏损面(%) Proportion of Loss-making Enterprises	主营业务收入 Reveneue from Principal Business		
					本月止累计 Current Year	去年累计 Previous Year	同比(%) Compared Ratio
全 国	National Total	38319	4412	11.51	672201172	629251836	6.83
北京市	Beijing	193	52	26.94	2229512	2567540	-13.17
天津市	Tianjin	210	30	14.29	4767373	4346530	9.68
河北省	Hebei	1062	92	8.66	22309226	20972783	6.37
山西省	Shanxi	61	21	34.43	793048	858155	-7.59
内蒙古	Inner Mongolia	169	20	11.83	4922279	4841951	1.66
辽宁省	Liaoning	836	94	11.24	12041576	13380474	-10.01
吉林省	Jilin	104	11	10.58	3051353	2698528	13.07
黑龙江	Heilongjiang	78	8	10.26	1215463	1098691	10.63
上海市	Shanghai	710	236	33.24	7066499	7523807	-6.08
江苏省	Jiangsu	8272	1134	13.71	137656562	131720962	4.51
浙江省	Zhejiang	8034	1027	12.78	106048124	102856617	3.10
安徽省	Anhui	1624	140	8.62	18316567	16248493	12.73
福建省	Fujian	2185	146	6.68	45014146	39704170	13.37
江西省	Jiangxi	1098	42	3.83	23220580	19615013	18.38
山东省	Shandong	4093	321	7.84	117690293	108625850	8.34
河南省	Henan	1541	78	5.06	35279133	32027359	10.15
湖北省	Hubei	1570	114	7.26	31112959	27997907	11.13
湖南省	Hunan	469	51	10.87	8959912	8544360	4.86
广东省	Guangdong	4597	592	12.88	62106660	58072249	6.95
广 西	Guangxi	206	60	29.13	3390011	2940732	15.28
海南省	Hainan	4	0	0.00	36219	31064	16.60
重庆市	Chongqing	201	8	3.98	3007688	2833370	6.15
四川省	Sichuan	532	39	7.33	12882900	11947156	7.83
贵州省	Guizhou	45	10	22.22	330157	181200	82.21
云南省	Yunnan	35	7	20.00	455832	436030	4.54
西 藏	Tibet	2	0	0.00	9175	6310	45.39
陕西省	Shaanxi	164	27	16.46	2933110	2586259	13.41
甘肃省	Gansu	34	6	17.65	396742	323407	22.68
青海省	Qinghai	15	0	0.00	586183	400146	46.49
宁 夏	Ningxia	74	6	8.11	2072892	1565100	32.44
新 疆	Xinjiang	101	40	39.60	2299002	2299625	-0.03

Table4—1 Textile Industry Main indicators by Provinces in 2014 (Enterprises above Designated Size)

单位：万元
Unit:10,000 yuan

主营业务成本 Cost of Principle Business			主营业务税金和附加 Taxes and Other Charges on Principal Business			营业费用 Sales Expenses		
本月止累计 Current Year	去年累计 Previous Year	同比(%) Compared Ratio	本月止累计 Current Year	去年累计 Previous Year	同比(%) Compared Ratio	本月止累计 Current Year	去年累计 Previous Year	同比(%) Compared Ratio
591897686	551977061	7.23	3568477	3221871	10.76	13381195	12358913	8.27
1655625	1926291	−14.05	14315	12775	12.06	241682	255868	−5.54
3544929	3235104	9.58	18675	19386	−3.67	735016	688186	6.80
19888040	18578496	7.05	100874	89528	12.67	324145	291093	11.35
703417	761476	−7.62	2984	2309	29.26	14845	16205	−8.40
3989823	3864834	3.23	15196	13889	9.41	86885	115676	−24.89
10909686	11803851	−7.58	75195	75609	−0.55	197298	225434	−12.48
2771798	2435591	13.80	9177	10482	−12.45	68870	62054	10.98
1078240	981179	9.89	2337	2922	−20.01	20871	16521	26.33
5892944	6192253	−4.83	16466	17428	−5.52	499374	533792	−6.45
121716055	117111675	3.93	654167	606559	7.85	2528428	2259852	11.88
93525849	91119159	2.64	480634	453055	6.09	1699104	1636191	3.85
16240707	14214825	14.25	104754	98820	6.00	328109	290107	13.10
39336202	34589593	13.72	172558	159527	8.17	916073	848794	7.93
20347932	17003209	19.67	98166	83168	18.03	391330	337446	15.97
105343189	95887376	9.86	708427	615667	15.07	1467952	1309915	12.06
30948911	27877417	11.02	207517	190029	9.20	581580	549336	5.87
27094484	24292497	11.53	265252	234237	13.24	836543	722431	15.80
7795021	7239998	7.67	87228	78643	10.92	273198	249217	9.62
54358076	50767408	7.07	367991	294993	24.75	1586726	1408809	12.63
2873968	2476385	16.05	17140	17166	−0.15	39796	36855	7.98
30539	26354	15.88	40	55	−26.42	1425	1743	−18.27
2555461	2380355	7.36	23547	24864	−5.30	95116	85532	11.21
11390017	10429647	9.21	83848	88220	−4.96	275962	261992	5.33
295335	166331	77.56	2130	593	259.06	6422	3019	112.72
370370	343254	7.90	4540	3954	14.83	4173	4550	−8.29
7854	5095	54.17	13	3	388.89	469	634	−26.09
2411096	2149716	12.16	26020	18346	41.83	53442	47104	13.46
359930	288573	24.73	1782	1409	26.52	10593	9197	15.19
545808	361029	51.18	629	640	−1.69	4105	5134	−20.04
1800966	1326646	35.75	1584	1517	4.46	18046	12603	43.20
2115415	2141448	−1.22	5292	6081	−12.97	73621	73625	−0.01

表4-2　2014年纺织工业经济指标分省完成情况（规模以上全行业）

省市	Region	管理费用 Management Expenses			财务费用 Financial Expenses		
		本月止累计 Current Year	去年累计 Previous Year	同比(%) Compared Ratio	本月止累计 Current Year	去年累计 Previous Year	同比(%) Compared Ratio
全　国	National Total	20085334	18752681	7.11	7979808	7684782	3.84
北京市	Beijing	212952	225751	−5.67	29566	30064	−1.66
天津市	Tianjin	216086	201197	7.40	19064	20675	−7.79
河北省	Hebei	392119	391069	0.27	149034	148009	0.69
山西省	Shanxi	46095	54739	−15.79	15614	16703	−6.52
内蒙古	Inner Mongolia	136004	157731	−13.77	89807	82575	8.76
辽宁省	Liaoning	362100	415830	−12.92	76047	84949	−10.48
吉林省	Jilin	133847	132179	1.26	51653	47607	8.50
黑龙江	Heilongjiang	34132	28893	18.13	6572	7437	−11.63
上海市	Shanghai	549256	575807	−4.61	49754	66215	−24.86
江苏省	Jiangsu	4222342	3893082	8.46	1654991	1597917	3.57
浙江省	Zhejiang	3606238	3477085	3.71	1894211	1940733	−2.40
安徽省	Anhui	569832	500699	13.81	179179	161711	10.80
福建省	Fujian	1448752	1263127	14.70	536448	478322	12.15
江西省	Jiangxi	520065	428213	21.45	121276	115872	4.66
山东省	Shandong	2129498	1954331	8.96	1520595	1391596	9.27
河南省	Henan	619334	555946	11.40	328438	305808	7.40
湖北省	Hubei	1070175	934822	14.48	429050	389297	10.21
湖南省	Hunan	335873	328545	2.23	105261	95069	10.72
广东省	Guangdong	2544819	2356633	7.99	335573	322836	3.95
广　西	Guangxi	249115	207142	20.26	24176	27127	−10.88
海南省	Hainan	3725	4202	−11.35	1362	925	47.25
重庆市	Chongqing	81448	76847	5.99	26768	25807	3.72
四川省	Sichuan	335490	342095	−1.93	143886	147351	−2.35
贵州省	Guizhou	12946	8682	49.12	3046	1177	158.88
云南省	Yunnan	25387	24964	1.70	9704	10431	−6.97
西　藏	Tibet	475	469	1.28	167	34	386.88
陕西省	Shaanxi	83866	73572	13.99	39102	36557	6.96
甘肃省	Gansu	16889	15092	11.90	4369	2913	50.00
青海省	Qinghai	10870	16551	−34.32	6260	10606	−40.98
宁　夏	Ningxia	32400	25647	26.33	82698	63666	29.89
新　疆	Xinjiang	83206	81741	1.79	46139	54796	−15.80

Table4—2 Textile Industry Main indicators by Provinces in 2014 (Enterprises above Designated Size)

单位：万元
Unit: 10,000 yuan

其中：利息支出 (Include) Interest			利润总额 Total Profit			亏损企业亏损额 Total Loss of Loss—making Enterprises		
本月止累计 Current Year	去年累计 Previous Year	同比(%) Compared Ratio	本月止累计 Current Year	去年累计 Previous Year	同比增减 Change	本月止累计 Current Year	去年累计 Previous Year	同比(%) Compared Ratio
7207101	6868826	4.92	36627333	34515313	2112020	2118198	1883846	12.44
35762	32046	11.59	156307	159762	−3455	25123	27237	−7.76
27832	26267	5.95	286729	244198	42531	22951	12702	80.69
122764	121876	0.73	1456482	1357222	99260	58066	73651	−21.16
14313	13600	5.25	15210	22148	−6939	16181	13683	18.26
92395	89732	2.97	388462	569236	−180774	5555	7778	−28.59
46250	46348	−0.21	417925	665337	−247412	45741	34349	33.16
39157	41904	−6.56	58871	45644	13228	11049	26665	−58.56
5320	5728	−7.14	71143	59873	11270	2273	3822	−40.53
46852	48692	−3.78	194716	264108	−69392	163701	132619	23.44
1541017	1507365	2.23	7480793	6685196	795597	500594	398283	25.69
1995338	1987702	0.38	5249539	4742334	507205	303040	285255	6.23
140768	133656	5.32	965615	943804	21811	43373	29392	47.57
427746	385058	11.09	2557182	2419396	137787	155537	120675	28.89
101525	84797	19.73	1674988	1368974	306014	13910	26294	−47.10
1405285	1246675	12.72	6731319	6730510	809	195611	160913	21.56
283053	257451	9.94	2580727	2302268	278459	88369	170756	−48.25
259467	238469	8.81	1422368	1378906	43463	87098	61027	42.72
62025	58094	6.77	321934	313380	8554	41745	34819	19.89
215209	211138	1.93	2912771	2642747	270024	217932	140564	55.04
20278	22006	−7.85	171994	167074	4920	23656	15771	50.00
2064	2340	−11.80	2092	−1315	3408	0	1444	−100.00
15180	16575	−8.42	244155	220810	23346	3305	6205	−46.73
135093	130991	3.13	642630	677058	−34429	20915	19826	5.49
2609	766	240.38	12420	2869	9551	1345	2729	−50.73
11304	11815	−4.33	45486	51294	−5809	4464	5298	−15.73
127	22	469.51	305	85	220			
26860	24852	8.08	327716	279484	48232	24624	17439	41.20
4084	2754	48.27	5856	6907	−1052	4196	4420	−5.07
2786	1748	59.38	16670	19272	−2602			
79121	65921	20.02	160741	159355	1386	693	381	81.67
45521	52438	−13.19	54188	17378	36810	37152	49851	−25.47

表4-3 2014年纺织工业经济指标分省完成情况（规模以上全行业）

省市	Region	应交增值税 The Due VATs			资产合计 Total Assets		
		本月止累计 Current Year	去年累计 Previous Year	同比(%) Compared Ratio	本月止累计 Current Year	去年累计 Previous Year	同比(%) Compared Ratio
全　国	National Total	17150942	15790239	8.62	433313113	398161176	8.83
北京市	Beijing	101781	95619	6.44	3496731	3549385	-1.48
天津市	Tianjin	224254	189471	18.36	4813355	4783553	0.62
河北省	Hebei	387628	364649	6.30	9471601	8438686	12.24
山西省	Shanxi	16874	22040	-23.44	1185392	1164178	1.82
内蒙古	Inner Mongolia	176207	103936	69.54	4490149	3995669	12.38
辽宁省	Liaoning	195924	258929	-24.33	4962832	4908085	1.12
吉林省	Jilin	29566	29591	-0.08	2221522	2219845	0.08
黑龙江	Heilongjiang	29842	28094	6.22	764173	692195	10.40
上海市	Shanghai	144926	175125	-17.24	7779315	7385748	5.33
江苏省	Jiangsu	4346714	3923277	10.79	93123559	87286949	6.69
浙江省	Zhejiang	2665622	2551380	4.48	98559985	94318545	4.50
安徽省	Anhui	333961	329735	1.28	10104804	9060717	11.52
福建省	Fujian	878058	789703	11.19	31863379	29278773	8.83
江西省	Jiangxi	767808	610441	25.78	8520247	6503786	31.00
山东省	Shandong	3116547	2950852	5.62	53227607	46831728	13.66
河南省	Henan	667332	630133	5.90	24894434	21119459	17.87
湖北省	Hubei	723212	612107	18.15	14028081	12518022	12.06
湖南省	Hunan	307501	272738	12.75	4481222	3991271	12.28
广东省	Guangdong	1283516	1126802	13.91	33475914	30863807	8.46
广　西	Guangxi	92413	79969	15.56	1790955	1654167	8.27
海南省	Hainan	291	419	-30.59	114481	141339	-19.00
重庆市	Chongqing	154516	131064	17.89	1371099	1184065	15.80
四川省	Sichuan	328464	347911	-5.59	7100803	6708962	5.84
贵州省	Guizhou	3343	1803	85.47	280136	162020	72.90
云南省	Yunnan	12908	14483	-10.87	682953	655845	4.13
西　藏	Tibet	0	0	0.00	18175	15981	13.72
陕西省	Shaanxi	97841	87170	12.24	1883742	1582302	19.05
甘肃省	Gansu	4370	6031	-27.54	364720	309780	17.74
青海省	Qinghai	4561	4776	-4.50	383390	336746	13.85
宁　夏	Ningxia	10587	10229	3.50	3987609	2686564	48.43
新　疆	Xinjiang	44375	41765	6.25	3870749	3813006	1.51

Table4—3 Textile Industry Main indicators by Provinces in 2014 (Enterprises above Designated Size)

单位：万元
Unit:10,000 yuan

其中：流动资产合计 Total Working Capitals			其中：应收帐款 (Include) Net Receivables			存货 Inventory		
本月止累计 Current Year	去年累计 Previous Year	同比(%) Compared Ratio	本月止累计 Current Year	去年累计 Previous Year	同比(%) Compared Ratio	本月止累计 Current Year	去年累计 Previous Year	同比(%) Compared Ratio
233372384	221597383	5.31	47970103	44622963	7.50	63256976	61488191	2.88
2369729	2455829	−3.51	463057	415484	11.45	734123	765895	−4.15
3792230	3837798	−1.19	303361	196514	54.37	875462	892800	−1.94
4189380	3866036	8.36	794022	701584	13.18	1440991	1392333	3.49
725515	737291	−1.60	133952	123005	8.90	194199	178081	9.05
1904177	1756207	8.43	507844	454647	11.70	565590	581049	−2.66
2488747	2372540	4.90	467656	461989	1.23	550452	568835	−3.23
858764	939878	−8.63	213603	175784	21.51	273025	293000	−6.82
378639	346859	9.16	65210	75292	−13.39	155896	146158	6.66
5175569	5016272	3.18	1457458	1470525	−0.89	1561375	1553219	0.53
49551594	48426909	2.32	10882032	10412595	4.51	13902422	13566324	2.48
60229994	58527772	2.91	13081158	12539462	4.32	13725557	13488197	1.76
4587240	4227092	8.52	1250892	1071546	16.74	1331593	1332476	−0.07
18198089	16864644	7.91	4233786	3878984	9.15	4298796	3985869	7.85
3288180	2914624	12.82	836365	683172	22.42	763968	876032	−12.79
23937071	21831022	9.65	3221877	3031428	6.28	7576967	6827438	10.98
10687439	9545678	11.96	1223739	1031371	18.65	2145281	2043163	5.00
7194519	6656212	8.09	1228643	1141475	7.64	1998546	1916769	4.27
1841777	1721734	6.97	396875	336306	18.01	678354	681147	−0.41
20630409	19615937	5.17	5354307	4748965	12.75	6239025	6519363	−4.30
1141055	1004809	13.56	229919	222602	3.29	411215	401568	2.40
39211	57475	−31.78	5014	11304	−55.65	5687	5398	5.35
685042	676589	1.25	141238	142283	−0.73	257498	240324	7.15
3270969	2958362	10.57	480110	457046	5.05	1046012	931422	12.30
172271	97324	77.01	32161	15068	113.44	29706	22755	30.55
406068	373105	8.83	56041	52348	7.05	106583	106236	0.33
14963	12825	16.68	1365	1451	−5.97	3225	2901	11.17
911315	745019	22.32	127337	101857	25.01	406474	313307	29.74
223810	187463	19.39	62896	54819	14.73	67979	68478	−0.73
185246	169638	9.20	47321	47523	−0.42	61107	53011	15.27
2735871	1923705	42.22	433146	337957	28.17	1216310	1005111	21.01
1557502	1730735	−10.01	237721	228575	4.00	633559	729534	−13.16

表4-4　2014年纺织工业经济指标分省完成情况（规模以上全行业）

省 市	Region	其中：产成品 (Include) Manufactured Products			负债合计 Total Liabilities		
		本月止累计 Current Year	去年累计 Previous Year	同比(%) Compared Ratio	本月止累计 Current Year	去年累计 Previous Year	同比(%) Compared Ratio
全　国	National Total	28769520	27043451	6.38	231289338	219828747	5.21
北京市	Beijing	422826	426804	-0.93	2059375	2195414	-6.20
天津市	Tianjin	713718	714794	-0.15	3038416	3050966	-0.41
河北省	Hebei	664993	629846	5.58	4130504	3819434	8.14
山西省	Shanxi	72001	70157	2.63	852105	880298	-3.20
内蒙古	Inner Mongolia	194793	185386	5.07	2583376	2364791	9.24
辽宁省	Liaoning	277920	285957	-2.81	2416937	2272006	6.38
吉林省	Jilin	113029	120596	-6.27	1331372	1412828	-5.77
黑龙江	Heilongjiang	87779	72894	20.42	327459	318620	2.77
上海市	Shanghai	908697	869388	4.52	3814914	3682116	3.61
江苏省	Jiangsu	6222267	6138335	1.37	53033105	52228390	1.54
浙江省	Zhejiang	6902336	6554354	5.31	60427181	58762976	2.83
安徽省	Anhui	614339	562676	9.18	5192307	4803511	8.09
福建省	Fujian	2177714	1929276	12.88	15743159	14290679	10.16
江西省	Jiangxi	433450	522886	-17.10	3435365	3042840	12.90
山东省	Shandong	2512701	2197871	14.32	25381594	23660231	7.28
河南省	Henan	837398	748186	11.92	8906698	7858383	13.34
湖北省	Hubei	1020160	919268	10.98	6406903	5980141	7.14
湖南省	Hunan	364605	348935	4.49	2141808	1956539	9.47
广东省	Guangdong	2362333	2092575	12.89	17864078	16284384	9.70
广　西	Guangxi	194621	172181	13.03	1054500	1000053	5.44
海南省	Hainan	3038	2339	29.85	28526	50675	-43.71
重庆市	Chongqing	126588	105020	20.54	594819	558483	6.51
四川省	Sichuan	384272	368960	4.15	3829220	3486426	9.83
贵州省	Guizhou	13789	12536	9.99	143767	73670	95.15
云南省	Yunnan	45372	45728	-0.78	378659	332067	14.03
西　藏	Tibet	1385	98		10858	1405	672.83
陕西省	Shaanxi	163497	117563	39.07	911081	785005	16.06
甘肃省	Gansu	31871	27447	16.12	198428	158853	24.91
青海省	Qinghai	31798	25432	25.03	196964	179760	9.57
宁　夏	Ningxia	631938	479361	31.83	2252625	1605241	40.33
新　疆	Xinjiang	238292	296605	-19.66	2603237	2732563	-4.73

Table4—4 Textile Industry Main indicators by Provinces in 2014 (Enterprises above Designated Size)

单位：万元
Unit:10,000 yuan

出口交货值 Export Delivered Value		
本月止累计 Current Year	去年累计 Previous Year	同比(%) Compared Ratio
96641493	94546673	2.22
302065	409411	−26.22
1192534	1014558	17.54
1428973	1442818	−0.96
95830	108025	−11.29
321692	479735	−32.94
2411881	2746693	−12.19
381020	321427	18.54
174280	144671	20.47
1841423	2027941	−9.20
19262871	19135708	0.66
23864167	23461176	1.72
2866971	2412164	18.85
7034999	6366384	10.50
2887429	2381403	21.25
10417785	10893530	−4.37
857023	762425	12.41
3028841	2749398	10.16
267844	279536	−4.18
15965370	15647284	2.03
346135	283710	22.00
16610	18436	−9.90
452733	384612	17.71
630491	634944	−0.70
36626	4318	748.32
57098	52085	9.63
0	2020	
100018	103045	−2.94
5131	6070	−15.47
20701	45120	−54.12
283740	182765	55.25
89212	45265	97.09

表5-1 2014年纺织工业经济指标分行业完成情况（规模以上全行业）

行业 Industrial Sectors	企业户数 Number of Enterprises	亏损企业数 Number of Loss-making Enterprises	亏损面(%) Proportion of Loss-making Enterprises	主营业务收入 Reveneue from Principal Business		
				本月止累计 Current Year	去年累计 Previous Year	同比(%) Compared Ratio
纺织行业 The Overall Textile Industry	38319	4412	11.51	672201172	629251836	6.83
纺织业 Textile	20494	2232	10.89	380912731	356061916	6.98
棉纺织及印染精加工 Cotton Textile & Dyeing, Printing and Finishing Process	10911	1236	11.33	241741930	228100779	5.98
棉纺纱加工 Cotton Spinning Sector	5693	755	13.26	148118344	138513194	6.93
棉织造加工 Cotton Weaving Sector	3525	286	8.11	57930967	54885773	5.55
棉印染精加工 Cotton Textile Dyeing, Printing and Finishing Sector	1693	195	11.52	35692619	34701812	2.86
毛纺织及染整精加工 Wool Textile & Dyeing, Printing and Finishing Process	1185	158	13.33	25657865	22385355	14.62
毛条和毛纱线加工 Wool Top and Yarn Processing Sector	676	86	12.72	12090667	10762021	12.35
毛织造加工 Wool Weaving Sector	355	50	14.08	11649076	9888870	17.80
毛染整精加工 Wool Textile Dyeing, Printing and Finishing Sector	154	22	14.29	1918122	1734464	10.59
麻纺织及染整精加工 Bast Fiber Textile & Dyeing, Printing and Finishing Process	292	26	8.90	5445784	5147945	5.79
麻纤维纺前加工和纺纱 Bast Fiber Prespinning Processing & Spinning Sector	122	8	6.56	2686986	2607582	3.05
麻织造加工 Bast Fiber Weaving Sector	163	16	9.82	2669160	2452711	8.82
麻染整精加工 Bast Fiber Textile Dyeing, Printing and Finishing Sector	7	2	28.57	89638	87652	2.27
丝绢纺织及印染精加工 Silk and Schappe Textile & Dyeing, Printing and Finishing Process	926	120	12.96	12812864	11998467	6.79
缫丝加工 Filature Sector	464	71	15.30	7556537	6966419	8.47
绢纺和丝织加工 Schappe Spinning & Silk Weaving Sector	397	40	10.08	4495304	4282239	4.98
丝印染精加工 Silk Printing, Dyeing and Finishing Sector	65	9	13.85	761023	749809	1.50

Table5—1 Textile Industry Main indicators by Industrial Sectors in 2014 (Enterprises above Designated Size)

单位：万元
Unit：10,000 yuan

主营业务成本 Cost of Principle Business			主营业务税金和附加 Taxes and Other Charges on Principal Business			营业费用 Sales Expenses		
本月止累计 Current Year	去年累计 Previous Year	同比(%) Compared Ratio	本月止累计 Current Year	去年累计 Previous Year	同比(%) Compared Ratio	去年累计 Previous Year	去年累计 Previous Year	同比(%) Compared Ratio
591897686	551977061	7.23	3568477	3221871	10.76	13381195	12358913	8.27
339235010	315156720	7.64	1931006	1770276	9.08	5386337	4924598	9.38
216864154	203398044	6.62	1201980	1100976	9.17	2922299	2645727	10.45
133295714	123739956	7.72	736607	673035	9.45	1732592	1574915	10.01
51842700	48839358	6.15	297485	260399	14.24	748423	670774	11.58
31725739	30818729	2.94	167889	167542	0.21	441285	400039	10.31
22944518	19783662	15.98	101028	88319	14.39	276452	246476	12.16
10700701	9407913	13.74	49641	42677	16.32	135804	118319	14.78
10542329	8850442	19.12	43332	38746	11.84	108874	99304	9.64
1701488	1525308	11.55	8055	6897	16.80	31774	28853	10.12
4761024	4431417	7.44	37310	42161	−11.51	104336	107926	−3.33
2296401	2171198	5.77	20052	22575	−11.18	56116	61163	−8.25
2384243	2183833	9.18	16880	19192	−12.05	47458	46134	2.87
80379	76386	5.23	378	394	−3.94	762	629	21.22
11424953	10630242	7.48	70920	67097	5.70	148839	137086	8.57
6770766	6212524	8.99	41865	40905	2.35	87879	75712	16.07
3971866	3749685	5.93	25443	23298	9.21	52006	53016	−1.90
682322	668034	2.14	3612	2894	24.78	8954	8358	7.13

表5-2 2014年纺织工业经济指标分行业完成情况（规模以上全行业）

行业 Industrial Sectors	企业户数 Number of Enterprises	亏损企业数 Number of Loss-making Enterprises	亏损面(%) Proportion of Loss-making Enterprises	主营业务收入 Reveneue from Principal Business		
				本月止累计 Current Year	去年累计 Previous Year	同比(%) Compared Ratio
化纤织造及印染精加工 Filament Weaving & Dyeing, Printing and Finishing Process	1169	132	11.29	10937065	10518669	3.98
化纤织造加工 Filament Weaving Sector	1021	120	11.75	9158646	8910428	2.79
化纤织物染整精加工 Filament Fabric Dyeing, Printing and Finishing Sector	148	12	8.11	1778418	1608241	10.58
针织或钩针编织物及其制品制造 Knitting and Braiding Textiles	2407	185	7.69	31241925	29278151	6.71
针织或钩针编织物织造 Knitted and Braided Fabric Processing Sector	1795	138	7.69	23131670	21558930	7.30
针织或钩针编织物印染精加工 Knitted and Braided Fabric Dyeing, Printing and Finishing Sector	181	22	12.15	2989544	2793490	7.02
针织或钩针编织品制造 Knitted and Braided Products Manufacturing Sector	431	25	5.80	5120711	4925731	3.96
家用纺织制成品制造 Home Textile Made-Ups Manufacturing	1809	199	11.00	26053727	24590135	5.95
床上用品制造 Bed Linen Manufacturing Sector	946	101	10.68	12797730	12026615	6.41
毛巾类制品制造 Towel Manufacturing Sector	304	31	10.20	6749890	6636996	1.70
窗帘、布艺类产品制造 Curtain Manufacturing Sector	209	27	12.92	2326671	2249449	3.43
其他家用纺织制成品制造 Other Home Textile Made-ups Sector	350	40	11.43	4179435	3677076	13.66
非家用纺织制成品制造 Non-Home Textile Made-Ups Manufacturing	1795	176	9.81	27021571	24042415	12.39
非织造布制造 Nonwoven Fabric Sector	838	74	8.83	13722507	12065423	13.73
绳、索、缆制造 Rope, Cords & Cables Large and Thick Rope Sector	227	16	7.05	2494106	2168292	15.03
纺织带和帘子布制造 Belt and Cord Fabric Sector	249	22	8.84	5741530	5225187	9.88
篷、帆布制造 Canvas Manufacturing Sector	177	28	15.82	1905561	1741563	9.42
其他非家用纺织制成品制造 Other Non-Home Textile Made-ups Sector	304	36	11.84	3157868	2841950	11.12

Table5-2 Textile Industry Main indicators by Industrial Sectors in 2014 (Enterprises above Designated Size)

单位：万元
Unit:10,000 yuan

主营业务成本 Cost of Principle Business			主营业务税金和附加 Taxes and Other Charges on Principal Business			营业费用 Sales Expenses		
本月止累计 Current Year	去年累计 Previous Year	同比(%) Compared Ratio	本月止累计 Current Year	去年累计 Previous Year	同比(%) Compared Ratio	去年累计 Previous Year	去年累计 Previous Year	同比(%) Compared Ratio
9727103	9352735	4.00	52304	45234	15.63	124819	118980	4.91
8188645	7960893	2.86	42881	35186	21.87	97892	93426	4.78
1538458	1391841	10.53	9423	10048	-6.22	26927	25554	5.37
27216929	25443666	6.97	177161	152736	15.99	553707	534533	3.59
20401280	18958125	7.61	128349	107968	18.88	389503	349376	11.49
2386787	2256327	5.78	16727	15509	7.85	75205	104199	-27.83
4428862	4229214	4.72	32085	29260	9.66	88999	80959	9.93
22810635	21416463	6.51	144194	134414	7.28	622654	599327	3.89
11075279	10359889	6.91	65531	60156	8.93	370592	369796	0.22
6033327	5868594	2.81	40097	40762	-1.63	104030	99188	4.88
2047338	1982456	3.27	13341	11890	12.20	42369	40234	5.31
3654690	3205525	14.01	25226	21606	16.75	105663	90109	17.26
23485696	20700491	13.45	146108	139338	4.86	633232	534541	18.46
11782727	10299706	14.40	78306	67103	16.70	368757	300093	22.88
2151417	1809797	18.88	15953	14584	9.39	56502	47357	19.31
5185389	4672082	10.99	21873	23902	-8.49	76513	66405	15.22
1664883	1502588	10.80	10103	9372	7.81	49101	48232	1.80
2701281	2416318	11.79	19873	24378	-18.48	82358	72454	13.67

表5-3 2014年纺织工业经济指标分行业完成情况（规模以上全行业）

行业 Industrial Sectors	企业户数 Number of Enterprises	亏损企业数 Number of Loss-making Enterprises	亏损面(%) Proportion of Loss-making Enterprises	主营业务收入 Reveneue from Principal Business		
				本月止累计 Current Year	去年累计 Previous Year	同比(%) Compared Ratio
纺织服装、服饰业 Garment and Accessory Manufacturing	15167	1734	11.43	207698285	192280796	8.02
机织服装制造 Woven Garment Manufacturing	10971	1211	11.04	160076118	148610148	7.72
针织或钩针编织服装制造 Knitted Garment Manufacturing	3175	399	12.57	37322606	34725515	7.48
服饰制造 Garment Accessory Manufacturing	1021	124	12.14	10299561	8945134	15.14
化学纤维制造业 Chemical Fiber Manufacturing	1938	349	18.01	72119134	69703942	3.46
纤维素纤维原料及纤维制造 Cellulose Fiber (Raw Material) and Fiber Manufacture	357	57	15.97	20850214	20494064	1.74
化纤浆粕制造 Pulp Sector	78	15	19.23	2270264	2030837	11.79
人造纤维（纤维素纤维）制造 Man-made Fiber (Cellulose Fiber) Sector	279	42	15.05	18579951	18463227	0.63
合成纤维制造 Synthetic Fiber Manufacturing	1581	292	18.47	51268920	49209879	4.18
锦纶纤维制造 Polyamide Fiber Sector	179	30	16.76	7113580	6198027	14.77
涤纶纤维制造 Polyester Fiber Sector	775	132	17.03	35672950	34956981	2.05
腈纶纤维制造 Acrylic Fiber Sector	15	4	26.67	773387	809998	-4.52
维纶纤维制造 Polyvinyl Fiber Sector	10	4	40.00	544314	457870	18.88
丙纶纤维制造 Polypropylene Fiber Sector	57	13	22.81	593590	609659	-2.64
氨纶纤维制造 Polyurethane Fiber Sector	49	12	24.49	2281078	2127050	7.24
其他合成纤维制造 Other Synthetic Fiber Sector	496	97	19.56	4290020	4050295	5.92
纺织专用设备制造 Textile Machinery Manufacturing	720	97	13.47	11471022	11205182	2.37

Table5—3 Textile Industry Main indicators by Industrial Sectors in 2014 (Enterprises above Designated Size)

单位：万元
Unit:10,000 yuan

主营业务成本 Cost of Principle Business			主营业务税金和附加 Taxes and Other Charges on Principal Business			营业费用 Sales Expenses		
本月止累计 Current Year	去年累计 Previous Year	同比(%) Compared Ratio	本月止累计 Current Year	去年累计 Previous Year	同比(%) Compared Ratio	去年累计 Previous Year	去年累计 Previous Year	同比(%) Compared Ratio
177469935	163443725	8.58	1320646	1175590	12.34	6920841	6451727	7.27
136072376	125732684	8.22	1013126	919774	10.15	5764174	5394481	6.85
32485807	30060091	8.07	244417	206244	18.51	845677	784231	7.84
8911751	7650950	16.48	63102	49572	27.29	310990	273015	13.91
65527163	64010361	2.37	209689	193860	8.17	748921	673860	11.14
18547707	18522036	0.14	78892	69035	14.28	308664	284017	8.68
2036816	1835546	10.97	9771	7019	39.21	34897	28530	22.32
16510891	16686490	−1.05	69121	62016	11.46	273767	255487	7.16
46979456	45488325	3.28	130798	124826	4.78	440257	389843	12.93
6316664	5465228	15.58	18680	17827	4.79	73181	54708	33.77
33118464	32775026	1.05	79410	80179	−0.96	244651	224158	9.14
721858	753923	−4.25	4264	3335	27.89	16978	16624	2.13
448101	393807	13.79	1373	1527	−10.12	15012	12313	21.92
524340	535101	−2.01	3119	3066	1.74	13027	13067	−0.31
1842339	1766747	4.28	10243	7758	32.03	49384	43754	12.87
4007689	3798493	5.51	13709	11134	23.12	28024	25219	11.12
9665578	9366255	3.20	107137	82145	30.42	325095	308728	5.30

表5-4　2014年纺织工业经济指标分行业完成情况（规模以上全行业）

行 业 Industrial Sectors	管理费用 Management Expenses			财务费用 Financial Expenses		
	本月止累计 Current Year	去年累计 Previous Year	同比(%) Compared Ratio	本月止累计 Current Year	去年累计 Previous Year	同比(%) Compared Ratio
纺织行业 The Overall Textile Industry	20085334	18752681	7.11	7979808	7684782	3.84
纺织业 Textile	9376533	8765300	6.97	4984208	4868129	2.38
棉纺织及印染精加工 Cotton Textile & Dyeing, Printing and Finishing Process	5352708	5018832	6.65	3274001	3194313	2.49
棉纺纱加工 Cotton Spinning Sector	2763543	2582489	7.01	2188245	2050052	6.74
棉织造加工 Cotton Weaving Sector	1375107	1311937	4.82	659502	691267	-4.60
棉印染精加工 Cotton Textile Dyeing, Printing and Finishing Sector	1214057	1124406	7.97	426255	452994	-5.90
毛纺织及染整精加工 Wool Textile & Dyeing,Printing and Finishing Process	528910	492006	7.50	338815	293809	15.32
毛条和毛纱线加工 Wool Top and Yarn Processing Sector	248859	224001	11.10	187110	156824	19.31
毛织造加工 Wool Weaving Sector	220193	212127	3.80	131162	119634	9.64
毛染整精加工 Wool Textile Dyeing,Printing and Finishing Sector	59858	55877	7.12	20543	17351	18.40
麻纺织及染整精加工 Bast Fiber Textile & Dyeing,Printing and Finishing Process	149405	151164	-1.16	69766	72539	-3.82
麻纤维纺前加工和纺纱 Bast Fiber Prespinning Processing & Spinning Sector	73937	80128	-7.73	40700	42711	-4.71
麻织造加工 Bast Fiber Weaving Sector	71652	67476	6.19	25945	26603	-2.47
麻染整精加工 Bast Fiber Textile Dyeing,Printing and Finishing Sector	3816	3560	7.17	3122	3225	-3.22
丝绢纺织及印染精加工 Silk and Schappe Textile & Dyeing, Printing and Finishing Process	330588	323005	2.35	138478	144537	-4.19
缫丝加工 Filature Sector	181618	169519	7.14	79802	80958	-1.43
绢纺和丝织加工 Schappe Spinning & Silk Weaving Sector	115387	123649	-6.68	50092	51973	-3.62
丝印染精加工 Silk Printing, Dyeing and Finishing Sector	33583	29836	12.56	8585	11606	-26.03

Table5—4 Textile Industry Main indicators by Industrial Sectors in 2014 (Enterprises above Designated Size)

单位：万元
Unit：10，000 yuan

其中：利息支出 (Include) Interest			利润总额 Total Profit			亏损企业亏损额 Total Loss of Loss—making Enterprises		
本月止累计 Current Year	去年累计 Previous Year	同比(%) Compared Ratio	本月止累计 Current Year	去年累计 Previous Year	同比增减 Change	去年累计 Previous Year	去年累计 Previous Year	同比(%) Compared Ratio
7207101	6868826	4.92	36627333	34515313	2112020	2118198	1883846	12.44
4552713	4336519	4.99	20657951	19946225	711726	1035556	930983	11.23
3049601	2909940	4.80	12840813	12506792	334021	717058	592017	21.12
2017736	1855362	8.75	7936710	7788775	147935	517458	390159	32.63
611165	622045	−1.75	3101737	2940141	161596	123989	127762	−2.95
420700	432534	−2.74	1802367	1777877	24490	75611	74096	2.04
310630	271736	14.31	1456179	1362887	93292	68447	61108	12.01
172617	147434	17.08	671713	678298	−6585	38797	29573	31.19
120587	109842	9.78	684126	595888	88238	18447	25270	−27.00
17426	14460	20.51	100341	88702	11639	11203	6266	78.80
60487	58321	3.71	316431	307346	9085	11703	21532	−45.65
36663	33882	8.21	184763	198809	−14046	2724	1649	65.16
20583	21170	−2.77	129943	105346	24597	7658	19639	−61.00
3241	3269	−0.85	1724	3191	−1467	1321	244	441.29
135216	133532	1.26	695753	664647	31106	29494	22908	28.75
76225	74567	2.22	392010	379327	12683	18058	9916	82.11
48403	48398	0.01	271219	248234	22984	6406	9328	−31.33
10588	10568	0.19	32525	37086	−4561	5031	3664	37.31

表5-5 2014年纺织工业经济指标分行业完成情况（规模以上全行业）

行 业 Industrial Sectors	管理费用 Management Expenses			财务费用 Financial Expenses		
	本月止累计 Current Year	去年累计 Previous Year	同比(%) Compared Ratio	本月止累计 Current Year	去年累计 Previous Year	同比(%) Compared Ratio
化纤织造及印染精加工 Filament Weaving & Dyeing, Printing and Finishing Process	312973	296911	5.41	203394	216980	-6.26
化纤织造加工 Filament Weaving Sector	231373	223753	3.41	160806	175003	-8.11
化纤织物染整精加工 Filament Fabric Dyeing, Printing and Finishing Sector	81600	73158	11.54	42588	41976	1.46
针织或钩针编织物及其制品制造 Knitting and Braiding Textiles	961299	926158	3.79	453075	456609	-0.77
针织或钩针编织物织造 Knitted and Braided Fabric Processing Sector	705969	649387	8.71	366286	363765	0.69
针织或钩针编织物印染精加工 Knitted and Braided Fabric Dyeing, Printing and Finishing Sector	100882	128788	-21.67	20269	23890	-15.16
针织或钩针编织品制造 Knitted and Braided Products Manufacturing Sector	154447	147982	4.37	66521	68954	-3.53
家用纺织制成品制造 Home Textile Made-Ups Manufacturing	752089	704832	6.70	230132	240577	-4.34
床上用品制造 Bed Linen Manufacturing Sector	407029	377051	7.95	107151	114466	-6.39
毛巾类制品制造 Towel Manufacturing Sector	140031	128356	9.10	60029	54776	9.59
窗帘、布艺类产品制造 Curtain Manufacturing Sector	70738	70365	0.53	26038	31866	-18.29
其他家用纺织制成品制造 Other Home Textile Made-ups Sector	134292	129060	4.05	36914	39468	-6.47
非家用纺织制成品制造 Non-Home Textile Made-Ups Manufacturing	988562	852393	15.98	276547	248766	11.17
非织造布制造 Nonwoven Fabric Sector	532470	448478	18.73	139862	125463	11.48
绳、索、缆制造 Rope, Cords & Cables Large and Thick Rope Sector	75278	64548	16.62	21243	18225	16.56
纺织带和帘子布制造 Belt and Cord Fabric Sector	149847	130016	15.25	68860	55397	24.30
篷、帆布制造 Canvas Manufacturing Sector	81169	80517	0.81	18314	22263	-17.74
其他非家用纺织制成品制造 Other Non-Home Textile Made-ups Sector	149798	128834	16.27	28268	27418	3.10

Table5—5 Textile Industry Main indicators by Industrial Sectors in 2014 (Enterprises above Designated Size)

单位：万元
Unit:10,000 yuan

其中：利息支出 (Include) Interest			利润总额 Total Profit			亏损企业亏损额 Total Loss of Loss—making Enterprises		
本月止累计 Current Year	去年累计 Previous Year	同比(%) Compared Ratio	本月止累计 Current Year	去年累计 Previous Year	同比增减 Change	去年累计 Previous Year	去年累计 Previous Year	同比(%) Compared Ratio
160591	169693	−5.36	519080	496570	22509	37936	26891	41.08
125919	135040	−6.75	432326	418308	14018	35017	22819	53.45
34672	34653	0.05	86753	78262	8491	2919	4071	−28.31
408551	406308	0.55	1801439	1848862	−47423	42832	34834	22.96
330488	327147	1.02	1139756	1058668	81088	29964	23885	25.45
19846	23429	−15.29	316864	438285	−121421	5844	7661	−23.72
58217	55733	4.46	344820	351909	−7089	7024	3288	113.62
192456	185518	3.74	1484992	1402858	82134	60279	46963	28.35
89635	87758	2.14	761895	715802	46093	31211	23294	33.99
45142	43092	4.76	358048	384896	−26848	9793	4753	106.05
24326	24319	0.03	128702	109244	19457	5835	4387	33.00
33353	30350	9.90	236347	192916	43431	13440	14530	−7.50
235181	201471	16.73	1543264	1356263	187001	67806	124730	−45.64
114738	98684	16.27	831300	782168	49132	35231	17168	105.21
16477	15018	9.72	145308	128012	17296	4837	2609	85.38
59190	44762	32.23	294032	186766	107266	6338	87504	−92.76
17414	18312	−4.91	88935	77667	11267	8396	7158	17.30
27363	24697	10.80	183690	181649	2041	13003	10291	26.36

表5-6 2014年纺织工业经济指标分行业完成情况（规模以上全行业）

行业 Industrial Sectors	管理费用 Management Expenses			财务费用 Financial Expenses		
	本月止累计 Current Year	去年累计 Previous Year	同比(%) Compared Ratio	本月止累计 Current Year	去年累计 Previous Year	同比(%) Compared Ratio
纺织服装、服饰业 Garment and Accessory Manufacturing	8312266	7783959	6.79	1577147	1583214	-0.38
机织服装制造 Woven Garment Manufacturing	6388710	5942893	7.50	1199745	1181359	1.56
针织或钩针编织服装制造 Knitted Garment Manufacturing	1555396	1499035	3.76	293100	307310	-4.62
服饰制造 Garment Accessory Manufacturing	368160	342031	7.64	84302	94545	-10.83
化学纤维制造业 Chemical Fiber Manufacturing	1775248	1585507	11.97	1298246	1115155	16.42
纤维素纤维原料及纤维制造 Cellulose Fiber (Raw Material) and Fiber Manufacture	549072	509737	7.72	416729	370497	12.48
化纤浆粕制造 Pulp Sector	75690	78587	-3.69	48350	47382	2.04
人造纤维（纤维素纤维）制造 Man-made Fiber (Cellulose Fiber) Sector	473382	431150	9.80	368378	323115	14.01
合成纤维制造 Synthetic Fiber Manufacturing	1226176	1075770	13.98	881517	744658	18.38
锦纶纤维制造 Polyamide Fiber Sector	174995	170633	2.56	134089	110176	21.70
涤纶纤维制造 Polyester Fiber Sector	777898	641643	21.24	579784	475784	21.86
腈纶纤维制造 Acrylic Fiber Sector	30077	34931	-13.89	45350	44667	1.53
维纶纤维制造 Polyvinyl Fiber Sector	45110	38760	16.38	20013	21507	-6.95
丙纶纤维制造 Polypropylene Fiber Sector	19191	16684	15.02	8204	8187	0.21
氨纶纤维制造 Polyurethane Fiber Sector	102600	102425	0.17	49838	36216	37.61
其他合成纤维制造 Other Synthetic Fiber Sector	76306	70696	7.94	44240	48120	-8.06
纺织专用设备制造 Textile Machinery Manufacturing	621287	617916	0.55	120207	118284	1.63

Table5–6 Textile Industry Main indicators by Industrial Sectors in 2014 (Enterprises above Designated Size)

单位：万元
Unit：10，000 yuan

其中：利息支出 (Include) Interest			利润总额 Total Profit			亏损企业亏损额 Total Loss of Loss–making Enterprises		
本月止累计 Current Year	去年累计 Previous Year	同比(%) Compared Ratio	本月止累计 Current Year	去年累计 Previous Year	同比增减 Change	去年累计 Previous Year	去年累计 Previous Year	同比(%) Compared Ratio
1290406	1234139	4.56	12472753	11282812	1189940	515602	451683	14.15
975072	942727	3.43	9929438	9032083	897355	381871	325085	17.47
242324	218188	11.06	1985305	1745299	240006	105730	98143	7.73
73010	73224	–0.29	558010	505431	52579	28001	28456	–1.60
1254471	1195028	4.97	2773008	2493445	279564	498013	454961	9.46
415185	388894	6.76	908618	863951	44667	154946	153658	0.84
35060	44950	–22.00	76051	45087	30964	30761	40679	–24.38
380125	343944	10.52	832567	818865	13703	124184	112979	9.92
839287	806134	4.11	1864390	1629493	234897	343068	301303	13.86
121362	104715	15.90	400972	389277	11694	37037	22239	66.54
566629	548446	3.32	1040933	940837	100096	256428	215988	18.72
40937	42370	–3.38	–9541	–14705	5164	15876	21308	–25.49
20482	20926	–2.12	24042	–1506	25548	4496	8769	–48.73
6586	6412	2.72	25377	28135	–2757	3433	2317	48.14
44553	43192	3.15	261722	185229	76493	7841	14466	–45.80
38738	40073	–3.33	120885	102226	18659	17957	16216	10.73
109512	103140	6.18	723621	792830	–69210	69026	46220	49.34

表5-7 2014年纺织工业经济指标分行业完成情况（规模以上全行业）

行业 Industrial Sectors	应交增值税 The Due VATs			资产合计 Total Assets		
	本月止累计 Current Year	去年累计 Previous Year	同比(%) Compared Ratio	本月止累计 Current Year	去年累计 Previous Year	同比(%) Compared Ratio
纺织行业 The Overall Textile Industry	17150942	15790239	8.62	433313113	398161176	8.83
纺织业 Textile	9559758	8785570	8.81	235955214	217283549	8.59
棉纺织及印染精加工 Cotton Textile & Dyeing, Printing and Finishing Process	6017637	5664414	6.24	143303368	133431957	7.40
棉纺纱加工 Cotton Spinning Sector	3592874	3402846	5.58	81434997	75735134	7.53
棉织造加工 Cotton Weaving Sector	1428293	1331809	7.24	36278552	33822687	7.26
棉印染精加工 Cotton Textile Dyeing, Printing and Finishing Sector	996470	929759	7.18	25589819	23874136	7.19
毛纺织及染整精加工 Wool Textile & Dyeing,Printing and Finishing Process	517374	469267	10.25	18450834	15463646	19.32
毛条和毛纱线加工 Wool Top and Yarn Processing Sector	224967	207114	8.62	9758226	7677031	27.11
毛织造加工 Wool Weaving Sector	245896	222561	10.48	7366999	6548633	12.50
毛染整精加工 Wool Textile Dyeing,Printing and Finishing Sector	46511	39592	17.47	1325609	1237982	7.08
麻纺织及染整精加工 Bast Fiber Textile & Dyeing,Printing and Finishing Process	150813	147589	2.18	3730460	3249126	14.81
麻纤维纺前加工和纺纱 Bast Fiber Prespinning Processing & Spinning Sector	76101	76858	-0.99	1771685	1498787	18.21
麻织造加工 Bast Fiber Weaving Sector	72291	69513	4.00	1868667	1669082	11.96
麻染整精加工 Bast Fiber Textile Dyeing,Printing and Finishing Sector	2422	1218	98.83	90108	81258	10.89
丝绢纺织及印染精加工 Silk and Schappe Textile & Dyeing, Printing and Finishing Process	346849	345097	0.51	7382739	6912264	6.81
缫丝加工 Filature Sector	229198	233409	-1.80	3900671	3633698	7.35
绢纺和丝织加工 Schappe Spinning & Silk Weaving Sector	101056	97792	3.34	2787149	2618538	6.44
丝印染精加工 Silk Printing, Dyeing and Finishing Sector	16596	13896	19.43	694919	660029	5.29

Table5—7 Textile Industry Main indicators by Industrial Sectors in 2014 (Enterprises above Designated Size)

单位：万元
Unit：10,000 yuan

其中：流动资产合计 Total Working Capitals			其中：应收帐款 (Include) Net Receivables			存货 Inventory		
本月止累计 Current Year	去年累计 Previous Year	同比(%) Compared Ratio	本月止累计 Current Year	去年累计 Previous Year	同比(%) Compared Ratio	去年累计 Previous Year	去年累计 Previous Year	同比(%) Compared Ratio
233372384	221597383	5.31	47970103	44622963	7.50	63256976	61488191	2.88
123392328	116482385	5.93	24821279	23213185	6.93	35090693	34181611	2.66
72219929	69071597	4.56	12507600	11916518	4.96	20538275	20455690	0.40
38373465	36858716	4.11	5208564	4924031	5.78	12222002	12235919	−0.11
20223207	19165931	5.52	4017197	3828555	4.93	5282490	5186725	1.85
13623257	13046950	4.42	3281839	3163932	3.73	3033783	3033046	0.02
10721324	9152761	17.14	2057156	1798076	14.41	3903917	3568064	9.41
6237676	5038874	23.79	1194499	1025010	16.54	2417740	2189776	10.41
3795411	3465339	9.52	698264	621813	12.29	1229955	1148173	7.12
688237	648547	6.12	164393	151253	8.69	256222	230115	11.35
1837399	1695009	8.40	338797	321164	5.49	624112	580657	7.48
824052	761750	8.18	126911	120020	5.74	245451	235905	4.05
977588	896898	9.00	203624	193704	5.12	366070	330531	10.75
35759	36361	−1.66	8263	7441	11.05	12591	14222	−11.47
4142700	3964389	4.50	871970	816062	6.85	1432201	1399489	2.34
2147898	2068529	3.84	376791	358212	5.19	836888	834440	0.29
1640369	1540244	6.50	419586	392457	6.91	525961	498984	5.41
354433	355615	−0.33	75593	65393	15.60	69353	66064	4.98

表5-8 2014年纺织工业经济指标分行业完成情况（规模以上全行业）

行业 Industrial Sectors	应交增值税 The Due VATs			资产合计 Total Assets		
	本月止累计 Current Year	去年累计 Previous Year	同比(%) Compared Ratio	本月止累计 Current Year	去年累计 Previous Year	同比(%) Compared Ratio
化纤织造及印染精加工 Filament Weaving & Dyeing, Printing and Finishing Process	261565	231156	13.16	10443925	10006172	4.37
化纤织造加工 Filament Weaving Sector	196364	173597	13.11	8496819	8122971	4.60
化纤织物染整精加工 Filament Fabric Dyeing, Printing and Finishing Sector	65202	57559	13.28	1947106	1883201	3.39
针织或钩针编织物及其制品制造 Knitting and Braiding Textiles	826741	666790	23.99	22671592	21089392	7.50
针织或钩针编织物织造 Knitted and Braided Fabric Processing Sector	520535	461779	12.72	16599211	15682538	5.85
针织或钩针编织物印染精加工 Knitted and Braided Fabric Dyeing, Printing and Finishing Sector	193161	119071	62.22	2552714	2234147	14.26
针织或钩针编织品制造 Knitted and Braided Products Manufacturing Sector	113046	85939	31.54	3519667	3172708	10.94
家用纺织制成品制造 Home Textile Made-Ups Manufacturing	722600	652089	10.81	14489029	13277181	9.13
床上用品制造 Bed Linen Manufacturing Sector	362352	322029	12.52	7167114	6512996	10.04
毛巾类制品制造 Towel Manufacturing Sector	183893	162749	12.99	3478642	3134888	10.97
窗帘、布艺类产品制造 Curtain Manufacturing Sector	67209	63240	6.28	1502846	1447313	3.84
其他家用纺织制成品制造 Other Home Textile Made-ups Sector	109147	104070	4.88	2340427	2181984	7.26
非家用纺织制成品制造 Non-Home Textile Made-Ups Manufacturing	716178	609169	17.57	15483269	13853811	11.76
非织造布制造 Nonwoven Fabric Sector	372648	312428	19.27	7323421	6748585	8.52
绳、索、缆制造 Rope, Cords & Cables Large and Thick Rope Sector	76631	65956	16.18	1070210	966029	10.78
纺织带和帘子布制造 Belt and Cord Fabric Sector	139316	119857	16.24	3681049	3073058	19.78
篷、帆布制造 Canvas Manufacturing Sector	45280	43426	4.27	1217591	1069208	13.88
其他非家用纺织制成品制造 Other Non-Home Textile Made-ups Sector	82303	67502	21.93	2190997	1996932	9.72

Table5—8 Textile Industry Main indicators by Industrial Sectors in 2014 (Enterprises above Designated Size)

单位：万元
Unit: 10,000 yuan

其中：流动资产合计 Total Working Capitals			其中：应收帐款 (Include) Net Receivables			存货 Inventory		
本月止累计 Current Year	去年累计 Previous Year	同比(%) Compared Ratio	本月止累计 Current Year	去年累计 Previous Year	同比(%) Compared Ratio	去年累计 Previous Year	去年累计 Previous Year	同比(%) Compared Ratio
5938281	5822646	1.99	1422209	1327507	7.13	1463527	1354550	8.05
5076984	4946549	2.64	1207729	1124622	7.39	1274584	1184870	7.57
861297	876097	−1.69	214480	202884	5.72	188943	169681	11.35
11910012	11338870	5.04	3355820	3115883	7.70	2883580	2778096	3.80
9012847	8667349	3.99	2608863	2415578	8.00	2282283	2212354	3.16
1054706	992157	6.30	190017	192802	−1.44	187829	186508	0.71
1842458	1679364	9.71	556939	507504	9.74	413469	379234	9.03
8232602	7791711	5.66	1909632	1776843	7.47	2281644	2198824	3.77
4311246	3999295	7.80	1164692	1095038	6.36	1127152	1089644	3.44
1789440	1682887	6.33	237258	210197	12.87	526244	504723	4.26
926749	941503	−1.57	212594	196010	8.46	287122	262716	9.29
1205168	1168026	3.18	295089	275598	7.07	341126	341741	−0.18
8390082	7645402	9.74	2358096	2141133	10.13	1963436	1846241	6.35
3781925	3527367	7.22	1191152	1133035	5.13	855151	829319	3.11
500456	469747	6.54	156625	142629	9.81	134484	126793	6.07
2070038	1834987	12.81	446511	366731	21.75	466055	405818	14.84
814101	725622	12.19	196331	154296	27.24	239726	237212	1.06
1223562	1087680	12.49	367477	344442	6.69	268021	247098	8.47

表5-9　2014年纺织工业经济指标分行业完成情况（规模以上全行业）

行业 Industrial Sectors	应交增值税 The Due VATs			资产合计 Total Assets		
	本月止累计 Current Year	去年累计 Previous Year	同比(%) Compared Ratio	本月止累计 Current Year	去年累计 Previous Year	同比(%) Compared Ratio
纺织服装、服饰业 Garment and Accessory Manufacturing	5753758	5288100	8.81	122697081	110168131	11.37
机织服装制造 Woven Garment Manufacturing	4538780	4214693	7.69	94162413	84631960	11.26
针织或钩针编织服装制造 Knitted Garment Manufacturing	918812	818712	12.23	22635537	20014800	13.09
服饰制造 Garment Accessory Manufacturing	296166	254695	16.28	5899132	5521372	6.84
化学纤维制造业 Chemical Fiber Manufacturing	1487164	1374151	8.22	64547062	61336902	5.23
纤维素纤维原料及纤维制造 Cellulose Fiber (Raw Material) and Fiber Manufacture	635474	628118	1.17	20737397	19139783	8.35
化纤浆粕制造 Pulp Sector	64967	63568	2.20	2489074	2301866	8.13
人造纤维（纤维素纤维）制造 Man-made Fiber (Cellulose Fiber) Sector	570507	564550	1.06	18248324	16837917	8.38
合成纤维制造 Synthetic Fiber Manufacturing	851690	746034	14.16	43809665	42197119	3.82
锦纶纤维制造 Polyamide Fiber Sector	121618	83996	44.79	6355902	5820922	9.19
涤纶纤维制造 Polyester Fiber Sector	594443	542621	9.55	29354422	28625219	2.55
腈纶纤维制造 Acrylic Fiber Sector	13512	12676	6.60	1210137	1353315	-10.58
维纶纤维制造 Polyvinyl Fiber Sector	5741	6279	-8.56	915888	791097	15.77
丙纶纤维制造 Polypropylene Fiber Sector	9685	9107	6.34	409466	397028	3.13
氨纶纤维制造 Polyurethane Fiber Sector	55767	44367	25.69	3121818	2894398	7.86
其他合成纤维制造 Other Synthetic Fiber Sector	50924	46987	8.38	2442032	2315141	5.48
纺织专用设备制造 Textile Machinery Manufacturing	350262	342419	2.29	10113755	9372594	7.91

Table5—9 Textile Industry Main indicators by Industrial Sectors in 2014 (Enterprises above Designated Size)

单位：万元
Unit：10,000 yuan

其中：流动资产合计 Total Working Capitals			其中：应收帐款 (Include) Net Receivables			存货 Inventory		
本月止累计 Current Year	去年累计 Previous Year	同比(%) Compared Ratio	本月止累计 Current Year	去年累计 Previous Year	同比(%) Compared Ratio	去年累计 Previous Year	去年累计 Previous Year	同比(%) Compared Ratio
72852941	68432333	6.46	16955468	15831105	7.10	19121661	18206239	5.03
55505991	52324889	6.08	12296093	11573779	6.24	14439065	13619384	6.02
13861619	12764853	8.59	3734206	3324278	12.33	3645771	3646943	−0.03
3485330	3342591	4.27	925170	933049	−0.84	1036825	939912	10.31
31253286	30847204	1.32	4801994	4282252	12.14	7622005	7724649	−1.33
9310431	9093380	2.39	1431480	1119074	27.92	2690641	2549550	5.53
1079094	1055312	2.25	207520	170082	22.01	352795	330225	6.83
8231337	8038069	2.40	1223960	948992	28.97	2337846	2219325	5.34
21942855	21753824	0.87	3370513	3163177	6.55	4931364	5175099	−4.71
3492539	3311021	5.48	588556	533979	10.22	730323	704432	3.68
14525765	14601988	−0.52	1973242	1922805	2.62	3329938	3590346	−7.25
512435	587825	−12.83	62886	56267	11.76	132380	161901	−18.23
206411	227679	−9.34	31814	26946	18.06	63355	71782	−11.74
271786	278825	−2.52	60539	63235	−4.26	53348	51814	2.96
1484811	1331387	11.52	277349	210712	31.62	327839	305802	7.21
1449108	1415099	2.40	376129	349234	7.70	294182	289022	1.79
5873829	5835461	0.66	1391363	1296422	7.32	1422617	1375692	3.41

表5-10 2014年纺织工业经济指标分行业完成情况（规模以上全行业）

行 业 Industrial Sectors	其中：产成品 (Include)Manufactured Products			负债合计 Total Liabilities		
	本月止累计 Current Year	去年累计 Previous Year	同比(%) Compared Ratio	本月止累计 Current Year	去年累计 Previous Year	同比(%) Compared Ratio
纺织行业 The Overall Textile Industry	28769520	27043451	6.38	231289338	219828747	5.21
纺织业 Textile	15124814	14154054	6.86	126378162	119953876	5.36
棉纺织及印染精加工 Cotton Textile & Dyeing, Printing and Finishing Process	8559584	8365306	2.32	76335157	73606890	3.71
棉纺纱加工 Cotton Spinning Sector	4683934	4725549	−0.88	41967929	40882505	2.65
棉织造加工 Cotton Weaving Sector	2687835	2493430	7.80	19420785	18624424	4.28
棉印染精加工 Cotton Textile Dyeing, Printing and Finishing Sector	1187815	1146326	3.62	14946443	14099961	6.00
毛纺织及染整精加工 Wool Textile & Dyeing,Printing and Finishing Process	1678117	1426159	17.67	9609947	8532982	12.62
毛条和毛纱线加工 Wool Top and Yarn Processing Sector	1154927	956606	20.73	5512247	4630968	19.03
毛织造加工 Wool Weaving Sector	459975	408292	12.66	3359023	3206891	4.74
毛染整精加工 Wool Textile Dyeing,Printing and Finishing Sector	63216	61261	3.19	738678	695123	6.27
麻纺织及染整精加工 Bast Fiber Textile & Dyeing,Printing and Finishing Process	327777	294332	11.36	1650480	1532692	7.69
麻纤维纺前加工和纺纱 Bast Fiber Prespinning Processing & Spinning Sector	109693	89719	22.26	665749	658901	1.04
麻织造加工 Bast Fiber Weaving Sector	213586	197908	7.92	931635	827472	12.59
麻染整精加工 Bast Fiber Textile Dyeing,Printing and Finishing Sector	4498	6705	−32.91	53097	46320	14.63
丝绢纺织及印染精加工 Silk and Schappe Textile & Dyeing, Printing and Finishing Process	659127	598938	10.05	4008816	3732581	7.40
缫丝加工 Filature Sector	355248	315737	12.51	2232033	2034190	9.73
绢纺和丝织加工 Schappe Spinning & Silk Weaving Sector	271725	253508	7.19	1392108	1313251	6.00
丝印染精加工 Silk Printing, Dyeing and Finishing Sector	32154	29693	8.29	384676	385139	−0.12

Table5—10 Textile Industry Main indicators by Industrial Sectors in 2014 (Enterprises above Designated Size)

单位：万元
Unit：10,000 yuan

出口交货值 Export Delivered Value		
本月止累计 Current Year	去年累计 Previous Year	同比(%) Compared Ratio
96641493	94546673	2.22
39484179	39102950	0.97
16534675	16845299	−1.84
4876672	4982100	−2.12
5756241	5993895	−3.96
5901762	5869304	0.55
3107560	2876363	8.04
1022699	953606	7.25
1864449	1704755	9.37
220412	218001	1.11
549028	508100	8.06
158970	144178	10.26
385888	359211	7.43
4170	4711	−11.49
1267731	1275521	−0.61
554245	530736	4.43
643675	679197	−5.23
69811	65588	6.44

表5-11 2014年纺织工业经济指标分行业完成情况（规模以上全行业）

行业 Industrial Sectors	其中：产成品 (Include)Manufactured Products			负债合计 Total Liabilities		
	本月止累计 Current Year	去年累计 Previous Year	同比(%) Compared Ratio	本月止累计 Current Year	去年累计 Previous Year	同比(%) Compared Ratio
化纤织造及印染精加工 Filament Weaving & Dyeing, Printing and Finishing Process	743381	663033	12.12	6664227	6610133	0.82
化纤织造加工 Filament Weaving Sector	686730	612135	12.19	5298246	5225422	1.39
化纤织物染整精加工 Filament Fabric Dyeing, Printing and Finishing Sector	56650	50898	11.30	1365980	1384710	–1.35
针织或钩针编织物及其制品制造 Knitting and Braiding Textiles	1335330	1165330	14.59	12713296	12035256	5.63
针织或钩针编织物织造 Knitted and Braided Fabric Processing Sector	1068945	923935	15.69	9786583	9335715	4.83
针织或钩针编织物印染精加工 Knitted and Braided Fabric Dyeing, Printing and Finishing Sector	80771	71263	13.34	1079642	1016740	6.19
针织或钩针编织品制造 Knitted and Braided Products Manufacturing Sector	185614	170133	9.10	1847071	1682800	9.76
家用纺织制成品制造 Home Textile Made–Ups Manufacturing	982419	871572	12.72	7602020	7065655	7.59
床上用品制造 Bed Linen Manufacturing Sector	514340	455392	12.94	3500775	3230563	8.36
毛巾类制品制造 Towel Manufacturing Sector	230913	186610	23.74	1796080	1657587	8.36
窗帘、布艺类产品制造 Curtain Manufacturing Sector	104349	98727	5.69	908127	872650	4.07
其他家用纺织制成品制造 Other Home Textile Made–ups Sector	132817	130842	1.51	1397038	1304856	7.06
非家用纺织制成品制造 Non–Home Textile Made–Ups Manufacturing	839079	769384	9.06	7794220	6837688	13.99
非织造布制造 Nonwoven Fabric Sector	380100	345783	9.92	3535136	3271101	8.07
绳、索、缆制造 Rope, Cords & Cables Large and Thick Rope Sector	62782	56628	10.87	418325	436145	–4.09
纺织带和帘子布制造 Belt and Cord Fabric Sector	189911	185881	2.17	2106910	1556031	35.40
篷、帆布制造 Canvas Manufacturing Sector	89477	80489	11.17	718365	641818	11.93
其他非家用纺织制成品制造 Other Non–Home Textile Made–ups Sector	116809	100604	16.11	1015483	932594	8.89

Table5—11 Textile Industry Main indicators by Industrial Sectors in 2014 (Enterprises above Designated Size)

单位：万元
Unit：10,000 yuan

出口交货值 Export Delivered Value		
本月止累计 Current Year	去年累计 Previous Year	同比(%) Compared Ratio
1244278	1244663	−0.03
1101334	1118660	−1.55
142944	126004	13.44
6069096	5936798	2.23
5108813	4827615	5.82
150106	367396	−59.14
810177	741787	9.22
6077879	6119940	−0.69
3192688	3163014	0.94
1110067	1146299	−3.16
926261	953975	−2.91
848863	856652	−0.91
4633933	4296266	7.86
2286006	2006732	13.92
409271	436752	−6.29
625774	586325	6.73
686735	679635	1.04
626147	586822	6.70

表5-12 2014年纺织工业经济指标分行业完成情况（规模以上全行业）

行业 Industrial Sectors	其中：产成品 (Include)Manufactured Products			负债合计 Total Liabilities		
	本月止累计 Current Year	去年累计 Previous Year	同比(%) Compared Ratio	本月止累计 Current Year	去年累计 Previous Year	同比(%) Compared Ratio
纺织服装、服饰业 Garment and Accessory Manufacturing	9405351	8478417	10.93	59371407	55477855	7.02
机织服装制造 Woven Garment Manufacturing	7503784	6724087	11.60	44095247	41306354	6.75
针织或钩针编织服装制造 Knitted Garment Manufacturing	1484075	1385233	7.14	12286590	11324744	8.49
服饰制造 Garment Accessory Manufacturing	417492	369097	13.11	2989570	2846757	5.02
化学纤维制造业 Chemical Fiber Manufacturing	3768930	3970559	-5.08	39937179	38966043	2.49
纤维素纤维原料及纤维制造 Cellulose Fiber (Raw Material) and Fiber Manufacture	960413	1040786	-7.72	13290880	12637660	5.17
化纤浆粕制造 Pulp Sector	112462	159310	-29.41	1847600	1532596	20.55
人造纤维（纤维素纤维）制造 Man-made Fiber (Cellulose Fiber) Sector	847951	881476	-3.80	11443281	11105064	3.05
合成纤维制造 Synthetic Fiber Manufacturing	2808517	2929773	-4.14	26646299	26328384	1.21
锦纶纤维制造 Polyamide Fiber Sector	481497	392434	22.70	3994829	3811351	4.81
涤纶纤维制造 Polyester Fiber Sector	1838293	2067012	-11.07	18130642	17802514	1.84
腈纶纤维制造 Acrylic Fiber Sector	76193	99464	-23.40	879039	1074292	-18.18
维纶纤维制造 Polyvinyl Fiber Sector	44899	34955	28.45	511587	502638	1.78
丙纶纤维制造 Polypropylene Fiber Sector	20564	20516	0.23	250322	254159	-1.51
氨纶纤维制造 Polyurethane Fiber Sector	197040	157172	25.37	1361227	1389152	-2.01
其他合成纤维制造 Other Synthetic Fiber Sector	150031	158221	-5.18	1518654	1494278	1.63
纺织专用设备制造 Textile Machinery Manufacturing	470425	440421	6.81	5602590	5430972	3.16

Table5—12 Textile Industry Main indicators by Industrial Sectors in 2014 (Enterprises above Designated Size)

单位：万元
Unit：10,000 yuan

出口交货值 Export Delivered Value		
本月止累计 Current Year	去年累计 Previous Year	同比(%) Compared Ratio
51677305	50157690	3.03
35066006	33940539	3.32
13753982	13509115	1.81
2857317	2708036	5.51
4726465	4582397	3.14
1686718	1821990	−7.42
122642	74685	64.21
1564076	1747305	−10.49
3039747	2760408	10.12
440144	377788	16.51
2098212	1938497	8.24
11408	2176	424.29
80903	57094	41.70
31841	37886	−15.95
226035	239323	−5.55
151203	107644	40.47
753544	703637	7.09

表6　2014年纺织工业产量汇总表（规模以上全行业）

序号 Number	名称 Products	单位 Unit	企业户数 Number of Enterprises	本年累计 Current Year	累计同比(%) Percentage Change over Previous Year
1	纱 Yarn	万吨 10,000 ton		3379	5.60
2	布 Cloth	万米 10,000 meters	3819	7036842	−0.50
3	其中：色织布（含牛仔布） Yarn−dyed Fabric (including Denim)	万米 10,000 meters	251	263847	1.19
4	其中：棉布 Cotton Cloth	万米 10,000 meters	2182	3882050	−3.95
5	棉混纺布 Blended Cloth	万米 10,000 meters	1001	1274876	4.26
6	化学纤维布 Pure Chemical Fiber Cloth	万米 10,000 meters	1111	1879624	4.09
7	印染布 Dyed and Printed Fabric	万米 10,000 meters	1080	5367357	−2.50
8	绒线（毛线）Wool Yarn	吨 ton	180	405594	4.21
9	毛机织物（呢绒）Woolen fabrics	万米 10,000 meters	170	60003	0.36
10	亚麻布(含亚麻≥55%) Linen Fabrics	万米 10,000 meters	54	46081	13.69
11	苎麻布（含苎麻≥55%） Ramie Fabrics	万米 10,000 meters	38	50367	−10.75
12	蚕丝 Silk	吨 ton	415	167284	6.85
13	其中：绢纺丝 Schappe Silk	吨 ton	40	11307	−7.73
14	蚕丝及交织机织物(含蚕丝≥50%) Silk Textile	万米 10,000 meters	273	71676	0.49
15	蚕丝被 Silk Quilt	万条 10,000 pieces	122	2474	−0.02
16	非织造布 Nonwoven	吨 ton	515	3614000	10.73
17	帘子布 Cord fabric	吨 ton	66	836572	−10.18
18	服装 Garments	万件 10,000 pieces	10916	2992060	1.61

Table6 Main Products Output of Textile Industry in 2014 (Enterprises above Designated Size)

序号 Number	名称 Products	单 位 Unit	企业户数 Number of Enterprises	本年累计 Current Year	累计同比(%) Percentage Change over Previous Year
19	梭织服装 Non-knit Clothes	万件 10,000 pieces	7554	1550700	0.46
20	其中：羽绒服装 Down & feather clothes	万件 10,000 pieces	478	34288	5.10
21	西服套装 Suits	万件 10,000 pieces	650	57292	−4.39
22	衬衫 Shirts	万件 10,000 pieces	691	109972	−3.83
23	针织服装 Knit clothes	万件 10,000 pieces	4224	1441360	2.88
24	化学纤维用浆粕 Pulp for Man-made Fiber	吨 ton	51	2004328	6.78
25	化学纤维 Chemical Fiber	万件 10,000 pieces		4390	5.50

表7-1 2014年纺织工业产量分地区汇总表（规模以上全行业）

省市	Region	布（万米）Cloth(10,000 meters)		色织布（万米）Yarn-dyed Fabric(10,000 meters)		棉布（万米）Cotton Cloth(10,000 meters)	
		本年累计 Current Year	累计同比(%) Percentage Change over Previous Year	本年累计 Current Year	累计同比(%) Percentage Change over Previous Year	本年累计 Current Year	累计同比(%) Percentage Change over Previous Year
全　国	National Total	7036842	-0.50	263847	1.19	3882050	-3.95
北京市	Beijing	361	0.03			345	-1.65
天津市	Tianjin	23100	4.43	4099	-2.73	21442	11.96
河北省	Hebei	612325	-5.85	4734	18.27	486536	-10.22
山西省	Shanxi	5268	16.11			4391	15.36
内　蒙	Inner Mongolia						
辽宁省	Liaoning	61589	-4.71	1155	-6.83	36431	-8.76
吉林省	Jilin	4458	-0.42			3408	2.29
黑龙江	Heilongjiang	1088	-17.01				
上海市	Shanghai	13211	-30.38	2123	-10.71	2351	-16.90
江苏省	Jiangsu	912612	-0.43	107864	0.79	556359	-0.82
浙江省	Zhejiang	1562482	2.71	34892	-2.49	326234	5.64
安徽省	Anhui	116485	8.90	3595	22.15	43744	2.70
福建省	Fujian	685511	2.48	453	1.12	81529	-24.21
江西省	Jiangxi	96761	21.39	2321	0.48	23739	12.19
山东省	Shandong	1154334	-5.69	43185	7.57	957801	-6.36
河南省	Henan	238526	-27.70	6167	-3.11	194354	-33.52
湖北省	Hubei	824034	12.12	1645	-5.36	679161	14.07
湖南省	Hunan	34589	1.60	16224	8.23	21034	1.27
广东省	Guangdong	377181	-3.66	26701	-8.79	281855	-4.74
广　西	Guangxi	601	-60.69	226	-60.97	293	-59.47
海南省	Hainan						
重庆市	Chongqing	57626	5.46			22175	-2.22
四川省	Sichuan	189101	8.59			94839	0.31
贵州省	Guizhou						
云南省	Yunnan	156	-47.65			156	-47.65
西　藏	Tibet						
陕西省	Shaanxi	60968	0.54	8465	15.83	39985	4.28
甘肃省	Gansu						
青海省	Qinghai						
宁　夏	Ningxia						
新　疆	Xinjiang	4475	-2.84			3888	-13.00

Table7—1 Main Products Output of Textile Industry by Provinces in 2014 (Enterprises above Designated Size)

棉混纺布（万米）Blended Cloth(10,000 meters)		化学纤维布（万米）Pure Chemical Fiber Cloth(10,000 meters)		印染布（万米）Dyed and Printed Fabric(10,000 meters)	
本年累计 Current Year	累计同比(%) Percentage Change over Previous Year	本年累计 Current Year	累计同比(%) Percentage Change over Previous Year	本年累计 Current Year	累计同比(%) Percentage Change over Previous Year
1274876	4.26	1879624	4.09	5367357	−2.50
16	58.50				
1282	−46.00	376	−36.65	1621	−15.30
44659	23.45	81131	12.19	17499	−39.65
877	19.97			15524	4.85
15894	−6.32	9265	19.72	10980	−64.84
1050	−8.30				
1088	−17.01				
1030	−11.13	9830	−34.42	3761	−28.02
119884	−3.46	236369	2.15	636017	5.47
260033	1.28	976215	2.15	3240236	−2.02
17061	8.66	55680	14.42	14684	8.48
285506	4.67	318358	10.32	472686	0.77
56970	21.94	16052	35.64	4387	−51.37
145297	−1.85	51070	−3.44	300823	−7.34
24236	23.29	19935	11.34	94834	−8.64
117764	2.78	27109	8.51	39438	−2.00
12973	1.82	582	9.47	7180	−17.26
45739	−1.71	49579	0.97	424563	−7.75
		308	−36.97		
32545	11.22	2907	7.50	18577	−7.45
82146	20.73	12115	25.40	58510	2.52
				3609	9.07
8240	9.25	12743	−13.63	2426	−11.04
586	331.04				

表7–2 2014年纺织工业产量分地区汇总表（规模以上全行业）

省 市	Region	绒线（毛线）（吨）Knitting Wool (ton)		毛机织物（呢绒）（万米）Woolen Fabrics (10,000 meters)		亚麻布（万米）Linen (10,000 meters)	
		本年累计 Current Year	累计同比（%）Percentage Change over Previous Year	本年累计 Current Year	累计同比（%）Percentage Change over Previous Year	本年累计 Current Year	累计同比（%）Percentage Change over Previous Year
全　国	National Total	405594	4.21	60003	0.36	46081	13.69
北京市	Beijing	676	–17.21	151	13.29		
天津市	Tianjin	1592	24.57	87	2.24		
河北省	Hebei	79774	0.17	446	21.73		
山西省	Shanxi	52	–35.42				
内　蒙	Inner Mongolia	18144	15.11	2055	19.89	1584	25.12
辽宁省	Liaoning	4726	69.02			92	–54.68
吉林省	Jilin			1867	–15.63	122	6.28
黑龙江	Heilongjiang					6402	20.17
上海市	Shanghai			220	–55.65		
江苏省	Jiangsu	114792	–1.55	25854	–2.65	21266	24.37
浙江省	Zhejiang	42888	–0.69	8536	8.07	901	–17.09
安徽省	Anhui	1858	18.19	119	–11.20	4045	–3.56
福建省	Fujian	2362	16.35				
江西省	Jiangxi	267	1235.00	3273	11.94		
山东省	Shandong	60816	4.90	10238	4.88	3203	–2.96
河南省	Henan	50131	21.43	745	–67.02	6296	15.31
湖北省	Hubei	368	–59.74	3032	3.29	235	2.62
湖南省	Hunan					987	–28.95
广东省	Guangdong	23781	6.25	739	16.68		
广　西	Guangxi						
海南省	Hainan						
重庆市	Chongqing	631	2.10	1355	111.00		
四川省	Sichuan			403	6.41		
贵州省	Guizhou						
云南省	Yunnan					948	9.97
西　藏	Tibet						
陕西省	Shaanxi						
甘肃省	Gansu	645	21.91	528	36.63		
青海省	Qinghai						
宁　夏	Ningxia	1861	34.24	86	672.16		
新　疆	Xinjiang	230	–28.69	270	4.25		

Table7－2 Main Products Output of Textile Industry by Provinces in 2014 (Enterprises above Designated Size)

苎麻布(万米) Ramie Fabrics(10,000 meters)		蚕丝(吨) Silk(ton)		绢纺丝(吨) Schappe Silk(ton)	
本年累计 Current Year	累计同比(%) Percentage Change over Previous Year	本年累计 Current Year	累计同比(%) Percentage Change over Previous Year	本年累计 Current Year	累计同比(%) Percentage Change over Previous Year
50367	−10.75	167284	6.85	11307	−7.73
		61	115.44		
		4504	−16.77		
15	−49.62	29738	6.32	2464	1.96
		15505	−0.59	6547	−3.64
		9101	−1.17		
32905	−10.76	6225	27.23		
55		3414	−16.68	80	−18.30
		2160	9.53	934	11.72
854	−1.42	1683	2.51		
13348	6.64				
		2312	21.67		
		40645	11.96	756	−55.62
2357	10.73	4730	5.46	348	9.73
834	6.17	38096	9.46	98	8.89
		291	24.56		
		3433	19.26	81	
		5386	6.29		

表7-3 2014年纺织工业产量分地区汇总表（规模以上全行业）

省市	Region	蚕丝及交织物(万米) Silk Textile(10,000 meters)		蚕丝被(万条) Silk Quilt(10,000 pieces)		非织造布(吨) Nonwoven Fabric(ton)	
		本年累计 Current Year	累计同比(%) Percentage Change over Previous Year	本年累计 Current Year	累计同比(%) Percentage Change over Previous Year	本年累计 Current Year	累计同比(%) Percentage Change over Previous Year
全国	National Total	71676	0.49	2474	-0.02	3614000	10.73
北京市	Beijing					22552	-28.77
天津市	Tianjin					49934	-2.65
河北省	Hebei					125199	102.66
山西省	Shanxi			1	-55.56	2224	-1.74
内蒙	Inner Mongolia					69	
辽宁省	Liaoning	65	-14.47	39	-38.13	214762	19.04
吉林省	Jilin					1853	31.70
黑龙江	Heilongjiang					22936	10.11
上海市	Shanghai	190	-22.23	46	-8.39	61092	49.84
江苏省	Jiangsu	10459	2.09	450	-10.05	394583	6.39
浙江省	Zhejiang	21574	0.04	341	13.35	678113	5.09
安徽省	Anhui	7752	-1.35	106	20.76	242380	13.39
福建省	Fujian			14	48.97	226230	21.81
江西省	Jiangxi	142	69.49			147147	27.10
山东省	Shandong	1988	-2.66	330	-7.19	505145	16.27
河南省	Henan	925	0.63	427	-1.92	147912	-27.94
湖北省	Hubei			389	16.44	362298	12.60
湖南省	Hunan			45	5.43	116259	16.82
广东省	Guangdong			71	7.42	221825	7.61
广西	Guangxi	1814	22.89	10	-66.11		
海南省	Hainan					12840	51.19
重庆市	Chongqing	1738	15.73	14	-24.48	22156	-4.26
四川省	Sichuan	24793	-0.82	156	11.80	34494	-20.33
贵州省	Guizhou	67	-56.40				
云南省	Yunnan	93	-4.82	2	270.83		
西藏	Tibet						
陕西省	Shaanxi	75	15.27	34	-13.81		
甘肃省	Gansu						
青海省	Qinghai						
宁夏	Ningxia					1998	
新疆	Xinjiang						

Table7—3 Main Products Output of Textile Industry by Provinces in 2014 (Enterprises above Designated Size)

帘子布(吨) Cord fabric(ton)		服装(万件) Garments(10,000 pieces)		梭织服装(万件) Woven Clothes(10,000 pieces)	
本年累计 Current Year	累计同比(%) Percentage Change over Previous Year	本年累计 Current Year	累计同比(%) Percentage Change over Previous Year	本年累计 Current Year	累计同比(%) Percentage Change over Previous Year
836572	−10.18	2992060	1.61	1550700	0.46
		8515	−15.67	3743	−20.67
856	−11.11	19222	12.60	16939	10.01
		58916	3.93	46446	0.98
		1537	7.84	1274	6.80
		4312	−1.62	2602	−6.48
		63033	−2.60	52117	−2.58
		26251	24.26	4015	9.96
		6386	5.91	6386	5.91
		49975	−2.41	25196	5.03
217881	−3.11	462853	2.22	336360	3.64
135147	−1.03	398455	−0.47	167874	−1.52
18555	−7.25	109263	5.82	73136	4.59
11528	18.63	374528	7.56	126710	10.09
		122430	−31.15	67080	−36.59
301473	−9.87	306885	−1.00	105926	−0.74
75413	−43.89	138281	12.96	89817	16.62
4617	88.68	106302	0.33	82398	4.54
		36158	12.18	16943	2.70
71101	5.41	636477	5.49	281080	−0.30
		21694	14.84	15275	11.90
		38	−27.49		
		10700	−4.18	4864	−13.89
		18559	10.01	15443	11.52
		4289	82.20	3736	96.94
		1697	37.92	1559	49.33
		2219	−3.18	2179	−3.39
		692	63.13	454	242.76
		615	11.19	615	11.19
		837	32.62	62	−1.11
		941	−2.93	470	4.71

表7-4 2014年纺织工业产量分地区汇总表（规模以上全行业）

省市	Region	羽绒服装(万件) Down & feather clothes(10,000 pieces)		西服套装(万件) Suits(10,000 pieces)		衬衫(万件) Shirts(10,000 pieces)	
		本年累计 Current Year	累计同比(%) Percentage Change over Previous Year	本年累计 Current Year	累计同比(%) Percentage Change over Previous Year	本年累计 Current Year	累计同比(%) Percentage Change over Previous Year
全　国	National Total	34288	5.10	57292	−4.39	109972	−3.83
北京市	Beijing	238	−29.09	638	−26.29	456	−33.70
天津市	Tianjin	3807	20.04	582	−9.11	1246	13.62
河北省	Hebei	200	−14.00	666	−7.63	6115	−9.14
山西省	Shanxi			232	2.53	400	15.74
内　蒙	Inner Mongolia	9	145.28	167	19.83	57	217.92
辽宁省	Liaoning	537	−19.75	1715	−9.05	2409	−15.13
吉林省	Jilin			29	−72.44	93	−38.16
黑龙江	Heilongjiang	30	−60.70	54	28.76	5784	3.43
上海市	Shanghai	254	−2.04	774	−24.54	2356	−4.32
江苏省	Jiangsu	8729	−3.49	15507	−1.93	29209	−9.39
浙江省	Zhejiang	2642	−14.22	5127	2.90	27182	−4.92
安徽省	Anhui	1172	20.09	939	−23.86	2466	30.23
福建省	Fujian	1805	68.35	969	−6.42	1768	17.27
江西省	Jiangxi	8716	10.73	2435	−27.55	2709	8.80
山东省	Shandong	1755	4.30	5730	−6.07	4836	−15.00
河南省	Henan	1276	1.28	4887	1.32	1834	43.41
湖北省	Hubei	690	6.33	1765	−10.00	1607	14.75
湖南省	Hunan	266	7.14	10601	2.68	441	−15.98
广东省	Guangdong	1188	−2.98	2614	5.95	16193	1.57
广　西	Guangxi			240	25.00	1331	11.86
海南省	Hainan						
重庆市	Chongqing	143	19.23	334	−33.36	666	−30.09
四川省	Sichuan	420	79.55	560	−27.69	701	23.46
贵州省	Guizhou	213	19.78				
云南省	Yunnan			34	−34.08		
西　藏	Tibet						
陕西省	Shaanxi	198	−6.58	246	24.39	46	92.41
甘肃省	Gansu			31	42.81		
青海省	Qinghai			395	−2.84	8	−14.46
宁　夏	Ningxia			6	−36.46	22	−13.65
新　疆	Xinjiang			16	−13.24	37	−59.26

Table7—4 Main Products Output of Textile Industry by Provinces in 2014 (Enterprises above Designated Size)

针织服装(万件) Knit Clothes(10,000 pieces)		化学纤维用浆粕(吨) Pulp for Man-made Fiber (ton)		化学纤维(万吨) Chemical Fiber (10,000ton)	
本年累计 Current Year	累计同比(%) Percentage Change over Previous Year	本年累计 Current Year	累计同比(%) Percentage Change over Previous Year	本年累计 Current Year	累计同比(%) Percentage Change over Previous Year
1441360	2.88	2004328	6.78	4389.75	5.50
4772	−11.28			0.10	
2283	36.45			11.60	
12470	16.61	152487	−4.14	57.82	
263	13.20				
1710	6.81			3.00	
10916	−2.70			12.60	
22236	27.25	9551	−85.04	28.61	
				7.70	
24779	−8.98			45.22	
126492	−1.39	80450	−29.85	1312.17	
230580	0.31	22105	89.78	1987.09	
36127	8.41	217186	70.97	23.10	
247819	6.32	66558	−30.80	456.15	
55350	−23.17	44952	42.72	45.90	
200959	−1.13	257208	−0.13	78.33	
48464	6.74	167379	−0.82	48.97	
23905	−11.91	62584	6.24	26.20	
19215	22.12	61771	44.16	6.50	
355397	10.57			59.10	
6419	22.51			0.20	
38	−27.49				
5836	5.75	49879	231.51	5.00	
3116	3.07	236833	8.01	110.29	
553	21.00				
138	−25.92			5.60	
40	9.72	87948	84.23	2.90	
238	−18.39	35822	31.29		
775	36.36			0.60	
471	−9.52	451615	3.67	55.00	

注 规模以上企业划分标准为年主营业务收入2000万元及以上工业法人企业。

Note: Enterprises above designated size refer to enterprises whose revenue from principle business is over 20 million yuan per year.

资料来源（表1～表7）：国家统计局

Source(Table 1～7): National Bureau of Statistics of China

表8　全国纺织品服装出口贸易总值表

年度 Year	项目 Item	进出口 Import and Export (亿美元) (USD 100 Million)	出口 Export (亿美元) (USD 100 Million)	进口 Import (亿美元) (USD 100 Million)	贸易差额 Balance of Trade (亿美元) (USD 100 Million)	累计同比(%) Percentage Change over Previous Year		
						进出口 Import and Export	出口 Export	进口 Import
2003年	全国 The Whole Nation	8512.10	4383.70	4128.40	255.30	37.10	34.60	39.90
2003年	纺织 Textile Industry	960.70	804.84	155.86	648.98	24.15	27.72	8.47
2003年	纺织占全国比重 Textile vs. Nation(%)	11.29	18.36	3.78	254.20			
2004年	全国 The Whole Nation	11547.40	5933.60	5613.80	319.80	35.70	35.40	36.00
2004年	纺织 Textile Industry	1141.89	973.85	168.04	805.81	18.86	21.01	7.81
2004年	纺织占全国比重 Textile vs. Nation(%)	9.89	16.41	2.99	251.97			
2005年	全国 The Whole Nation	14221.20	7620.00	6601.20	1018.80	23.20	28.40	17.60
2005年	纺织 Textile Industry	1346.34	1175.35	170.99	1004.36	17.90	20.69	1.76
2005年	纺织占全国比重 Textile vs. Nation(%)	9.47	15.42	2.59	98.58			
2006年	全国 The Whole Nation	17606.90	9690.80	7916.10	1774.70	23.80	27.20	20.00
2006年	纺织 Textile Industry	1651.36	1470.85	180.51	1290.34	22.66	25.14	5.57
2006年	纺织占全国比重 Textile vs. Nation(%)	9.38	15.18	2.28	72.71			
2007年	全国 The Whole Nation	21738.30	12180.20	9558.20	2622.00	23.50	25.70	20.80
2007年	纺织 Textile Industry	1943.53	1756.16	187.37	1568.79	17.43	19.11	3.69
2007年	纺织占全国比重 Textile vs. Nation(%)	8.94	14.42	1.96	59.83			
2008年	全国 The Whole Nation	25616.30	14285.50	11330.90	2954.60	17.80	17.20	18.50
2008年	纺织 Textile Industry	2082.70	1896.24	186.46	1709.78	7.16	7.98	−0.49
2008年	纺织占全国比重 Textile vs. Nation(%)	8.13	13.27	1.65	57.87			

Table8 China's Import and Export Total Value of Textile and Apparel

单位：亿美元
Unit：USD 100 million

年度 Year	项目 Item	进出口 Import and Export (亿美元) (USD 100 Million)	出口 Export (亿美元) (USD 100 Million)	进口 Import (亿美元) (USD 100 Million)	贸易差额 Balance of Trade (亿美元) (USD 100 Million)	累计同比(%) Percentage Change over Previous Year		
						进出口 Import and Export	出口 Export	进口 Import
2009年	全国 The Whole Nation	22072.66	12016.63	10056.03	1960.61	−13.90	−16.00	−11.20
2009年	纺织 Textile Industry	1882.56	1713.32	169.24	1544.08	−9.61	−9.65	−9.24
2009年	纺织占全国比重 Textile vs. Nation(%)	8.53	14.26	1.68	78.76			
2010年	全国 The Whole Nation	29727.60	15779.30	13948.30	1831.00	34.70	31.30	38.70
2010年	纺织 Textile Industry	2323.21	2120.01	203.20	1916.81	23.46	23.76	20.44
2010年	纺织占全国比重 Textile vs. Nation(%)	7.81	13.44	1.46	104.69			
2011年	全国 The Whole Nation	36420.60	18986.00	17434.60	1551.40	22.50	20.30	24.90
2011年	纺织 Textile Industry	2772.80	2541.23	231.57	2309.66	19.35	19.87	13.96
2011年	纺织占全国比重 Textile vs. Nation(%)	7.61	13.38	1.33	148.88			
2012年	全国 The Whole Nation	38667.6	20489.40	18178.30	2311.10	6.20	7.90	4.30
2012年	纺织 Textile Industry	2873.64	2625.63	248.01	2377.62	3.64	3.32	7.10
2012年	纺织占全国比重 Textile vs. Nation(%)	7.43	12.81	1.36				
2013年	全国 The Whole Nation	41603.1	22100.20	19502.90	2597.30	7.60	7.90	7.30
2013年	纺织 Textile Industry	3196.20	2920.75	275.45	2645.30	11.22	11.24	11.06
2013年	纺织占全国比重 Textile vs. Nation(%)	7.68	13.22	1.41				
2014年	全国 The Whole Nation	43030.4	23427.50	19602.90	3824.60	3.40	6.10	0.40
2014年	纺织 Textile Industry	3343.33	3069.58	273.75	2795.83	4.60	5.10	−0.62
2014年	纺织占全国比重 Textile vs. Nation(%)	7.77	13.10	1.40				

表9 全国纺织品服装分月度进出口贸易总值表

年月 Month/Year	进出口 Import and Export	出口 Export	进口 Import	贸易差额 Balance of Trade	1至当月累计 From January to This Month			
					进出口 Import and Export	出口 Export	进口 Import	贸易差额 Balance of Trade
2013年1月 01/2013	276.01	253.83	22.18	231.65	276.01	253.83	22.18	231.65
2013年2月 02/2013	183.46	169.32	14.14	155.18	459.48	423.14	36.34	386.80
2013年3月 03/2013	196.45	172.74	23.71	149.03	655.92	595.87	60.05	535.82
2013年4月 04/2013	252.14	229.54	22.60	206.94	908.00	825.35	82.65	742.70
2013年5月 05/2013	260.94	236.73	24.21	212.52	1168.80	1061.94	106.86	955.08
2013年6月 06/2013	269.19	247.54	21.65	225.89	1437.95	1309.43	128.52	1180.91
2013年7月 07/2013	309.59	283.35	26.24	257.11	1747.46	1592.70	154.76	1437.94
2013年8月 08/2013	312.90	287.44	25.46	261.98	2060.26	1880.04	180.22	1699.82
2013年9月 09/2013	297.91	273.13	24.78	248.35	2358.08	2153.11	204.97	1948.14
2013年10月 10/2013	271.63	248.33	23.30	225.03	2629.67	2401.39	228.28	2173.11
2013年11月 11/2013	275.82	252.24	23.58	228.66	2905.33	2653.47	251.86	2401.61
2013年12月 12/2013	290.92	267.38	23.54	243.84	3196.20	2920.75	275.45	2645.30

Table9 China's Import and Export Total Value of Textile and Apparel by Month

单位：亿美元
Unit：USD 100 million

年月 Month/Year	进出口 Import and Export	出口 Export	进口 Import	贸易差额 Balance of Trade	1至当月累计 From January to This Month			
					进出口 Import and Export	出口 Export	进口 Import	贸易差额 Balance of Trade
2014年1月 01/2014	316.47	294.23	22.24	271.99	316.47	294.23	22.24	271.99
2014年2月 02/2014	130.47	112.13	18.34	93.79	446.88	406.30	40.58	365.72
2014年3月 03/2014	215.93	192.50	23.43	169.07	662.81	598.80	64.01	534.79
2014年4月 04/2014	268.90	244.88	24.02	220.86	931.62	843.62	88.00	755.62
2014年5月 05/2014	279.62	257.05	22.57	234.48	1211.21	1100.64	110.57	990.07
2014年6月 06/2014	285.74	263.30	22.44	240.86	1496.90	1363.89	133.01	1230.88
2014年7月 07/2014	336.01	311.01	25.00	286.01	1832.91	1674.90	158.01	1516.89
2014年8月 08/2014	335.91	313.08	22.83	290.25	2168.72	1987.91	180.81	1807.10
2014年9月 09/2014	317.68	293.30	24.38	268.92	2486.36	2281.14	205.22	2075.92
2014年10月 10/2014	295.99	273.32	22.67	250.65	2782.23	2554.34	227.89	2326.45
2014年11月 11/2014	272.55	251.12	21.43	229.69	3054.64	2805.37	249.27	2556.10
2014年12月 12/2014	288.69	264.21	24.48	239.73	3343.33	3069.58	273.75	2795.83

表10 2014年纺织品服装进出口额

项目 Item	出口 Export						进口 Import					
	小计 Subtotal		纺织品 Textiles		服装 Garments		小计 Subtotal		纺织品 Textiles		服装 Garments	
	当年 Current Year	同比(%) Percentage Change over Previous Year	当年 Current Year	同比(%) Percentage Change over Previous Year	当年 Current Year	同比(%) Percentage Change over Previous Year	当年 Current Year	同比(%) Percentage Change over Previous Year	当年 Current Year	同比(%) Percentage Change over Previous Year	当年 Current Year	同比(%) Percentage Change over Previous Year
一、贸易方式 Mode of Trade	3069.58	5.10	1191.42	4.65	1878.16	5.38	273.75	−0.62	204.46	−5.93	69.29	19.25
1.一般贸易 Normal Trade	2338.90	5.75	946.41	5.49	1392.50	5.92	135.74	4.78	87.29	0.76	48.45	12.88
2.进料加工 Import Material Processing	340.46	−0.85	165.17	−1.47	175.29	−0.25	82.29	−8.76	79.36	−9.95	2.92	42.51
3.来料加工 Raw Materials on Client's Demand	72.19	−10.73	5.61	−8.58	66.58	−10.91	30.49	−14.14	28.81	−14.15	1.68	−13.90
4.其他贸易 Others	318.03	11.69	74.23	9.82	243.80	12.28	24.80	22.87	8.98	−0.31	15.82	41.55
二、主要类型企业 Major Type of Enterprises												
1.国有进出口公司 State-owned Trade Enterprises	362.91	−4.79	127.30	−3.15	235.60	−5.66	33.89	−4.00	27.05	−10.84	6.85	37.75
2.集体企业 Collective-owned Enterprises	89.48	−6.21	41.98	−7.43	47.50	−5.11	4.25	−29.79	3.98	−25.53	0.27	−61.97
3.三资企业 Foreign-Investment Enterprises	702.52	−1.43	285.52	1.34	416.99	−3.24	166.74	−1.98	128.61	−5.73	38.13	13.20
4.民营企业 Non State-Owned Enterprises	1914.68	10.58	736.62	8.33	1178.07	12.04	68.87	7.62	44.83	−0.92	24.04	28.21
三、主要国家地区 Major Countries and Regions												
1.亚洲地区 Asia	1348.05	0.17	645.67	3.59	702.38	−2.77	224.25	−2.16	176.52	−7.38	47.73	23.61
(1)香港 Hongkong, China	166.24	−15.63	77.04	−14.49	89.20	−16.60	3.40	−25.34	2.33	−30.11	1.06	−12.14
(2)澳门 Macao, China	2.17	−37.35	1.24	−43.60	0.93	−26.49	0.11	−19.66	0.02	−37.39	0.08	−13.34
(3)台湾 Taiwan, China	16.00	22.17	6.91	17.80	9.08	25.72	30.75	−4.56	30.08	−4.95	0.66	17.55
(4)日本 Japan	255.65	−8.93	58.14	−1.90	197.51	−10.81	34.02	2.58	27.16	−6.65	6.86	68.65
(5)韩国 Korea	85.00	21.03	33.51	10.69	51.49	28.85	24.16	−7.23	21.18	−7.05	2.98	−8.50
(6)土耳其 Turkey	24.92	2.68	18.95	2.15	5.97	4.38	4.27	−3.19	1.56	−11.74	2.71	2.53

Table10 China's Import and Export of Textile and Apparel in 2014

单位：亿美元
Unit：USD 100 million

项目 Item	出口 Export						进口 Import					
	小计 Subtotal		纺织品 Textiles		服装 Garments		小计 Subtotal		纺织品 Textiles		服装 Garments	
	当年 Current Year	同比(%) Percentage Change over Previous Year	当年 Current Year	同比(%) Percentage Change over Previous Year	当年 Current Year	同比(%) Percentage Change over Previous Year	当年 Current Year	同比(%) Percentage Change over Previous Year	当年 Current Year	同比(%) Percentage Change over Previous Year	当年 Current Year	同比(%) Percentage Change over Previous Year
(7)东盟 Eastern Union	367.37	5.86	226.19	11.17	141.18	−1.67	39.18	20.27	27.12	18.52	12.06	24.40
2.欧洲 European	753.81	10.42	180.40	6.11	573.42	11.85	37.47	9.57	18.72	9.01	18.75	10.13
(1)欧盟 EU	599.26	13.38	140.03	8.80	459.23	14.85	36.02	9.08	18.01	8.90	18.01	9.27
3.非洲 Africa	201.99	17.27	110.90	8.16	91.09	30.68	2.16	14.50	0.31	−12.49	1.85	20.74
4.大洋州 Oceania	67.18	7.66	18.79	6.78	48.40	8.01	0.26	12.20	0.24	8.56	0.02	124.17
(1)澳大利亚 Australia	56.77	7.06	15.43	5.40	41.34	7.70	0.19	14.77	0.18	10.35	0.01	139.31
5.北美自由贸易区 North America Free−trade Area	547.04	7.16	164.42	5.03	382.62	8.10	9.18	−3.62	8.49	−3.69	0.70	−2.79
(1)美国 USA	470.43	7.04	134.28	4.67	336.15	8.02	8.47	−4.25	7.95	−4.32	0.52	−3.18
(2)加拿大 Canada	43.48	−1.82	12.33	−0.66	31.16	−2.27	0.29	−7.19	0.23	−6.96	0.06	−8.04
(3)墨西哥 Mexico	33.12	24.05	17.81	12.38	15.31	41.08	0.42	14.76	0.31	19.96	0.11	2.39
6.欧盟、美国 EU,USA	1068.05	10.53	273.65	6.72	794.40	11.90	44.44	6.25	25.96	4.48	18.48	8.83
7.非欧盟、美国 Non−EU, USA	2001.47	2.41	917.73	4.04	1083.74	1.06	229.31	−1.85	178.50	−7.27	50.81	23.54
四、分原料加工 Divided on Raw Material Processing												
1.棉制产品 Cotton Products	958.84	−4.13	272.62	−4.89	686.22	−3.83	104.46	−5.28	81.82	−10.47	22.65	19.78
2.毛制产品 Wool Products	66.55	6.11	21.62	3.53	44.92	7.39	15.11	5.05	8.18	3.70	6.92	6.69
3.麻制产品 Bast Products	17.73	21.37	17.73	21.37	0.00	0.00	1.75	11.23	1.75	11.23	0.00	0.00
4.丝制产品 Silk Products	25.73	−13.40	11.79	−6.75	13.94	−18.33	2.33	−6.75	0.61	−22.25	1.71	0.42
5.化纤制产品 Chemical Fiber Products	1442.49	11.32	649.01	8.51	793.48	13.72	104.05	−0.96	84.80	−4.93	19.25	21.38
6.未列名其他材料 Others	558.24	7.84	218.65	6.35	339.59	8.82	46.06	10.56	27.30	2.97	18.76	23.84

表11－1　2014年纺织品服装分省进出口额

省市名称 Region	出口 Export						进口 Import					
	小计 Subtotal		纺织品 Textiles		服装 Garments		小计 Subtotal		纺织品 Textiles		服装 Garments	
	当年 Current Year	同比(%) Percentage Change over Previous Year	当年 Current Year	同比(%) Percentage Change over Previous Year	当年 Current Year	同比(%) Percentage Change over Previous Year	当年 Current Year	同比(%) Percentage Change over Previous Year	当年 Current Year	同比(%) Percentage Change over Previous Year	当年 Current Year	同比(%) Percentage Change over Previous Year
1.北京 Beijing	23.76	−10.59	7.19	0.55	16.57	−14.69	16.50	−17.42	12.05	−25.31	4.45	15.71
2.天津 Tianjin	24.88	1.18	11.59	14.93	13.28	−8.39	3.48	0.37	2.47	−1.27	1.01	4.61
3.河北 Hebei	65.09	3.07	19.28	5.22	45.81	2.19	1.02	−22.84	0.99	−21.87	0.03	−46.12
4.山西 Shanxi	1.61	−26.74	1.33	−12.05	0.29	−58.75	0.07	77.61	0.07	112.54	0.00	−89.85
5.内蒙古 Inner Mongolia	10.93	15.60	2.48	50.15	8.45	8.28	0.02	98.53	0.01	13.50	0.01	938.97
6.辽宁 Liaoning	57.04	−7.78	11.71	−14.66	45.34	−5.82	10.81	−6.86	6.50	−8.03	4.31	−5.04
沈阳 Shenyang	4.18	91.81	0.96	24.59	3.22	128.72	0.25	−15.67	0.19	6.70	0.05	−51.99
大连 Dalian	27.66	3.16	3.08	0.36	24.58	3.52	5.30	−5.98	3.24	−8.99	2.07	−0.85
7.吉林 Jilin	6.76	−24.84	2.32	−3.88	4.43	−32.54	1.77	49.72	0.96	26.15	0.81	92.57
长春 Changchun	1.01	−51.29	0.10	−71.56	0.91	−47.00	0.32	39.03	0.32	39.66	0.00	−60.57
8.黑龙江 Heilongjiang	46.38	2.67	12.05	−5.33	34.33	5.81	0.19	−10.77	0.07	−15.51	0.12	−7.83
哈尔滨 Ha′er bin	1.54	2.28	1.02	−0.43	0.52	8.06	0.03	8.62	0.02	−8.26	0.02	35.84
9.上海 Shanghai	217.17	1.77	74.36	3.23	142.81	1.02	65.66	12.07	28.25	6.72	37.41	16.48
10.江苏 Jiangsu	480.16	4.98	223.80	6.81	256.37	3.42	31.19	1.21	26.66	−3.36	4.54	40.17
南京 Nanjing	64.18	0.93	19.41	3.76	44.77	−0.24	2.62	10.25	1.99	−11.63	0.62	425.49

Table11—1 China's Import and Export of Textile and Apparel by Provinces in 2014

单位：亿美元
Unit：USD 100 million

省市名称 Region	出口 Export						进口 Import					
	小计 Subtotal		纺织品 Textiles		服装 Garments		小计 Subtotal		纺织品 Textiles		服装 Garments	
	当年 Current Year	同比(%) Percentage Change over Previous	当年 Current Year	同比(%) Percentage Change over Previous	当年 Current Year	同比(%) Percentage Change over Previous	当年 Current Year	同比(%) Percentage Change over Previous	当年 Current Year	同比(%) Percentage Change over Previous	当年 Current Year	同比(%) Percentage Change over Previous
11.浙江 Zhejiang	732.99	5.46	397.86	6.30	335.13	4.48	24.65	−3.82	22.31	−6.78	2.34	37.91
宁波 Ningbo	81.42	4.76	30.95	7.49	50.47	3.16	2.66	−5.29	2.38	−10.28	0.28	79.65
12.安徽 Anhui	43.85	5.40	18.33	5.29	25.51	5.49	3.78	20.94	3.75	21.63	0.03	−32.85
13.福建 Fujian	234.87	0.01	59.42	−10.07	175.45	3.95	10.13	−0.69	9.46	−3.55	0.67	70.36
厦门 Xiamen	9.04	−6.91	3.86	−11.71	5.18	−2.99	1.52	−6.01	1.38	−6.76	0.14	1.92
14.江西 Jiangxi	59.46	20.66	12.75	23.47	46.71	19.92	1.67	17.10	1.42	19.44	0.25	5.19
15.山东 Shandong	228.12	2.62	108.58	0.25	119.54	4.88	16.60	−0.82	15.67	−1.35	0.92	9.14
青岛 Qingdao	45.54	1.86	20.02	2.24	25.52	1.55	3.47	−5.50	3.27	−4.06	0.19	−24.74
16.河南 Henan	24.54	17.58	10.68	−1.03	13.86	37.48	0.64	0.93	0.57	−6.04	0.07	182.24
17.湖北 Hubei	33.28	23.72	7.96	17.04	25.31	25.99	1.75	−15.54	1.61	−11.47	0.13	−45.84
武汉 Wuhan	8.70	10.93	1.83	−7.82	6.86	17.30	0.22	−16.79	0.13	−33.71	0.09	37.02
18.湖南 Hunan	19.36	122.70	4.43	38.18	14.93	172.05	1.07	20.34	0.95	17.47	0.12	48.09
19.广东	492.67	7.93	126.34	2.38	366.32	9.99	78.82	−6.03	68.85	−9.87	9.97	33.06
广州 Guangzhou	81.26	18.85	13.44	16.30	67.82	19.37	6.60	−1.01	5.76	−0.06	0.83	−7.08
深圳 Shenzhen	18.27	−10.37	5.02	−14.04	13.25	−8.89	4.57	−15.30	4.46	−9.32	0.11	−76.83

表11-2 2014年纺织品服装分省进出口额
Table11-2 China's Import and Export of Textile and Apparel by Provinces in 2014

单位：亿美元
Unit：USD 100 million

省市名称 Region	出口 Export						进口 Import					
	小计 Subtotal		纺织品 Textiles		服装 Garments		小计 Subtotal		纺织品 Textiles		服装 Garments	
	当年 Current Year	同比(%) Percentage Change over Previous Year	当年 Current Year	同比(%) Percentage Change over Previous Year	当年 Current Year	同比(%) Percentage Change over Previous Year	当年 Current Year	同比(%) Percentage Change over Previous Year	当年 Current Year	同比(%) Percentage Change over Previous Year	当年 Current Year	同比(%) Percentage Change over Previous Year
20.广西 Guangxi	54.40	-4.89	20.97	135.61	33.42	-30.79	0.51	-23.05	0.47	-24.70	0.03	15.46
21.海南 Hainan	2.07	-22.73	0.74	-31.63	1.33	-16.64	0.21	11.37	0.09	-28.99	0.12	101.15
22.四川 Sichuan	31.69	-2.15	12.67	0.44	19.02	-3.81	0.95	-0.54	0.27	-13.27	0.68	5.58
成都 Chengdu	16.46	-8.22	5.83	-2.68	10.63	-11.01	0.74	10.96	0.11	32.32	0.62	7.79
23.重庆 Chongqing	28.29	42.88	9.15	24.57	19.14	53.69	0.92	67.18	0.26	33.84	0.66	85.57
24.贵州 Guizhou	15.20	108.96	2.42	91.99	12.78	112.52	0.04	-46.64	0.02	-55.01	0.02	-38.77
25.云南 Yunnan	17.24	24.60	7.56	15.77	9.68	32.50	0.08	759.44	0.03	285.98	0.05	2362.49
26.西藏 Tibet	15.61	-5.29	1.18	-18.49	14.43	-4.01	0.09	57.90	0.05	-9.96	0.05	584.36
27.陕西 Shaanxi	4.96	35.55	2.85	18.12	2.11	69.35	0.09	13.67	0.05	-3.42	0.04	50.52
西安 Xi' an	1.72	18.29	0.94	11.67	0.78	27.30	0.02	-11.36	0.01	-29.42	0.01	38.22
28.甘肃 Gansu	9.77	27.39	1.33	11.83	8.44	30.24	0.19	341.84	0.02	722.57	0.17	323.53
29.青海 Qinghai	2.53	-7.36	1.70	-7.88	0.83	-6.27	0.02	-18.03	0.02	-18.45	0.00	137.40
30.宁夏 Ningxia	6.72	27.15	1.75	9.25	4.97	34.97	0.18	-62.92	0.02	-75.48	0.16	-60.20
31.新疆 Xinjiang	78.19	-5.79	16.63	-26.15	61.57	1.79	0.66	28.13	0.54	43.42	0.12	-14.24

China Textile is the ONLY paper-print English textile magazine in China, inclusively introducing China's textile and apparel industries monthly.

CALL US: 0086-10-8522-9008

WWW.TEX1951.COM/ENGLISH/

表12-1　2014年纺织原料及制品章类进出口额

类章 Category and Chapter	全贸易方式 Multi-Trade Mode		一般贸易 Normal Trade		进料加工 Import Material Processing		来料加工 Raw Materials on Client's Demand	
	当年 Current Year	同比(%) Percentage Change over Previous Year	当年 Current Year	同比(%) Percentage Change over Previous Year	当年 Current Year	同比(%) Percentage Change over Previous Year	当年 Current Year	同比(%) Percentage Change over Previous Year
一、出口 Export								
十一大类(50～63章) Eleven Categories (Chapter 50-63)	2876.21	4.98	2181.58	5.58	324.05	-0.27	67.76	-12.37
50章、丝及丝绸 Chapter 50:Silk and Silk Cloth	15.17	-6.92	14.97	-7.38	0.02	-53.28	0.11	499.00
51章、毛及毛织品 Chapter 51:Wool and Woolen Fabric	25.22	-3.71	17.17	-5.19	5.82	6.91	1.57	-21.24
52章、棉及棉织品 Chapter 52:Cotton and Cotton Fabric	163.07	-7.07	110.55	-6.98	47.21	-5.90	0.36	-28.77
53章、麻及麻织品 Chapter 53:Bast and Bast Fabric	14.87	15.70	13.71	21.93	0.91	8.17	0.00	-100.00
54章、化纤长丝及织品 Chapter 54:Chemical Fiber Filament and Fabric	168.83	5.41	137.66	7.87	26.04	-1.65	0.15	-18.34
55章、化纤短纤织品 Chapter 55:Chemical Fiber Spun Fabric	128.19	14.29	91.23	6.51	21.12	10.85	0.47	-24.00
56章、絮、毡、非织造布 Chapter 56:Wadding, Felt, Non-woven Fabric	45.99	11.47	36.11	9.75	5.83	11.05	0.55	-13.20
57章、铺地织品 Chapter 57:Floor Cloth	26.81	7.02	23.52	8.85	1.49	-15.59	0.13	345.96
58章、特种织物花边 Chapter 58:Special Fabric Lace	51.23	5.07	44.11	2.46	2.86	1.73	0.93	-8.49
59章、涂层布及工业用布 Chapter 59:Coating and Industrial Fabric	76.07	3.11	63.91	4.74	9.56	0.56	0.16	-14.06

Table12–1 Import and Export of Textile Raw Material and Manufactures by Chapters in 2014

单位：亿美元
Unit：USD 100 million

类章 Category and Chapter	全贸易方式 Multi–Trade Mode		一般贸易 Normal Trade		进料加工 Import Material Processing		来料加工 Raw Materials on Client's Demand	
	当年 Current Year	同比(%) Percentage Change over Previous Year	当年 Current Year	同比(%) Percentage Change over Previous Year	当年 Current Year	同比(%) Percentage Change over Previous Year	当年 Current Year	同比(%) Percentage Change over Previous Year
60章、针织布 Chapter 60:Knitting Fabric	141.42	9.63	108.10	13.41	28.99	0.63	0.34	–18.61
61章、针织服装及附件 Chapter 61:Knitting Garments and Accessories	920.02	–4.95	701.37	–4.68	67.43	1.42	18.02	–12.48
62章、梭织服装及附件 Chapter 62:Tatting Garments and Accessories	814.50	19.32	593.96	21.07	80.45	–2.64	43.03	–12.19
63章、其它纺织织物 Chapter 63:Other Fabric	284.82	6.16	225.22	8.08	26.29	2.62	1.94	–8.95
二、进口 Import								
十一大类(50～63章) Eleven Categories (Chapter 50–63)	360.13	–10.88	173.33	–12.33	101.89	–9.34	32.00	–13.83
50章、丝及丝绸 Chapter 50:Silk and Silk Cloth	0.69	–19.92	0.18	1.81	0.30	–20.35	0.18	–33.97
51章、毛及毛织品 Chapter 51:Wool and Woolen Fabric	33.84	–7.90	18.96	–6.87	5.10	14.69	3.89	–5.69
52章、棉及棉织品 and Cotton Fabric	127.57	–25.96	55.50	–35.16	43.99	–14.18	4.42	–11.90
53章、麻及麻织品 Chapter 53:Bast and Bast Fabric	8.89	28.45	6.63	39.08	1.32	13.76	0.23	–14.25
54章、化纤长丝及织品 Chapter 54:Chemical Fiber Filament and Fabric	35.31	–4.91	12.87	9.49	14.88	–8.95	5.47	–20.33
55章、化纤短纤织品 Chapter 55:Chemical Fiber Spun Fabric	30.68	–9.55	18.36	–6.00	7.15	–19.07	3.67	–13.28

表12-2 2014年纺织原料及制品章类进出口额
Table12-2 Import and Export of Textile Raw Material and Manufactures by Chapters in 2014

单位：亿美元
Unit：USD 100 million

类章 Category and Chapter	全贸易方式 Multi-Trade Mode		一般贸易 Normal Trade		进料加工 Import Material Processing		来料加工 Raw Materials on Client's Demand	
	当年 Current Year	同比(%) Percentage Change over Previous Year	当年 Current Year	同比(%) Percentage Change over Previous Year	当年 Current Year	同比(%) Percentage Change over Previous Year	当年 Current Year	同比(%) Percentage Change over Previous Year
56章、絮、毡、非织造布 Chapter 56：Wadding, Felt, Non-woven Fabric	13.11	9.47	7.29	12.99	4.01	7.51	1.17	-6.68
57章、铺地织品 Chapter 57：Floor Cover	1.64	7.74	0.90	9.63	0.09	-55.07	0.09	2100.50
58章、特种织物花边 Chapter 58：Special Fabric Lace	6.71	-8.59	1.29	-0.64	3.18	-8.69	2.07	-12.62
59章、涂层布及工业用布 Chapter 59：Coating and Industrial Fabric	20.16	1.89	7.99	9.29	8.54	2.38	2.75	-12.65
60章、针织布 Chapter 60：Knitting Fabric	20.41	-12.13	3.30	11.75	10.10	-14.66	6.40	-16.53
61章、针织服装及附件 Chapter 61：Knitting Garments and Accessories	20.67	24.09	13.84	12.04	0.79	42.40	0.25	-7.74
62章、梭织服装及附件 Chapter 62：Non-Knit Garments and Accessories	35.61	13.50	23.75	7.79	1.71	44.21	1.28	-15.22
63章、其他纺织织物 Chapter 63：Other Fabric	4.83	12.37	2.47	6.84	0.73	13.84	0.12	-2.47

资料来源（表8～表12）：中国海关
Source (Table8～12)：China Customs

2007 -2015
CTEF
行业年度经济学术盛会
中国纺织经济论坛
CHINA TEXTILE ECONOMIC FORUM
宣读研究成果
专家学者演讲
企业精英交流
2015年10月在西安工程大学召开
主办：中国纺织工业联合会
承办：中国纺织经济研究中心
西安工程大学
协办：多家纺织企业联合协办
论坛组委会秘书处咨询电话：
010-85229424

国际统计

表1　世界纺织纤维产量（含PP纤维）

Table1　The Output of Textile Fiber all over the World(Olefin Fiber included)

单位：万吔

Unit：10,000 ton

年份 Year	总计 Total	天然纤维 Natural Fiber	化学纤维 Chemical Fiber	
			小计 Subtotal	合纤 Synthetic Fiber
2000	5515.0	2125.6	3389.4	3199.4
2005	6961.5	2679.7	4081.8	3822.4
2006	7068.9	2800.4	4389.2	4127.6
2007	7622.9	2834.6	4788.3	4450.1
2008	7095.0	2538.8	4556.2	4311.7
2009	7175.4	2383.4	4792.0	4474.4
2010	7817.9	2651.2	5166.8	4839.3
2011	8109.8	2539.7	5570.2	5206.2
2012	8850.0	2822.5	6027.5	5599.4
2013	9090.4	2713.2	6377.2	5897.1

表2　世界天然纤维及化学纤维比重

Table2　The Proportion of Natural Fiber and Chemical Fiber all over the World

单位：%

Unit：%

年份 Year	总计 Total	天然纤维 Natural Fiber	化学纤维 Chemical Fiber	
			小计 Subtotal	合纤 Synthetic Fiber
2000	100.0	38.5	61.5	58.8
2005	100.0	39.6	60.4	56.6
2006	100.0	37.9	62.1	58.4
2007	100.0	37.2	62.8	58.4
2008	100.0	35.8	64.2	60.8
2009	100.0	33.2	66.8	62.4
2010	100.0	33.9	66.1	61.9
2011	100.0	31.3	68.7	64.2
2012	100.0	31.9	68.1	63.3
2013	100.0	29.8	70.2	64.9

表3 全球纺织纤维结构变化
Table3 The Structural Change of Global Textile Fiber

单位：万吨
Unit：10,000 tonon

年份 Year		2013年 Year 2013		2000年 Year 2000		2013/2000增减 Percentage Change of 2013 over 2000	
		产量 Output	占(%) Proportion(%)	产量 Output	占(%) Proportion(%)	增减量 Change	占(%) Proportion(%)
总计	Total	9090.4	100.0	5515.0	100.0	64.8	3.9
化纤	Chemical Fiber	6377.2	70.2	3389.4	61.5	88.2	5.0
棉花	Cotton	2562.8	28.2	1917.0	34.8	33.7	2.3
羊毛	Wool	112.1	1.2	134.3	2.4	-16.5	-1.4
丝、麻等	Silk, Linen & others	38.3	0.4	74.3	1.3	-48.5	-5.0

注 羊毛为洗净毛，麻中不含黄麻。
Note The wool refers to the scoured wool and the jute is not included.

表4 世界合成纤维产量
Table4 The Output of Global Synthetic Fiber

单位：：万吨
Unit：10,000 ton

年份 Year	合计 Total	涤纶 Terylene			锦纶 Polyamide Fiber	腈纶 Acrylic Fiber	其他 Others
		小计 Subtotal	长丝 Filament	短纤 Staple Fiber			
2000	3199.4	1891.2	1088.9	802.3	411.8	266.8	629.6
2005	3998.4	2645.1	1547.9	1097.2	385.1	269.7	698.5
2006	4127.6	2780.8	1665.1	1115.7	388.3	253.4	705.1
2007	4450.1	3109.4	1894.9	1244.6	389.1	240.6	710.9
2008	4311.7	3099.1	1886.7	1212.4	359.6	183.7	669.3
2009	4474.2	3281.3	2026.9	1254.4	360.8	198.0	634.1
2010	4839.3	3719.7	2372.4	1347.3	382.6	195.8	541.2
2011	5206.1	4059.6	2637.6	1422.0	387.4	199.0	560.1
2012	5599.4	4421.2	2912.6	1508.6	407.4	194.8	576.0
2013	5897.1	4668.3	3131.3	1537.0	434.1	195.6	599.1

表5 世界合成纤维分品种构成
Table5 The Categories of Global Synthetic Fiber

单位:%
Unit:%

年份 Year	合计 Total	涤纶 Terylene			锦纶 Polyamide Fiber	腈纶 Acrylic Fiber	其他 Others
		小计 Subtotal	长丝 Filament	短纤 Staple Fiber			
2000	100.0	59.1	34.0	25.1	12.9	8.3	19.7
2005	100.0	66.2	38.7	27.4	9.6	6.7	17.5
2006	100.0	67.4	40.3	27.1	9.4	6.1	17.1
2007	100.0	69.8	42.0	27.8	8.7	5.5	16.0
2008	100.0	71.9	43.8	28.1	8.3	4.3	15.5
2009	100.0	73.3	45.3	28.0	8.1	4.4	14.2
2010	100.0	76.9	49.0	27.8	7.9	4.0	11.2
2011	100.0	78.0	50.7	27.3	7.4	3.8	10.8
2012	100.0	79.0	52.0	26.9	7.3	3.5	10.3
2013	100.0	79.2	53.1	26.1	7.4	3.3	10.2

表6 世界主要国家（地区）化纤产量（含PP纤维）
Table6 The Output of Chemical Fiber (Including Olefin Fibers) of Main Countries and Regions in the World

单位：万吨
Unit:10,000 ton

年份 Year	全球 World	中国 China	美国 USA	西欧 West Europe	中国台湾 Taiwan, China	韩国 Korea	日本 Japan	印度 India	中国占(%) Proportion of China
2000	3389.4	694.2	475.1	430.9	341.1	278.1	161.2	180.0	20.3
2005	4246.0	1817.7	410.0	*461.9	287.4	182.9	120.2	225.2	42.8
2006	4389.2	2024.4	379.2	*452.8	270.4	162.6	117.5	257.9	46.1
2007	4788.5	2397.2	365.9	*445.3	268.9	162.6	116.6	291.7	50.1
2008	4556.2	2430.5	309.9	*322.5	221.1	148.4	101.6	308.2	53.3
2009	4792.2	2733.5	267.6	289.1	234.3	152.9	81.2	343.4	57.0
2010	5166.8	2983.3	248.6	224.2	250.3	168.6	87.0	378.3	57.7
2011	5570.2	3361.0	240.9	215.2	232.0	174.7	88.0	399.5	60.3
2012	6027.4	3796.8	247.5	211.1	222.7	174.8	84.7	413.2	63.0
2013	6377.2	4092.9	255.9	203.0	224.2	169.3	84.8	432.0	64.2

注 * 为全欧洲产量。
Note The data with "*" refers to the output of the whole Europe.

表7 世界主要国家（地区）合成纤维产量（含PP纤维）

Table7 The Output of Chemical Fiber (Including Olefin Fibers) of Main Countries and Regions in the World

单位：万吨
Unit:10,000 ton

年份 Year	全球 World	中国 China	美国 USA	西欧 West Europe	中国台湾 Taiwan, China	韩国 Korea	日本 Japan	印度 India	中国占(%) Proportion of China
2000	3199.4	629.5	459.2	385.2	326.9	277.5	147.3	150.2	19.7
2005	3998.4	1712.1	405.1	*411.3	275.9	182.1	113.5	195.7	42.8
2006	4127.6	1906.9	376.7	*402.8	257.2	161.7	110.9	226.9	46.2
2007	4450.1	2239.2	360.9	*392.3	255.3	160.8	108.0	256.1	50.3
2008	4311.7	2267.8	307.6	*355.0	210.5	147.6	94.7	278.1	52.6
2009	4541.3	2552.2	265.6	253.1	223.5	152.9	75.7	310.6	56.2
2010	4839.3	2808.2	246.1	183.2	240.5	168.6	80.7	343.3	58.0
2011	5206.1	3151.7	238.3	175.3	223.9	174.7	81.8	362.6	60.5
2012	5599.4	3530.2	245.0	170.5	212.8	174.8	78.6	374.1	63.0
2013	5897.1	3778.4	253.3	162.8	212.3	169.3	78.7	387.4	64.1

注 * 为全欧洲产量。
Note The data with "*" refers to the output of the whole Europe.

表8 全球化学纤维产量地域分布（不含PP纤维）（一）

Table8 Global Geographical Distributions of the Chemical Fiber Output (Olefin Fiber Excluded) Part1

单位：万吨
Unit:10,000 ton

年份 Year	全球 World		亚洲 Asia		西欧 Western Europe	
	产量 Output	占(%) Proportion	产量 Output	占(%) Proportion	产量 Output	占(%) Proportion
2000	2822.2	100.0	1877.4	66.5	279.8	9.9
2005	3598.4	100.0	2644.5	77.8	184.2	5.4
2006	3741.9	100.0	2999.1	80.1	214.2	5.7
2007	4102.7	100.0	3388.8	82.6	206.5	5.0
2008	3956.8	100.0	3349.8	84.7	181.6	4.6
2009	4227.9	100.0	3696.2	87.4	149.3	3.5
2010	4709.3	100.0	4112.2	87.3	167.0	3.5
2011	5098.5	100.0	4504.6	88.4	158.5	3.1
2012	5541.9	100.0	4941.5	89.2	154.8	2.8
2013	5876.5	100.0	5269.8	89.7	146.9	2.5

表9 全球化学纤维产量地域分布（不含PP纤维）（二）
Table9 Global Geographical Distributions of the Chemical Fiber Output (Olefin Fiber Excluded) Part2

单位：万吨
Unit:10,000 ton

年份 Year	东欧 Eastern Europe		北美 North America		南美、非洲等 South America, Africa etc.	
	产量 Output	占(%) Proportion	产量 Output	占(%) Proportion	产量 Output	占(%) Proportion
2000	70.2	2.5	408.4	14.5	186.4	6.6
2005	62.9	1.8	326.4	9.6	187.7	5.5
2006	61.3	1.6	293.4	7.8	173.9	4.6
2007	60.7	1.5	275.6	6.7	171.1	4.2
2008	57.0	1.4	224.9	5.7	143.5	3.6
2009	48.3	1.1	194.2	4.6	139.9	3.3
2010	51.7	1.1	220.0	4.7	158.4	3.4
2011	52.0	1.0	216.7	4.2	166.7	3.3
2012	50.9	0.9	223.7	4.0	171.0	3.1
2013	48.7	0.8	232.4	4.0	178.7	3.0

表10 全球合成纤维产量地域分布（不含PP纤维）（一）
Table10 Global Geographical Distributions of the Synthetic Fiber Output (Olefin Fiber Excluded)——Part1

单位：万吨
Unit:10,000 ton

年份 Year	东欧 Eastern Europe		北美 North America		南美、非洲等 South America, Africa etc.	
	产量 Output	占(%) Proportion	产量 Output	占(%) Proportion	产量 Output	占(%) Proportion
2000	2601.1	100.0	1738.4	66.8	234.1	9.0
2005	3350.9	100.0	2614.1	78.0	176.0	5.2
2006	3480.3	100.0	2794.2	80.3	168.5	4.8
2007	3803.4	100.0	3152.2	82.9	159.9	4.2
2008	3702.3	100.0	3144.6	84.9	139.4	3.8
2009	3906.3	100.0	3421.9	87.6	113.3	2.9
2010	4381.8	100.0	3833.0	87.5	126.0	2.9
2011	4734.4	100.0	4187.6	88.5	118.6	2.5
2012	5113.9	100.0	4561.2	89.2	114.2	2.2
2013	5396.4	100.0	4835.3	89.6	106.7	2.0

表11 全球合成纤维产量地域分布（不含P P纤维）（二）

Table11 Global Geographical Distributions of the Synthetic Fiber Output (Olefin Fiber Excluded)——Part2

单位：万吨
Unit：10,000 ton

年份 Year	东欧 Eastern Europe		北美 North America		南美、非洲等 South America, Africa etc.	
	产量 Output	占(%) Proportion	产量 Output	占(%) Proportion	产量 Output	占(%) Proportion
2000	58.9	2.3	391.0	15.0	178.7	6.9
2005	58.5	1.7	323.1	9.6	178.9	5.3
2006	57.0	1.6	291.0	8.4	175.2	5.0
2007	54.3	1.4	270.6	7.1	166.2	4.4
2008	54.4	1.5	222.6	6.0	141.3	3.9
2009	45.8	1.2	192.2	4.9	136.7	3.5
2010	49.2	1.1	217.5	5.0	156.1	3.6
2011	49.5	1.0	214.0	4.5	164.7	3.5
2012	48.6	1.0	221.2	4.3	168.7	3.3
2013	46.9	0.9	229.8	4.3	177.7	3.3

表12 全球合成纤维主要生产国(地区)(不含PP纤维)

Table12 The Proportion of Synthetic Fiber Output and Producing Capacity of Main Countries and Regions (Olefin Fiber Excluded)

序号 Rank	国别（地区） Countries (Regions)		产量占全球(%) Proportion of Output			产能占全球(%) Proportion of Producing Capacity		
			2010	2012	2013	2010	2012	2013
1	中　国	China	62.3	67.3	68.3	61.2	66.6	68.1
2	印　度	India	7.6	7.0	6.9	8.1	7.4	6.5
3	美　国	U.S.A.	4.2	3.7	3.7	4.2	3.6	3.3
4	中国台湾	Taiwan, China	5.1	3.8	3.6	5.1	3.9	3.5
5	韩　国	Korea	3.6	3.2	2.9	3.3	3.1	2.8
6	西　欧	Western Europe	2.9	2.2	2.0	2.9	2.4	2.1
7	土耳其	Turkey	1.7	1.5	1.5	1.7	1.5	1.3
8	日　本	Japan	1.5	1.2	1.1	1.8	1.3	1.2
		Total	88.8	90.1	90.0	88.2	89.8	88.8

表13 全球棉花产量地域分布
Table13 Global Geographical Distribution of Cotton Output

单位：万吨
Unit：10,000 ton

年份 Year	全球 World	亚、澳洲 Asia, Australia	北美 North America	南美 South America	西欧 Western Europe	东欧 Eastern Europe	非洲 Africa
2000	1917.0	1079.5	381.7	121.4	51.9	139.2	143.3
2005	2439.4	1372.3	494.4	166.0	45.8	172.3	189.0
2006	2565.8	1536.9	514.0	149.0	36.7	179.9	149.3
2007	2627.7	1658.9	431.9	189.4	32.6	180.3	134.0
2008	2339.6	1500.6	291.6	140.2	25.7	154.0	157.1
2009	2177.5	1512.5	274.4	148.7	23.7	128.2	90.0
2010	2487.5	1568.7	445.4	199.9	22.3	146.9	104.3
2011	2727.7	1809.2	396.1	191.7	34.0	145.0	151.4
2012	2548.2	1676.3	392.7	174.9	30.5	145.4	128.4
*2013	2553.8	1743.7	298.3	178.1	27.3	155.6	150.8

注 *为预计数。
Note The data with "*" is the estimated data.

表14 世界主要国家棉花产量
Table14 Cotton Output of Main Countries in the World

单位：万吨
Unit：10,000 ton

年份 Year	全球 World	中国 China	美国 U.S.A.	印度 India	巴基斯坦 Pakistan	巴西 Brazil	土耳其 Turkey	中国占(%) The Proportion of China
2000	1917.0	432.0	379.0	235.0	170.0	85.8	88.0	22.5
2005	2439.4	581.8	478.9	380.4	230.7	127.3	90.0	23.9
2006	2565.8	706.4	469.9	458.9	209.1	145.7	80.5	27.5
2007	2627.7	807.7	418.2	535.4	184.5	160.3	85.0	30.7
2008	2339.6	672.8	278.9	458.9	209.1	119.3	67.5	28.8
2009	2177.5	684.9	265.4	504.9	201.9	119.4	44.0	31.5
2010	2487.5	639.9	394.1	552.5	190.7	196.0	45.0	25.7
2011	2727.7	739.9	339.1	560.0	229.4	188.4	75.0	27.1
2012	2548.2	685.9	372.5	544.6	214.6	149.0	63.0	26.9
*2013	2553.8	669.9	280.8	636.7	203.2	150.0	88.0	26.2

注 *为预计数。
Note The data with "*" is the estimated data.

表15　全球棉花耗用量地域分布
Table15　Global Geographical Distribution of Cotton Consumption

单位：万吨
Unit：10,000 ton

年 份 Year	全 球 World	亚、澳洲 Asia and Australia	南北美 South and North America	西 欧 Western Europe	东 欧 Eastern Europe	非 洲 Africa
2000	1969.9	1297.1	377.4	107.3	90.9	97.2
2005	2392.1	1839.7	315.2	56.2	73.9	107.1
2006	2621.5	2140.8	290.7	54.5	70.7	64.8
2007	2638.7	2165.5	295.1	33.6	68.7	75.6
2008	2309.5	1914.0	253.7	30.0	69.1	42.8
2009	2461.1	2053.4	259.9	24.3	64.6	58.9
2010	2449.2	2041.0	264.4	19.9	61.4	62.5
2011	2277.5	1913.7	234.1	18.4	61.6	49.8
2012	2354.5	1991.9	232.8	16.4	45.2	68.3
*2013	2350.9	1992.5	219.7	15.7	62.0	61.0

注　*为预计数。
Note　The data with "*" is the estimated data.

表16　全球棉花耗用量地域分布比例
Table16　Global Geographical Distribution of Cotton Consumption (by proportion of consumption)

单位：%
Unit：%

年 份 Year	全 球 World	亚、澳洲 Asia and Australia	南北美 South and North America	西 欧 Western Europe	东 欧 Eastern Europe	非 洲 Africa
2000	100.0	65.8	19.2	5.4	4.6	4.9
2005	100.0	76.9	13.2	2.3	3.1	4.5
2006	100.0	81.7	11.1	2.1	2.7	2.5
2007	100.0	82.1	11.2	1.3	2.6	2.9
2008	100.0	82.9	11.0	1.3	3.0	1.9
2009	100.0	83.4	10.6	1.0	2.6	2.4
2010	100.0	83.3	10.8	0.8	2.5	2.6
2011	100.0	84.0	10.3	0.8	2.7	2.2
2012	100.0	84.6	9.9	0.7	1.9	2.9
*2013	100.0	84.8	9.3	0.7	2.6	2.6

注　*为预计数。
Note　The data with "*" is the estimated data.

表17 世界主要国家棉花耗用量（一）
Table17 The Cotton Consumption of Main Countries all over the World ——Part1

单位：万吨
Unit：10,000 ton

年份 Year	全球 World	占总(%) Proportion	中国 China	占总(%) Proportion	美国 U.S.A.	占总(%) Proportion	印度 India	占总(%) Proportion
2000	1969.9	100.0	538.5	27.3	192.9	9.8	288.5	14.6
2005	2392.1	100.0	859.9	35.9	129.3	5.4	346.4	14.5
2006	2621.5	100.0	1049.8	40.0	106.7	4.1	398.9	15.2
2007	2638.7	100.0	1089.8	41.3	100.2	3.8	401.0	15.2
2008	2309.5	100.0	899.8	39.0	78.4	3.4	382.6	16.6
2009	2461.1	100.0	1010.1	41.0	75.4	3.1	422.1	17.2
2010	2462.9	100.0	1002.3	40.7	73.8	3.0	456.0	18.5
2010	2449.2	100.0	979.2	40.0	84.9	3.5	448.2	18.3
2011	2277.5	100.0	1029.9	45.2	71.8	3.2	442.0	19.4
2012	2354.5	100.0	863.4	36.7	74.0	3.1	477.4	20.3
*2013	2350.9	100.0	804.0	34.2	76.2	3.2	501.4	21.3

注 *为预计数。
Note The data with "*" is the estimated data.

表18 世界主要国家棉花耗用量（二）
Table18 The Cotton Consumption of Main Countries all over the World ——Part2

单位：万吨
Unit：10,000 ton

年份 Year	巴基斯坦 Pakistan	占总(%) Proportion	土耳其 Turkey	占总(%) Proportion	日本 Japan	占总(%) Proportion	巴西 Brazil	占总(%) Proportion
2000	171.0	8.7	112.1	5.7	25.0	1.3	90.0	4.6
2005	241.5	10.1	155.0	6.5	16.7	0.7	90.0	3.8
2006	259.2	9.9	150.0	5.9	13.0	0.5	86.0	3.3
2007	257.4	9.8	135.0	5.1	12.5	0.5	99.6	3.8
2008	245.2	10.6	114.0	4.9	10.3	0.4	93.7	4.1
2009	230.7	9.4	130.0	5.3	7.5	0.3	100.2	4.1
2010	220.0	9.0	125.0	5.1	8.1	0.3	99.0	4.0
2011	216.3	9.5	125.0	5.5	6.3	0.3	88.8	3.9
2012	233.6	9.9	132.5	5.6	5.7	0.2	89.7	3.8
*2013	246.4	10.5	140.4	6.0	6.0	0.3	85.2	3.6

注 *为预计数。
Note The data with "*" is the estimated data.

表19 美国人均纤维表观消费量
Table19 US Per Capita Fiber Apparent Consumption

单位：万吨
Unit：10,000 ton

年 份 Year	国内总纤维消费量(万吨) Total Fiber Consumption (10,000 ton)					人口（百万） Population (million persons)	人均消费（Kg/年） Consumption Per Capita (Kg/year)
	化 纤 Chemical Fiber	棉 花 Cotton	羊 毛 Wool	其 它 Others	合 计 Total		
1990	446.1	262.5	13.3	29.6	751.6	250.0	30.1
2000	620.0	446.6	14.8	33.9	1115.2	282.4	39.5
2005	667.5	502.1	18.8	41.3	1229.7	296.4	41.5
2006	651.5	514.1	18.7	39.6	1223.9	298.2	41.1
2007	651.0	511.4	20.0	35.9	1218.3	301.7	40.4
2008	598.9	447.9	18.2	32.9	1098.0	304.5	36.1
2009	523.1	409.3	15.5	28.3	976.2	307.4	31.8
2010	599.2	451.2	18.3	30.4	1099.2	309.3	35.5
2011	601.4	385.5	18.2	32.9	1038.0	311.6	33.3
2012	616.4	369.3	17.6	31.8	1035.2	313.9	33.0
2013	650.2	372.5	17.7	31.8	1072.2	316.1	33.9

资料来源（表1～19）：Fiber Organon
Source (Table 1～19)：Fiber Organon

表20 2013年全球纺织品、成衣进出口额
Table20 Global Import and Export of Textile and Apparel in 2013

单位：亿美元
Unit：USD 100 million

年 份 Year	出口额 Export			进口额 Import		
	合计 Total	纺织品 Textiles	成衣 Garments	合计 Total	纺织品 Textiles	成衣 Garments
2013	7661.7	3059.0	4602.7	8047.9	3236.6	4811.3
2012	7067.3	2841.6	4225.7	7423.7	3006.6	4417.1
2011	7119.1	2941.9	4177.2	7479.2	3112.8	4366.4
2010	6058.7	2524.6	3534.1	6365.4	2671.2	3694.2
2000	3524.2	1547.8	1976.4	3668.7	1637.7	2031.0
2013/2012 (%)	8.4	7.7	8.9	8.4	7.6	8.9
2013/2000年均增长(%) Average Annual Change from 2000 to 2013	6.2	5.4	6.7	6.2	5.4	6.9

表21　2013年中国纺织品、成衣进出口额
Table21　China's Import and Export of Textile and Apparel in 2013

单位：亿美元
Unit：USD 100 million

年份 Year	出口额 Export			进口额 Import			贸易顺差 Trade Surplus
	合计 Total	纺织品 Textiles	成衣 Garments	合计 Total	纺织品 Textiles	成衣 Garments	
2013	2840.1	1065.8	1774.3	269.0	215.6	53.4	2571.1
2012	2550.6	954.5	1596.1	243.3	198.1	45.2	2307.3
2011	2481.8	944.1	1537.7	229.1	189.0	40.1	2252.7
2010	2066.9	768.7	1298.2	202.0	176.8	25.2	1864.9
2000	522.0	161.3	360.7	140.2	128.3	11.9	381.8
2013/2012（%）	11.4	11.7	11.2	10.6	8.8	18.1	11.4
2013/2000年均增长(%) Average Annual Change from 2000 to 2013	13.9	15.6	13.0	5.1	4.1	12.2	15.8

表22　中国纺织品、成衣出口额占全球出口份额
Table22　The Proportion of China's Export Value of Textile and Garment to the World's

单位：亿美元
Unit：USD 100 million

年份 Year	纺织品出口 Export Value of Textile			成衣出口 ExportValue of Garment		
	全球 World	中国 China	中国占(%) Ratio of China(%)	全球 World	中国 China	中国占(%) Ratio of China(%)
2000	1547.8	161.3	10.4	1976.4	360.7	18.3
2005	2029.7	410.5	20.2	2782.6	741.6	26.7
2006	2186.1	486.8	22.3	3096.5	953.8	30.8
2007	2388.2	560.3	23.5	3473.6	1155.2	33.3
2008	2497.1	653.7	26.2	3638.7	1204.0	33.1
2009	2111.1	598.2	28.3	3164.1	1072.6	33.9
2010	2524.6	768.7	30.4	3534.1	1298.2	36.7
2011	2941.9	944.1	32.1	4177.2	1537.7	36.8
2012	2841.6	954.5	33.6	4225.7	1596.1	37.8
2013	3059.0	1065.8	34.8	4602.7	1774.3	38.6

表23　中国纺织品、成衣进出口贸易状况

Table23　China's Export of Textile and Garment

单位：亿美元
Unit：USD 100 million

年份 Year	出口额 Export			进口额 Import			贸易顺差 Trade Surplus
	合计 Total	纺织品 Textiles	成衣 Garments	合计 Total	纺织品 Textiles	成衣 Garments	
2000	522.1	161.3	360.7	140.2	128.3	11.9	381.9
2005	1152.1	410.5	741.6	171.3	155.0	16.3	980.8
2006	1440.6	486.8	953.8	180.8	163.6	17.2	1259.8
2007	1715.5	560.3	1155.2	186.2	166.4	19.8	1529.3
2008	1857.7	653.7	1204.0	185.7	162.9	22.8	1672.0
2009	1670.9	598.2	1072.6	167.8	149.4	18.4	1503.1
2010	2066.9	768.7	1298.2	202.0	176.8	25.2	1864.9
2011	2481.8	944.1	1537.7	229.1	189.0	40.1	2252.7
2012	2550.6	954.5	1596.1	243.3	198.1	45.2	2307.3
2013	2840.1	1065.8	1774.3	269.0	215.6	53.4	2571.1

表24　2013年全球纺织品进出口国(地区)15强

Table24　The Top 15 Textile Trading Countries (Regions) in the World in 2013

单位：亿美元
Unit：USD 100 million

出口 Export				进口 Import			
国家(地区) Countries(Regions)		金额 Value	占全球(%) Proportion to the world(%)	国家(地区) Countries(Regions)		金额 Value	占全球(%) Proportion to the world(%)
全球	World	3059.0	100.0	全球	World	3236.6	100.0
中国	China	1065.8	34.8	欧盟(27国)	EU(27)	784.2	24.2
欧盟(27国)	EU(27)	721.5	23.6	自欧盟(27国)外	From External EU	290.7	9.0
向欧盟(27国)外	To External EU	228.0	7.5	美国	U.S.A.	270.6	8.4
印度	India	189.1	6.2	中国	China	215.6	6.7
美国	U.S.A.	139.2	4.6	越南	Vietnam	106.4	3.3
土耳其	Turkey	121.6	4.0	中国香港	Hongkong, China	104.2	3.2
韩国	Korea Rep	120.4	3.9	日本	Japan	87.7	2.7
中国香港	Hongkong, China	107.2	3.5	土耳其	Turkey	67.9	2.1
中国台湾	Taiwan, China	102.5	3.3	孟加拉	Bangladesh	62.2	1.9
巴基斯坦	Pakistan	93.4	3.1	墨西哥	Mexico	61.8	1.9
日本	Japan	68.4	2.2	印度尼西亚	Indonesia	57.9	1.8
越南	Vietnam	47.9	1.6	韩国	Korea Rep	52.2	1.6
印度尼西亚	Indonesia	46.3	1.5	加拿大	Canada	45.7	1.4
泰国	Thailand	38.7	1.3	俄罗斯	Russia	43.6	1.3
阿联酋	United Arab Emirates	27.4	0.9	巴西	Brazil	42.2	1.3
墨西哥	Mexico	24.5	0.8	印度	India	35.8	1.1

表25　2013年全球成衣进出口国(地区)15强
Table25　The Top 15 Garment Trading Countries (Regions) in the World in 2013

单位：亿美元
Unit：USD 100 million

出口 Export				进口 Import			
国家(地区) Countries(Regions)		金额 Value	占全球(%) Proportion to the world(%)	国家(地区) Countries(Regions)		金额 Value	占全球(%) Proportion to the world(%)
全　　球	World	4602.7	100.0	全　　球	World	4811.3	100.0
中　　国	China	1774.3	38.6	欧盟(27国)	EU(27)	1822.3	37.9
欧盟(27国)	EU(27)	1179.6	25.6	自欧盟(27国)外	From External EU	949.1	19.7
向欧盟(27国)外	To External EU	306.3	6.7	美　　国	U.S.A.	910.3	18.9
孟加拉	Bangladesh	235.0	5.1	日　　本	Japan	336.3	7.0
中国香港	Hongkong, China	219.4	4.8	中国香港	Hongkong, China	164.6	3.4
越　　南	Vietnam	172.3	3.7	加拿大	Canada	99.5	2.1
印　　度	India	168.4	3.7	俄罗斯	Russia	90.1	1.9
土耳其	Turkey	154.1	3.3	韩　　国	Korea Rep	75.4	1.6
印度尼西亚	Indonesia	76.9	1.7	澳大利亚	Australia	62.6	1.3
美　　国	U.S.A.	58.6	1.3	瑞　　士	Switzerland	59.0	1.2
柬埔寨	Cambodia	51.0	1.1	中　　国	China	53.4	1.1
马来西亚	Malaysia	45.9	1.0	阿联酋	United Arab Emirates	39.2	0.8
巴基斯坦	Pakistan	45.5	1.0	沙　　特	Saudi Arabia	34.5	0.7
墨西哥	Mexico	45.3	1.0	墨西哥	Mexico	32.3	0.7
斯里兰卡	Sri Lanka	45.1	1.0	土耳其	Turkey	31.4	0.7
泰　　国	Thailand	41.0	0.9	新加坡	Singapore	29.2	0.6

表26　2013年全球纺织品、成衣出口国(地区)10强
Table26　The Top 10 Export Countries (Regions) of Textile and Garment in the World in 2013

单位：亿美元
Unit：USD 100 million

排序 Rank	国别(地区) Countries(Regions)		合计 Total	纺织品 Textiles	成衣 Garments	占全球(%) Proportion to the world(%)
	全　　球	World	7661.7	3059.0	4602.7	100.0
1	中　　国	China	2840.1	1065.8	1774.3	37.1
2	欧盟（27国）*	EU(27)	534.3	228.0	306.3	7.0
3	印　　度	India	357.5	189.1	168.4	4.7
4	中国香港	Hongkong, China	326.6	107.2	219.4	4.3
5	土耳其	Turkey	275.6	121.6	154.1	3.6
6	孟加拉	Bangladesh	253.9	18.9	235.0	3.3
7	越　　南	Vietnam	220.2	47.9	172.3	2.9
8	美　　国	U.S.A.	197.8	139.2	58.6	2.6
9	韩　　国	Korea Rep	141.4	120.4	21.0	1.8
10	巴基斯坦	Pakistan	138.9	93.4	45.5	1.8

注　*为欧盟（27国）向区外出口。
Note　The data with "*" refers to the external trade of EU.

表27 2013年全球纺织品、成衣进口国(地区)前10名

Table27 The Top 10 Import Countries(Regions) of Textile and Garment in the world in 2013

单位：亿美元

Unit：USD 100 million

排序 Rank	国别(地区) Countries(Regions)		合计 Total	纺织品 Textiles	成衣 Garments	占全球(%) Proportion to the world(%)
	全　球	World	8047.9	3236.6	4811.3	100.0
1	欧盟（27国）*	EU(27)	1239.8	290.7	949.1	15.4
2	美　国	U.S.A.	1180.8	270.6	910.3	14.7
3	日　本	Japan	424.0	87.7	336.3	5.3
4	中　国	China	269.0	215.6	53.4	3.3
5	中国香港	Hongkong，China	268.8	104.2	164.6	3.3
6	加拿大	Canada	145.2	45.7	99.5	1.8
7	俄罗斯	Turkey	133.8	43.6	90.1	1.7
8	韩　国	Russia	127.5	52.2	75.4	1.6
9	越　南	Vietnam	113.3	106.4	6.9	1.4
10	土耳其	Korea	99.3	67.9	31.4	1.2

注　*为欧盟（27国）向区外出口。

Note　The data with "*" refers to the external trade of EU.

表28 2012～2013年亚洲主要国家(地区)纺织品、成衣出口贸易变化

Table28 The Export of Textile and Garment in Asia from 2012 to 2013

单位：亿美元

Unit：USD 100 million

排序 Rank	国别(地区) Countries and Regions		纺织品出口 Textile Export		成衣出口 Garment Export		合计 Total	
			2013	2012	2013	2012	2013	2012
1	中　国	China	1065.8	954.5	1774.3	1596.1	2840.1	2550.6
2	印　度	India	189.1	152.7	168.4	138.3	357.5	291.1
3	中国香港	Hongkong，China	107.2	105.5	219.4	225.7	326.6	331.2
4	孟加拉	Bangladesh	18.9	16.3	235.0	197.9	253.9	214.2
5	越　南	Vietnam	47.9	38.9	172.3	144.4	220.2	183.4
6	韩　国	Korea	120.4	119.7	21.0	19.1	141.4	138.8
7	巴基斯坦	Pakistan	93.4	87.0	45.5	42.1	138.9	129.2
8	印度尼西亚	Indonesia	46.3	45.4	76.9	75.2	123.2	120.6
9	中国台湾	Taiwan，China	102.5	102.9	8.9	9.7	111.3	112.6
10	泰　国	Thailand	38.7	35.2	41.0	42.7	79.7	78.0
11	日　本	Japan	68.4	78.2	4.9	5.6	73.3	83.8
12	马来西亚	Malaysia	18.5	17.9	45.9	45.6	64.4	63.5
13	柬埔寨	Cambodia	0.5	0.5	51.0	42.9	51.5	43.4
14	斯里兰卡	Sri Lanka	2.4	2.3	45.1	40.1	47.5	42.3
15	新加坡	Singapore	8.9	8.0	12.7	13.3	21.6	21.4
16	菲律宾	Filipine Total Value of the Above	1.7	1.7	15.6	16.1	17.3	17.8
以上合计			1930.6	1766.7	2937.9	2654.8	4868.4	4421.9

资料来源（表20～28）：世界贸易组织

Source（Table 20～28）：World Trade Organization

纺织服装周刊
TEXTILE APPAREL WEEKLY

China National Textile & Apparel Council Official Publication

因不凡而非凡
作为中国纺织工业联合会会刊，依托中国纺织工业联合会及各专业协会的行业背景和强大信息源，已经成为中国纺织服装行业的核心刊物与权威传播机构。

因专注而专业
从2000年创刊至今，立足纺织服装行业深入报道十余年，覆盖棉、毛、麻、丝、化纤、纺机、针织、产业用、家纺、印染、服装等产业链的所有专业领域，拥有专业的报道团队和特色的板块内容。

因价值而超值
每周一期，全年48期，发行覆盖全国32个省市区的重点纺织服装龙头企业、200余个纺织产业试点集群地、600余家专业市场，成为行业瞩目的焦点期刊。

WITNESS POWER OF TA

新闻热线：李晓慧 010-85872643　刘　嘉 010-85872640
广告热线：万　晗 010-85872646　吴昕潞 010-85872617
发行热线：章　简 010-85872699　张灼宣 010-85872668

官方网站：www.taweekly.com

纺织服装周刊
TEXTILE APPAREL WEEKLY
2015中国柯桥国际纺织品面辅料博览会(春季)
China Keqiao International Textile Expo 2015
《纺织服装周刊》新媒体全覆盖
提供便捷、及时、高效的信息服务
周刊微信公众号
TA潮报
周刊新浪微博
《纺织服装周刊》新媒体与您同行
招商热线：010—85872639/2143/2623
联系人：李英 雷蕾 刘妍
官方网站
微信公众号
电子杂志
微博
VIVA 畅读
龍源期刊网
www.qikan.com.cn
meixun每讯
读览天下
www.dooland.com
中邮阅读
183read.com
掌阅科技

“我们掌握化学纤维生产的整体价值链。”
Ugur Baş,
欧瑞康化学纤维

从熔体到纱线
一切均始于化工原料。但是要将其转化为服装、产业用纺织品或者轮胎帘子线，就需要智慧的创意、精良的设备和成熟的工艺。
欧瑞康化学纤维的工程师们会提供全力支持并确保您的项目完全成功。我们将全程辅助您，从最初的化工原料到化学纤维，从创新的想法和完美的设备到成熟的工艺，从工程和聚合到纺丝、加弹及非织造产品，从熔体到纱线。
更多信息请访问我们的网站
www.oerlikon.com/manmade-fibers
oerlikon barmag
oerlikon neumag

SNOW LOTUS
SINCE 1965
雪莲

内 容 简 介

本书系统地阐述了智能水下机器人海底地形匹配导航的发展与应用，全书共 7 章，内容主要包括绪论、海底地形匹配导航技术概述、先验数字地形的生成方法、海底地形特征表述与路径规划、地形匹配单元的组建、海底地形匹配导航算法及海底地形辅助导航系统。内容基本上覆盖了智能水下机器人地形匹配技术知识专题及发展动向。

本书适合高等院校船舶与海洋工程、控制理论与控制工程、信号与信息处理等专业的高年级本科生、硕士研究生，以及从事水下导航研究及应用、水下机器人研究及应用、地形匹配技术研究的科研和工程技术人员阅读参考。

图书在版编目(CIP)数据

智能水下机器人海底地形匹配导航技术 / 李晔等著. —北京：龙门书局，2018.11

（海洋机器人科学与技术丛书 / 封锡盛，李硕主编）

国家出版基金项目

ISBN 978-7-5088-5477-9

Ⅰ. ①智… Ⅱ. ①李… Ⅲ. ①水下作业机器人-应用-海底地貌-航海导航-研究 Ⅳ. ①TP242.2②U675.7

中国版本图书馆 CIP 数据核字（2018）第 214843 号

责任编辑：姜 红 常友丽 张 震 / 责任校对：李 影

责任印制：赵 博 / 封面设计：无极书装

科学出版社
龍門書局 出版

北京东黄城根北街 16 号

邮政编码：100717

http://www.sciencep.com

三河市春园印刷有限公司印刷

科学出版社发行 各地新华书店经销

*

2018 年 11 月第 一 版 开本：720×1000 1/16

2025 年 4 月第三次印刷 印张：14 插页：4

字数：282 000

定价：118.00 元

（如有印装质量问题，我社负责调换）

U0805621

国家出版基金项目
NATIONAL PUBLICATION FOUNDATION

海洋机器人科学与技术丛书
封锡盛　李　硕　主编

智能水下机器人海底地形匹配导航技术

李　晔等　著

科学出版社
龍門書局
北　京

“海洋机器人科学与技术丛书”

编辑委员会

主 任 委 员　封锡盛　李　硕

副主任委员（按姓氏笔画排序）

王晓辉　李智刚　林　扬

委　　　员（按姓氏笔画排序）

田　宇　刘开周　许　枫　苏玉民

李　晔　李一平　何立岩　宋三明

张艾群　张奇峰　林昌龙　周焕银

庞永杰　胡志强　俞建成　徐会希

徐红丽　冀大雄

秘　　　书　姜志斌

本书作者名单

李　晔　姜言清

王汝鹏　马　腾　陈鹏云　陈小龙

丛书前言一

浩瀚的海洋蕴藏着人类社会发展所需的各种资源，向海洋拓展是我们的必然选择。海洋作为地球上最大的生态系统不仅调节着全球气候变化，而且为人类提供蛋白质、水和能源等生产资料支撑全球的经济发展。我们曾经认为海洋在维持地球生态系统平衡方面具备无限的潜力，能够修复人类发展对环境造成的伤害。但是，近年来的研究表明，人类社会的生产和生活会造成海洋健康状况的退化。因此，我们需要更多地了解和认识海洋，评估海洋的健康状况，避免对海洋的再生能力造成破坏性影响。

我国既是幅员辽阔的陆地国家，也是广袤的海洋国家，大陆海岸线约 1.8 万千米，内海和边海水域面积约 470 万平方千米。深邃宽阔的海域内潜含着的丰富资源为中华民族的生存和发展提供了必要的物质基础。我国的洪涝、干旱、台风等灾害天气的发生与海洋密切相关，海洋与我国的生存和发展密不可分。党的十八大报告明确提出："提高海洋资源开发能力，发展海洋经济，保护海洋生态环境，坚决维护国家海洋权益，建设海洋强国。"[①]党的十九大报告明确提出："坚持陆海统筹，加快建设海洋强国。"[②]认识海洋、开发海洋需要包括海洋机器人在内的各种高新技术和装备，海洋机器人一直为世界各海洋强国所关注。

关于机器人，蒋新松院士有一段精彩的诠释：机器人不是人，是机器，它能代替人完成很多需要人类完成的工作。机器人是拟人的机械电子装置，具有机器和拟人的双重属性。海洋机器人是机器人的分支，它还多了一重海洋属性，是人类进入海洋空间的替身。

海洋机器人可定义为在水面和水下移动，具有视觉等感知系统，通过遥控或自主操作方式，使用机械手或其他工具，代替或辅助人去完成某些水面和水下作业的装置。海洋机器人分为水面和水下两大类，在机器人学领域属于服务机器人中的特种机器人类别。根据作业载体上有无操作人员可分为载人和无人两大类，其中无人类又包含遥控、自主和混合三种作业模式，对应的水下机器人分别称为无人遥控水下机器人、无人自主水下机器人和无人混合水下机器人。

---

① 胡锦涛在中国共产党第十八次全国代表大会上的报告. 人民网，http://cpc.people.com.cn/n/2012/1118/c64094-19612151.html

② 习近平在中国共产党第十九次全国代表大会上的报告. 人民网，http://cpc.people.com.cn/n1/2017/1028/c64094-29613660.html

无人水下机器人也称无人潜水器，相应有无人遥控潜水器、无人自主潜水器和无人混合潜水器。通常在不产生混淆的情况下省略“无人”二字，如无人遥控潜水器可以称为遥控水下机器人或遥控潜水器等。

世界海洋机器人发展的历史大约有 70 年，经历了从载人到无人，从直接操作、遥控、自主到混合的主要阶段。加拿大国际潜艇工程公司创始人麦克法兰，将水下机器人的发展历史总结为四次革命：第一次革命出现在 20 世纪 60 年代，以潜水员潜水和载人潜水器的应用为主要标志；第二次革命出现在 70 年代，以遥控水下机器人迅速发展成为一个产业为标志；第三次革命发生在 90 年代，以自主水下机器人走向成熟为标志；第四次革命发生在 21 世纪，进入了各种类型水下机器人混合的发展阶段。

我国海洋机器人发展的历程也大致如此，但是我国的科研人员走过上述历程只用了一半多一点的时间。20 世纪 70 年代，中国船舶重工集团公司第七〇一研究所研制了用于打捞水下沉物的“鱼鹰”号载人潜水器，这是我国载人潜水器的开端。1986 年，中国科学院沈阳自动化研究所和上海交通大学合作，研制成功我国第一台遥控水下机器人“海人一号”。90 年代我国开始研制自主水下机器人，“探索者”、CR-01、CR-02、“智水”系列等先后完成研制任务。目前，上海交通大学研制的“海马”号遥控水下机器人工作水深已经达到 4500 米，中国科学院沈阳自动化研究所联合中国科学院海洋研究所共同研制的深海科考型 ROV 系统最大下潜深度达到 5611 米。近年来，我国海洋机器人更是经历了跨越式的发展。其中，“海翼”号深海滑翔机完成深海观测；有标志意义的“蛟龙”号载人潜水器将进入业务化运行；“海斗”号混合型水下机器人已经多次成功到达万米水深；“十三五”国家重点研发计划中全海深载人潜水器及全海深无人潜水器已陆续立项研制。海洋机器人的蓬勃发展正推动中国海洋研究进入“万米时代”。

水下机器人的作业模式各有长短。遥控模式需要操作者与水下载体之间存在脐带电缆，电缆可以源源不断地提供能源动力，但也限制了遥控水下机器人的活动范围；由计算机操作的自主水下机器人代替人工操作的遥控水下机器人虽然解决了作业范围受限的缺陷，但是计算机的自主感知和决策能力还无法与人相比。在这种情形下，综合了遥控和自主两种作业模式的混合型水下机器人应运而生。另外，水面机器人的引入还促成了水面与水下混合作业的新模式，水面机器人成为沟通水下机器人与空中、地面机器人的通信中继，操作者可以在更远的地方对水下机器人实施监控。

与水下机器人和潜水器对应的英文分别为 underwater robot 和 underwater vehicle，前者强调仿人行为，后者意在水下运载或潜水，分别视为“人”和“器”，海洋机器人是在海洋环境中运载功能与仿人功能的结合体。应用需求的多样性使得运载与仿人功能的体现程度不尽相同，由此产生了各种功能型的海洋机器人，如观察型、作业型、巡航型和海底型等。如今，在海洋机器人领域 robot 和 vehicle 两词的内涵逐渐趋同。

信息技术、人工智能技术特别是其分支机器智能技术的快速发展，正在推动海洋机器人以新技术革命的形式进入“智能海洋机器人”时代。严格地说，前述自主水下机器人的“自主”行为已具备某种智能的基本内涵。但是，其“自主”行为泛化能力非常低，属弱智能；新一代人工智能相关技术，如互联网、物联网、云计算、大数据、深度学习、迁移学习、边缘计算、自主计算和水下传感网等技术将大幅度提升海洋机器人的智能化水平。而且，新理念、新材料、新部件、新动力源、新工艺、新型仪器仪表和传感器还会使智能海洋机器人以各种形态呈现，如海陆空一体化、全海深、超长航程、超高速度、核动力、跨介质、集群作业等。

海洋机器人的理念正在使大型有人平台向大型无人平台转化，推动少人化和无人化的浪潮滚滚向前，无人商船、无人游艇、无人渔船、无人潜艇、无人战舰以及与此关联的无人码头、无人港口、无人商船队的出现已不是遥远的神话，有些已经成为现实。无人化的势头将冲破现有行业、领域和部门的界限，其影响深远。需要说明的是，这里“无人”的含义是人干预的程度、时机和方式与有人模式不同。无人系统绝非无人监管、独立自由运行的系统，仍是有人监管或操控的系统。

研发海洋机器人装备属于工程科学范畴。由于技术体系的复杂性、海洋环境的不确定性和用户需求的多样性，目前海洋机器人装备尚未被打造成大规模的产业和产业链，也还没有形成规范的通用设计程序。科研人员在海洋机器人相关研究开发中主要采用先验模型法和试错法，通过多次试验和改进才能达到预期设计目标。因此，研究经验就显得尤为重要。总结经验、利于来者是本丛书作者的共同愿望，他们都是在海洋机器人领域拥有长时间研究工作经历的专家，他们奉献的知识和经验成为本丛书的一个特色。

海洋机器人涉及的学科领域很宽，内容十分丰富，我国学者和工程师已经撰写了大量的著作，但是仍不能覆盖全部领域。“海洋机器人科学与技术丛书”集合了我国海洋机器人领域的有关研究团队，阐述我国在海洋机器人基础理论、工程技术和应用技术方面取得的最新研究成果，是对现有著作的系统补充。

“海洋机器人科学与技术丛书”内容主要涵盖基础理论研究、工程设计、产品开发和应用等，囊括多种类型的海洋机器人，如水面、水下、浮游以及用于深水、极地等特殊环境的各类机器人，涉及机械、液压、控制、导航、电气、动力、能源、流体动力学、声学工程、材料和部件等多学科，对于正在发展的新技术以及有关海洋机器人的伦理道德社会属性等内容也有专门阐述。

海洋是生命的摇篮、资源的宝库、风雨的温床、贸易的通道以及国防的屏障，海洋机器人是摇篮中的新生命、资源开发者、新领域开拓者、奥秘探索者和国门守卫者。为它“著书立传”，让它为我们实现海洋强国梦的夙愿服务，意义重大。

本丛书全体作者奉献了他们的学识和经验，编委会成员为本丛书出版做了组织和审校工作，在此一并表示深深的谢意。

本丛书的作者承担着多项重大的科研任务和繁重的教学任务，精力和学识所限，书中难免会存在疏漏之处，敬请广大读者批评指正。

中国工程院院士　封锡盛

2018 年 6 月 28 日

丛书前言二

改革开放以来，我国海洋机器人事业发展迅速，在国家有关部门的支持下，一批标志性的平台诞生，取得了一系列具有世界级水平的科研成果，海洋机器人已经在海洋经济、海洋资源开发和利用、海洋科学研究和国家安全等方面发挥重要作用。众多科研机构和高等院校从不同层面及角度共同参与该领域，其研究成果推动了海洋机器人的健康、可持续发展。我们注意到一批相关企业正迅速成长，这意味着我国的海洋机器人产业正在形成，与此同时一批记载这些研究成果的中文著作诞生，呈现了一派繁荣景象。

在此背景下“海洋机器人科学与技术丛书”出版，共有数十分册，是目前本领域中规模最大的一套丛书。这套丛书是对现有海洋机器人著作的补充，基本覆盖海洋机器人科学、技术与应用工程的各个领域。

“海洋机器人科学与技术丛书”内容包括海洋机器人的科学原理、研究方法、系统技术、工程实践和应用技术，涵盖水面、水下、遥控、自主和混合等类型海洋机器人及由它们构成的复杂系统，反映了本领域的最新技术成果。中国科学院沈阳自动化研究所、哈尔滨工程大学、中国科学院声学研究所、中国科学院深海科学与工程研究所、浙江大学、华侨大学、东华理工大学等十余家科研机构和高等院校的教学与科研人员参加了丛书的撰写，他们理论水平高且科研经验丰富，还有一批有影响力的学者组成了编辑委员会负责书稿审校。相信丛书出版后将对本领域的教师、科研人员、工程师、管理人员、学生和爱好者有所裨益，为海洋机器人知识的传播和传承贡献一份力量。

本丛书得到2018年度国家出版基金的资助，丛书编辑委员会和全体作者对此表示衷心的感谢。

“海洋机器人科学与技术丛书”编辑委员会

2018年6月27日

前　言

水下高精度导航技术是智能水下机器人（autonomous underwater vehicle，AUV）实现大潜深、长航程、全天候水下作业的关键技术之一。现有的导航技术难以解决导航误差的时间累积效应，AUV 在作业过程中需要定期上浮接受卫星导航信号以修正导航偏差，频繁的上浮下潜不仅增加 AUV 作业时间消耗，而且使任务中的能源利用比例减小，不能满足高精度导航的要求。

本书系统地介绍有关 AUV 海底地形匹配导航的有关技术；对 AUV 海底地形匹配导航的关键问题、地形匹配导航算法、系统构成及实验等进行分析；重点阐述先验地形的生成方法，海底地形特征表述与路径规划，地形匹配单元的组建，海底地形匹配导航算法，海底地形辅助导航系统。本书力图让读者全面而深刻地理解 AUV 海底地形匹配导航技术，给从事海底地形匹配导航研究及地形匹配导航研究的科研人员提供参考。

本书共 7 章。

第 1 章为绪论，全面介绍 AUV 水下导航技术和地形匹配导航技术研究现状。

第 2 章为海底地形匹配导航技术概述，简要介绍海底地形匹配导航系统的组成、模型、典型方法和关键技术。

第 3 章为先验数字地形的生成方法，从最原始的多波束测深系统的构成开始，以数据的处理过程为引导，分别介绍多波束数据处理原理、流程和滤波方法，最终构建先验地图。

第 4 章为海底地形特征表述与路径规划，分别讲述基于改进人工势场法、扇形搜索、粒子群优化、Astar 算法的路径规划方法原理与流程。

第 5 章为地形匹配单元的组建，包括实时海底地形的获取、局部地形的插值重构、搜索区域的选择和参考水深偏差的消除。

第 6 章为海底地形匹配导航算法，重点在于各种算法的原理、公式推导及算法流程。

第 7 章为海底地形辅助导航系统，主要介绍海底地形匹配辅助导航的修正方式、误差分析、导航策略、基于 Vega 和 VC 的 AUV 海底地形辅助导航系统。

本书由李晔统稿。本书的第 1、2、5、7 章由李晔编写；第 3、6 章由姜言清编写；第 4 章由王汝鹏、马腾、陈鹏云、陈小龙合作编写。

本书的研究工作得到国家“万人计划”青年拔尖人才、国家自然科学基金项目（项目编号：50909025、51279221）的支持，并得到国家出版基金资助出版，在此表示衷心感谢。

本书在写作过程中参考了国内外相关资料，在此，向参考文献的作者表示诚挚的谢意。

由于作者水平有限，书中不足之处在所难免，恳请广大读者提出宝贵意见。

作　者

2018 年 6 月 8 日

目 录

1 绪 论

21 世纪是海洋的世纪，人类利用和开发海洋的重要工具——智能水下机器人（autonomous underwater vehicle，AUV）受到各海洋强国的广泛重视，得到越来越深入的研究。AUV 可应用于海底地形地貌探测、海洋环境监测、海底生物和矿产资源的勘测采样、海洋工程维护、小型沉物打捞等[1-5]。

在 AUV 的各个子系统中，导航系统的精度和可靠性直接关系到 AUV 是否能够顺利完成预定任务并安全返回，因此，构建精确、可靠、自主的导航系统一直是 AUV 研究的一个重要内容和关键技术[6-8]。

1.1 AUV 水下导航技术

导航技术是指通过确定载体的位姿信息，并引导载体沿一定航线从空间的一点运动到另一点的技术[9]。大气层内的智能载体通常依靠无线电、扩频通信和全球定位系统（global positioning system，GPS）进行导航定位。由于高频信号在水下环境中会快速衰减，以及 AUV 载体本身的特性，AUV 水下导航并不能照搬大气层内智能载体的导航方法。根据导航所采用传感器的不同，常用于 AUV 的水下导航技术可根据图 1.1 所示进行分类[10,11]。

从图 1.1 中可以看出，AUV 所使用的水下导航技术大致可分为三类：惯性/航位推算导航、水声学导航、地球物理导航。

1. 惯性/航位推算导航

惯性导航系统（inertial navigation system，INS）通过对加速度计获取的数据和陀螺仪数据进行两次积分，解算出当前的位置信息。近年来惯性导航的研究热点集中在融合多普勒测速仪[12]（Doppler velocity log，DVL）、差分全球定位系统[13]

（differential global positioning system，DGPS）、卡尔曼滤波器，与 INS 形成组合导航系统，或者对导航数据进行神经网络处理，并利用海流等外部数据消除海洋环境对导航的干扰[14]，提高惯性导航的精度。

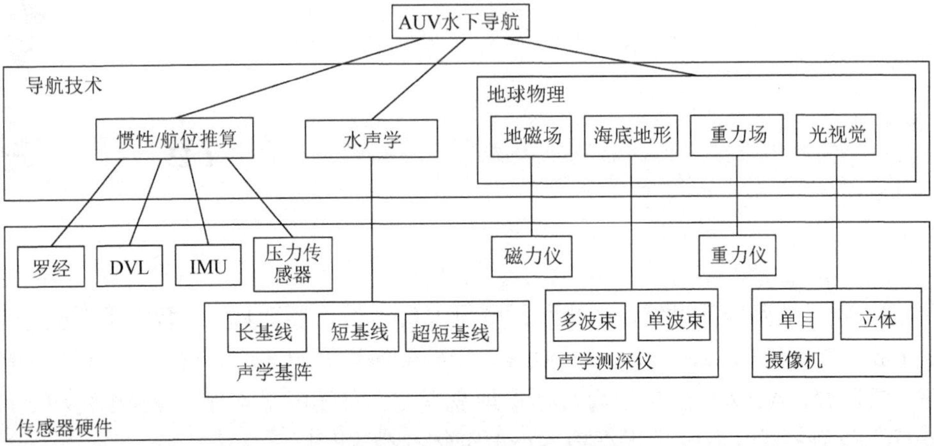

图 1.1　水下导航技术分类

航位推算（dead reckoning，DR）导航通过对罗经和多普勒速度计获取的数据进行积分，解算出当前位置信息[15,16]。哈尔滨工程大学的万磊等[17]和孙玉山等[18]提出 AUV 导航所使用的航位推算导航系统，验证采用 DVL 和光纤罗经进行 AUV 航位推算的可能性，并进行嵌入式集成研究，形成一套完整的航位推算系统。张强等 [19]和冯子龙等[20]设计了融合航位推算和 GPS 的低成本的容错组合导航系统，进一步提高了航位推算的精度。

惯性导航和航位推算导航不需要外部传感器的支持，导航推算所需的数据全部由自身携带的传感器获得，且短时间内导航精度较高，是大部分 AUV 采用的导航方式。但随时间累积，长时间水下航行会产生较大的累积误差，必须定期利用外部信息对其进行校准。人们通常采用的方法是 AUV 定期上浮接收 GPS 信号作为新的修正参考值。但采用这种修正方式有很大缺陷：AUV 频繁上浮会消耗大量能源，不利于 AUV 长时间深水作业，且复杂的近水面环境对于 AUV 也是一个巨大威胁。

2. 水声学导航

水声学导航是基于测量声学信号的传播时间，从声学信标获取或者对信号进行解算得到位置信息进行导航，主要包括长基线（long baseline，LBL）、短基线（short baseline，SBL）、超短基线（ultra short baseline，USBL）三种水声学导航定位方法。蒋新松和封锡盛两位院士及王棣棠的专著《水下机器人》里详细介绍了水声学导航定位的原理、实现过程和应用范围。近年来水声学导航的研究热点是如何提高水声学导航的应用范围和如何合理布置基阵等，其中一个方案是将DGPS和水声学导航结合，直接给AUV提供经纬度坐标，或者将惯性导航、船位推算分别与声学导航结合来进行容错导航[21-24]。

在声学基阵的作用范围内，水声学导航是最可靠、精度最高的AUV水下导航定位方法，且不存在累积误差。但水声学导航需要预先在AUV工作海域或支持母船上布置声学基阵，需要较大的支持体系，成本高且导航范围受限，不能满足AUV独立执行作业任务的要求。

3. 地球物理导航

地球物理导航是利用外部环境信息做参考的导航技术，常用的外部环境信息包括水下光学图像、地磁场、重力场、海底地形等。地球物理导航通过利用相应传感器采集AUV附近的地球物理信息，与基准数据库中相应区域的先验信息做对比，从而得到AUV当前的位置信息[25,26]。地球物理导航具有全天候、无源性、无累积误差且不易受外界干扰的特点，近年来地球物理导航成为各国水下导航方法的研究热点。基于光视觉的景象匹配定位精度高，但由于光信号在水下环境中传播距离短，其只能应用于某些场合的末端精确定位。地磁场、重力场匹配导航由于受到测量方法和测量精度等因素的限制，在现阶段很难应用于实践。随着多波束测深系统的发展，高精度的海底地形测量成为可能，因此，采用海底地形匹配导航（seabed terrain matching navigation，STMN）可以满足AUV水下精确导航定位的需求。AUV采用海底地形匹配导航只依靠自身搭载的地形测量传感器，不需要上浮修正，不存在累积误差，可长时间水下导航定位，并满足AUV“长期、全天候、高精度”的导航要求。因此，近年来海底地形匹配导航受到了世界各海洋强国的广泛重视，并取得了长足发展[27-32]。

1.2　地形匹配导航原理

地形匹配导航技术出现于20世纪70年代，并在战斗机、巡航导弹等武器系统中取得了成功的应用，具有独立自主、不受恶劣天气影响等优点[33]。广义上讲，地形匹配技术包括地形高度匹配技术（terrain elevation matching，TEM）和景象匹配区域相关（scene matching area correlator，SMAC）算法等。

获取飞行器在飞越区域内的地形图像，并和存储的基准特征图像进行比较，通过景象匹配区域相关算法推算出飞行器的精确位置，这就是基于SMAC的地形匹配。基于SMAC的地形匹配并不基于地形高度的起伏，而是通过利用地面可辨认的线性特征进行精确定位，因此，其在平坦地形区域内的定位效果较好。由于地面的线性特征并不是连续分布的，SMAC 并不能实现连续匹配定位，其通常应用于飞行器的末端制导，定位精度极高。但是由于海底地形可辨认特征较少，很难采用 SMAC 算法得到较高的匹配精度，海底地形匹配一般指地形高度匹配。

TEM 的主要思想是通过测量飞行器下方的地形高度信息，并和参考地形高程数据库进行比较，从而推算出飞行器的位置信息。与 SMAC 不同，TEM 采用的主要是地形高程信息，基准地形高程数据库可通过大地形测量得到，对测绘能力的要求较低。TEM 技术主要应用于中制导，定位精度较低。狭义的地形匹配技术特指地形高度匹配技术。下面对飞行器地形高度匹配的基本原理进行介绍。

如图 1.2 所示，当飞行器在飞越规划地形适配区域时，利用雷达高度计测量飞行器正下方的离地高度，并利用气压计得到飞行器所处位置的海拔高度，从而得到飞行器下方的地形高程值。将实时测量的地形高程值与参考地形高程数据库中的数据进行相关处理，从而得到飞行器当前的位置信息。考虑到参考地形高程数据库中可能有多个位置的高程数据与实时测量值相近，这样一个地形高程的测量值就不能满足需要，因此，为了得到真正的匹配位置，需要沿飞行器飞行路径连续测量多个高程值，同时利用参考导航系统对匹配区域进行限定，从而确保地形匹配估计位置的唯一性[34,35]。

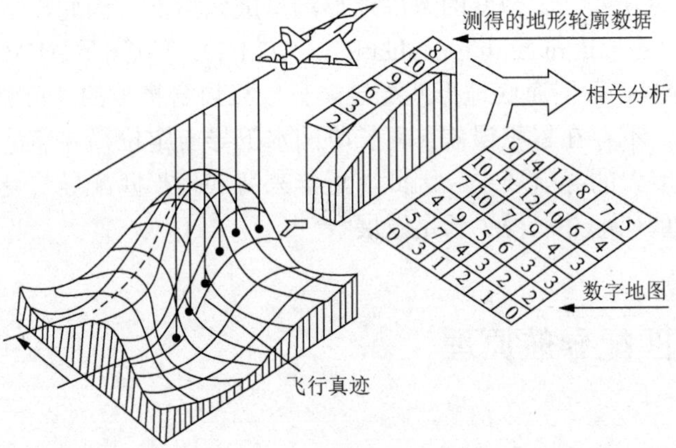

图 1.2　地形匹配的原理示意图

与飞行器的地形匹配类似，当 AUV 在穿越地形适配区时，利用声学高度计（acoustic altimeter）、DVL、多波束声呐等测深传感器测量 AUV 下方的测点深度，并与压力传感器所得到的深度值相加得到 AUV 所在位置处的水深（地形高程值）。利用实时测量的地形高程值，通过地形匹配算法在预先存储的参考地形高程数据库中确定最佳匹配位置。海底地形匹配导航系统可以看成是 AUV 水下导航系统的一个修正模块，给导航系统提供位置修正方案。与 GPS 信号类似，海底地形匹配导航系统所提供的位置信息可以与 AUV 搭载的其他导航系统的导航信息进行融合。另外，海底地形匹配导航也可以作为独立的位置更新来源。对于 AUV 水下导航系统来说，海底地形匹配导航可以使导航系统具有更好的可靠性。对水面舰船的导航系统来说，当 GPS 失效时，利用海底地形匹配进行导航也是一个很好的选择。

1.3 AUV 海底地形匹配导航技术的研究现状

出于商业上的潜在价值，20 世纪 90 年代以来，海底地形匹配导航得到了快速的发展，世界上在 AUV 研究领域处于领先的多个组织和研究机构都开展了相关的研究，并进行了海底地形匹配的海中实验。在海底地形匹配导航研究中处于领先地位的有挪威国防研究中心、瑞典皇家工学院、美国蒙特雷湾海洋研究所、英国南安普顿大学和日本东京大学等。

（1）作为世界领先的 AUV 开发和生产机构，挪威国防研究中心研究设计了 HUGIN 系列 AUV，其广泛应用于军事和民用领域。同时，利用 HUGIN 作为载体，地形匹配导航也被深入研究。项目组首先研发了 Terrlab 地形匹配仿真系统，对海底地形匹配方法进行“回放式仿真”研究。所谓“回放式仿真”，是指在离线状态下将多波束等传感器实时测量数据进行再次读取和数据后处理工作。在经过大量仿真实验后，利用 HUGIN 作为载体 AUV，挪威国防研究中心在 2009 年和 2010 年各进行了一次海中实验，验证了海底地形匹配导航的实用性[28,36-42]。2009 年的海中实验是在开放海域的全程水下“穿越”航行实验，在 50km 水下航行过程中，HUGIN 所有的导航位置信息均由地形匹配定位系统提供，由支持母船上的声学定位系统记录的位置作为参考定位，在到达目标海域后，地形匹配定位的误差约 4m，远低于 INS 理论上 50～100m 的定位误差。在 2010 年的海中实验过程中，HUGIN 所搭载的多波束测深系统突然损坏，为了不影响实验的进行，临时采用 DVL 作为海底地形测量设备（图 1.3）。经过 5 小时的水下航行，地形匹配定位结果与 GPS 信号之间的误差为 5m。挪威国防研究中心多年的研究取得了许多有益的成果，在海底地形匹配导航的研究中具有重要的参考意义。

（2）瑞典皇家工学院的 Nygren 教授带领的团队建造了 AUV62F 和 Sapphires 两种型号的 AUV。AUV62F 用于长时间的水下探测和海底地形测绘。为了让这两种型号的 AUV 都能够实现不依赖上浮修正的水下作业，Nygren 团队也对海底地形匹配方法进行了研究[27,43-47]。AUV62F 和 Sapphires 使用的地形匹配导航系统软件相同，地形匹配时均采用相关性的方法，其差别在于 AUV62F 使用多波束测深系统进行地形测量，Sapphires 使用合成孔径声呐进行地形测量。海中实验时，Nygren 团队在 65km 的规划航路上选择 1、2、2C、2B、3、4、5、5B、6B、7 共 10 个点作为地形匹配点。两者的实验定位误差均小于 10m，如图 1.4 所示。

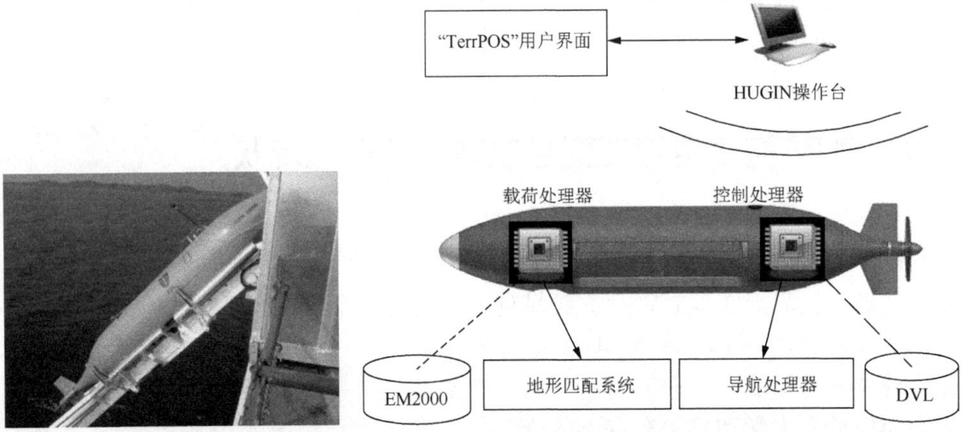

（a）HUGIN 1000 AUV　　（b）地形匹配导航系统

图 1.3　海试中的 HUGIN 1000 AUV 及其地形匹配导航系统（见书后彩图）

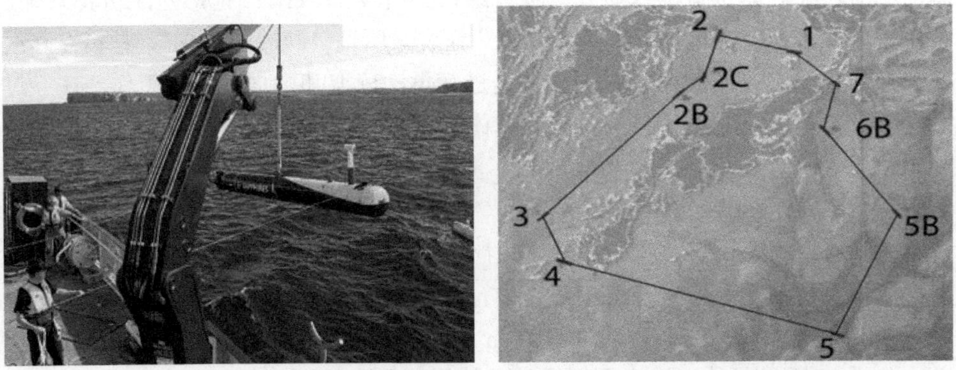

（a）Saab 公司的 AUV62F 水下机器人　　（b）地形匹配实验中的规划航路

图 1.4　AUV62F 及其在地形匹配实验中的规划航路（见书后彩图）

（3）基于 Autosub 6000 AUV 平台，英国南安普顿大学也进行了一系列海底地形匹配导航研究工作[30,48]。研究团队利用多波束测深系统得到一个条带状的海底地形作为参考地形，然后令 Autosub 6000 航行方向与参考地形垂直，当 Autosub 6000 穿越条带状参考地形时进行地形匹配定位，并修正导航系统的误差（图 1.5）。根据海中实验得到的数据，研究团队对海底地形匹配导航误差产生的原因进行分析，并讨论将海底地形匹配导航应用于 AUV 导航时可能存在的不足。

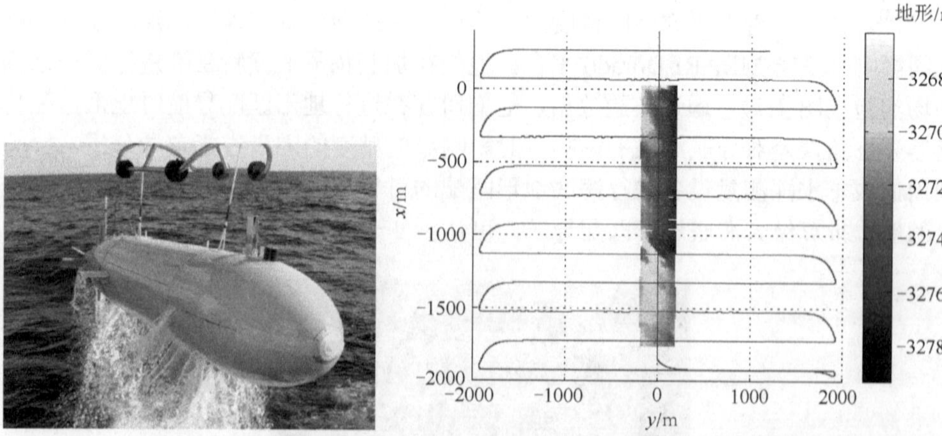

（a）Autosub 6000　　（b）海底地形匹配穿越路径

图 1.5　Autosub 6000 平台和海底地形匹配穿越路径（见书后彩图）

（4）日本东京大学及日本海洋工程研究所等单位联合研制了用于海底目标识别和海洋资源探测的开架式 AUV TUNA-SAND。TUNA-SAND 的研究团队还研究了基于自身携带的多波束声呐的地形匹配导航定位方法[29,48-50]，用于热液探测时的水下精确定位。利用一个大小为 400m×400m、网格精度为 3m 的先验海底地形，TUNA-SAND 的研究团队于 2008 年在鹿儿岛海域进行了相关的海底地形匹配导航实验（图 1.6）。地形匹配实验的实时测深数据采用多波束声呐的实时水深测量值，地形匹配结果与自身携带的惯性导航设备导航结果进行比较，得到较好的效果。

（a）TUNA-SAND 开架式 AUV　　（b）海底地形匹配导航实验

图 1.6　TUNA-SAND 开架式 AUV 及其海底地形匹配导航实验（见书后彩图）

（5）应用低成本的地形测量传感器，同时使用低精度的惯性导航装置，美国蒙特雷湾海洋研究所和斯坦福大学合作研究低成本的海底地形匹配导航方法[51-53]。该方法着重研究不同程度的漂移误差和航向不确定性对地形匹配导航结果的影响。基于 MBARI Dorado 平台，他们在加利福尼亚蒙特雷湾进行了一系列外场实验（图 1.7）。通过实验数据，他们研究在进行地形匹配导航时地形匹配传感器姿态角误差对导航结果的影响，对影响导航精度的因素进行定量分析，检验利用低成本水深测量设备进行海底地形匹配的可行性。实验结果表明，利用低精度的航位推算结合海底地形匹配导航，可达到 4～10m 的导航精度。

（a）MBARI Dorado AUV

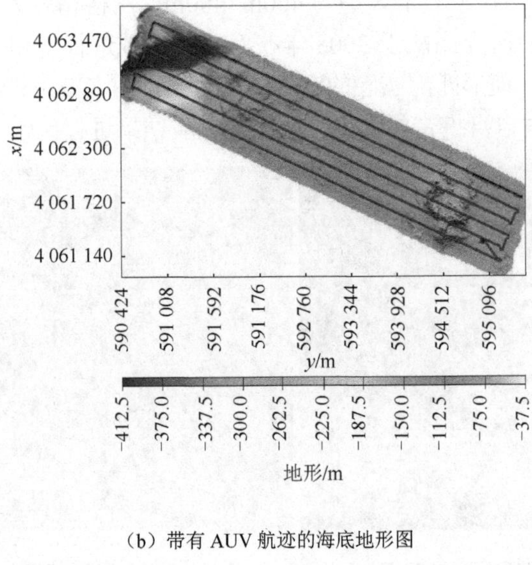

（b）带有 AUV 航迹的海底地形图

图 1.7　MBARI Dorado AUV 及带有 AUV 航迹的海底地形图（见书后彩图）

随着飞行器地形匹配研究的展开和深入，中国有关科研机构和高等院校开始尝试将地形匹配技术应用于水下环境，如哈尔滨工程大学、西北工业大学、北京大学等。西北工业大学的辛廷慧[54]验证了飞行器地形匹配所采用的地形剖面匹配系统（terrain contour matching，TERCOM）和桑迪亚地形辅助导航（Sandia inertial terrain aided navigation，SITAN）方法用于海底地形匹配的可行性并对其进行了改进。北京航空航天大学的王可东等[55]进行了海底地形匹配等值线算法的研究，在仿真中有效减小导航系统的误差。北京大学的张飞舟等[56]和于家城等[57]通过改进SITAN 方法，提出了基于跟踪-搜索模式的海底地形匹配算法。哈尔滨工程大学的刘承香等提出一系列基于 ICP/ICCP 算法的海底地形辅助定位方法，并在仿真中取得了较好的效果[58-61]。哈尔滨工程大学的陈小龙等经过多年理论研究，提出了多种用于 AUV 海底地形匹配导航的方法，并对这些方法进行了仿真验证[62-65]。

但是，总体来说上述单位的研究集中在验证飞行器所采用的地形匹配算法用于海底地形匹配的可行性，大多是基于类似雷达高度计的基于单波束测深。由于海底地形特征不明显，单独采用单波束数据并不能获取足够的海底地形信息，导致海底地形匹配定位精度较低。采用多波束测深可以在瞬时获取一个地形剖面内的地形数据，大大提高地形匹配的置信度，但中国在基于多波束测深的海底地形匹配方法研究方面基本上处于空白状态。

随着海洋资源开发需求的增加，AUV 技术得到快速的发展，但水下导航定位技术一直是 AUV 研究的难点之一。与单波束测深相比，多波束测深在测量速度、地形信息丰富度、地形特征准确度等方面都有较大优势，将其用于海底地形匹配导航具有理论上的优势。而将单波束测深数据用于地形匹配也有数据处理简单、实时性好等优势。未来海底地形匹配导航的研究应结合不同传感器的优缺点，研究多传感器条件下的海底地形匹配导航方法。

参考文献

[1] 蒋新松，封锡盛，王棣棠. 水下机器人. 沈阳：辽宁科学技术出版社，2000.

[2] 徐玉如，庞永杰，甘永，等. 智能水下机器人技术展望. 智能系统学报，2006，1（1）：9-16.

[3] 桑恩方，庞永杰，卞红雨. 水下机器人技术. 机器人技术与应用，2003（3）：8-13.

[4] 李晔，常文田，孙玉山，等. 自治水下机器人的研发现状与展望. 机器人技术与应用，2007（1）：25-31.

[5] Hagen P E，Midtgaard Ø，Hasvold Ø. Making AUVs truly autonomous. Oceans 2007，IEEE，Scotland，2007：1-4.

[6] 张建会，李俊，王涛，等. 远程 AUV 组合导航技术研究. 弹箭与制导学报，2006，26（1）：183-188.

[7] 燕奎臣，李一平，袁学庆. 远程自治水下机器人研究. 机器人，2002，24（4）：299-303.

[8] 严卫生，徐德民，李俊，等. 自主水下航行器导航技术. 火力与指挥控制，2004，29（6）：11-15.

[9] Aguilar L P，Donha D C. AUV guidance and navigation using intelligent control. Manoeuvring & Control of Marine Craft，2009，42（18）：223-228.

[10] Paull L，Saeedi S，Seto M，et al. AUV navigation and localization：a review. IEEE Journal of Oceanic Engineering，2014，39（1）：131-149.

[11] Miller P A，Farrell J A，Zhao Y，et al. Autonomous underwater vehicle navigation. IEEE Journal of Oceanic

Engineering，2010，35（3）：663-678.

[12] McEwen R，Thomas H，Weber D，et al. Performance of an AUV navigation system at Arctic latitudes. IEEE Journal of Oceanic Engineering，2005，30（2）：443-445.

[13] Marco D B，Healey A J. Current developments in underwater vehicle control and navigation: the NPS ARIES AUV. Oceans 2000 MTS/IEEE Conference and Exhibition，IEEE，Rhode Island，2000，33（1）：1011-1016.

[14] Jo G N，Choi H S. Velocity-aided underwater navigation system using receding horizon Kalman filter. IEEE Journal of Oceanic Engineering，2006，31（3）：565-573.

[15] 朱海，莫军. 水下导航信息融合技术. 北京：国防工业出版社，2002.

[16] Mo J，Wang G H，Zhao H J. Application of Kalman filter with ocean database in underwater navigation . Ship Science and Technology，2010，32（4）：51-56.

[17] 万磊，李璐，刘建成，等. 一种基于航位推算的水下机器人导航算法. 中国造船，2004，45（4）：77-82.

[18] Sun Y S，Wan L，Liang X，et al. Design of the embeded navigation system of autonomous underwater vehicle based on the VxWorks. IEEE International Conference on Control and Automation，Guangzhou，2007：2919-2924.

[19] 张强，孙尧，万磊，等. 低成本 GPS/DR 容错组合导航系统设计. 中国惯性技术学报，2010，18（4）：455-461.

[20] 冯子龙，刘健，刘开周. AUV 自主导航航位推算算法的分析研究. 海洋技术，2006，25（3）：19-22.

[21] Rigby P，Pizarro O，Williams S B. Towards geo-referenced AUV navigation through fusion of USBL and DVL measurements. Oceans 2006，IEEE，Boston，2006：1-6.

[22] Kussat N H，Chadwell C D，Zimmerman R. Absolute positioning of an autonomous underwater vehicle using GPS and acoustic measurements. IEEE Journal of Oceanic Engineering，2005，30（1）：153-164.

[23] Lee P M，Jun B H，Choi H T，et al. An integrated navigation systems for underwater vehicles based on inertial sensors and pseudo LBL acoustic transponders. Oceans 2005，IEEE，Washington，2005：555-562.

[24] Folk A，Armstrong B，Wolbrecht E，et al. Autonomous underwater vehicle navigation using moving baseline on a target ship. Oceans 2010，IEEE，Sydney，2010：1-7.

[25] 彭富清，霍立业. 海洋地球物理导航. 地球物理学进展，2007，22（3）：759-764.

[26] 朱庄生，袁春柱，周朋. 无源导航定位技术研究现状及发展趋势. 地球物理学进展，2011，26（4）：1473-1477.

[27] Carlstrom J，Nygren I. Terrain navigation of the Swedish AUV62F vehicle. Int. Symp. Unmanned Untethered Submersible Technol，UUST，Durham，NH，USA，2005.

[28] Ånonsen K B，Hagen O K. An analysis of real-time terrain aided navigation results from a HUGIN AUV. Oceans 2010，IEEE，Sydney，2010：1-9.

[29] Nakatani T，Ura T，Sakamaki T，et al. Terrain based localization for pinpoint observation of deep seafloors. Oceans 2009-Europe，IEEE，Bremen，2009：1-6.

[30] Carreno S，Wilson P，Ridao P，et al. A survey on terrain based navigation for AUVs . Oceans 2010，IEEE，Sydney，2010：1-7.

[31] 冯庆堂. 地形匹配新方法及环境适应性研究. 长沙：国防科学技术大学，2004.

[32] Zhang H，Hu X L. A height-measuring algorithm applied to TERCOM radar altimeter. 2010 3rd International Conference on Advanced Computer Theory and Engineering（ICACTE），IEEE，Chengdu，2010：543-546.

[33] 张亚崇，岳亚洲，王涛，等. 机载地形匹配系统技术研究. 弹箭与制导学报，2012，32（5）：9-13.

[34] Lu S L，Zhao L，Zhang C Y. Improved TERCOM based on fading factor. Applied Mechanics and Materials，2012，143-144：770-774.

[35] Uijt-De-Haag M，Vadlamani A. Flight test evaluation of various terrain referenced navigation techniques for aircraft approach guidance. Position，Location，and Navigation Symposium，2006 IEEE/ION，IEEE，San Diego，2006:440-449.

[36] Anonsen K B，Hallingstad O，Hagen O K. Bayesian terrain-based underwater navigation using an improved state-space model. Underwater Technology and Workshop on Scientific Use of Submarine Cables and Related Technologies，IEEE，Tokyo，2007：499-505.

[37] Anonsen K B，Hallingstad O，Hagen O K. Terrain aided AUV navigation -a comparison of the point mass filter and terrain contour matching algorithms. In Proceedings of the Undersea Defence Technology Conference Europe 2005，Amsterdam，the Netherlands，2005.

[38] Anonsen K B，Hallingstad O. Terrain aided underwater navigation using point mass and particle filters. Position，Location，and Navigation Symposium，2006 IEEE/ION，IEEE，San Diego，2006：1027-1035.

[39] Hagen O K，Anonsen K B，Mandt M. The HUGIN real-time terrain navigation system. Oceans 2010，IEEE，Sydney，2010：1-7.

[40] Hagen O K，Anonsen K B. Using terrain navigation to improve marine vessel navigation systems . Marine Technology Society Journal，2014，48（2）：45-58.

[41] Anonsen K B，Hagen O K，Hegrenaes O，et al.The HUGIN AUV terrain navigation module . Oceans-San Diego，2013，IEEE，San Diego，2013：1-8.

[42] Jalving B，Mandt M，Hagen O K，et al. Terrain referenced navigation of AUVs and submarines using multibeam echo sounders. Norwegian Defence Research Establishment，2004.

[43] Nygren I. Terrain navigation for underwater vehicles. Stockholm: Royal Institute of Technology，2005.

[44] Nygren I，Jansson M. Terrain navigation for underwater vehicles using the correlator method.IEEE Journal of Oceanic Engineering，2004，29（3）：906-915.

[45] Carlstrom J. Results from sea trials of the Swedish AUV62F's terrain navigation system. 15th International International Symposium on Unmanned Untethered Submersible Technology，Durham，NH，USA，2007，200：250-300.

[46] Nygren I. Robust and efficient terrain navigation of underwater vehicles. Position，Location and Navigation Symposium，2008 IEEE/ION，IEEE，Monterey，2008：923-932.

[47] Nygren I. A method for terrain navigation of an AUV. Oceans 2001. MTS/IEEE Conference and Exhibition，IEEE，Honolulu，2001：1766-1774.

[48] Ura T，Nakatani T，Nose Y. Terrain based localization method for wreck observation AUV. Oceans 2006，IEEE，Boston，2006：1-6.

[49] Nakatani T，Ura T，Ito Y，et al. AUV "TUNA-SAND" and its exploration of hydrothermal vents at Kagoshima Bay. Oceans 2008-MTS/IEEE Kobe Techno-Ocean，IEEE，Quebec City，2008：1-5.

[50] Nakatani T，Ura T，Sakamaki T，et al. Terrain based localization for pinpoint observation of deep seafloors. Oceans 2009-Europe，IEEE，Bremen，2009：1-6.

[51] Meduna D K，Rock S M，McEwen R S. Closed-loop terrain relative navigation for AUVs with non-inertial grade navigation sensors. Autonomous Underwater Vehicles（AUV），2010 IEEE/OES，IEEE，Monterey，2010：1-8.

[52] Meduna D K，Rock S M，McEwen R. Low-cost terrain relative navigation for long-range AUVs. Oceans

2008，IEEE，Quebec City，2008：1-7.

[53] Meduna D K. Terrain relative navigation for sensor-limited systems with application to underwater vehicles. Stanford: Stanford University，2011.

[54] 辛廷慧. 水下地形辅助导航方法研究. 西安：西北工业大学，2004.

[55] 王可东，陈偲. 水下地形匹配等值线算法研究.宇航学报，2006，27（5）：995-999.

[56] 张飞舟，侣文芳，晏磊，等. 水下无源导航系统仿真匹配算法研究. 武汉大学学报（信息科学版），2003，28（2）：153-157.

[57] 于家城，晏磊，邓嵬，等. 海底地形辅助导航 SITAN 算法中二次搜索技术. 电子学报，2007，35（3）：474-477.

[58] 刘承香. 水下潜器的地形匹配辅助定位技术研究. 哈尔滨：哈尔滨工程大学，2003.

[59] 刘承香，刘繁明，刘柱，等. 快速 ICCP 算法实现地形匹配技术研究. 船舶工程，2003，25（3）：54-56.

[60] 杨绘弘. 基于 ICCP 的水下潜器地形辅助导航方法研究. 哈尔滨：哈尔滨工程大学，2009.

[61] 张红伟. 基于 ICCP 算法的水下潜器地形辅助定位改进方法研究. 哈尔滨：哈尔滨工程大学，2010.

[62] Chen X L，Li Y，Pang Y J，et al. Underwater terrain navigation based on improved Bayesian estimation. 2012 Third International Conference on Digital Manufacturing and Automation （ICDMA），IEEE，Guilin，2012：1002-1005.

[63] Chen P Y，Li Y，Su Y M，et al. Underwater terrain positioning method based on least squares estimation for AUV. China Ocean Engineering，2015，29（6）：859-874.

[64] 陈小龙，庞永杰，李晔，等. 基于极大似然估计的 AUV 水下地形匹配定位方法. 机器人，34（5）：559-565.

[65] 李晔，陈鹏云，陈小龙，等. 水下机器人的多线地形匹配导航方法：CN103090861A. 2013-05-08.

2 海底地形匹配导航技术概述

地形匹配导航作为一种辅助导航技术已经有几十年的历史，在飞机低空导航、导弹末端制导等方面得到了成熟的应用。在处理方法上，地形匹配导航可分为批处理形式和递推下的滤波形式，其典型代表为 TERCOM 方法和 SITAN 方法。由于地形特征的获取方式和载体所处环境的不同，海底地形匹配导航和飞行器地形匹配导航有较大的差别，分别具有其自身的特点。

本章首先介绍海底地形匹配系统的组成和 AUV 海底地形匹配导航模型；然后介绍常用的地形匹配导航方法，并指出海底地形匹配导航的特殊性和关键技术，为后续章节提供铺垫。

2.1 海底地形匹配导航系统的组成

与飞行器地形匹配导航系统类似，AUV 海底地形匹配导航系统主要由参考导航单元、地形测量单元和地形匹配单元三个部分组成。

2.1.1 参考导航单元

在 AUV 的地形匹配导航系统中，参考导航单元负责提供初始定位信息，限定地形匹配单元的搜索范围。通常情况下参考导航单元是惯性/航位推算导航系统，如图 2.1 所示。

1. 惯性导航系统

惯性导航系统是依靠陀螺仪和加速度计测量载体在惯性参考系中的加速度，并用其解算载体在导航坐标系中的速度、偏航角和位置等信息的导航系统。在 INS 中，陀螺仪给出载体的航向和当前的姿态信息，并建立导航坐标系；加速度计顾名思义用来测量载体的加速度。在得到载体加速度后，通过对时间的一次积分可得到载体的速度，二次积分得到载体在相邻两个采样周期内的位移，从而推算出载体的位置坐标。

（a）惯性导航系统　　（b）磁罗经　　（c）多普勒测速仪

图 2.1　参考导航单元

INS 是一种完全自主式导航系统，其不依赖外部信息，也不向外部辐射任何信息，因而具有导航实时性好、可全天候工作、很难被干扰等优点，且 INS 短时间内导航精度和稳定性高，是现在采用最为广泛的导航方法。但是，INS 的导航信息由积分解算得到，因此定位误差随时间增长，长时间使用存在累积误差，需要初始对准，还有设备价格较昂贵等缺陷[1]。由于 INS 固有的累积误差会对载体的导航造成影响，长时间使用需要对其进行定时修正。

2. 航位推算导航系统

航位推算导航系统根据载体在当前时刻的已知位置坐标，通过测量载体航向、航速及航行时间信息，推算下一时刻载体的位置坐标，是较经典、使用较为广泛的导航方法之一。AUV 航位推算系统所使用的传感器包括罗经和 DVL，罗经给出当前 AUV 的航向信息，DVL 给出当前 AUV 的航速信息[2,3]。航位推算系统可以看成简化的惯性导航系统，具有需要的传感器较少、成本低、可对载体进行连续定位的优点。由于算法和所用传感器的限制，航位推算系统的累积误差比 INS 大很多，如果不定时进行 GPS 修正，超过一定时间其导航误差会急剧增大。

2.1.2　地形测量单元

地形测量单元用于测量载体当前位置附近一定范围内的海底地形数据。如图 2.2 所示，海底地形测量数据用测深点位置的水深值表示，指从海平面到海底的垂直距离。为了便于表述，图 2.2 中忽略了压力传感器、换能器等传感器之间的相对位置。从图 2.2 中可以看出，水深值包括载体到平均海平面的距离（吃水深度）和载体换能器到海底的距离（高度）。由于潮位的影响，压力传感器所测得吃水深度包括平均海平面以上的潮位和载体与平均海平面的相对深度。

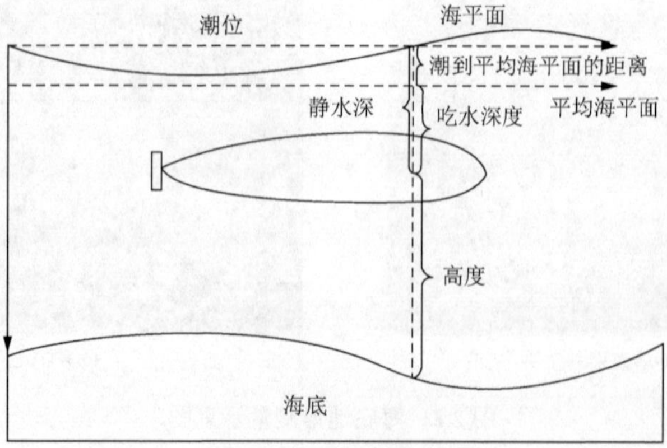

图 2.2　水深数据组成

根据传感器的不同，高度的测量方式有两种：单波束和多波束。单波束（single beam）测量所使用的测深设备称为单波束测深仪，即常见的声学高度计[4]。单波束测深仪的换能器垂直载体向下发射单个测量波束，当测量波束到达海底时发生反射并返回换能器。其深度值由声脉冲在换能器和海底间的双程旅行时间和水体中的平均声速确定。设 D_{tr} 为单波束测深仪的换能器距离海底的高度，C 为声波在水体中的平均传播速度，t 为波束从发射到接收的时间，则 D_{tr} 可近似表示为

$$D_{\mathrm{tr}} = \frac{1}{2}Ct \tag{2.1}$$

将 D_{tr} 加上换能器吃水深度 D_{d} 和潮位修正值 ΔD_{t}，即可得到实际的水深测量数据 D：

$$D = D_{\mathrm{tr}} + D_{\mathrm{d}} + \Delta D_{\mathrm{t}} \tag{2.2}$$

由于单波束测深的数据更新率很高，测深数据沿航向密集分布成线地形。

多波束测深系统是一种可以实现大范围海底地形测量的设备，利用多波束测深系统可以同时获得与航线方向垂直的数百至数千个测深点[5]。多波束测深系统的测深数据由波束的入射角和波束斜距来表示。获取换能器接收单元之间的相位差并对其进行比较，可以解算波束入射角。波束入射角的解算精度与接收单元之间的相位差大小成正比关系。多波束测深数据中各波束脚印坐标位置解算需要考虑声速剖面、波束入射角 θ 等因素。

除此之外，海底地形测量设备还包括 DVL[6]、干涉声呐[7]、侧扫声呐[8]和激

光测深仪[9]等。其中，DVL 在某种程度上可以看成简化的特殊类型的多波束测深设备。本书用到的海底地形测量设备包括单波束测深仪、DVL 及多波束测深系统。图 2.3 为海底地形测量示意图。

（a）单波束测深仪　　（b）DVL

图 2.3　海底地形测量示意图

2.1.3　地形匹配单元

地形匹配单元包括实时测深数据后处理、海底地形数据库、匹配算法三个部分。地形匹配单元直接关系导航的成功与否，是地形匹配导航的核心。

与陆地环境不同，由于海洋环境的复杂性和 AUV 较小的载体，在进行海底地形测量时 AUV 载体处于不规则运动状态，海流的运动和海水自身的特性也会影响海底地形的测量。外界对地形测量的影响称为噪声，与陆地地形测量相比，噪声对海底地形测量的影响要严重得多[10, 11]。作为海底地形测量的重要设备之一，多波束测深系统除换能器外还包含多种辅助传感器，因此，多波束测深的数据的质量除了与换能器自身的特性相关外，还受到辅助传感器特性的影响。实时测深数据后处理包括实时测深数据的野值剔除、声线追踪和补偿、潮位修正、波束选择等[12]。

海底地形数据库也称为水下数字地形图（digital terrain map，DTM），是在地形匹配计算机中存储的数字化先验海底地形数据。在 AUV 海底地形匹配导航系统中的数字地形模型是一定区域内水深数据的离散化网格数据，相邻网格节点的间距称为数字地形模型的分辨率。DTM 的制作方法分为两种：①通过电子海图中水深数据插值得到；②由多波束测深系统得到的测深数据后处理得到。前者成本低、易于获得，但是精度不能满足实际需要，仅能用于部分理论研究；后者的精度可以满足实际应用的需求，但是需要专门的地形测量，成本高。DTM 的制作方法将在第 3 章中详细介绍。

匹配算法通过对比地形测量单元获得的实时测深数据和由参考导航单元指示

位置附近的 DTM 数据，从而确定 AUV 当前所处的位置，是地形匹配单元的核心。

AUV 海底地形匹配导航系统的三个单元关系如图 2.4 所示。

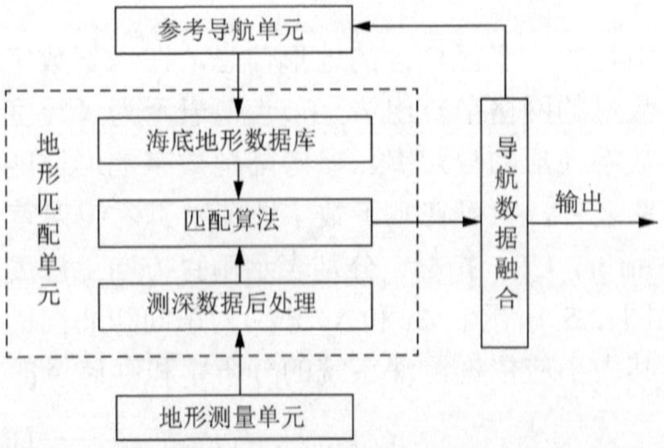

图 2.4　AUV 海底地形匹配导航系统中各单元的关系

2.2　海底地形匹配导航模型

2.2.1　状态空间模型

不考虑 AUV 在垂直面的坐标变化，假定在每个采样时刻导航系统都进行一次数据更新，以 AUV 的水平面坐标为状态变量，海底地形匹配导航模型如下所示：

$$X_{i+1} = X_i + U_i + v_{i+1} \tag{2.3}$$

$$Y_t = H_t(x_t) + E_t \tag{2.4}$$

式中，X_i 为参考导航系统指示的位置；U_i 为在相邻两个采样时刻参考导航系统（一般为 INS 或者 DR）指示的位置内改变量；v_i 为参考导航系统的误差，这里假设为高斯白噪声；Y_t 为实时测深序列；$H_t(x_t)$ 是从 DTM 提取的 x_t 处水深序列；E_t 为测深传感器的测量误差，为了便于计算，假设 E_t 为均值为零的高斯白噪声。

式（2.4）所表示的水下数字地形图是 x_t 的非线性函数，但在通常情况下，为了简化计算，某点处的水深值可利用线性插值得到。

式（2.3）和式（2.4）可以分别看成海底地形匹配导航模型的状态方程和测量方程。式（2.3）和式（2.4）表示海底地形匹配导航的过程：通过利用多波束测深系统、DVL、单波束测深仪等测深设备进行实时水深测量，再利用地形匹配算法比较实时水深测量信息和从 DTM 提取的局部地形信息，从而推算出 AUV 当前的位置，同时对系统的状态方程进行修正。式（2.3）和式（2.4）是对海底地形匹配导航模型的简化,基本上各种地形匹配导航方法的实施都是围绕该模型所展开的。

2.2.2 数字地形模型

数字地形模型中包含一定区域内的地形信息，在水下数字地形图中表现为水深信息，其由一定数量的网格节点组成，节点值表示为（经度，纬度，深度）的形式，网格间距为数字地形的分辨率。参考陆地数字地形性能指标表示方式，除了网格间距和分辨率之外，也可在水下数字地图中引入线误差（linear error，LE）和圆误差（circular error，CE）指标，分别表示垂直方向上深度误差和水平方向上经纬度误差[13]。如图 2.5 所示，Δx 和 Δy 分别为东向和北向的网格间距，一般来说两者大小相同，其大小应依据测深系统的分辨率和存储量的大小进行选定。

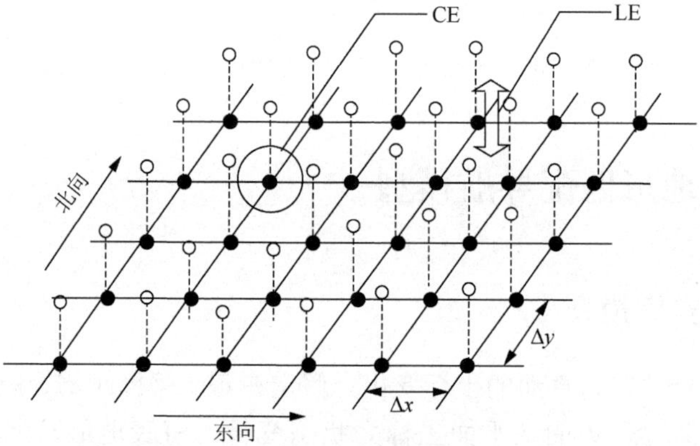

图 2.5　水下数字地形模型网格组织图

2.2.3 影响海底地形匹配定位性能的因素

由海底地形匹配导航的状态模型可知，影响海底地形匹配性能的因素主要有参考导航系统的性能、DTM 的精度、地形测量传感器的精度、地形匹配区域的选择、地形匹配算法等。

1. 参考导航系统的性能

在地形匹配导航中，一般采用 INS 或者 DR 作为参考导航系统给地形匹配系统提供初始定位信息。参考导航系统提供的初始定位误差越小，地形匹配的搜索区域越小，通过地形匹配找到 AUV 真实位置的概率越高，地形匹配的置信度也越高。但是高精度的 INS 价格昂贵，为了降低成本，海底地形匹配系统一般采用低精度的 INS 或者 DR 作为参考导航系统。

2. DTM 的精度

DTM 是进行海底地形匹配的前提和必要条件。如果没有符合要求的高精度 DTM，海底地形匹配导航系统将不能真正走向实用。DTM 的精度越高，对地形匹配导航的定位结果越有利。

3. 地形测量传感器的精度

地形测量传感器的精度越高，说明在海底地形测量时的测量误差越小。若地形匹配使用的 DTM 精度和分辨率相同，则地形测量误差的减小可以显著提高地形匹配定位的置信度和精度。通常情况下，测量精度与地形测量传感器的性能、声速剖面的测量及潮位数据的修正等因素有关。

4. 地形匹配区域的选择

在式（2.4）中，$H_t(x_t)$ 是 x_t 的非线性函数，因此地形特征直接影响地形匹配定位的结果。当地形特征不明显时，在不同区域可能会出现相似的地形，如果不能对这些相似地形进行区分，将对地形匹配定位的结果产生不利影响，甚至导致匹配失败的现象。因此，在进行地形匹配定位时，需要尽可能选择地形特征比较丰富的区域，减小地形相似性的影响。

5. 地形匹配算法

地形匹配算法是 AUV 海底地形匹配导航的核心。不同的地形匹配算法有不同的适应条件和使用范围，在相同地形条件下的匹配结果也不完全相同。由于不同算法在不同地形条件下的适用性、匹配效率、匹配精度的不同，在进行海底地形匹配研究时，需要针对不同的 AUV 硬件系统、导航的实时性要求及地形匹配区域内的特性进行综合考虑。

2.3 典型的地形匹配方法

地形高度匹配技术主要思想是通过测量载体路径下方的地形高度，与存储的数字地形图进行比较进而得到载体的位置信息。海底地形匹配导航是地形高度匹配技术在水下的实现，水下高度信息由载体所处位置的水深信息来表示。AUV 载体在行进过程中，通过传感器不断获取载体所处位置的水深信息，与水深基准地图进行比较，得到载体在基准地图中所处的位置，用来对 INS 所指示位置进行修正。海底地形匹配导航是一种无源、自主的导航方式，不受季节及天气变化影响，具有极高研究和应用价值。与陆地地形匹配导航方法类似，海底地形匹配方法可归纳为三类：基于扩展卡尔曼滤波的地形匹配方法、基于相关性的地形匹配方法和基于直接概率准则的地形匹配方法。

2.3.1 基于扩展卡尔曼滤波的地形匹配方法

基于扩展卡尔曼滤波的地形匹配方法最典型的是由美国桑迪亚实验室于 20 世纪 70 年代中期提出的桑迪亚地形辅助导航（SITAN）方法。SITAN 方法是较早利用递推方法进行连续地形匹配的方法之一[14-16]。SITAN 方法利用 INS 输出的定位信息，由数字地图导出地形斜率，并利用扩展卡尔曼滤波器进行处理。该方法容许有较大的速度和航向误差，同时允许载体进行机动飞行。为了克服地形的非线性，在算法中需要对地形进行局部随机线性化，当地形斜率正负号发生变化时，这种地形线性化处理容易产生多值，有可能引起滤波发散。为了克服滤波发散，后续又出现了改进的卡尔曼滤波方法，用以对 SITAN 方法进行改进。如 Li 等[17]利用无迹卡尔曼滤波（unscented Kalman filter，UKF）对地形导航下的状态误差进行估计。Li 等[18]将人工神经网络引入卡尔曼滤波中，形成智能联邦卡尔曼滤波算法，用以改善 AUV 导航精度和对地形的适应能力。Xie 等[19]将并行卡尔曼滤波和相关性方法结合来进行地形导航，得到了较好的效果。扩展卡尔曼滤波在陆地地形导航中已经得到了成功的应用。飞行器地形匹配导航的 SITAN 方法原理如图 2.6 所示。

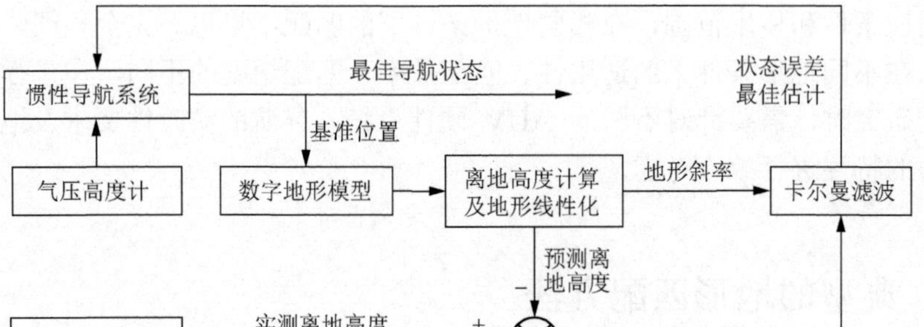

图 2.6 飞行器地形匹配导航的 SITAN 方法原理

基于扩展卡尔曼滤波的地形匹配方法在使用过程中有着诸多优点与局限性，其中优点有以下几项。

（1）基于扩展卡尔曼滤波的地形匹配方法对参考导航系统误差的修正是实时的，故而使用该方法的载体可以做一系列机动动作，这是地形相关性方法所不具备的特点。

（2）基于扩展卡尔曼滤波的地形匹配方法抗噪声干扰的能力较强，在高噪声的干扰下，其定位精度也能够得到保证。

（3）基于扩展卡尔曼滤波的地形匹配方法的运算量较小，故而对地形匹配计算机的硬件要求较低。

（4）基于扩展卡尔曼滤波的地形匹配方法对系统误差的修正，可以做到同时修正参考导航系统的位置、高度及速度三方面的误差。

基于扩展卡尔曼滤波的地形匹配方法在使用过程中有以下局限性。

（1）基于扩展卡尔曼滤波的地形匹配方法对于初始误差比较敏感，要求初始定位位置足够精确。

（2）基于扩展卡尔曼滤波的地形匹配方法对于参考导航系统有着很高依赖性，不能够脱离参考导航系统单独使用。

（3）地形线性化处理在地形突变的地方或者地形斜率正负号改变的地方容易产生多个数值，引起滤波的发散。

（4）基于扩展卡尔曼滤波的地形匹配方法在误差很小时，也可能出现奇异值，从而很难再对参考导航系统进行修正。

2.3.2 基于相关性的地形匹配方法

基于相关性的地形匹配方法最早应用在航空上，作为战斗机和巡航导弹的一种辅助导航方法，距今已有 40 多年的历史。其中最著名的是由英国宇航公司研制的地形辅助导航系统，又称为地形剖面匹配系统（TERCOM），其通过连续测得的地形高程剖面数据，运用相关度算法，如最小方差法、平均绝对差法等进行批处理[20-22]。作为相关匹配算法的另一种表现形式，Besl 和 Mckay 等提出了一种称为迭代最近点（iterative closest point，ICP）算法的图像对准方法，并被刘承香等应用在海底地形匹配上[23]。为了应对 ICP 算法容易陷入局部最小值的不足，Zhang 等[20]将 BP 神经网络引入 ICP 算法中，并进行仿真分析。Behzad 等对该算法进行了改进，提出了 ICCP（iterative closest contour point，ICCP）算法，该算法是 ICP 算法的一个特例[24-28]。近年来，很多学者将多种方法组合运用来进行相关性分析，也有人将 ICCP 算法与其他方法进行组合进行地形匹配导航，如 Jiang 等[29]提出了一种将概率数据联合滤波（probabilistic data association filter，PDAF）与 ICCP 方法相结合的新型海底地形匹配方法，Yuan 等[30]提出将 TERCOM/ICCP 和卡尔曼滤波组合运用于地形匹配，在理论上该组合方式下的结果较单独一种方式要好。基于 TERCOM 发展起来的这些方法的显著缺陷就是实时性较差，而且对载体航迹要求较高，当航向存在较大偏差时误差将急剧增大。基于相关性的地形匹配方法原理如图 2.7 所示。

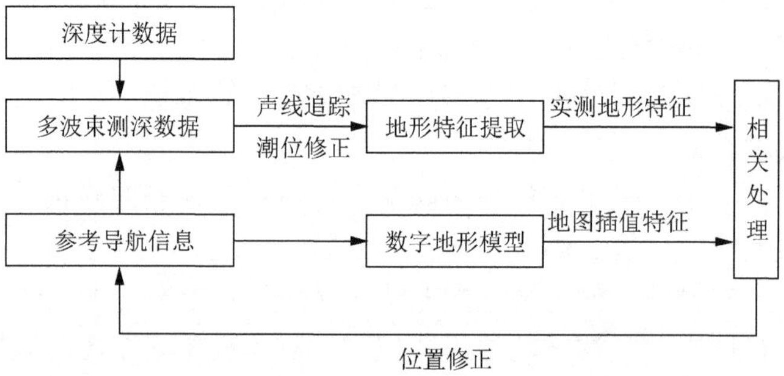

图 2.7　基于相关性的地形匹配方法原理

基于相关性的地形匹配方法的优点有如下几项。

（1）当地形特征足够且搜索区域足够大时，即使初始定位误差很大，基于相关性的地形匹配方法仍能找到真实的匹配位置。

（2）只要检验匹配区域内实时地形和参考地形之间是否存在相关性，就能满足非线性地形数据的地形匹配要求。

（3）基于相关性的地形匹配方法算法简单且效果较好，其有效性已经得到了充分认证。

基于相关性的地形匹配方法存在着以下不足之处。

（1）基于相关性的地形匹配方法属于典型的批处理方法，这就需要 AUV 航行一段距离，获取足够的地形数据才能进行匹配运算，算法的实时性较差。

（2）基于相关性的地形匹配方法对载体航向误差敏感，在匹配定位中不能进行机动运动。

（3）依然存在导航误差，误差来自于水下数字地图的精度、水下噪声影响及网格划分精度等方面。

（4）地形盲区区域的地形匹配定位效果不是很好，需要通过路径规划避开这些区域或者直接穿过，等过了盲区才能进行大范围的匹配算法。

2.3.3　基于直接概率准则的地形匹配方法

基于直接概率准则的地形匹配方法是近年来研究的热点，其本质是一种基于直接概率准则的最优估计方法，由于考虑了系统的先验知识，对系统的误差分布没有特殊要求，可以处理非线性模型，用于地形匹配时不需要对地形进行线性化处理，因此，其在处理地形匹配问题上具有理论优势。典型的有 Nygren 等[31,32]提出的基于贝叶斯估计和相关比较的 AUV 海底地形匹配方法，Ånonsen 提出了一种基于贝叶斯估计的改进状态空间模型海底地形导航方法，并用 AUV 实测地形数据进行了验证[33,34]。Karlsson 等[35]将蒙特卡罗方法引入状态估计中，利用质点滤波（point mass filter，PMF）方法进行地形匹配，并引入了克拉默-拉奥（Cramer-Rao，C-R）下界方法来对由 INS 误差、传感器精度及地图精度导致的导航不确定性进行定性分析。

与其他地形匹配方法相比，基于直接概率准则的地形匹配方法有很大优势，表现为以下几点。

（1）基于直接概率准则的地形匹配方法考虑了先验状态分布，故而对于误差的分布不敏感，匹配精度较高。

（2）基于直接概率准则的地形匹配方法可以直接处理非线性地形模型，无需对地形进行线性化处理。

（3）基于直接概率准则的地形匹配方法兼顾了 AUV 位置的先验状态，地形匹配结果的置信度较高。

（4）基于直接概率准则的地形匹配方法在很多领域中都已经有成熟的应用，其可靠性及可行性都得到了充分的验证。

此外，Stalder 等研究了利用侧扫声呐图像进行地形导航的可能性[36,37]。伍兹霍尔海洋研究所使用 AUV 测得的水声数据与先验水深地形进行对比，用以对 DVL 下的船位推算结果进行最优化[38]。Oliveira[39]使用本征分析对多模型自适应估计器下的地形导航方式进行了研究。Garcia 等[40]通过拍摄到的地形图像信息联合卡尔曼滤波来对 AUV 位置进行估计。Lerner 等 [41]研究了仅使用拍摄到的图像进行导航的可行性。Williams 等[42]等通过一个扫描声呐实现了小范围的同步构图与定位。与传统的海底地形导航方式相比，这些方法在使用的匹配手段上存在一定的差异，但是其本质上仍然是利用地形信息来进行导航。

2.4 海底地形匹配的特殊性和关键技术

2.4.1 飞行器地形匹配导航和 AUV 海底地形匹配导航的比较

作为一种有效的辅助导航技术，地形匹配导航已经在战斗机和巡航导弹上得到广泛应用[43-45]。基于飞行器地形匹配导航技术的研究成果，世界上各海洋强国也对 AUV 的海底地形匹配导航进行了研究与发展。由于 AUV 与大气层飞行器航行区域内的介质不同，并且 AUV 和巡航导弹等飞行器的运动特性完全不同，因此，AUV 的海底地形匹配导航方法与飞行器所使用的陆地地形匹配导航方法之间存在很大差异，主要表现为以下几点。

（1）AUV 在水中的航行速度仅有几节，远低于飞行器在空气中的飞行速度（战斧式巡航导弹的飞行速度约为 800km/h，约 430 节），因此，在相同的时间内，AUV

经过的地形范围有限，为了获取足够的地形匹配特征，实时地形数据的采集时间较长。

（2）与陆地相比，海底地形的变化相对平缓，相邻区域内的地形差异较小，标志性的地形特征较少，导致地形匹配的难度较大。

（3）与飞行器地形匹配时所用的陆地地形高程图相比，DTM 的建立相对困难。飞行器地形匹配所需的陆地地形高程图可利用航空探测或者卫星遥感技术获取，美国国家图像与制图局所提供公开下载的地形高程数据库已经达到较高的精度，而应用于飞行器地形匹配导航的地形数据库精度会更高。用于海底地形匹配研究所采用的 DTM 主要来源有两个：第一，从电子海图中提取水深数据并对其插值细化处理；第二，网格化多波束测深系统的地形测量数据。前者较容易，但是精度很难满足实际应用的要求；后者精度能够满足要求，但是大范围的海底测量需要大量的人力、物力，并且后处理复杂。

（4）AUV 载体较小，海流等水下环境的干扰对其影响较大，导致 AUV 在航行过程中存在摇荡问题，需要考虑 AUV 在摇荡情况下获取的海底地形产生的畸变问题。

（5）声学传感器的精度远低于光学传感器，在海底地形匹配中地形测量传感器的测量误差对匹配结果的影响远大于飞行器地形匹配，因此需要对地形测量传感器的测量误差进行容错处理，提高地形匹配的置信度。

和飞行器的地形匹配相同，AUV 海底地形匹配的定位性能也依赖于地形测量传感器的精度、DTM 的精度、地形匹配算法、地形匹配区的选择等因素。AUV 地形匹配导航方法的突出特点是其水下环境。AUV 在水下航行时受海流、涡旋等环境干扰作用时载体摇荡较大，其航行速度比飞机和巡航导弹等飞行器的飞行速度低两个数量级，导致相同时间内经过的地形较小。但 AUV 的地形匹配导航也有其优势：同一个采样周期内，多波束声呐可以获取一个矩形面地形，融合单波束测深仪获取的点地形及其运动情况下获取的线地形，其地形匹配特征并不少。

2.4.2 不同地形测量传感器在海底地形匹配导航中的特点与优势

AUV 常用的海底地形测量传感器包括单波束测深仪、DVL 和多波束测深系统等。单波束测深仪的测量波束垂直载体向下发射，测量波束在水中传播所产生的折射现象可以忽略不计，因此，单波束测深仪的水深测量精度非常高。但是，由于单波束测深仪只能获取 AUV 正下方的测深数据，为了获取足够的地形特征数据需要较长的时间和较多的声脉冲，导致测深数据间距误差的影响较大，从而造成实时地形特征的准确度降低，对匹配结果产生消极影响。

作为一种高精度的水下测量设备，多波束测深系统（DVL 在某种程度上可以看成简易的多波束测深仪）已经在海底地形测绘中得到了广泛应用。与单波束测深相比，将多波束测深应用于海底地形匹配导航有以下优势。

（1）不同于利用电子海图插值所得到的DTM，由于多波束测深数据具有高精度和全覆盖的特点，利用多波束测深数据所得到的 DTM 的精度较高，不仅可以用于海底地形匹配的理论研究，也使海底地形匹配走向实用化。

（2）在实时海底地形测量中，利用单波束测深获取地形匹配所需要的数据需要航行较远的距离和较长的时间，不利于地形匹配的实时性要求。而利用多波束测深，在一个 ping[①]内即可获取数十个至数百个测深数据形成的一个地形剖面，可以满足地形匹配的实时性要求。

（3）利用单波束测深采集数据得到的是由一系列测深数据点组成的“线地形”，而利用多波束测深采集数据得到的是由多个地形剖面组成的“面地形”，因此，利用多波束测深所得到的地形信息量更为丰富。

（4）单波束测深较长的数据采集时间和较大的 ping 值会代入较大的测深数据间距误差，从而使实时地形特征的准确度降低；而多波束测深在每个 ping 内所得到的测深数据较多，只需要一个或者几个 ping 即可完成匹配，测深数据间距误差的影响可以忽略不计。

由此可见，在海底地形匹配中，采用多波束测深系统作为地形测量传感器在测深效率、地形信息量和地形特征的准确度等方面都有很大优势。但是多波束测深也有以下缺陷。

（1）多波束测深数据量巨大，虽然测深效率较高，地形特征测量准确，但多波束测深的数据量较大且需要进行声线的修正，因此，对数据处理方法的实时性和可靠性提出苛刻的要求。而单波束测深仪和 DVL 的数据量较小，在数据的处理方面实时性也较好。

（2）在海底地形特征丰富区域，多波束测深较大的数据量会带来较大的数据冗余度，反而影响地形匹配的精度和效率。

（3）多波束测深系统耗电量大，AUV 较小的载体所搭载的能源有限，在 AUV 航行过程中多波束测深系统并不能处于随时开启状态，因此，虽然多波束测深应用于海底地形匹配有着很大优势，但其并不完全适用于 AUV 的海底地形匹配导航，其应用更多是在某些区域内的导航修正。单波束测深仪通常作为避碰声呐，DVL 为参考导航系统中必不可少的一分子，在 AUV 航行过程中需要处于开启状态，且其耗电量低，可以随时进行地形匹配导航修正。

由此可见，应用于海底地形匹配的传感器中，单波束测深仪、DVL 和多波束测深系统各有优势，因此，在 AUV 海底地形匹配的研究中，应结合不同传感器的优点，研究多传感器条件下的海底地形匹配导航方法。

---

① ping 即脉冲激发，本书中为多波束声呐发射声脉冲进行单次测量的过程。

2.4.3 海底地形匹配的关键技术

（1）高精度的海底地形数据库。精确的海底地形数据库是实现海底地形匹配导航的前提，地形模型的精度直接关系到地形匹配的性能。与陆地地形相比，高精度海底地形数据的获取较为困难，且现有的地形数据存储模型并不能满足地形匹配实时性的需要。因此，研究海底地形特性、分析局部地形特性和模型网格节点之间的关系，进而建立局部精细化的海底地形模型是 AUV 海底地形匹配研究的关键内容之一。

（2）海底地形的适配性分析和路径规划。由于 AUV 航速较低且海底地形较为平缓，AUV 海底地形匹配对地形特征的丰富程度更为敏感。为了尽可能提高地形匹配的精度和置信度，需要 AUV 尽可能航行于地形特征丰富区域。因此对 AUV 航行区域内的海底地形进行适配性分析，并对 AUV 的航行路径进行规划，是 AUV 海底地形匹配研究的一个重要内容。

（3）高置信度的地形匹配算法。地形匹配算法的作用是将实时测量地形数据与参考地形数据库中数据进行比较，地形匹配算法的好坏直接影响到地形匹配定位的精度。地形匹配算法是地形匹配单元的核心，研究高置信度的海底地形匹配算法是 AUV 的海底地形匹配研究中最关键的内容。

（4）地形匹配导航与其他导航模式的数据融合方法。由于制图精度、测量误差的影响及系统性能的限制，地形匹配技术很难独立运行来进行 AUV 水下导航，通常将地形匹配技术与其他导航方式结合组成地形辅助导航系统。因此，研究地形匹配导航与其他导航结果的数据融合方法、建立地形校准的组合导航系统模型是十分必要的。

（5）AUV 海底地形匹配仿真系统。在 AUV 的海底地形匹配导航方法的研究中，需要检验地形匹配导航方法的有效性，但贸然进行真实海况下的地形匹配实验是十分危险的。利用水下虚拟世界的仿真环境进行地形匹配系统性能的验证，是校验地形匹配系统有效性和可靠性的重要手段，因此，构建高仿真度的AUV 海底地形匹配仿真系统的研究是十分必要的。

参考文献

[1] 孙玉山，万磊，庞永杰. 潜水器导航技术研究现状与展望. 机器人技术与应用，2010（1）：31-42.

[2] 孙玉山，王建国，万磊，等. 基于 VxWorks 的水下机器人嵌入式导航系统的研究. 应用基础与工程科学学报，2009，17（6）：899-909.

[3] 孙玉山，代天娇，赵志平. 水下机器人航位推算导航系统及误差分析. 船舶工程，2010，32（5）：67-72.

[4] 胡昌顺. 单波束测深仪系统仿真设计. 哈尔滨：哈尔滨工程大学，2012.

[5] 李军. 浅海多波束测深回波信号建模及波达时间研究. 南京：南京航空航天大学，2006.

[6] Meduna D K，Rock S M，McEwen R S. Closed-loop terrain relative navigation for AUVs with non-inertial grade navigation sensors. Autonomous Underwater Vehicles （AUV），2010 IEEE/OES，IEEE，Monterey，2010：1-8.

[7] Frost R T，Hoey C M，Bell M，et al. Autonomous large scale urchin barren mapping with interferometric sonar . GeoHab 2014，Lorne，2014：37.

[8] Mienert J，Weaver P. European margin sediment dynamics：side-scan sonar and seismic images. Springer Science & Business Media，2012.

[9] 翟国君，王克平，刘玉红. 机载激光测深技术. 海洋测绘，2014，34（2）：72-75.

[10] 张伟. 多波束测深系统在水下地形测量中的应用研究. 北京：中国地质大学，2009.

[11] 黄谟涛，翟国君，欧阳永忠，等. 海洋测量误差处理技术研究. 海洋测绘，2003，23（3）：57-62.

[12] 刘经南，赵建虎. 多波束测深系统的现状和发展趋势. 海洋测绘，2002，22（5）：3-6.

[13] 冯庆堂. 地形匹配新方法及环境适应性研究. 长沙：国防科学技术大学，2004.

[14] Hollowell J. HELI/ SITAN：a terrain referenced navigation algorithm for helicopters. Position Location and Navigation Symposium，Las Vegas，1990：616-625.

[15] Baird C A，Snyder F B，Beierle M. Terrain-aided altitude computations on the AFTI/F-16. Position Location and Navigation Symposium，Las Vegas，1990：474-481.

[16] 王涛. 桑迪亚惯性地形辅助导航算法及应用研究. 西安：西北工业大学，2006.

[17] Li H，Zhang J Y，Shen J. Error estimation method of SINS based on UKF in terrain aided navigation. International Conference on Mechatronic Science，Electric Engineering and Computer, Jilin, 2011：2498-2501.

[18] Li P J，Zhang X F，Xu X S. Novel terrain integrated navigation system using neural nerwork aided Kalman filter.2010 Sixth International Conference on Natural Computation(ICNC 2010), Yantai, 2010：445-448.

[19] Xie J H，Zhao R C，Xia Y. Combined terrain aided navigation based on correlation method and parallel Kalman filters. The Eighth International Conference on Electronic Measurement and Instruments，Xi'an，2007：1145-1150.

[20] Zhang H，Hu X L. A height-measuring algorithm applied to TERCOM radar altimeter. ICACTE 2010—2010 3rd International Conference on Advanced Computer Theory and Engineering，Chengdu，2010：543-546.

[21] Lu S L, Zhao L，Zhang C Y. Improved TERCOM based on fading factor. 2011 International Conference on Electrical Information and Mechatronics，（ICEIM2011），Chengdu，2012：770-774.

[22] Uijt de Haag M，Vadlamani A. Flight test evaluation of various terrain referenced navigation techniques for aircraft approach guidance. IEEE/ION Position，Location and Navigation Symposium，San Diego，2006：440-449.

[23] 刘承香. 水下潜器的地形匹配辅助定位技术研究. 哈尔滨：哈尔滨工程大学，2003.

[24] 刘承香，刘繁明，刘柱，等. 快速 ICCP 算法实现地形匹配技术研究. 船舶工程，2003，25（3）：54-56.

[25] Kamgar-Parsi Behzad，Kamgar-Parsi Behrooz. Matching sets of 3D line segments with application to polygonal are matching. IEEE Transactions on Pattern Analysis and Machine Intelligence，1997，19（10）：1090-1099.

[26] 郑彤，边少锋，王志刚. 基于 ICCP 匹配算法的海底地形匹配辅助导航. 海洋测绘，2008，28（2）：21-23.

[27] 吴宏悦. 基于地形熵和 ICCP 算法的水下辅助导航组合方法研究. 舰船科学技术. 2011，33（增刊）：54-57.

[28] 杨绘弘. 基于 ICCP 的水下潜器地形辅助导航方法研究. 哈尔滨：哈尔滨工程大学，2009.

[29] Jiang F，Wu Y M. Combinational seabed terrain matching algorithm based on probability data associate

filtering and iterative closest contour point. 2009 Second International Conference on Intelligent Computation Technology and Automation，Changsha，2009：245-249.

[30] Yuan G N，Zhang H W，Yuan K F，et al. A combinational underwater aided navigation algorithm based on TERCOM/ICCP and Kalman filter. 2011 Forth International Joint Conference on Computational Sciences and Optimization，Kunming，2011：852-955.

[31] Nygren I. Terrain Navigation for Underwater Vehicles. Stockholm: Royal Institute of Technology，2005.

[32] Nygren I，Jansson M . Terrain navigation for underwater vehicles using the correlator method. IEEE Journal of Ocean Engineering，2004，29（3）：906-915.

[33] Ånonsen K B. Bayesian terrain-based underwater navigation using an improved state-space model. Underwater Technology and Workshop on Scientific Use of Submarine Cables and Related Technologies，Tokyo，2007：499-505.

[34] Ånonsen K B，Hallingstad O，Hagen O K，et al. Terrain aided AUV navigation -a comparison of the point mass filter and terrain contour matching algorithms. [2014-3-17]. http://125.223.122.13:81/1Q2W3E4R5T6Y7U8I9O0P1Z2X3C4V5B/www.navlab.net/Publications/Terrain_Aided_AUV_Navigation_A_Comparison_of_the_Point_Mass_Filter_and_the_Terrain_Contour_Matching_Algorithms.pdf .

[35] Karlsson R，Gustafsson F. Bayesian surface and underwater navigation. IEEE Transactions on Signal Processing. 2006，54（11）：4204-4213.

[36] Stalder S，Bleuler H，Ura T. Terrain-based navigation for underwater vehicles using side scan sonar images. Oceans 2008，IEEE，Quebec City，2008:1-3.

[37] Guo J，Wang Walt，Huang S W，et al. Map uncertainties for unmanned underwater vehicle navigation using side scan sonar. Oceans 2010，IEEE，Sydney，2010：1-10.

[38] Eustice R，Camilli R，Siggh H. Towards bathymetry-optimized doppler re-navigation for AUVs. Proceedings of MTS/IEEE，Oceans 2005，IEEE，Washington，2005：1430-1436.

[39] Oliveira P. MMAE terrain reference navigation for underwater vehicles using eigen analysis. Proceedings of the 44th IEEE Conference on Decision and Control，the European Control Conference 2005，Seville，2005：5468-5473.

[40] Garcia R，Puig J，Ridao P，et al. Augmented state Kalman filtering for AUV navigation. International Conference on Robotics and Automation，Washington，2002：4010-4015.

[41] Lerner R，Rivlin E. Direct method for video-based navigation using a digital terrain map. IEEE Transactions on Pattern Analysi and Machine Intelligence，2011，33（2）406-411.

[42] Williams S B，Newman P，Rosenblatt J，et al. Autonomous underwater vehicle navigation and control. Robotica，2001：481-496.

[43] Baird C，Snyder F B，Beierle L M. Terrain-aided altitude computations on the AFTI/F-16. Position Location and Navigation Symposium，IEEE，Las Vegas，1990：474-481.

[44] Fellerhoff J R. SITAN implementation in the SAINT system . Plans Records，1986：89-95.

[45] 李宁宁，安雪滢，汤国建，等. 巡航导弹组合导航中综合地形匹配算法研究. 飞行力学，2008，26（6）：60-63，67.

3

先验数字地形的生成方法

精确的海底数字地形模型是实现地形匹配的基本条件，其精度直接影响地形匹配定位的性能，因此，获取符合精度要求的数字地形图是进行地形匹配导航的基本条件。陆地上的地形可以通过卫星测量或是航空摄影照片得到大范围的地形高程数据，而海底地形数据的获取要困难得多。目前水下数字地形可采取多波束测深系统进行大范围地形测量的方式获得，也可以通过提取电子海图水深数据然后插值的形式获得。现成的电子海图能够提供较大范围的水深数据，但是其缺点是数据点过于分散，插值后精度不高。多波束测深数据点密集，但是后处理困难，一般多波束系统自带软件又不能给出适用于地形导航的地形数据，这给多波束数据的合理利用带来了一定的困难。如何利用多波束测深的原始数据生成适合于地形导航的水下数字地图成为亟待解决的问题。

本章在分析多波束测深原理的基础上，解读真实多波束测深原始数据，对多波束测深数据进行分析并对其进行后处理，形成一套适合于常见多波束测深数据后处理的一般步骤，最终建立适合于海底地形匹配的数字地形模型，为海底地形匹配打好基础。

3.1 多波束测深系统构成及原理

3.1.1 多波束测深系统构成

多波束测深系统在效率、精度和分辨率上具有其他测量系统无法比拟的优势。随着相关技术的快速进步，近几十年多波束测深技术获得了极大的发展[1]。

与传统的单波束测深仪相比，多波束测深仪具有测量范围大、速度快、精度高、记录数字化及成图自动化等诸多优点，其把测深技术从原来的点线状扩展到面状，使海底地形测量技术发展到一个较高的水平[2,3]。

完整的多波束测深系统除了具有复杂结构的多阵列发射接收换能器和用于信号控制、处理的电子柜外，还需要高精度的运动传感器、定位系统、声速剖面仪、计算机软件和硬件及其显示设备。图 3.1 给出了典型的多波束测深系统的基本组成及其结构。典型的多波束测深系统应包括以下三个子系统。

（1）多波束声学子系统，包括多波束发射接收换能器阵列和多波束信号处理的主机柜。

（2）波束空间位置传感器子系统，包括运动传感器、定位系统和声速剖面仪等。

（3）数据采集、处理子系统，包括多波束实时采集和后处理计算机，相关软件及数据显示、输出、储存设备[4]。

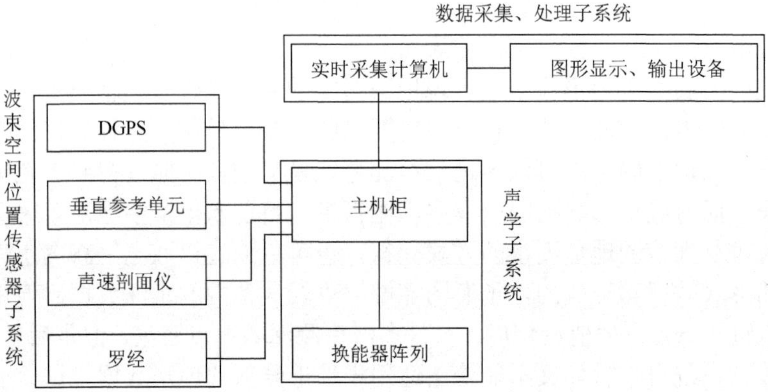

图 3.1　典型多波束系统基本组成及其结构

3.1.2　多波束测深原理

通过向下发射与载体航向垂直的扇形声脉冲信号，多波束测深系统可得到一组垂直于载体航向的水深数据。当搭载平台连续航行测深时，可以得到一条带状地形数据，如图 3.2 所示。

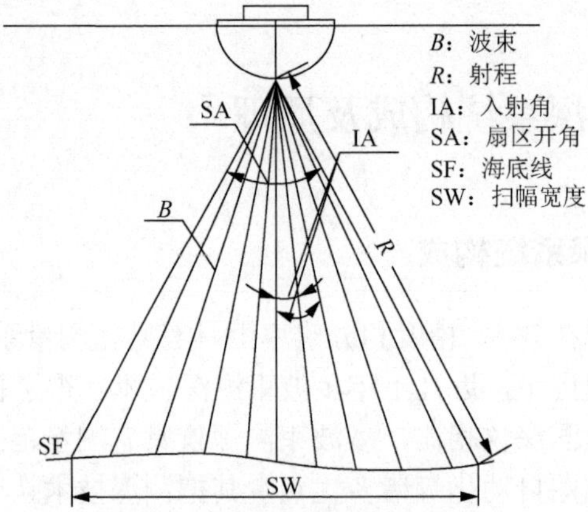

图 3.2　多波束地形测量示意图

解算多波束波束点的位置信息需要考虑波束入射角 θ，若忽略声线弯曲即假设声波在水体中匀速传播，各波束点与换能器的相对水深 D_{tr} 和距换能器中心点的水平距离（侧向中心距）Y 可近似表示为

$$D_{\mathrm{tr}} = \frac{1}{2} C \Delta t \cos\theta \tag{3.1}$$

$$Y = \frac{1}{2} C \Delta t \sin\theta \tag{3.2}$$

式中，C 为声波在水体中的平均传播速度；Δt 为换能器发射和接收到声脉冲的时间差。考虑到换能器的水深修正值 ΔD_{d} 和潮位修正值 ΔD_{t}，各波束点的水深值为

$$D = \frac{1}{2} C \Delta t \cos\theta + \Delta D_{\mathrm{d}} + \Delta D_{\mathrm{t}} \tag{3.3}$$

因此，当得到波束点的侧向中心距后，结合载体所处的位置，可以得到波束点对应坐标和水深值的大地坐标，表示成经度-纬度-水深的形式。

3.1.3 GeoSwath Plus 相干型多波束测深系统

GeoSwath Plus（GS+）多波束测深系统也称为相干型多波束测深侧扫仪，是由英国 GeoAcoustics 公司研发的新一代相干型多波束测深系统，具有体积小、重量轻、测深精度高等优点，可搭载多种不同工作频率的换能器，分别适用于不同的载体和工作水深。本书海底地形数据测量所使用的 GS+多波束测深系统为浅水多波束系统，其主要参数及性能指标如下[5]。

换能器大小：25cm×11cm×6cm。

换能器工作频率：500kHz。

工作水深：≤50 m。

最大扫幅宽度：150m。

扇区最大开角：120°（单换能器），>150°（双换能器）。

波束最大射程：12倍水深。

波束最大个数：>5000 / ping。

声脉冲长度：4～500 μs 。

数据更新率：30Hz（50m扫幅宽度），10Hz（150m扫幅宽度）。

利用GS+可以精确地获得波束点在载体坐标系下的局部坐标，但将这些局部坐标位置转换为大地坐标系下的坐标位置，还应该知道换能器在大地坐标系下的空间坐标与实时航向。另外，换能器载体相对位置固定，受到潮流、波浪等外界干扰的影响，需要对载体的空间位置、航向、潮流、波浪等外界干扰进行实时修正，因此，GS+多波束测深系统需要安装多个辅助传感器以得到这些信息。

1. 姿态传感器与运动传感器

为了确定每个波束测深点在大地坐标系下的精确位置，需要实时得到当前载体的精确位姿信息。由于载体的摇荡会产生测量地形畸变，在保证载体位置测量精度的前提下，对载体的摇荡进行测量，尽可能减小载体摇荡所引起的测量误差。

由于GS+测量的是垂直于载体航向的一组水深，横摇对测深精度的影响最大。通过计算可知，当载体下方水深为50m时，若换能器的横摇角为±0.5°，在距换能器水平位置50m处的水平位置测量误差可以引起±2.8m的波束点位置测量误差，从而导致波束点深度和水平位置对应关系出现偏差，因此，需要对载体进行横摇修正。

载体纵摇会引起沿载体航向的水平位置偏差，虽然其影响比横摇小，但也不容忽略。艏摇影响波束点的水平位置归位，距离换能器越远，波束点受艏摇影响越大。升沉会对同一个ping下的所有波束点有影响，且影响是均等的。

为了更好地修正载体摇荡对测深数据的影响，GS+所使用的姿态传感器和运动传感器具有0.1°的轴方向精度和0.01m的升沉方向精度。

2. 潮位修正仪

海洋中的潮位每时每刻都在变化，潮位变化对测深数据的影响与测量海域及测量的时间密切相关，不进行潮位修正将导致不同测线间水深数据呈阶跃变化，因此，需要利用实时潮位修正数据修正多波束测深时的参考深度，提高波束测量的精度。

潮位修正数据可通过历史数据预测或通过潮位仪实时测量得到。历史数据预测的精度较高且成本低，但只适用于附近安装有固定潮位监测仪的海域，且预测潮位数据不能处理天气原因而导致的潮位变化，因此，在GS+中安装潮位修正仪作为辅助传感器，从而实现对潮位数据的实时监测。

3. 导航系统

在知道测深点在载体坐标系中的局部坐标后，还要知道载体的空间坐标才能实现测深点的空间定位。GS+使用全球定位系统（global positioning system，GPS）提供精确的载体空间坐标。GS+使用具备实时动态控制技术的GPS来获取定位信息，其最高可以达到厘米级的定位精度，甚至可以代替其他传感器给出载体的升沉数据和当前潮位变化。

4. 声速剖面仪

海水中的声速随着深度、温度和盐度的变化而变化，声线在海水中的传播速度并不是恒定的，若不进行声速补偿和声线的跟踪修正，由于波束旅行路径的不同，声线连续折射会不同程度的声线弯曲，对测深数据产生消极影响。因此，GS+需要安装声速剖面仪获取各深度处的声速值。

5. 单波束测深仪

GS+多波束系统拥有一台独立的单波束测深仪，其测量结果与 GS+测深的原始数据保存于同一文件中。将单波束测深数据与 GS+测深数据进行比较，可以对多波束测深数据进行评估，而且在多波束测深数据处理时可以提高滤波的质量；并且，单波束测深仪拥有更高的数据刷新率，可测线方向的测深点密集分布，这点在地形数据的网格化处理时极为有利；另外，单波束测深仪可以改善载体下方的测深密度和精度。

在安装上述辅助测量传感器后，GS+多波束测深系统可以实现高精度、大范围的海底地形测量，其地形测量数据经过声线补偿、海底归位、数据滤波、网格化成图等步骤可以得到高精度的先验数字地形。GS+多波束测深系统的硬件组成和安装示意图如图 3.3 所示，其中，图 3.3（a）为 GS+多波束系统的换能器和处理计算机，图 3.3（b）为 GS+测深系统在船载实验时的安装示意图，图中有与 GS+测深系统配合使用的高度计、深度计等辅助传感器。

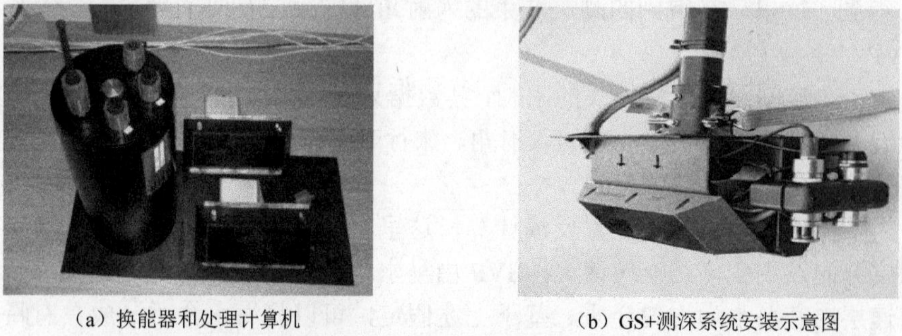

（a）换能器和处理计算机　　（b）GS+测深系统安装示意图

图 3.3　GS+多波束系统

3.2　多波束测深数据处理原理和流程

3.2.1　声线的追踪与补偿

一次多波束测量得到的是一个与载体航向垂直的地形剖面，因此，几乎所有波束的入射角与垂直方向存在夹角。海水并非理想的均匀介质，其在不同水深的声速并不相同，导致入射角不为零的波束的声线为一条连续折线或曲线。当波束点与换能器间的相对深度较大时，忽略声线弯曲将会对波束点位置的计算结果产生较大的影响。因此，需要对海水中声波的传播性质进行研究，实现对声线的跟踪和补偿。

由于海水介质的非均匀性，其声学性质在不同位置并不相同，声波在穿越海水介质时并不像在均匀介质中那样呈直线形式，而会在不同声速层间不断折射，导致声线弯曲。声线跟踪与补偿通过分析海水中声波的传播规律，基于一些可行性假设，尽可能真实地反演测深点的空间位置。设换能器表面声速为v_0，声脉冲入射角为θ_0，波束计算点的声速为v，折射角为θ，根据斯内尔定律有

$$\frac{v}{\sin\theta}=\frac{v_0}{\sin\theta_0} \tag{3.4}$$

设声脉冲从换能器到波束计算点的单程旅行时间为t，则波束点与换能器的相对位置为

$$\begin{cases} D_{\mathrm{ts}}=\int v\cos\theta \mathrm{d}t \\ Y=\int v\sin\theta \mathrm{d}t \end{cases} \tag{3.5}$$

式中，D_{ts}为换能器与波束的相对水深；Y为波束点的侧向中心距；变量θ为时间t的函数，可根据声速剖面（sound velocity profile，SVP）性质和波束的最初入射角θ_0得到。所以，在得到的测深波束的入射角和波束旅行时间后，D_{ts}和Y可根据SVP计算得到。

由于声速剖面仪测量方式的限制，其数据只能是离散的，SVP测量数据越多，越接近真实情况。在已知波束的入射角、旅行时间和SVP后，波束点空间位置的反演计算也是采用离散的形式。

为了简化波束点空间位置反演计算，这里引入一项假定：在海水中声速只在沿深度方向发生变化，换句话说，SVP由呈水平叠置方式的各声速层构成，在同一声速层内其海水为均匀介质。基于上述假定，可以将海水介质分成具有特定声速的n个声速层，根据斯内尔定律有

$$\frac{v_1}{\sin\theta_1}=\frac{v_2}{\sin\theta_2}=\cdots=\frac{v_n}{\sin\theta_n} \tag{3.6}$$

若声脉冲从换能器到此波束点的单程旅行时间为t，则此波束点与换能器的相对位置计算公式为

$$\begin{cases} D_{\mathrm{tr}}=\sum_{i=1}^{n} v_i\cos\theta_i\Delta t_i \\ Y=\sum_{i=1}^{n} v_i\sin\theta_i\Delta t_i \\ \Delta t_i=\dfrac{\Delta D_i}{v_i\cos\theta_i} \end{cases} \tag{3.7}$$

式中，v_1是换能器表面相邻声速层的声速；θ_1是声脉冲波束的第一次折射角，一般来说，$v_1 = v_0$，$\theta_1 = \theta_0$；n是沿水深方向SVP的层数；Δt_i是声脉冲在第i层SVP中的旅行时间；ΔD_i是第i层SVP的水深；θ_i是进入第i层SVP折射角。图3.4为测量得到的一个典型声速剖面分布。图3.5为基于此SVP的单ping多波束测深数据在进行声速改正后的对比。从图3.5中可以看出，没有进行声线的追踪和补偿时，其波束点的水深变化和其侧向中心距大致上呈线性关系，与真实海底地形相差甚远，在进行声速改正后，其起伏较为明显，符合真实海底地形变化特征。

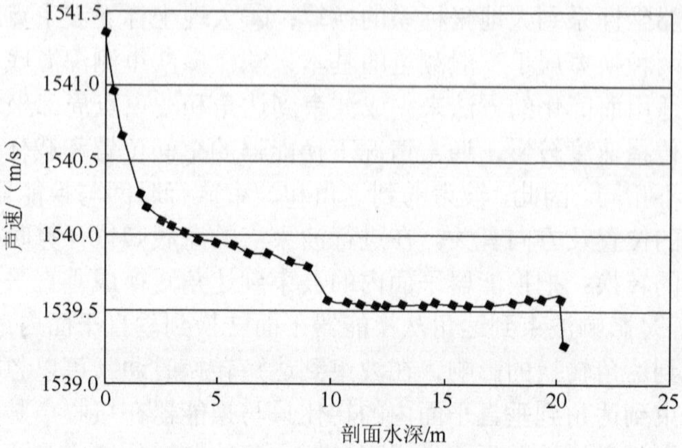

图3.4　一个典型的声速剖面分布

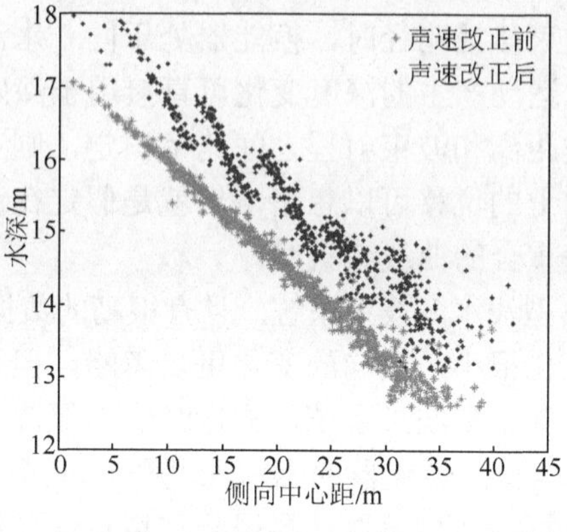

图3.5　声速改正前后地形剖面对比（见书后彩图）

由于海水是一种可流动的非均匀介质，海水的SVP结构随着时间和空间的变化而变化，未来保证海底归位的精度，需要在不影响计算实时性的前提下引入尽可能多的SVP数据。需要指出的是，由于海水表层受到外界环境干扰较多，其表层声速的变化是整个SVP中变化最活跃的区域，对测深波束（尤其是边缘波束）的测量精度影响最大，需要经常对表层区域的声速进行测量[6]。

3.2.2 海底归位处理

测深数据的海底归位是指将波束点位置由随船坐标系的局部坐标转化为用经度-纬度-深度表示的大地坐标。测深数据的海底归位计算需要有该波束点测量时载体的位姿信息、波束点的入射角和传播状态（时间、SVP）等信息，得到波束点在随船坐标系中的局部坐标，然后换算成大地坐标系下的经纬度和水深数据。

测深数据的海底归位具体包括以下四种解算：①波束到达角；②波束点的局部坐标；③随船坐标系到大地坐标系的换算；④大地坐标下波束点经度-纬度-深度的计算。后两种换算属于一般测量的基本方法，多波束测深海底归位的核心问题是建立一种适用而简化的方法来完成波束到达角和波束点局部坐标的解算。

由于声波传播速度较慢，通常情况下换能器的空间位置和载体位姿在波束发射和接收时并不相同。因此，波束的到达角和波束旅行时间与换能器在波束发射、接收两个时刻的位置及方向有关。在进行波束点的海底归位计算时，首先需要进行波束到达角的转换：把换能器平面内的波束到达角转换成垂直平面内的波束到达角。由于横摇是影响波束到达角从换能器平面转换到垂直平面内最重要的因素，远大于纵摇对到达角转换的影响，在波束到达角转换时通常可以忽略载体纵摇的影响。这时波束到达角到垂直平面内的转化只与换能器在接收声脉冲回波时的到达角和横摇角之间呈线性关系。为了更好地实现波束点的海底归位，这里做下述三个假定。

（1）在计算测深波束传播路径时，换能器处于同一水深位置。换句话说，换能器的吃水深度和升沉运动产生的深度变化可直接用于深度补偿。

（2）若换能器前进距离和波束射程之间比率恒定，则在波束发射和接收过程中，换能器在前进方向上的位移可以忽略，也就是假定在波束路径解算中波束的发射和返回路径为两条重合的曲线或折线。

（3）由于 GS+为典型浅水多波束系统，且有很高的数据刷新率，波束发射-接收过程中载体的位姿变化很小，航向的变化可以忽略。但这一假设并不适用于深水多波束系统，因此，深水多波束系统在测量时应当保持航向稳定。

基于上述假定，只需得到换能器的吃水深度和 SVP 数据，在获得波束到达角和波束单程旅行时间数据后，均可以计算得到波束点在载体坐标系内的唯一局部坐标位置。

3.2.3 多波束测深数据处理流程

在得到多波束原始测量文件后，基于多波束测深数据的特性可以进行多波束测深数据的离线处理，不同的多波束系统其测深数据处理方法可能存在差异，但基本流程类似，基于 GS+的多波束测深数据处理流程如图 3.6 所示。

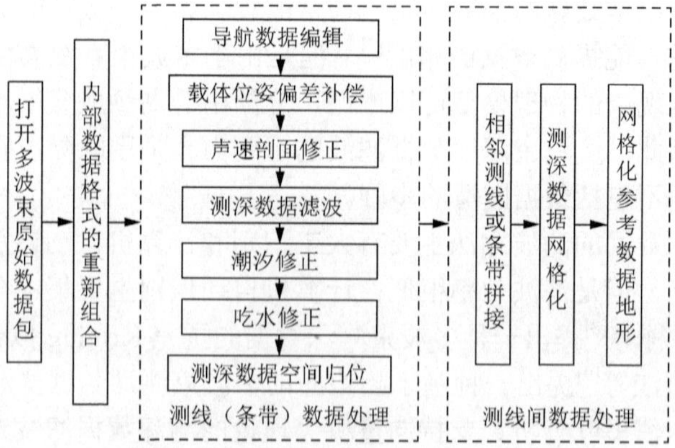

图 3.6　多波束测深数据后处理流程

对图 3.6 所示流程进行如下几点说明。

（1）GS+的多波束测深数据以二进制格式存储在原始测深数据文件中，具有特定的格式，因此，在数据处理前需要分析多波束系统导出的原始文件的内容和格式，从而准确提取自己所需要的数据。

（2）GS+的多波束原始测深数据文件不仅保存了换能器数据，还保存了所有辅助传感器的测量信息，由前文可知单独的换能器数据并不能满足需要，因此需要对数据文件进行解算，并将各传感器数据重新组合。

（3）在测深数据的海底归位前，需要从原始数据文件中提取载体导航数据，并得到其插值在多波束海底地形测量时各个 ping 对应的载体位置坐标。

（4）在多波束测深数据滤波前，需要利用原始数据文件提取的姿态信息对载体的姿态进行补偿，并利用 SVP 测量数据进行声速修正。

（5）在多波束测深数据滤波后，需要利用由潮位仪记录数据或通过测量海区的历史潮位数据得到的实时潮位数据对滤波结果进行潮汐修正；由压力深度计的测深值得到换能器吃水对滤波结果进行吃水修正。

（6）滤波处理得到的是基于载体坐标系的测深值，需要将其转化为基于大地坐标系的测深值，将所有测深数据进行合并和拼接可得到基于大地坐标系的区域离散水深数据，根据需求经过网格化处理可得到不同分辨率的先验数字地形。

3.3　多波束测深数据的滤波方法

多波束测深数据后处理是海底地形成图的关键，数据处理的好坏直接影响数字地图的质量和成图精度。由于原始测深数据中包含许多噪声点和野值，对测深数据进行滤波是数据处理的关键步骤。通常的观点认为，数据的圆滑滤波可以消除一些高频误差，能提高数据的精度[7]。但是由于多波束系统高精度的特点，加上海底地形没有现成的物理模型可以遵循，分离出的高频成分很难判断是误差或是真实地形。因此，多波束深度数据滤波的主要内容是剔除噪声影响并提取真实的海底地形，并不包括数据圆滑的步骤。

多波束测深数据的滤波方法主要有人工识别和计算机自动识别两种。人工识别的滤波精度高，但是滤波效率很低；计算机自动识别主要集中在对孤立的野值检测上，如王海栋等[8]提出一种多波束测深数据的抗差 Kriging 拟合法，用于消除野值的影响，董江等[9]提出一种基于趋势面的多波束测深数据滤波方法。此外，基于小波分析、傅里叶分析、支持向量机等理论的测深数据滤波方法也得到了越来越多科研工作者的关注[10-12]。由于多波束测深数据应用范围的不同，在各种滤波方法中很难判断孰优孰劣。但是一般来说，算法越简单，对多波束测深数据的实时处理和成图越有利。鉴于滤波的重要性和复杂性，以及在构建水下数字地形图中的作用，本节在分析多波束测深数据滤波的基本原则基础上，结合相干型多波束的测深特点，提出了多波束测深数据的单 ping 自动滤波方法，对多波束测深数据中的粗差和野值进行剔除。

3.3.1　多波束测深数据滤波的基本原则

深度数据的自动滤波的原理是在遵循一定的原则下，提取深度数据中的合理有用的数据，剔除不合理及无效的数据，其遵循以下基本原则。

1. 水深变化区间原则

对一定的海域来说，其水深变化具有一定的区间范围，在进行多波束测深数据处理时，剔除区间外的水深数据点是数据处理的第一步，其将直接影响后续处理的速度。在进行区间范围选择时，可以参考相应海域的电子海图，查询其水深值的大致范围，同时根据多波束测深时所设置的波束脉冲长度（ping length），设定水深变化区间。如图 3.7 所示，脉冲长度为 50m，100 个脉冲所得的测深数据，总测点个数为 275.640 个，大多数测深点位于 14～20m，多边形所圈区域（区域 1、区域 2）为范围外水深值，经计算，噪声点所占比重接近 30%。可见，设置水深变化区间来剔除易见噪声数据对提高后续数据处理的速度和精度是非常必要的。

2. 中央波束基准原则

原始多波束测深数据由真实值和大量噪声点组成，人工编辑时可以很容易判别出噪声点和真实海底数据，但是数据量庞大，效率较低。由多波束测深原理可知，多波束系统测量时其中央波束的精度最大，即入射角在零度附近的波束测量精度最高，因此，可以选择零度附近一定范围内的波束深度作为基准深度 Z_{m}，由测区海底地形起伏程度设定一个系数 λ，称为深度控制因子，建立如下所示原则对原始深度值进行粗差剔除：

$$|Z_i - Z_{\mathrm{m}}| < \lambda Z_{\mathrm{m}} \tag{3.8}$$

式中，Z_i 为待判别的测点深度，满足式（3.8）的深度测点予以接受，其他的拒绝。对 λ 的选择需根据测区地形起伏程度进行调整，通常情况下其大小可根据粗差剔除前后数据量的大小进行微调。如图 3.7 所示的区域 2，数据点密集，如果不进行剔除，很容易出现沿测线方向的假地形，只根据深度区间通常不能准确限定噪声点的范围，只能将范围缩小以避免剔除了真实地形数据，利用中央波束原则可以对实时地形特征进行估计，剔除更多的噪声信息。

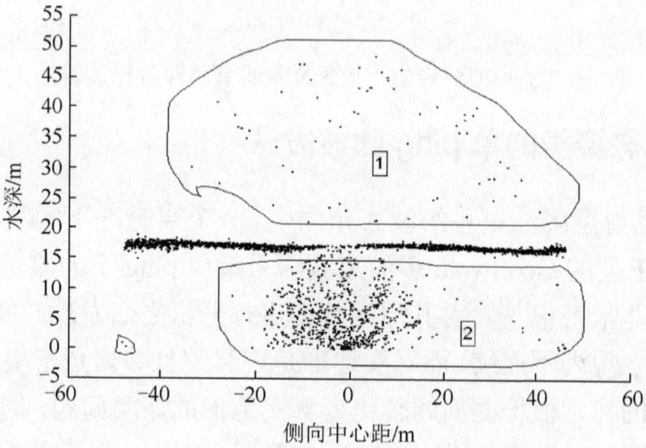

图 3.7　多波束水深-侧向中心距示意图

3. 地形连续变化原则

地形特征的一大特点就是其连续性，由于多波束测深点非常密集，依据地形连续原则，相邻的波束处水深值也应该连续，如图 3.8 所示。

根据地形连续变换原则，以及相邻波束测深值间的变化情况对异常值进行清理，剔除不连续的点。设 z_i 为已接受的深度值，相邻测深点深度值为 z_{i+1}，则判别准则为

$$|z_i - z_{i+1}| < kz_i + \sigma \tag{3.9}$$

式中，k 为调节系数，与测区地形变化有关；σ 为测区地形标准差。图 3.8 为经过邻近波束原则滤波后的相邻两个 ping 下的测点深度图，这里 $k = 0.06$，$\sigma = 0.5$。

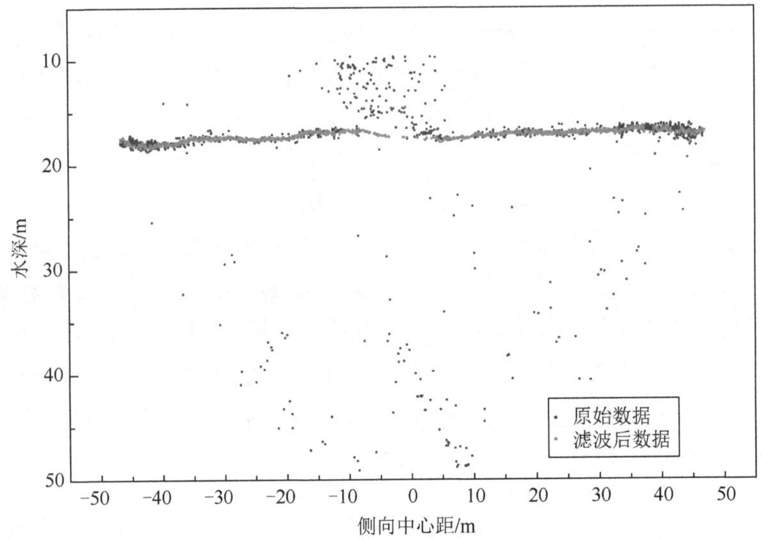

图 3.8 地形连续原则下的多波束测深数据滤波

3.3.2 基于动态聚类的单 ping 滤波方法

回波散射-反射型多波束系统波束角固定，一个声脉冲下的波束个数为几十个到上百个，而相干型的 GeoSwath 多波束测深系统单 ping 下的测点个数能达到几千个之多，测深点非常密集[13]。对其原始数据进行分析之后发现，噪声点虽然众多，但是其在特征上表现为不连续，而真实地形是连续的且数据点密集。从这一点出发，可以将测深数据的异常值检测问题转化为真实地形的聚类问题，通过不断地聚类提取真实的地形数据，对异常值进行剔除。在聚类过程中，由于数据量很大，对聚类集合进行划分后采用动态聚类的方式，同时考虑到地形的缓变和急变趋势，引入地形趋势变化调节因子，选定地形特征域，对聚类的方向进行判断，去除低频高幅值的噪声点，最后利用改进后的 K 均值法进行聚类运算，达到准确聚类的目的。需要指出的是，该滤波方法是建立在单 ping 滤波的基础上，从而可以实现对测深数据的实时滤波，这在后续地形匹配时的实时地形特征提取中也是必须用到的。

3.3.2.1 基于聚类的地形特征提取基本参数

在深度数据的交互式滤波中，人对噪声判断的一个标准就是噪声是孤立的，或者说是独立于大部分数据范围之外。聚类的思想源于此，通过对一定范围内深度数据的聚类组合，来提取特征集合域，从而实现对集合域外的孤立点的剔除。基于聚类的地形特征提取模拟人对地形的判断，为了正确地进行聚类，现定义以下三个基本概念。

1. 聚类集合

聚类集合中包含需要进行聚类分析的所有数据，其大小应该恰当，选择过大，则可能因多个聚类值的存在而无法确定其唯一性；选择过小，则可能因数据量太少而找不到聚类目标。因此，集合大小应根据数据特征进行选定，使得数据量包含一定的特征，但又不至于特征过多。

2. 特征域

特征域是聚类方法选定的范围，其表征聚类目标所属的区间属性。特征域通过划定聚类集合中相应的特征提取范围，剔除样本中偏离聚类中心一定距离的点。特征域的选取可通过设定固定值来选取，也可通过动态调整的方法设定。特征域越大，聚类目标越分散；特征域越小，聚类目标越集中。

3. 聚类目标

聚类目标是特征域中具有某种聚类特征的聚类值。聚类集合中包含聚类目标，通常情况下，聚类目标在聚类集合中所占比例越大，说明数据点特征越明显，信噪比越大；聚类目标在聚类集合中所占比例越小，说明数据点特征越模糊，信噪比越小。

基于聚类的单 ping 多波束测深数据滤波包含三个步骤：测深数据聚类集合的划分；特征域的选定；聚类目标输出。

3.3.2.2 聚类集合的划分

聚类方法分为系统聚类法和动态聚类法，有经验表明，当样本数据大于 100 时，系统聚类的计算量已经很大，不利于数据的实时处理。单 ping 下的多波束测深点个数为几千个，采用动态聚类的方法所需要的计算时间和占用的计算机内存较少，适合于大量多波束测深点的地形特征的聚类分析。

动态聚类集合的选择包括两个方面：初始凝聚点集合和聚类集合的延伸。

1. 初始凝聚点集合

在聚类集合的选择上，初始样本的选择是一个关键的问题。一般聚类方法中，通常采用随机抽选样本的方式，由于这里的聚类并不是单一地将样本数据进行归类，样本中存在较多的噪声数据，如果初始样本抽样不当，样本中噪声数据较多，对聚类结果将造成较大的影响。结合多波束测深数据的中央波束基准原则，这里的初始样本选择为中心波束处波束角 $\pm\alpha$ 范围内的测深点。α 的大小根据测深点密度决定，以不超过 200 个点为宜。本书中根据实际测深范围和测深点密度取 $\alpha=1.5°$。

2. 聚类集合的延伸

聚类集合的延伸即动态聚类的过程。在初始凝聚点选择之后，聚类集合应向波束中心角两侧进行延伸，形成下一个聚类集合**I**。延伸中的聚类集合的选定范围可以根据相邻数据点的个数来决定，也可以根据侧向中心距的长度来选择。**I** 可表示为

$$\mathbf{I}=\{y_i,z_i\}, \quad i=1,2,\cdots,n$$

或

$$\mathbf{I}'=\{y_i,z_i\}, \quad |y_i-y_0|\leqslant d, \quad i=1,2,\cdots,n^* \tag{3.10}$$

式中，**I** 和 **I′** 分别为根据相邻测深点个数和侧向中心距长度选定的聚类集合；y_i、z_i 分别为测深点 i 对应的侧向中心距和水深值；n 为数据点个数；y_0 为集合 **I′** 中的初始点位置，d 为侧向中心距常数；n^* 代表变化的测深点个数。一般情况下，当测深数据点比较密集时，根据侧向中心距的长度来选择集合范围，当相邻测深点距离较大时，选择一定个数的相邻测深点作为聚类集合。本书中测深水域水深较小，多波束测深点密集，因而依据侧向中心距的长度来进行聚类集合初始化。

图 3.9 为单声脉冲下聚类集合的划分过程，粗实线框中的测深点为初始凝聚点集合，然后沿侧向中心距方向选定一定的距离进行延伸集合的划分，如细实线框所示。从图 3.9 中可以看出，每个集合中都包含有噪声点，利用算法直接进行聚类可能将假地形带入结果，需要对测深数据进一步处理，对特征范围进行限定，即选定地形的特征域。

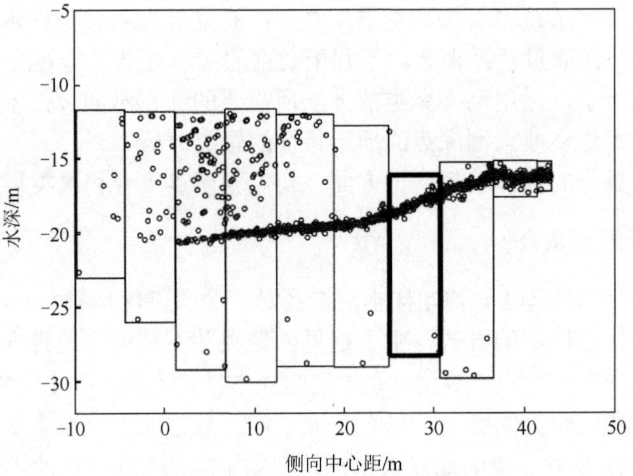

图 3.9　单声脉冲下聚类集合的划分过程

3.3.2.3 特征域的选定

特征域的选定是对聚类集合中的数据进行预处理的过程。通过限定地形特征的变化范围，从而对聚类集合中偏离聚类目标较大的数据进行剔除。这里采用滑动窗口的方式对特征域进行限定，同时利用地形连续性变化原则，引入地形趋势变化因子，对地形变化趋势进行判断，限定窗口滑动的方向。

滑动窗口大小依据地形变化趋势确定，当地形趋势在一定距离内变化平缓时，设置较大窗口；地形趋势发生急剧变化时，设置较小窗口。窗口大小根据地形趋势变化调节。窗口大小和地形趋势变化因子可表示成如下形式。

（1）窗口大小，其中窗口宽度表示为

$$b = n\Delta d \tag{3.11}$$

式中，Δd 为地形斜率计算的最小距离；n 为地形斜率变化超出阈值前的最大值。窗口高度 h 为常数值，可根据经验设定，这里取 5m。

（2）地形趋势变化因子表示为

$$\alpha = A_1 - A_0 \tag{3.12}$$

式中，A_1 和 A_0 分别为前后两个地形斜率的角度转换值，其阈值为 α_{m}。

（3）地形斜率角度表示为

$$A = \arctan\left[\left(\hat{z}_2 - \hat{z}_1\right)/\Delta d\right] \tag{3.13}$$

式中，$\hat{z}_2$ 和 $\hat{z}_1$ 为对 Δd 两端去除偏离中心位置深度点影响后的平均深度值。

可以看出，要得到正确的地形趋势变化因子，地形斜率角度的计算是关键。而得到正确的地形斜率角度其难点和关键就在 $\hat{z}_2$ 和 $\hat{z}_1$ 的计算上，如果直接采用原始测深点，则可能由于异常值的影响而导致斜率计算失效，进而引起特征域方向判断错误，因此，需要先去除异常值，进而取平均深度来进行斜率的计算。

书中去除异常值的方法基于地形连续，即在地形连续的假设下，相邻的真实测深点在沿侧向中心距的二维平面上是连续的，这样可以在 Δd 两端寻找满足下式的点：

$$\left|x_i - x_{i-1}\right| < d_0 \text{ 且 } \left|z_i - z_{i-1}\right| < d_1 \tag{3.14}$$

式中，x_i、z_i 分别为邻域内一点处的侧向中心距和深度值；d_0、d_1 的大小由实际的测深点密度决定。式（3.14）称为连续判别式，利用经过式（3.14）限定后的深度点来取平均值，对异常点进行了很好的抑制。

对地形斜率的计算过程进行以下几点说明。

（1）这里的地形斜率的计算是一个连续的过程，即上一个斜率计算点 $\hat{z}_1$ 处即为下一个斜率计算点 $\hat{z}_2$ 处，这样保证了地形斜率计算上的连续性。

（2）根据上一步中的聚类集合的划分，地形趋势判断从初始凝聚点集合开始，这样大大减小了将连续的异常值作为地形趋势的可能性。

（3）计算地形斜率的过程是窗口移动的过程，是一个动态窗口的过程，相邻的窗口间是连续的，并不是孤立的，因此，可以避免相邻窗口测深异常带来的聚类不准确的问题。

（4）为了去除侧向中心距接近零处的由镜面反射造成的大面积异常值的问题，本书使用单波束测深值进行约束。即在侧向中心距$\left[-d,d\right]$范围内，深度值应满足$z<\left|z_{\mathrm{d}}\pm h\right|$。

通过地形斜率的计算和地形趋势的判断，可以得到一个聚类集合内的特征域选定流程，如图 3.10 所示。

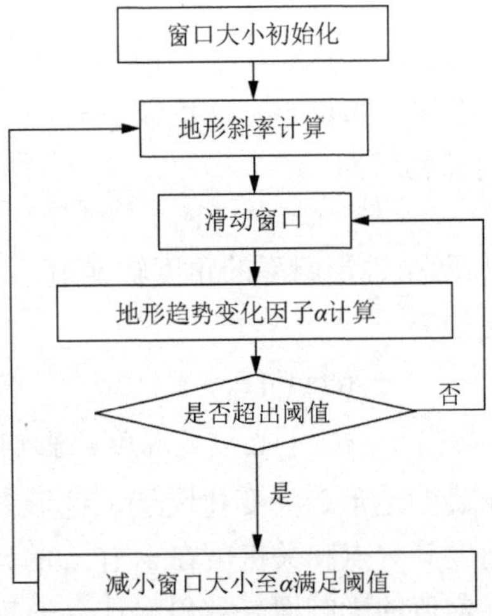

图 3.10　特征域的选定流程

图 3.10 中，地形变化因子阈值α_{m}的大小与所选取的地形斜率变化最小值Δd有关，书中取阈值α_{m}为 5°，Δd 取为 0.5m。由于引入了地形趋势变化因子，当地形出现拐点时能对地形特征域进行调节，避免了将假地形带入聚类结果。

图 3.11 为图 3.9 中测深点集合依次进行特征域选定后的示意图。图 3.11 中平均深度值指向的由点组成的线是在Δd两端去掉异常值后依据地形连续判别式得到的，为Δd范围内的地形斜率。图 3.11 中黑色方框连线为沿地形斜率趋势线平行方向的动态窗口的滑动形成的特征域，依据地形斜率变化将每个聚类集合中的特征点进行了有效的限定。在拐点处前后的地形变化因子超出阈值，需减小窗口至满足阈值，然后重新进行地形斜率计算，再次滑动窗口。由于地形不连续，地形趋势变化连续超出阈值，图 3.11 中最左边一个集合中没有选定特征域。

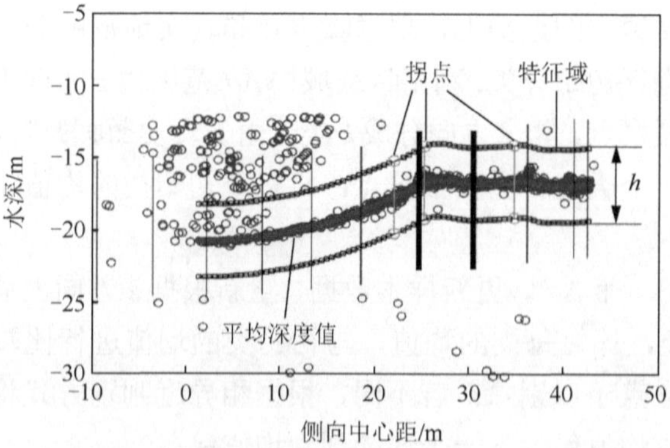

图 3.11　单 ping 下的水深测点特征域的选定（见书后彩图）

3.3.2.4　基于改进 K 均值法的聚类目标输出

K 均值法是一种典型的动态聚类算法，其基本思想是集合中的距离越近，两个对象的相似程度越高。K 均值法将待聚类集合中的 n 个样本数据划分为 k 个聚类，满足聚类的条件：同一个聚类中的样本相似度较高，不同聚类中的样本相似度较小。算法通过不断地迭代更新来获得聚类的相似度[14-16]。将聚类集合中样本的均值作为一个中心对象，利用中心对象来计算聚类的相似度，并将其作为下一轮迭代的参考点。

K 均值法的优点在于对于处理大型数据集而言，K 均值法是相对可伸缩和高效的，其算法复杂度为 0，其迭代次数和分类的个数远小于样本数据个数，适合于快速实时处理。但是 K 均值法有一些不足之处，主要表现在以下几方面。

（1）采用随机法选取初始凝聚点，选取点的不同，聚类结果就不同，这种依赖性导致聚类结果不稳定，容易陷入局部最优。

（2）使用全部样本的平均值作为更新后的凝聚点，对噪声数据不敏感。

（3）在判定相异度方面，基于空间距离的相异度判定方式不能发现非凸面形状的样本数据。

由于海底地形剖面的多变性，存在坑洼、斜坡及偶然的沉积物（失事飞机、舰船残骸等）形成的突变地形，在由多波束测深点组成的聚类集合中，并不是完全非凸面形状的数据，而且经过特征域选定后，噪声数据仍然存在。这些特征对 K 均值法的实施造成了影响。

从以上分析可以看出，对 K 均值法进行改进主要集中在三个方面：初始 k 个凝聚点的选择、相异度的计算及更新后类的凝聚点计算。海底地形剖面的聚类不同于一般形状的聚类，经过集合划分和特征域选定后，在特征域内沿聚类集合方向的地形剖面是连续的，而噪声点不是连续的，因此，可以利用这一特点针对 K 均值法中的不足进行改进。改进后的 K 均值法具体流程如下。

（1）在初始凝聚点的选择上，根据噪声点和真实地形的分布特性，采用基于密度的思想对其进行初始分类，利用特征域内 Δd 范围内 z 方向上的测深点密度分布特征选定初始凝聚点，沿 z 方向分成 k 类，由于真实数据是连续且密度相似的，这样总能保证有一个类包含真实数据点，将每个初始类的均值作为连续判别均值保存。

（2）移动到下一个 Δd ，更新样本数据，重新根据 z 方向上的密度分布将数据沿 z 方向分成 k 类，计算每类的均值，与初始类的均值进行比较：若相同，则上一类被判定为孤立点予以剔除；若不同，根据相异度判别方式将其逐个归类，同时，将更新的样本均值作为下一个连续判别均值保存。

（3）在聚类集合内连续移动 Δd ，直到所有的数据归类为止。

在相异度判别方式上，不是单纯基于空间任意距离的方式，而是考虑地形沿侧向中心距方向连续的特征，沿侧向中心距方向进行聚类，判别规则为

$$E=\sum_{i=1}^{k}\sum_{p\in C_i}\left|p-m_i\right|^2 \tag{3.15}$$

式中，E 是聚类集合中所有样本的平方误差总和；p 是给定的数据样本；m_i 是类 C_i 沿 Δd 方向的中心。这个准则的作用是使生成的类尽可能地紧凑和独立。

改进后的 K 均值法，考虑了海底地形的特点，将连续性特征引入聚类中，能有效去除孤立噪声点，在初始分类上，按照深度方向的密度分布特征进行分类，避免了随机选择样本点带来的聚类结果偏差问题；在更新后类的凝聚点计算上，以采样距离内类的中心点代替样本均值作为凝聚点，受噪声的影响较小；在相异度判别上，考虑了聚类的方向性特征，使之能够对连续任意形状的地形进行判别，弥补了传统算法对高频、非线性的地形难以处理的不足。

3.3.2.5 滤波结果

为了验证算法的实用性，对多波束原始数据解析后，选取几个代表性的地点进行滤波，如图 3.12 所示，四幅图分别代表多波束测深系统使用海域的四个不同地形特征区域。图 3.12（a）为一个海底坑洼地形区域；图 3.12（b）为一条长沟地形区域；图 3.12（c）为一个平坦地形区域；图 3.12（d）为一个深度渐变地形区域。

相干型多波束系统具有高密度的特性，从地形特征上分析，真实测深地形应该是“线状”的，且应该是连续的，这是从视觉上去判断真实地形与异常值的一个依据，从图中可以看出，不论地形特征如何，基于动态聚类的方法都能较好的提取出真实地形，去除粗差，对地形变化特征具有很好的鲁棒性。

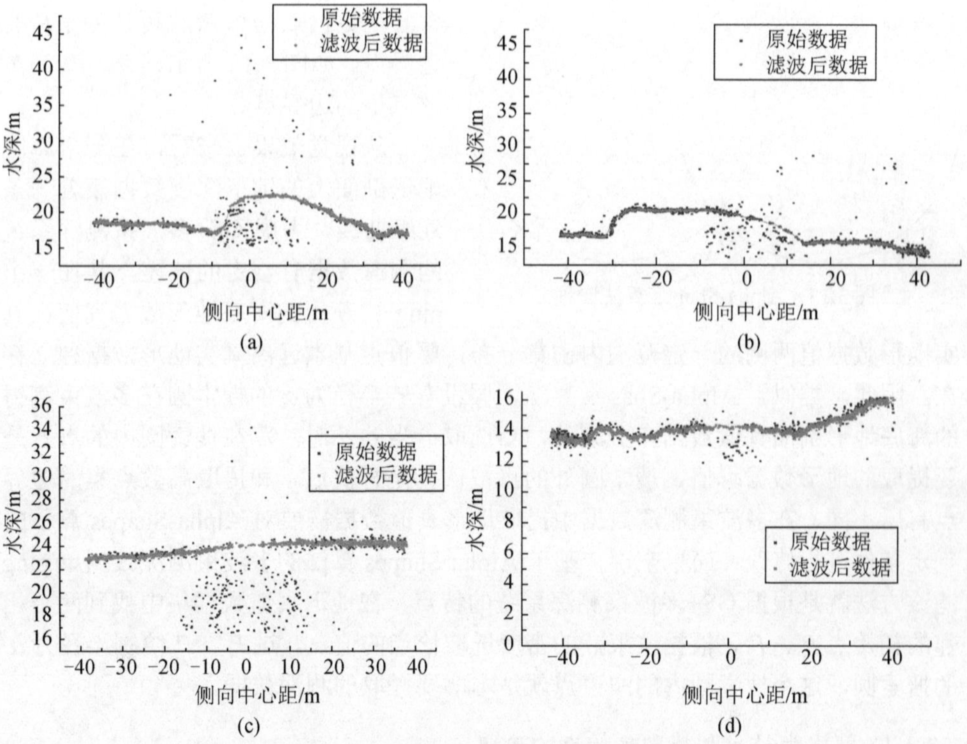

图 3.12 不同地形特征下的滤波结果

3.3.3 基于 Alpha-Shapes 模型的单 ping 滤波方法

在传统测深数据的人-机交互式滤波中，操作人员判断一个测深数据是否为野值，主要看其是否独立于真值数据集的孤立点。因此，滤波时应选取一定的参考点，并将其余数据与参考点作比较，如果该数据点与参考点之间的距离超出一定范围，即可将该点作为野值剔除。

3.3.3.1 基于 Alpha-Shapes 算子的滤波模型

Alpha-Shapes 算子是提取离散点集的边界点的有效方法[17-19]。利用 Alpha-Shapes 算子提取离散点集 **S** 边界点时，可认为有一个半径为 α 的搜索圆在离散点集 **S** 的边缘滚动，当 α 取值足够大的时候，其滚动的轨迹就是这个离散点集的边界。在提取 **S** 的边界点时，Alpha-Shapes 算子的判定条件：在离散点集 **S** 内选择任意两点 P_1、P_2，绘制经过 P_1、P_2 且半径为 α 的圆，若圆内有其他点，则 P_1、P_2 不是边界点，反之则认为 P_1、P_2 是 **S** 的边界点。根据数学的相关知识可知，若 P_1、P_2 之间的距离小于 2α，经过 P_1、P_2 的圆有两个，这时需要对这两种情况都加以

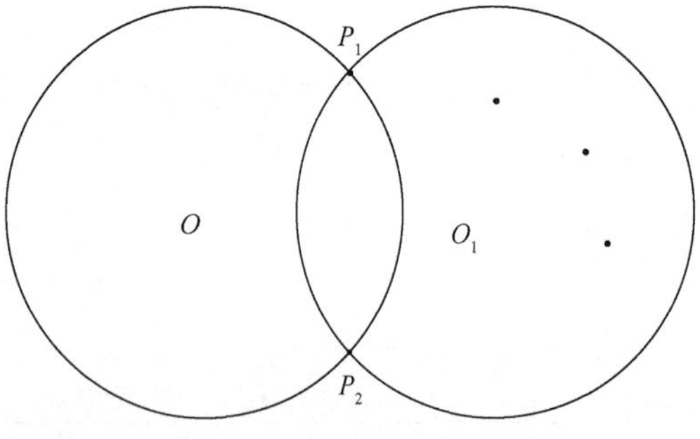

图 3.13　Alpha-Shapes 算法原理

判定：只需要有一个圆形区域中不包含其他数据点，P_1、P_2就可认为是**S**的边界点。如图 3.13 所示，P_1、P_2为离散点集的边界点。

从视觉效果上来看，在一个海底地形剖面上的地形深度数据接近一条连续曲线，考虑 GS+多波束测深系统的测深数据有一定的偏差，其在一个 ping 内获得的海底地形数据真值在真实地形数据值两侧的一定范围内密集分布，野值点基本远离真实地形数据独立存在。因此，类似于 Alpha-Shapes 算法，假设有一半径为α的搜索圆在多波束测得的海底地形剖面真值数据点上滚动，当选取恰当的α时，落在搜索圆内的点就是要提取的地形数据真值，搜索圆外的点被认为是野值点。和提取离散点集的边界点有所不同，在多波束测深数据中提取地形真值数据需要对 Alpha-Shapes 算子的判定条件进行修改。简单来说，基于 Alpha-Shapes 算法的多波束测深数据单 ping 滤波方法就是根据 GS+多波束测深系统的特点，在地形真值数据集中找到两个相邻的初始点P_1、P_2，根据波束点的密度选取恰当的值α，过P_1、P_2绘制半径为α的搜索圆，这个搜索圆内的波束点就是本书要提取的测深数据。

3.3.3.2　搜索半径α和搜索初始点的选取

在基于 Alpha-Shapes 修改的测深数据滤波算法中，影响滤波效果最重要的因素是搜索圆半径α的选取：α取值过大可能将野值点带入滤波结果中；α取值过小有可能在某些波束点密度稀疏区域内由于搜索圆内不存在测深数据而滤波失败。确定搜索圆半径α的方法如下。

（1）分别计算点集**P**中各波束点的平均间距σ，即

$$\sigma=\frac{\sum_{i=1}^{N-1}\sqrt{\left(x_{i+1}-x_i\right)^2+\left(y_{i+1}-y_i\right)^2}}{N-1} \tag{3.16}$$

（2）相干型多波束测深系统的特点是噪声点的分布比较稀疏。编号相邻的两个点，若其中至少有一个数据点为噪声点，则这两个点之间的距离可能远大于两个相邻真实地形点的间距，因此，两个相邻地形点之间的距离要小于σ。经过大量滤波实验的经验取搜索半径α略大于σ值即可确保滤波的成功率和准确性。

初始点位置的选取直接关系到地形真值提取的成功率，若按照 Alpha-Shapes 的判定条件任意选两个点P_1、P_2，可能因这两个点中某一点是野值点而导致滤波失败。通过分析 GS+原始数据文件中提取的测深数据发现，侧向中心距零值附近

的原始测深数据存在大量的噪声点，这些噪声点产生的原因可能有以下两个：①换能器布置方向与垂直方向呈 30°夹角，侧向中心距为零附近区域内波束的波束角接近单个换能器的最大波束角；②声波较强导致水体连续镜面反射造成的深度异常。因此，如何剔除此区域的野值尤为重要，由前文可知，GS+安装有单波束测深仪作为辅助传感器，在第一次搜索时应选取声学高度计的测深点为初始点 P_1，搜索和 P_1 距离小于或等于 2α 的点集 $\mathbf{P}_2=\{P_{21},P_{22},\cdots,P_{2n}\}$。在第 $n(n\geqslant 2)$ 次选取 P_1 时，取已滤波中编号最大测深点为 P_1，然后搜索 $\mathbf{P}_2$。

3.3.3.3　条件判断

取点集 $\mathbf{P}_2$ 中编号最大的点 $P_{2n}(P_{2n}\in\mathbf{P}_2)$，求出经过点 P_1、P_{2i} 并且半径为 α 的搜索圆的圆心。获得圆心后，提取和圆心的间距小于 α 的波束点，这些点即为所要提取的测深数据点。已知两点和半径求圆心的过程如下：

令 P_1、P_{2i} 的坐标分别为 (y_1,z_1)、(y_2,z_2)，令圆心坐标为 (y,z)，则可以列出方程组

$$\begin{cases}(x-x_1)+(y-y_1)=\alpha^2\\(x-x_2)+(y-y_2)=\alpha^2\end{cases}\tag{3.17}$$

根据此方程组可以求出圆心坐标 (x,y)。然而直接求解该方程组比较烦琐，这里采用测绘学中的求交法求得圆心坐标。由已知距离的交汇算法可以得到方程

$$\begin{cases}x=x_1+\dfrac{x_2-x_1}{2}+H(y_2-y_1)\\ y=y_1+\dfrac{y_2-y_1}{2}+H(x_1-x_2)\end{cases}\tag{3.18}$$

式中，$H=\pm\sqrt{\dfrac{\alpha^2}{s^2}-\dfrac{1}{4}}$，其中，$s^2=(x_1-x_2)^2+(y_1-y_2)^2$。

若 P_1、P_2 的距离小于 2α，则经过这两点的圆有两个，需要对这两种情况全部加以判断。具体的滤波流程见图 3.14。

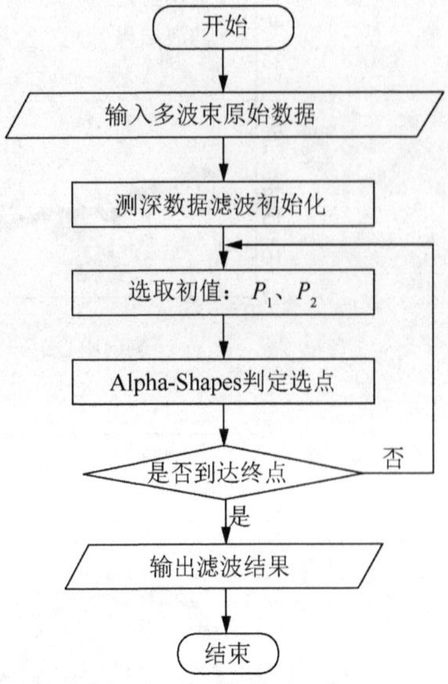

图 3.14　滤波流程

3.3.3.4　滤波结果

对多波束原始数据解析后，选取几个代表性的地形剖面进行滤波，如图 3.15 所示。滤波后，作者将多波束测深系统提供的相邻两个 ping 的初始数据和滤波

结果绘制在一幅图内，具体的结果如图 3.15 所示。图 3.15（a）为峰值地形；图 3.15（b）为地形剧烈变化上升区域；图 3.15（c）为地形渐变区域，是沿一条长条海沟地形的滤波结果；图 3.15（d）为平坦海底地形的滤波结果；图 3.15（e）为沟壑边缘；图 3.15（f）为一个缓下坡地形。从图 3.15 中可以看出 GS+输出的数据密度非常高，且根据海底地形特点可知，真实地形应该是连续的“线状”地形，这是从视觉上判断噪声点的依据。在以上几种典型地形中，基于 Alpha-Shapes 模型改进的提取方法都能较好地去除噪声点和粗差，对不同地形特征具有较好的适应性。

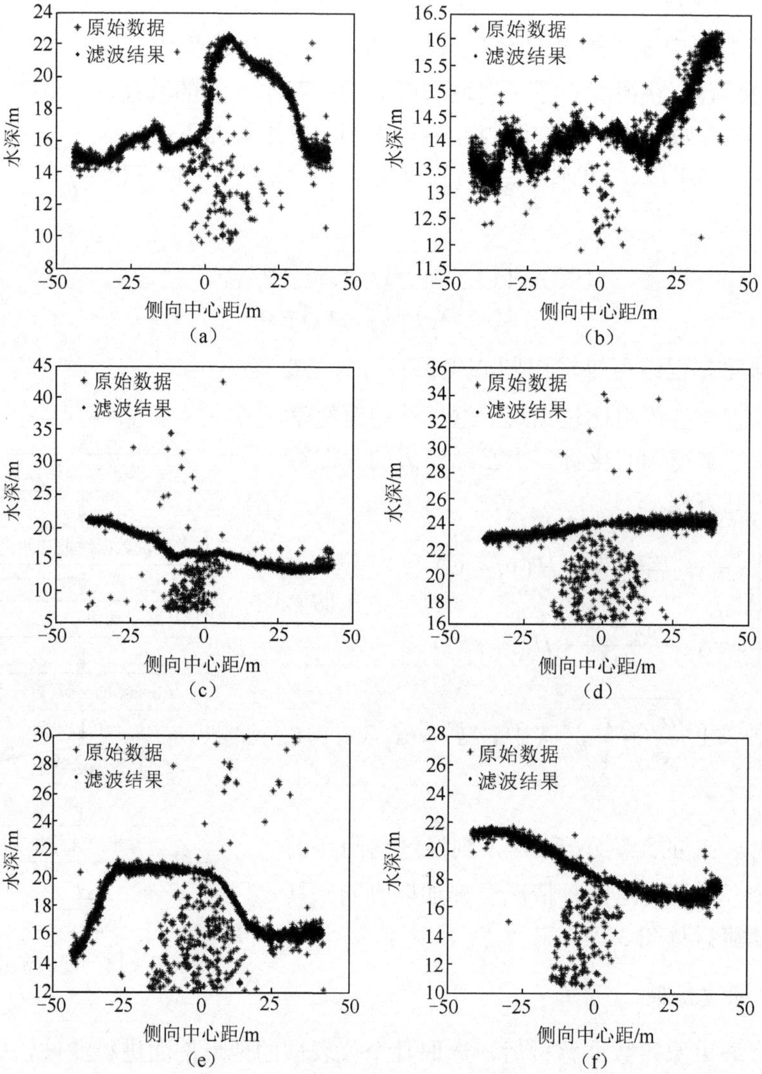

图 3.15　滤波结果（见书后彩图）

由于滤波的初始位置由测深精度很高的单波束测深仪数据确定，避免了滤波开始时就将假地形带入的可能性。在滤波过程中只提取规定范围的点，超过此范围的深度数据全都认为是噪声点，避免了过多异常值的存在而导致的滤波失败的问题。

3.3.4 基于强跟踪卡尔曼滤波的单 ping 滤波方法

3.3.4.1 标准的卡尔曼滤波方程

设 $t(k)$ 时刻的被估计状态 $\boldsymbol{X}(k)$ 受系统噪声序列 $\boldsymbol{V}(k-1)$ 驱动，驱动机理由下述方程描述：

$$\boldsymbol{X}(k)=\boldsymbol{\Phi}(k,k-1)\boldsymbol{X}(k-1)+\boldsymbol{\Gamma}(k-1)\boldsymbol{V}(k-1) \tag{3.19}$$

对 $\boldsymbol{X}(k)$ 的测量满足线性关系，测量方程为

$$\boldsymbol{Z}(k)=\boldsymbol{H}(k)\boldsymbol{X}(k)+\boldsymbol{E}(k) \tag{3.20}$$

式中，$\boldsymbol{\Phi}(k,k-1)$ 为 $t(k-1)$ 时刻至 $t(k)$ 时刻的一步转移阵；$\boldsymbol{\Gamma}(k-1)$ 为系统噪声驱动阵；$\boldsymbol{H}(k)$ 为测量阵；$\boldsymbol{E}(k)$ 为系统激励噪声序列；$\boldsymbol{V}(k-1)$ 为测量噪声序列。

同时，$\boldsymbol{V}(k)$ 和 $\boldsymbol{E}(k)$ 满足：

$$\begin{gathered}\boldsymbol{E}[\boldsymbol{V}(k)]=0,\mathrm{Cov}[\boldsymbol{V}(k),\boldsymbol{V}(j)]=[\boldsymbol{V}(k),\boldsymbol{V}^{\mathrm{T}}(j)]=\boldsymbol{Q}(k)\delta_{k,j}\\ \boldsymbol{E}[\boldsymbol{E}(k)]=0,\mathrm{Cov}[\boldsymbol{E}(k),\boldsymbol{E}(j)]=[\boldsymbol{E}(k),\boldsymbol{E}^{\mathrm{T}}(j)]=\boldsymbol{R}(k)\delta_{k,j}\\ \mathrm{Cov}[\boldsymbol{V}(k),\boldsymbol{E}(j)]=\boldsymbol{E}[\boldsymbol{V}(k)\boldsymbol{E}^{\mathrm{T}}(j)]=0\end{gathered} \tag{3.21}$$

式中，$\boldsymbol{Q}(k)$ 为系统噪声序列的方差阵，假设为非负定阵；$\boldsymbol{R}(k)$ 为测量噪声序列的方差阵，假设为正定阵。则状态 $\boldsymbol{X}(k)$ 的估计可按下述方程求解:

状态一步预测：

$$\hat{\boldsymbol{X}}(k,k-1)=\boldsymbol{\Phi}(k,k-1)\hat{\boldsymbol{X}}(k-1) \tag{3.22}$$

状态估计：

$$\hat{\boldsymbol{X}}(k)=\hat{\boldsymbol{X}}(k,k-1)+\boldsymbol{K}(k)[\boldsymbol{Z}(k)-\boldsymbol{H}(k)\hat{\boldsymbol{X}}(k,k-1)] \tag{3.23}$$

滤波增益：

$$\boldsymbol{K}(k)=\boldsymbol{P}(k,k-1)\boldsymbol{H}^{\mathrm{T}}(k)[\boldsymbol{H}(k)\boldsymbol{P}(k,k-1)\boldsymbol{H}^{\mathrm{T}}(k)+\boldsymbol{R}(k)]^{-1} \tag{3.24a}$$

或

$$\boldsymbol{K}(k)=\boldsymbol{P}(k)\boldsymbol{H}^{\mathrm{T}}(k)\boldsymbol{R}^{-1}(k) \tag{3.24b}$$

一步预测均方误差：

$$\boldsymbol{P}(k,k-1)=\boldsymbol{\Phi}(k,k-1)\boldsymbol{P}(k-1)\boldsymbol{\Phi}^{\mathrm{T}}(k,k-1)+\boldsymbol{\Gamma}(k-1)\boldsymbol{Q}(k)\boldsymbol{\Gamma}^{\mathrm{T}}(k-1) \tag{3.25}$$

估计均方误差：

$$\boldsymbol{P}(k)=[\boldsymbol{I}-\boldsymbol{K}(k)\boldsymbol{H}(k)]\boldsymbol{P}(k,k-1)[\boldsymbol{I}-\boldsymbol{K}(k)\boldsymbol{H}(k)]^{\mathrm{T}}+\boldsymbol{K}(k)\boldsymbol{R}(k)\boldsymbol{K}^{\mathrm{T}}(k) \tag{3.26a}$$

或

$$\boldsymbol{P}(k)=[\boldsymbol{I}-\boldsymbol{K}(k)\boldsymbol{H}(k)]\boldsymbol{P}(k,k-1) \tag{3.26b}$$

或

$$\boldsymbol{P}^{-1}(k)=\boldsymbol{P}^{-1}(k,k-1)+\boldsymbol{H}^{\mathrm{T}}(k)\boldsymbol{R}^{-1}(k)\boldsymbol{H}(k) \tag{3.26c}$$

式(3.22)～式(3.26)为离散型卡尔曼滤波基本方程。只要给定初值 $\hat{\boldsymbol{X}}_0$ 和 $\boldsymbol{P}_0$，根据 k 时刻的测量 $\boldsymbol{Z}(k)$ 就可递推计算得出 k 时刻的状态估计 $\hat{\boldsymbol{X}}(k)(k=1,2,\cdots)$。

式（3.22）～式（3.26）所描述的卡尔曼滤波算法可用图 3.16 表示，从图 3.16 中可明显看出卡尔曼滤波具有两个计算回路和两个更新过程。两个计算回路：增益计算回路和滤波计算回路。其中，增益计算回路是独立计算回路，而滤波计算回路依赖于增益计算回路。在一个滤波周期内，从卡尔曼滤波在使用系统信息和测量信息的先后次序来看，卡尔曼滤波具有两个明显的信息更新过程：时间更新过程和测量更新过程。

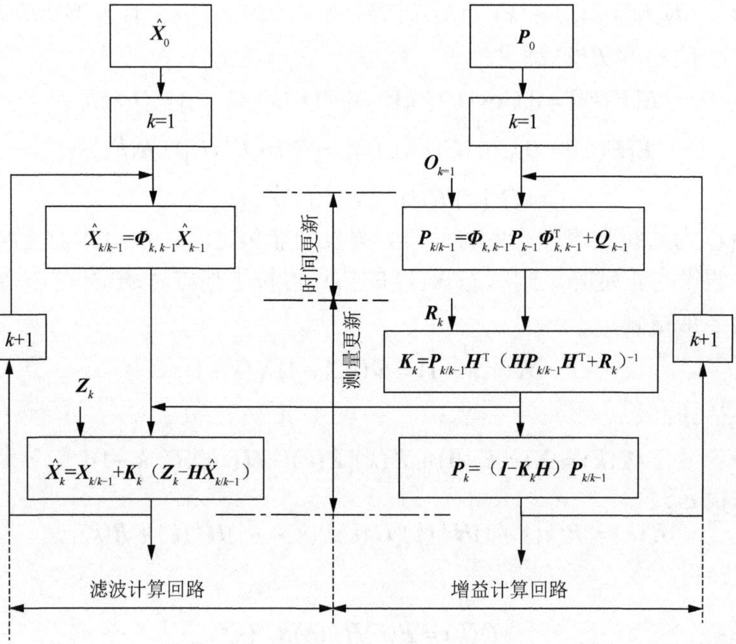

图 3.16　卡尔曼滤波算法示意图

现实世界中虽然很多物理系统是连续的非线性系统，但只要经过离散化和线性化，就能使用标准卡尔曼滤波方程。

3.3.4.2 强跟踪滤波器的引入

为了说明问题，这里考虑如下一大类非线性系统的状态估计问题，其对于线性系统结论的适用性不言而喻。

$$\boldsymbol{x}(k+1)=f(k,\boldsymbol{u}(k),\ \boldsymbol{x}(k))+\boldsymbol{\Gamma}(k)\boldsymbol{v}(k) \tag{3.27}$$

$$z(k+1)=h(k+1,\ \boldsymbol{x}(k+1))+\boldsymbol{e}(k+1) \tag{3.28}$$

式中，$\boldsymbol{x}\in\boldsymbol{R}^n$ 为状态向量；$\boldsymbol{u}\in\boldsymbol{R}^q$ 为确定性的输入向量；$\boldsymbol{z}\in\boldsymbol{R}^m$ 为输出向量；非线性函数 $f{:}\boldsymbol{R}^n\times\boldsymbol{R}^q\to\boldsymbol{R}^n$，$h{:}\boldsymbol{R}^n\to\boldsymbol{R}^m$，$\boldsymbol{\Gamma}\in\boldsymbol{R}^{n\times p}$，$f$、$h$ 关于状态连续可微；$\boldsymbol{v}(k)$ 和 $\boldsymbol{e}(k)$ 分别为 p 维和 m 维的高斯白噪声向量，并有如下统计特性：

$$\boldsymbol{E}[\boldsymbol{v}(k)]=\boldsymbol{E}[\boldsymbol{e}(k)]=0 \tag{3.29}$$

$$\boldsymbol{E}[\boldsymbol{v}(k)\boldsymbol{v}^{\mathrm{T}}(j)]=\boldsymbol{Q}_1(k)\delta_{k,j} \tag{3.30}$$

$$\boldsymbol{E}[\boldsymbol{e}(k)\boldsymbol{e}^{\mathrm{T}}(j)]=\boldsymbol{Q}_2(k)\delta_{k,j} \tag{3.31}$$

$$\boldsymbol{E}[\boldsymbol{v}(k)\boldsymbol{e}^{\mathrm{T}}(j)]=0 \tag{3.32}$$

式中，$\boldsymbol{Q}_1(k)$ 为对称的非负定阵；$\boldsymbol{Q}_2(k)$ 为对称的正定阵。初始状态 $\boldsymbol{x}(0)$ 为高斯分布的随机向量，且满足统计特性：

$$\boldsymbol{E}[\boldsymbol{x}(0)]=X_0 \tag{3.33}$$

$$\boldsymbol{E}[\boldsymbol{x}(0)-X_0][\boldsymbol{x}(0)-X_0]^{\mathrm{T}}=P_0 \tag{3.34}$$

并且有 $\boldsymbol{x}(0)$ 与 $\boldsymbol{v}(\mathrm{t})$ 、$\boldsymbol{e}(\mathrm{t})$ 统计独立。

对于上面描述的非线性系统的状态估计问题，可以选择扩展卡尔曼滤波器（extended Kalman filter，EKF）进行解决。对扩展卡尔曼滤波器进行线性化和离散化后，其同标准卡尔曼滤波器具有相同的形式。

如果模型式（3.27）和式（3.28）具有足够的精度，并且滤波器的初始值 $\hat{\boldsymbol{x}}(0/0)$、$P(k+1/k)$ 选择得当时可以给出比较准确的状态估计值 $\hat{\boldsymbol{x}}(k+1)$。

但通常模型式（3.27）和式（3.28）具有不确定性，模型与所描述的非线性系统不能完全匹配，造成模型不确定性的主要原因有以下几方面。

（1）模型简化。对于复杂的较高维数的状态变量，通常使用较少的状态变量来描述系统的主要特征，忽略实际系统某些较不重要的因素，从而造成模型与实际系统之间产生较大的不匹配。

（2）所建模型的噪声统计特性与实际过程噪声的统计特性有较大差异。

（3）对实际系统初始状态的统计特性建模不准。

（4）由于实际系统部件老化、损坏等原因，系统的参数发生变化（缓变或突变），造成原模型与实际系统不匹配。

而且扩展卡尔曼滤波器关于模型不确定性的鲁棒性很差，当系统达到平稳状态时，将丧失对突变状态的跟踪能力。为此本节引入强跟踪滤波器（strong tracking filter，STF）的概念。

强跟踪滤波器具有以下优良特性。

（1）较强的关于模型不确定性的鲁棒性。

（2）极强的关于突变状态的跟踪能力。甚至在系统达到平稳态时，仍保持对缓变状态与突变状态的跟踪能力。

（3）适中的计算复杂性。

对于式（3.27）和式（3.28）所描述的一类强跟踪滤波器具有如下的一般结构：

$$\hat{\boldsymbol{x}}(k+1|k+1)=\hat{\boldsymbol{x}}(k+1|k)+\boldsymbol{K}(k+1)\boldsymbol{\gamma}(k+1) \tag{3.35}$$

式中，

$$\hat{\boldsymbol{x}}(k+1|k)=f(k,\boldsymbol{u}(k),\ \hat{\boldsymbol{x}}(k|k)) \tag{3.36}$$

$$\boldsymbol{\gamma}(k+1)=\boldsymbol{z}(k+1)-h(k+1,\ \hat{\boldsymbol{x}}(k+1|k)) \tag{3.37}$$

为在线确定时变增益阵 $\boldsymbol{K}(k+1)$，使得此滤波器具有强跟踪滤波器的所有特性。为此，这里提出正交性原理：使得滤波器式（3.35）为强跟踪滤波器的一个充分条件是在线选择一个适当的时变增益阵 $\boldsymbol{K}(k+1)$，使得

$$\boldsymbol{E}[\boldsymbol{x}(k+1)-\hat{\boldsymbol{x}}(k+1\mid k+1)][\boldsymbol{x}(k+1)-\hat{\boldsymbol{x}}(k+1\mid k+1)]^{\mathrm{T}}=\min \tag{3.38}$$

$$\boldsymbol{E}[\boldsymbol{\gamma}^{\mathrm{T}}(k+1)\boldsymbol{\gamma}(k+1+j)]=0\ ,\ k=0,1,2,\cdots;j=1,2,\cdots \tag{3.39}$$

此正交性原理实质上是在状态估计残差最小方差性能指标基础上附加一个输出残差序列处处保持相互正交的性能指标。就是说，当模型参数与过程参数完全匹配时，线性系统卡尔曼滤波器的输出残差是不自相关的高斯白噪声序列，因此式（3.39）是满足的，而式（3.38）就是卡尔曼滤波器的性能指标，自然满足。

当受模型不确定性的影响，滤波器的状态估计值偏离系统的状态时，必然会在输出残差序列的均值与幅值上表现出来。这时，若在线调整增益阵 $\boldsymbol{K}(k+1)$，强迫条件式（3.39）仍然成立，使得残差序列仍然保持相互正交，则可以强迫强跟踪滤波器保持对实际系统状态的跟踪。当不存在模型的不确定性时，强跟踪滤波器正常进行，式（3.39）自然满足，不起调节作用。此时，强跟踪滤波器退化为通常性能指标的扩展卡尔曼滤波。应该注意的是，对于非线性系统，实际应用正交性原理时，式（3.38）和式（3.39）只是近似地满足。

3.3.4.3 带次优渐消因子的扩展卡尔曼滤波器

根据上面所述强跟踪滤波器理论，在扩展卡尔曼滤波器中引入次优渐消因子以使性能指标式（3.39）得以满足，使之具有强跟踪滤波器的特性。

系统模型仍然取式（3.27）和式（3.28）。

将式（3.27）中的 $f(\cdot)$ 在 $\hat{\boldsymbol{x}}(k|k)$ 进行泰勒展开，将式（3.28）中的 $h(\cdot)$ 在 $\hat{\boldsymbol{x}}(k+1|k)$

进行泰勒展开，并取其线性部分进行一阶近似后，将所得的线性模型应用于著名的卡尔曼滤波。

状态估计：

$$\hat{\boldsymbol{x}}(k+1|k+1)=\hat{\boldsymbol{x}}(k+1|k)+\boldsymbol{K}(k+1)\boldsymbol{\gamma}(k+1) \tag{3.40}$$

状态一步预报：

$$\hat{\boldsymbol{x}}(k+1|k)=f(k,\boldsymbol{u}(k),\hat{\boldsymbol{x}}(k|k)) \tag{3.41}$$

滤波增益矩阵：

$$\begin{aligned}\boldsymbol{K}(k+1)=&\boldsymbol{P}(k+1|k)\boldsymbol{H}^{\mathrm{T}}(k+1,\hat{\boldsymbol{x}}(k+1|k))[\boldsymbol{H}(k+1,\hat{\boldsymbol{x}}(k+1|k))\\&\times\boldsymbol{P}(k+1|k)\boldsymbol{H}^{\mathrm{T}}(k+1,\hat{\boldsymbol{x}}(k+1|k))+\boldsymbol{Q}_2(k+1)]^{-1}\end{aligned} \tag{3.42}$$

一步预报误差协方差阵：

$$\begin{aligned}\boldsymbol{P}(k+1|k)=&\boldsymbol{F}(k,\boldsymbol{u}(k),\hat{\boldsymbol{x}}(k|k))\boldsymbol{P}(k|k)\boldsymbol{F}^{\mathrm{T}}(k,\boldsymbol{u}(k),\hat{\boldsymbol{x}}(k|k))\\&+\boldsymbol{\Gamma}(k)\boldsymbol{Q}_1(k)\boldsymbol{\Gamma}^{\mathrm{T}}(k)\end{aligned} \tag{3.43}$$

估计协方差阵：

$$\boldsymbol{P}(k+1|k+1)=[\boldsymbol{I}-\boldsymbol{K}(k+1)\boldsymbol{H}(k+1,\hat{\boldsymbol{x}}(k+1|k))]\boldsymbol{P}(k+1|k) \tag{3.44}$$

残差序列：

$$\boldsymbol{\gamma}(k+1)=\boldsymbol{z}(k+1)-h(k+1,\hat{\boldsymbol{x}}(k+1|k)) \tag{3.45}$$

式中，

$$\boldsymbol{F}(k,\boldsymbol{u}(k),\hat{\boldsymbol{x}}(k|k)=\frac{\partial f(k,\boldsymbol{u}(k),\hat{\boldsymbol{x}}(k|k))}{\partial x}\Big|_{x=\hat{x}(k|k)} \tag{3.46}$$

$$\boldsymbol{H}(k+1,\hat{\boldsymbol{x}}(k+1|k))=\frac{\partial h(k+1,\boldsymbol{x}(k+1))}{\partial x}\Big|_{x=\hat{x}(k+1|k)} \tag{3.47}$$

均方误差阵：

$$\begin{aligned}\boldsymbol{V}_0(k+1)=&\boldsymbol{E}[\boldsymbol{\gamma}(k+1)\boldsymbol{\gamma}^{\mathrm{T}}(k+1)]\\\approx&\boldsymbol{H}(k+1,\hat{\boldsymbol{x}}(k+1|k))\boldsymbol{P}(k+1|k)\boldsymbol{H}^{\mathrm{T}}(k+1,\hat{\boldsymbol{x}}(k+1|k))+\boldsymbol{Q}_2(k+1)\end{aligned} \tag{3.48}$$

当模型参数与实际系统参数完全匹配，而且滤波器的初值选择适当时，上述扩展卡尔曼滤波器可渐近收敛，得到状态的近似无偏估计。然而，当存在较大的模型不确定性时，扩展卡尔曼滤波器的估计精度会大大下降，通常导致发散。

为使此滤波器具有强跟踪滤波器的性能，可以采用变化的渐消因子对过去的数据进行渐消，实时调整状态预报误差的协方差阵及相应的增益阵，为此引入渐消因子 λ，则式（3.43）变为

$$\begin{aligned}\boldsymbol{P}(k+1|k)=&\lambda(k+1)\boldsymbol{F}(k,\boldsymbol{u}(k),\hat{\boldsymbol{x}}(k|k))\boldsymbol{P}(k|k)\boldsymbol{F}^{\mathrm{T}}(k,\boldsymbol{u}(k),\hat{\boldsymbol{x}}(k|k))\\&+\boldsymbol{\Gamma}(k)\boldsymbol{Q}_1(k)\boldsymbol{\Gamma}^{\mathrm{T}}(k)\end{aligned} \tag{3.49}$$

式中，$\lambda(k+1)\geqslant 1$，为时变的渐消因子。则由式（3.40）～式（3.49）构成了带渐消

因子的扩展卡尔曼滤波器，记为SFEKF（suboptimal fading extended Kalman filter）。

下面将利用上一小节所述的正交性原理来确定时变的次优渐消因子，进而确定时变增益阵 $\boldsymbol{K}(k+1)$。在文献[20]中给出了两种满足正交性原理的次优渐消因子的求解算法。其中一个是一种需要迭代寻优求解的算法，另一个是一步近似算法。由于迭代寻优求解不利于在线计算，在这里采用一步近似算法，描述如下。

次优渐消因子 $\lambda(k+1)$ 可由下式近似得到：

$$\lambda(k+1)=\begin{cases}\lambda_0, & \lambda_0\geqslant 1\\ 1, & \lambda_0<1\end{cases} \tag{3.50}$$

式中，

$$\lambda_0=\frac{\operatorname{tr}[\boldsymbol{N}(k+1)]}{\operatorname{tr}[\boldsymbol{M}(k+1)]} \tag{3.51}$$

其中，

$$\begin{aligned}\boldsymbol{N}(k+1)=&\boldsymbol{V}_0(k+1)-\boldsymbol{H}(k+1,\hat{\boldsymbol{x}}(k+1\mid k))\boldsymbol{\Gamma}(k)\boldsymbol{Q}_1(k)\boldsymbol{\Gamma}^{\mathrm{T}}(k)\\&\times\boldsymbol{H}^{\mathrm{T}}(k+1,\hat{\boldsymbol{x}}(k+1\mid k))-\boldsymbol{Q}_2(k+1)\end{aligned} \tag{3.52}$$

$$\begin{aligned}\boldsymbol{M}(k+1)=&\boldsymbol{H}(k+1,\hat{\boldsymbol{x}}(k+1\mid k))\boldsymbol{F}(k,u(k),\hat{\boldsymbol{x}}(k\mid k))\boldsymbol{P}(k\mid k)\times\boldsymbol{F}^{\mathrm{T}}\\&=(k,u(k),\hat{\boldsymbol{x}}(k\mid k))\boldsymbol{H}^{\mathrm{T}}=(k+1,\hat{\boldsymbol{x}}(k+1\mid k))\end{aligned} \tag{3.53}$$

在式（3.52）中，均方误差阵 $\boldsymbol{V}_0(k+1)$ 的实际值在求解 $\lambda(k+1)$ 时还是未知的，可由下式估算：

$$\boldsymbol{V}_0(k+1)=\begin{cases}\boldsymbol{\gamma}(1)\boldsymbol{\gamma}^{\mathrm{T}}(1), & k=0\\ \dfrac{\rho\boldsymbol{V}_0(k)+\boldsymbol{\gamma}(k+1)\boldsymbol{\gamma}^{\mathrm{T}}(k+1)}{1+\rho}, & k\geqslant 1\end{cases} \tag{3.54}$$

式中，$0<\rho\leqslant 1$，ρ 为遗忘因子。这样就建立了带次优渐消因子的扩展卡尔曼滤波器，这是一种强跟踪滤波器。

3.3.4.4 离散系统带次优渐消因子卡尔曼滤波器的建立

上面建立了非线性系统带次优渐消因子的扩展卡尔曼滤波器，对于离散系统

$$\boldsymbol{X}(k+1)=\boldsymbol{\Phi}(k+1,k)\boldsymbol{X}(k)+\boldsymbol{\Gamma}(k+1,k)\boldsymbol{V}(k) \tag{3.55}$$

$$\boldsymbol{Y}(k+1)=\boldsymbol{H}(k+1)\boldsymbol{X}(k+1)+\boldsymbol{E}(k+1) \tag{3.56}$$

所描述的模型，将上述非线性系统离散化后便可以得到离散系统的带次优渐消因子的卡尔曼滤波模型，算法如下。

状态一步预测：

$$\hat{\boldsymbol{x}}(k+1,k)=\boldsymbol{\Phi}(k+1,k)\hat{\boldsymbol{x}}(k) \tag{3.57}$$

状态估计：

$$\hat{\boldsymbol{x}}(k+1)=\hat{\boldsymbol{x}}(k+1,k)+\boldsymbol{K}(k+1)[\boldsymbol{Z}(k+1)-\boldsymbol{H}(k+1)\hat{\boldsymbol{x}}(k+1,k)] \tag{3.58}$$

滤波增益：

$$K(k+1)=P(k+1,k)H^{\mathrm{T}}(k+1)[H(k+1)P(k+1,k)H^{\mathrm{T}}(k+1)+Q_2(k+1)]^{-1} \quad (3.59)$$

一步预测均方误差：

$$P(k+1,k)=\lambda(k+1)\Phi(k+1,k)P(k)\Phi^{\mathrm{T}}(k+1,k)+Q_1(k) \quad (3.60)$$

估计均方误差：

$$P(k+1)=[I-K(k+1)H(k+1)]P(k+1,k) \quad (3.61)$$

上面建立了离散系统的带次优渐消因子的卡尔曼滤波器，在实际应用中渐消因子 $\lambda(k+1)$ 的值不能满足水下机器人动态滤波性能，为此引入调整系数，使 $\lambda(k+1)=\max\{1,\alpha\cdot \mathrm{tr}[N(k+1)]/\mathrm{tr}[M(k+1)]\}$，式中，$\alpha$ 为调整系数。α 的引进人为地调整 $\lambda(k+1)$，强制性改变滤波的跟踪性能。α 的选取对于滤波性能有较大的影响，减小 α 则会提高系统的滤波性能，增大 α 则会增强系统的跟踪性能。一般来说，调整因子的选择范围为 0.95～1.12。

在实际应用中，调整因子 α 的选取要根据实际情况来确定。当 $\alpha>1.2$ 时系统的跟踪性能较强，而当 $\alpha<1.1$ 时系统滤波性能显著增强。在滤波程序中，取调整因子 $\alpha=1.01$，既保证了系统的跟踪性能又起到了较强的滤波效果，遗忘因子 $\rho=0.95$。调整因子可以明显影响滤波效果，应根据多波束测深数据的密度决定 α 的值。

3.4 先验数字地形的生成

作者在完成对多波束测深数据的滤波之后，进行潮位修正。潮位修正通过记录的实时潮位数据插值进行，完成后，将测深数据进行空间归位，并进行网格化处理，最终形成先验数字地形。

3.4.1 测深数据的空间归位

由于受到风、浪、流等外界因素的影响，搭载多波束的载体会产生摇荡，对多波束测深产生影响。因此，在进行多波束测深数据的空间归位计算时需要考虑载体摇荡的影响，对空间归位时换能器的动态位置进行计算。

测深数据的空间归位目的是将各个测深点的坐标从随船坐标系转换到大地坐标系中，分为三个步骤[21]：①计算换能器中心和测深点的相对位置；②计算换能器中心在随船坐标系中的位置；③根据随船坐标系和大地坐标系的关系将波束点坐标转换到大地坐标系中。对多波束测深数据进行空间归位是在考虑载体的位置、航向及姿态等信息的基础上，对波束点空间坐标进行换算。首先需要计算测深点在随船坐标系中的位置，再将载体的位置、航向及姿态信息与随船坐标中心结合，计算各波束点在大地坐标系中的位置。设在随船坐标系中，换能器的坐标为(x_0, y_0, z_0)，波束脚印的坐标为(x, y, z)。为了简化推导过程，这里忽略声线弯曲，则测深点的随船坐标系坐标为

$$\begin{cases} x = x_0 \\ y = y_0 + C_0 T_{\mathrm{p}} \sin\theta_0 / 2 \\ z = z_0 + C_0 T_{\mathrm{p}} \cos\theta_0 / 2 \end{cases} \tag{3.62}$$

式中，C_0为水体内的平均声速；T_{p}为波束往返的双程旅行时间；θ_0为波束入射角。考虑声线弯曲的波束脚印随船坐标可根据 3.2 节的相关内容计算得到。在确认波束脚印的随船坐标后，将其转化为大地坐标，其转换关系为

$$\begin{bmatrix} x & y \end{bmatrix}_{\mathrm{LLS}}^{\mathrm{T}} = \begin{bmatrix} x' & y' \end{bmatrix}_{\mathrm{LLS}}^{\mathrm{T}} + \boldsymbol{R}(r, p, h) \begin{bmatrix} x & y \end{bmatrix}_{\mathrm{VFS}}^{\mathrm{T}} \tag{3.63}$$

式中，$\begin{bmatrix} x & y \end{bmatrix}_{\mathrm{LLS}}^{\mathrm{T}}$和$\begin{bmatrix} x & y \end{bmatrix}_{\mathrm{VFS}}^{\mathrm{T}}$分别是波束脚印在大地坐标系和随船坐标系中的坐标位置；$\begin{bmatrix} x' & y' \end{bmatrix}_{\mathrm{LLS}}^{\mathrm{T}}$是随船坐标系原点在大地坐标系内的坐标位置；$\boldsymbol{R}(r, p, h)$是随船坐标系与大地坐标系的旋转关系，其中，航向$h$、横摇$r$和纵摇$p$是三个欧拉角，则

$$\boldsymbol{R}(r, p, h) = \begin{bmatrix} \cos h \cos p & \cos h \sin p \sin r - \sin h \cos r \\ \sin h \cos p & \sin h \sin p \sin r + \cos h \cos r \end{bmatrix} \tag{3.64}$$

式（3.62）求得的z是随船坐标系原点和海底的垂直距离，计算波束脚印的实际深度还应该考虑换能器的静吃水h_{ss}、动吃水h_{ds}、当前的潮位数据h_{tide}和其他因素对水深的影响h_{a}。若潮位数据h_{tide}由某基准面确定，则：

$$h_{\mathrm{g}} = z + h_{\mathrm{ss}} + h_{\mathrm{ds}} + h_{\mathrm{a}} - h_{\mathrm{tide}} \tag{3.65}$$

这里换能器的静吃水h_{ss}在换能器安装完毕就可确定，并作为多波束测深数据处理单元的一个常量；换能器的动吃水是由载体升沉运动产生的，可由多波束测深系统搭载的辅助传感器得到。同时，载体的实时姿态也会对测深点的空间归位产生影响，会使测深点绕x轴或y轴旋转，其旋转角度可由船姿与运动传感器得到，其对测深点坐标的影响可由式（3.64）转换得到。

3.4.2 测深数据的网格化处理

多波束测深数据量非常庞大，经过滤波处理后，GS+系统的一条测线包含的测深点数据有 200 多万个，如果直接用于海底地形分析和成图，不仅对计算机来说是一个巨大的资源消耗，也不易实现。事实上，这种利用大量数据成图的方式只在数据采集时使用，用于监视数据采集的质量。而在大片数据合成的后处理中，这样做并不能提高成图精度。通常的做法是对多波束测深数据进行网格化处理，对数据进行压缩，根据精度的要求设定网格的大小，这样做便于后期的操作，也提高了成图的效率[22]。

多波束测深点十分密集，与一般网格化方法不同的是，多波束测深不是加密数据点，而是对网格点周围数据点进行融合，由少数点代表大多数点的过程，因而有其自身的特点。

3.4.2.1　网格参数设置与搜索规则

多波束测深数据的网格化应先对参数进行设置，确定数据读入的范围和网格的大小。为了确保网格插值的速度和精度，应对搜索数据的分布和数量做出具体限制。如规定空象限数上限，即每个网格点插值计算中空象限数不能超过此值，否则插值无效。同时，可对每个象限搜索到的数据量进行限制，当达到数据上限时停止该象限的搜索，转到下一个象限。如果规定了数据量下限，则每个网格点插值所需要搜索到的数据量不能小于此下限，一旦在搜索范围内达不到要求，此网格点即为空白点。在确定网格参数和搜索规则后就可以依据一定的方法进行插值。

在对书中所用到的多波束测深数据网格化时，网格间距设置为 r m，网格点插值的搜索范围为以插值点为圆心、半径为 r m 的圆域，将该圆形区域平均分为四个扇区，设定每个扇区内水深点个数上限，达到上限则停止该扇区的搜索。由于多波束数据量巨大，为了提高效率，避免读入过多不参与插值的点，可根据导航信息设定起始搜索范围，如设定经度或纬度方向上的一定范围内的 ping 的数据参与搜索，实验证明该方法可以大幅度提高插值的速度。图 3.17 为规则网格区域下的搜索圆域。

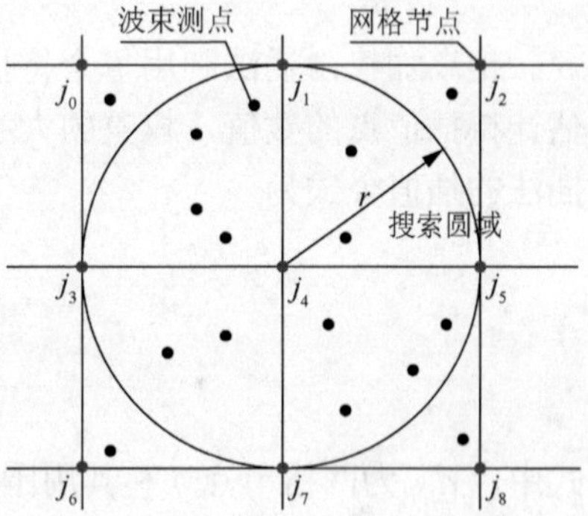

图 3.17　规则网格区域下的搜索圆域

3.4.2.2　网格插值方法

自从数字地形模型在 20 世纪 50 年代末被人们提出后，地球科学家对内插问题进行了多年研究，提出了多种插值方法并对其分类。一种是按照内插结果的特征分类，如 Lam 法把内插方法分为两类：确切法和近似法。确切法把内插结果和已知点的数据同时保存在插值文件中，如权重分析法、Kriging 插值法、样条插值法等；近似法值内插后的插值文件中不会保留已知点数据，如小波分析法、傅里叶分析法等。另一种是按照内插过程分类，如 Waston 把内插法分为两类：第一类是方程式内插法，如样条插值法和趋势面插值法等，其通过设计数学函数尽可能拟合网格曲面；第二类是试探性插值法，如权重分析法和 Kriging 插值法等，其由事先得到的数据分布来推测插值点的数值[23]。

在海底地形匹配导航中，先验数字地形有两个方面作用：一方面通过利用先验数字地形了解AUV工作海域的地形特征，对地形匹配导航的路径进行规划；另一方面在地形匹配单元中从数字地形文件中提取局部区域的地形数据，以便与实时测深数据进行匹配分析，因此地形网格化插值的精度将直接影响地形匹配的性能。由于多波束测深数据的密度很大，为了保证后续网格化插值的精度，多波束测深数据网格化所选用的内插方法的原则如下：在保证多波束原始测深点的基础上使网格化内插结果与原始测深点之间的误差最小。从内插方法的原则可知，多波束测深数据网格化内插应按照确切法进行插值。在保证内插精度的前提下，为了尽可能减少插值计算量，比较几种在数据处理中常用的插值方法，即距离加权内插法（distance weighted，DW）、Kriging内插法、多点平均内插法（multi point average，MPA）、高斯加权平均内插法（Gaussian weighted average，GWA）对滤波后的测深数据进行插值[24]，并比较这些方法在多波束测深数据网格化中的适用性。

1. 距离加权内插法

距离加权内插法利用每个待插值点邻域内的已知数据并赋予其不同的权值来估计待插值点的数值，权重的大小为搜索点和待插值点距离的函数。距离加权内插法的插值公式为

$$\hat{z}_j = \frac{\sum_{i=1}^{n} z_i / d_{i,j}^{\lambda}}{\sum_{i=1}^{n} 1 / d_{i,j}^{\lambda}} \tag{3.66}$$

式中，$d_{i,j}$ 为网格节点 j 和其周围邻近点 i 的距离；λ 为距离的幂次，称为权重参数；$\hat{z}_j$ 为待插节点 j 的插值深度值；z_i 为邻近点 i 的深度值。距离加权内插法是确切内插法的一种，插值时根据与插值点距离的不同，对邻域内搜索点赋不同的权重，并对权重归一化以保证所有搜索点权重之和为 1。其主要问题是当搜索点正好在网格节点处时，其权重为 1，产生“凸变”现象。为了减小“凸变”现象的影响，在计算时引入平滑因子 δ，用有效距离代替真实距离计算，有效距离定义为 $d'_{i,j} = \sqrt{d_{i,j}^2 + \delta^2}$。

通常情况下，待插值的网格节点值主要与邻近点距离和方向有关，若邻近点在网格节点四周均匀分布，则可以不考虑方向因素。实践证明，权重参数 $\lambda = 2$ 是一个较优的选择，即权重大小与距离的平方成反比，此时，这种内插方法称为距离反比权重法（inverse distance weight，IDW）。

2. Kriging 内插法

Kriging 法是由南非工程师 Krige 提出的一种内插方法[25]，其原理和距离加权

内插法类似，都是利用已知点的数值插值加权估计待插值点的数值，但其计算结构较为复杂，具体的计算过程如下：

（1）读取搜索区域内的多波束原始测深数据；

（2）设置插值后的网格间距；

（3）求取待插值点数学期望 m，协方差函数序列 $c(h_i)(i=1,2,\cdots,n)$，变异函数序列 $\gamma(h_i)(i=1,2,\cdots,n)$；

（4）根据权重计算公式 $\sum_{j=1}^{n}\lambda_j\gamma\left((x_i,y_i),(x_j,y_j)\right)+\mu=\gamma\left((x_i,y_i),(x,y)\right)$，$\sum_{i=1}^{n}\lambda_i=1$，计算出权重系数 $\lambda_i\ (i=1,2,\cdots,n)$；

（5）由 $f^*(x,y)=\sum_{i=1}^{n}\lambda_i f(x_i,y_i)$ 求得待插值点的深度值。

Kriging 法的内插过程是首先试探领域内已知点的随机变化情况，然后模拟这些点的随机情况，最后用前两步产生的信息估计内插时的权重系数。由于 Kriging 内插法在计算过程中妥善选取插值领域内空间相关性的形状和大小，插值性能得到改善。另外，Kriging 内插法还能得到与内插值有关的误差估算值，这是其他插值方法所不具备的。

3. 多点平均内插法

由于多波束测深属于全覆盖测深，特别是当多波束测深系统工作在浅水域内，其测深点的密度很大。基于这一特征，在多点平均内插法中，相比大范围测深数据，待插值点的值可用其邻域内的样本点的平均值代替，其计算公式可表示为

$$\hat{z}(x,y)=\frac{1}{n}\sum_{i=1}^{n}z_i(x_i,y_i)\text{且}(x_i-x)^2+(y_i-y)^2<r \tag{3.67}$$

式中，$z_i(x_i,y_i)$ 是待插值点领域内的测深序列。多点平均内插法忽略了搜索范围以外样本影响，可以达到很快的插值速度。

4. 高斯加权平均内插法

与距离加权内插法类似，高斯加权平均内插法采用高斯函数作为内插的权函数，是一种经常用于大批量多波束测深数据的内插方法。该方法的权函数为

$$\lambda_i=F\exp\left[-(r_i/l)^2\right] \tag{3.68}$$

式中，r 是待插值点和搜索样本点之间的距离；F 是保证所有搜索样本点权重和为 1 的归一化因子；l 是搜索样本权重降为最大权重 $1/\mathrm{e}$ 的距离，这里取 $l=d/2$。

为了比较上述内插方法应用于多波束测深数据网格化内插的性能，在对原始多波束测深数据进行滤波和空间归位后，截取多波束测线的一段，分别用以上方法进行网格化内插，网格为 $1\text{m}\times1\text{m}$ 均匀网格。用上述内插方法得到的内插结果绘制等深线图，如图 3.18 所示。

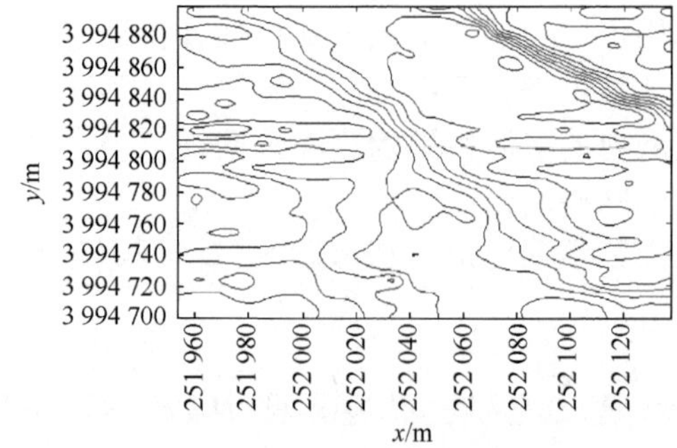

（a）IDW

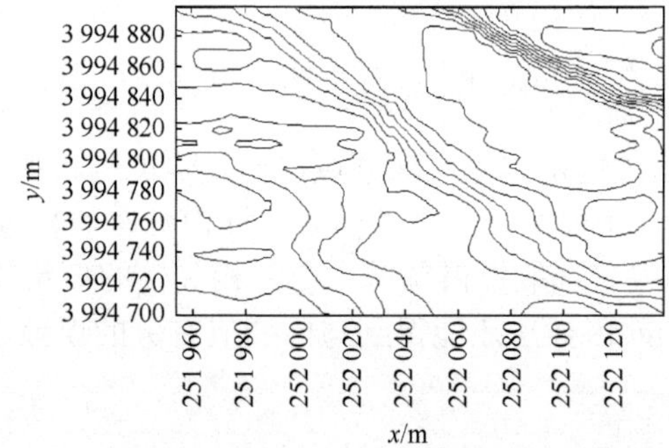

（b）Kriging

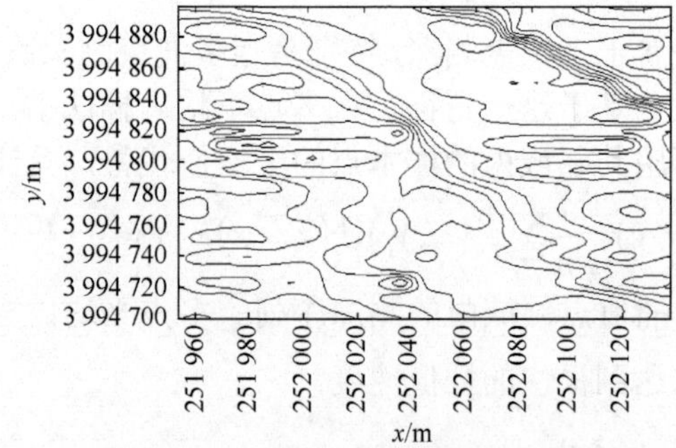

（c）MPA

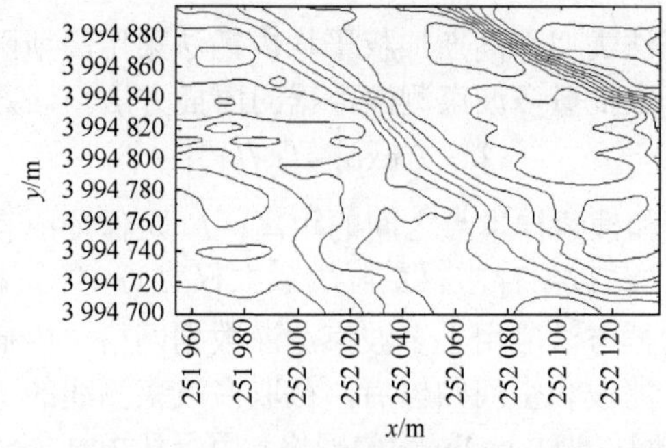

（d）GWA

图 3.18　插值结果比较

图 3.18 中四幅子图均为在深度最大值到深度最小值范围内，以相同深度间隔绘制的等深线图。可以看出，四种内插方法得到的地形数据都能较好地对海底地形特征做出描述。考虑到等深线的走向、连续性及光滑程度，基于 Kriging 内插法和高斯加权平均内插法得到的等深线图更为合理，且不存在距离加权内插法和多点平均法中出现的小块凸起地形区域，可见 Kriging 内插法和高斯加权平均内插法可以有效抑制滤波后残留的少量野值数据。图 3.19 为地形剖面用四种方法进行插值结果的对比，从图中可以看出 Kriging 内插法和高斯加权平均内插法的插值结果更接近真实值，因此，对于海量多波束测深数据的网格化问题，Kriging 内插法和高斯加权平均内插法均具有较好的内插效果。考虑到 Kriging 内插法的计算量相对较大，无疑高斯加权平均内插法的实用性更为突出，所以高斯加权平均内插法更适合多波束测深数据的网格化。

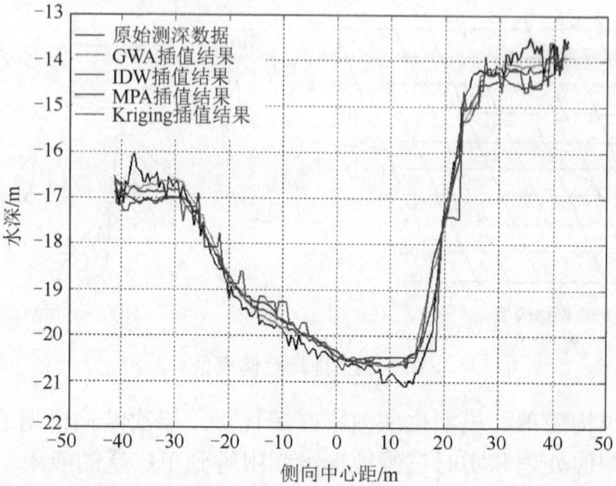

图 3.19 四种插值方法在地形剖面插值结果和原始测深数据的对比（见书后彩图）

由于 GS+多波束测深系统是全覆盖式的海底地形测量设备，可以根据预先设定的地形测量区域和测量路线实现对海底地形的覆盖， GS+的测深数据包含多条测线，且测线间的距离满足地形覆盖要求。对各条测线经过解算、滤波及空间归位后，将各条测线的测深数据进行拼接，得到区域内的先验数字地形。

3.4.3 先验数字地形的存储模型

传统的海底地形数据都是按照网格节点顺序依次存储在地形存储文件中，进行地形插值时，通过循环搜索的方式找到插值点的值，这样做的缺点是每次都要对所有的地形数据点进行遍历操作，不仅耗时而且极大地占用计算机资源。而地形匹配时所用到的实时地形匹配特征点有时候达到几百个，如果不进行快速高效的插值，将对地形匹配的实时性造成极大的影响。因此，设计一个有效的文件存储模型具有非常重要的意义。

传统的海底地形数据的存储是按照经度-纬度-水深格式将海底地形数据顺序存储在 DTM 文件中，在提取组建地形匹配单元的局部地形时，需要通过循环搜索逐一选取需要的局部地形数据，而循环搜索会占用大量的计算机资源，在搜索局部地形数据量较大时会对地形匹配运算的实时性造成不利影响。因此，有必要设计一种有利于提高局部地形搜索效率的 DTM 存储结构模型。

传统的地形存储模型包括一致网格模型和层次结构模型[26]：一致网格模型按照事先设定的网格分辨率和经纬度范围将地形数据按照矩阵形式存储［图 3.20（a）］；层次结构模型将地形数据按照分层形式排列，图 3.20（b）为基于树形结构的层次结构模型。

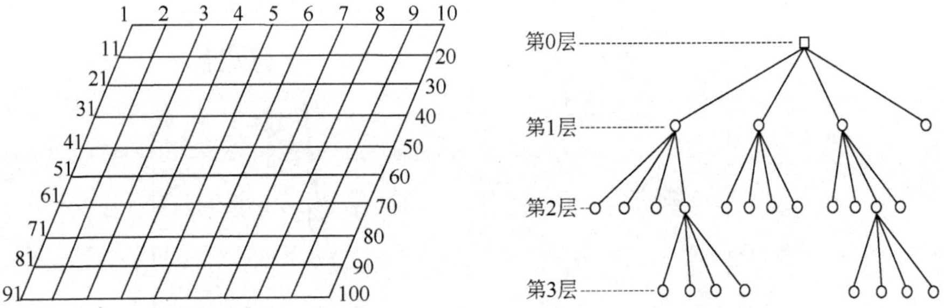

（a）一致网格模型　　（b）一致网格模型

图 3.20　地形存储模型

由于具有结构简单、模型生成效率高等优点，层次结构模型的典型代表——树结构模型在图像处理和实时三维地形绘制中得到了广泛的应用。树形结构模型通过等分地形数据，从而分层建立结构中根节点和叶节点之间的递归关系，实现大数据条件下的地形建模和可视化。图 3.20（b）为树形结构模型中经常采用的四叉树结构模型，在四叉树结构的地形模型中，将每个根节点分为 4 个叶节点，地形特征从粗糙到细分，分层建立地形的细节成分。

相比地形存储的一致网格模型，采用层次结构模型存储地形数据，地形数据可以按不同分类存储，实现对数据的压缩，有效减小 DTM 文件的大小。但是，层次结构模型不利于编程时的指针操作，因此，层次结构模型并不能有效提高搜索计算的效率。为兼顾减小搜索空间和提高搜索计算效率的要求，本节将一致网格模型和层次结构模型相结合，兼顾分层思想和一致网格模型，提出一种基于分层结构的混合分辨率地形存储模型，对 DTM 中的地形数据进行重新组合和排序。

在构建 DTM 的存储结构模型时，引入一个假设：DTM 中存储的深度数据均为真实水深数据，其精度与网格间距大小无关。基于这一假设，本书称大网格间距条件下的地形为低分辨率地形；与此对应，高分辨率地形是小网格间距的地形。即在网格化地形存储中，网格间距越大，地形分辨率越低。

地形的混合分辨率是指将高分辨率地形分解成低分辨率地形和高分辨率地形的组合。本节提出的地形存储模型分为两层——索引层和数据层。其中，索引层存储的是局部地形的索引号和低分辨率地形节点数据，数据层以矩阵格式存储高分辨率地形节点数据。DTM 的分层思想如图 3.21 所示。

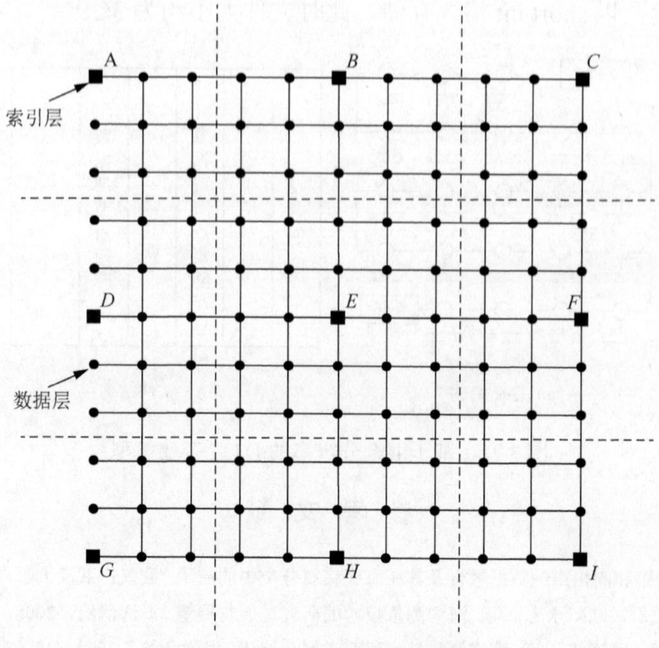

图 3.21　DTM 的分层思想

图 3.21 中，“■”所示节点为索引层数据节点，“●”所示节点为数据层数据节点，虚线网格内为一个树形结构所存储的地形数据信息。地形存储时，将每个树形结构中的两层数据作为一个存储单元同时存储，其中索引层为根节点，数据层为叶节点。在 DTM 的存储中将索引层节点数据按照一致网格模型顺序存储，数据层节点数据以矩阵形式存储。本节的存储模型兼顾了一致网格模型和分层结构模型，可以在压缩存储空间的同时有效提高局部地形的搜索效率。分层结构混合分辨率的地形存储模型如图 3.22 所示。

在 DTM 存储文件中，文件头部分包含地形数据的经纬度范围、索引号和经纬度对应关系、网格分辨率（包含索引层节点分辨率和数据层节点分辨率）；索引层节点存储索引号和节点处的深度信息；数据层节点存储数据层节点处的深度信息，所有数据均以二进制形式顺序存储以节省存储空间。由于在 DTM 中数据的存储格式固定，可以通过索引号和文件头中存储的地形经纬度范围很方便地得到各节点位置和对应深度数据，大大提高局部地形搜索效率。例如，一个大小为 $50\text{km}\times30\text{km}$ 、网格分辨率为 $1\text{m}\times1\text{m}$ 的 DTM，其具有约 1.5×10^9 个数据点，按照传统经度-纬度-水深格式存储，若精度类型为 float，其文件大小约为 16.76 GB；若采用本节提出的存储结构存储，仍以 float 精度为例，其文件大小约为 5.59 GB，存储文件得到较大幅度减小，有利于局部地形的搜索，且对系统的要求也有所降低。由于海底地形在一定区域内变化较小，数据层数据可存储为与索引层节点数据的相对深度，以 short int 格式存储，此时文件大小约为 3GB。

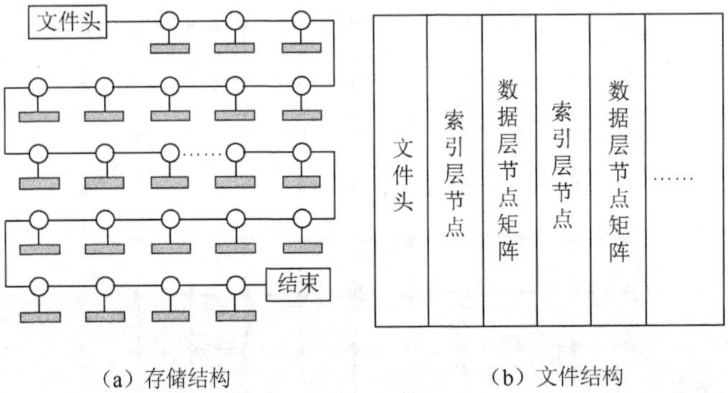

图 3.22 基于混合分辨率的 DTM 存储模型

参 考 文 献

[1] 阳凡林. 多波束和侧扫声纳数据融合及其在海底底质分类中的应用. 武汉：武汉大学，2003.

[2] 黄谟涛，翟国君，欧阳永忠，等. 海洋测量技术的研究进展与展望. 海洋测绘，2008，28（5）：77-82.

[3] 毕永良，孙毅，黄谟涛，等. 海洋测量技术研究进展与展望. 海洋测绘，2004，24（3）：65-70.

[4] 李家彪. 多波束勘测原理技术与方法. 北京：海洋出版社，1999.

[5] GeoAcoustics Limited. GeoSwath Plus Operation Manual. 2007：15-24.

[6] 吴英姿. 多波束测深系统地形跟踪与数据处理技术研究. 哈尔滨：哈尔滨工程大学，2001.

[7] 郭松林，范东华，高莹. 在疏浚工程检测中的多波束数据后处理方法研究.海洋测绘，2007，27（2）：30-33.

[8] 王海栋，柴洪洲，王敏. 多波束测深数据的抗差 Kriging 拟合. 测绘学报，2011，40（2）：238-242，248.

[9] 董江，任立生. 基于趋势面的多波束测深数据滤波方法. 海洋测绘，2007，27（6）：25-28.

[10] 胡光海，周兴华. 海洋测绘中水深数据异常值的检测. 中国科协 2004 年学术年会 14 分会场（海洋开发与可持续发展），海南，2004：26-31.

[11] 阳凡林，刘经南，赵建虎. 多波束测深数据的异常检测和滤波. 武汉大学学报（信息科学版），2004，29（1）：80-83.

[12] 邵杰，叶宁，容亦夏. 基于 SVM 的多波束测深数据滤波. 第二十九届中国控制会议，北京，2010：2370-2374.

[13] 邢玉清，刘铮，郑红波. 相干声纳多波束与传统型多波束测深系统综合对比与实验分析. 热带海洋学

报，2011，30（6）：64.69.

[14] 尚俊平. 基于距离的聚类和孤立点检测算法研究. 郑州：郑州大学，2005.

[15] 朱国红. 基于特征点选择的聚类算法研究与应用. 烟台：山东大学，2010.

[16] 孙志伟. 一种能发现自然聚类的聚类算法. 计算机应用研究，2009，26（8）：2871-2873.

[17] Akkiraju N，Edelsbrunner H，Facello M，et al. Alpha shapes：definition and software. The 1st International Computational Geometry Software Workshop，Zürich，1995：63-66.

[18] Edelsbrunner H，Kirkpatrick D G，Seidel R. On the shape of a set of points in the plane . IEEE Transactions on Information Theory，1983，29（4）：551-559.

[19] 王宗跃，马洪超，徐宏根，等. 海量点云的边缘快速提取算法. 计算机工程与应用，2010，46（36）：213-215.

[20] 蒋新松. 机器人学导论. 沈阳：辽宁科学技术出版社，1994.

[21] 田勋，肖付民，朱小辰，等. 多波束测深系统各误差的传播影响规律分析. 海洋测绘，2011，31（1）：23-27.

[22] 曹鸿博，张立华，朱穆华，等. 海量多波束数据抽稀方法的比对分析. 海洋测绘，2010，30（5）：81-83.

[23] Philip G M, Watson D F. Precise method for determining contoured surfaces. Australian Petroleum Exploration Association Journal, 1982, 22（1）： 205-212.

[24] 缪坤，李少梅，郭健，等. Surfer 软件中高程数据内插方法比较分析. 测绘科学技术学报，2014（4）：431-435.

[25] Krige D G. A statistical approach to some basic mine valuation problems on the witwatersrand. Journal of the Chemical Metallurgical & Mining Society of South Africa, 1951, 94(3): 95-111.

[26] 陆艳青. 海量地形数据实时绘制的技术研究. 杭州：浙江大学，2003.

4 海底地形特征表述与路径规划

地形匹配的结果与匹配区域内的地形信息量密切相关，若 AUV 长时期处于地形特征不明显区域会导致匹配定位精度较低甚至不能匹配，在 AUV 海底地形匹配中需要使 AUV 的航行路径尽可能处于地形特征丰富区域。因此，需要分析海底地形特征并进行描述，以及对海底地形匹配的路径规划进行研究。

4.1 海底地形特征的表述

传统地形特征的表述有地形的高低起伏、变化急缓、谷峰交替、等高变化、断层分布等相关方面，具有全部或少量这些特征的地形区域所含的地形信息量也有所不同，有的变化丰富多彩，有的趋于平缓而含有较少甚至几乎没有信息量。这些特征应用于地形匹配算法时，在寻找一个或多个适用于匹配算法的地形区域这一实际过程中，就需要对地形特征进行量化处理，并进行量化分析。图 4.1（a）表示含有丰富地形特征及地形信息的区域地形图，图 4.1（b）则为含有少量地形特征及地形信息的区域地形图。

对于地形特征的表述已经出现了多种参数，这些参数包括地形高程标准差、地形信噪比、地形费希尔信息量、地形高程熵等，分别可以用来表述地形的粗糙程度、地形区域地形高程标准差与总噪声标准差的比值、地形区域内包含的地形信息量大小、地形特征的丰富程度等物理含义。

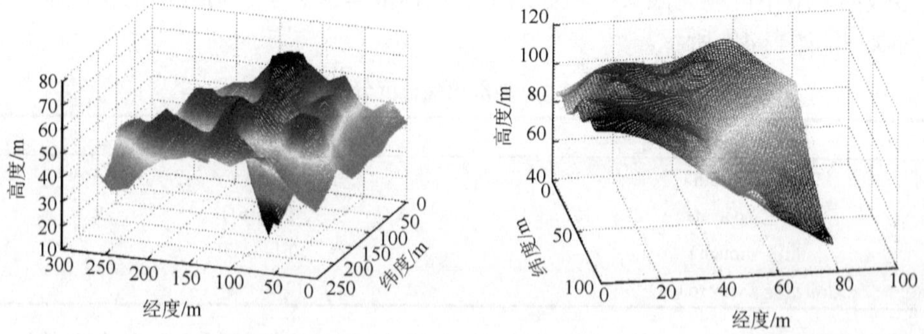

（a）起伏地形

（b）平缓地形

图 4.1　起伏地形和平缓地形

4.1.1　地形高程标准差

地形高程标准差[1]是地形高程方差的开方，通常被用来描述地形固有的粗糙特性，又称为不平度。在统计学中，方差和标准差都可以用来反映样本在总体布局中与平均值的偏离程度，故而地形高程标准差也可以用来衡量地形高程在整体地形图中与其平均高程的偏离程度。假设地形的连续性方程为 $h = h(x, y)$，则区域地形的平均高程为

$$\bar{h} = \frac{1}{A}\iint h(x, y)\mathrm{d}x\mathrm{d}y \tag{4.1}$$

式中，A 为该区域地形的面积大小。则该区域地形的地形高程标准差可以表示为

$$\sigma_{\mathrm{T}} = \sqrt{\frac{1}{A}\iint [h(x, y) - \bar{h}]\mathrm{d}x\mathrm{d}y} \tag{4.2}$$

通过式（4.1）及式（4.2）可以求得连续地形的地形高程标准差，而事实上，在匹配算法的应用中，水下数字地形图都经过网格化处理，使得实际的水下数字地形图是以一些规则分布的点的高程的形式进行存储的。将原有的连续地形图网格化成 $M \times N$ 大小的水下数字地形图，故而对式（4.1）及式（4.2）进行离散化处理，得

$$\bar{h} = \frac{1}{MN}\sum_{i=1}^{M}\sum_{j=1}^{N} h(i, j) \tag{4.3}$$

$$\sigma_{\mathrm{T}} = \sqrt{\frac{1}{MN}\sum_{i=1}^{M}\sum_{j=1}^{N} [h(i, j) - \bar{h}]^2} \tag{4.4}$$

根据定义，可以看出地形高程标准差的取值越大，说明地形图中地形高程偏离其平均高程的程度越大，可以认为其地形丰富多变。同样，从式（4.4）可以得出，地形高程标准差能够取为任意非负数，但是，由于地形高程存在的客观性，

该参数的取值不可能无限大。根据地形起伏标准差的大小，对地形的粗糙程度进行分类[2]，如表 4.1 所示。

表 4.1　地形粗糙程度分类

地形分类	地形高度标准差的取值范围
平坦（smooth）	[0，18)
中等（moderate）	[18，61]
粗糙（rough）	(61，243]
非常粗糙（very rough）	(243，+∞)

地形高程标准差可以简单地表述地形丰富程度，标准差越大，所含有的地形特征越多。地形高程标准差为零时，该区域地形平坦，几乎没有任何有特征的地形，也就是说没有任何可以利用的参照，在这种区域地形中地形匹配辅助导航算法会算出多个点，从而匹配失败。

另外，在地形高程标准差较大的区域地形中，区域地形所包含的地形信息量也会杂而量大。AUV 在水下导航过程中采集到的地形数据并不会与实际地形完全一致，这其中便存在着噪声的影响。噪声的存在，可能会使采集到的地形信息有所改变，导致匹配算法的运算结果出现偏差。

4.1.2　地形信噪比

传统的信噪比[3]（signal-noise ratio，SNR）是指电子设备或电子系统中的信号与噪声的比例。而在海底地形匹配辅助导航系统中，原有的信号由水下数字地形图替代，噪声则是由传统的水声噪声替代。

为了适应网格化的水下数字地形图，需要对水下噪声也进行网格化处理，取与存储的水下数字地形图相同分辨率（$M \times N$ 大小）的网格区域。则噪声标准可以由以下公式计算得出：

$$\overline{f} = \frac{1}{MN}\sum_{i=1}^{M}\sum_{j=1}^{N} f(i,j) \tag{4.5}$$

$$\sigma_{\mathrm{N}} = \sqrt{\frac{1}{MN}\sum_{i=1}^{M}\sum_{j=1}^{N}[f(i,j)-\overline{f}]^2} \tag{4.6}$$

式中，$f = f(i,j)$ 为噪声分布；σ_{N} 为噪声分布的标准差。

地形信噪比的定义便是该区域地形高程标准差与该区域总噪声标准差的比值，计算公式如下：

$$\mathrm{SNR} = \sigma_{\mathrm{T}} / \sigma_{\mathrm{N}} \tag{4.7}$$

地形信噪比反映的是水下噪声对水下数字地形信息的影响。地形信息越丰富，噪声越小，使得地形高程标准差变大，而噪声标准差变小，从而使得地形信噪比

SNR 变大，这种趋势有利于地形匹配算法所得结果的准确性。所以，地形信噪比的取值越大越好。

地形信噪比是反映地形匹配精度和性能的一个主要因素，作者在过往的研究中，通过反复的实验统计，推算出地形信噪比的取值如下[4]：

$$\mathrm{SNR} \geqslant 5.0 \tag{4.8}$$

满足式（4.8）条件时，可以认为对该区域使用地形匹配算法的定位成功率为95%以上。

4.1.3 地形费希尔信息量

在区域地形中，总会出现一些起伏相似的区域，在不扩大信息量的情况下，较难判断出 AUV 真实所处位置，而平缓的地形区域，甚至会极少存在有效的适用于匹配算法的地形特征信息。为了度量区域地形内所含的地形信息丰富程度，本节引入地形费希尔信息量[5]这一概念。

费希尔信息量是一个统计学概念，其由 C-R 不等式得到，是指对似然函数对数总体分布参数求导的方差。为了对海底地形的适配性进行量化分析，本节引入地形的费希尔信息量（terrain Fisher information content，TFIC）的概念，表示在一定区域内对某一点地形的测量值所能估计出该点在区域内位置的可能性。

假设在地形中选择面积为 A 的区域 S，且在 AUV 经过该区域前其位置均匀分布，即初始状态分布为

$$p(\boldsymbol{x})=\begin{cases}1/A, & \boldsymbol{x}\in S\\ 0, & \text{其他}\end{cases} \tag{4.9}$$

AUV 实时地形测量的测量方程为

$$\boldsymbol{y}=\boldsymbol{h}(\boldsymbol{x})+\boldsymbol{e} \tag{4.10}$$

假定测量噪声 $\boldsymbol{e}$ 服从期望为 0、方差为 σ_{e}^2 的高斯正态分布，则状态值和测量值的联合条件概率密度函数（probability density function，PDF）表示为

$$p(\boldsymbol{x},\boldsymbol{y})=\begin{cases}\dfrac{1}{A}N\left(\boldsymbol{y},\boldsymbol{h}(\boldsymbol{x}),\sigma_{\mathrm{e}}^2\right), & \boldsymbol{x}\in S\\ 0, & \text{其他}\end{cases} \tag{4.11}$$

对式（4.11）两端求对数，得

$$\ln p(\boldsymbol{x},\boldsymbol{y})=\begin{cases}-\dfrac{1}{2\sigma_{\mathrm{e}}^2}\left[\boldsymbol{y}-\boldsymbol{h}(\boldsymbol{x})\right]^2+c, & \boldsymbol{x}\in S\\ -\infty, & \text{其他}\end{cases} \tag{4.12}$$

式中，c 是与 $\boldsymbol{x}$ 无关的常数。对式（4.12）求 $\boldsymbol{x}$ 的二阶偏导数，得

$$\frac{\partial^2 \ln p(\boldsymbol{x},\boldsymbol{y})}{\partial\boldsymbol{x}\partial\boldsymbol{x}^{\mathrm{T}}}=\begin{cases}\dfrac{1}{\sigma_{\mathrm{e}}^2}\left\{\dfrac{\partial\boldsymbol{h}(\boldsymbol{x})}{\partial\boldsymbol{x}}\dfrac{\partial\boldsymbol{h}(\boldsymbol{x})}{\partial\boldsymbol{x}^{\mathrm{T}}}-\left[\boldsymbol{y}-\boldsymbol{h}(\boldsymbol{x})\right]\dfrac{\partial^2\boldsymbol{h}(\boldsymbol{x})}{\partial\boldsymbol{x}\partial\boldsymbol{x}^{\mathrm{T}}}\right\}, & \boldsymbol{x}\in S\\ 0, & \text{其他}\end{cases} \tag{4.13}$$

结合费希尔信息量的相关理论，地形费希尔信息矩阵可表示为

$$\begin{aligned}\boldsymbol{J}_{\mathrm{fw}}&=-E\left[\frac{\partial^2 \ln p(\boldsymbol{x},\boldsymbol{y})}{\partial\boldsymbol{x}\partial\boldsymbol{x}^{\mathrm{T}}}\right]\\&=\frac{1}{\sigma_{\mathrm{e}}^2}E\left\{\frac{\partial\boldsymbol{h}(\boldsymbol{x})}{\partial\boldsymbol{x}}\frac{\partial\boldsymbol{h}(\boldsymbol{x})}{\partial\boldsymbol{x}^{\mathrm{T}}}-\left[\boldsymbol{y}-\boldsymbol{h}(\boldsymbol{x})\right]\frac{\partial^2\boldsymbol{h}(\boldsymbol{x})}{\partial\boldsymbol{x}\partial\boldsymbol{x}^{\mathrm{T}}}\right\}\\&=\frac{1}{\sigma_{\mathrm{e}}^2}E\left[\frac{\partial\boldsymbol{h}(\boldsymbol{x})}{\partial\boldsymbol{x}}\frac{\partial\boldsymbol{h}(\boldsymbol{x})}{\partial\boldsymbol{x}^{\mathrm{T}}}\right]-E\left\{\left[\boldsymbol{y}-\boldsymbol{h}(\boldsymbol{x})\right]\frac{\partial^2\boldsymbol{h}(\boldsymbol{x})}{\partial\boldsymbol{x}\partial\boldsymbol{x}^{\mathrm{T}}}\right\}\\&=\frac{1}{\sigma_{\mathrm{e}}^2 A}\int_{\mathrm{S}}\left[\frac{\partial\boldsymbol{h}(\boldsymbol{x})}{\partial\boldsymbol{x}}\frac{\partial\boldsymbol{h}(\boldsymbol{x})}{\partial\boldsymbol{x}^{\mathrm{T}}}\right]\mathrm{d}\boldsymbol{x}\end{aligned} \tag{4.14}$$

则 $\boldsymbol{x}$ 估计量 $\hat{\boldsymbol{x}}$ 方差的 C-R 下界为 $\boldsymbol{J}_{\mathrm{fw}}^{-1}$，即 $\boldsymbol{J}_{\mathrm{fw}}^{-1}$ 是 $\boldsymbol{x}$ 最优估计的方差且是所有估计量 $\hat{\boldsymbol{x}}$ 方差的最小值。在 DTM 的存储中，地形区域 S 内的地形数据以网格化离散数据存储，假设在 S 内有 $M\times N$ 个地形数据，式（4.14）定义地形费希尔信息矩阵可离散表示为

$$\boldsymbol{J}_{\mathrm{fw}}=\frac{1}{\sigma_{\mathrm{e}}^2\mathrm{A}}\sum_{i=1}^{M}\sum_{j}^{N}\left[\frac{\partial\boldsymbol{h}(\boldsymbol{x}_{i,j})}{\partial\boldsymbol{x}_{i,j}}\frac{\partial\boldsymbol{h}(\boldsymbol{x}_{i,j})}{\partial\boldsymbol{x}_{i,j}^{\mathrm{T}}}\right] \tag{4.15}$$

式中，由于 σ_{e}^2 和 A 是常数，定义局部区域内的地形费希尔信息量如下：

$$\mathrm{TFIC}=\sqrt{\frac{1}{MN}\sum_{i=1}^{M}\sum_{j=1}^{N}\left\|\frac{\partial\boldsymbol{h}(\boldsymbol{x}_{i,j})}{\partial\boldsymbol{x}_{i,j}}\frac{\partial\boldsymbol{h}(\boldsymbol{x}_{i,j})}{\partial\boldsymbol{x}_{i,j}^{\mathrm{T}}}\right\|} \tag{4.16}$$

由式（4.16）可知，地形费希尔信息量与费希尔信息矩阵成正比关系，其可以反映局部地形区域的地形丰富程度，从定性上来说地形费希尔信息量取值越大，其地形特征越丰富，其地形适配性越高。因此，在海底地形匹配中，AUV 的航迹应尽可能经过费希尔信息量较大区域。从原理上来说，地形费希尔信息量的取值可以无穷大，但由于实际情况的约束，其取值处于一定范围内。

4.1.4 地形高程熵

熵的概念最早是由德国物理学家和数学家 Clausius 引入[6]，用来描述热力学第二定律，继而发展为表述系统中的无序度，奠定了其发展基础。在 1948 年，香农将熵的理论引入统计学中，提出了信息熵的概念，用来描述信源的不确定性[7]。熵有能够描述系统无序性的性质，可以用来表述数字地形图中高程数据的不规则

性，即地形起伏变化程度，并且信息熵给出了确切的数学模型，故而人们将信息熵应用于数字地形图中，引入地形高程熵的概念。传统的香农信息熵定义公式为[8]

$$H(S) = -\sum_{i=1}^{n} p_i \log p_i \tag{4.17}$$

式中，p_i 为单个事件在总体中发生的概率；$H(S)$ 为信息熵。将地形高程熵引入到地形适配性分析中，首先网格化地形图成 $M \times N$ 大小，用某个点 (i, j) 处的高程值占整个水下数字地形图所有点高程之和的比例值代替 p_i 值，可以得到地形高程熵的定义公式：

$$\begin{cases} P(i,j) = \dfrac{h(i,j)}{\sum\limits_{i=1}^{M}\sum\limits_{j=1}^{N} h(i,j)} \\ \mathrm{HM} = -\sum\limits_{i=1}^{M}\sum\limits_{j=1}^{N} P(i,j)\ln\left[P(i,j)\right] \end{cases} \tag{4.18}$$

对于含有复杂地形的区域，还可以定义地形高程差异熵：

$$\begin{cases} P(i,j) = \dfrac{c(i,j)}{\sum\limits_{i=1}^{M}\sum\limits_{j=1}^{N} c(i,j)} \\ H_{\mathrm{map}} = -\sum\limits_{i=1}^{M}\sum\limits_{j=1}^{N} P(i,j)\ln\left[P(i,j)\right] \\ c(i,j) = \dfrac{\left|h(i,j) - \bar{h}\right|}{\bar{h}} \end{cases} \tag{4.19}$$

式中，$c(i, j)$ 为海底地形高程差异值；H_{map} 为海底地形高程差异熵。

由于地形高程熵的概念是由香农信息熵转变而来，地形高程熵具有类似于信息熵的一些性质，并且由地形高程熵的定义公式可以看出，地形高程熵具有以下三个方面的特性：

（1）地形高程熵是由水下数字地形图计算而来，具有实际的物理学意义，故而不需要做统计学假设，可以直接计算得出；

（2）地形高程熵是由整体的高程数据参与计算，从而得出的体现整体信息的一个物理量，这就保证了地形高程熵对于个别数据点的变化表现不敏感，具有较好的稳定性，使得少量噪声及个别离散点对于地形高程熵的影响不明显；

（3）地形高程熵能够很好地反映区域地形内含有的信息量大小及反映区域地形内起伏变化是否剧烈，可以用来判断该区域地形是否适用于匹配算法，因此，地形高程熵可以作为一个描述地形特性的度量。

由于地形高程熵具有的良好特性，其可以作为一个重要参数，应用于地形高程信息的分析与解读、地形匹配算法适配区的优良评判及路径规划过程中的航迹分析选择等方面。

4.1.5 地形高程绝对值粗糙度

地形高程绝对值粗糙度[9]与地形高程标准差类似，都是可以用来描述区域地形粗糙程度、地形变化丰富程度的指标参数。但地形高程绝对值粗糙度在反映地形的光滑程度上较为突出。

地形高程绝对值粗糙度的计算分为 $\boldsymbol{x}$ 方向和 $\boldsymbol{y}$ 方向，其计算公式如下：

$$r_{\mathrm{x}}=\frac{1}{M(N-1)}\sum_{i=1}^{M}\sum_{j=1}^{N-1}|h(i,j)-h(i,j+1)| \tag{4.20}$$

$$r_{\mathrm{y}}=\frac{1}{N(M-1)}\sum_{i=1}^{M-1}\sum_{j=1}^{N}|h(i,j)-h(i+1,j)| \tag{4.21}$$

而地形高程绝对值粗糙度取：

$$\sigma_{\mathrm{Z}}=\frac{1}{2}(r_{\mathrm{x}}+r_{\mathrm{y}}) \tag{4.22}$$

由定义公式可以得出，地形高程绝对值粗糙度越大，区域地形的起伏程度就越剧烈；地形高程绝对值粗糙度取值越小，区域地形的起伏程度相应地趋于平缓。根据相关文献可以确定，σ_{Z} 的取值在大于 54.8 的时候，该区域地形较好地适用于地形匹配算法。

另外，地形高程绝对值粗糙度可以与地形高程标准差配合使用。地形高程标准差更加偏向于反映整个区域内的总体起伏情况，而地形高程绝对值粗糙度则是偏向于反映区域内地形的平均光滑程度，侧重于局部的细微起伏变化。取两者的比值 $k=\sigma_{\mathrm{Z}}/\sigma_{\mathrm{T}}$，可以看出 k 值越大，局部地形区域内起伏变化越剧烈，利于地形匹配运算；反之，k 越小，局部地形区域内地形起伏越缓慢，不利于匹配算法的计算。k 值合适的取值范围为 $k>1$。

4.1.6 局部地形相关系数与相关长度

地形的局部相关性[10]能够反映区域地形在匹配过程中经度和纬度方向上匹配运算的相互影响程度的参数。经度方向上的相关系数及相关长度，能够反映其在纬度方向上的相关程度，同样，纬度方向上的该参数则反映其在经度方向上的相关程度。

首先，分别计算经度方向和纬度方向上的相关系数，即 R_λ 和 R_φ：

$$R_\lambda = \frac{1}{(M-1)N\sigma_T^2}\sum_{i=1}^{M-1}\sum_{j=1}^{N}[h(i,j)-\bar{h}][h(i+1,j)-\bar{h}] \tag{4.23}$$

$$R_\varphi = \frac{1}{M(N-1)\sigma_T^2}\sum_{i=1}^{M}\sum_{j=1}^{N-1}[h(i,j)-\bar{h}][h(i,j+1)-\bar{h}] \tag{4.24}$$

则该区域内的相关系数 R 定义为

$$R = (R_\lambda + R_\varphi)/2 \tag{4.25}$$

另外，设经度和纬度方向上的局部地形相关长度分别为 l_λ 和 l_φ，可通过下列公式进行推导计算：

$$R_\lambda(l_\lambda) = \frac{1}{(M-l_\lambda)N\sigma_T^2}\sum_{i=1}^{M-l_\lambda}\sum_{j=1}^{N}[h(i,j)-\bar{h}][h(i+l_\lambda,j)-\bar{h}] \tag{4.26}$$

$$R_\varphi(l_\varphi) = \frac{1}{M(N-l_\varphi)\sigma_T^2}\sum_{i=1}^{M}\sum_{j=1}^{N-l_\varphi}[h(i,j)-\bar{h}][h(i,j+l_\varphi)-\bar{h}] \tag{4.27}$$

当式（4.26）与式（4.27）的等号左侧等于 $1/\mathrm{e}$，即 0.3679 时，求得的 l_λ 和 l_φ 分别为该区域内经度和纬度方向上的局部地形的相关长度。

局部地形的相关系数和相关长度都是反映经度和纬度方向上地形数据独立性的参数，相关系数与相关长度值越小，水下数字地形图的高程数据越独立，地形信息越丰富，更适用于地形匹配算法。一般来说，局部地形的相关长度以小于 26.2 为宜。

4.1.7 局部地形平均坡度及坡度方差

局部地形坡度表示的是地形曲面上某一点处，其法向量与垂直方向的夹角。通过求取地形区域内所有点的地形坡度，并计算其所有点的地形坡度的平均值作为局部地形平均坡度，可以用来表述该点处地形斜率的情况，从而描述出区域地形的变化急剧缓慢。

首先，分别计算某一点 (i,j) 处经度方向和纬度方向上的地形坡度值，公式如下：

$$S_\lambda(i,j) = \frac{1}{6}\left[\sum_{k=-1,0,1} h(i+1,j+k) - \sum_{l=-1,0,1} h(i-1,j+l)\right] \tag{4.28}$$

$$S_\varphi(i,j) = \frac{1}{6}\left[\sum_{k=-1,0,1} h(i+k,j+1) - \sum_{l=-1,0,1} h(i+l,j-1)\right] \tag{4.29}$$

则局部地形点处的坡度值为

$$S(i,j)=\arctan\left[\sqrt{S_{\lambda}^{2}(i,j)+S_{\varphi}^{2}(i,j)}\right] \tag{4.30}$$

区域地形平均坡度值及坡度方差的计算公式为

$$\overline{S}=\frac{1}{MN}\sum_{i=1}^{M}\sum_{j=1}^{N}S(i,j) \tag{4.31}$$

$$\sigma_{\mathrm{S}}^{2}=\frac{1}{MN}\sum_{i=1}^{M}\sum_{j=1}^{N}[S(i,j)-\overline{S}] \tag{4.32}$$

由地形平均坡度和方差的定义及其物理意义可以看出，地形平均坡度值及坡度方差的值越大，地形斜率变化越丰富，起伏越明显，反映区域地形内的地形信息丰富，更加适用于匹配算法的运算。故而在应用于地形匹配辅助导航过程中，区域地形平均坡度值及坡度方差的值越大越好。

4.2 基于改进人工势场法的地形匹配路径规划

在对海底地形特征的丰富程度进行量化后，理论上为了得到最高的地形匹配成功率，其路径应尽可能接近地形特征最为丰富的区域。然而在某些情况下，若仅以高地形特征为优化目标会使 AUV 航行路径过长而影响 AUV 水下作业。考虑到 AUV 载体和其水下作业的特殊性，地形路径规划应以短路径、经过的平均地形特征最高为优化目标。针对这一问题，本节提出一种基于改进粒子的地形匹配导航路径规划方法，以目标点及高地形特征丰富区域为引力极，低地形特征丰富区域为斥力极，使 AUV 在该势场中受到引力场和斥力场的共同作用，尽可能避开低 TFIC 区域并向目标点前进。

4.2.1 改进人工势场法

传统势场法的构造是应用引力与斥力共同对 AUV 产生作用，其总势场和合力如下所示[11]：

$$\boldsymbol{U}_{\mathrm{tot}}=\boldsymbol{U}_{0}+\boldsymbol{U}_{\mathrm{g}} \tag{4.33}$$

$$\boldsymbol{F}_{\mathrm{tot}}=\boldsymbol{F}_{0}+\boldsymbol{F}_{\mathrm{g}} \tag{4.34}$$

式中，$\boldsymbol{U}_0$ 和 $\boldsymbol{F}_0$ 分别表示引力场和引力；$\boldsymbol{U}_{\mathrm{g}}$ 和 $\boldsymbol{F}_{\mathrm{g}}$ 分别表示斥力场和斥力。其中，$\boldsymbol{F}_0=-\nabla\boldsymbol{U}_0$，$\boldsymbol{F}_{\mathrm{g}}=-\nabla\boldsymbol{U}_{\mathrm{g}}$。引力和斥力共同作用于 AUV 并使其朝目标点前进。在

某些情况下，若目标点及高 TFIC 区域的引力等于低 TFIC 区域产生的斥力即 $\boldsymbol{F}_{\text{tot}}=0$ 时，人工势场法会产生极小值点导致 AUV 不能到达目标位置。针对这一问题，本节引入栅格环境模型，将栅格节点作为人工势场的信息单元，通过计算目标点、高 TFIC 区域、低 TFIC 区域对栅格节点的不同影响构建势场，避免作用力的矢量计算，从根本上解决人工势场法局部最优的问题。

根据地形特征丰富程度的度量，将海底地形分为最优适配区、一般适配区和非适配区。由海底地形的特性可知在海底地形中大部分区域为非适配区，最优适配区和一般适配区较少且不连续，在路径规划中应尽可能使 AUV 航行于适配区，并缩短在非适配区内的航行距离。

用栅格法进行路径规划时，需要将海底地形区域划分成 $M\times N$ 个尺寸相等的栅格，相对于（最优）适配区和目标点，每个栅格点都会具有一定的势能，定义最优适配区的势场分布：

$$\boldsymbol{U}_{\text{T}}=A\boldsymbol{U}_0\big/(1+d)^2 \tag{4.35}$$

式中，A 为此适配区的面积；d 为某点与此适配区重心点的距离；$\boldsymbol{U}_0$ 为单位面积最优适配区的势场。一般适配区的势场分布与最优适配区类似，定义为

$$\boldsymbol{U}_{\text{T}}=\omega A\boldsymbol{U}_0\big/(1+d)^2 \tag{4.36}$$

式中，$\omega=\left(\overline{\text{TFIC}}-T_2\right)\big/\left(T_1-T_2\right)$，为比例系数，其中，$\overline{\text{TFIC}}$ 为地形费希尔信息量在该区域内的平均值。

为了使 AUV 路径向目标点前进，定义目标点的势场分布为

$$\boldsymbol{U}_{\text{obj}}=\boldsymbol{U}_{\max}\big/(1+l)^2 \tag{4.37}$$

式中，$\boldsymbol{U}_{\max}$ 为最大允许势能；l 为目标点到规划栅格点的距离。

假设某栅格节点由 m 个适配区域 $\{S_i\}_{i=1}^m$ 和目标点共同作用产生的势能为 $\boldsymbol{U}$，其定义如下：

$$\boldsymbol{U}=\begin{cases}\sum\limits_{i=1}^{m}A_i\boldsymbol{U}_0\big/(1+d_i)^2+\boldsymbol{U}_{\text{obj}}, & d<5\sqrt{A}\\ \boldsymbol{U}_{\text{obj}}, & d\geqslant 5\sqrt{A}\end{cases} \tag{4.38}$$

在路径规划中，由 K 条首尾相连的线段表示最优路径，AUV 路径的起点和终点分别为第一条线段的首端和第 K 条线段的尾端。本节规划的目的是使规划的整个路径单位长度平均势能最高，且路径长度最短，对此引入辅助势能函数 $\boldsymbol{U}_{\text{line},k}=L_0/L_k$，则整条路径的经历的平均势能为

$$\bar{\boldsymbol{U}}=\sum_{k=1}^{k}(\boldsymbol{U}+\lambda\boldsymbol{U}_{\text{line},k})\bigg/\sum_{k=1}^{k}L_k \tag{4.39}$$

式中，λ 为可调节系数，其大小可根据实际需要确定。

4.2.2 最优路径搜索方案

假定 AUV 的出发位置和目标位置分别为 $A(x_{\text{sta}}, y_{\text{sta}})$ 和 $B(x_{\text{obj}}, y_{\text{obj}})$，取 A、B 两点的连线 L 并限制对角线的矩形区域作为路径规划空间，假设只有此空间内的（最优）适配区域才产生势能。将连线 L 沿垂直方向分成长度为 l 的 K 等份并在分界点上做连线的垂线，令起点 A 所在的垂直高度为 $H_1=Kl$，目标点 B 所在的垂直高度为 $H_{K+1}=0$ 。根据上述限定，路径规划空间如图 4.2 所示。

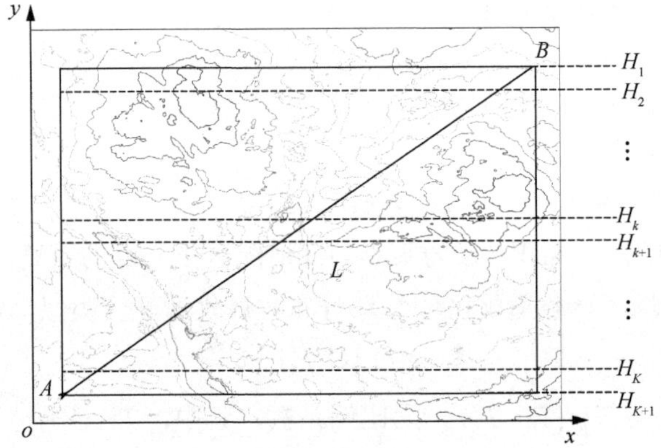

图 4.2　路径规划空间限制

在限定规划空间后，路径规划问题可描述为若高度 H_k $(k=1, 2,\cdots, K)$ 上的第 i 个节点为规划节点，将此参考节点与高度上 H_{k+1} 的 N 个节点相连形成 N 条线段，分别计算其势能并选取势能最高的线段作为第 k 层的最优路径。其最优路径搜索方法如图 4.3 所示。

在图 4.3 中，从 H_{k-1} 到 H_k 的开角为 β 的线段表示第 $k-1$ 次的最优搜索路线段。点 i 是高度为 H_k 的路径点。由于 AUV 载体的特性，取搜索限制角 β 以避免出现路径急转弯现象。在计算路径线段的势能时，若此线段上恰好经过某个栅格节点，则累加这个栅格节点的势能；若经过某层时没有经过栅格节点，则累加最近两个栅格节点势能的加权平均。同时，为了不使路径过长，路径线段还具有和线段长度成反比的势能，因此，线段的势能是栅格点相对适配区的势能与线段本身势能的和。循环计算从 H_k $(k=1, 2,\cdots, K)$ 到 H_{k+1} 平均势能最大的线段并将其依次相连，即可得到所求规划路径。由此可知，地形匹配规划得到的路径是平均势能最大的线段，包括适配区域对规划路径产生的势能和路径本身产生的势能。通过调节参数 λ 可以改变两者对路径规划的影响，从而使规划路径趋于最短或者趋于适配区域。

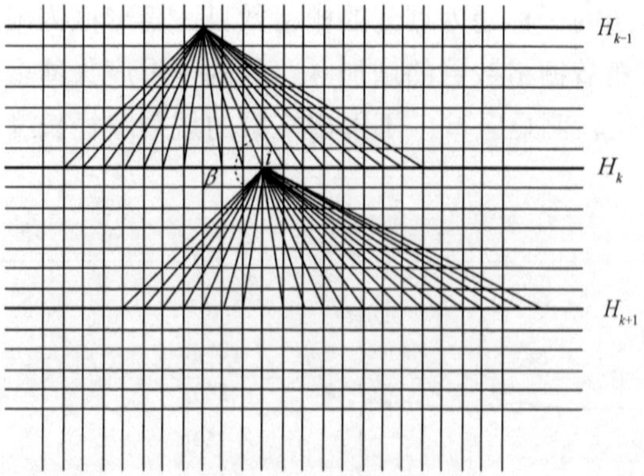

图 4.3 最优路径搜索

4.2.3 路径规划结果

利用多波束测深实验得到的 DTM 进行地形匹配路径规划，规划海区大小为 $1000\text{m}\times 900\text{m}$ 。令中间规划点数目为 10，即 $K=11$ 且在垂直方向上等距排列，分别取不同的栅格数目对海底地图进行划分，再分别进行仿真实验。路径规划结果如图 4.4 所示。

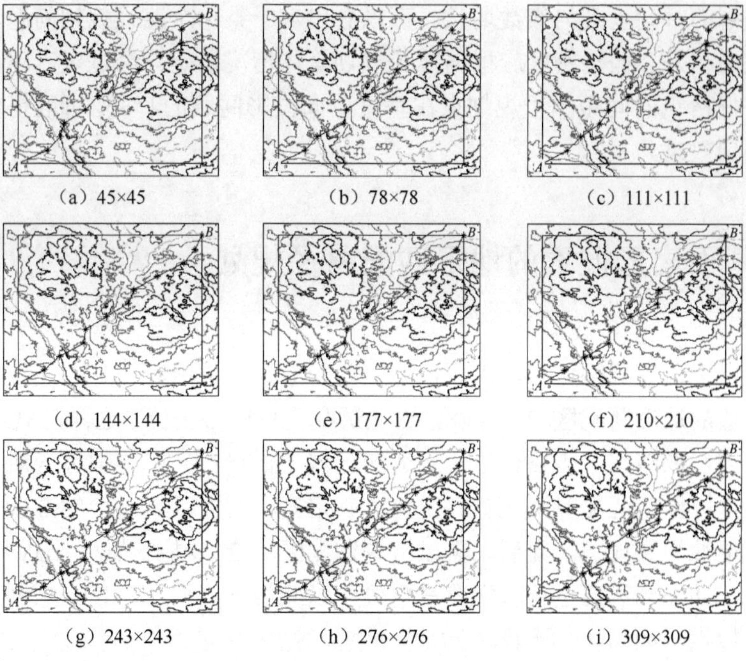

（a）45×45　（b）78×78　（c）111×111

（d）144×144　（e）177×177　（f）210×210

（g）243×243　（h）276×276　（i）309×309

图 4.4 路径规划结果

图 4.4 中，各图的子标题为划分的栅格数目，矩形框为限定的搜索空间。由图 4.4 可以看出，随着栅格数目的增加，路径的平滑度大体上也略有提高，且其路径更接近地形变化较明显区域。不同栅格数的规划路径长度和路径规划耗时对比结果见图 4.5。

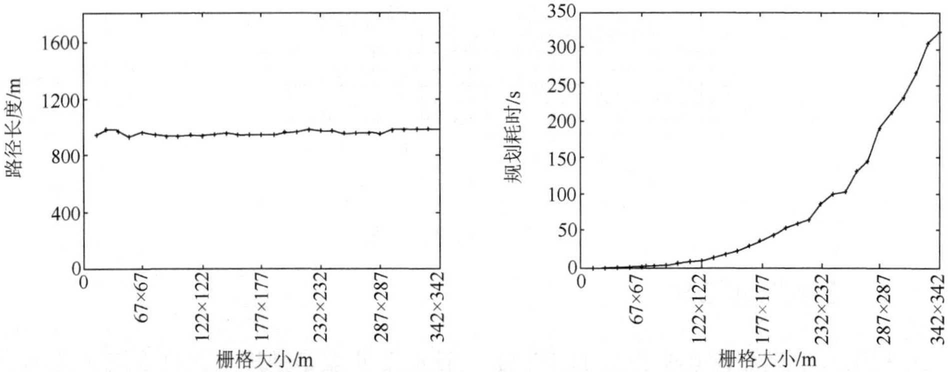

(a) 路径长度 (b) 规划耗时

图 4.5 不同栅格条件下规划路径长度和路径规划耗时对比

由图 4.5 可知，随着栅格划分密度的增加，规划路径的长度并未降低，而进行路径规划的时间呈几何级数增长。可以看出对于某一个路径规划问题，不是栅格越密效果越好，栅格密度应根据路径规划具体情况确定。经过多次路径规划实验可知，栅格点的间距小于规划点在垂直方向投影间距的1/3 均可取得较为理想的路径规划效果。

4.3 基于扇形搜索的地形匹配路径规划

在确定地形适配区域后，需要在先验地形数据库中沿着 AUV 航行方向选取一系列合适的地形适配区域，并确定这些适配区域中心坐标。这样，AUV 从起点出发时，便可以将第一步目标定位于适配区域 1 的中心点，当惯性导航发出到达指令时，进行地形匹配算法运算并定位，确定其在适配区域 1 内的准确位置，同时，修正惯性导航误差。此后，再以待定适配区域 2 的中心点为 AUV 下一个运动目标点，并在到达后进行匹配算法定位，以此类推，直至 AUV 顺利到达目标区域或目标点，如图 4.6 所示。

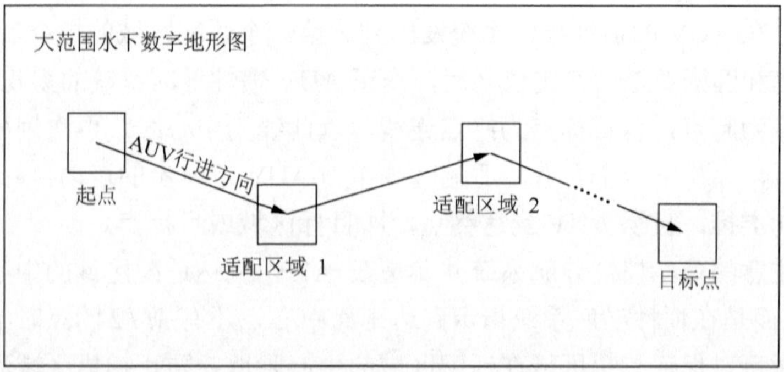

图 4.6　AUV 水下分段行进示意图

4.3.1　适配区域的扇形搜索方法

在寻找合适的适配区域时，首先适配区域自身要有足够的地形信息，可以保证匹配算法在该区域内有效地运行。通过第 3 章的仿真分析，可以利用搜索范围内地形高程熵的最小值作为该适配区域能否有效利用的评判标准。其中，地形高程熵的最小值要不大于在相应噪声系数和扫描区域情况下的高程熵临界值，即

$$\mathrm{HM}_{\min}(\Omega) \leqslant \mathrm{HM}_{\mathrm{c}}(f, M \times N) \tag{4.40}$$

在确定适配区域的选择标准后，再来讨论具体的搜索方法。本节提出一种基于 AUV 所处位置与目标点连线的扇形搜索方法，如图 4.7 所示。

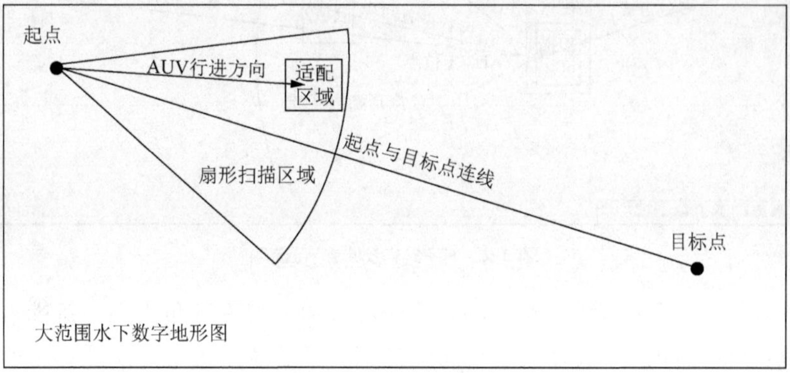

图 4.7　扇形搜索示意图

首先，如图 4.7 所示，AUV 从起点出发，作起点与目标点或者目标区域中心点连线，以此线为中心线，以起点为中心点，向目标点方向划分扇形区域。在这个扇形区域内进行搜索，寻找合适的适配区域，并以此适配区域的中心点作为 AUV 运动的第一个目标点，使 AUV 向该点方向前进。当 AUV 的惯性导航系统发出到达指令时，进行地形扫描，扫描区域大小为 $M \times M$，实时处理扫描数据，并进行匹配算法，完成一次地形匹配定位，同时，修正惯性导航误差。

其次，在 AUV 的惯性导航系统发出到达第一个适配区域的指令后，AUV 进行区域扫描和匹配算法。在定位之后，修正 AUV 惯性导航系统的累积导航误差，并以定位点为起点，以目标点为终点连线，以此线为中心线，再次划分合适的扇形搜索区域，寻找下一个合适的适配区域作为 AUV 下一步的运动目标，如图 4.8 所示，以此类推，直至 AUV 到达终点，即目标区域或目标点。

需要注意的是，惯性导航系统并非是在 AUV 到达适配区域的中心点时给出到达指令，而是在惯性导航系统指示到达距离中心点还有 $M/2$ 的点时给出到达指令。这样做可以保证扫描区域在适配区域的中心附近，防止扫描区域溢出适配区域。同样，匹配算法完成后，AUV 的实际位置并非在扫描区域的中心点，而是在该扫描区域的边线中点上。

从起点出发后 AUV 的第一个目标区域记为适配区域 1。当 AUV 在适配区域 1 定位成功后，扇形区域中搜索得到的第二个目标区域记为适配区域 2，以此类推，直至终点，如图 4.8 所示。

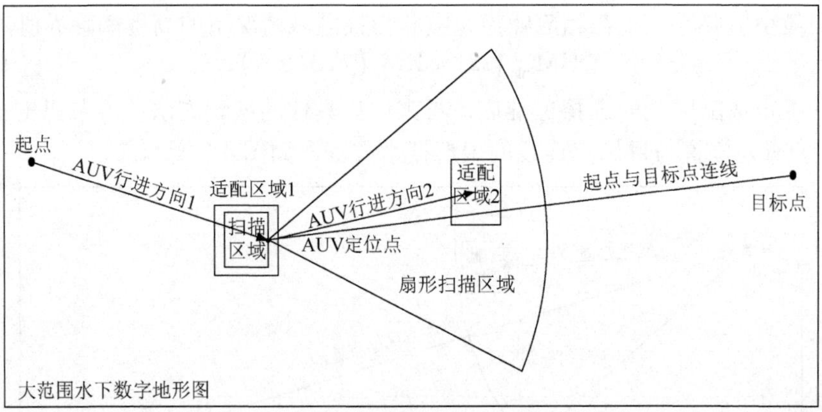

图 4.8　扇形逐步搜索示意图

在使用扇形区域搜索适配区域方法的过程中，扇形开角大小、目标点处限制线及目标点前适配区域选择这三个问题直接关系着这个搜索方法的实用性及路径选择的优劣程度。因此，需要对扇形开角大小、目标点处限制线及目标点前适配区域选择进行详细的分析。

4.3.2　扇形搜索方法的开角分析

AUV 在进行扇形区域搜索适配区域时，扇形区域的开角对于搜索区域的大小有着直接的影响，并且，不合理的开角大小，可能会使得 AUV 行进更多的路程甚至难以到达目标区域。

通过对扇形开角极限情况的分析，讨论 AUV 进行扇形搜索时开角大小的选择。首先，设定扇形区域内参数，如图 4.9 所示。

图 4.9 中，α 为扇形开角的一半值；L_R 为扇形搜索区域的长度；l_r 为 AUV 满足回转运动所需的最小距离；适配区域为 $N \times N$ 大小的正方形区域。当搜索区域内只能满足一个适配区域时，半开角 α 取最小值，如图 4.10 所示。

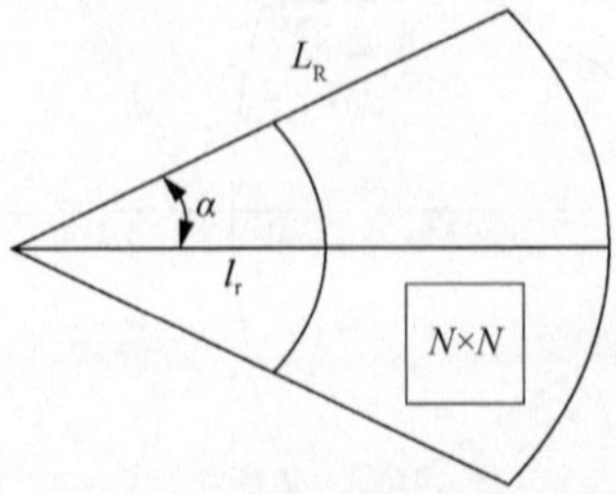

图 4.9　扇形搜索区域参数示意图

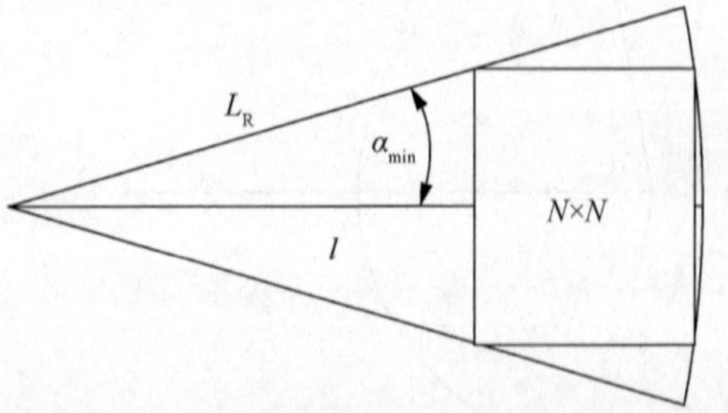

图 4.10　扇形搜索区域最小半开角 α 示意图

由图 4.10 建立方程组，可以推导出 α_{min} 取值的计算公式：

$$\begin{cases} x^2 + y^2 = L_R^2 \\ (l+N)^2 + \left(\dfrac{N}{2}\right)^2 = L_R^2 \\ \tan\alpha_{min} = \left(\dfrac{N}{2}\right)/l \end{cases} \tag{4.41}$$

$$\alpha_{min} = \arctan\left(\frac{N}{\sqrt{4L_R^2 - N^2} - 2N}\right) \tag{4.42}$$

式（4.42）说明扇形搜索区域半开角的最小值由适配区域的大小和扇形半径长度共同决定。但是在半开角取最小值时，搜索区域内只能搜索到一个与适配区域大小相同的区域，并且这个区域未必能够满足适配性要求。

若扇形半径长度 L_R 为适配区域边长 N 的 k 倍，即满足关系式：

$$L_R = k \times N \tag{4.43}$$

代入式（4.42）可以得到：

$$\alpha_{min} = \operatorname{arccot}\left(\sqrt{4k^2 - 1} - 2\right) \tag{4.44}$$

由式（4.44）可以看出，随着系数 k 的增大，α_{min} 取值趋于减小。故而，选取合适的系数 k 有助于扩大有效扇形搜索区域。

在扇形的半开角有最小取值 α_{min}，也存在最大取值 α_{max}。为了使 AUV 能够有效地向目标区域运动，α_{max} 的选取不能太大，否则，AUV 便会在起点与目标点连线的垂直方向上有过大的运动距离，如图 4.11（a）所示，这样会使得 AUV 浪费更多的能量，不利于 AUV 的水下大范围转移运动。如图 4.11（b）所示，AUV 在垂直于起点与目标点连线方向上的运动距离小于连线方向的运动距离，这样可以保证 AUV 有效率地向目标点转移运动。

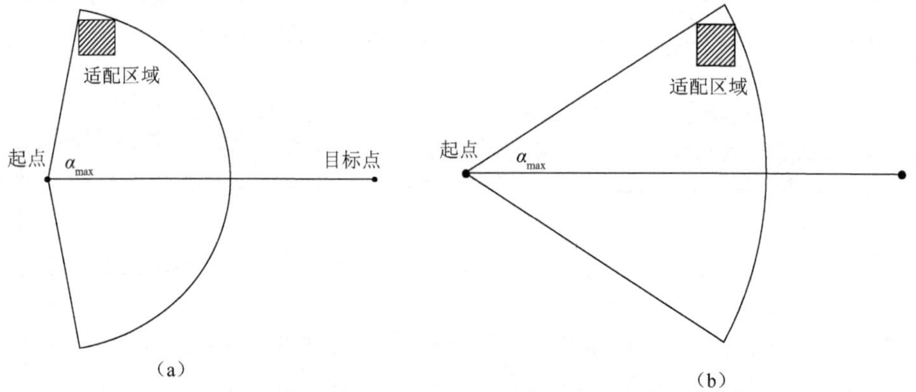

图 4.11　不同最大半开角 α_{max} 下适配区域的边缘极限情况

为了保证 AUV 在起点与目标点连线方向上的运动距离大于其垂向上的运动距离，即 $d_x \geqslant d_y$，需要保证 α_{max} 的取值。为了求取 α_{max}，作临界值 $d_x \geqslant d_y$ 时的 α_{max} 示意图，如图 4.12 所示。

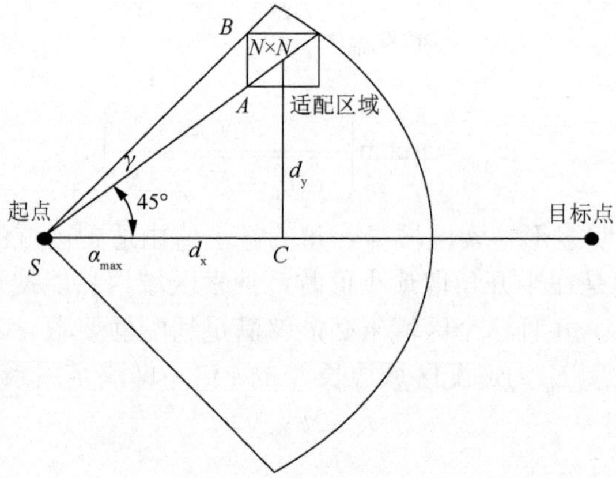

图 4.12　最大半开角 α_{max} 求解示意图

如图 4.12 所示，有 $d_x \geqslant d_y$，则有 $\angle ASC = 45°$，可以得出：

$$\begin{cases} \angle SAB = 135° \\ |AS| = L_R - \sqrt{2}N \\ |BS| = \sqrt{|AS|^2 + |AB|^2 - 2|AS||AB|\cos 135°} \end{cases} \tag{4.45}$$

再由余弦定理可以得到：

$$\gamma = \arccos\frac{|AS|^2 + |BS|^2 - |AB|^2}{2|AS||BS|} \tag{4.46}$$

令 $L_R = k \times N$，且有 $\alpha_{max} = \gamma + 45°$，则可以得出 α_{max} 的计算公式：

$$\alpha_{max} = \arccos\frac{2k^2 - 3\sqrt{2}k + 2 - 2\sqrt{2}}{2\left(k - \sqrt{2}\right)\sqrt{k^2 - \sqrt{2}k + 1 - 2\sqrt{2}}} + 45° \tag{4.47}$$

式中，k 的取值需要满足

$$k > \frac{\sqrt{2}}{2} + \sqrt{4\sqrt{2} - \frac{1}{2}} \approx 2.9780 \tag{4.48}$$

由式(4.47)不难求解出 $45° < \alpha_{max} < 80.7°$。另外，令 $k \to +\infty$，可以从式(4.47)推算得到：

$$\alpha_{max} = 45°, \quad k \to +\infty \tag{4.49}$$

式（4.49）说明，在 $k \to +\infty$ 时，α_{max} 极限取值为 45°，这也是 α_{max} 取值中最小的临界值，故而在实际应用中，设定的扇形搜索区域的半开角 α 大小只要不超过 45° 即可。结合式（4.44），扇形搜索区域的半开角 α 的取值范围为

$$\operatorname{arccot}(\sqrt{4k^2 - 1} - 2) < \alpha \leqslant 45° \tag{4.50}$$

另外，由式（4.48）计算得出的 k 的取值范围并不表示在实际过程中，只有当 k 满足式（4.48）时，才存在所对应的 α_{max} 值，而是由于计算过程中要求适配区域的位置处于扇形搜索区域的边缘，并且假设 $\angle BSC = 45°$ 存在，从而需要保证问题建设性成立而出现的 k 值取值范围。故而在实际中，k 值只需要满足式（4.44）即可，求得 k 值为

$$k \geqslant 0.25 \tag{4.51}$$

式（4.51）成立，可以保证与适配区域大小相同的地形区域存在于扇形搜索区域中，从而使得扇形搜索区域有效。

4.3.3　目标点处限制线

在利用扇形搜索方法进行路径选择时，存在另一种极限情况，即搜索得到的适配区域一直处于扇形搜索区域的边缘，且在扇形的同一侧。这样 AUV 从起点出发，如果扇形搜索区域的半开角始终为 α，在极限情况下，会使得 AUV 在经过几次适配区域的选取之后，出现适配区域越过目标区域或目标点的情况，此时，搜索得到的适配区域出现在目标区域的后方，如图 4.13 所示。

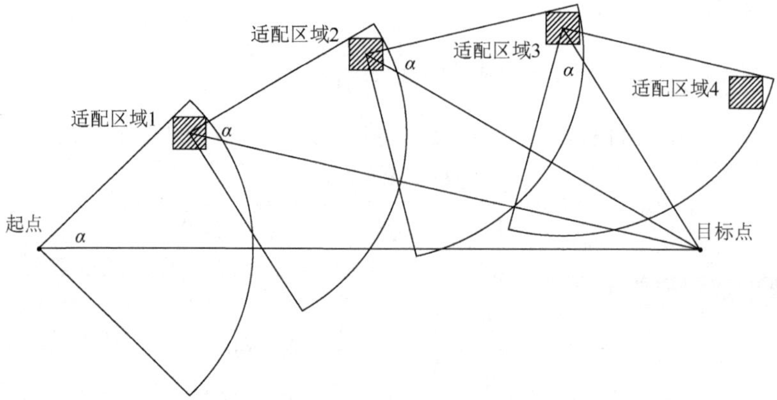

图 4.13 扇形半开角 α 形成路线示意图

为了防止搜索得到的适配区域出现在目标区域后方的情况发生，本节在目标点处再提出一个限制条件，对接近目标区域时的扇形搜索进行限制。如图 4.14 所示，以目标点为中心点，起点与目标点连线为中心线，向起点方向作两条与中心线夹角为 β 的限制线。要求所有的适配区域在这两条限制线的夹角之内。图 4.14 中阴影区域 A 和阴影区域 B 则是因限制线出现而被删除的搜索区域。

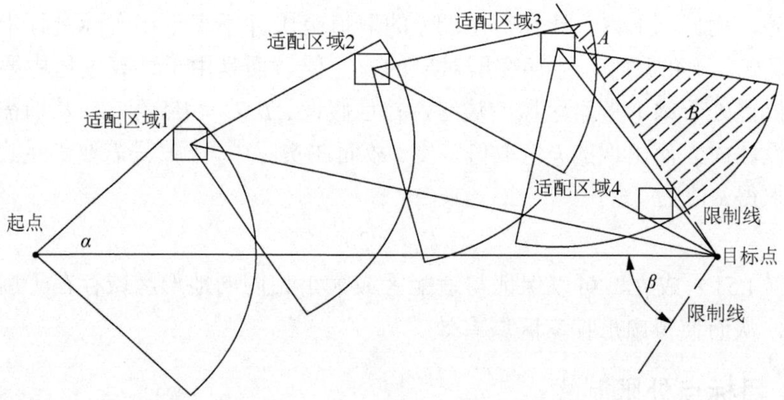

图 4.14 增添限制线后形成路线示意图

目标点处限制线的存在可以使得 AUV 在接近目标点搜索适配区域时，适配区域有效而快速地向目标点处收敛，并且可以防止搜索得到的适配区域越过目标点出现在其后方，避免 AUV 做多余的回转运动。

为了防止 AUV 搜索得到的适配区域出现在目标点后方，限制线与起点和目标点连线的夹角 β 不能超过 $90°$，在 $\beta = 90°$ 时，限制线垂直于起点和目标点连线。

同时，为了使扇形搜索区域的范围足够大，并且保证搜索到的适配区域能够收敛，与 α_{max} 取值分析类似，限制线与起点和目标点连线的夹角 β 须不小于 45°。即 β 的取值范围为

$$45° \leqslant \beta \leqslant 90° \tag{4.52}$$

4.3.4 目标点前的适配区域选择

在扇形搜索方法的设定中，当目标点出现在 AUV 的搜索区域内时，AUV 的下一个匹配区域便选为目标点所在区域。事实上，目标点可能存在于 AUV 的扇形搜索区域的边缘处，使得 AUV 在最后一段行进过程中路程过长，导致 AUV 在到达目标点时也可能产生较大的惯性导航累积误差，如图 4.15 所示。

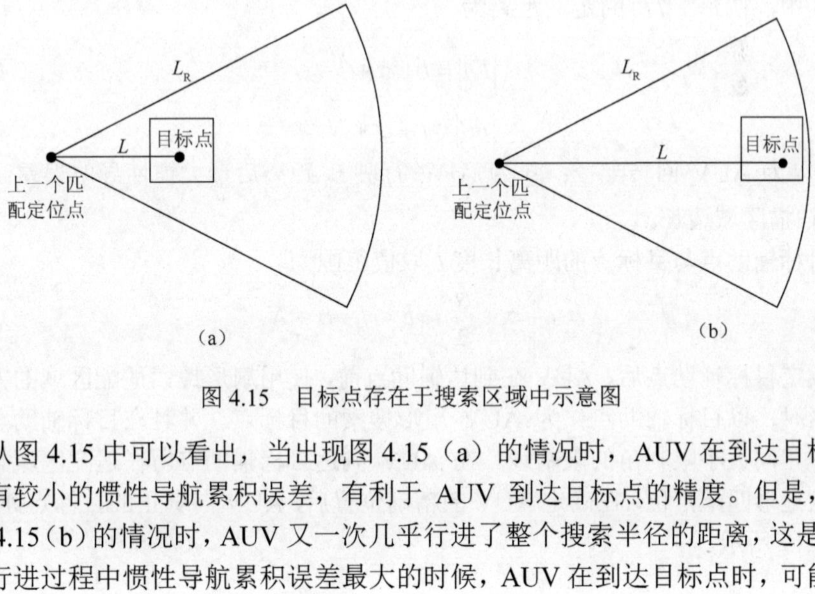

图 4.15　目标点存在于搜索区域中示意图

从图 4.15 中可以看出，当出现图 4.15（a）的情况时，AUV 在到达目标点处可以有较小的惯性导航累积误差，有利于 AUV 到达目标点的精度。但是，当出现图 4.15（b）的情况时，AUV 又一次几乎行进了整个搜索半径的距离，这是 AUV 分段行进过程中惯性导航累积误差最大的时候，AUV 在到达目标点时，可能出现较大的误差，影响到达目标点的精度。为了防止图 4.15（b）中情况的发生，在 AUV 到达目标点之前合适的距离范围内选取一块适配区域进行过渡，此区域中心点称为目标辅助点，如图 4.16 所示。

如图 4.16 所示，虚线为目标点处限制线，夹角 β 为限制角；$|TA|$ 是 AUV 从点 T_A 到目标点 T 所需满足的最小距离，由 AUV 的回转半径、导航误差及匹配扫描区域边长共同决定；$|TB|$ 是设定 AUV 从 T_A 到 T 限制的最大距离，是用以保证 AUV 能够搜索到目标辅助点并且保证 AUV 最后一次定位后距离目标点有一个合适的距离，以免航行过长有较大的累积误差。

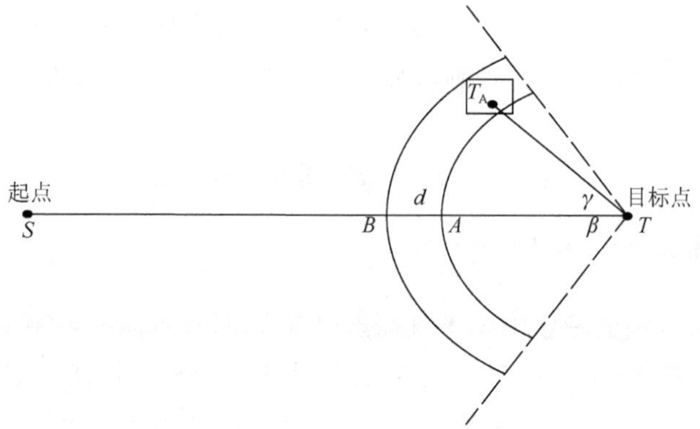

图 4.16　目标辅助点 T_A 设置示意图

其中，$|TA|$、$|TB|$ 的定义距离为

$$|TA| = l + \sigma + \frac{N}{2} \tag{4.53}$$

$$|TB| = l + \sigma + N \tag{4.54}$$

式中，l 为 AUV 回转半径；σ 为 AUV 行驶 L_R 距离后最大惯性导航误差；N 为 AUV 扫描区域边长。

目标辅助点与目标点的距离长度 L 取值范围为

$$l + \sigma + \frac{N}{2} \leqslant L \leqslant l + \sigma + N \tag{4.55}$$

设定目标辅助点后，AUV 在到达辅助点前，使用扇形搜索适配区域的方法进行搜索时，以目标辅助点作为 AUV 扇形搜索的目标点。并且在目标辅助点处，同样作相同大小限制角的限制线。在 AUV 到达目标辅助点所在适配区域时，进行一次地形匹配定位，在确定 AUV 的精确位置后，AUV 向真正的目标点处运动，如图 4.17 所示。

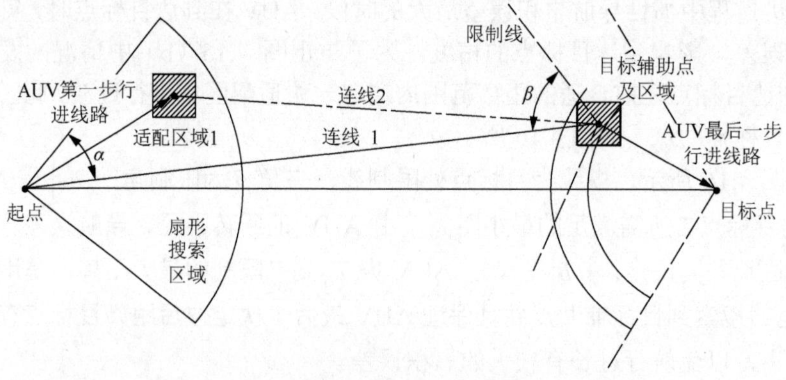

图 4.17　以目标辅助点为扇形搜索目标点示意图

4.3.5 引入临界高程熵的路径优化

利用扇形搜索适配区域时，寻找的是该搜索区域内熵值最小的地形区域。事实上，当区域地形熵值小于临界值时，该区域就适用于匹配算法，而搜索区域内可能存在不止一个这样的地形区域，如图 4.18 所示。

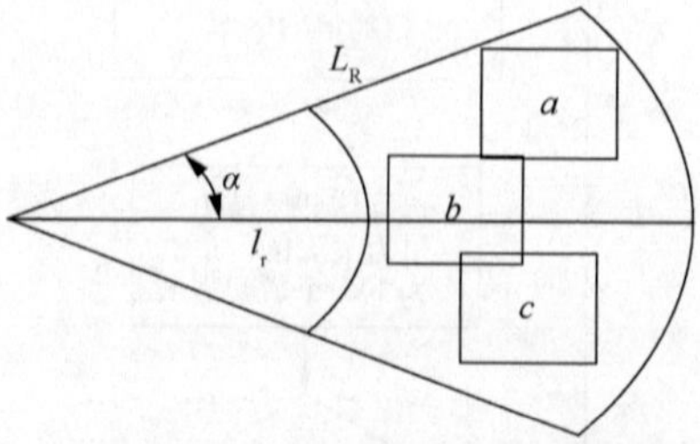

图 4.18 扇形搜索区域内存有多处适配区域示意图

在每步的扇形搜索过程中都可能会出现多个低于临界地形高程熵值的区域，采取选择每步中的局部最优策略，使得 AUV 逐步前行直至到达目标辅助点，进而前往目标区域，从而达到 AUV 全局的路径优化。

因此，在进行搜索的过程中，需要引入多个限制条件。作者在扇形搜索的基础上，引入临界地形高程熵的概念。利用人工势场算法，同时假定 AUV 行驶在所有地形的上方，不存在障碍物的影响，故而只在目标辅助区域处设定引力场，进行路程的优化。其具体步骤如下。

第一步：利用地图的网格化坐标，将目标辅助点设置为引力极，计算公式为

$$U_g = U_{\max}\left(\frac{1}{1+R^2}\right) \tag{4.56}$$

式中，$U_{\max}$ 为引力势场中的最大值，可以设置为某一常数。

第二步：从 AUV 所在位置出发，利用扇形搜索方法，筛选出区域内所有小于临界地形高程熵值的区域。

第三步：计算这些区域所受到的引力的大小，选择引力最大的区域，用该区域更新 AUV 所处位置。

第四步：判断 AUV 与目标辅助点的距离，若大于回转半径且小于最大单次匹配航程，则直接前往目标辅助点，否则循环第二步，直至终止。

其具体流程图如图 4.19 所示。

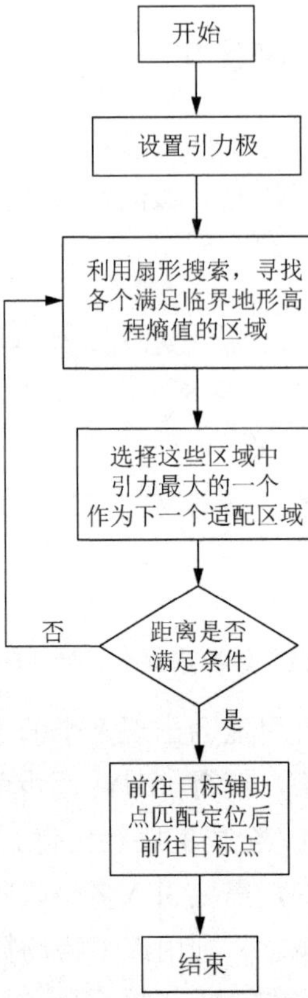

图 4.19　利用势场对扇形搜索路径优化流程图

4.3.6　路径规划结果

为了验证上述扇形搜索适配区域方法的效果，本节对该算法进行仿真实验。利用上述理论验证并搜寻出一条合适的从起点运行至终点的路线，以及该路线上的匹配区域中心点。规划海区大小为 $500\text{m}\times500\text{m}$ 。在目标辅助点和目标辅助区域优化生成后，对 AUV 前进方向上的适配区域逐步进行优化搜索，形成的适配区域或目标辅助区域在水下数字地形图的等高线图中表示出来，并连续得到优化后的 AUV 的行进路线，如图 4.20 和图 4.21 所示。其中，图 4.20 为未引入临界高程熵的路径规划，图 4.21 为引入临界高程熵的路径规划。

由图 4.20、图 4.21 可以看出，引入临界高程熵后，在保证 AUV 回转性等性能的前提下，缩短了地形匹配规划路径的长度，更有利于发挥目标辅助点的作用，使 AUV 在到达目标点或目标区域前不远的距离处有一次精确的匹配定位，修正导航误差。

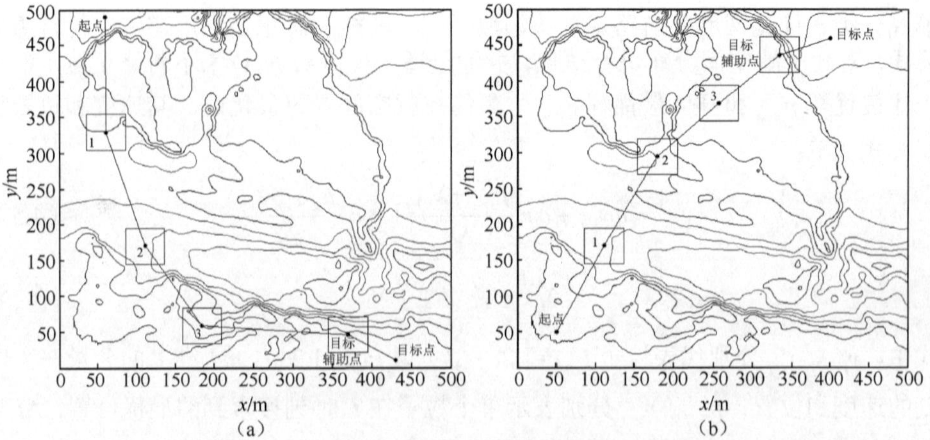

图 4.20 地形匹配优化路径（未引入临界高程熵）

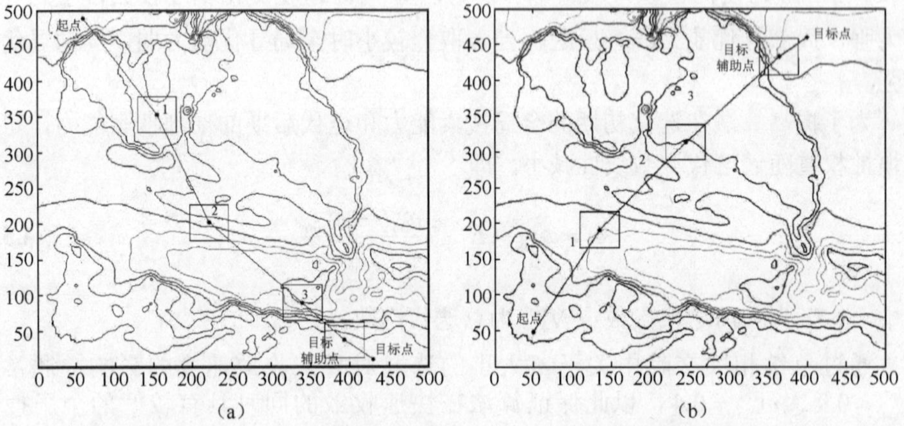

图 4.21 地形匹配优化路径（引入临界高程熵）

在适配区域的个数上，优化后的路径适配区域个数可能减少，这说明，适配区域之间的平均距离有所增加，更加趋近于 $L_{\max}$，使得 AUV 在保证导航误差控制在某一范围内且 AUV 导航稳定的前提下，减少了匹配算法的运行，较好地利用了限制最大单次匹配航程距离，提高了 AUV 的行进效率。

4.4 基于粒子群优化算法的地形匹配路径规划

4.4.1 粒子群优化算法

粒子群优化算法是一种集群智能进化计算方法，目前被广泛应用于函数优化、模式分类、优化调度、航路规划等领域[12,13]。其核心思想是利用速度、位置更新公式，对粒子解空间分布进行迭代，并通过适应度函数 $F(x)$ 来不断修正粒子群的个体最优解 p_{Best} 和群体最优解 g_{Best}，最终在解空间寻得最优解。其速度和位置更新公式如下：

$$v_{i,j}^{t+1} = \omega v_{i,j}^{t} + c_1 r_1 \frac{p_{i,j}^{t} - x_{i,j}^{t}}{\Delta t} + c_2 r_2 \frac{p_{g,j}^{t} - x_{i.j}^{t}}{\Delta t} \tag{4.57}$$

$$x_{i,j}^{t+1} = x_{i,j}^{t} + v_{i,j}^{t+1}\Delta t \tag{4.58}$$

式中，$v_{i,j}^{t}$、$x_{i,j}^{t}$ 分别代表粒子 i（i=1,2,…,k）第 j（j =1,2,…,m）维上的分量在 t 时刻的速度和位置；$p_{i,j}^{t}$、$p_{g,j}^{t}$ 分别表示单个粒子在 t 时刻搜索到的最优位置；Δt 为迭代时间间隔；r_1、r_2 是服从均匀分布的随机数；c_1、c_2 为加速度常数，通常取 $c_1=c_2=2$；ω 为惯性权重，取值较大时，粒子飞行速度变化幅度较大，全局寻优能力强，局部寻优能力弱，反之，当 ω 取值较小时全局寻优能力弱，局部寻优能力强。

为了提高算法在迭代初期的全局搜索能力和迭代后期的局部搜索能力，可以让惯性权重随着迭代次数线性减小，即

$$\omega = \omega_{\max} - N^{\text{iter}} \cdot \frac{\omega_{\max} - \omega_{\min}}{N_{\max}^{\text{iter}}} \tag{4.59}$$

式中，N^{iter} 为当前迭代次数；$N_{\max}^{\text{iter}}$ 为总迭代次数。

通过总结相关文献中关于 ω 大小的选取对算法收敛速度的影响，通常取 $\omega_{\max} = 0.9$、$\omega_{\min} = 0.4$，以此保证算法在快速收敛的同时具有较好的全局搜索能力。

4.4.2 问题分析与建模

在地形匹配过程中，应尽量减少航行器机动带来的测量误差，故可以视航行器仅在水平面内运动，航路规划也相应地简化成 2D 模式。水下航行器航路规划需要在约束条件下（包括任务要求、海底地形障碍、航行器机动限制及潜在威胁等）找到一个有序点集 $\mathbf{P}=\{S, P_1, P_2, \cdots, P_n, T\}$，将各位置点按照顺序连接，得到一条可行的航路，如图 4.22 所示。其中，S 为起始点，T 为终点。灰色封闭区域为航行约束条件。由于地形匹配过程中对水下航行器的机动有一定要求，故所选各位置点及其连线也应受到约束，即两点间距为航行器最小直航距离 $l_{\min}$，位置点 P_i 及其连线与灰色封闭区域没有交点。

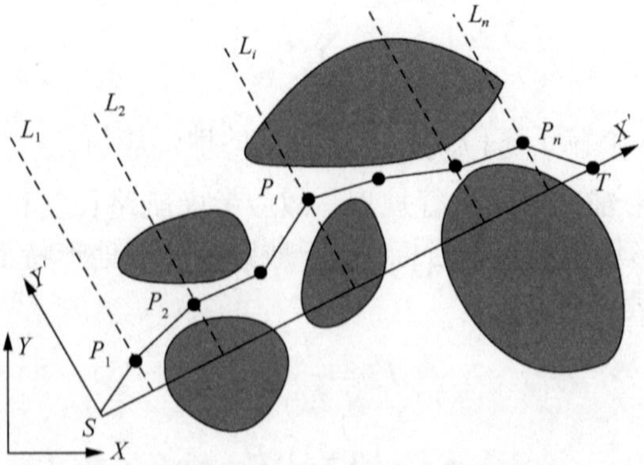

图 4.22 水下航行器航路规划原理图

为了减少粒子群算法（particle swarm optimization，PSO）算法搜索维数，建立以 S 为原点、ST 连线为横轴的坐标系 $X'SY'$，两坐标系中对应点的坐标变换公式可以表示为

$$\begin{bmatrix} x_i' \\ y_i' \end{bmatrix} = \begin{bmatrix} -\cos\theta & -\sin\theta \\ \sin\theta & -\cos\theta \end{bmatrix} \cdot \begin{bmatrix} x_s \\ y_s \end{bmatrix} + \begin{bmatrix} -\cos\theta & -\sin\theta \\ \sin\theta & -\cos\theta \end{bmatrix} \cdot \begin{bmatrix} x_i \\ y_j \end{bmatrix} \tag{4.60}$$

式中，（x，y）和（x'，y'）分别为转换前后的坐标；θ 为旋转前后对应坐标轴的夹角。

为了满足最小直航距离 $l_{\min}$ 的约束，以 $d = \dfrac{l_{ST}}{n+1} \geqslant l_{\min}$ 为步长（l_{ST} 为起始点与终点的直线距离），做 SX' 的垂线，得到直线簇 $L = \{L_1, L_2, \cdots, L_n\}$ 平行于 $Y'S$。p_n 为对应直线 L_n 上的位置点，通过改变 p_n 在直线 L_n 上的位置，就能得到不同的航路。由于 p_n 的横坐标为 $n \cdot d$，PSO 算法只需确定有序点集 $\mathbf{P} = \{S, P_1, P_2, \cdots, P_n, T\}$ 对应的纵坐标集 $\mathbf{Y}' = \{0, y_1, y_2, \cdots, y_n, 0\}$，就能得到唯一航路与之对应。为了确保 p_n 经式（4.60）反变换后的坐标均处于数字地图中，其纵坐标应进行如下限制：$y_j^{\min} \leqslant y_{i,j}' \leqslant y_j^{\max}$。其中，$y_j^{\min}$ 和 $y_j^{\max}$ 由直线簇 L 与数字地图坐标边界（原坐标系 X、Y 轴）交点确定。通过上节分析可知，PSO 算法通过适应度函数 $F(x)$ 来实现粒子群最优解的修正，故确定适应度函数 $F(x)$ 是实现航路规划算法的基础。通常，航路规划以航路长度为评判标准，长度越短，航路越好。如果用 P_0 和 P_{n+1} 表示 S 和 T，则航路长度可表示为

$$l_i(y) = \sum_{j=0}^{n+1} l_{p_j p_{j+1}} = \sum_{j=0}^{n+1} \sqrt{d^2 + \left(y_{i,j}' - y_{i,j+1}'\right)^2} \tag{4.61}$$

式中，$y_{i,j}'$ 为第 i 个粒子在第 j 条垂线上的纵坐标。该航路对应的地形熵值为各点对应地形熵之和，即

$$H_{l_i} = \sum_{j=0}^{n+1} H_{i,j} \tag{4.62}$$

式中，$H_{i,j}$ 表示第 i 个粒子在 $\left(j \cdot l_{\min}, y_{i,j}\right)$ 点处的地形熵值。

该航路针对地形辅助导航进行规划，故应考虑航路长度和航路地形熵值，即应以短航路、低地形熵值为优化目标。由于航路长度和地形特征度量的量纲不同，故应进行归一化处理，即

$$F_i^1 = \frac{l_{\mathrm{ST}}}{l_i(y)} \tag{4.63}$$

$$F_i^2 = \frac{(n+2) \cdot H_{\min}}{H_{l_i}} \tag{4.64}$$

式中，F_i^1 为航路长度适应度函数；F_i^2 为航路地形熵值适应度函数（以大为优）；$H_{\min}$ 为地图中最小地形熵值。故目标适应度函数可以表示为

$$F_i = k_1 F_i^1 + k_2 F_i^2 \tag{4.65}$$

式中，k_1、k_2 为权重系数，其大小取决于航路长度和地形熵在任务中的重要程度。

由式（4.63）和式（4.64）可以看出，规划航路长度 $l_i\left(y\right)$ 和其对应地形熵 H_{l_i} 均为分母，故 F_i 应以大为优。

4.4.3 路径规划结果

以地形熵为例，在路径规划中设地形熵值较大区域为障碍区域，为了便于计算，令规避区域为矩形区域。同时，考虑到海底地形测量误差及制图过程中引入的误差，参考国际海道测量组织（International Hydrographic Organization，IHO）于 1994 年制定的国际海道测量组织海道测量标准，将障碍区域向外适当膨胀来弥补数字地图误差。综上可得到如图 4.23 所示的路径规划结果[12]。

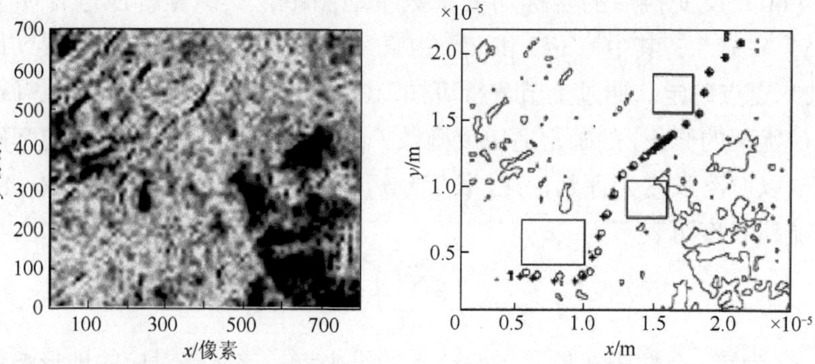

（a）地形熵分布　　（b）规划路径

图 4.23　地形匹配路径规划结果

由匹配结果可以看出，在地形熵值分布图的基础上规划的航路在达到较好地形匹配效果的同时，较好地避开了高熵值区域和潜在威胁区域，为航行器顺利完成指定任务提供了保证。

4.5 基于 Astar 算法的地形匹配路径规划

Astar 算法是一种单向启发式搜索算法[14]，其实质是将要解决的问题涉及的相关知识直接带入算法之中以提高运算效率。相较于应用于路径规划领域的遗传算法和蚁群算法等，Astar 算法具备可采纳性和最优性，即若起点与终点之前存在连线，Astar 算法总能找到连接起点和终点的最优化路径。本节基于 Astar 算法，把地形高程熵和地形高程差异熵作为地形特征描述，设计海底地形匹配的路径规划方法。

4.5.1 环境建模

常用于海底环境建模的方法主要有栅格法、单元树法和自由空间法等。其中，单元树法计算单元之间连接关系时空开销大，自由空间法存在障碍物过多时算法实现困难等缺点，而栅格法简单且易于实现，更适合作为 AUV 海底路径规划中的环境建模方法。

环境建模包括物理空间建模和匹配空间建模。物理空间建模具体步骤如下。

（1）对实际海图中提取的地形高程进行处理，对规则化的网格高程数据依次在 x、 y 方向上取 $M \times N$ 区域内的地形高程矩阵，取平均值简化环境模型，得到简化地形高程矩阵 $\boldsymbol{h}$ 。

（2）使用循环函数和选择函数对矩阵 $\boldsymbol{h}$ 进行处理，若 $\boldsymbol{h}(i, j)$ 大于设定的阈值，将 $\boldsymbol{h}(i, j)$ 设定为无穷大，否则将其设定为 0。

根据所采用匹配算法不同，匹配空间建模共包含地形熵方差空间建模和地形差异熵方差空间建模两项。具体步骤如下。

对实际海图中的地形高程依次取 $m \times n$ 区域进行熵值计算，得到熵值矩阵 $\boldsymbol{H}$ ：

$$\boldsymbol{H} = \begin{bmatrix} H(1,1) & \cdots & H(1,b) \\ \vdots & & \vdots \\ H(a,1) & \cdots & H(a,b) \end{bmatrix}, \quad a = M/m; \;\; b = N/n \tag{4.66}$$

依次在熵值矩阵中取 $d_1 \times d_2$ 的不重合区域计算其方差 $\varDelta$：

$$\varDelta = \sum_{i=1}^{d_1 \times d_2} \left(H_i - \overline{H} \right)^2 \tag{4.67}$$

式中，$\overline{H}$ 为熵值矩阵各元素的均值。得到方差矩阵后，由于方差矩阵中方差差异较大，不利于路径规划使用，要对其进行处理，将方差最大值设为 $\Delta'_{\max}$，最小值设为 $\Delta'_{\min}$，其他数字变换使用以下公式：

$$\Delta' = c\Delta^{0.2} + d \tag{4.68}$$

$$\begin{cases} c = \dfrac{101}{\Delta_{\min}^{0.2} + \Delta_{\max}^{0.2}} \\ d = 1 - \dfrac{101}{\Delta_{\min}^{0.2} + \Delta_{\max}^{0.2}} \Delta_{\min}^{0.2} \end{cases} \tag{4.69}$$

式中，Δ' 为处理之后的方差数据；c、d 使用式（4.69）计算。

4.5.2 算法的设计与实现

地形匹配路径规划的基本思想在于在实现避障和路径最短的前提下尽量使路径远离地形匹配效果较差区域，即地形高程熵值较高的区域，向地形高程熵值较低区域靠拢，以增强路径上 AUV 的地形匹配效果。主要思路是构建包含控制参数和判据的代价矩阵 $\boldsymbol{f}(n)$。$\boldsymbol{f}(n)$ 是 $\boldsymbol{f}^*(n)$ 的估价，可以表达为

$$\boldsymbol{f}^*(n) = \boldsymbol{h}^*(n) + \boldsymbol{g}^*(n) + c \cdot \boldsymbol{m}(n) \tag{4.70}$$

式中，$\boldsymbol{h}^*(n)$ 为 n 点到目标点 G 最优路径的代价；$\boldsymbol{g}^*(n)$ 为 n 点到起点 S 的最优路径的代价；c 为控制参数；$\boldsymbol{m}(n)$ 为 n 处的判据，是判断该点地形匹配效果的依据。将地形熵方差和地形差异熵方差作为判据或判据的一部分引入 Astar 算法，通过一次次寻找当前点附近代价最小值来确定下一步的指向，最终到达目标点。可以说该算法是一个基于控制参数和判据的路径规划算法。算法设计如下。

（1）构建环境空间，设定起点 S、目标点 G、障碍物，建立存储指向（包括方向 R、L、U、D、RD、LD、RU、LU）的元胞矩阵和存储 $\boldsymbol{f}(n)$ 值的矩阵。

（2）将起点放入开始队列，代价队列取 0，启发函数取无穷大，令结束队列表为空表。

（3）在开始队列表中选取最小代价函数值的节点，移至结束队列表。若该节点为目标点，则运算结束；若不为目标点，继续进行步骤（4）。

（4）计算相邻节点代价和启发函数，对每个相邻节点进行判断：若节点在开始队列表中，放弃该节点并将其置于步骤（3）节点的后继节点表中，计算 g 值判断是否更新开始队列表；若节点在结束队列表中，用同样的方法更新结束队列表；若节点既不在开始队列表也不在结束队列表，将其放入开始队列表和步骤（3）节点的后续节点，计算其代价函数值。

（5）根据存储指向的元胞矩阵从目标点向起点反推，绘制规划路径。

4.5.3 最优路径规划方法实现流程

基于 Astar 算法的地形匹配路径规划流程如图 4.24 所示，在使用本方法进行路径规划时需要注意以下几点。

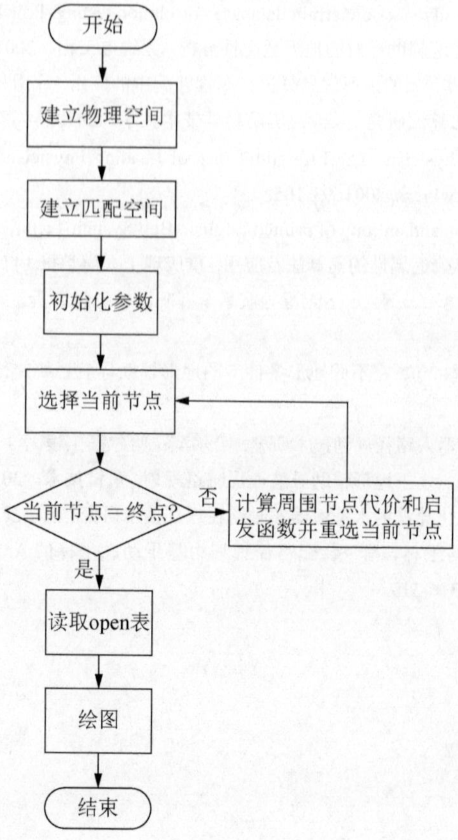

图 4.24 AUV 海底地形匹配的最优路径规划方法流程图

（1）需要采集外界环境空间内足够的地形高程数据，以保证地形高程熵计算的有效性。

（2）路径目标点的地形特征不能过于平缓，否则可能会存在不可到达的问题。

（3）控制参数 c 的选取与当前 AUV 任务状态的地形匹配需求程度有关，需求程度越大 c 值越大。c 最小值为 0，由于物理环境空间中障碍物设为无穷大，当 c 取任何非无穷数时只会增加路径长度不会影响算法避障性能，故对 c 最大值不作要求。但实验证明，当 $c=100l\cdot\Delta'_{\max}$ 后，增加 c 的值对于最终的路径规划结果影响不大。

参考文献

[1] 隋刚，郝兵元，彭林. 利用高程标准差表达地形起伏程度的数据分析. 太原理工大学学报，2010，41（4）：381-384，401.

[2] Schiavone G A. Recent advances on terrain database correlation testing. Proc SPIE，1998（3369）：364-376.

[3] 齐战杰，高璟. 地形匹配辅助导航的地形适配性分析. 无线电工程，2001z1:29-31，77.

[4] 李雄伟，刘建业，康国华. 熵的地形信息分析在高程匹配中的应用. 应用科学学报，2006，24(6):608-612.

[5] 吕云霄. 地磁匹配导航算法研究. 长沙：国防科学技术大学，2010.

[6] Cropper W H. Great Physicists: The Life and Times of Leading Physicists from Galileo to Hawking. New York: Oxford University Press, 2001: 93-105.

[7] Shannon C E. Prediction and entropy of printed English. Bell System Technical Journal, 1951（30）：50-64.

[8] 陈媛，杨栋. 基于信息熵的属性约简算法及应用. 重庆理工大学学报（自然科学），2013，27（1）：42-46.

[9] 韩雪峰，晏新村，李建军，等. 水下无源导航系统匹配区域选择分析. 全球定位系统，2013，38（1）：49-51，56.

[10] 苏康，关世义，柳健，等. 在不同地形条件下的地形辅助导航系统定位精度评估. 宇航学报，1998，19（1）：85-90.

[11] 毛宇峰. 智能水下机器人路径规划技术研究. 哈尔滨：哈尔滨工程大学，2006.

[12] 谌剑，李恒，张静远. 水下地形辅助导航最优航路规划. 鱼雷技术，2012，20（4）：276-280.

[13] 祖伟. 基于粒子群优化算法的水下潜器实时路径规划技术研究. 哈尔滨：哈尔滨工程大学，2008.

[14] 田立中，付宜利，马玉林，等. 装配路径规划中基于动态坐标的A*搜索算法. 计算机集成制造系统，2002，8（4）：316-319.

5

地形匹配单元的组建

简单来讲，海底地形匹配就是通过提取海底地形的局部特征，进而在 DTM 范围内找到与之匹配的地形特征，并将匹配结果应用到 AUV 的导航定位的修正过程。本章将在分析测深传感器数据建模的基础上，建立实时地形匹配面模型，对多测点下的波束组合模式的选择、地形插值重构方法和快速插值策略进行探讨，为地形匹配算法的实施打下基础。

5.1 实时海底地形的获取与建模

AUV 进行地形匹配时，需要先获取海底地形特征值，这里地形特征表现为 AUV 所处位置的水深值。在不考虑潮汐和各传感器间安装偏差的情况下，水深值为 AUV 与水面的距离和到海底的高度值之和。前者可由深度计直接测量得到而且精度较高，后者的获取可以通过单波束的声学高度计和多波束声呐来实现。

传感器实时地形信息可以概括为两部分：一部分是测深点的位置信息；另一部分是测深点的深度信息。对于单波束的声学高度计来说，波束垂直向下发射，因此位置信息是测量时 AUV 所在位置的信息，深度信息是测量所得到的深度信息；对于多波束测深声呐来说，测量的是沿垂直航向方向的多个波束测深点信息，且每个测深点对应的波束角度不同，因此其位置信息和深度信息与波束角度和波束的斜距有关，需要通过转换得到。建立测深传感器的实时测深数据模型，是实时地形特征提取的前提。

5.1.1 单波束测深数据建模

单波束测深仪即声学高度计的测深波束垂直 AUV 向下发射，若 AUV 不处于摇荡状态或摇荡幅度较小时，可以忽略测深波束的声线弯曲，因此其具有较高的测深精度。

单波束测深仪通过连续测量 AUV 下方的“点”地形数据，得到局部海底“点地形”和沿航迹方向上形成的“线地形”。图 5.1 为单波束测深仪进行海底地形测量的示意图。

图 5.1　单波束海底地形测量

单波束测深每次测量可获得一个点地形信息，考虑到单个点地形信息并不能满足海底地形匹配的需求，因此需要 AUV 采集沿航迹方向的一条线地形信息，其数据模型表示如下：

$$\boldsymbol{H}_{\mathrm{s}}=\begin{bmatrix} x_1 & y_1 & z_1 \\ x_2 & y_2 & z_2 \\ \vdots & \vdots & \vdots \\ x_n & y_n & z_n \end{bmatrix} \tag{5.1}$$

式中，$\boldsymbol{H}_{\mathrm{s}}$是单波束实时测深矩阵；$n$为测深点的个数；$(x_i, y_i, z_i)$为每个测深点的坐标。考虑到各测深点和初始测深点间的位置关系，可建立单波束测深数据模型如下：

$$\boldsymbol{H}_{\bar{\mathrm{s}}}=\begin{bmatrix} \Delta x_1 & \Delta y_1 & z_1 \\ \Delta x_2 & \Delta y_2 & z_2 \\ \vdots & \vdots & \vdots \\ \Delta x_n & \Delta y_2 & z_n \end{bmatrix} \tag{5.2}$$

式中，$(\Delta x_i, \Delta y_i, z_i)$为每个测深点的相对位置坐标，其定义如下：

$$\begin{cases} \Delta x_1 = 0 \\ \Delta x_2 = x_2 - x_1 \\ \Delta x_n = x_n - x_1 \end{cases}, \quad \begin{cases} \Delta y_1 = 0 \\ \Delta y_2 = y_2 - y_1 \\ \Delta y_n = y_n - y_1 \end{cases} \tag{5.3}$$

在匹配过程中如果 AUV 的航行路线为直线，可以使测深模型得到简化，减小匹配时的计算量。由于水下环境的复杂性和参考导航系统累积误差的影响，随着测深点数目的增加，参考导航系统累积误差对测深点间距测量的影响增大，造成实时地形测量的准确度降低，对匹配结果产生不利影响。

单波束测深描述的是“点-线”地形信息，图 5.2 所示为单波束测深仪采集到的“线地形”信息。由图 5.2 可知，本书所说的“线地形”是单波束测深仪沿 AUV 航迹方向进行测量所得到的地形信息。

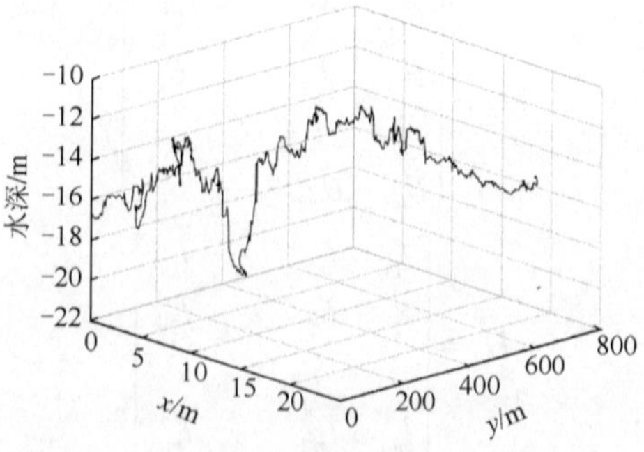

图 5.2　单波束测深仪采集到的线地形信息

5.1.2　多波束测深数据建模

与单波束的“点-线”式测深不同，多波束测深系统在一个 ping 内可以得到数百甚至数千个测深点，其测深方式为“线-面”式，相同时间内可得到更为丰富的局部地形信息。图 5.3 为 AUV 所搭载的多波束测深系统实时海底地形测量示意图。

图 5.3　多波束测深系统实时海底地形测量示意图（见书后彩图）

多波束测深系统一个 ping 内可以得到数百甚至数千个测深点，这些测深点密集分布，形成一条垂直于载体航向的线状测深信息（地形剖面）。利用多波束进行地形匹配中的实时地形数据采集，有时一个地形剖面包含的地形信息所提供的地形特征并不能满足地形匹配的需要，可选取沿航线方向的多个地形剖面数据，并将这些地形剖面组合形成“面地形”测深信息。通常情况下多波束测深数据中每个波束点和换能器的相对位置由入射角角度和斜距组成，其单地形剖面模型可用入射角角度矩阵 $\boldsymbol{H}_\theta$ 和波束点斜距矩阵 $\boldsymbol{H}_l$ 表示：

$$\boldsymbol{H}_\theta=\begin{bmatrix}\theta_1 & \theta_2 & \cdots & \theta_n\end{bmatrix} \tag{5.4}$$

$$\boldsymbol{H}_l=\begin{bmatrix}l_1 & l_2 & \cdots & l_n\end{bmatrix} \tag{5.5}$$

式中，θ_n 和 l_n 分别为各测量波束对应的波束入射角和斜距。与单地形剖面模型相似，多地形剖面组合的“面地形”模型可由下述几个矩阵表示：

$$\boldsymbol{H}_{\theta}=\begin{bmatrix}\theta_{11} & \theta_{12} & \cdots & \theta_{1n}\\ \theta_{21} & \theta_{22} & \cdots & \theta_{2n}\\ \vdots & \vdots & & \vdots\\ \theta_{m1} & \theta_{m2} & \cdots & \theta_{mn}\end{bmatrix} \tag{5.6}$$

$$\boldsymbol{H}_{1}=\begin{bmatrix}l_{11} & l_{12} & \cdots & l_{1n}\\ l_{21} & l_{22} & \cdots & l_{2n}\\ \vdots & \vdots & & \vdots\\ l_{m1} & l_{m2} & \cdots & l_{mn}\end{bmatrix} \tag{5.7}$$

$$\boldsymbol{D}_{mr}=\begin{bmatrix}(\Delta x_1,\Delta y_1)\\ (\Delta x_2,\Delta y_2)\\ \vdots\\ (\Delta x_m,\Delta y_m)\end{bmatrix} \tag{5.8}$$

$$\boldsymbol{D}_{mz}=\begin{bmatrix}z_1\\ z_2\\ \vdots\\ z_m\end{bmatrix} \tag{5.9}$$

在上述矩阵中，m 表示“面地形”中包含 m 个地形剖面；n 表示在每个地形剖面中包含 n 个多波束测深点。多地形剖面组合的“面地形”测深数据模型多了两个相对距离矩阵 $\boldsymbol{D}_{mr}$ 和 $\boldsymbol{D}_{mz}$，分别表示进行多波束测深时 AUV 载体所处的水平位置和水深矩阵。由于多波束测深系统的一个地形剖面包含很多测深波束点，其相对距离矩阵的维数与单波束相比要小很多，参考导航系统累积误差对测深点间距测量的影响很小，有利于提高实时测量地形的准确度。

测深波束点与换能器的空间相对位置和水深可由波束入射角和斜距的组合得到，基于多波束测深的“面地形”数据模型可表示为如下矩阵形式：

$$\boldsymbol{Y}_{\overline{m}}=\begin{bmatrix}l_{11}\sin\theta_{11} & l_{12}\sin\theta_{12} & \cdots & l_{1n}\sin\theta_{1n}\\ l_{21}\sin\theta_{21} & l_{22}\sin\theta_{22} & \cdots & l_{2n}\sin\theta_{2n}\\ \vdots & \vdots & & \vdots\\ l_{m1}\sin\theta_{m1} & l_{m2}\sin\theta_{m2} & \cdots & l_{mn}\sin\theta_{mn}\end{bmatrix}+\boldsymbol{D}_{mr} \tag{5.10}$$

$$\boldsymbol{Z}_{\overline{m}}=\begin{bmatrix}l_{11}\cos\theta_{11} & l_{12}\cos\theta_{12} & \cdots & l_{1n}\cos\theta_{1n}\\ l_{21}\cos\theta_{21} & l_{22}\cos\theta_{22} & \cdots & l_{2n}\cos\theta_{2n}\\ \vdots & \vdots & & \vdots\\ l_{m1}\cos\theta_{m1} & l_{m2}\cos\theta_{m2} & \cdots & l_{mn}\cos\theta_{mn}\end{bmatrix}+\boldsymbol{D}_{mz} \tag{5.11}$$

式中，$\boldsymbol{Y}_{\bar{m}}$ 称为位置矩阵，前半部分为各波束点与换能器的相对距离，后半部分 $\boldsymbol{D}_{mr}$ 为每个地形剖面测量的相对距离；$\boldsymbol{Z}_{\bar{m}}$ 称为深度矩阵，前半部分是各波束点相对于换能器的水深值，后半部分 $\boldsymbol{D}_{mz}$ 为每个地形剖面测量时换能器所处位置的水深值。以上模型为不考虑声线弯曲的测深数据模型，若考虑声线弯曲，根据第 3 章的相关知识可得到考虑声线弯曲的多波束测深数据模型。

多波束测深数据模型描述的是由线到面的局部海底地形信息，图 5.4 为基于该模型表述的单地形剖面和组合地形剖面，即“线地形”和“面地形”。由于本书所涉及的 GS+多波束测深系统有两组呈“V”字形安装的换能器，将相邻两个 ping 组合可以得到一个完整的地形剖面。图 5.4（a）为单地形剖面，地形剖面长度约为 80m，图 5.4（b）为 10 个剖面的组合模型，各剖面间隔为 10m。

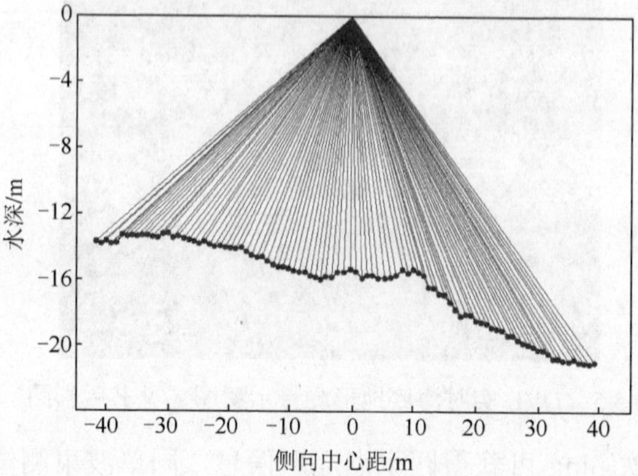

（a）单剖面

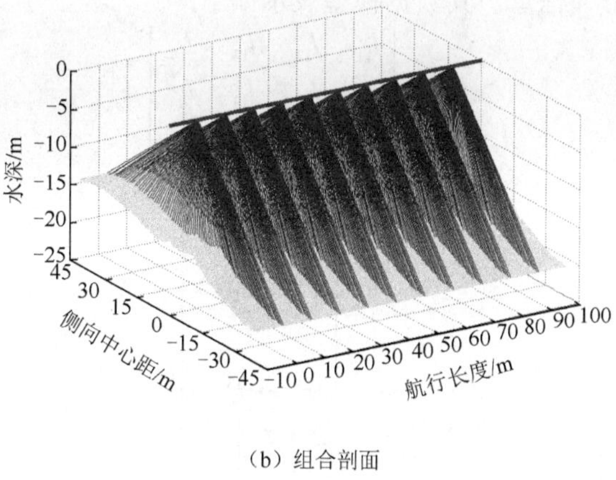

（b）组合剖面

图 5.4　多波束地形剖面（见书后彩图）

5.1.3 DVL 测深数据建模

DVL 作为一种载体速度测量装置，绝大多数 AUV 得以装备，有些作为航位推算系统的重要传感器，有些则和 INS 组合形成 INS/DVL 组合导航系统。通过对 DVL 的说明书进行解读发现，DVL 不仅能够测得载体的速度，还可以得到四个波束点和换能器之间的斜距。国外一些研究表明，利用 DVL 可以在紧急情况下替代多波束测深系统用于海底地形匹配导航。

DVL 通过连续实时测量 AUV 下方的地形数据，得到局部海底“多点地形”和沿航迹方向上形成的“多线地形”。图 5.5 为 DVL 实时海底地形测量的示意图。

图 5.5 DVL 实时海底地形测量示意图（见书后彩图）

利用 DVL 每次 ping 可获得四个点地形信息，同单波束测量相同，考虑到单 ping 地形信息并不能满足海底地形匹配的需求，因此需要 AUV 采集沿航迹方向的一条“多线地形”信息，其数据模型表示如下：

$$\boldsymbol{H}_1=\begin{bmatrix} l_{11} & l_{12} & l_{13} & l_{14} \\ l_{21} & l_{22} & l_{13} & l_{24} \\ \vdots & \vdots & \vdots & \vdots \\ l_{m1} & l_{m2} & l_{m3} & l_{m4} \end{bmatrix} \tag{5.12}$$

$$\boldsymbol{D}_{\mathrm{mr}}=\begin{bmatrix} (\Delta x_1,\Delta y_1) \\ (\Delta x_2,\Delta y_2) \\ \vdots \\ (\Delta x_m,\Delta y_m) \end{bmatrix} \tag{5.13}$$

$$\boldsymbol{D}_{\mathrm{mz}}=\begin{bmatrix} z_1 \\ z_2 \\ \vdots \\ z_m \end{bmatrix} \tag{5.14}$$

式中各数据的定义与多波束测深中定义相同。假设在局部坐标系中，DVL 波束水平面内的投影与航迹方向夹角为α，与垂线夹角为γ，忽略声线弯曲，则波束l_{ij}对应波束点坐标$\left(x_{ij}, y_{ij}\right)$表示为$\left(l_{ij}\sin\gamma_{ij}\cos\alpha_{ij}, l_{ij}\sin\gamma_{ij}\sin\alpha_{ij}\right)$，DVL 测深数据的位置矩阵和深度矩阵可表示为

$$\boldsymbol{Y}_{\overline{m}}=\begin{bmatrix}(x_{11},y_{11}) & (x_{12},y_{12}) & (x_{13},y_{13}) & (x_{14},y_{14})\\ (x_{21},y_{21}) & (x_{22},y_{22}) & (x_{23},y_{23}) & (x_{24},y_{24})\\ \vdots & \vdots & \vdots & \vdots \\ (x_{m1},y_{m1}) & (x_{m2},y_{m2}) & (x_{m3},y_{m3}) & (x_{m4},y_{m4})\end{bmatrix}+\boldsymbol{D}_{mr} \tag{5.15}$$

$$\boldsymbol{Z}_{\overline{m}}=\begin{bmatrix}l_{11}\cos\gamma_{11} & l_{12}\cos\gamma_{12} & l_{12}\cos\gamma_{13} & l_{1n}\cos\gamma_{14}\\ l_{21}\cos\gamma_{21} & l_{22}\cos\gamma_{22} & l_{12}\cos\gamma_{23} & l_{2n}\cos\gamma_{24}\\ \vdots & \vdots & \vdots & \vdots \\ l_{m1}\cos\gamma_{m1} & l_{m2}\cos\gamma_{m2} & l_{12}\cos\gamma_{m3} & l_{mn}\cos\gamma_{m4}\end{bmatrix}+\boldsymbol{D}_{mz} \tag{5.16}$$

由于 DVL 和单波束测深仪一样在 AUV 潜航过程中可以长期开启，可以将单波束测深仪数据融入 DVL 数据中形成由 5 条线组成的“多线地形”用于地形匹配计算。

5.1.4 实时测深数据的选择模式

多波束测深系统每个 ping 内可得到数百甚至数千个测深数据，若其全部用于地形匹配运算将造成极大的数据冗余，并不能有效提高匹配定位精度，而且会带来严重的计算负担，影响地形匹配的实时性。而 DVL 和单波束测深仪虽然单 ping 数据量低，但由于其固有的高数据刷新率，一定时间内也会得到较多的测深数据，而 AUV 的航速较低，大量数据均为冗余数据。因此，选择合理的测深数据进行匹配运算可以有效提高地形匹配的性能。

测深数据的选择模式分为“线/多线地形”选择和“面地形”选择两种。而“线/多线地形”数据可以根据导航要求选取特定时间间隔获取数据来解决数据冗余问题，因此，实时测深数据的选择模式难点在于基于多波束测深的数据的选择。针对大批量测深数据下的波束选择问题，结合相干型多波束测深数据的特点，本节从波束角和匹配距离两个方面对波束组合模式进行选择，以形成最有效的地形匹配面模型，其具体实现如下。

条件一：波束角。

相干型多波束测深仪虽然具有很高的测深精度和波束点密度，但是其一个重要的不足就是在一个地形剖面的中心处的测深点密度较低，且其精度较差，其原因是剖面中心处正好处于两侧的换能器波束角最大的位置。为了减小其对整体测深精度的影响，本节对参与地形匹配的水深测点的波束角进行限定，取单侧换能

器最大波束角为α，即取波束角范围$[-\alpha,\alpha]$内的测深点，α的大小根据实际测深的质量决定。当已知测深区域的大致深度时，可将波束角范围转化为侧向中心距的长度来简化计算。

条件二：侧向中心距间隔。

在限定了波束角的范围后，可以得到一个测深点序列，其密度很高，直接作为匹配点将会使计算量急剧增大。本节采取自适应的选点方式来对其进行选择，即将侧向中心距间隔看作剖面上地形起伏程度的函数，通过计算剖面上地形的起伏程度，来限定剖面上相邻两点间的距离，从而对测深点进行自适应选择，通过选点匹配实验，最终，侧向中心距间隔和地形标准差σ的关系为

$$\Delta y=\begin{cases}\mu_1+\mu_2\sigma, & \Delta y<d\\ d, & \Delta y\geqslant d\end{cases} \tag{5.17}$$

式中，Δy为选点时的侧向中心距间隔；σ为地形剖面标准差；μ_1、μ_2为由网格间距和测深精度决定的调节系数；d为网格间距。可以看出，Δy为σ的线性函数，σ越大，被选择点之间的距离越大。即在相同的地形剖面长度下，随着地形起伏程度的增大，所选择的测深点的个数逐渐减少，且保证至少一个网格内有一个测深点。

图 5.6 为经过波束角限定和自适应侧向中心距间隔限定后的由相邻声脉冲组合形成的测深剖面，其中原始数据点个数为 3029 个，经过波束角限定和自适应波束测点间隔选择后波束个数为 42 个。这种使侧向中心距间隔自适应于地形特征来选择测深点的方式极大地减少了数据量，减小了连续相邻的冗余数据的影响，其效果在后续匹配实验中得到了验证。

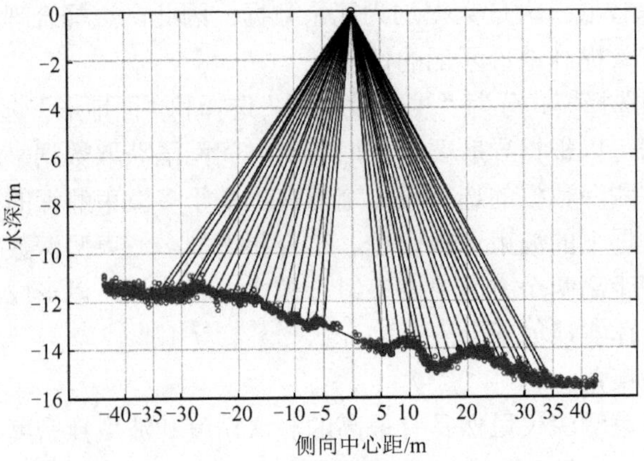

图 5.6　波束测点的选择（原始数据个数 n=3029，新数据 n=42）

5.2 局部海底数字地形的插值重构

地形的插值重构是从数字地形图提取地形特征的过程，插值重构的精度直接影响地形匹配的精度。真实的海底地形具有很强的非线性特征，水深值是位置的非线性函数，无法得到明确的解析表达式，这也是地形匹配模型中非线性特征的一个体现。

在地形插值上，基于分形理论的方法和基于 Kriging 的方法等得到广泛的应用[1,2]，文献[3]将海底地形看成是一个自回归函数模型，进行了一维地形剖面上的插值重构实验。已知的插值研究的重点集中在由离散点得到规则网格点的步骤上，如利用各种插值方法对电子海图离散点进行插值形成 DTM，对如何从已经存在的 DTM 中插值抽取地形特征鲜有提及，而这正是地形匹配导航中的关键步骤之一。

由于实时地形插值在海底地形匹配中的关键作用，研究大面积测深地形下快速插值重构方法、获取高精度插值重构地形、分析并得到地形插值精度的统计特性对后续地形匹配的实施具有重要的意义。

5.2.1 地形插值重构模型分析

海底地形的插值重构实质上是对地形的重采样，由已知网格节点得到细化后的网格节点的过程。DTM 模型中的已知节点作为先验地形数据，直接影响着插值重构的特性。因此，为了对海底地形进行准确的插值，应先对 DTM 中的节点特性进行分析。

在进行地形插值时，DTM 中的每个网格节点均是由实际测量得到的值，当以 $Z(x_1),Z(x_2),\cdots,Z(x_n)$ 来表示各点的值时，根据地形模型的统计规律，各网格节点是满足二阶平稳假设联合分布的随机变量，即 $Z(x)$ 的均值不随位置 x 的变化而变化，且协方差函数 $\mathrm{cov}[Z(x_1),Z(x_2)]$ 只取决于样本点 x_1 和 x_2 之间的距离 $\|x_1-x_2\|$，体现在局部地形区域上，地形是一个具有自相关特性的宽平稳二维随机域[4]。

由上述地形模型的统计结论可以合理假定，地形高程变量可由三部分来表示，即确定性部分 r 、相关信号部分 q 及随机噪声部分 n 。其中，确定性部分 r 表征地形的整体变化趋势；相关信号部分 q 表示地形起伏在空间上的自相关性；随机噪声部分 n 表示特定统计性质的随机干扰量[5]。因此，DTM 节点高程变量模型可以表示为

$$z(x,y)=r(x,y)+q(x,y)+n(x,y) \tag{5.18}$$

设某次插值过程有n个已知点，其高程向量为$\boldsymbol{z}=[z_1 \quad z_2 \quad \cdots \quad z_n]$，各点的趋势向量表示为$\boldsymbol{r}=[r_1 \quad r_2 \quad \cdots \quad r_n]$，各点的自相关量为$\boldsymbol{q}=[q_1 \quad q_2 \quad \cdots \quad q_n]$，各点的噪声向量为$\boldsymbol{n}=[n_1 \quad n_2 \quad \cdots \quad n_n]$。设待插点的高程为$\hat{z}_{\mathrm{p}}$，其趋势量、自相关量和随机噪声量分别为$r'$、$q'$、$n'$，根据式（5.18），$\boldsymbol{z}$、$\hat{z}_{\mathrm{p}}$可以表示为

$$\begin{cases} \underset{n\times1}{\boldsymbol{z}} = \underset{n\times1}{\boldsymbol{r}} + \underset{n\times1}{\boldsymbol{q}} + \underset{n\times1}{\boldsymbol{n}} \\ \hat{z}_{\mathrm{p}} = r' + q' + n' \end{cases} \tag{5.19}$$

根据插值原理，待插点z_{p}的估计值$\hat{z}_{\mathrm{p}}$可表示为已知点$\boldsymbol{z}=[z_1 \quad z_2 \quad \cdots \quad z_n]$的线性函数

$$\hat{z}_{\mathrm{p}} = k_1 z_1 + k_2 z_2 + \cdots + k_n z_n + m \tag{5.20}$$

式中，$\boldsymbol{k}=[k_1 \quad k_2 \quad \cdots \quad k_n]$为已知点插值权重向量；$m$为常量，将式（5.19）代入式（5.20）得到

$$\hat{z}_{\mathrm{p}} = k_1(r_1+q_1+n_1) + k_2(r_2+q_2+n_2) + \cdots + k_n(r_n+q_n+n_n) + m \tag{5.21}$$

用矩阵表示为

$$\hat{z}_{\mathrm{p}} = \underset{1\times n}{\boldsymbol{k}}\,\underset{1\times n}{\boldsymbol{t}} + \underset{1\times n}{\boldsymbol{k}}\,\underset{1\times n}{\boldsymbol{s}} + \underset{1\times n}{\boldsymbol{k}}\,\underset{1\times n}{\boldsymbol{n}} + m \tag{5.22}$$

考虑到待插点p为非观测量，其噪声误差n'为0，因此估计误差为

$$v = z_{\mathrm{p}} - \hat{z}_{\mathrm{p}} = r' + q' - \boldsymbol{k}(\boldsymbol{r}+\boldsymbol{q}+\boldsymbol{n}) - m \tag{5.23}$$

估计误差v的方差为

$$E(\boldsymbol{v}\boldsymbol{v}^{\mathrm{T}}) = E\left[(r'+q'-\boldsymbol{k}(\boldsymbol{r}+\boldsymbol{q}+\boldsymbol{n})-m)(r'+q'-\boldsymbol{k}(\boldsymbol{r}+\boldsymbol{q}+\boldsymbol{n})-m)^{\mathrm{T}}\right] \tag{5.24}$$

根据以上插值模型可以得知，插值的关键是找出整体趋势量r'及自相关量q'的过程，结合地形插值的非线性特性，可以将插值分成两部分：一部分是代表整体趋势的线性量，是与距离有关的插值临近点的不同权重的函数；另一部分是代表局部不规则程度的非线性量，为插值点所处局部地形区域特征的非线性函数，是线性插值的增量。插值模型可改写为

$$z(x,y) = f(x,y) + \Delta\xi(x,y) \tag{5.25}$$

式中，$z(x,y)$为待插值节点的值；$f(x,y)$为线性项的值；$\Delta\xi(x,y)$为由插值局部区域地形特征决定的非线性项的值。当已知线性项函数时，地形插值重构问题就转变为局部地形修正的问题。

根据上述插值模型，本节利用双线性插值方法得到地形的线性近似项，在此基础上，利用地形的分形理论提取地形的自相似特征，构建地形的非线性补偿项，提出一种基于分形补偿的双线性插值（fractal compensation bilinear，FCB）方法来实现任意点处的插值。

5.2.2 双线性插值

双线性插值是图像放大中经常用到的一种插值方法，其利用插值点领域像素点来加权估计位置插值点的灰度值[6]。在海底地形中，每个点的水深值可以作为图像中的一个像素点，插值的过程即图像放大的过程。因此，可以利用双线性插值来对地形进行插值细化。

双线性曲面是一种较简单的曲面，其将插值曲面的四个顶点作为已知条件来构造一个双变量函数或双线性曲面，从而对构造曲面上的任意点进行线性插值。如图 5.7 所示，$p(0,0)$、$p(0,1)$、$p(1,0)$、$p(1,1)$ 为参数平面 x-y 上的单位正方形的四个顶点，双线性插值曲面用 $Q(u,w)$ 表示，其中，$u\in(0,1)$，$w\in(0,1)$，则该曲面的数学表达式为

$$Q(u,w)=p(0,0)(1-u)(1-w)+p(0,1)(1-u)w+p(1,0)u(1-w)+p(1,1)uw \tag{5.26}$$

或写成矩阵的形式，即

$$Q(u,w)=\left[(1-u)u\right]\begin{bmatrix}p(0,0) & p(0,1)\\ p(1,0) & p(1,1)\end{bmatrix}\begin{bmatrix}1-w\\ w\end{bmatrix} \tag{5.27}$$

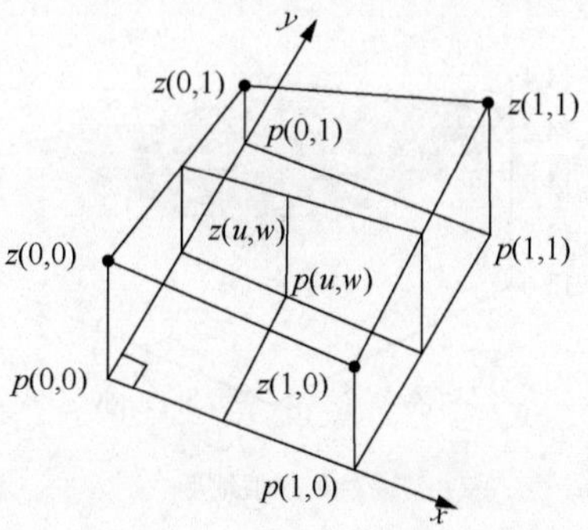

图 5.7　双线性插值原理

在以水深值表示的水下数字地形模型中，设每个平面上的点的水深都可由其二维平面坐标的函数 $z(x,y)$ 来表示，如图 5.7 所示，$z(0,0)$、$z(0,1)$、$z(1,0)$、$z(1,1)$ 表示在 DTM 中一个单位正方形网格上四个顶点的深度值。按照双线性插值原理，在单位正方形网格上任意点 $p(u,w)$ 处的水深值 $z(u,w)$ 可以表示为

$$z(u,w)=z(0,0)(1-u)(1-w)+z(0,1)(1-u)w+z(1,0)u(1-w)+z(1,1)uw \tag{5.28}$$

式中，u、w 分别表示对应插值点在 x 轴和 y 轴上投影的坐标值。因此，当一个网格上各节点水深值已知时，就可以通过式（5.28）得到网格内任意点的水深值。这是地形插值上经常用到的一种方法，其优点是方法简单、易于计算，但是其结果仅由插值点到核函数区域边界的距离决定，忽略了区域内地形的非线性特性，

导致对原始值进行过多的平滑处理，插值精度不高。图 5.8 为本书所用的 DTM 中的局部地形进行插值前后的对比。从图 5.8 中可以看出，真实地形的非线性特征明显，插值地形只能反映出地形的整体变化趋势，没有体现出地形的局部细节变化，而这一细节正是地形的非线性造成的。对局部地形来说，这种非线性是地形的不规则程度的体现，因此，需要提取地形的不规则特征，进而利用该特征对插值进行补偿。

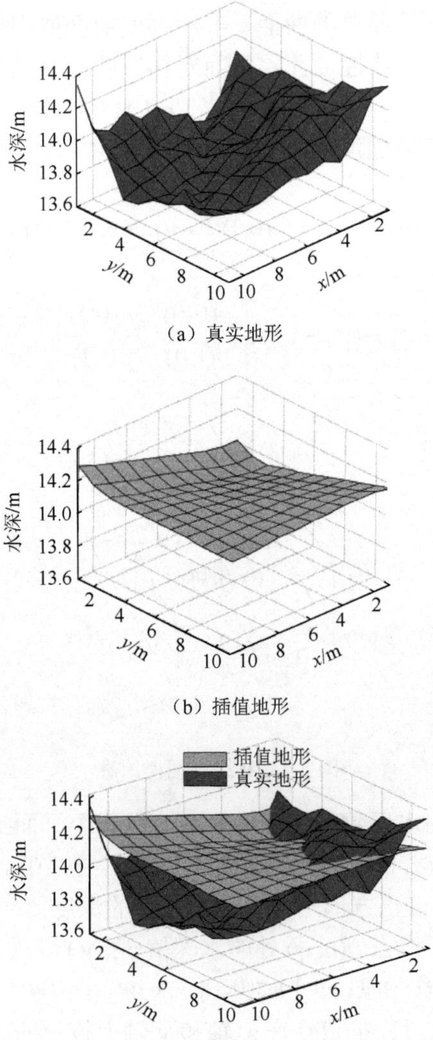

（a）真实地形

（b）插值地形

（c）两者的对比

图 5.8　双线性插值地形与真实地形的比较

分形理论是地形数据建模上常用的方法，由于其可以对地形的非线性进行很好的近似，常用于实时地貌的生成及环境建模，在处理地形模型上具有理论上的优势。下面将在分析地形数据的分形特性基础上，对地形的自相似特征进行提取，进而构建地形的非线性补偿项。

5.2.3 基于分形补偿的双线性插值

大量的研究表明，自然界中的地形特征具有自相似性，其表现是具有与观测尺度无关的标度特征，而这一特征可以用一个平稳随机过程来表示。分形布朗运动是现代非线性时序分析中的重要的随机过程，能够有效地表达自然界中许多的非线性现象，是用来描述地形表面特征的有效的模型之一[7,8]。

逐次随机增加法（successive random additions，SRA）是分形布朗运动模型中的一种重要的方法。SRA 认为真实地形数据由局部分形布朗随机场产生，地表上任一点 (x,y,z) 为分形布朗场所产生的局部分形布朗曲面上的点。而各点的值由临近点的加权值和由临近点的局部分形特征 H 决定的正态随机波动组成[9]。根据这个理论，可以利用由地形分形特征决定的正态随机波动对双线性插值误差进行补偿。

5.2.3.1 地形数据的分形布朗场

由分形布朗运动和分形布朗场产生的分形布朗曲线和曲面是典型的具有自相似特征的随机分形，其真实反映了自然界中的许多实际的物理现象——按照一定规律分布的物理量，由于受各种因素的影响，在不同的尺度和范围内存在着不同幅度的波动，而这种波动通常近似服从正态分布。地形数据也不例外，如地貌、矿产分布、重力场等都具有一定的分形布朗场类的随机分形特征。

因此，在分形布朗场的基础上，可以认为海底地形实际上就由一个分形布朗场 $Z(x,y)$ 产生，原始数据 (x,y,z) 是该分形布朗场所产生的分形布朗曲面上的点。用这些点 $z(x,y)$ 的波动程度来确定区域各部分和各点的 H 值，从而将任意点的值分解为由其临近点值的加权值和由地形分形特征 H 值决定的正态随机波动。

$$z(x,y)=f(x,y)+\Delta\xi(x,y),\Delta\xi(x,y)\sim N(0,(\mathrm{d}x^2+\mathrm{d}y^2)^H),0<H<1 \quad (5.29)$$

虽然可以利用随机分形模型对地形特征进行描述，但是实际研究结果表明，地形数据在不同的区域的不规则程度具有较大的差异，具有多重分形的性质。因此，由式（5.29）计算得到的分形特征应该为一定区域内局部分形特征，这里“局部”的大小可根据所使用的 DTM 的网格间距进行定义，H 值反映了局部分形布朗场的特性。

5.2.3.2 地形局部分形特征提取与插值补偿

分形的特征可以用两个参数来表示，即表征地表复杂度或粗糙度的指标 H（Hurst 指数）及表征局部地形区域起伏特征的指标 σ（地形方差）。从地形参数的性质可知，Hurst 指数越大，地形越简单（平滑），反之越复杂（粗糙）；σ 越小，地形起伏程度越小，反之越大[10]。

由分形布朗模型产生的图形在统计意义上具有自相似性，可由以下公式得到其分形维数：

$$D = n + 1 - H \tag{5.30}$$

式中，H 为自相似参数；n 为欧氏维数，在三维空间中，$n = 2$，有 $D = 3 - H$。参数提取的公式为

$$E\left[\frac{f(x+\Delta x) - f(x)}{\|\Delta x\|^{H}}\right] = E(|y|) \tag{5.31}$$

而

$$E(|y|) = 2\int_0^{\infty} y \frac{1}{\sqrt{2\pi}\sigma} \cdot \mathrm{e}^{\frac{y^2}{2\sigma^2}} \mathrm{d}y = \frac{2\sigma}{\sqrt{2\pi}} \tag{5.32}$$

令 $A = \dfrac{2\sigma}{\sqrt{2\pi}}$，则有

$$E[f(x+\Delta x) - f(x)] = A\|\Delta x\|^{H} \tag{5.33}$$

两边取对数，有

$$\lg E[f(x+\Delta x) - f(x)] = H \lg\|\Delta x\| + \lg A \tag{5.34}$$

由此可知，$\lg E[f(x+\Delta x) - f(x)]$ 和 $\lg\|\Delta x\|$ 呈线性关系，故可采用最小二乘法建立回归函数：

$$\mathrm{e}^2 = \sum_{\|\Delta x\| = \|\Delta x\|_{\min}}^{\|\Delta x\|_{\max}} \left\{\lg E[f(x+\Delta x) - f(x)] - H\lg\|\Delta x\| - \lg A\right\}^2 \tag{5.35}$$

通过最小化来求出 H 和 σ。

上述公式为一维曲线上的插值，当进行三维空间插值时，则式（5.35）变为

$$\mathrm{e}^2 = \sum_{\|r\| = \|r\|_0}^{\|r\|_n} \left\{\lg E[f(x+\Delta x, y+\Delta y) - f(x,y)] - H\lg\|\Delta x^2 + \Delta y^2\| - \lg A\right\}^2 \tag{5.36}$$

式中，r 为计算的网格节点与临近点的距离；n 为临近点的个数，临近点即局部分形区域中的点。依据式（5.36）可以得到 DTM 中每个节点处的分形特征数 H 和地形方差 σ。

得到H和σ，就可以利用分形原理对双线性插值误差进行补偿，将地形方差σ当成高度与区域半径的比例因子，则任意点的插值可表示为

$$z(x,y)=f(x,y)+\Delta\xi(x,y) \tag{5.37}$$

式中，$f(x,y)$为利用双线性插值所得到的基值；$\Delta\xi(x,y)$为服从$N(0,\sigma_0^2(\Delta x^2+\Delta y^2)^H)$，$0<H<1$分布的正态随机增量，其中，$\Delta x^2+\Delta y^2$为插值点与局部地形区域内最近点间的距离，$H$为由临近点地形特征值经过加权平均得到的均值。式（5.37）即具有分形补偿项的双线性插值公式，其考虑了地形的自相似特征对插值点的影响，对线性插值误差进行了补偿。

5.2.3.3 地形插值重构实验

插值重构实验中，真实地形值由网格间距为1m×1m的DTM的节点值提供。在对DTM进行分形地形特征提取后，依据地形起伏程度范围，依次选择八种不同网格区域作为局部检验地形块，其大小均为10m×10m。插值检验时，分别对每个局部地形块中1m×1m的节点处进行插值。为了说明本节方法的优越性，将常用的Kriging插值、IDW插值的结果与本节方法进行比较。

图5.9（d）～图5.9（g）分别为局部真实地形、本节方法插值的地形、Kriging方法插值地形和IDW方法插值地形。从局部地表形态上可以看出，本节方法不仅能够体现出地形的整体趋势，还能够表现地形的局部细节。Kriging方法和IDW方法得到的地形比较光滑，在地形的局部细节上差别较大。

究其原因，是Kriging方法的出发点是对地形特征点的一种线性无偏估计，而IDW方法也只是临近点之间距离倒数的加权，均没有考虑地形在局部范围内的自相似性及地形的非线性所带来的不规则特征，插值数据以平滑为主。而本节方法考虑地形的分形特性，兼顾地形的自相似性和不规则性，插值得到的地形不仅表现了地形的整体变化趋势，而且具有与真实地形相似的局部细节，反映了地形的非线性所带来的不规则特性，效果较好。

为了进一步检验在不同地形起伏程度下FCB方法的插值效果，以及与Kriging方法、IDW方法的差别，以地形标准差为依据，选取DTM中几种不同局部地形进行插值，图5.10中每幅图只给出了FCB方法插值地形与真实地形的对比效果。从视觉效果上可以看出，FCB方法均能较好地反映地形的变化趋势，对地形特征具有良好的适应能力。表5.1给出了三种插值方法下，插值误差均值和误差协方差的统计结果。可以看出，随着地形标准差的增大，三种方法的误差均值和误差协方差都有一定的增大，FCB方法的增幅最小。

在仿真中选择真实地形节点处进行插值，是因为其精度与原始节点处的精度保持一致，在误差检验标准上保证了统一性。插值结果表明：基于分形补偿的双

线性插值方法能够较好地重构地形特征，对不同起伏程度的地形具有良好的适应能力，其平均误差较之双线性插值方法及常用的 Kriging 方法和 IDW 方法都要小。从表 5.1 可以看出，与其他方法相比，虽然 FCB 方法在某几个点上与 Kriging 和 IDW 方法有少许差别，但是在误差均值上具有优越性，这正是地形匹配中注重的。

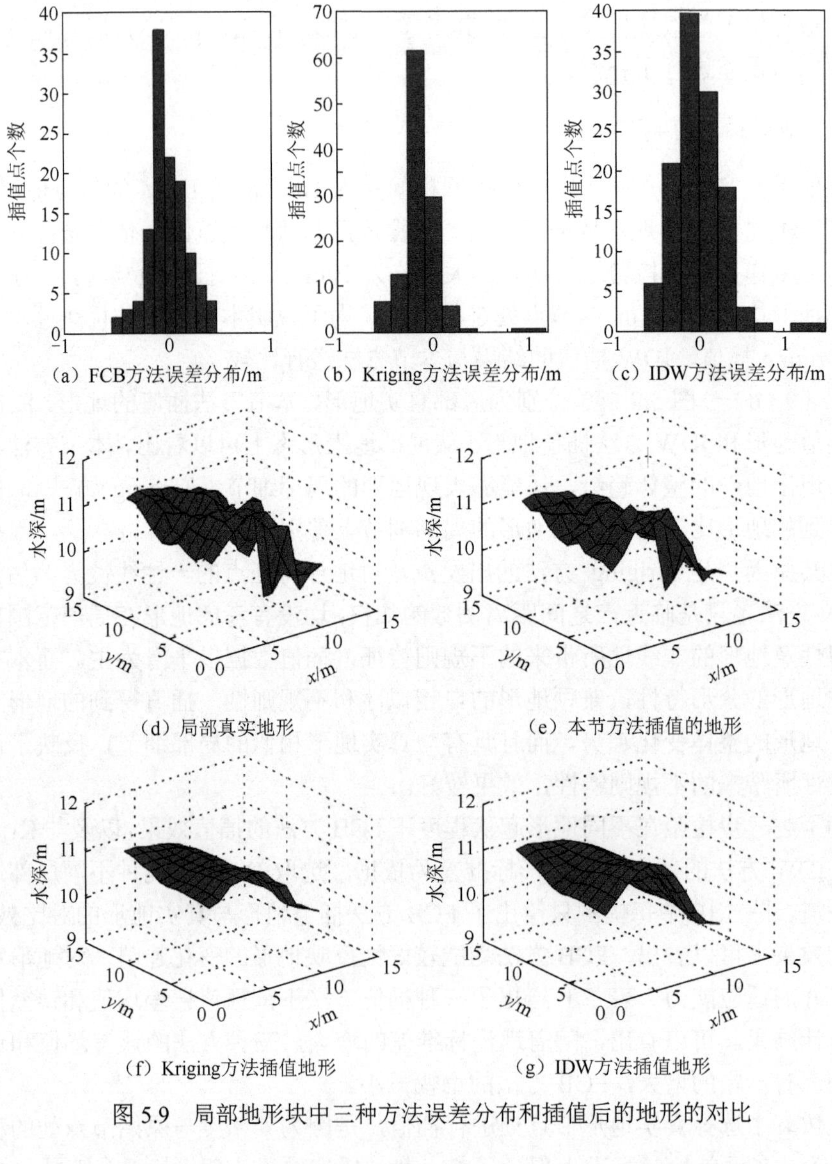

（a）FCB方法误差分布/m （b）Kriging方法误差分布/m （c）IDW方法误差分布/m

（d）局部真实地形 （e）本节方法插值的地形

（f）Kriging方法插值地形 （g）IDW方法插值地形

图 5.9 局部地形块中三种方法误差分布和插值后的地形的对比

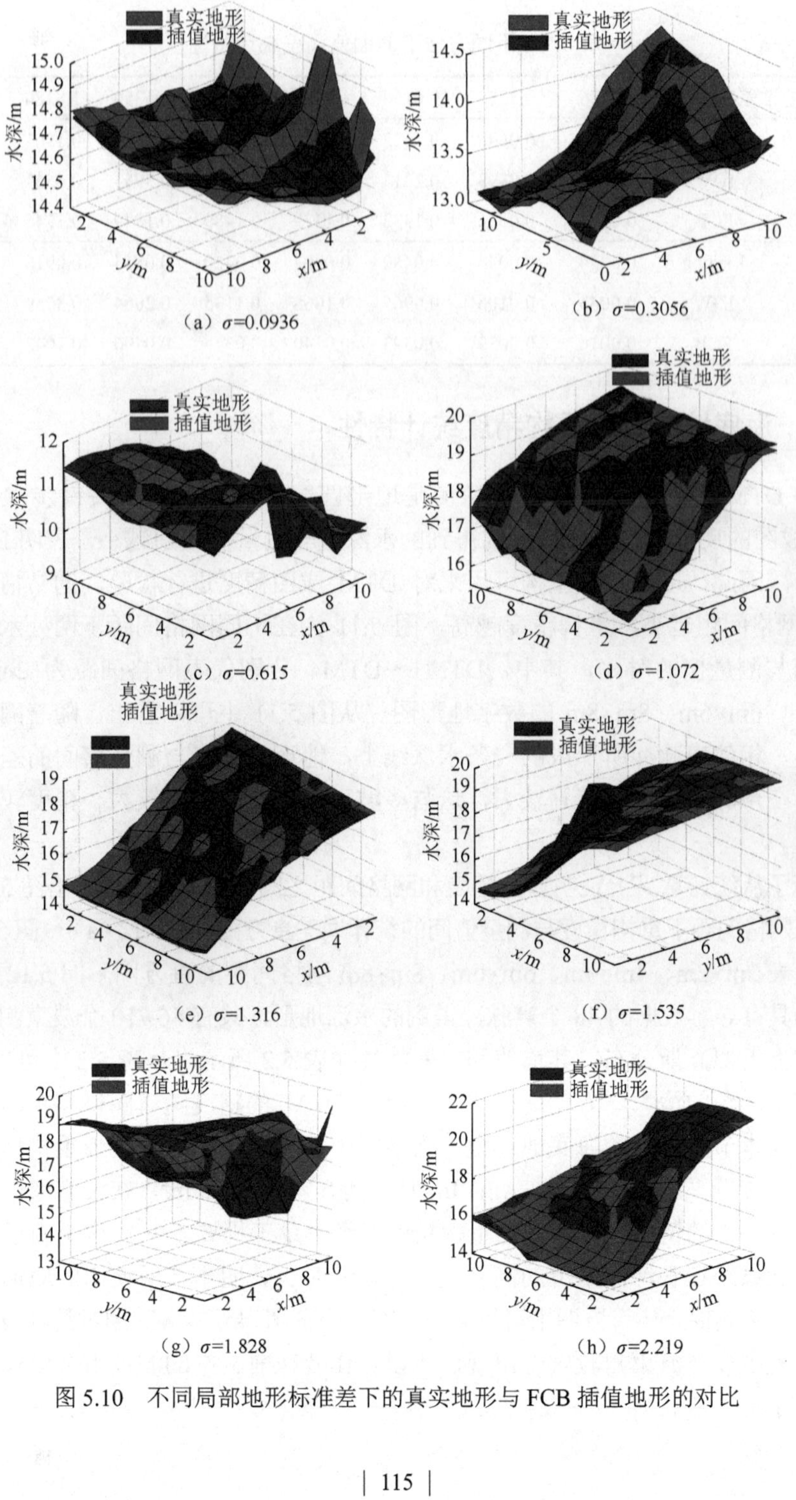

（a）σ=0.0936
（b）σ=0.3056
（c）σ=0.615
（d）σ=1.072
（e）σ=1.316
（f）σ=1.535
（g）σ=1.828
（h）σ=2.219

图 5.10　不同局部地形标准差下的真实地形与 FCB 插值地形的对比

表 5.1 不同方法下的插值误差统计特性

地形标准差 σ /m		0.0936	0.3056	0.6150	1.0720	1.3160	1.5350	1.8280	2.2190
误差均值	Kriging	0.0334	0.0698	0.1622	0.1623	0.1520	0.1910	0.1901	0.1889
	IDW	0.0478	0.0793	0.2314	0.2758	0.2854	0.3953	0.4557	0.4969
	FCB	0.0276	0.0676	0.1332	0.1579	0.1489	0.1849	0.1746	0.1658
误差协方差	Kriging	0.0024	0.0038	0.0480	0.0407	0.0420	0.0854	0.0916	0.0698
	IDW	0.0043	0.0106	0.0965	0.1068	0.1135	0.2064	0.3059	0.3629
	FCB	0.0016	0.0039	0.0393	0.0340	0.0325	0.0796	0.1042	0.0742

5.2.4 海底地形插值重构精度统计特性

由 DTM 得到某定点处的水深值是地形匹配导航中的一个关键步骤，其是 DTM 成图的反演过程，插值重构得到的水深值与测量值差别越小，表明 DTM 精度越高，因此，地形插值重构可用来对 DTM 成图精度进行检验。通常情况下，DTM 网格间距越小，重构精度越高，图 5.11 为在不同网格间距下两处水深插值重构值与测量值的对比，其中，DTM1～DTM4 分别代表网格间距为 2m×2m、4m×4m、6m×6m、8m×8m 的数字地形图。从图 5.11 中可以看出，随着网格间距的减小，相邻声脉冲所形成的一条水深线上，地形重构值与测量值间的差距逐渐减小，在声脉冲边缘处差别较大，这与多波束边缘处波束角较大、精度较低的特性符合。

为了从统计意义上说明重构精度和网格间距之间的关系，这里给出图 5.12，即在不同网格间距下重构精度与测量值间的统计误差直方图，图 5.12（a）～图 5.12（d）分别代表 2m×2m、4m×4m、6m×6m、8m×8m 网格间距的直方图。图 5.12 中比较位置为具有导航数据的 48 个声脉冲得到的水深地形，共有 46.710 个波束测点，误差整体上近似高斯分布，其均值和方差特性如表 5.2 所示。从表 5.2 中可以看出，随着网格间距的增大，方差逐渐增大，说明 DTM 的精度随着网格间距的减小而提高，在本节所处理的海底地形中，网格间距为 2m×2m 时，地形重构值与测量值已十分接近，当网格间距在 4m×4m 时，其方差小于 0.3m^2，在没有考虑测量误差并进行补偿的情况下，其地形重构精度已经满足工程要求[11]。这说明了 GS+多波束测深系统在水深测量上的高精度特点，同时也表明本节所使用的地形插值重构方法的有效性。从直方图中可以看出，有部分插值误差较大，通过统计发现，这部分误差主要在波束角较大时出现，所以，作者在前文中的波束组合模式的选择上考虑了这一点。

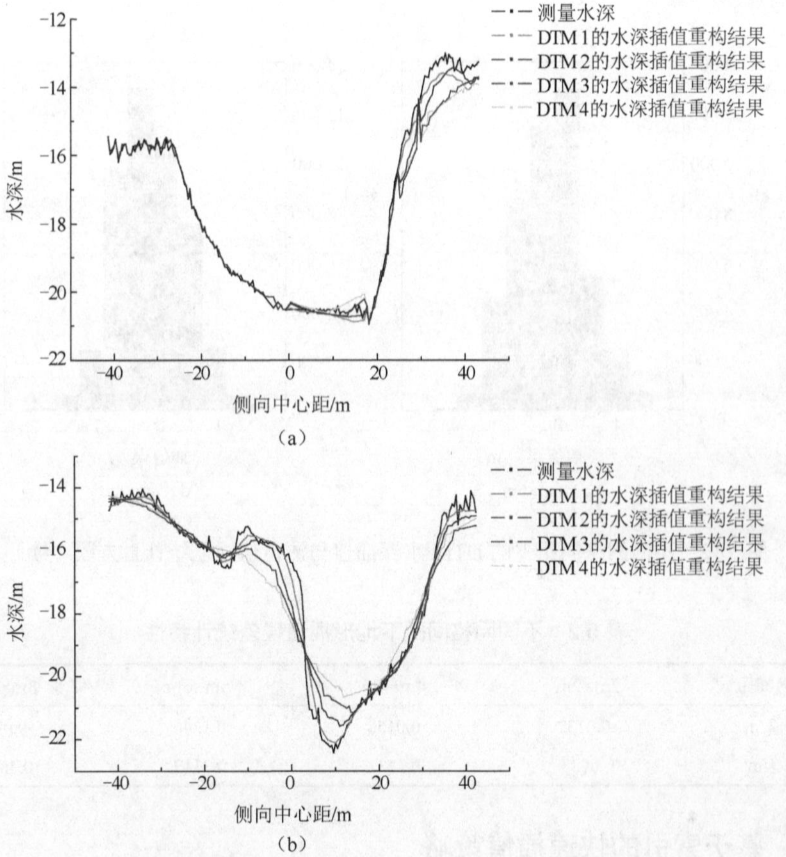

图 5.11　不同网格间距下的 DTM 水深插值重构值与测量值对比（见书后彩图）

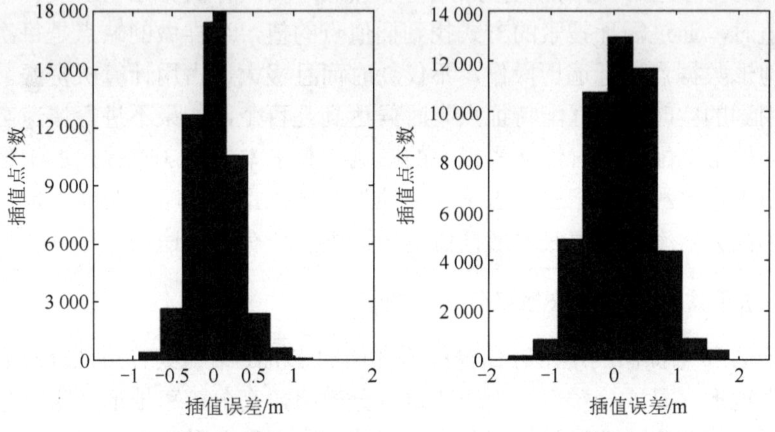

图 5.12　不同网格间距下的 DTM 水深插值与测量值误差统计直方图

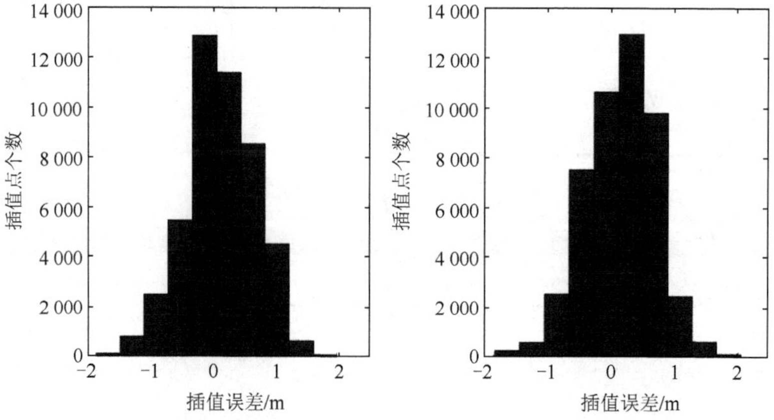

（c）6m×6m　　（d）8m×8m

图 5.12　不同网格间距下的 DTM 水深插值与测量值误差统计直方图（续）

表 5.2　不同网格间距下地形插值误差统计特性

网格间距	2m×2m	4m×4m	6m×6m	8m×8m
均值/m	–0.0132	0.0158	0.1246	–0.0915
方差/m^2	0.0788	0.2631	0.3112	0.3617

5.2.5　基于索引的快速插值策略

传统的海底地形数据都是按照网格节点顺序依次存储在 DTM 文件中，进行地形插值时，通过循环搜索的方式找到插值点的值，这样做的缺点是每次都要对所有的地形数据点进行遍历操作，不仅耗时而且极大地占用计算机资源。而地形匹配时用到的实时地形匹配特征点有时候达到几百个，如果不进行快速高效的插值，将对地形匹配的实时性造成极大的影响。基于本书第 3 章提出的地形存储模型，本节提出一种基于索引的水下数字地形图插值重构策略，实现对地形的快速插值，为高分辨率下的海底地形插值重构提供一个有效的途径。

5.2.5.1　基于索引的地形块抽取与快速插值

基于第 3 章提出的地形存储模型所存储的 DTM 结构具有两种分辨率，其中低分辨率地形（显式分辨率）为快速定位分辨率，高分辨率地形（隐式分辨率）为精细插值分辨率。即通过显式分辨率下的节点值索引号对插值节点进行快速定位，进而通过隐式分辨率下的节点值对插值节点进行插值。这里以一个节点下的插值为例进行说明，待插值节点处的经纬度为(x,y)，其过程分为以下两步。

1. 地形块抽取

根据(x,y)和文件中存储的DTM经纬度范围计算出该点在地形中所处位置的显式节点范围——索引号，进而在文件中对其进行快速定位，抽取该点所处位置的隐式节点地形块。显式索引号（I_{xe}，I_{ye}）计算公式为

$$I_{xe}=(x-x_{min})/d_{xe}+1 \tag{5.38}$$

$$I_{ye}=(y-y_{min})/d_{ye}+1 \tag{5.39}$$

式中，x_{min}、y_{min}分别为DTM中最小的经度值和纬度值；d_{xe}、d_{ye}为网格间距大小。

2. 局部地形块放大

抽取的地形块具有最高的精度，根据(x,y)再次对其进行定位——得到隐式索引号（I_{xi}，I_{yi}），进而使用高分辨率下的地形进行插值。

$$I_{xi}=(x-x_{e})/d_{xi}+1 \tag{5.40}$$

$$I_{yi}=(y-y_{e})/d_{yi}+1 \tag{5.41}$$

式中，x_e、y_e为索引号（I_{xe}，I_{ye}）处的显式节点值；d_{xi}、d_{yi}为隐式网格节点的间距大小。

地形块的抽取将插值地形限定在一个有效的作用范围内，该范围内的点可以具有最高的地形分辨率，局部地形得到释放，从而实现高精度的地形插值。基于索引的机制，能够在DTM中快速地对插值地形进行定位，极大地缩短插值时间，对于地形匹配的实时性极为有利。基于索引的快速插值策略如图5.13所示。

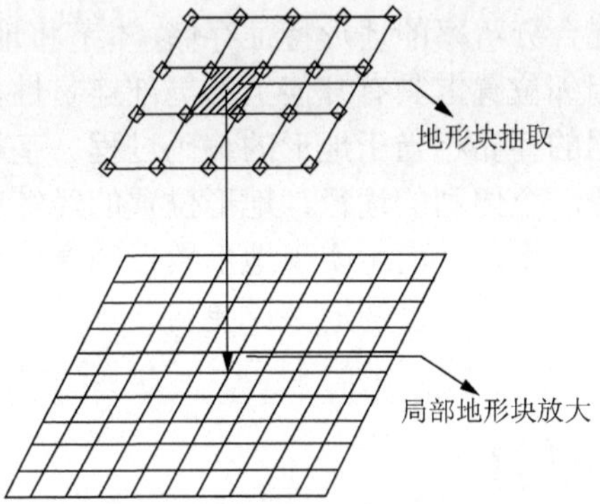

图5.13　基于索引的快速插值策略

5.2.5.2　插值仿真实验

插值仿真实验时，为了检验海量地形数据在不同模型下的插值效率，模型设

计为 5km×5km 的 DTM，显式网格节点间距为 10m×10m，隐式网格节点间距为 1m×1m，总节点数约 2500 万个，仿真时所使用的计算机配置为 Intel Core2 E6550 型 CPU、主频 2.33GHz、内存 1.96G，插值点个数设置为 10～1000 个，分别采用一致网格模型和本章中的模型进行地形存储，搜索时采用遍历式搜索和索引式搜索，其结果如图 5.14 所示。

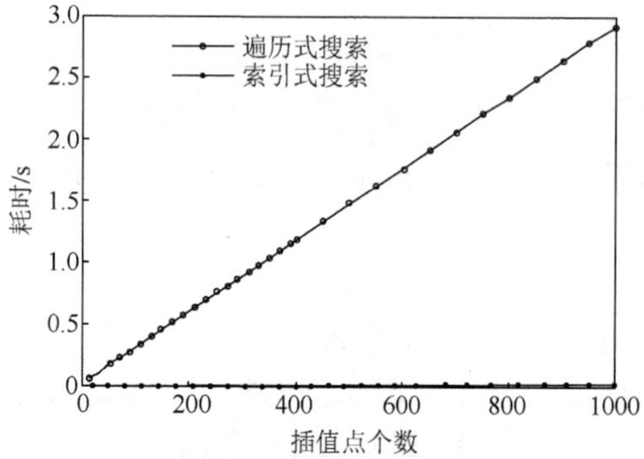

图 5.14　不同插值模型下的时间对比

从图 5.14 中可以看出，在一致网格存储模型下，使用遍历的方式进行插值时，其插值需要的时间随着网格点数的增多呈线性增长，在 600 个插值点时接近 2s，在 1000 个插值点时接近 3s，而 AUV 搭载的小型计算机的配置与台式机相比仍然有一定差距，所以真实情况下的插值时间会延长，这对地形匹配的实时性是一个较大的影响。而使用树形结构混合分辨率存储模型，并使用索引的方式插值后，插值点数对插值时间的影响很小，保持了较好的稳定性，使用本节方法插值时间的均值为 0.0151s，与原始模型下的插值相比，时间极大地缩短。

通过基于树形的混合分辨率的地形特征存储，本节将地形数据进行重新组合，使得重组后的数据在相邻位置上具有几何上的局部连贯性，同时在空间上具有搜索的层次性，地形数据的存储相当于地形的编码过程。基于索引的地形解码方式为访问地形数据提供了一个便利的途径，地形位置的经纬度坐标和索引号之间存在着某种确定性的对应关系，从而可实现地形数据的高效调度和实时检索插值，为多波束、多测点下的实时地形重构提供了便利。

5.3　搜索区域的选择

进行海底地形匹配时，需要在 DTM 中搜索最佳的匹配位置。搜索区域越大，地形匹配的可靠性越高，但搜索区域过大会带来庞大的计算量，从而影响地形匹配的实时性。因此，搜索规则是否合理将直接影响海底地形匹配定位的精度和实时性。为了选择合适的搜索区域，依据概率准则获得以一定置信度包含 AUV 真实位置的椭圆区域，从而确定地形匹配导航的搜索区域[12]。

假设参考导航单元在定位点 P 的定位误差在水平投影面上服从高斯分布，则参考导航单元在 P 点指示的参考位置 $\left(p_{\mathrm{c,x}}, p_{\mathrm{c,y}}\right)$ 定位的协方差矩阵为

$$\boldsymbol{\Sigma}=\begin{bmatrix}\sigma_{\mathrm{x}}^2 & \sigma_{\mathrm{xy}}\\ \sigma_{\mathrm{xy}} & \sigma_{\mathrm{y}}^2\end{bmatrix} \tag{5.42}$$

式中，σ_{x}^2、σ_{y}^2 分别为参考导航单元在东向、北向的定位方差；σ_{xy} 为参考单元在东向、北向的协方差。则 $\boldsymbol{\Sigma}$ 的特征值 λ_1 和 λ_2 可表示为

$$\begin{cases}\lambda_1=\dfrac{1}{2}\left[\sigma_{\mathrm{x}}^2+\sigma_{\mathrm{y}}^2+\sqrt{\left(\sigma_{\mathrm{x}}^2-\sigma_{\mathrm{y}}^2\right)^2+4\sigma_{\mathrm{xy}}^2}\right]\\ \lambda_2=\dfrac{1}{2}\left[\sigma_{\mathrm{x}}^2+\sigma_{\mathrm{y}}^2-\sqrt{\left(\sigma_{\mathrm{x}}^2-\sigma_{\mathrm{y}}^2\right)^2+4\sigma_{\mathrm{xy}}^2}\right]\end{cases} \tag{5.43}$$

根据多维高斯分布的性质，AUV 所处真实位置 (x, y) 的概率分布函数为

$$p(x,y)=\frac{1}{2\pi\sqrt{\det\boldsymbol{\Sigma}}}\exp\left\{-\frac{1}{2}\begin{bmatrix}x-X & y-Y\end{bmatrix}\boldsymbol{\Sigma}^{-1}\begin{bmatrix}x-X & y-Y\end{bmatrix}^{\mathrm{T}}\right\} \tag{5.44}$$

考虑常数 K，若要使 (x, y) 分布概率不小于 K，即 $p(x,y)\geqslant K$ 需要使得

$$\begin{bmatrix}x-p_{\mathrm{c,x}} & y-p_{\mathrm{c,y}}\end{bmatrix}\boldsymbol{\Sigma}^{-1}\begin{bmatrix}x-p_{\mathrm{c,x}} & y-p_{\mathrm{c,y}}\end{bmatrix}^{\mathrm{T}}\leqslant K' \tag{5.45}$$

式中，K' 为与 K 相关的常量，因此 (x, y) 的分布范围是一个由 K' 和特征值 λ_1、λ_2 确定的中心点为 (X, Y) 的椭圆内区域，这个椭圆也称为置信椭圆。为了简化计算，假设 $p_{\mathrm{c,x}}=p_{\mathrm{c,y}}=0$，式（5.45）可转化为

$$\begin{bmatrix}x & y\end{bmatrix}\boldsymbol{\Sigma}^{-1}\begin{bmatrix}x & y\end{bmatrix}^{\mathrm{T}}\leqslant K' \tag{5.46}$$

由于 $\boldsymbol{\Sigma}$ 为对称阵，因此满足 $\boldsymbol{\Sigma}=\boldsymbol{TDT}^{-1}$，其中，$\boldsymbol{D}=\mathrm{diag}\left(\lambda_1,\lambda_2\right)$；$\boldsymbol{T}=\begin{bmatrix}\boldsymbol{v}_1 & \boldsymbol{v}_2\end{bmatrix}$，$\boldsymbol{v}_1$ 和 $\boldsymbol{v}_2$ 是与 λ_1、λ_2 有关的单位正交特征向量。令 $\begin{bmatrix}w_1 & w_2\end{bmatrix}^{\mathrm{T}}=\boldsymbol{T}^{-1}\begin{bmatrix}x & y\end{bmatrix}^{\mathrm{T}}$，由于 $\boldsymbol{T}^{-1}=\boldsymbol{T}^{\mathrm{T}}$，式（5.46）变为

$$\begin{bmatrix}w_1 & w_2\end{bmatrix}\begin{bmatrix}\lambda_1 & 0\\ 0 & \lambda_2\end{bmatrix}\begin{bmatrix}w_1\\ w_2\end{bmatrix}\leqslant K' \tag{5.47}$$

因此，在新的由 w_1、w_2 定义的坐标系中置信椭圆表示为

$$\frac{w_1^2}{K'\lambda_1}+\frac{w_2^2}{K'\lambda_2}\leqslant 1 \tag{5.48}$$

w_1 - w_2 坐标系相对于 x - y 坐标系的旋转角为

$$\alpha=\frac{1}{2}\arctan\left(\frac{2\sigma_{\mathrm{xy}}}{\sigma_{\mathrm{x}}^2-\sigma_{\mathrm{y}}^2}\right),\qquad \sigma_{\mathrm{x}}\neq\sigma_{\mathrm{y}} \tag{5.49}$$

由于确定置信椭圆时计算量较大，在实际应用中通常选取置信椭圆的最小包围矩形区域作为地形搜索区域。矩形搜索区域的两个边长计算公式为

$$\begin{cases} l_{\mathrm{x}} = 2\sqrt{K'\lambda_1 \cos^2\alpha + K'\lambda_2 \sin^2\alpha} \\ l_{\mathrm{y}} = 2\sqrt{K'\lambda_1 \sin^2\alpha + K'\lambda_2 \cos^2\alpha} \end{cases} \tag{5.50}$$

矩形搜索区域和置信椭圆的关系如图 5.15 所示。

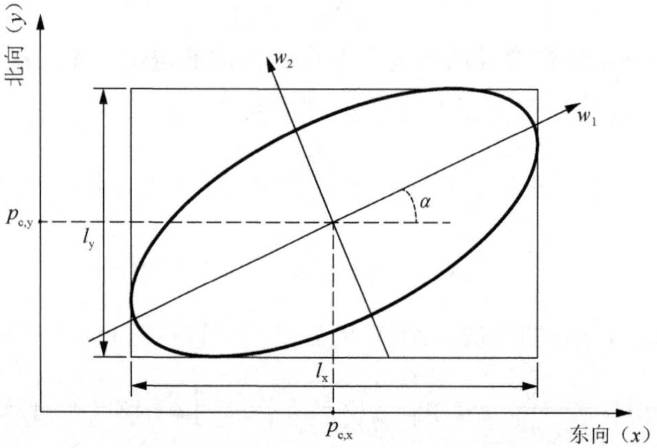

图 5.15　矩形搜索区域和置信椭圆的关系示意图

5.4　参考水深偏差的消除

进行地形匹配计算时，由于受到潮位和海浪等外界条件的影响，DTM 提取的水深数据和实时测深数据的参考水平面并不相同，在进行地形匹配计算时存在参考水深偏差。参考水深偏差可以通过基于历史数据的潮位预测值或潮位仪的实时测量值进行修正并消除，但受限于预测算法和测量精度很难做到完全消除。如果直接用其进行地形匹配运算，必将对地形匹配结果造成影响。

设由测深传感器获得的实时测深序列为$\left\{y_{\mathrm{t}}^{k}\right\}_{k=1}^{N}$，从 DTM 中提取的相应位置水深序列为$\left\{h_{\mathrm{m}}^{k}\right\}_{k=1}^{N}$，$\left\{y_{\mathrm{t}}^{k}\right\}_{k=1}^{N}$ 和$\left\{h_{\mathrm{m}}^{k}\right\}_{k=1}^{N}$ 之间参考水深偏差为δ_{t}，考虑两者的参考水平面有偏差，此时地形的相关性可表示为

$$\begin{aligned} T(\boldsymbol{x}_{\mathrm{t}}) &= \sum_{k=1}^{N}\left(y_{\mathrm{t}}^{k} - h_{\mathrm{m}}^{k}\right)^2 \\ &= \sum_{k=1}^{N}\left[\tilde{y}_{\mathrm{t}}^{k} - \left(\tilde{h}_{\mathrm{m}}^{k} + \delta_{\mathrm{t}}\right)\right]^2 \\ &= \sum_{k=1}^{N}\left(\tilde{y}_{\mathrm{t}}^{k} - \tilde{h}_{\mathrm{m}}^{k} - \delta_{\mathrm{t}}\right)^2 \end{aligned} \tag{5.51}$$

式中，$\tilde{y}_{\mathrm{t}}^{k}$、$\tilde{h}_{\mathrm{m}}^{k}$ 分别为统一参考平面后的实时测深序列和 DTM 提取水深序列。可见，由于参考水平面存在偏差，式（5.51）中存在误差项 δ_{t}，若在海底地形特征不明显时进行地形匹配导航定位，δ_{t} 的存在将使匹配性能急剧下降。在图像匹配中，经常用减去颜色均值的方法消除两幅图由于颜色均值不同造成的误差。参考这一方法，实时测深序列和 DTM 提取水深序列分别减掉各自的均值[13]，可得新的地形的相关性，即

$$T(\boldsymbol{x}_{\mathrm{t}})=\sum_{k=1}^{N}\left(y_{\mathrm{t}}^{k}-h_{\mathrm{m}}^{k}\right)^{2}=\sum_{k=1}^{N}\left[\left(y_{\mathrm{t}}^{k}-\overline{y}_{\mathrm{t}}\right)-\left(h_{\mathrm{m}}^{k}-\overline{h}_{\mathrm{m}}\right)\right]^{2} \tag{5.52}$$

式中，$\overline{y}_{\mathrm{t}}$ 和 $\overline{h}_{\mathrm{m}}$ 分别为实时测深序列和 DTM 提取水深序列的均值。由于测深数据和其测深序列均值的相对深度固定，将 $\overline{y}_{\mathrm{t}}$ 和 $\overline{h}_{\mathrm{m}}$ 分别作为实时测深序列和 DTM 提取水深序列的参考水平面，若不考虑实时测深数据的测深误差，两个参考水平面之间满足 $\overline{y}_{\mathrm{t}}-\overline{h}_{\mathrm{m}}=\delta_{\mathrm{t}}$，可以将实时测深序列和 DTM 提取水深序列减掉各自水深均值以消除参考水平面偏差的影响。图 5.16 为在海底地形匹配实验中提取的一个实时测深序列和在 DTM 提取对应位置的水深序列的对比。从图 5.16 中可以看出，在进行水深偏差消除前两者存在较大的偏差，在利用本节方法消除偏差后两者能够得到较好的拟合。

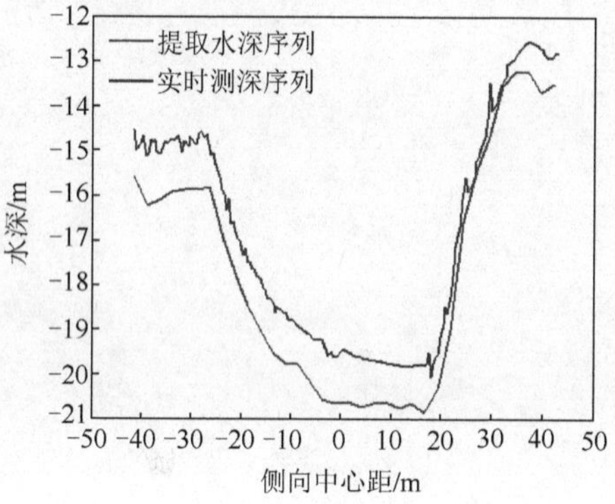

（a）水深偏差消除前

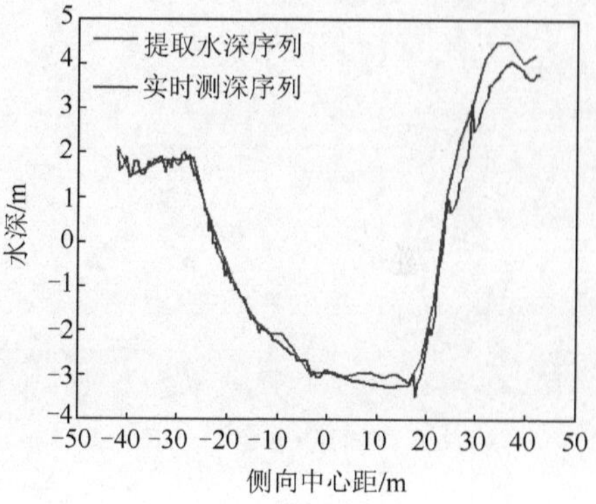

（b）水深偏差消除后

图 5.16　实时测深序列和 DTM 提取水深序列的对比（见书后彩图）

参 考 文 献

[1] 戴前伟，彭振斌，何继善. 基于 FBM 的分形插值方法. 中国有色金属学报，1998，8（4）：719-722.

[2] 刘承香，阮双琛，伍小芹. 基于 Kriging 插值的数字地图生成算法研究. 深圳大学学报（理工版），2004，21（4）：295-300.

[3] Nygren I. Terrain navigation for underwater vehicles.Stockholm：Royal Institute of Technology，2005.

[4] 彭嘉雄，张天序. 地形的统计模型研究. 宇航学报，1984（3）：14-21.

[5] 卢兴华，刘学军. 基于随机过程的格网 DEM 精度场模型. 测绘学报，2012，41（2）：273-277.

[6] 方凯，李德华，金良海，等. 一种基于矢量方法的彩色图像双线性插值算法. 计算机与数字工程，2007，35（10）：100-103.

[7] 张继贤，柳健. 地形数学模型建立的新方法. 信号处理，1997，13（4）：369-373.

[8] 李才伟. 地学数据的分形插值与成图. 地球科学——中国地质大学学报，1995，20（2）：191-198.

[9] 谢和平，孙洪泉. 分形插值曲面理论及其应用. 应用数学和力学，1998，19（4）：297-306.

[10] 廖熠. 基于分形的地形图像表面重建研究. 西安：西北工业大学，2006.

[11] 海道测量规范：GB 12327—1998. 北京：中国标准出版社，1999.

[12] 常青，杨东凯. 车辆导航定位方法及应用. 北京：机械工业出版社，2005.

[13] 谢凤英. 数字图像处理及应用. 北京：电子工业出版社，2014.

6 海底地形匹配导航算法

地形匹配导航算法是进行地形匹配过程中最关键的步骤，也是多年来地形匹配导航研究的热点和难点。地形匹配导航算法的实施就是将实时地形和基准地形进行对准的过程，其精度直接影响地形匹配导航的精度。本章首先分析地形匹配导航算法的分类，然后深入介绍几种典型的海底地形匹配导航算法，并讨论海底地形匹配导航算法的发展方向。

6.1 地形匹配导航算法的分类

地形匹配导航系统的基本思想都相似，但是采用不同的概念处理就造成不同的地形匹配导航算法。地形匹配导航系统本身是一种偏重于软件的系统，因此地形匹配导航算法成为衡量系统先进性和适应性的重要因素。

按照导航方式的不同，地形匹配导航算法可分为两类：地形匹配搜索定位算法和地形匹配导航滤波算法[1]。属于前者的有 TERCOM（地形剖面匹配系统），属于后者的有 SITAN。

地形匹配搜索定位算法的实时过程：载体沿航线每航行一定距离后，利用地形测量传感器测量一组海底地形数据，用批量处理算法进行后处理，并在海底数字地形模型中搜索与其最相似的地形，其对应的位置为地形匹配位置。地形匹配导航滤波算法在整个任务飞行期间只要测得海底地形数据就立即对其进行递归滤波操作，因此，其可以实现连读的地形匹配导航。

6.2 地形匹配搜索定位算法

地形匹配搜索定位算法通过对比实时测深数据和海底数字地形模型数据，寻找其相关性最大的点作为最佳匹配点，进而用于导航数据的修正。因此，地形匹配搜索定位不需要长时间的地形数据测量，能有效减小 AUV 航行时的能耗。

6.2.1 参数估计算法

地形匹配导航算法的实质是状态方程和观测方程都是非线性的状态估计问题[2]，是一种状态估计算法，不同的估计算法使用不同的估计准则，得到的最优估计值也不相同。因此，本节介绍几种常用的参数估计算法在海底地形匹配中的应用。

6.2.1.1 基于极大似然估计的地形匹配导航算法

极大似然法的基本思想是构造一个自变量为模型参数θ的函数$L(\theta)$，这个函数是变量Y的联合概率密度函数：$f(Y,\theta)$。参数估计的极大似然法就是选择参数$\hat{\theta}$，使得似然函数$L(\theta)$达到最大值：$L(\hat{\theta})=\max\limits_{\theta\in\Theta}L(\theta)$。对给定的一组与参数$\theta$有关的观测量$Y$，由于观测结果是在被估计参数为某一定值的条件下取得的，$f(Y,\theta)$实质上是条件概率密度函数，即$f(Y,\theta)=f(Y|\theta)$，连续应用贝叶斯公式可得[3]

$$\begin{aligned}f(Y_N|\theta)&=f(y(N),Y_{N-1}|\theta)\\&=f(y(N)|Y_{N-1},\theta)f(Y_{N-1}|\theta)\\&=f(y(N)|Y_{N-1},\theta)f(y(N-1)|Y_{N-2}|\theta)f(Y_{N-2}|\theta)\cdots\\&=\prod_{i=1}^{N}f(y(i)|Y_{i-1})\end{aligned}\tag{6.1}$$

当观测数据组足够多时，根据概率论中心极限定理，可以合理地假定$f(y(i)|Y_{i-1},\theta)$是正态分布，则有

$$f(y(i)|Y_{i-1})=[2\pi\sigma^2(i)]^{-1/2}\exp\left\{-\frac{[y(i)-\hat{y}(i)]^2}{2\sigma^2(i)}\right\}\tag{6.2}$$

式中，$\hat{y}(i)$是条件均值，$\hat{y}(i)=E(y(i)|Y_{i-1})$；$\sigma^2$是条件协方差，$\sigma^2(i)=\mathrm{cov}[y(i)|Y_{i-1}]$。令偏差为$\varepsilon(i)=y(i)-\hat{y}(i)$，则有

$$\ln\left[f\left(y(i)|Y_{i-1},\theta\right)\right]=-\frac{1}{2}\sum_{i=1}^{N}\left[\left(\frac{\varepsilon(i)}{\sigma(i)}\right)^2+\ln\sigma^2(i)\right]-\frac{N}{2}\ln 2\pi\tag{6.3}$$

故参数的极大似然估计就是寻找参数 $\hat{\theta}$，使 $J=\sum_{i=1}^{N}\left[\left(\frac{\varepsilon(i)}{\sigma(i)}\right)^2+\ln\sigma^2(i)\right]$ 中的 J 达极小值。参数辨识理论证明，参数的极大似然估计是渐近无偏、渐近一致和渐近有效的。

对于多变量在正态情况下，即 $\varepsilon(i)$ 是 m 维，独立正态分布，且具有相同的协方差矩阵 $\boldsymbol{\Sigma}$，则似然函数为

$$L(\theta)=\prod_{i=1}^{N}\left[(2\pi)^m\det\boldsymbol{\Sigma}\right]^{-\frac{1}{2}}\exp\left\{-\frac{1}{2}\varepsilon^{\mathrm{T}}(i,\theta)\boldsymbol{\Sigma}^{-1}\varepsilon(i,\theta)\right\}$$
$$=\left[(2\pi)^m\det\boldsymbol{\Sigma}\right]^{-\frac{N}{2}}\exp\left\{-\frac{1}{2}\sum_{i=1}^{N}\varepsilon^{\mathrm{T}}(k,\theta)\boldsymbol{\Sigma}^{-1}\varepsilon(k,\theta)\right\} \tag{6.4}$$

大多数情况下 $L(\theta)$ 关于 θ 可微，因此，通常取 $\ln[L(\theta)]$ 为似然函数，则 $\hat{\theta}$ 是方程 $\frac{\mathrm{d}}{\mathrm{d}\theta}\ln[L(\theta)]=0$ 的解，此方程称为似然方程。极大似然的目的就是通过解似然方程得到 θ 的极大似然估计（maximum-likelihood estimation，MLE）。

引入测量方程的一维向量的形式：

$$\boldsymbol{z}_t=\boldsymbol{h}_t(\boldsymbol{x}_t)+\boldsymbol{e}_t \tag{6.5}$$

由于测量误差与 $\boldsymbol{x}_t$ 无关，则在 $\boldsymbol{x}_t$ 处具有测量值 $\boldsymbol{y}_t$ 的可能性可表示为

$$p(z_t\mid\boldsymbol{x}_t)=p(\boldsymbol{e}_t) \tag{6.6}$$

似然函数表示为

$$L(\boldsymbol{x}_t;\boldsymbol{z}_t)=p(\boldsymbol{z}_t-\boldsymbol{h}_t(\boldsymbol{x}_t))$$
$$=\frac{1}{(2\pi)^{N/2}\det(\boldsymbol{C}_{\mathrm{e}})}\cdot\exp\left\{-\frac{1}{2}\left[\boldsymbol{z}_t-\boldsymbol{h}_t(\boldsymbol{x}_t)\right]^{\mathrm{T}}\boldsymbol{C}_{\mathrm{e}}^{-1}\left[\boldsymbol{z}_t-\boldsymbol{h}_t(\boldsymbol{x}_t)\right]\right\} \tag{6.7}$$

式中，N 表示测量的波束个数；$\boldsymbol{C}_{\mathrm{e}}$ 表示测量误差的协方差矩阵。

式（6.7）表示对于一个给定的位置 $\boldsymbol{x}_t$ 处得到测量值 $\boldsymbol{z}_t$ 的似然概率。假设各波束测量误差是不相关的，则 $\boldsymbol{C}_{\mathrm{e}}$ 为对角阵，同时如果各波束测量误差协方差相同，则 $\boldsymbol{C}_{\mathrm{e}}$ 可表示为 $\sigma_{\mathrm{e}}^2\boldsymbol{I}_N$，式（6.7）的似然函数可写为

$$L(\boldsymbol{x}_t;z_t)=\frac{1}{(2\pi\sigma_{\mathrm{e}}^2)^{N/2}}\cdot\exp\left\{-\frac{1}{2\sigma_{\mathrm{e}}^2}\sum_{k=1}^{N}\left[z_{t,k}-h_k(\boldsymbol{x}_t)^2\right]\right\} \tag{6.8}$$

式中，$z_{t,k}$ 和 $h_k(\boldsymbol{x}_t)$ 分别表示向量 $\boldsymbol{z}_t$ 和 $\boldsymbol{x}_t$ 的第 k 个分量，即在第 k 个波束下的水深测量值和相应的水深 DTM 插值。此时 MLE 可退化成为最小二乘估计（least squares estimation，LSE）。

MLE 的独特优点在于，对于给定的数据集，总能在数值上求出 MLE，即当似然函数取得最大值时，MLE 就可以确定下来。显然，当已知一组地形测量数据

时，地形定位的 MLE 要确定在定位点 $\boldsymbol{x}_t$ 可能的范围内，找到具有最大的似然函数值的位置作为最佳定位点。对于大量的观测数据而言，极大似然估计量是渐进有效的，在满足某些“正则”条件下，极大似然估计具有无偏的特性，并可以达到 C-R 下界，具有高斯 PDF，可以称为渐进最优的估计[4]。

6.2.1.2　基于极大后验估计的地形匹配导航算法

极大后验估计的基本思想是利用测量数据来估计系统状态。其与费希尔提出的极大似然估计相近，不同的是极大后验估计扩充了优化的目标函数，其中融合了预估计量的先验概率密度函数，所以极大后验估计可以看作正则化的极大似然估计[5]。

如果给出被估计量 $\boldsymbol{x}$ 的条件概率密度函数（后验概率密度函数）$p(\boldsymbol{x}|\boldsymbol{Z})$，被估计量 $\hat{\boldsymbol{x}}$ 的极大后验估计为使后验概率密度函数达到极大的 $\boldsymbol{x}$ 的值。由贝叶斯公式可知，若已知 $p(\boldsymbol{Z}|\boldsymbol{x})$，则系统状态的后验概率密度函数可按以下公式计算[6]：

$$p(\boldsymbol{x}|\boldsymbol{Z})=\frac{p(\boldsymbol{Z}|\boldsymbol{x})\,p(\boldsymbol{x})}{p(\boldsymbol{Z})} \tag{6.9}$$

式中，$p(\boldsymbol{x})$ 为 $\boldsymbol{x}$ 的先验概率密度；$p(\boldsymbol{Z})$ 为测量值 $\boldsymbol{Z}$ 的概率密度。$p(\boldsymbol{Z}|\boldsymbol{x})$ 可利用计算或者实验得到，记 $\hat{\boldsymbol{x}}_{\mathrm{MAP}}$ 为极大后验估计值，为了便于计算，对式（6.9）两端求对数得

$$\ln p(\boldsymbol{x}|\boldsymbol{Z})=\ln p(\boldsymbol{Z}|\boldsymbol{x})+\ln p(\boldsymbol{x})-\ln p(\boldsymbol{Z}) \tag{6.10}$$

极大后验估计的物理意义：在测量值 $\boldsymbol{Z}$ 确定的情况下，被估计量 $\boldsymbol{x}$ 出现可能性的最大值，即估计量 $\boldsymbol{x}$ 出现在 $\hat{\boldsymbol{x}}_{\mathrm{MAP}}$ 邻域内的概率比出现在其他任何值的相同邻域内的概率要大。显然极大后验估计应满足：

$$\left.\frac{\partial}{\partial \boldsymbol{x}}\ln p(\boldsymbol{x}|\boldsymbol{Z})\right|_{x=\hat{x}_{\mathrm{MAP}}}=0 \tag{6.11}$$

式（6.11）称为后验方程，$\hat{\boldsymbol{x}}_{\mathrm{MAP}}$ 可由求解后验方程得到。由于 $p(\boldsymbol{Z}|\boldsymbol{x})$ 和 $\boldsymbol{x}$ 无关，结合式（6.10）和式（6.11），后验方程可改写为

$$\left[\frac{\partial}{\partial \boldsymbol{x}}\ln p(\boldsymbol{Z}|\boldsymbol{x})+\frac{\partial}{\partial \boldsymbol{x}}\ln p(\boldsymbol{x})\right]_{x=\hat{x}_{\mathrm{MAP}}}=0 \tag{6.12}$$

若被估计量 $\boldsymbol{x}$ 没有任何先验知识，也就是说 $\boldsymbol{x}$ 取任何值的可能性都相等，则先验概率密度函数 $p(\boldsymbol{x})$ 可认为是方差阵趋于无限大的正态分布，此时可认为

$$p(\boldsymbol{x})=\frac{1}{(2\pi)^{n/2}\left|\boldsymbol{P}_{\mathrm{x}}\right|^{1/2}}\exp\left\{-\frac{1}{2}(\boldsymbol{x}-\mu)^{\mathrm{T}}\boldsymbol{P}_{\mathrm{x}}^{-1}(\boldsymbol{x}-\mu)\right\} \tag{6.13}$$

式中，$\boldsymbol{P}_{\mathrm{x}} \to \infty$；$\boldsymbol{P}_{\mathrm{x}}^{-1} \to 0$。则

$$\frac{\partial}{\partial \boldsymbol{x}} \ln p(\boldsymbol{x}) = -\boldsymbol{P}_{\mathrm{x}}^{-1}(\boldsymbol{x} - \mu) \to 0 \tag{6.14}$$

此时的极大后验估计 $\hat{\boldsymbol{x}}_{\mathrm{MAP}}$ 满足以下条件：

$$\left.\frac{\partial}{\partial \boldsymbol{x}} \ln p(\boldsymbol{Z}|\boldsymbol{x})\right|_{x=\hat{x}_{\mathrm{MAP}}} = 0 \tag{6.15}$$

由此可见，在对 $\boldsymbol{x}$ 没有先验统计知识的情况下，认为 $\boldsymbol{x}$ 均匀分布，此时极大后验估计退化为 MLE，或者说 MLE 是一种特殊的极大后验估计。极大后验估计考虑了被估计量 $\boldsymbol{x}$ 的先验统计知识，因此，极大后验估计优于极大似然估计。

引入测量方程的一维向量的形式：

$$\boldsymbol{y}_t = \boldsymbol{h}_t(\boldsymbol{x}_t) + \boldsymbol{e}_t \tag{6.16}$$

假设测量误差与 $\boldsymbol{x}_t$ 处的水深值无关且每个测深数据的误差独立同分布，则在 $\boldsymbol{x}_t$ 处存在测量序列 $\boldsymbol{y}_t$ 的可能性为 $p(\boldsymbol{y}_t \mid \boldsymbol{x}_t) = p(\boldsymbol{e}_t)$，估计位置出现的先验概率函数可以表示为

$$\begin{aligned} p(\boldsymbol{y}_t \mid \boldsymbol{x}_t) &= p(\boldsymbol{y}_t - \boldsymbol{h}_t(\boldsymbol{x}_t)) \\ &= \frac{1}{\left(\sqrt{2\pi}\sigma_{\mathrm{e}}\right)^n} \exp\left\{-\frac{1}{2\sigma_{\mathrm{e}}^2}\left[\boldsymbol{y}_t - \boldsymbol{h}_t(\boldsymbol{x}_t)\right]^2\right\} \end{aligned} \tag{6.17}$$

假设参考导航系统的定位误差服从 $\boldsymbol{v}_t \sim N(0, \boldsymbol{\Sigma})$，则 $p(\boldsymbol{x}_t)$ 可表示为

$$p(\boldsymbol{x}_t) = \frac{1}{2\pi\sqrt{\det \boldsymbol{\Sigma}}} \exp\left\{-\frac{1}{2}(\boldsymbol{x}_t - \boldsymbol{X})\boldsymbol{\Sigma}^{-1}(\boldsymbol{x}_t - \boldsymbol{X})^{\mathrm{T}}\right\} \tag{6.18}$$

式中，$\boldsymbol{X} = (X, Y)$，为参考导航系统的指示位置。将式（6.17）和式（6.18）代入式（6.12）即可得到用于地形匹配定位估计的后验方程，满足后验方程的点为地形匹配的极大后验估计位置。

6.2.1.3 伪定位点现象分析

从参数估计的原理上来讲，人们总能找到满足参数估计条件的最佳的匹配定位点，该点为概率密度函数波峰位置。但是，由于地形的相似性及各种误差的影响，并不是每个定位点处的测量值都只存在唯一的波峰值，有时会出现多个波峰的情况，真实位置以外的波峰称为伪波峰，相应的定位点称为伪定位点。伪波峰是地形匹配定位中的一个普遍现象，尤其是在地形特征变化不明显的区域，这种影响更为突出，结果是造成定位精度降低甚至发生无法定位的情况[7]。因此，在使用参数估计方法进行海底地形定位时，如何对伪定位点进行有效的剔除是匹配中的一个关键步骤。本节在分析伪波峰现象的基础上提出了一种基于费希尔判据的伪定位点去除方法，对伪波峰进行有效的剔除。

伪波峰的出现是似然函数形态最直观的表现，为了探究伪波峰产生的原因，本节考察地形匹配的相关性函数：

$$T(\boldsymbol{x}_t)=\sum_{k=1}^{N}[z_{t,k}-h_k(\boldsymbol{x}_t)]^2 \tag{6.19}$$

式中，$T(\boldsymbol{x}_t)$为地形相关误差。显然，该值越小，测量值与匹配区域的差别越小，地形为实际地形的可能性越大。

设$\boldsymbol{z}_t$和$\boldsymbol{h}(\boldsymbol{x}_t)$分别为一个匹配单元下的测深值序列和地形插值序列，有

$$\boldsymbol{z}_t=[\boldsymbol{h}(x_t)+\boldsymbol{E}_k]=\begin{Bmatrix} h_{t,1}=h_1(x_t)+e_1 \\ h_{t,2}=h_2(x_t)+e_2 \\ \vdots \\ h_{t,k}=h_k(x_t)+e_k \end{Bmatrix} \tag{6.20}$$

式中，e_k表示第k个测量值的测量误差；$h(x_k)$表示在x_k处的地形真值的函数。设x_0为真实位置，x_1为具有相似波峰值的伪定位点位置，$\boldsymbol{z}_0$、$\boldsymbol{z}_1$分别为x_0和x_1处的测深序列，假定测量误差满足相同的统计分布规律，则有

$$\boldsymbol{z}_1=\boldsymbol{z}_0-\Delta\boldsymbol{z}=[\boldsymbol{h}(x_0)-\Delta\boldsymbol{h}+\boldsymbol{E}_k]=\begin{Bmatrix} h_{t,1}=h_1(x_0)-\Delta h_1+e_1 \\ h_{t,2}=h_2(x_0)-\Delta h_2+e_2 \\ \vdots \\ h_{t,k}=h_k(x_0)-\Delta h_k+e_k \end{Bmatrix} \tag{6.21}$$

$$\begin{aligned} T(x_1)-T(x_0)&=\left[\boldsymbol{z}_1-\boldsymbol{h}(x_1)\right]^{\mathrm{T}}\left[\boldsymbol{z}_1-\boldsymbol{h}(x_1)\right]-\left[\boldsymbol{z}_0-\boldsymbol{h}(x_0)\right]^{\mathrm{T}}\left[\boldsymbol{z}_0-\boldsymbol{h}(x_0)\right] \\ &=\sum_{k=1}^{N}(e_k-\Delta h_k)^2-\sum_{k=1}^{N}{e_k}^2 \\ &=\sum_{k=1}^{N}\left[(\Delta h_k)^2-2e_k\Delta h_k\right] \end{aligned} \tag{6.22}$$

从式（6.22）中可以看出，若$\sum_{k=1}^{N}\left[(\Delta h_k)^2-2e_k\Delta h_k\right]$远大于零，则可以断定$x_0$为真实匹配位置，此时不存在伪波峰现象。随着测量波束个数的增多，x_0和x_1两处的相关误差和的差值逐渐增大，在理论上当测量点的个数足够多时，x_1处的波峰值将消失，只存在唯一的峰值点x_0。实际上，由于地形的起伏程度的差异和波束个数的限制，这种单纯依靠增加波束个数的方式不能起到有效的消除伪波峰的效果，特别是当地形起伏较小时，这种方式还会极大地增加计算量，加重匹配计算机的负担，对地形匹配的实时性造成影响。

利用参数估计方法进行地形匹配时，伪波峰的出现源于地形的相似性及误差

的影响，真实定位点和伪定位点在数值上表现为似然函数指数幂次的大小相近，两者的差值表明，在满足相同误差分布的情况下，伪定位点的产生实际上是由各个测点处深度偏差和误差差值的总和决定的。在进行地形匹配时，本节设定各波束的测量误差是相同的，当测量样本个数较多时，总体上的误差对个体误差进行了平均，因而当地形比较平坦时，不易分辨出总体间的差别。与地形特征明显区域不同的是，此时测量值越多，对总体样本的误差“均化”作用越大，因此，波束数的增加并不能显著改善参数估计定位的结果。

图 6.1 为地形平坦区域的两次定位结果，均为 100m×100m 范围内极大后验估计的概率密度分布。其中，图 6.1（a）测点个数为 1×175，表示一个相邻声脉冲组合下的 175 个水深测点，可以看出，真实位置处的似然函数值与伪波峰处的似然函数值相差不大，但是其相距较远，导致无法区分真实定位点和伪定位点。图 6.1（b）为增加波束测点个数后（2×163）的似然函数曲面，可以看出即使使用了较多的波束个数，伪波峰依然存在，定位结果的不确定性并没有因此而减小。

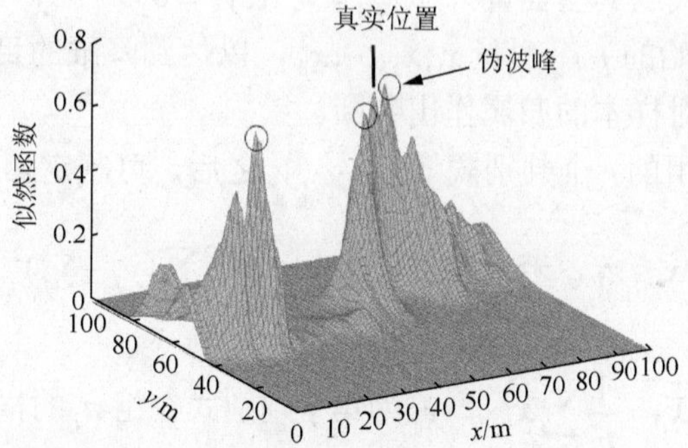

（a）175测点

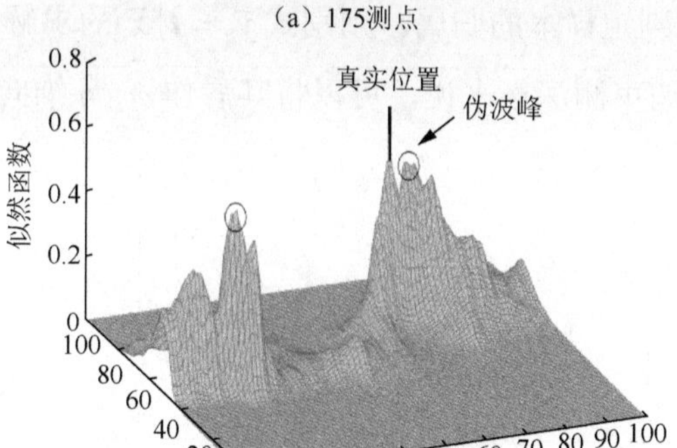

（b）326测点

图 6.1　伪波峰对参数估计定位的影响（极大后验估计条件）

出现伪定位点是利用参数估计方法进行地形匹配时的常见现象，当地形特征不明显时，伪定位点也会增加，对参数估计结果造成严重的影响。虽然可以通过对各峰值点进行平均的方法进行融合处理，但是如果伪波峰位置与真实定位点位置之间存在较大偏差，如图 6.1 所示，融合后的数据可信度不高。因此，单一的参数估计判别方式在应对地形特征敏感程度上不具备鲁棒性，在参数估计基础上探求一种方法使其减小对地形特征的依赖程度是提高定位性能的途径。为了增加对地形平坦区域的识别率，减少似然函数伪波峰的影响，下面引入费希尔判据准则对似然估计量进行约束，增强算法对不同地形特征的鲁棒性。

6.2.1.4 基于费希尔判据的伪定位点去除算法

费希尔判据作为一种主成分分析方法，在很多领域得到了广泛的应用，其将一般多维统计量进行分类，得到降维后的数据集，从而对各个统计数据的类别归属进行有效的判断[8]。

费希尔判别的基本思想是投影，用 p 维向量 $\boldsymbol{X}=(x_1,x_2,\cdots,x_p)^{\mathrm{T}}$ 的少数几个线性组合（称为判别式或典型变量），即 $y_1=\boldsymbol{a}_1^{\mathrm{T}}\boldsymbol{x},y_2=\boldsymbol{a}_2^{\mathrm{T}}\boldsymbol{x},\cdots,y_r=\boldsymbol{a}_r^{\mathrm{T}}\boldsymbol{x}$（一般 r 明显小于 p）来代替原始的 p 个变量 $x_1,x_2,\cdots,x_p$，以达到降维的目的，并根据这 r 个判别式 $y_1,y_2,\cdots,y_r$ 对样本的归属作出判断。

在确定了需使用的 r 个判别式 $y_1,y_2,\cdots,y_r$ 之后，可制定相应的判别规则，即

$$\boldsymbol{x}\in\pi_l\text{，若}\sum_{j=1}^{r}(y_j-\bar{y}_{1j})^2=\min_{1\leqslant i\leqslant k}\sum_{j=1}^{r}(y_j-\bar{y}_{ij})^2 \tag{6.23}$$

式中，$\bar{y}_{ij}=\boldsymbol{t}_j^{\mathrm{T}}\bar{\boldsymbol{x}}_i$，$\bar{\boldsymbol{x}}_i=\dfrac{1}{n_i}\sum_{j=1}^{n_i}\boldsymbol{x}_{ij}$，$\bar{y}_{ij}$ 为第 j 判别式在组 π_i 的样本均值。于是，根据式（6.23）就可以判定样本的归属。判别式 $\bar{y}_{ij}=\boldsymbol{t}_j^{\mathrm{T}}\bar{\boldsymbol{x}}_i$ 的求解方法见文献[8]。

对于 $m\times n$ 个多波束测深点来说，可以将其看作 $m\times n$ 维向量，表示为

$$\boldsymbol{U}_{m\times n}=\begin{bmatrix} h_{11} & h_{12} & \cdots & h_{1n} \\ h_{21} & h_{22} & \cdots & h_{2n} \\ \vdots & \vdots & & \vdots \\ h_{m1} & h_{m2} & \cdots & h_{mn} \end{bmatrix} \tag{6.24}$$

每行可看成一个 1 维向量，表示为

$$\boldsymbol{H}_n=(h_{i1},h_{i2},\cdots,h_{in})^{\mathrm{T}}\text{，}\quad i=1,2,\cdots,m \tag{6.25}$$

则 $\boldsymbol{H}_{m\times n}$ 可用 m 个 1 维向量 $\boldsymbol{H}_n$ 来表示。根据费希尔判别思想，测量数据可分成

$\pi_1,\pi_2,\cdots,\pi_m$ 组，将每个组的 n 维观测值进行投影，可得到投影点组合

$$y=\boldsymbol{a}^{\mathrm{T}}\boldsymbol{h}_{ij}\text{ ,}\quad j=1,2,\cdots,n_i\text{ ;}\quad i=1,2,\cdots,m \tag{6.26}$$

式中，$\boldsymbol{a}=(a_1,a_2,\cdots,a_n)^{\mathrm{T}}$ 为 n 维常数向量，表示投影方向。于是，n 维观测值全部转化为 1 维观测值。

多波束测量数据在每维向量中包含了特定有向结构化信息，经过费希尔方法提取之后，称之为有向特征参量，用 ζ_i（$i=1,2,\cdots,m$）表示，ζ_i 初始值为 0。

在定义了式（6.25）、式（6.26）所示的基本量之后，可以确定去除伪定位点的判别规则和方法如下：

将峰值点处地形高程值划分为 $m\times n$ 维向量，分成 m 组，根据式（6.26）计算得到的测量值的 s 个判别式，对参数估计下的伪定位点分别进行判别，满足 π_i 组地形特征，则 $\zeta_i=1$，满足组数条件最多点的即为最佳估计位置，表述为 $\boldsymbol{H}_{m\times n}\in\max\left(\sum_{i=0}^{m}\zeta_i\right)$，则该点为最佳位置估计点。

参数估计强调了测深点的整体特性，当地形特征不足以区分总体上的差别时，伪定位点就会增多，费希尔判别式提取了地形特征个体组合之间的细微差别，并加以区分，弥补了算法的不足。

6.2.1.5　仿真算例

仿真实验所使用的 DTM 通过提取公开发行的电子海图中的水深数据，并对其进行网格化插值得到，网格化得到的 DTM 见图 6.2（a），其尺度大小为 $5\text{km}\times5\text{km}$，索引层网格节点间距为 10m，数据层网格间距为 2m。实时测深数据通过提取在 DTM 中 AUV 所处实际位置附近的水深数据，并在其基础上加上高斯白噪声进行模拟。

AUV 按照预定路径定深航行，在规划的航行路径上选择 5 个特征不同的地形区域作为匹配搜索区域，为了方便计算定位结果误差，规划的地形匹配定位点均为网格节点，如图 6.2（b）所示。为了对地形特征的丰富程度进行量化，计算匹配区域内的局部地形熵。分别选用 $60\text{m}\times2\text{m}$ 和 $60\text{m}\times5\text{m}$ 的实时地形数据进行匹配实验，其中，乘号前的数字表示每个地形剖面的地形数据量，乘号后的数字表示实时地形是多少测深剖面的组合，相邻两个地形剖面的间距为 10m，本节除特殊说明外，实时地形均按照此格式表示。仿真实验的仿真参数如表 6.1 所示。

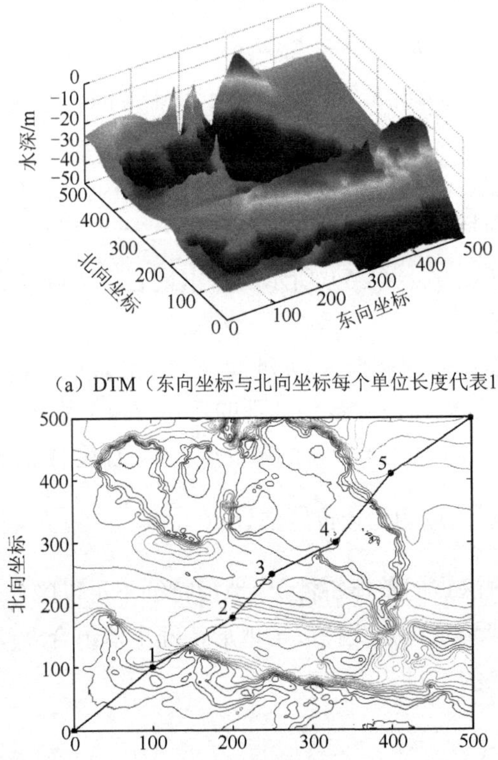

（a）DTM（东向坐标与北向坐标每个单位长度代表10m）

（b）匹配搜索区域

图 6.2　DTM 和匹配区域的选择（东向坐标与北向坐标每个单位长度代表 10m）

表 6.1　仿真参数

仿真参数	数值
INS 在东向和北向定位误差的方差	$\sigma_x = \sigma_y = 15\text{m}$
搜索区域置信度	0.95
模拟多波束的测量噪声	$N(0, 0.2)$
其他环境噪声	$N(0, 0.2)$

在设定好仿真参数后，对于每个测深剖面组合，在每个匹配点处进行 500 次匹配定位仿真实验。分别利用 MLE 方法和极大后验估计（maximum a posteriori，MAP）方法，以相同的仿真参数进行匹配定位仿真，仿真结果见表 6.2。

表 6.2　基于电子海图数据的算法仿真结果

	定位区域的序列号	1	2	3	4	5
	定位区域的局部地形熵	2.12	2.25	3.39	3.82	4.45
60×2 未消除伪定位点	平均伪定位点个数（MAP/MLE）	0/0	0/0	1/5	5/16	11/30
	平均定位误差（MAP/MLE）/m	4.4/4.3	5.5/5.4	6.1/7.3	8.6/11.5	9.1/13.5
60×2 消除伪定位点	平均伪定位点个数（MAP/MLE）	0/0	0/0	0/0	0/0	0/0
	平均定位误差（MAP/MLE）/m	4.4/4.3	5.5/5.4	5.6/5.5	6.0/6.1	6.2/6.0
60×5 未消除伪定位点	平均伪定位点个数（MAP/MLE）	0/0	0/0	0/1	1/10	10/28
	平均定位误差（MAP/MLE）/m	3.5/3.6	3.9/4.1	4.0/4.1	4.5/5.2	8.7/12.2
60×5 消除伪定位点	平均伪定位点个数（MAP/MLE）	0/0	0/0	0/0	0/0	0/0
	平均定位误差（MAP/MLE）/m	3.5/3.6	3.9/4.1	4.0/3.9	4.5/4.7	5.7/5.9

从图 6.2（b）规划的几个定位点的位置可以看出，定位点 1～5 的地形特征变化趋于平缓，根据前面地形熵的定义可知，地形熵数值越小的区域地形特征越丰富，地形适配性较高，MAP 方法和 MLE 方法的匹配定位精度相近。随着地形熵数值的增加，两者地形匹配定位精度也随之下降，并相继开始出现伪定位点现象。需要注意的是，在相同地形条件下，MAP 地形匹配定位出现的伪定位点数目远小于 MLE，此时若不进行伪定位点的去除，MAP 地形匹配定位的精度远高于 MLE 地形匹配定位精度，图 6.3 为利用 MAP 和 MLE 在定位点 3 处的某次地形匹配定位的结果。可见相对 MLE，利用 MAP 估计进行海底地形匹配具有一定的优势。但是由于 MAP 方法需要考虑先验 PDF，计算量较大，其在实时性方面不如 MLE 方法。

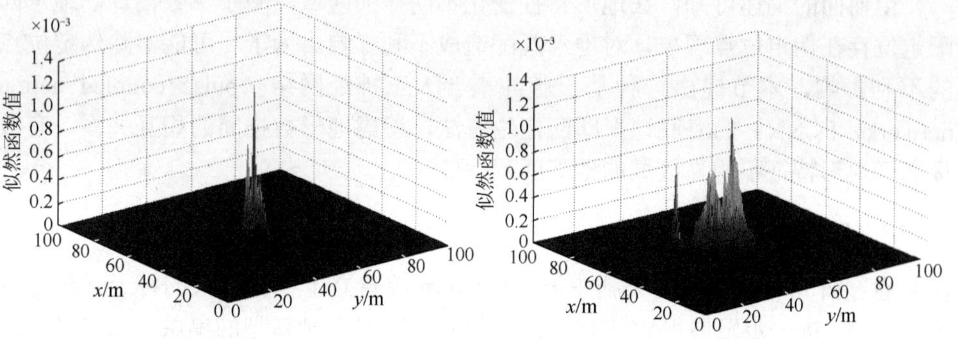

（a）MAP　　（b）MLE

图 6.3　地形匹配定位结果

对比两种实时地形数据组合条件下的地形匹配定位结果，实时地形数据较多时，地形匹配的定位精度均有所提高，在某些区域的伪定位点的数目明显减小（定位点 3 和定位点 4），但是在地形特征更为不明显区域（定位点 5），伪定位点数目并未明显减小，而地形匹配定位计算消耗的时间大幅度增加，此时若继续增加实时地形数据的数目，将对地形匹配定位的实时性产生严重影响。

图 6.4 为在定位点 5 处两次 MAP 匹配定位的后验概率密度函数图，可以看出，在地形平坦区域，增大实时地形数据数目后的地形匹配定位的概率密度函数的分布并未发生显著变化，增加测深点的效果很不明显。而在利用费希尔判据去除伪定位点后，两种地形条件下的伪定位点均得到有效的剔除，定位精度大幅提高，算法简单实用。

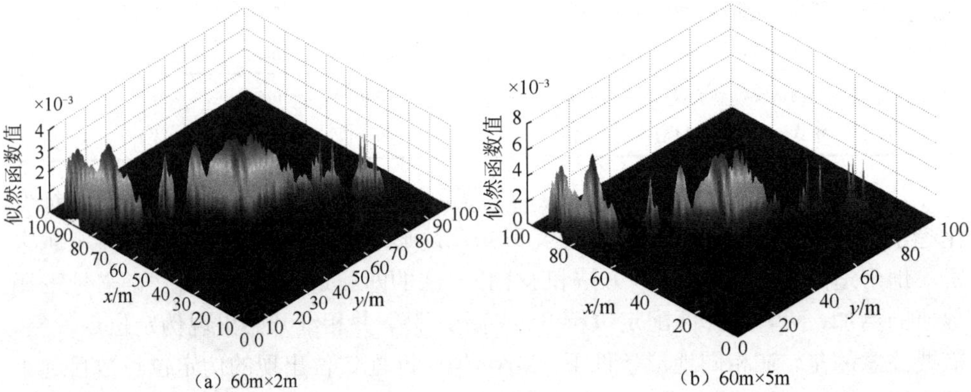

图 6.4　定位点 5 处不同实时地形数据的概率分布

6.2.2　脉冲耦合神经网络算法

由前面的描述可知，在地形特征变化不明显的区域，基于参数估计的地形匹配定位存在伪定位点现象，对地形匹配造成不利影响。为了尽可能消除伪定位点的不利影响，本节提出一种基于脉冲耦合人工神经网络（pulse coupled neural network，PCNN）的海底地形匹配定位方法，考虑地形数据间的相互关系，有效提高了地形特征不明显区域的地形匹配性能。

6.2.2.1　PCNN 原理

通过研究哺乳动物的大脑皮层，Eckhorn 等建立了视觉区域的神经元传导特征的模型，进一步发展得到了 PCNN[9-11]。PCNN 是一种新型的单层人工神经网络模型，不需要提前训练样本数据，网络实现以迭代算法为主，是一种可以实现自主学习和自主监督的人工神经网络，这些都有别于传统的多层人工神经网络。

如图 6.5 所示，PCNN 模型包括反馈输入域、链接输入域、动态阈值和脉冲发生器四个功能单元。PCNN 的工作过程是基于以前神经元值的反复迭代过程。链接输入域的输入由与其相连的不同神经元之前的迭代输出所确定，即

$$\boldsymbol{L}_{ij}(n)=\mathrm{e}^{-\alpha_{\mathrm{L}}}\boldsymbol{L}_{ij}(n-1)+V_{\mathrm{L}}\times\boldsymbol{Y}_{ij}(n-1) \tag{6.27}$$

式中，$\boldsymbol{L}_{ij}$ 是和神经元(i,j)相关联的链接值；V_{L} 和 α_{L} 分别是放大系数和衰减时间常数；$\boldsymbol{Y}_{ij}$ 为神经元(i,j)的输出；n 为神经网络迭代次数。反馈输入域的输入值来自前一次迭代的输出值，其执行方式如下所示：

$$\boldsymbol{F}_{ij}(n)=\mathrm{e}^{-\alpha_{\mathrm{F}}}\boldsymbol{F}_{ij}(n-1)+V_{\mathrm{F}}\times\boldsymbol{Y}_{ij}(n-1)+A_{ij} \tag{6.28}$$

式中，$\boldsymbol{F}_{ij}(n)$是和神经元(i,j)相关联的反馈值；V_{F} 和 α_{F} 分别是放大系数和衰减时间常数；A_{ij} 为图像像素的灰度，在本节表示对应坐标位置的深度值；n 为神经网络迭代次数。不同于原始 PCNN 模型，考虑单一权重值 β，β 为用于连接反馈输入域和链接输入域的突触权重。反馈输入域和链接输入域的组合输出如下所示：

$$\boldsymbol{U}_{ij}(n)=\boldsymbol{F}_{ij}(n)+\left[1+\beta\boldsymbol{L}_{ij}(n)\right] \tag{6.29}$$

式中，$\boldsymbol{U}_{ij}$ 是神经元(i,j)的状态；$\boldsymbol{F}_{ij}$ 是与神经元(i,j)相关联的反馈值；$\boldsymbol{L}_{ij}$ 是与神经元(i,j)相关联的链接值；β 为常数；n 是迭代次数。如图 6.5 所示，神经元的输出只可通过由以下公式定义的阶梯函数所决定：

$$\boldsymbol{Y}_{ij}(n)=\begin{cases}1, & \boldsymbol{U}_{ij}(n)>\boldsymbol{T}_{ij}\\ 0, & \text{其他}\end{cases} \tag{6.30}$$

式中，$\boldsymbol{T}_{ij}$ 是动态阈值，可通过以下公式计算并更新：

$$\boldsymbol{T}_{ij}(n)=\mathrm{e}^{-\alpha_{\mathrm{T}}}\boldsymbol{T}_{ij}(n-1)+V_{\mathrm{T}}\boldsymbol{Y}_{ij}(n) \tag{6.31}$$

式中，V_{T} 和 α_{T} 是阈值门限的放大系数和衰减时间常数。由式（6.27）～式（6.31）可知，PCNN 的输出结果取决于V_{L}、α_{L}、V_{F}、α_{F}、β、V_{T}、α_{T} 等系数。因此，为了得到更好的输出需要对以上参数进行调整。

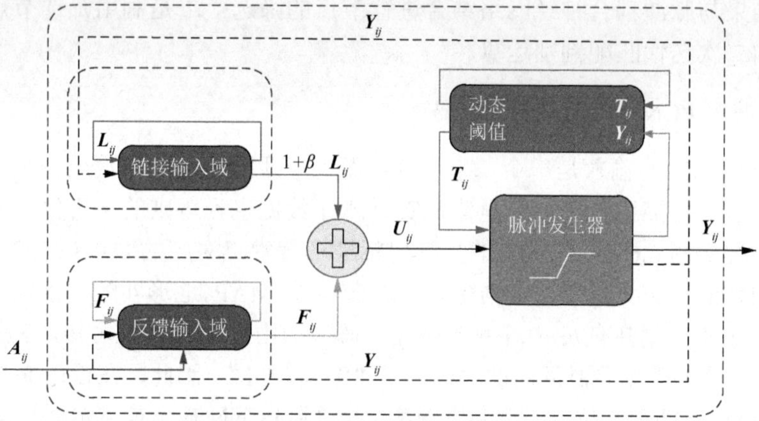

图 6.5　脉冲耦合神经网络模型

传统 PCNN 模型的关键思想是其非线性调制耦合机制和阈值指数衰变机制，而非线性调制耦合机制是 PCNN 模型的核心。在传统 PCNN 模型中，其阈值在呈指数衰降的同时也会出现反复变化，即经过一段时间的衰降后必然会出现因神经元激活造成的突然上升-突然下降-突然上升的变化。PCNN 的这种阈值机制使得处理后的大量特征信息包含在激活周期和激活相位中，而直接输出的图像中包含的信息量并不多。为了克服上述缺陷，对阈值函数进行改进，将随时间反复衰降的指数函数的改进称为随时间单调递减衰降的指数函数，并对 PCNN 模型进行简化，表达式如下：

$$\boldsymbol{F}_{ij}(n)=\boldsymbol{I}_{ij} \tag{6.32}$$

$$\boldsymbol{L}_{ij}(n)=V_{\mathrm{L}}\times\boldsymbol{Y}_{ij}(n-1) \tag{6.33}$$

$$\boldsymbol{T}_{ij}(n)=\mathrm{e}^{-\alpha_{\mathrm{T}}}\boldsymbol{T}_{ij}(n-1) \tag{6.34}$$

$\boldsymbol{U}_{ij}(n)$ 和 $\boldsymbol{Y}_{ij}(n)$ 的表达式不变，用改进 PCNN 模型进行海底地形匹配定位时，有以下几个关键概念：

（1）PCNN 神经元的外部输入是与其相关联坐标的水深值，即 $\boldsymbol{F}_{ij}(n)=\boldsymbol{I}_{ij}$；

（2）所有 PCNN 神经元结构相等且参数一致；

（3）每个深度点对应的 PCNN 神经元只能激活一次。

测深误差会给匹配结果带来不利影响，尤其是在地形特征不明显区域这种影响更大，这也是在地形特征不明显区域容易出现伪定位点的原因。传统情况下采用增加测深数据的个数以降低测量误差较大的测深数据对定位结果的影响，但这样会带来繁重的计算量，且不能保证带入的测深数据精度能够满足需要。对此，本节利用 PCNN 对测深数据进行筛选处理，整个判别过程分为两步：一是利用初次匹配结果与脉冲耦合神经网络结合进行节点的筛选；二是利用筛选节点进行地形匹配的二次迭代匹配判别运算。

6.2.2.2 基于 PCNN 的测深数据筛选

传统 PCNN 的输入是一个二维矩阵，而地形匹配输入的参数至少是 3 个二维矩阵，为了简化描述过程，这里假设实时测深数据也为规则的网格化地形，则地形匹配过程如图 6.6 所示，输入的矩阵包括地形搜索点对应的 DTM 提取水深数据矩阵（UDTM）加实时测深数据矩阵。若在经过 MAP 地形匹配搜索定位后，得到 m 个定位点，则共有 $m+1$ 个地形数据矩阵。而由 PCNN 原理可知，其每次只能处理一个矩阵的数据且激活后的输出值是“0”和“1”。因此，在设计 PCNN 结构时，需要将地形匹配定位的结果与之对应，考虑到 PCNN 输出是布尔型数据，将“0”和“1”表示为 PCNN 对提取水深数据和实时测深数据之间是否相似的判断：“0”

表示“不相似”;“1”表示“相似”。PCNN 的输入是与提取水深数据和实时测深数据相似度有关的量，于是将实时测深数据与 DTM 提取水深数据的差值矩阵作为输入序列并将其规范化到[0,1]区间内，得到相似性度量序列 $\{\lambda_i\}_{i=1}^{n}$，λ_i 定义为

$$\lambda_i = \exp\left[-\left(\boldsymbol{y}_{t,i} - \boldsymbol{h}_{t,i}\right)^2 \Big/ \sigma_e^2\right] \tag{6.35}$$

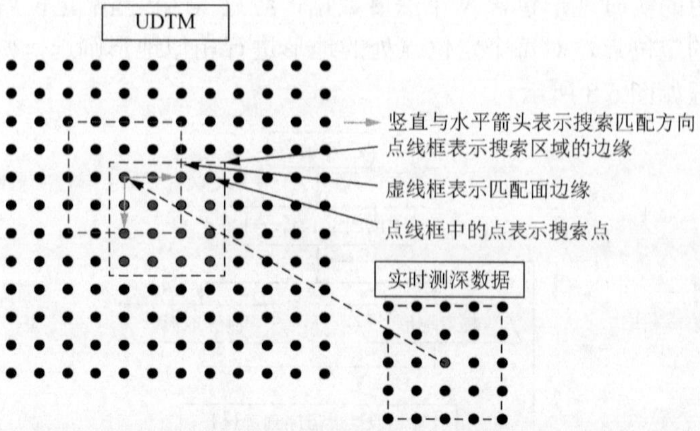

图 6.6 地形搜索与匹配示意图

m 个定位点经过上述处理可得到 m 个输入矩阵，矩阵中的每个元素代表 DTM 中搜索区域内的节点与相应的实时测深数据中节点的相似性度量。将这个矩阵输入到 PCNN 中进行降噪处理，在得到的输出矩阵中，输出“1”表示该数据测深误差较小，该数据在二次判别中应得以保留；输出“0”则表示该数据测深误差较大，在二次判别中应予以剔除。换句话说，PCNN 点火过程是一个相似地形的筛选过程，图 6.7 为某个待判定的定位点处 PCNN 数据筛选示意图。

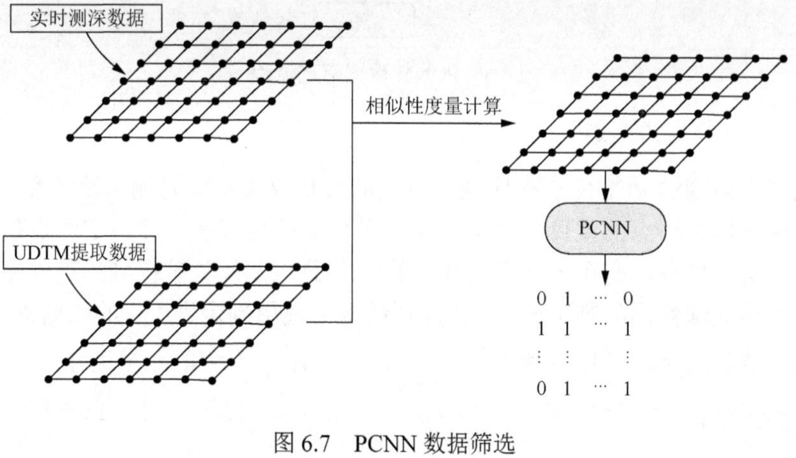

图 6.7 PCNN 数据筛选

假设通过 N 次迭代之后获得稳定的 PCNN 点火图，每个搜索点对应的匹配面上的节点经过 PCNN 网络的处理之后输出“0”或者“1”，“0”和“1”代表匹配面上的节点与测量地形上对应的节点之间是否相似。对每个匹配面上的节点的点火值求和，得到匹配面上被点火的节点的总和，被点火的节点数越多表明测深地形和提取地形的相似度越高，当前位置为 AUV 真实位置的可能性越大。设在地形匹配中使用的实时地形包含 N 个深度数据，经过 MAP 匹配定位后共有 m 个满足后验方程的定位点，对每个定位点处的地形进行相似地形筛选，则整个数据筛选的程序流程如图 6.8 所示。

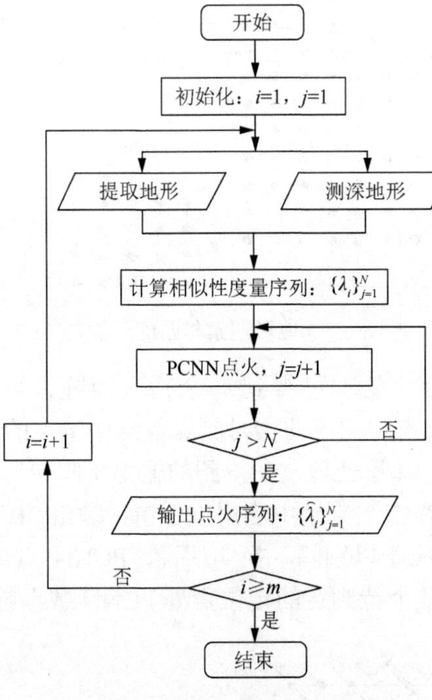

图 6.8　PCNN 数据筛选流程

6.2.2.3　筛选数据的判别

上节中得到的 PCNN 点火序列中点火的数目仅表示实时测量地形和 DTM 提取地形中差值较小点的数目，并不代表两者真实的相似度，即该定位点是真实定位点还是伪定位点，需要进一步判别计算。由于 PCNN 处理得到的点火序列是筛选误差较小测深数据的判别矩阵，在判别过程中选用判定为“1”的数据进行判别，换句话说就是在判别过程中利用 $\left\{\hat{\lambda}_j\right\}_{j=1}^N$ 对 $\left[\boldsymbol{y}_t-\boldsymbol{h}\left(\boldsymbol{x}_t\right)\right]^2$ 中的数据进行“0”或“1”权重处理，可得

$$W=\sum_{j=1}^{N}\hat{\lambda}_j\left[y_{t,j}-h_{t,j}\left(\boldsymbol{x}_t\right)\right]^2 \tag{6.36}$$

用 W 代替 $\left[\boldsymbol{y}_t-\boldsymbol{h}\left(\boldsymbol{x}_t\right)\right]^2$ 计算先验概率密度函数[式（6.36）]进行归一化处理，可得到加权概率密度函数：

$$p\left(\boldsymbol{y}_t\mid\boldsymbol{x}_t\right)=\left(\sqrt{2\pi}\sigma_{\mathrm{e}}\right)^{-K}\exp\left[-\frac{1}{2\sigma_{\mathrm{e}}^2}W\right] \tag{6.37}$$

式中，K 为经过筛选后数据点的个数即 PCNN 点火后判定为“1”的点数目。分别对每个搜索点的概率密度值进行计算，概率值最大的定位点即为最佳估计位置。

6.2.2.4 仿真算例

由 PCNN 地形匹配的原理可知，利用 PCNN 判定伪定位点计算消耗的时间与搜索点的个数及实时地形的数据量成正比，随着搜索点数目和实时地形数据量的增加，地形匹配定位需要的时间大幅增加，不利于地形匹配定位的实时性。选取上节参数估计仿真算例中定位区域 5 处进行 PCNN 地形匹配运算，匹配搜索区域与上节相同。在匹配运算中，实时地形数据为 60m×5m，PCNN 地形匹配定位结果如图 6.9 所示。由图 6.9 中可以看出，采用 PCNN 进行地形匹配定位在参数估

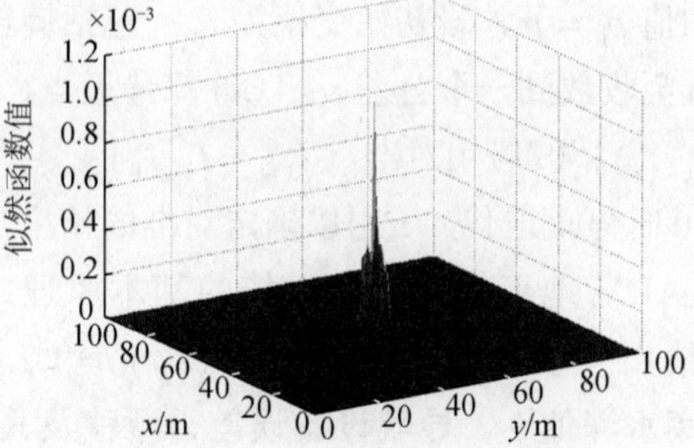

（a）PCNN算法

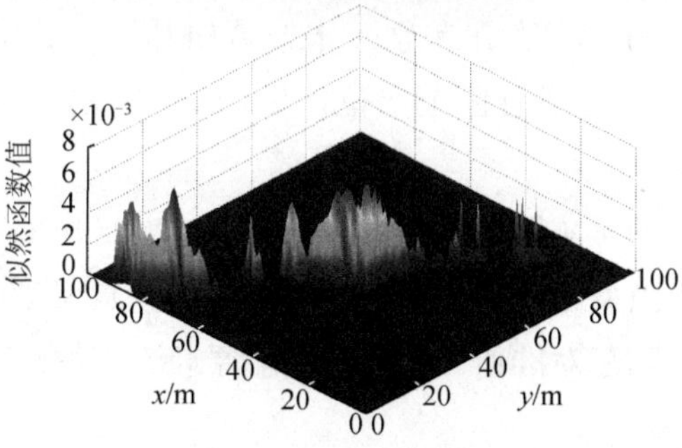

（b）MAP算法

图 6.9 PCNN 算法与 MAP 算法的比较

计性能大大下降的地形平坦区域不存在伪定位点现象，地形匹配定位效果较好。但 PCNN 地形匹配算法为筛选-判定过程，完成匹配计算与参数估计算法相比耗时较高。随着计算机性能的发展，采用 PCNN 进行地形匹配运算有着极大的优势。

6.2.3 ICP 算法

6.2.3.1 ICP 算法原理

ICP 算法是一种图像对准算法[12,13]，这种算法一经提出，就在图像对准、位置估计等图像处理算法领域受到了广泛关注，因为 ICP 算法可以完全基于几何形状、颜色或者网格等来进行处理，不需要事前确定对应点，算法不断重复（初始）运动变换-确定对应关系-求运动变换的过程，逐步改进运动的估计。

ICP 算法的基本算法描述如下。

（1）从数据形态（data shape）中抽取出来的 N_{p} 个点 $\{\vec{p}_i\}$ 构成的点集 **P** 和从模型形态（model shape）（有 N_{x} 个支持的几何原型：点、线或三角形）构成的点集 **X** 给定。

（2）设置迭代的初值 $p_0 = p$，设初始变换为 T_0（包括旋转和平移）且 $k = 0$。步骤①～④循环迭代直至收敛到一个公差 τ：①计算最近点，$Y_k = C(P_k, \mathbf{X})$；②计算对准，$(T_k, d_k) = Q(P_k, Y_k)$；③应用对准，$P_{k+1} = T_k(P_k)$；④当均方差变化低于一个预先设置的门限 $\tau > 0$ 时停止迭代，τ 用以确定对准的精度，即 $d_k - d_{k-1} < \tau$。

基于 ICP 算法的 AUV 地形辅助导航系统的基本原理：AUV 在航行过程中，参考导航系统会给出一系列航迹点的值 $(\phi_{N_i}, \lambda_{N_i})(i = 1,2,\cdots,n)$，并由测深传感器获得相应点的海底水深值 h_i。导航设备误差、漂移及其他未知因素和随机环境的影响将使通过参考导航系统得到的测量航迹 $(\phi_{N_i}, \lambda_{N_i})(i = 1,2,\cdots,n)$ 与真实航迹 $(\phi_i, \lambda_i)(i = 1,2,\cdots,n)$ 之间存在差别。本节希望利用实时测量的水深数据在一个事先存储的数字地图上进行匹配定位，估计 AUV 的实际航迹进而校正其位置误差。

采用的地形匹配的基本匹配单元为等值线，本节给出的方法就是基于等值线的 ICP 算法。采用 ICP 算法在等值线上寻找最小度量意义下的全局最优值，这个全局最优值是最终的匹配对准值。具体的匹配原理流程如图 6.10 所示。

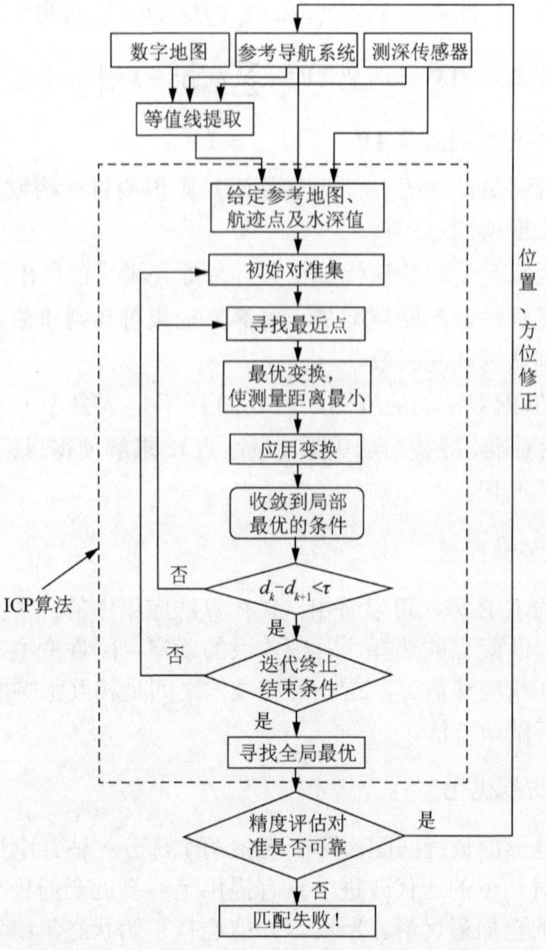

图 6.10　基于 ICP 算法的地形匹配原理流程图

6.2.3.2　ICP 算法基本流程

基于 ICP 算法的地形匹配基本流程如下[14]：

（1）参考导航系统提供载体航迹测量的 N_p 个位置值 $(\phi_{N_i},\lambda_{N_i})(i=1,2,\cdots,N_p)$，实时测深传感器提供相应点的水深值 h_{N_i}，即数据形态 $\{P\}$ 已知，并且从已知参考数字地图中抽取相应的等值线集 **C**；

（2）选择初始对准集，即设置迭代的初值 $\{P_0\}$，然后进行步骤（3）～（6）循环迭代直至达到最终的迭代终止条件；

（3）对每个数据点 p_i，在其等值线上寻找最近点，记这些点为 y_i，假设 y_i 对应于 p_i 的相应等值线点；

（4）寻找变换 T，使集合 $\mathbf{Y}=\{y_i\}$ 与集合 $\mathbf{P}=\{p_i\}$ 之间测量距离最小，就是使目标函数最小，即 $d_k(\mathbf{C},\mathbf{TP})=d(\mathbf{Y},\mathbf{TP})=\sum_{i=1}^{N_p}\omega_i\left\|y_i-Tp_i\right\|^2$；

（5）将集合 $\mathbf{P}$ 变换到集合 $\mathbf{TP}$，即 $P_{k+1}=\mathbf{TP}_k$；

（6）判断是否满足 $d_k-d_{k+1}<\tau$，如果满足则说明目标函数的变化非常小，进行下一步寻找最优变换的过程；

（7）判断是否满足最终的迭代终止条件，如果满足便退出；

（8）进行精度评估，判断对准是否可靠，如果可靠则将估计的值用以校正参考导航系统，否则认为匹配失败。

AUV 的地形匹配算法的流程图如图 6.10 所示。从图 6.10 中可以看出，此算法基本遵循“初始对准、寻找对应关系（最近点）、求解使得目标函数最小的变换、应用变换”的循环过程。

6.2.3.3 ICP 算法关键问题

从上面给出的 ICP 算法可以看出，ICP 算法应用中的几个关键技术分别为初值和全局最优化、匹配点的选择、对应关系的确定、刚性变换、迭代终止条件、鲁棒性、快速性和精度评估等，这些关键技术之间是相互影响的[15]。下面将介绍几个关键问题及其解决方法。

1. 初值和全局最优化

实现图像或地形的最优匹配实际上包括两个部分：估计刚性变换的初值和随后利用 ICP 算法对初值的迭代改进。只有提供足够靠近全局极小值的初值，才能获得 6 个自由度的全局最优解。所以，如何选择初始状态集或者初值在地形匹配应用中是寻找到全局最优的很重要的一个技术。

对于数据形态点集的任何给定的初始旋转和平移，ICP 算法能使其收敛到局部最优匹配，为了寻找全局最优，必须找到所有局部最优的最小值。因此，许多对准方法都需要先给定一个大致的初始对准，然后在一个局部最优化过程中进行优化，但是在无人值守的 AUV 中，初始值不能由用户自己设定。

文献[12]确定初始变换采取的方法是对单位球体上的四元数采用足够密度等分采样，以及对等值线集合 $\mathbf{C}$ 的所有列的平移向量密集采样。这样对于任何给定的曲线，可以以足够小的误差概率确定局部最小的完全集，但是这种方法的缺点是计算量非常大。那么，如何根据参考导航系统的误差情况设置初始值以使对准算法最终能够收敛到全局最优是本节着重讨论的问题。本节给出的方法的基本思路是采用随机旋转和平移的方法进行初始变换，旋转角和平移量的范围根据参考导航系统当前的误差情况来设置。此方法相对文献的方法大大减少了求初始变换的次数，下面详细阐述此方法。

对于描述海底地形的等值线集 $\mathbf{C}$，且对于任何已经与 $\mathbf{C}$ 正确匹配的点集 $\mathbf{P}_{\text{reg}}$，考虑点集 $\mathbf{P}=\boldsymbol{q}(\mathbf{P}_{\text{reg}})$ 的任何初始状态 $\boldsymbol{q}\in\boldsymbol{\Omega}$。在与 $\mathbf{C}$ 进行匹配时，将收敛到局部最小。在对 $\mathbf{C}$ 和 $\mathbf{P}$ 进行匹配之后，局部最小的个数 $N_m(\mathbf{C},\mathbf{P})$ 是有限的（如果不能满足这一条件，则认为等值线集 $\mathbf{C}$ 是病态的）。

设 $\boldsymbol{\Psi}(\mathbf{C},\mathbf{P})$ 为匹配后的局部最小集，则

$$\boldsymbol{\Psi}(\mathbf{C},\mathbf{P})=\{\psi_n\}_{n=1}^{N_m} \tag{6.38}$$

可以将数字地图的总体 $\boldsymbol{\Omega}$ 划分为等价类的一个自然划分，表示为 $\boldsymbol{\Psi}_n$，这里通过 ICP 算法使得每个 $\boldsymbol{q}$ 值收敛到 ψ_n。那么有 $\boldsymbol{\Omega}=\bigcup\limits_{n=1}^{N_m}\boldsymbol{\Psi}_n$，且当 $n\neq m$ 时，$\boldsymbol{\Psi}_n\bigcap\boldsymbol{\Psi}_m=\phi$。

如图 6.11 所示，假定 $\boldsymbol{\Psi}_1$ 为匹配到正确的全局最小 ψ_1 的等价类。

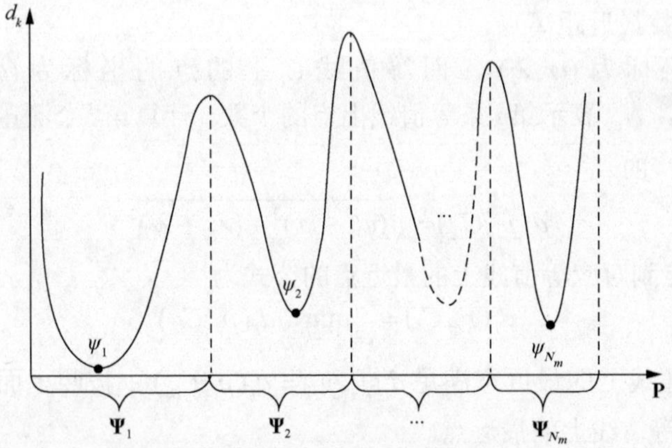

图 6.11　适配值与数据形态集的关系

为了保证对于给定的等值线集 $\mathbf{C}$ 和还没有对准到 $\mathbf{C}$ 上的给定点集 $\mathbf{P}$ 之间的全局最小能找到，必须选取适当的初始状态集使得对于 $\mathbf{P}$ 的变换至少有一个初始对准将位于对准的正确等价类 $\boldsymbol{\Psi}_1$ 中，这样就能保证其收敛到正确的全局最小 ψ_1 上。设落入各局部最小集的概率为 $P(\boldsymbol{\Psi}_n)$，那么落入到全局最小 ψ_1 的等价类的概率为 $P(\boldsymbol{\Psi}_1)$，即有 $P(\boldsymbol{\Psi}_1)$ 的可能性收敛到全局最小。如果采用文献[16]给出的密集采样方法，虽然可以以足够小的误差概率确定局部最小的完全集，但是局部最小的个数有限，进行密集采样使得大部分对准都进行重复对准，所以计算量非常大。

用对测量航迹的水深数据点 P 采取随机旋转和平移的方法来选择初始对准集 $\{P_0\}$，旋转和平移的大小在导航系统误差的方差的 3 倍范围（3σ）内，经过 ICP 运

算后，系统将收敛到局部最小上，运算多次，总有一次落在能收敛到全局最小的等价类$\boldsymbol{\Psi}_1$中，取其中最小的一次作为系统的最优，这样可以节省计算时间，搜索到全局最小的误差概率非常小。举个简单的例子，即使$p(\boldsymbol{\Psi}_1)$很小，假设$p(\boldsymbol{\Psi}_1)=0.05$，如果搜索 200 次，那么没有搜到全局最小的概率为$(1-0.05)^{200}\approx 0.0035\%$，即误差概率为 0.0035%，这可以通过选择迭代次数来使这个值足够小以满足设计要求。

2. 建立对应关系

建立对应关系是图像对准中需要确定的首要问题。ICP 算法是基于最近匹配点的对应关系，最近匹配点可以是最近点、最近法向量相交点或者最近投影点等，如何就 ICP 算法在具体应用领域选择相应的对应关系也是许多学者研究的方向之一。

这里采用的方法是确定最近距离点为对应点对，这种方法简单而且计算有效，因为其不需要计算每个点的切平面及切平面和法向量之间的交点。也就是要根据测量水深值h_i（用数据形态的表示方法为p_i）$(i=1,2,3,\cdots,N_p)$在数字地图的对应等值线C_i上寻找最近距离点。

点p_i的坐标为(φ_i,λ_i)，而等值线C_i上的点的坐标为$(\varphi_{ik}^{\mathrm{C}},\lambda_{ik}^{\mathrm{C}})$，式中$k=1,2,\cdots,N_{C_i}$，$N_{C_i}$表示第$i$条等值线上点的个数。计算第$i$个测量点$p_i$到等值线上的点的距离，即

$$d(p_i,C_{ik})=\sqrt{(\varphi_{ik}^{\mathrm{C}}-\varphi_i)^2+(\lambda_{ik}^{\mathrm{C}}-\lambda_i)^2} \tag{6.39}$$

求第i个点到对应等值线上的最近点的公式为

$$d_i(p_i,C_i)=\min_{k\in\{1,\cdots,N_{C_i}\}} d_i(p_i,C_{ik}) \tag{6.40}$$

则在第i条等值线上的最近点满足$d_i(P_i,y_i)=d_i(p_i,C_{ik})$。按照上面的方法可以求解其他各点在等值线上的最近点。

得到的最近点集为$\{y_i\},(i=1,2,\cdots,N_p)$，与测量点构成对应关系，寻找到合适的刚性变换就可以使测量值与真实值之间的误差越来越小。

3. 迭代终止条件

这里给出的算法终止条件如下：

（1）目标函数值变化足够小，即$|d_k-d_{k-1}|/d_k$足够小；

（2）目标函数值$d_k(\mathbf{C},\mathbf{TX})=M(\mathbf{Y},\mathbf{TP})=\sum_{n=1}^{N}w_n\|y_n-Tp_n\|^2$已经足够小；

（3）达到迭代允许的最大次数N_{iter}。N_{iter}的确定应该根据匹配任务对实时性的要求，以及通常的经验来决定，如果在N_{iter}次都还没有达到步骤（1）中给出的精度要求，那么全局最小大于$M(\psi_1>M)$值的可能性很大，因为$\psi_1\leqslant M$的概率

$[1-p(\Psi_1)]^{N_{\text{iter}}}$ 很小。

其中，第一个条件主要用来判断是否收敛到局部最小，若满足，则进行下一次的初始变换后的最优化迭代过程；后两个条件是用来判断是否可以认为已经收敛到全局最小的迭代终止条件，若满足则整个迭代过程结束。

6.2.4 节点信息融合算法

6.2.4.1 信息包的定义

地形匹配导航定位以 DTM 为定位基准，在 DTM 中存储的是每个网格节点的高度信息[17]。通常匹配算法是处理一系列的点序列，用数学的方法寻找与实测高度一致的点序列，但是由于 DTM 图的不精确性和信息的单一性、AUV 航速低及测点少等原因，往往导致匹配定位存在偏差，更严重的还将导致输出误差比惯性导航、航位推算等更大，在最新的研究热点利用多波束测深系统提取海底地形信息的方法中，多波束利用地形“面”代替地形“剖面”。实际上，多波束是通过提高单位时间获取地形信息量[18]，提高了实测地形图的精度同时增加了测点数量，从而提高了匹配的精度和效率，但对节点信息的利用效率没有得到提高，而且，当节点数量过多时定位区间也会相应扩大，反而会降低定位算法效率。多波束和单波束地形有本质的区别，多波束所表达的是地形的“面”信息，是三维的，而单波束是二维的地形剖面信息，利用多波束就应该充分利用其所携带的曲面，如果只利用高度信息难以在定位效率和精度上有所突破。单个节点所包含的只是高度值，但放在多波束 DTM 中同时加入周围的曲面信息，单个节点的信息量将大大增加，如图 6.12 所示。

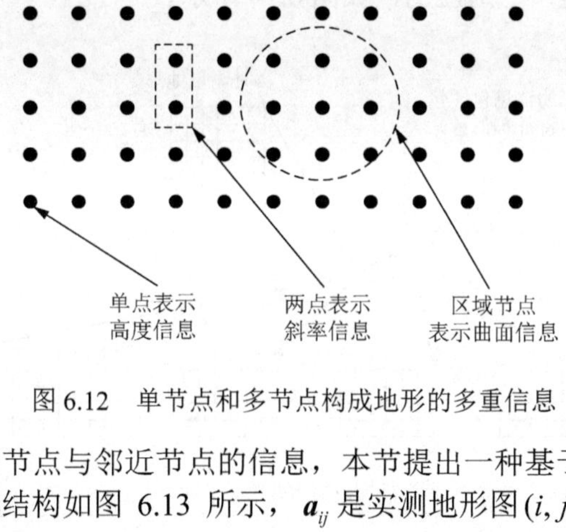

图 6.12 单节点和多节点构成地形的多重信息

为了充分利用节点与邻近节点的信息，本节提出一种基于节点信息包的匹配方法。基本的组成结构如图 6.13 所示，$\boldsymbol{a}_{ij}$ 是实测地形图 (i,j) 节点上的信息包，其是一个 ξ 维向量 $\boldsymbol{a}_{ij}=[\sigma_1,\sigma_2,\cdots,\sigma_\xi]$，$\sigma_\xi$ 是信息包中的信息单元。图 6.13 是一个包含 4 个信息单元的信息包。

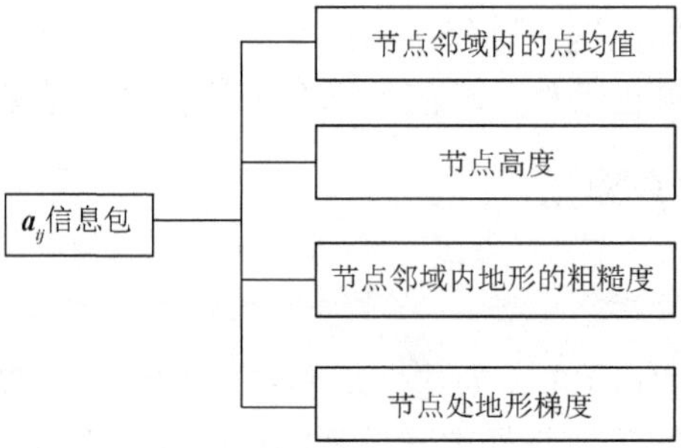

图 6.13　网格单元信息包结构

信息包集合了网格周围节点的信息，信息的多少可以人为加入，但是必须保证信息包内部信息的可靠性，与单一的节点高度值相比，其携带的信息量更大，也可以说信息包是对节点信息的扩充和节点周围曲面信息的融合。

6.2.4.2　基于信息包的地形匹配模型

信息包的比较分为信息包的投递过程和信息包的信息匹配过程。被投递的信息包携带的是实测地形信息，投递的目的地是 DTM 上与之对应的信息包（节点），目的地不是唯一的，其存在于被匹配区子单元的同一位置。在实测地形图中每个节点都会产生信息包，设有 n 个节点，而每个信息包都要投向被匹配区子单元的相应节点上，设共有 m 个子单元，那么实测地形图将产生 $n\times m$ 个信息包，信息包的投递和接收都是一一对应的，如图 6.14 所示。

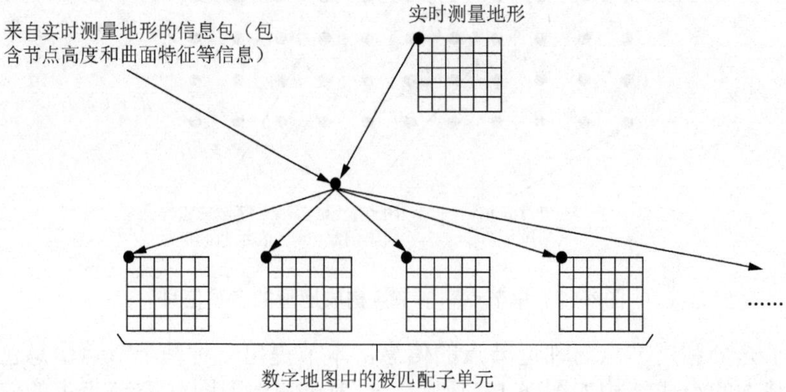

图 6.14　信息包投递过程

信息包的投递是从实测地图向数字地图（DTM）投递，这就如同一封没有署清地址的信件，信件上只有对收件人外貌的描述，首先将搜索地址确认到最小范围，在地形匹配导航中通常运用惯性导航系统给出的导航数据确认这一区域。然后按照信件上的描述对每个可能的收件对象的外貌特征做一一对比，找出与描述最符合的并将邮件发出去。如图 6.15 中所描述的，s_{ij} 是来自于 DTM 的节点信息包，有与之对应的 k 个来自于实时测深地形的节点信息包和其进行相似度比较，如果来自被匹配子单元 A^1 的节点信息包 a_{ij}^1 符合相似条件，那么 A^1 就会接收信息包 s_{ij}，当然其他被匹配子单元的相应节点如果满足相似条件同样可以接受 s_{ij}。将信息投递过程用框图描述如图 6.15。

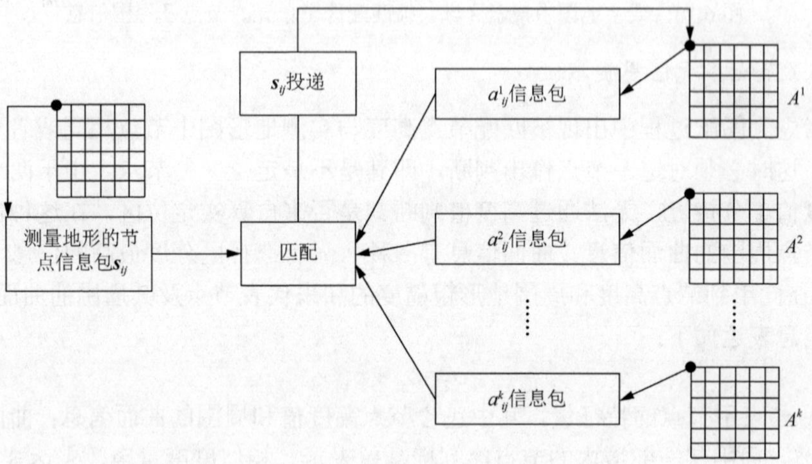

图 6.15　信息投递、匹配、确认投递过程

匹配过程就是实测地形图所发出的信息包与被匹配区域的子单元对应节点的信息包相比较，子单元节点根据匹配算法选择拒绝或者接受，实测地形节点中某个节点符合匹配算法所给出的条件，那么匹配子单元节点可以接受从实测地形图发出的信息包，比较过程将在下文中详细叙述。匹配子单元的中心节点其实是一个二维向量，其包含了被匹配子单元中心点的位置信息和匹配子单元接受来自实测地形的信息包数量，数量越大与实测地形相似度越高。

信息包的相似比较是匹配定位的关键，信息包中包含了多种信息，假定每个信息都是相互独立的，被匹配子单元位于搜索区域，所有的被匹配子单元构成搜索区域，其位置和大小由惯性导航或推算导航提供的位置和误差确定。搜索区域、被匹配子单元和节点及周围信息如图 6.16 所示。

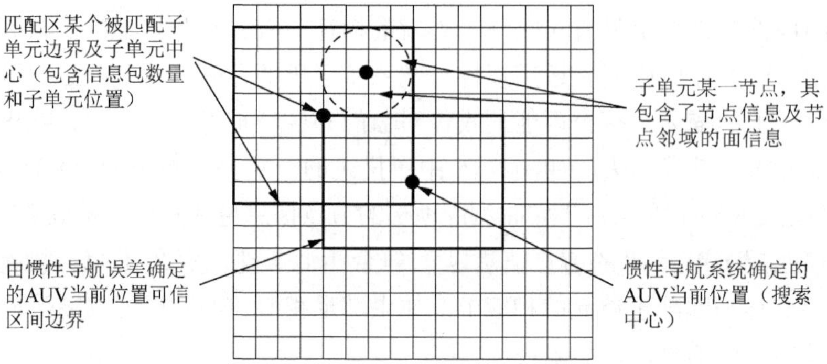

图 6.16　数字地图中搜索区域、被匹配区子单元、节点及周围信息

6.2.4.3　节点多元信息提取

考虑到匹配过程中出现被匹配节点高度与实测地形图中节点相同或者相近的情况，这时必须对这个节点作出判断，即其是不是定位区的节点。由于两个节点的高度值十分接近，无法通过高度值判断其是否来自真实定位区，在这种情况下引入节点周围的曲面信息。曲面信息有多种，只有选择区分度最高的信息才是最优的，在此用到节点高度和周围地形粗糙度的和来代表节点及其周围的曲面信息。曲面信息表达如下：

$$\sigma_2=\sigma_0+\sigma_1 \tag{6.41}$$

式中，σ_2 表示节点的特征量，其中包含节点高度值和周围的曲面信息；曲面信息 σ_0 用节点周围某一邻域内的节点序列标准差表示。相似度度量函数表达式如下：

$$\lambda_{ij}=\exp\left\{-\frac{1}{c^2}\left[\sigma_2(s)-\sigma_2(a)\right]^2\right\} \tag{6.42}$$

地形节点所包含的地形曲面信息是不唯一的，所以曲面的特征可以有多种数学表示方法，只要能用节点的高度和位置对确定点处的曲面进行唯一性的描述，那么该曲面特征表达式就能提供定位信息。

6.2.4.4　节点信息的融合

如果由地形节点构成的曲面特征对于地形节点具有唯一的对应关系，那么该曲面特征具有定位信息。也就是说如果能针对某个节点提取 n 种特征，而且每个节点对应的这些特征都是唯一的，那么每种特征都能作为定位信息源（如高度特征，对于小范围单调变化的地形区域每个节点的高度具有唯一性）。下面将讨论如何对这些特征进行融合。

1. 基于逻辑关系的融合

逻辑“与”融合是指当匹配节点与匹配节点的所有特征量的相似度都大于阈值 $\lambda_{\text{threshold}}$ 时，实测地形节点才会接受该被匹配节点，其中实时测深地形和 DTM 中的节点包含的特征量就是高度值决定的 σ_1 和曲面特征决定的 σ_2，相似度度量函数表达式如下：

$$\lambda_{ij}=\exp\left\{-\frac{1}{c^2}\left[\sigma_i(s)-\sigma_i(a)\right]^2\right\},\quad i=1,2 \tag{6.43}$$

数量函数为

$$A_{ij}=\sum_{i=1}^{m}\sum_{j=1}^{n}\delta_{ij}\begin{cases}1, & \lambda_{ij}^{\sigma_1}>\lambda_{\text{threshold}}\text{且}\lambda_{ij}^{\sigma_2}>\lambda_{\text{threshold}}\\0, & \text{其他}\end{cases} \tag{6.44}$$

式中，$\lambda_{ij}^{\sigma_1}$ 和 $\lambda_{ij}^{\sigma_2}$ 分别表示高度值和曲面信息确定的节点相似度。

2. 基于向量相似性的融合

向量的相似性融合，即把节点的 n 个特征量视为一个 n 维向量，两个节点的相似比较就可以看作两个向量的相似比较。而向量的相似比较通常是比较两个向量的夹角或者两个向量的长度，本节所涉及的是二维向量(σ_1,σ_2)，其中，σ_1 和 σ_2 表示上文提到的表达节点高度和曲面的两个特征量。用二维向量表示为 $\boldsymbol{\Gamma}=(\sigma_1,\sigma_2)$，假设 $\boldsymbol{\Gamma}_{\text{s}}$ 和 $\boldsymbol{\Gamma}_{\text{a}}$ 是分别来自实时测深地形和 DTM 的两个对应的匹配节点，用欧拉距离表示两个向量的相似度度量值：

$$\varDelta=\left[\left(\boldsymbol{\Gamma}_{\text{s}}-\boldsymbol{\Gamma}_{\text{a}}\right)^{\text{T}}\boldsymbol{c}^{-1}\left(\boldsymbol{\Gamma}_{\text{s}}-\boldsymbol{\Gamma}_{\text{a}}\right)\right]^{\frac{1}{2}} \tag{6.45}$$

式中，$\boldsymbol{c}$ 是由实时测深地形和 DTM 中的测量误差构成的对角向量。相似性函数的表达式为

$$\lambda_{ij}=\exp[-\frac{\varDelta^2}{\boldsymbol{c}^2}] \tag{6.46}$$

$$A_{ij}=\sum_{i=1}^{m}\sum_{j=1}^{n}\delta_{ij}\begin{cases}1, & \lambda_{ij}^{\varDelta}>\lambda_{\text{threshold}}\\0, & \text{其他}\end{cases} \tag{6.47}$$

6.2.4.5 匹配定位算法

某一被匹配子单元接收信息包数量的多少是衡量被匹配子单元与实测地形图相似度的标准。从前面分析可知，实时测深地形中节点所携带的信息与 DTM 所携带的信息满足相似条件时，被匹配子单元节点才会接收信息，相应的子单元 A^i 的值增加 1，每个节点所携带的信息构成一个向量，实际上匹配过程就是向量相似度的比较，算法实现步骤如下。

（1）将插值得到的先验地形图网格化，计算先验地形图每个节点的特征量。由于搜索区域是矩形区域，共有$m \times n$个节点（m、n表示搜索区域横向和纵向的节点数目），所以一共要计算$m \times n$个被匹配子单元内所有节点的特征量$\sigma_1\ \sigma_2\ \sigma_3 \cdots \sigma_\xi$（$\xi$表示每个节点特征量的个数），将被匹配子单元中心节点表示为A_{ij}（$i=1,2,\cdots,m$；$j=1,2,\cdots,n$）。假设每个被匹配子单元内有$k \times l$个节点，每个节点的特征量是一个ξ维向量，将其表示为a_{ij}（$i=1,2,\cdots,k$；$j=1,2,\cdots,l$），$a_{ij}=(\sigma_1,\sigma_2,\sigma_3,\cdots,\sigma_\xi)$，不同的节点之间对应的$\sigma_1\ \sigma_2\ \sigma_3 \cdots \sigma_\xi$值均不相同。$A_{ij}$、$a_{ij}$和$\sigma_1\ \sigma_2\ \sigma_3 \cdots \sigma_\xi$之间的关系如下所示：

$$\begin{bmatrix} A_{11} & A_{12} & \cdots & A_{1n} \\ A_{21} & A_{22} & \cdots & A_{2n} \\ \vdots & \vdots & A_{ij} & \vdots \\ A_{m1} & A_{m2} & \cdots & A_{mn} \end{bmatrix} \longrightarrow \begin{bmatrix} a_{11} & a_{12} & \cdots & a_{1l} \\ a_{21} & a_{22} & \cdots & a_{2l} \\ \vdots & \vdots & a_{ij} & \vdots \\ a_{k1} & a_{k2} & \cdots & a_{kl} \end{bmatrix} \longrightarrow \begin{pmatrix} \sigma_1 \\ \sigma_2 \\ \sigma_3 \\ \vdots \\ \sigma_\xi \end{pmatrix}$$

对实测地形图做同样处理，得到实测地形图的特征量向量$(\sigma_1,\sigma_2,\sigma_3,\cdots,\sigma_\xi)$，由于实测地形图只有一个单元$\boldsymbol{S}$，所以其特征量之间的关系如下所示：

$$\boldsymbol{S}=\begin{bmatrix} s_{11} & s_{12} & \cdots & s_{1l} \\ s_{21} & s_{22} & \cdots & s_{2l} \\ \vdots & \vdots & s_{ij} & \vdots \\ s_{k1} & s_{k2} & \cdots & s_{kl} \end{bmatrix} \longrightarrow \begin{pmatrix} \sigma_1 \\ \sigma_2 \\ \sigma_3 \\ \vdots \\ \sigma_\xi \end{pmatrix}$$

（2）利用向量相似度判定信息匹配度，计算实测地形图单元和被匹配子单元$A_{ij}\ (i=1,2,\cdots,m;\ j=1,2,\cdots,n)$的第$a(i,j)$号节点特征向量的相似度。$A_{ij}$中$a(i,j)$号节点与$S$中$s(i,j)$号节点的相似度用$\lambda_{ij}$表示，其中，$i=1,2,\cdots,m$；$j=1,2,\cdots,n$。设置节点可信度阈值$\lambda_{\text{threshold}}$，对于相似度$\lambda_{ij}>\lambda_{\text{threshold}}$的节点本节认为被匹配子单元节点$a(i,j)$的信息与实测地形图的$s(i,j)$号节点信息相似，$a(i,j)$与$s(i,j)$表示同一个节点，所以$S$中$s(i,j)$号节点的信息包将投递给$A_{ij}$中$\lambda_{ij}>\lambda_{\text{threshold}}$的节点，同时$A_{ij}$的值增加1。$A_{ij}$的信息包数量为

$$A_{ij}=\sum_{i=1}^{m}\sum_{j=1}^{n}\delta_{ij}\begin{cases}1, & \lambda_{ij}>\lambda_{\text{threshold}} \\ 0, & \lambda_{ij}<\lambda_{\text{threshold}}\end{cases} \tag{6.48}$$

（3）循环结束后，最终$A_{ij}\ (i=1,2,\cdots,m;j=1,2,\cdots,n)$的值就是被匹配单元接收信息包的数量，数量越大说明这一被匹配子单元与实测地形图越相似。A_{ij}不仅是一个相似度的衡量，也表示被匹配子单元的地形中心点，实际上A_{ij}包含了地形中

心坐标和地形相似度。当最大的 A_{ij} 确定时，A_{ij} 代表的坐标就是最终的定位位置。

6.2.4.6 仿真算例

仿真实验所用 DTM 面积为 $800\text{m}\times700\text{m}$，网格大小为 $3\text{m}\times3\text{m}$，以网格坐标 (500,500) 为搜索中心，将其插值成 $2\text{m}\times2\text{m}$ 的网格。实测地形取先验地形区内以坐标 (500,500) 为中心、大小为 $200\text{m}\times200\text{m}$ 的正方形区域，同时计入节点的圆概率误差和高度误差。其中，圆概率误差为 $\sigma_r=0.5$ 的高斯白噪声，高度误差为 $\sigma_e=1$ 的高斯白噪声。先验地形和实测地形如图 6.17 所示。

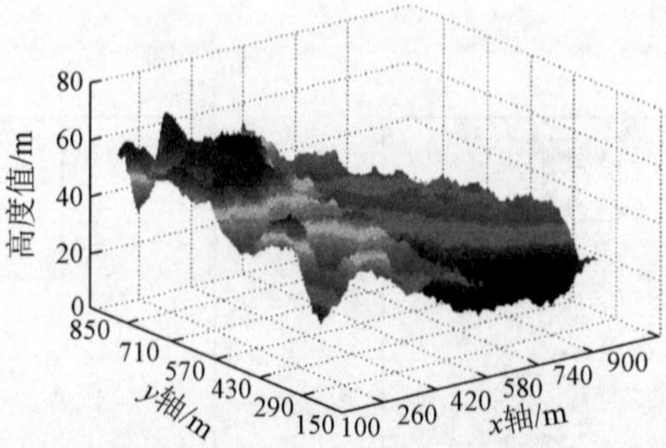

（a）先验地形

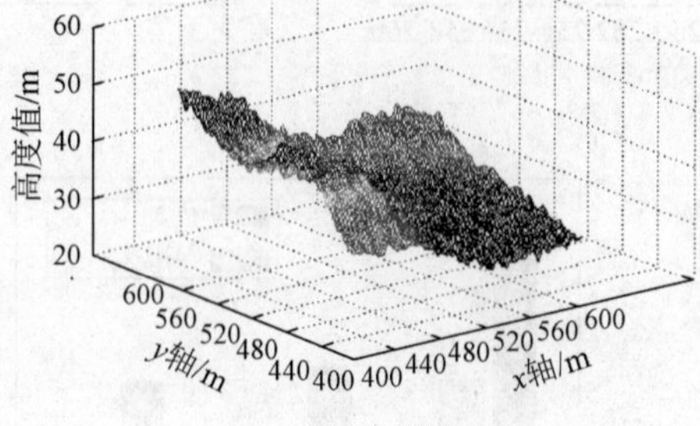

（b）实测地形

图 6.17 先验地形数据和实测地形数据

由于节点信息的融合能够充分利用节点及其周围曲面信息，对定位点附近的伪定位点有很好的抑制作用，与地形高度匹配相比，在同等地形环境下用信息融合方法得到的信息包数量分布更加集中，有利于位置的识别和抑制伪定位点。下面对融合前和融合后的定位精度进行分析，讨论节点信息融合对定位进度的影响。为了比较三种方法在先验地形图精度较低、测量噪声较大的情况下的匹配定位精度，本节选用网格边长 6m 的先验地形图，将其插值成边长 2m 的网格，测量噪声为零均值高斯噪声，方差 $\sigma_e=1$，节点圆概率误差 $\sigma_r=0.5$，计算各次定位的偏差 $\Delta d=2\times\sqrt{\Delta i^2+\Delta j^2}$（插值网格边长为 2m），仿真结果输出如图 6.18 所示。

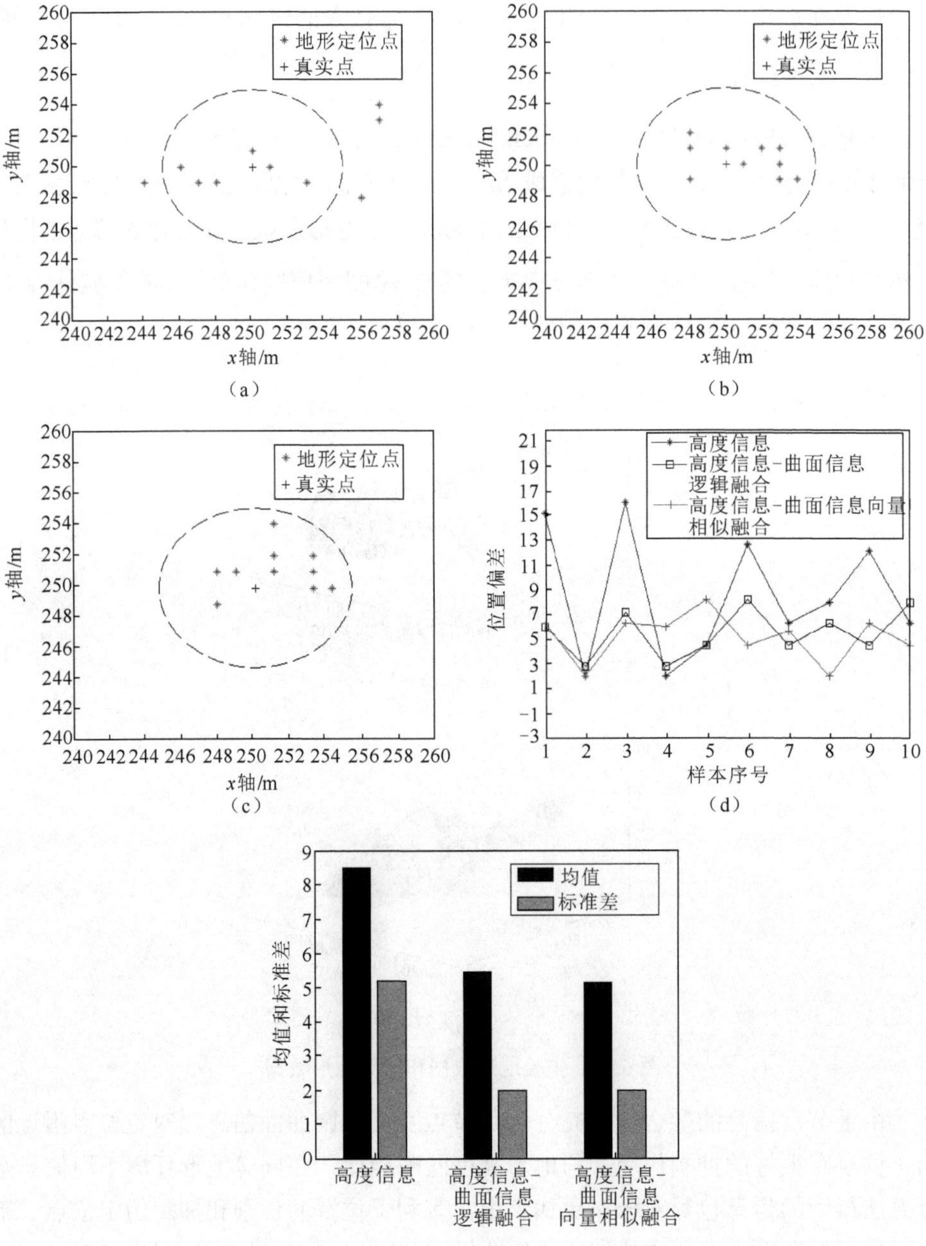

图 6.18　节点高度匹配和节点信息融合匹配结果精度和稳定性比较

图 6.18（a）～图 6.18（c）分别表示在 6m 网格精度下，用“高度信息”“高度信息-曲面信息逻辑融合”“高度信息-曲面信息向量相似融合”三种方法的 10 次

仿真结果，图 6.18（d）表示三种匹配形式定位结果在坐标中的分布，图 6.18（e）表示三种匹配方式在 10 次定位中得到的定位结果的均值和标准差，表征定位结果的稳定性。从结果分析，通过节点多信息融合后的匹配定位效果比只依赖高度的匹配定位效果要好，因为定位精度受测量误差和插值误差的影响，在同等插值误差条件下，经过信息融合的定位位置较为稳定，也就是说定位精度对测量误差的抗干扰能力提高了。根据仿真实验的结果可知，信息融合方法不仅能够有效地提高匹配定位的精度，还能提高算法的鲁棒性。

6.2.5 搜索定位的有效性判定

在 AUV 海底地形匹配导航中，地形匹配定位信息作为对基本导航的修正量，必须保证其可靠性，错误的定位信息不仅不会提高导航的精度，还会对原有的导航数据造成污染，严重影响导航的精度。为了对地形匹配定位结果的有效性进行检验，本节提出一种基于关联可靠性的地形匹配定位有效性检测模型，对地形匹配定位的有效性进行判定。

6.2.5.1 关联模型

在建立地形匹配定位有效性检测模型前，需要对以下两个特性进行说明。

1. 基本导航误差特性

基本导航精度与导航的距离有关，随着时间的增长、航行距离的增加，以初始位置为起点开始计算的导航距离误差增大，但是在航行中的一小段距离之内，其误差很小。即误差特性在时间范围内具有缓变性，误差是由时间和空间上的累积效应造成的。

2. 局部地形唯一性特性

在地形特征中，由于地形的自相似性，一定范围内的地形特征在小块地形上存在重复性，当地形特征增多时，这种重复性的概率减小，局部面地形下的地形特征具有唯一性。

地形匹配定位的关联可靠性是指在进行地形匹配时，定位结果与基本导航数据关联上的可信度。根据基本导航误差特性可以知道，在一小段距离内基本导航位置误差很小，因而可以用来做可靠性基准。根据局部地形唯一性特性可以确定，当在局部范围内存在可靠的关联定位时，其定位即是唯一的。基于以上两个特性，可以建立地形匹配定位的关联可靠性模型。

假设 t 时刻开始进行地形匹配，其地形匹配定位与基本导航定位的关联模型可表示为

$$\begin{cases} \boldsymbol{X}_{t_k} = \boldsymbol{X}_{t_{k-1}} + \Delta\boldsymbol{X}_{t_k} + \boldsymbol{\nu}_{t_k} \\ \hat{\boldsymbol{X}}_{t_k} = \hat{\boldsymbol{X}}_{t_{k-1}} + \Delta\hat{\boldsymbol{X}}_{t_k} \\ \Delta\boldsymbol{X}_{t_k} = [\Delta x_{t_k}, \Delta y_{t_k}] \\ \Delta\hat{\boldsymbol{X}}_{t_k} = [\Delta\hat{x}_{t_k}, \Delta\hat{y}_{t_k}] \end{cases} \tag{6.49}$$

式中，t_k 表示进行地形匹配时的第 k 次定位的时刻；$\hat{\boldsymbol{X}}(t_k)$ 表示第 k 次定位结果；$\Delta\hat{\boldsymbol{X}}(t_k)$ 表示第 k 次定位结果与第 $k-1$ 次定位结果之间水平位置变化；$\boldsymbol{X}_{t_k}$ 表示地形匹配进行第 k 次定位时基本导航指示位置；$\Delta\boldsymbol{X}_{t_k}$ 表示第 k 次和第 $k-1$ 次定位时基本导航间的水平位置变化；ν_{t_k} 表示基本导航在 t_k 和 t_{k-1} 时间之内的误差特性，此处假设为高斯白噪声。

地形匹配作为一种独立的定位方式，其定位结果之间应保持与基本导航相对位置的一致性，因此，关联可靠性即判断两次定位的位置改变量 $\Delta\boldsymbol{X}_{t_k}$ 和 $\Delta\hat{\boldsymbol{X}}_{t_k}$ 间的相似度。在数据关联的研究中，相似度的判定是一个关键的问题，判定结果直接影响数据关联的质量和准确度。相似度的判定有多种方式，如门限法、概率相关法及模糊相关法，各种方法的适应性应考虑具体的环境和计算上的复杂程度[19]。

在海底地形匹配导航中，地形匹配结果作为唯一的观测源，其数据关联属于单一目标的关联问题，信息量较少，信噪比高，因此这里采用一种简单的数据关联方法——最近邻（nearest neighbour，NN）数据关联方法思想对其进行检验。

6.2.5.2 最近邻法

在多目标的数据关联中，NN 法的含义是将落入检测门限内的唯一的并且与目标预测位置最接近的观测作为与目标关联的对象。所谓“最近”表示统计距离最小或者残差概率密度最大。这里采用统计距离的方法，即通过预测值与观测值间的差异，建立一致性匹配[20]。

假设 F 为系统的观测模型，该模型用来对系统的状态进行预测。t_k 时刻，系统的状态向量表示为 $\boldsymbol{X}_{t_k|t_{k-1}}$，$\hat{\boldsymbol{X}}_{t_k}$ 为 t_k 时刻的观测值，则预测观测值 $\boldsymbol{X}_{\mathrm{p},t_k}$ 可表示为

$$\boldsymbol{X}_{\mathrm{p},t_k} = F(\boldsymbol{X}_{t_k|t_{k-1}}) + \boldsymbol{w}_{t_k} \tag{6.50}$$

式中，$\boldsymbol{w}_{t_k}$ 为零均值的高斯白噪声。可得观测值与预测值间的差异（残差向量），即新息 $\boldsymbol{V}_{t_k|t_{k-1}}$ 为

$$\boldsymbol{V}_{t_k|t_{k-1}} = \hat{\boldsymbol{X}}_{t_k} - \boldsymbol{X}_{\mathrm{p},t_k} \tag{6.51}$$

新息协方差矩阵为

$$\boldsymbol{S}_{t_k} = \boldsymbol{F}_j \boldsymbol{S}_{t_k|t_{k-1}} \boldsymbol{F}_j^{\mathrm{T}} + R \tag{6.52}$$

式中，R 为高斯白噪声，为了对观测量与预测位置的关联程度进行度量，可以采

用新息向量的加权范数作为检验统计量，即

$$D_k^2 = \boldsymbol{V}_{t_k|t_{k-1}}^{\mathrm{T}} \boldsymbol{S}_{t_k|t_k} \boldsymbol{V}_{t_k|t_{k-1}} \tag{6.53}$$

式中，D_k^2服从自由度为m的χ_2分布，m为观测量的维数。设定阈值η，则满足

$$D_k^2 < \eta \tag{6.54}$$

的范围为有效的，有效范围内的似然概率为

$$P(\chi_{n_z}^2 \leqslant \eta) = 1 - \alpha \tag{6.55}$$

式中，α为一小正数，代表显著性水平，$1-\alpha$为置信区间。当地形匹配位置与关联位置间的差别满足式（6.55）时，对应的地形匹配结果和基本导航结果可判定为可靠关联。

6.2.5.3　地形匹配定位的有效性检测流程

根据NN算法的关联准则可知：当进行N次关联时，如果在这N次关联中有K次满足条件，并且$K \in (N/2, N)$，则判定这两条航迹关联。也就是说，在N个航迹点中，只要至少有K个点满足最近邻原则，则可宣布航迹i和航迹j为对应的同一个目标。

通过不断地比较基本导航位置和地形匹配结果间的关联可靠性，判定地形匹配结果的有效性，当确定匹配定位结果为有效时，利用地形匹配结果对系统航迹进行修正，其步骤如下。

（1）开始数据采集，进行第一次地形匹配定位，得到定位结果$\hat{\boldsymbol{X}}(t_0)$，此时基本导航位置为$\boldsymbol{X}_{t_0}$。

（2）从$\boldsymbol{X}_{t_0}$处航行$\Delta\boldsymbol{X}_{t_1}$距离时，进行第二次地形匹配定位，得到定位结果$\hat{\boldsymbol{X}}(t_1)$，此时基本导航位置为$\boldsymbol{X}_{t_1}$，检验$\hat{\boldsymbol{X}}(t_1)$与导航指示位置（预测位置）$\boldsymbol{X}_{t_1}$是否关联，若关联，进行第三次匹配定位；若不关联，重新数据采集，重复步骤（2）。

（3）继续进行第三次匹配定位，得到$\hat{\boldsymbol{X}}(t_2)$，检验$\hat{\boldsymbol{X}}(t_2)$和$\hat{\boldsymbol{X}}(t_1)$是否关联，若关联则表明定位有效，$\hat{\boldsymbol{X}}(t_2)$定位结果可用来对导航进行修正，此时初始航迹点确定。若不关联则进行下一次定位匹配，直到满足三次定位结果相关联为止。

（4）为了应对可能出现的连续几次定位难以满足关联的情况，这里设定航行的最大判定距离$\Delta\boldsymbol{X}_{\max}$，当从初始定位开始航行距离超出$\Delta\boldsymbol{X}_{\max}$时仍没有出现连续的三次定位关联，则撤销航迹，重新对初始点进行定位，重复步骤（1）。

（5）当航迹起始点确定后，可利用关联可靠性原则进行连续的一定间隔下的地形匹配，由于已知上一点为可靠定位点，此时新的定位点与上一定位点关联则定位有效，不关联则重新采样。

（6）当出现连续$\Delta\boldsymbol{X}_{\max}$距离内采样均不能关联时，匹配定位模式下的航迹跟

踪失效，转到步骤（1）。

从上述步骤可以看出，地形匹配定位下的导航为三个阶段的重复。阶段一，初始航迹点确定，即步骤（1）～（4）；当初始航迹点确定后，进入阶段二，即步骤（5），航迹维持；阶段三，当出现连续不关联时，航迹终结，重新进行匹配定位，即步骤（6）。其过程如图 6.19 所示，其中，定位点①～③为初始航迹点，定位点④～⑥为航迹跟踪点。

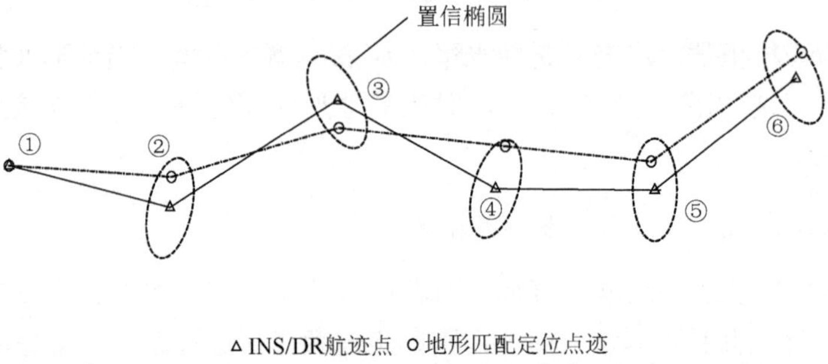

图 6.19 地形匹配定位有效性检测示意图

地形匹配定位有效性检测基于数据关联可靠性，由于多波束在较短距离内获取地形数据即可进行一次定位，不需要按照预定的航迹航行，因而容易实现，$\Delta \boldsymbol{X}_{t_k}$ 上的累积误差较小，用来对匹配定位结果进行关联是可行的。

6.3 地形匹配导航滤波算法

在地形匹配搜索定位模式下，根据每次有效的地形匹配定位结果来进行导航修正，这是一种间断性的地形匹配辅助导航。当海底地形测量设备可以连续工作时，可以对测量的地形数据进行实时处理滤波，实现实时、高精度的海底地形匹配导航。

6.3.1 地形匹配导航的贝叶斯滤波模型

6.3.1.1 贝叶斯滤波原理

设离散时间条件下非线性系统的状态方程和测量方程分别为

$$\boldsymbol{x}_{k+1} = \boldsymbol{f}(\boldsymbol{x}_k, \boldsymbol{u}_k, \boldsymbol{w}_k), \qquad k = 0,1,\cdots \tag{6.56}$$

$$\boldsymbol{z}_k = \boldsymbol{h}(\boldsymbol{x}_k, \boldsymbol{u}_k, \boldsymbol{v}_k), \qquad k = 1,2,\cdots \tag{6.57}$$

式中，$\boldsymbol{x}_k$ 为 k 时刻系统的状态值；$\boldsymbol{u}_k$ 为 k 时刻系统的输入值；$\boldsymbol{z}_k$ 为 k 时刻系统的测量值；$\boldsymbol{w}_k$、$\boldsymbol{v}_k$ 分别为状态噪声和测量噪声；$f(\cdot)$ 和 $h(\cdot)$ 是非线性函数。假定初

始状态的概率分布 $p\left(\boldsymbol{x}_0\right)$ 已知，$\boldsymbol{w}_k$、$\boldsymbol{v}_k$ 均为零均值高斯白噪声，且两者相互独立。所谓贝叶斯滤波问题，就是在 k 时刻利用获得的实时测量值 z_k 求系统状态 $\boldsymbol{x}_k$ 的后验概率密度分布函数 $p\left(\boldsymbol{x}_k\left|\boldsymbol{Z}^k\right.\right), \boldsymbol{Z}^k=\left\{z_1, z_2, \cdots, z_k\right\}$，从而推算出 k 时刻的状态估计 $\hat{\boldsymbol{x}}_k$ 和状态估计误差的协方差矩阵 $\boldsymbol{P}\left(k|k\right)$。若已知 k 时刻的最优贝叶斯估计 $\hat{\boldsymbol{x}}_{k|k}$ 和其对应的后验概率密度函数 $p\left(\boldsymbol{x}_{k+1}\left|z_{k+1}\right.\right)$，则在 k+1 时刻的状态估计可由以下滤波公式估计：

$$
\begin{cases}
p\left(\boldsymbol{x}_{k+1}\left|\boldsymbol{x}_k\right.\right)=\int \delta\left[\boldsymbol{x}_{k+1}-f_k\left(\boldsymbol{x}_k\right)\right] r\left(\boldsymbol{x}_k\right) \mathrm{d}\boldsymbol{x}_k=r\left[\boldsymbol{x}_{k+1}-\boldsymbol{f}_k\left(\boldsymbol{x}_k\right)\right] \\
p\left(\boldsymbol{x}_{k+1}\left|\boldsymbol{Z}^k\right.\right)=\int p\left(\boldsymbol{x}_{k+1}\left|\boldsymbol{x}_k\right.\right) p\left(\boldsymbol{x}_k\left|\boldsymbol{Z}^k\right.\right) \mathrm{d}\boldsymbol{x}_k \\
p\left(z_{k+1}\left|\boldsymbol{x}_{k+1}\right.\right)=\int \delta\left[z_{k+1}-\boldsymbol{h}_{k+1}\left(\boldsymbol{x}_{k+1}\right)\right] u\left(z_{k+1}\right) \mathrm{d}z_k=u\left[z_{k+1}-\boldsymbol{h}_{k+1}\left(\boldsymbol{x}_{k+1}\right)\right] \\
p\left(z_{k+1}\left|\boldsymbol{Z}^k\right.\right)=\int p(z_{k+1} \mid \boldsymbol{x}_{k+1}) p(\boldsymbol{x}_{k+1} \mid \boldsymbol{Z}^{k-1}) \mathrm{d}\boldsymbol{x}_{k+1} \\
p\left(\boldsymbol{x}_{k+1}\left|z_{k+1}\right.\right)=p\left(\boldsymbol{x}_{k+1}\left|\boldsymbol{Z}^k, z_{k+1}\right.\right)=\dfrac{u\left[z_{k+1}-\boldsymbol{h}_{k+1}\left(\boldsymbol{x}_{k+1}\right)\right] p\left(\boldsymbol{x}_{k+1}\left|\boldsymbol{Z}^k\right.\right)}{\int u\left[z_{k+1}-\boldsymbol{h}_{k+1}\left(\boldsymbol{x}_{k+1}\right)\right] p\left(\boldsymbol{x}_{k+1}\left|\boldsymbol{Z}^k\right.\right) \mathrm{d}\boldsymbol{x}_{k+1}} \\
\hat{\boldsymbol{x}}_{k+1|k+1}=\int \boldsymbol{x}_{k+1} p\left(\boldsymbol{x}_{k+1}\left|\boldsymbol{Z}^{k+1}\right.\right) \mathrm{d}\boldsymbol{x}_{k+1} \\
\boldsymbol{P}_{k+1|k+1}=\int\left(\boldsymbol{x}_{k+1}-\hat{\boldsymbol{x}}_{k+1|k+1}\right)\left(\boldsymbol{x}_k-\hat{\boldsymbol{x}}_{k+1|k+1}\right)^{\mathrm{T}} p\left(\boldsymbol{x}_{k+1}\left|\boldsymbol{Z}^{k+1}\right.\right) \mathrm{d}\boldsymbol{x}_{k+1}
\end{cases}
\tag{6.58}
$$

式中，$\delta(\cdot)$ 是狄拉克 δ 函数（Dirac delta function）。由式（6.58）可知，贝叶斯滤波通过递归计算当前状态的条件概率密度函数，从而得到系统状态的最优状态[21,22]。

6.3.1.2 海底地形匹配导航路径跟踪的贝叶斯滤波

不考虑 AUV 在垂直面的坐标变化，假定在每个采样时刻导航系统都进行一次数据更新，以 AUV 的水平面坐标为状态变量，海底地形匹配导航系统模型如下所示：

$$\boldsymbol{x}_{t+1}=\boldsymbol{x}_t+\boldsymbol{u}_t+\boldsymbol{v}_t \tag{6.59}$$

$$\boldsymbol{y}_t=\boldsymbol{h}(\boldsymbol{x}_t)+\boldsymbol{e}_t \tag{6.60}$$

式中，$\boldsymbol{x}_t$ 为 AUV 载体在 t 时刻所处的平面位置；$\boldsymbol{u}_t$ 是参考导航系统（一般为 INS 或者 DR）指示在相邻两个采样时刻位置的改变量；$\boldsymbol{v}_t$ 是参考导航系统的误差；$\boldsymbol{y}_t$ 是实时水深测量序列；$\boldsymbol{h}(\boldsymbol{x}_t)$ 是 DTM 中 $\boldsymbol{x}_t$ 处的水深值；$\boldsymbol{e}_t$ 是测深传感器的测量误差。式（6.59）和式（6.60）分别为系统的状态方程和测量方程。为了方便计算，假设 $\boldsymbol{v}_t$、$\boldsymbol{e}_t$ 是均值为零的高斯白噪声。由于实时测深数据的误差为独立高斯白噪声，t 时刻的先验概率密度函数可写为

$$p\left(\boldsymbol{y}_t \middle| \boldsymbol{x}_t\right)=\frac{1}{\sqrt{\left(2\pi\sigma_{\mathrm{e}}^2\right)^N}}\cdot\exp\left\{-\frac{1}{2\sigma_{\mathrm{e}}^2}\sum_{k=1}^{N}\left[\boldsymbol{y}_{t,k}-h_k\left(\boldsymbol{x}_t\right)\right]^2\right\} \tag{6.61}$$

根据现有测深序列 $\boldsymbol{y}_t$ 估计地形匹配导航定位系统误差，由贝叶斯原理可知，需要确定后验概率密度函数 $p\left(\boldsymbol{x}_t \middle| \boldsymbol{y}_t\right)$，假设条件独立，可得到状态更新方程：

$$p\left(\boldsymbol{x}_t \middle| \boldsymbol{y}_t\right)=\frac{p\left(\boldsymbol{y}_t \middle| \boldsymbol{x}_t\right)p\left(\boldsymbol{x}_t\right)}{\int p\left(\boldsymbol{y}_t \middle| \boldsymbol{x}_t\right)p\left(\boldsymbol{x}_t\right)\mathrm{d}\boldsymbol{x}_t}=\frac{p\left(\boldsymbol{x}_t \middle| \boldsymbol{Y}^{t-1}\right)p\left(\boldsymbol{y}_t \middle| \boldsymbol{x}_t\right)}{\int p\left(\boldsymbol{x}_t \middle| \boldsymbol{Y}^{t-1}\right)p_{e_t}\left[\boldsymbol{y}_t-\boldsymbol{h}_t\left(\hat{\boldsymbol{x}}_{t-1}+\boldsymbol{u}_{t-1}\right)\right]\mathrm{d}\boldsymbol{x}_t} \tag{6.62}$$

式（6.62）为后验概率密度函数，其分母为与 $\boldsymbol{x}_t$ 无关的归一化常量。由系统的状态方程可得，状态预测的概率密度函数 $p(\boldsymbol{x}_t \mid \boldsymbol{y}_{t-1})$ 可由 $p(\boldsymbol{x}_{t-1} \mid \boldsymbol{y}_{t-1})$ 通过位置更新得到，假定位置变量相互独立：

$$p\left(\boldsymbol{x}_t \middle| \boldsymbol{y}_{t-1}\right)=p\left(\boldsymbol{x}_t \middle| \boldsymbol{x}_{t-1},\boldsymbol{Y}^{t-1}\right)=\int p\left(\boldsymbol{x}_{t-1} \middle| \boldsymbol{Y}^{t-1}\right)p_{v_t}\left(\boldsymbol{x}_t-\boldsymbol{x}_{t-1}-\boldsymbol{u}_{t-1}\right)\mathrm{d}\boldsymbol{x}_{t-1} \tag{6.63}$$

根据 AUV 海底地形匹配导航模型即式（6.59）和（6.60），以及系统状态预测方程式（6.61）和状态更新方程式（6.62），可以递推得到地形匹配的贝叶斯最优滤波估计为

$$\hat{\boldsymbol{x}}_{t|t}=\int \boldsymbol{x}_t p\left(\boldsymbol{x}_t \middle| \boldsymbol{Y}^t\right)\mathrm{d}\boldsymbol{x}_t \tag{6.64}$$

$$\boldsymbol{P}_{t|t}=\int\left(\boldsymbol{x}_t-\hat{\boldsymbol{x}}_{t|t}\right)\left(\boldsymbol{x}_t-\hat{\boldsymbol{x}}_{t|t}\right)^{\mathrm{T}}p\left(\boldsymbol{x}_t \middle| \boldsymbol{Y}^t\right)\mathrm{d}\boldsymbol{x}_t \tag{6.65}$$

贝叶斯滤波的最大困难是概率密度函数的计算，对于非线性、非高斯的随机系统，很难得到其真正的概率密度分布函数的解析解。对于线性高斯系统，即使知道概率密度分布函数的解析解，但其求解过程仍然面临着高维积分问题，计算难度较大。近年来随着研究的深入，人们提出了多种贝叶斯滤波的数值解法，大体分为两类：基于线性化的近似解法（如扩展卡尔曼滤波和无迹卡尔曼滤波等）与基于随机采样的滤波方法（如粒子滤波和点群滤波等）。

6.3.2 基于扩展卡尔曼滤波的地形匹配导航

扩展卡尔曼滤波算法是贝叶斯滤波的近似解法，可用于处理非线性滤波问题。由于地形曲面函数是一个非线性函数，所以可以运用扩展卡尔曼滤波算法进行地形匹配导航。因为这个过程是递推的，所以获得了连续的修正能力[23]。扩展卡尔曼滤波器以下列状态模型和测量值表示：

$$\begin{cases}\boldsymbol{x}_t=\boldsymbol{x}_{t-1}+\boldsymbol{G}_{t-1}\boldsymbol{u}_{t-1}+\boldsymbol{v}_{t-1}\\ \boldsymbol{Z}_t=\boldsymbol{h}\left(\boldsymbol{X}_t,\boldsymbol{e}_t\right)\end{cases} \tag{6.66}$$

6.3.2.1 地形的线性化表示

为了满足扩展卡尔曼滤波中的地形线性化要求，必须对先验地形曲面方程

$\boldsymbol{h}(\cdot)$ 进行处理，使其线性化成为状态向量 $\boldsymbol{X}$ 的线性方程。扩展卡尔曼滤波方法采用泰勒方程将地形曲面方程在当前预测位置展开，即

$$\begin{aligned}\boldsymbol{h}(\boldsymbol{x}_t) &= \boldsymbol{h}\left(\hat{\boldsymbol{x}}_{t|t-1},0\right)+\boldsymbol{G}_{t|t-1}^{x_t}\left(\boldsymbol{x}_t-\hat{\boldsymbol{x}}_{t|t-1}\right)\\ &\quad +\boldsymbol{G}_{t|t-1}^{e_t}\boldsymbol{e}_t+\left(\boldsymbol{x}_t-\hat{\boldsymbol{x}}_{t|t-1}\right)^{\mathrm{T}}\boldsymbol{H}_{t|t-1}\left(\boldsymbol{x}_t-\hat{\boldsymbol{x}}_{t|t-1}\right)+\cdots\end{aligned} \tag{6.67}$$

式中，$\boldsymbol{G}_{t|t-1}$ 表示在 $\hat{\boldsymbol{x}}_{t|t-1}$ 位置地形的梯度向量；$\boldsymbol{H}_{t|t-1}$ 表示预测位置 $\hat{\boldsymbol{x}}_{t|t-1}$ 的黑塞矩阵。保留泰勒方程的线性项得到线性化地形方程

$$\boldsymbol{h}(\boldsymbol{x}_t)=\boldsymbol{h}\left(\hat{\boldsymbol{x}}_{t|t-1},0\right)+\boldsymbol{G}_{t|t-1}^{x_t}\left(\boldsymbol{x}_t-\hat{\boldsymbol{x}}_{t|t-1}\right)+\boldsymbol{G}_{t|t-1}^{e_t}\boldsymbol{e}_t \tag{6.68}$$

式中，$\tilde{\boldsymbol{X}}_{t|t-1}=\boldsymbol{X}_t-\tilde{\boldsymbol{X}}_{t|t-1}$；$\boldsymbol{G}_{t|t-1}^{x_t}=\left.\dfrac{\partial \boldsymbol{h}_{t|t-1}(\boldsymbol{X}_t,\boldsymbol{e}_t)}{\partial \boldsymbol{X}_t}\right|_{\substack{x_t=\hat{x}_{t|t-1}\\ e_t=0}}$；$\boldsymbol{G}_{t|t-1}^{x_t}=\left.\dfrac{\partial \boldsymbol{h}_{t|t-1}(\boldsymbol{X}_t,\boldsymbol{e}_t)}{\partial \boldsymbol{v}_t}\right|_{\substack{x_t=\hat{x}_{t|t-1}\\ e_t=0}}$。

6.3.2.2 扩展卡尔曼滤波算法的实现过程

基于扩展卡尔曼滤波算法分为两个阶段：搜索阶段和跟踪阶段。扩展卡尔曼滤波算法在地形匹配系统上实现的具体流程如下：

对 t 时刻状态提前一步预测为

$$\hat{\boldsymbol{X}}_{t|t-1}=\hat{\boldsymbol{X}}_{t-1}+\boldsymbol{G}_{t-1}\boldsymbol{u}_{t-1} \tag{6.69}$$

对 t 时刻的测量提前一步预测为

$$\hat{\boldsymbol{Z}}_{t|t-1}\approx \boldsymbol{h}_t\left(\hat{\boldsymbol{x}}_{t|t-1},0\right) \tag{6.70}$$

预测误差为

$$\tilde{\boldsymbol{Z}}_{t|t-1}=\boldsymbol{Z}_t-\tilde{\boldsymbol{Z}}_{t|t-1}\approx \boldsymbol{h}_t^{x_t}\tilde{\boldsymbol{x}}_{t|t-1}+\boldsymbol{h}_t^{e_t}\boldsymbol{e}_t \tag{6.71}$$

测量预测误差的协方差阵是

$$\boldsymbol{R}_{\tilde{Z}_{t|t-1}\tilde{Z}_{t|t-1}}=\mathrm{cov}\left(\tilde{\boldsymbol{Z}}_{t|t-1}\right)\approx \boldsymbol{h}_t^{x_t}P_{t|t-1}\left(\boldsymbol{h}_t^{x_t}\right)^{\mathrm{T}}+\boldsymbol{h}_t^{e_t}\boldsymbol{R}_{t|}\left(\boldsymbol{h}_t^{e_t}\right)^{\mathrm{T}} \tag{6.72}$$

状态预测误差与测量误差的协方差矩阵是

$$\boldsymbol{R}_{\tilde{X}_{t|t-1}\tilde{Z}_{t|t-1}}=\mathrm{cov}\left(\tilde{\boldsymbol{X}}_{t|t-1},\tilde{\boldsymbol{Z}}_{t|t-1}\right)\approx \boldsymbol{P}_{t|t-1}\left(\boldsymbol{h}_t^{x_t}\right)^{\mathrm{T}} \tag{6.73}$$

在 t 时刻得到新的测量 $\boldsymbol{Z}_t$，状态滤波的更新公式表示为

$$\hat{\boldsymbol{X}}_{t|t}=\hat{\boldsymbol{X}}_{t|t-1}+\boldsymbol{K}_t\left(\boldsymbol{Z}_t-\boldsymbol{h}_t^{x_t}\hat{\boldsymbol{X}}_{t|t-1}\right) \tag{6.74}$$

$$\boldsymbol{P}_{t|t}=\boldsymbol{P}_{t|t-1}-\boldsymbol{P}_{t|t-1}\left(\boldsymbol{h}_t^{x_t}\right)^{\mathrm{T}}\left[\boldsymbol{h}_t^{x_t}\boldsymbol{P}_{t|t-1}\left(\boldsymbol{h}_t^{x_t}\right)^{\mathrm{T}}+\boldsymbol{h}_t^{e_t}R_t\left(\boldsymbol{h}_t^{e_t}\right)^{\mathrm{T}}\right]^{-1}\boldsymbol{h}_t^{x_t}\boldsymbol{P}_{t|t-1} \tag{6.75}$$

在 t 时刻的卡尔曼滤波增益阵为

$$\boldsymbol{K}_t=\boldsymbol{P}_{t|t-1}\left(\boldsymbol{h}_t^{x_t}\right)^{\mathrm{T}}\left[\boldsymbol{h}_t^{x_t}\boldsymbol{P}_{t|t-1}\left(\boldsymbol{h}_t^{x_t}\right)^{\mathrm{T}}+\boldsymbol{h}_t^{e_t}\boldsymbol{R}_t\left(\boldsymbol{h}_t^{e_t}\right)^{\mathrm{T}}\right]^{-1} \tag{6.76}$$

6.3.3 基于无迹卡尔曼滤波的地形匹配导航

基于扩展卡尔曼滤波的地形匹配导航方法需要将非线性过程线性化，故对于观测量变化较小的情况，可以通过局部线性化来较好地完成定位估计。当观测量起伏波动较剧烈时，扩展卡尔曼滤波算法在进行局部线性化过程中，线性化直线不能很好拟合曲线，导致引入了较大误差，这样就会降低定位精度。在实际应用中有时需要对一片比较大的区域进行线性化，这就需要对这块区域进行平滑处理，而平滑处理最大的缺点就是会丢失很多有用的信息，这样更有可能会导致扩展卡尔曼滤波不稳定。由于 AUV 载体正下方的地形深度只与 AUV 所在的水平面上的地理位置信息有关，在建立数学模型时，系统状态取潜艇的位置信息。在东-北-天坐标系下，系统状态取为东向位置和北向位置，则其状态方程为

$$\boldsymbol{x}_t = \boldsymbol{x}_{t-1} + \boldsymbol{G}_t \boldsymbol{u}_{t-1} + \boldsymbol{v}_{t-1} \tag{6.77}$$

式中，$\boldsymbol{x}$ 表示系统位置坐标，包括东向位置和北向位置；$\boldsymbol{u}$ 表示系统运动速度；$\boldsymbol{v}_{t-1} \sim (0, \boldsymbol{v}_{t-1})$ 为系统噪声。系统观测方程为

$$\boldsymbol{Z}_t = \boldsymbol{h}(\boldsymbol{X}_t) + \boldsymbol{R}_t \tag{6.78}$$

式中，$\boldsymbol{h}(\boldsymbol{X}_t)$ 是地形深度值关于位置 (x, y) 的非线性函数；$\boldsymbol{R}_t \sim (0, \boldsymbol{R}_t)$ 为测量误差，包括测深测潜仪噪声及数字地图制作噪声。

6.3.3.1 无迹变换

无迹变换（unscented transform，UT）是无迹卡尔曼滤波（unscented Kalman filter，UKF）的基础[24]，UT 的思想是用固定数量的参数去近似一个高斯分布，这比近似任意的非线性函数或变换更容易。其实现原理如下：在原状态分布中按某一规则取一些点，使这些点的均值和方差近似于原状态分布的数学期望和方差；将这些点带入非线性函数中，得到非线性函数值点集，并求取变换后点集的均值和方差。

假设一个非线性变换 $\boldsymbol{y} = \boldsymbol{F}(\boldsymbol{x})$，状态向量 $\boldsymbol{x}$ 为 n 维随机变量，并已知其均值 $\bar{x}$ 和方差矩阵 $\boldsymbol{P}_{\mathrm{x}}$，则可通过 UT 得到 $2n+1$ 个西格玛（sigma）点 χ_i 和相应的权值 W_i 来计算 $\boldsymbol{y}$ 的统计特性。UT 的原理图如图 6.20 所示。

实际上 UT 就是将状态变量 $\boldsymbol{x}$ 的取值范围 $\boldsymbol{X}$ 近似为高斯分布，假设均值 $\bar{x}$ 为高斯分布的数学期望，方差矩阵 $\boldsymbol{P}_{\mathrm{x}}$ 为 $\mathrm{diag}\left[\sigma_1^2, \sigma_2^2, \cdots, \sigma_n^2\right]$，然后通过在这个分布下的采样产生有限个 sigma 点 $\chi_i\,(i = 1, 2, \cdots, 2n+1)$ 来代替全体 $\boldsymbol{x} \in \boldsymbol{X}$。将有限个 sigma 点 χ_i 经过非线性变换 $y_i = \boldsymbol{F}(\chi_i)$ 得到变换点 $y_i\,(i = 1, 2, \cdots, 2n+1)$，并假设全体变换点 y_i 所构成的值域 $\boldsymbol{y}$ 仍然近似服从于高斯分布，通过对变换点 y_i 取加权均值和求加权方差，近似得到真实值域 $\boldsymbol{y} = \boldsymbol{F}(\boldsymbol{X})$ 分布的数学期望和方差。

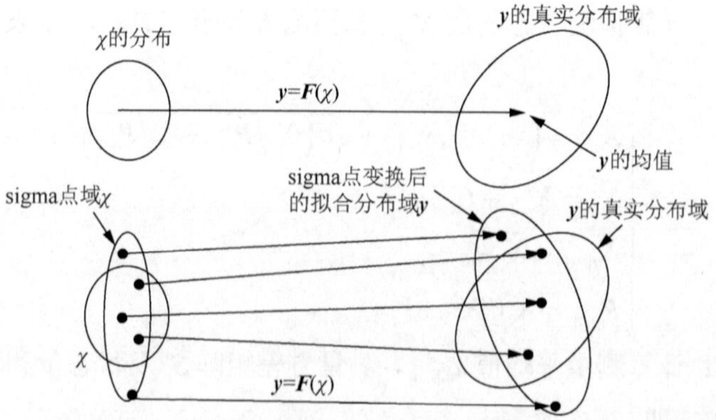

图 6.20 UT 原理

UT 的具体公式为

$$\begin{cases} x_0 = \overline{x} \\ x_i = \overline{x} + \left(\sqrt{(n+\lambda)\boldsymbol{P}_{\mathrm{x}}}\right)_i, \quad i = 1,2,\cdots,n \\ x_i = \overline{x} + \left(\sqrt{(n+\lambda)\boldsymbol{P}_{\mathrm{x}}}\right)_i, \quad i = n+1,n+2,\cdots,2n \end{cases} \tag{6.79}$$

其均值和方差的相关权值计算公式为

$$\begin{cases} W_i^x = \lambda/(n+\lambda) \\ W_i^x = 1/\left[2(n+\lambda)\right], \quad i = 1,2,\cdots,2n \\ W_0^p = \lambda/(n+\lambda) + \left(1-\alpha^2+\beta\right) \\ W_i^p = 1/\left[2(n+\lambda)\right], \quad i = 1,2,\cdots,2n \end{cases} \tag{6.80}$$

式中，$\lambda = \alpha^2(n+\kappa) - n$，$\lambda$ 是一个比例因子；α 决定 $\overline{x}$ 周围的 sigma 点的分布状态，调节 α 使高阶项的影响达到最小，通常选择 $0 \leqslant \alpha \leqslant 1$；$\beta$ 用来合并随机变量分布的先验知识，对于高斯分布，其最优值为 2。

对于高斯分布的情况，当状态变量为单变量时，选择 $\kappa = 2$；当状态变量为多变量时，选择 $\kappa = 3 - n$。$\left(\sqrt{(n+\lambda)\boldsymbol{P}_{\mathrm{x}}}\right)_i$ 是矩阵 $\sqrt{(n+\lambda)\boldsymbol{P}_{\mathrm{x}}}$ 的第 i 列（当 $\boldsymbol{P} = \boldsymbol{A}^{\mathrm{T}}\boldsymbol{A}$ 时，取 $\left(\sqrt{\boldsymbol{P}}\right)_i$ 的第 i 行；当 $\boldsymbol{P} = \boldsymbol{A}\boldsymbol{A}^{\mathrm{T}}$ 时，取 $\left(\sqrt{\boldsymbol{P}}\right)_i$ 的第 i 列）。

6.3.3.2 无迹卡尔曼滤波算法的实现过程

与基于扩展卡尔曼滤波算法分为两个阶段不同，基于无迹卡尔曼滤波的地形匹配算法不需要进行搜索便能有很好的匹配定位性能。无迹卡尔曼滤波算法在地形匹配系统上实现的具体流程如下。

（1）预测：计算预测状态均值 $\boldsymbol{X}_{t|t-1}$ 和预测方差矩阵 $\boldsymbol{P}_{t|t-1}$，$\tilde{\boldsymbol{X}}$ 表示 sigma 粒子矩阵，即

$$\begin{cases}\tilde{\boldsymbol{X}}_{t-1}=\left(x_{t-1},\cdots,x_{t-1}\right)+\sqrt{c}\left(0,\sqrt{\boldsymbol{P}_{t-1}},\cdots,\sqrt{\boldsymbol{P}_{t-1}}\right)\\ \tilde{\boldsymbol{X}}_{t}=\tilde{\boldsymbol{X}}_{t-1}+\boldsymbol{G}_{t-1}\boldsymbol{u}_{t-1}\\ \boldsymbol{X}_{t|t-1}=\tilde{\boldsymbol{X}}_{t}\boldsymbol{w}_{\mathrm{m}}\\ \boldsymbol{P}_{t|t-1}=\tilde{\boldsymbol{X}}_{t}W\tilde{\boldsymbol{X}}_{t}^{\mathrm{T}}+\boldsymbol{V}_{t-1}\end{cases}\tag{6.81}$$

（2）更新：计算测量平均值 $\boldsymbol{Z}_{t|t-1}$，测量方差矩阵 $\boldsymbol{S}_t$ 及状态量和测量量的互相关方差矩阵 $\boldsymbol{C}_t$，即

$$\begin{cases}\tilde{\boldsymbol{X}}_{t|t-1}=\left(x_{t|t-1},\cdots,x_{t|t-1}\right)+\sqrt{c}\left(0,\sqrt{\boldsymbol{P}_{t|t-1}},\cdots,\sqrt{\boldsymbol{P}_{t|t-1}}\right)\\ \tilde{\boldsymbol{Z}}_{t|t-1}=\tilde{\boldsymbol{Z}}_{t|t-1}\boldsymbol{w}_{\mathrm{m}}\\ \boldsymbol{Z}_{t|t-1}=\tilde{\boldsymbol{Z}}_{t|t-1}\boldsymbol{w}_{\mathrm{m}}\\ \boldsymbol{S}_{t}=\tilde{\boldsymbol{Z}}_{t|t-1}\boldsymbol{W}\tilde{\boldsymbol{Z}}_{t|t-1}^{\mathrm{T}}+\boldsymbol{R}_{t}\\ \boldsymbol{C}_{t}=\boldsymbol{X}_{t|t-1}\boldsymbol{W}\tilde{\boldsymbol{Z}}_{t|t-1}^{\mathrm{T}}\end{cases}\tag{6.82}$$

（3）计算滤波增益矩阵 $\boldsymbol{K}_t$ 和更新后的状态均值 $\boldsymbol{X}_t$ 及方差矩阵 $\boldsymbol{P}_t$，即

$$\begin{cases}\boldsymbol{K}_{t}=\boldsymbol{C}_{t}\boldsymbol{S}_{t}^{-1}\\ \boldsymbol{X}_{t}=\boldsymbol{X}_{t|t-1}+\boldsymbol{K}_{t}\left(\boldsymbol{Z}_{t}-\boldsymbol{Z}_{t|t-1}\right)\\ \boldsymbol{P}_{t}=\boldsymbol{P}_{t|t-1}-\boldsymbol{K}_{t}\boldsymbol{S}_{t}\boldsymbol{K}_{t}^{\mathrm{T}}\end{cases}\tag{6.83}$$

$\boldsymbol{X}_t$ 即 t 时刻更新的状态估计值，有

$$\begin{cases}c=\alpha^{2}\left(n+\kappa\right)\\ \boldsymbol{w}_{\mathrm{m}}=\left(W_{0}^{x},W_{1}^{x},\cdots,W_{2n}^{x}\right)^{\mathrm{T}}\\ \boldsymbol{W}=\left[\boldsymbol{I}-\left(w_{\mathrm{m}},w_{\mathrm{m}},\cdots,w_{\mathrm{m}}\right)\right]^{\mathrm{T}}\\ \mathrm{diag}\left(W_{0}^{p},W_{1}^{p},\cdots,W_{2n}^{p}\right)\quad\left[\boldsymbol{I}-\left(w_{\mathrm{m}},w_{\mathrm{m}},\cdots,w_{\mathrm{m}}\right)\right]^{\mathrm{T}}\end{cases}\tag{6.84}$$

6.3.3.3 仿真算例

海底地形为真实海底地形数据，为了便于比较，对同一航迹使用扩展卡尔曼滤波和无迹卡尔曼滤波两种匹配算法，这样就可以清楚地看到基于无迹卡尔曼滤波的地形匹配算法相比基于扩展卡尔曼滤波地形匹配算法的优势，如图 6.21 所示。从图 6.21 中可以看出，与传统扩展卡尔曼滤波的 SITAN 方法相比，基于无迹卡尔曼滤波的地形匹配方法不需要线性化，能够有效克服地形测量的非线性给

系统带来的不利影响，系统稳定性较好。此外，可以发现即使没有经过搜索阶段，基于无迹卡尔曼滤波的地形匹配算法也能够很快地收敛，而且匹配性能优于扩展卡尔曼滤波算法。

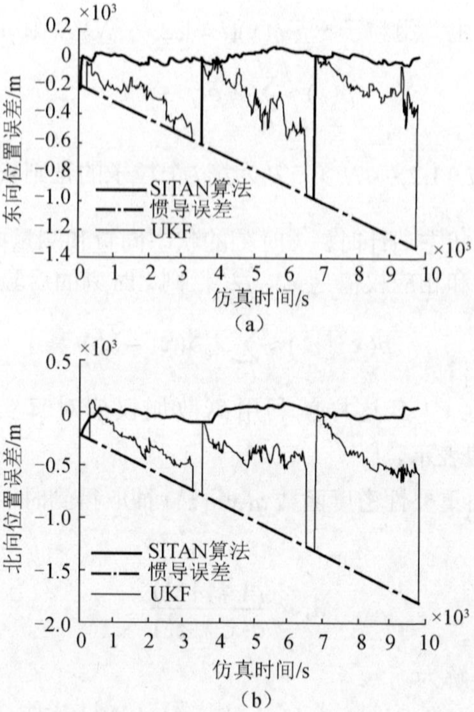

图 6.21　基于无迹卡尔曼滤波与基于扩展卡尔曼滤波的地形匹配算法的比较

6.3.4　基于粒子滤波的地形匹配导航

6.3.4.1　标准粒子滤波算法

对于非线性、非高斯系统的状态滤波问题，随机采样下的蒙特卡罗方法和序贯重要性采样提供了一种可用的途径，粒子滤波（particle filter，PF）即基于这一原理。由于考虑了系统状态概率密度，PF 算法对于利用加权粒子来进行状态的估计具有重要的作用。

1. 序贯重要性采样

序贯重要性采样（sequential important sampling，SIS）算法是一种蒙特卡罗采样方法。其通过获取目标估计的后验概率密度函数来对状态进行估计，本质上是一种利用蒙特卡罗仿真来实现贝叶斯估计的技术。后验概率密度函数的获取通过满足一定条件的随机样本来实现，每个样本对应一个目标状态下的概率权值，从而可以利用权值和这些样本对真实状态进行估计。

设待求的概率密度函数为 $p(x)$，与另一概率密度函数 $\pi(x)$ 成一定的比例。由于 $p(x)$ 难以采样，这里采用另外一个容易采样的概率密度函数 $q(\cdot)$，称之为重要性密度函数，由其产生一组粒子 $\hat{x}^i \sim q(x)(i=1,2,\cdots,N)$，则 $p(x)$ 可近似表示为

$$p(x) \approx \sum_{i=1}^{N} \lambda^i \delta(x - x^i) \tag{6.85}$$

式中，$\lambda^i \propto \dfrac{\pi(\hat{x}^i)}{q(\hat{x}^i)}$（$i=1,2,\cdots,N$），$\lambda^i$ 为第 i 个粒子的正则权值，且 $\sum_{i=1}^{N=1} \lambda^i = 1$。

采用非线性系统状态估计时，k 时刻的状态向量和测量向量用 $\boldsymbol{x}^k$、$\boldsymbol{z}^k$ 表示，所有状态的采样样本和相应权值为 x_k^i、λ_k^i，则 k 时刻的后验 PDF 可表示为

$$p(\boldsymbol{x}^k \mid \boldsymbol{z}^k) \approx \sum_{i=1}^{N} \lambda_k^i \delta(\boldsymbol{x}^k - \boldsymbol{x}_i^k) \tag{6.86}$$

式中，$\boldsymbol{x}_i^k = \{x_0^i, x_1^i, \cdots, x_k^i\}$。这样就利用离散加权值对真实状态概率密度函数 $p(\boldsymbol{x}^k \mid \boldsymbol{z}^k)$ 进行了近似表示。

当样本 $\{\hat{x}_{0:k}^i\}_{i=1}^N$ 由重要性密度函数 $q(\boldsymbol{x}^k \mid \boldsymbol{z}^k)$ 抽取得到时，按照上述定位权值的方法有

$$\lambda_k^i \propto \frac{p(\hat{x}_{0:k}^i \mid \boldsymbol{z}^k)}{q(\hat{x}_{0:k}^i \mid \boldsymbol{z}^k)} \tag{6.87}$$

将重要性密度函数分解为

$$q(\boldsymbol{x}^k \mid \boldsymbol{z}^k) = q(\boldsymbol{x}_k \mid \boldsymbol{x}^{k-1}, \boldsymbol{z}^k) q(\boldsymbol{x}^{k-1} \mid \boldsymbol{z}^{k-1}) \tag{6.88}$$

通过 $q(\boldsymbol{x}_k \mid \boldsymbol{x}^{k-1}, \boldsymbol{z}^k)$ 得到的粒子 $\{\hat{x}_k^i\}_{i=1}^N$ 和由 $q(\boldsymbol{x}^{k-1} \mid \boldsymbol{z}^{k-1})$ 得到的粒子集 $\{\hat{x}_{0:\,k-1}^i\}_{i=1}^N$ 可以得到新的粒子集 $\{\hat{x}_{0:k}^i\}_{i=1}^N$。

此时，通过贝叶斯公式，可得后验概率密度函数为

$$\begin{aligned}
p(\boldsymbol{x}^k \mid \boldsymbol{z}^k) &= \frac{p(z_k \mid \boldsymbol{X}^k, \boldsymbol{Z}^{k-1}) p(\boldsymbol{X}^k \mid \boldsymbol{Z}^{k-1})}{p(z_k \mid \boldsymbol{Z}^{k-1})} \\
&= \frac{p(z_k \mid \boldsymbol{X}^k, \boldsymbol{Z}^{k-1}) p(\boldsymbol{x}_k \mid \boldsymbol{X}^{k-1}, \boldsymbol{Z}^{k-1}) p(\boldsymbol{X}^{k-1} \mid \boldsymbol{Z}^{k-1})}{p(z_k \mid \boldsymbol{Z}^{k-1})} \\
&= \frac{p(z_k \mid \boldsymbol{x}_k) p(\boldsymbol{x}_k \mid \boldsymbol{x}_{k-1})}{p(z_k \mid \boldsymbol{Z}^{k-1})} p(\boldsymbol{X}^{k-1} \mid \boldsymbol{Z}^{k-1}) \\
&= \frac{p(z_k \mid \boldsymbol{x}_k) p(\boldsymbol{x}_k \mid \boldsymbol{x}_{k-1})}{p(z_k \mid \boldsymbol{Z}^{k-1})} p(\boldsymbol{X}^{k-1} \mid \boldsymbol{Z}^{k-1}) \\
&\propto p(z_k \mid \boldsymbol{x}_k) p(\boldsymbol{x}_k \mid \boldsymbol{x}_{k-1}) p(\boldsymbol{X}^{k-1} \mid \boldsymbol{Z}^{k-1})
\end{aligned} \tag{6.89}$$

由式（6.89）可得到重要性权值更新公式，即

$$
\begin{aligned}
\lambda_k^i \propto \frac{p(\hat{x}_{0:k}^i \mid \boldsymbol{Z}^k)}{q(\hat{x}_{0:k}^i \mid \boldsymbol{Z}^k)} &= \frac{p(z_k \mid x_k^i)p(x_k^i \mid x_{k-1}^i)p(x_{k-1}^i \mid \boldsymbol{Z}^{k-1})}{q(\hat{x}_k^i \mid \hat{x}_{0:k-1}^i, z_k)q(\hat{x}_{0:k-1}^i \mid \boldsymbol{Z}^{K-1})} \\
&= \lambda_{k-1}^i \frac{p(z_k \mid x_k^i)p(x_k^i \mid x_{k-1}^i)}{q(\hat{x}_k^i \mid \hat{x}_{0:k-1}^i, z_k)q(\hat{x}_k^i \mid \hat{x}_{0:k-1}^i, z_k)}
\end{aligned} \tag{6.90}
$$

此时，如果 $q(\boldsymbol{x}^k \mid \boldsymbol{z}^k) = q(\boldsymbol{x}_k \mid \boldsymbol{x}^{k-1}, \boldsymbol{z}^k)$，则重要性密度函数仅依赖于 $\boldsymbol{x}_{k-1}$ 和 $\boldsymbol{z}_k$，计算时，仅需存储当前粒子 $\{\hat{x}_k^i\}_{i=1}^N$ 而不必考虑粒子集 $\{\hat{x}_{0:k-1}^i\}_{i=1}^N$ 及过去测量值 $\boldsymbol{Z}^k$。

标准粒子滤波算法中，重要性密度函数选为先验概率密度函数，有

$$
q(\boldsymbol{x}_k \mid x_{k-1}^i, \boldsymbol{z}^k) = p(\boldsymbol{x}_k \mid x_{k-1}^i) \tag{6.91}
$$

此时，重要性权值简化为 $\lambda_k^i \propto \lambda_{k-1}^i p(z_k \mid x_k^i)$，将权值归一化，即 $\lambda_k^i = \lambda_k^i \Big/ \sum_{i=1}^N \lambda_k^i$，则后验概率密度函数 $p(\boldsymbol{x}^k \mid \boldsymbol{z}^k)$ 可表示为

$$
p(\boldsymbol{x}^k \mid \boldsymbol{z}^k) \approx \sum_{i=1}^N \lambda_k^i \delta(\boldsymbol{x}_k - x_k^i) \tag{6.92}
$$

当具有很大的样本数时，加权近似就与后验概率密度函数近似等价，这样序贯重要性采样也可称为近似的最优贝叶斯滤波。

2. 重采样法

SIS 通过不断迭代得到状态变量的权值，经过几次迭代之后，几乎所有的粒子都具有负的权值。研究表明，重要性权值的方差随着时间的递增而增大，具有正权值的粒子只集中在少量的粒子上，绝大多数的粒子对后验概率密度函数的贡献为零。这就是 SIS 的“退化”现象。出现退化后的粒子将严重影响估计的精度，最终将导致发散。

一个度量粒子退化的指标为有效样本容量，定义为

$$
N_{\mathrm{e}} = \frac{1}{\sum_{i=1}^{N_{\mathrm{s}}} (\lambda_k^i)^2} \tag{6.93}
$$

式中，λ_k^i 即为由式（6.90）定义的正则权值；$N_{\mathrm{e}} \leqslant N$，当 N_{e} 很小时意味着粒子严重退化。

重采样通过淘汰权值低的粒子、集中权值高的粒子，限制退化现象。重采样的过程如下：

对于给定的概率密度函数的近似离散表示 $p(\boldsymbol{x}^k \mid \boldsymbol{z}^k) \approx \sum_{i=1}^N \lambda_k^i \delta(\boldsymbol{x}_k - x_k^i)$，重采样

方法对每个粒子 $\hat{x}_k^i$ 按其权值生成 N_i 个副本，并使 $\sum N_i = N$ ，若有 $N_i = 0$ ，则该粒子被淘汰。通过重采样产生一个新的样本集合 $\{\hat{x}_k^i\}_{i=1}^N$ ，于是 $p(\hat{x}_k^i = \hat{x}_k^i) = \lambda_k^j$ 。重采样的过程如图 6.22 所示。

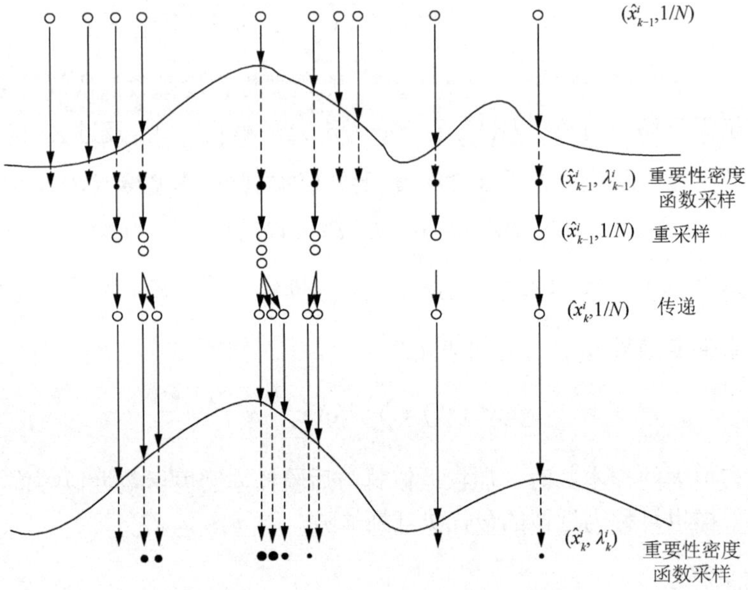

图 6.22 粒子滤波重采样示意图

3. 标准粒子滤波算法步骤

（1）初始化。由先验概率 $p(x_0)$ 产生粒子集合 $\{\hat{x}_k^i\}_{i=1}^N$ ，所有的粒子权值为 $1/N$ 。

（2）更新。在 k 时刻，更新粒子权值为 $\lambda_k^i = \lambda_{k-1}^i p(\boldsymbol{z}_k \mid \boldsymbol{x}_k) = \lambda_{k-1}^i p_{e_k}\left[\boldsymbol{z}_k - h(x_k^i)\right]$ $(i = 1, 2, \cdots, N)$ ，归一化权值 $\lambda_k^i = \lambda_k^i \Big/ \sum_{i=1}^N \lambda_k^i$ ，可得 k 时刻未知参数 x 的最小均方差估计为 $\hat{x}_k \approx \sum_{i=1}^N \lambda_k^i x_k^i$ 。

（3）计算有效样本容量 $N_{\mathrm{e}} = 1 \Big/ \sum_{i=1}^{N_{\mathrm{s}}} (\lambda_k^i)^2$ ，若 $N_{\mathrm{e}} < N_{\mathrm{s}}$ ，重采样得到新的粒子集合 $\{\hat{x}_k^{i^*}\}_{i=1}^N$ 。

（4）输出。

状态估计： $\hat{\boldsymbol{x}}_t \approx \sum_{i=1}^N \lambda_t^i \boldsymbol{x}_t^i$ 。

方差估计： $P_{t|t}=\sum_{i=1}^{N}\lambda_t^i\left(\boldsymbol{x}_t^i-\hat{\boldsymbol{x}}_t\right)\left(\boldsymbol{x}_t^i-\hat{\boldsymbol{x}}_t\right)^{\mathrm{T}}$ 。

（5）预测。利用状态方程式（6.69）预测位置参数 x_{k+1}^i。

（6）时刻 $k=k+1$，转到步骤（2）。

6.3.4.2 改进粒子滤波算法

标准粒子滤波中的重采样算法虽然能够减少粒子退化的问题，但是又会引入另一个问题，即当迭代一定次数之后，会出现几乎所有的粒子均来自同一个父代粒子，即所谓的“粒子耗尽”，粒子的多样性消失，这也是粒子滤波最主要的问题[25]。

为了解决粒子的多样性问题，本节给出一种基于改进粒子滤波（improved particle filter，IPF）算法，从粒子的后验分布出发，根据其最新测量来近似最优分布。

状态的后验概率密度函数表示为

$$p(\boldsymbol{x}_k\mid z_{0:k})\propto p(\boldsymbol{z}_k\mid \boldsymbol{x}_k)p(\boldsymbol{x}_k\mid z_{0:k-1})=\sum_{i=1}^{N}[\lambda_{k-1}^i p(\boldsymbol{z}_k\mid \boldsymbol{x}_k)]p(\boldsymbol{x}_k\mid x_{k-1}^i) \quad (6.94)$$

用 ς 来表示上式中的 i 值，则有

$$p(\boldsymbol{x}_k,\varsigma_{k-1}^i\mid z_{0:k})\propto p(\boldsymbol{z}_k\mid \boldsymbol{x}_k)p(\boldsymbol{x}_k,\varsigma_{k-1}^i\mid z_{0:k-1})=\sum_{i=1}^{N}[\lambda_{k-1}^i p(\boldsymbol{z}_k\mid \boldsymbol{x}_k)]p(\boldsymbol{x}_k\mid x_{k-1}^i) \quad (6.95)$$

采用重要性采样，使得重要性密度函数满足

$$\begin{aligned} p(\boldsymbol{x}_k,\varsigma_{k-1}^i\mid z_{0:k}) &= q(\varsigma_{k-1}^i\mid z_{0:k})q(\boldsymbol{x}_k\mid \varsigma_{k-1}^i,z_{0:k-1}) \\ &\propto \sum_{i=1}^{N}[\lambda_{k-1}^i p(\boldsymbol{z}_k\mid u_{k|k-1}^i)]p(\boldsymbol{x}_k\mid x_{k-1}^i) \end{aligned} \quad (6.96)$$

式中， $u_{k|k-1}^i$ 是给定 x_{k-1}^i 条件下关于状态变量 $\boldsymbol{x}_k$ 的统计信息，其值和 $p(\boldsymbol{x}_k\mid x_{k-1}^i)$ 相关。当状态转移噪声是零均值的高斯白噪声时，$u_{k|k-1}^i=x_{k-1}^i$，可以通过 $p(\boldsymbol{x}_k\mid u_{k|k-1}^i)$ 来计算 $p(\boldsymbol{z}_k\mid x_{k-1}^i)$ 。

由重要性采样得到的粒子集为 $\{(x_k^i,\varsigma_{k-1}^i),\lambda_k^i\}_{i=1}^N\sim q(x_k,\varsigma_{k-1}^i\mid z_{0:k})$，去掉其中的变量 ς_{k-1}^i 后，可得到所需的新的粒子集 $\{(x_k^i,\lambda_k^i)\}_{i=1}^N$，其中权值为

$$\lambda_k^i\propto\frac{p(x_k^i,\varsigma_{k-1}=i\mid z_{0:k})}{q(x_k^i,\varsigma_{k-1}^i\mid z_{0:k})}=\frac{p(\boldsymbol{z}_k\mid x_k^i)}{p(\boldsymbol{z}_k\mid u_{k|k-1}^i)} \quad (6.97)$$

归一化后的权值为

$$\tilde{\lambda}_k^i = \tilde{\lambda}_k^i / \sum_{i=1}^{N} \tilde{\lambda}_k^i \tag{6.98}$$

改进后的粒子滤波将粒子集重新组合，得到更符合似然概率分布的粒子集。改进后的粒子滤波地形匹配导航算法步骤如下。

（1）计算辅助变量。取 $u_{k|k-1}^i = x_{k-1}^i$，计算每个粒子的 $u_{k|k-1}^i$。

（2）计算每个粒子的辅助加权值 $\hat{\lambda}_{k-1}^i \propto \lambda_{k-1}^i p(\boldsymbol{z}_k | u_{k|k-1}^i)$。

（3）权值归一化，$\tilde{\lambda}_{k-1}^i = \hat{\lambda}_{k-1}^i / \sum_{i=1}^{N} \hat{\lambda}_{k-1}^i$。

（4）根据归一化后的辅助加权粒子集进行重采样，返回粒子的父代序号 ς_{k-1}^i。

（5）重要性采样，预测粒子集：$x_k^i \sim q(\boldsymbol{x}_k, \varsigma_{k-1}^i | \boldsymbol{z}_{0:k}) = p(x_k^i | x_{k-1}^{\varsigma_{k-1}^i})$。

（6）根据式（6.97）计算权值并归一化，得到新的粒子集 $\{(x_k^i, \tilde{\lambda}_k^i)\}_{i=1}^N$。

（7）输出。

状态估计：$\hat{\boldsymbol{x}}_{k|k} = \int_{R^n} \boldsymbol{x}_k p(\boldsymbol{x}_k | \boldsymbol{z}^k) \mathrm{d}\boldsymbol{x}_k$。

方差估计：$p_{k|k} = \int_{R^n} (\boldsymbol{x}_k - \hat{\boldsymbol{x}}_{k|k})(\boldsymbol{x}_k - \hat{\boldsymbol{x}}_{k|k})^{\mathrm{T}} p(\boldsymbol{x}_k | \boldsymbol{z}^k) \mathrm{d}\boldsymbol{x}_k$。

6.3.4.3 仿真算例

仿真实验数据为真实多波束海上实验数据，对数据进行回放的同时进行粒子滤波下的航迹跟踪实验，各仿真参数如下。

航迹起始点误差：东向、北向各 30m。

粒子数：1000 个。

基本导航误差特性：均值为 0，方差为 $(0.05s)^2$ 的高斯白噪声，s 为航行距离。

测深误差：均值为 0，方差为 0.5 的高斯白噪声。

由于 IPF 算法利用了实时的观测信息，按照最优的分布对粒子进行了重新采样，从而能够抑制粒子的多样性的损失，当迭代达到一定次数时，标准粒子滤波出现的粒子耗尽问题得以改善。从图 6.23 中的地形匹配航迹跟踪结果来看，改进后的粒子滤波收敛时间较快、误差区间稳定；而标准 PF 下的误差波动较大，需要较长的收敛时间。图 6.23 中的 IPF 以航行 100m 后的跟踪轨迹为稳态航迹，PF 以航行 230m 后的航迹为稳态航迹，以平均圆概率误差为标准，则 IPF 算法下的稳态跟踪精度为 5.3m，PF 算法的跟踪精度为 8.5m，改进后的跟踪精度提高了 37%。

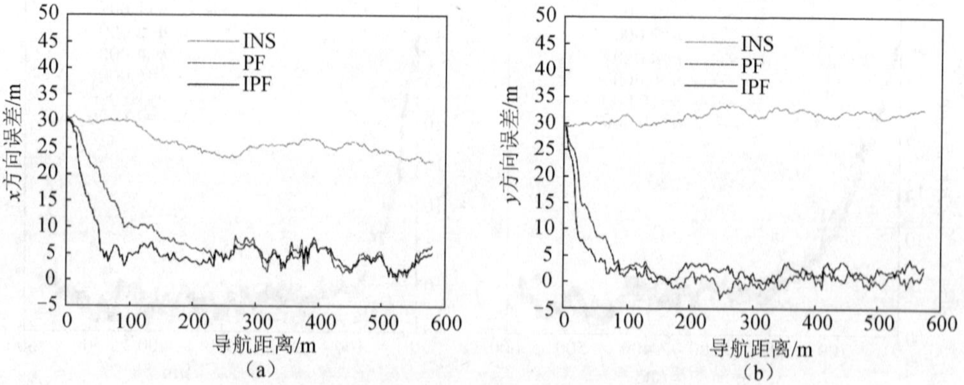

图 6.23 基于粒子滤波的地形跟踪效果

粒子滤波下的采样频率、粒子个数及初始误差三个因素对跟踪滤波的效果有着重要的影响，为了对这三个因素的影响进行说明，本节进行了相关仿真实验。图 6.24 为不同采样频率下的跟踪效果，1m 表示载体每航行 1m 进行一次采样用来滤波跟踪，最小采样距离为 1m，最大采样距离为 20m。从图 6.24 中可以看出，采样距离越大，收敛时所航行的距离越大，时间也越长。在 x、y 方向上、20m 间隔距离时，直到仿真结束仍无法判断是否达到收敛状态。

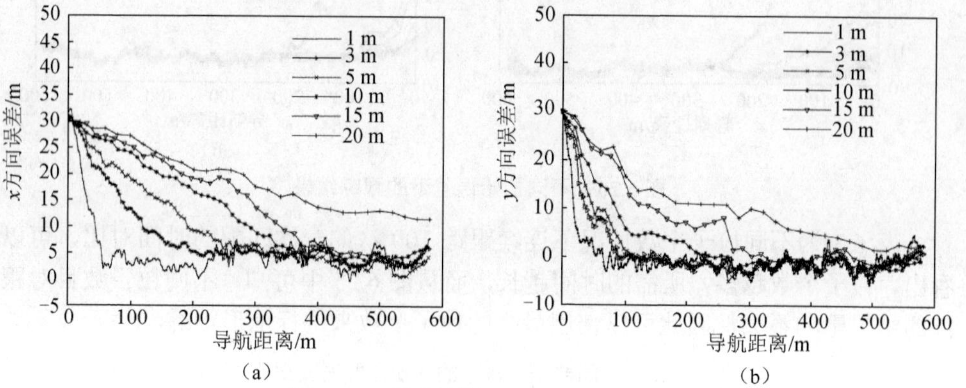

图 6.24 不同采样间隔下的跟踪误差

图 6.25 为不同粒子个数下的跟踪结果，最小粒子数为 1000，最大粒子数为 20 000。从图 6.25 中可看出，其稳态结果、收敛速度并没有多少改变，在不同的粒子个数下的跟踪结果相差不大。

图 6.26 为不同初始误差下的跟踪结果，最小初始误差为 5m，最大初始误差为 50m。从图 6.26 中可以看出，初始位置误差越大，收敛时所需航行的距离越长，在最小误差 5m 时，可以快速收敛（10m 之内），在初始误差为 50m 时，需要连续滤波跟踪 200m 才能达到收敛状态。

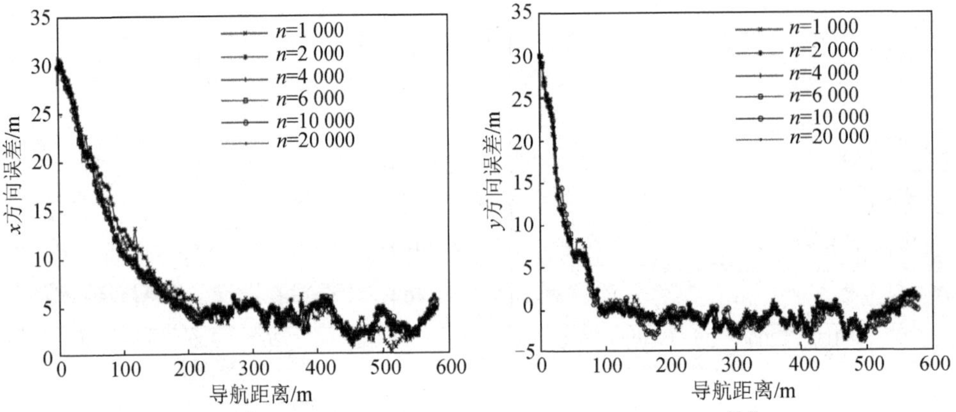

（a）　　　　（b）

图 6.25　不同粒子个数下的跟踪结果

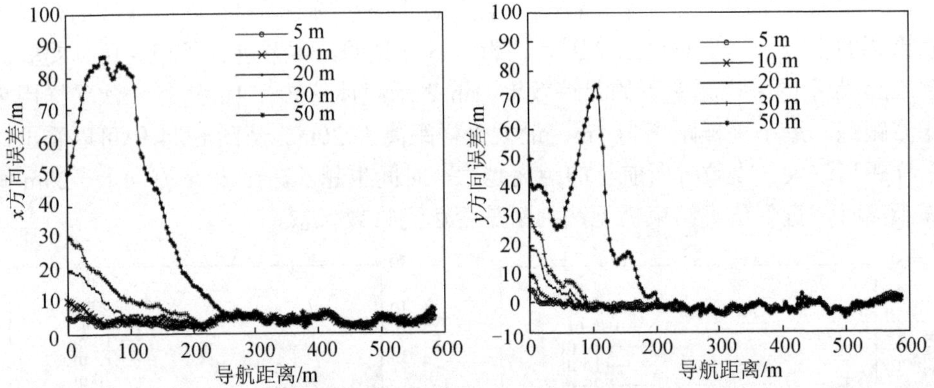

（a）　　　　（b）

图 6.26　不同初始误差下的跟踪结果

表 6.3 为不同粒子个数情况下连续跟踪 100 次的一次匹配的时间对比，可以看出，粒子个数越多，所需的时间越长，而从图 6.25 中可知，不同粒子数目对跟踪的结果影响不大，因此可以使用最少的粒子个数来进行地形跟踪。

表 6.3　不同粒子个数下的一次匹配时间对比

粒子个数	1 000	2 000	4 000	6 000	10 000	20 000
匹配时间/s	0.141	0.235	0.422	0.609	1.004	1.953

在各影响因素中，采样频率和初始误差对跟踪结果的影响最大，采样距离越小、初始误差越小，跟踪的精度越高、滤波收敛时间越短。这与贝叶斯估计中的时间更新和位置更新是相对应的，初始位置误差越小，位置更新时粒子的分布范围与真实范围越接近；采样距离越短，通过迭代得到的粒子权值与真实情况越相似，因此在本节表现为采样距离和初始位置误差对粒子滤波下的地形跟踪的影响最大。

6.3.5 基于高斯和滤波的地形匹配导航

6.3.5.1 高斯和滤波器

高斯和滤波器（Gaussian sum filtering，GSF）通过有限个高斯混合密度函数近似状态的后验概率密度函数[26]，从理论上来说，只要选取的高斯分量足够多，其滤波结果可无限逼近后验概率的真实分布，达到贝叶斯估计的效果。考虑式（6.77）和式（6.78）描述的系统模型，其噪声均为高斯白噪声，假设其在 t 时刻的概率密度分布可由高斯混合 $p(\cdot)$ 近似表示，则地形匹配的高斯和滤波可表示为测量更新和时间更新。

1. 测量更新

假设在 t 时刻，系统的预测分布为

$$p\left(\boldsymbol{x}_t\middle|\boldsymbol{Y}^{t-1}\right)=\sum_{i=1}^{G}\hat{\omega}_{ti}N\left(\boldsymbol{x}_t,\hat{\boldsymbol{\mu}}_{ti},\hat{\boldsymbol{\Sigma}}_{ti}\right) \tag{6.99}$$

式中，G 为并行 GSF 的个数；$\hat{\boldsymbol{\mu}}_{ti}$、$\hat{\boldsymbol{\Sigma}}_{ti}$ 可基于先验信息得到，具体的求解方法将在后面进行介绍。在获取 t 时刻的地形测量值后，后验概率密度函数可由以下公式得到：

$$\begin{aligned}p\left(\boldsymbol{x}_t\middle|\boldsymbol{Y}^{t}\right)&=\sum_{i=1}^{G}\hat{\omega}_{ti}\frac{p\left(\boldsymbol{y}_t\middle|\boldsymbol{x}_t\right)p\left(\boldsymbol{x}_t\middle|\boldsymbol{Y}^{t-1}\right)}{p\left(\boldsymbol{y}_t\middle|\boldsymbol{Y}^{t-1}\right)}\\&=\sum_{i=1}^{G}\hat{\omega}_{ti}\frac{p\left(\boldsymbol{y}_t\middle|\boldsymbol{x}_t\right)N\left(\boldsymbol{x}_t,\hat{\boldsymbol{\mu}}_{ti},\hat{\boldsymbol{\Sigma}}_{ti}\right)}{p\left(\boldsymbol{y}_t\middle|\boldsymbol{Y}^{t-1}\right)}\\&\propto\sum_{i=1}^{G}\hat{\omega}_{ti}p\left(\boldsymbol{y}_t\middle|\boldsymbol{x}_t\right)N\left(\boldsymbol{x}_t,\hat{\boldsymbol{\mu}}_{ti},\hat{\boldsymbol{\Sigma}}_{ti}\right)\end{aligned} \tag{6.100}$$

文献[27]可知，后验分布 $p\left(\boldsymbol{x}_t\middle|\boldsymbol{Y}^{t}\right)$ 可由高斯和 $\sum_{i=1}^{G}\omega_{ti}N\left(\boldsymbol{x}_t,\boldsymbol{\mu}_{ti},\boldsymbol{\Sigma}_{ti}\right)$ 近似分布，其中，$\boldsymbol{\mu}_{ti}$、$\boldsymbol{\Sigma}_{ti}$、ω_{ti} 可由以下公式得到：

$$\begin{cases}\boldsymbol{\mu}_{ti}=\hat{\boldsymbol{\mu}}_{ti}+\boldsymbol{K}_{ti}\left[\boldsymbol{y}_t-\boldsymbol{h}_t\left(\boldsymbol{x}_t\right)\right]\\\boldsymbol{\Sigma}_{ti}=\hat{\boldsymbol{\Sigma}}_{ti}-\boldsymbol{K}_{ti}\boldsymbol{H}_{ti}\hat{\boldsymbol{\Sigma}}_{ti}\\\omega_{ti}=\hat{\omega}_{ti}N\left[\boldsymbol{y}_t,\boldsymbol{h}\left(\hat{\boldsymbol{\mu}}_{ti}\right),\boldsymbol{H}_{ti}^{\mathrm{T}}\hat{\boldsymbol{\Sigma}}_{ti}\boldsymbol{H}_{ti}+\sigma_{\mathrm{e}}^2\boldsymbol{I}\right]\Big/\sum_{j=1}^{G}\hat{\omega}_{ti}N\left[\boldsymbol{y}_t,\boldsymbol{h}\left(\hat{\boldsymbol{\mu}}_{ti}\right),\boldsymbol{H}_{ti}^{\mathrm{T}}\hat{\boldsymbol{\Sigma}}_{ti}\boldsymbol{H}_{ti}+\sigma_{\mathrm{e}}^2\boldsymbol{I}\right]\\\boldsymbol{K}_{ti}=\hat{\boldsymbol{\Sigma}}_{ti}\boldsymbol{H}_{ti}\left(\boldsymbol{H}_{ti}^{\mathrm{T}}\hat{\boldsymbol{\Sigma}}_{ti}\boldsymbol{H}_{ti}+\sigma_{\mathrm{e}}^2\boldsymbol{I}\right)^{-1}\\\boldsymbol{H}_{ti}=\partial\boldsymbol{h}_t\left(\boldsymbol{x}\right)/\partial\boldsymbol{x}\big|_{\boldsymbol{x}=\hat{\boldsymbol{\mu}}_{ti}}\end{cases} \tag{6.101}$$

2. 时间更新

由于前面假设 $p\left(\boldsymbol{x}_t \middle| \boldsymbol{Y}^t\right)$ 可由高斯和表示，进一步假设 $p\left(\boldsymbol{x}_{t+1} \middle| \boldsymbol{Y}^t\right)$ 也是一个高斯混合，即

$$\begin{aligned} p\left(\boldsymbol{x}_{t+1} \middle| \boldsymbol{Y}^t\right) &= \int p\left(\boldsymbol{x}_{t+1} \middle| \boldsymbol{x}_t\right) p\left(\boldsymbol{x}_t \middle| \boldsymbol{Y}^t\right) \mathrm{d}\boldsymbol{x}_t \\ &\approx \int p\left(\boldsymbol{x}_{t+1} \middle| \boldsymbol{x}_t\right) \sum_{i=1}^{G} \omega_{ti} N\left(\boldsymbol{x}_t, \boldsymbol{\mu}_{ti}, \boldsymbol{\Sigma}_{ti}\right) \mathrm{d}\boldsymbol{x}_t \\ &= \sum_{i=1}^{G} \omega_{ti} \int p\left(\boldsymbol{x}_{t+1} \middle| \boldsymbol{x}_t\right) N\left(\boldsymbol{x}_t, \boldsymbol{\mu}_{ti}, \boldsymbol{\Sigma}_{ti}\right) \mathrm{d}\boldsymbol{x}_t \\ &= \sum_{i=1}^{G} \hat{\omega}_{(t+1)i} N\left(\boldsymbol{x}_{t+1}, \hat{\boldsymbol{\mu}}_{(t+1)i}, \hat{\boldsymbol{\Sigma}}_{(t+1)i}\right) \end{aligned} \quad (6.102)$$

式中，$\hat{\boldsymbol{\mu}}_{(t+1)i} = \boldsymbol{\mu}_{ti}$；$\hat{\boldsymbol{\Sigma}}_{(t+1)i} = \boldsymbol{\Sigma}_{ti} + \sigma_{\mathrm{v}}^2 \boldsymbol{I}$；$\hat{\omega}_{(t+1)i} = \omega_{ti}$。由此，可以得到地形匹配结果的状态估计和方差估计：

$$\hat{\boldsymbol{x}}_t = \sum_{i=1}^{G} \omega_{ti} \boldsymbol{\mu}_{ti} \quad (6.103)$$

$$\hat{\boldsymbol{\Sigma}}_t = \sum_{i=1}^{G} \omega_{ti} \left[\boldsymbol{\Sigma}_{ti} + \left(\hat{\boldsymbol{x}}_t - \boldsymbol{\mu}_{ti}\right)\left(\hat{\boldsymbol{x}}_t - \boldsymbol{\mu}_{ti}\right)^{\mathrm{T}} \right] \quad (6.104)$$

6.3.5.2 基于 GSPF 的地形匹配导航方法

由上节可知，GSF 利用有限个高斯混合密度近似系统状态的后验密度，其求解思想是通过线性化过程，利用多个并行的扩展卡尔曼滤波器对状态进行估计，而扩展卡尔曼滤波的线性化过程中舍弃了高阶项，导致在某些情况下滤波器发散。本节用粒子滤波代替高斯和滤波中的并行扩展卡尔曼滤波，提出一种基于高斯和粒子滤波（Gaussian sum particle filtering，GSPF）的地形匹配导航方法，其过程如下。

（1）初始化：t=0，初始时刻的先验分布 $p\left(\boldsymbol{x}_0\right) = \sum_{j=1}^{G} \omega_{0j} N\left(\boldsymbol{x}_0, \hat{\boldsymbol{x}}_{0,}, \boldsymbol{\Sigma}_{0j}\right)$，$\omega_{0j} = \dfrac{1}{G}$，分布采样产生粒子集合 $\left\{\boldsymbol{x}_{0j}^i\right\}_{i=1,j=1}^{N,G}$，且所有粒子的权值 $\lambda_{0j}^i = \dfrac{1}{NG}$。

（2）在 t 时刻测深传感器采集实时测深数据 $\boldsymbol{y}_t$，并从 DTM 中提取 $\boldsymbol{x}_t$ 处的水深值 $\boldsymbol{h}$（$\boldsymbol{x}_t$）。

（3）测量更新：

① t 时刻粒子的重要性权值更新为 $\lambda_{tj}^i = p\left(\boldsymbol{y}_t \middle| \boldsymbol{x}_{tj}^i\right) N\left(\boldsymbol{x}_t = \boldsymbol{x}_{tj}^i, \hat{\boldsymbol{\mu}}_{tj}, \hat{\boldsymbol{\Sigma}}_{tj}\right) \Big/ q\left(\boldsymbol{x}_{tj}^i \middle| \boldsymbol{Y}^k\right)$；

② 对于每个高斯分量 j，其滤波均值和协方差分别为 $\boldsymbol{\mu}_{tj}=\sum_{i=1}^{N}\lambda_{tj}^{i}\boldsymbol{x}_{tj}^{i}\Big/\sum_{i=1}^{N}\lambda_{tj}^{i}$ 和 $\boldsymbol{\Sigma}_{ti}=\sum_{i=1}^{N}\lambda_{tj}^{i}\left(\boldsymbol{x}_{tj}^{i}-\boldsymbol{\mu}_{tj}\right)\left(\boldsymbol{x}_{tj}^{i}-\boldsymbol{\mu}_{tj}\right)^{\mathrm{T}}\Big/\sum_{i=1}^{N}\lambda_{tj}^{i}$；

③ 高斯分量 j 的权值可表示为 $\hat{\omega}_{tj}=\hat{\omega}_{(t-1)j}\sum_{i=1}^{N}\lambda_{tj}^{i}\Big/\sum_{i=1}^{N}\sum_{j=1}^{G}\lambda_{tj}^{i}$；

④ 权值归一化 $\omega_{tj}=\hat{\omega}_{tj}\Big/\sum_{j=1}^{G}\hat{\omega}_{tj}$。

（4）输出地形匹配的状态和方差估计。

状态估计：$\hat{\boldsymbol{x}}_{t}=\sum_{j=1}^{G}\omega_{tj}\boldsymbol{\mu}_{tj}$。

方差估计：$\hat{\boldsymbol{\Sigma}}_{t}=\sum_{i=1}^{G}\omega_{tj}\left[\boldsymbol{\Sigma}_{tj}+\left(\hat{\boldsymbol{x}}_{t}-\boldsymbol{\mu}_{tj}\right)\left(\hat{\boldsymbol{x}}_{t}-\boldsymbol{\mu}_{tj}\right)^{\mathrm{T}}\right]$。

（5）预测更新：

① 对于高斯分量 j，选重要性密度函数 $q(\cdot)=\hat{\omega}_{tj}N\left(\boldsymbol{x}_{t},\hat{\boldsymbol{\mu}}_{t},\hat{\boldsymbol{\Sigma}}_{tj}\right)$，同时从中抽样得到样本集 $\left\{\boldsymbol{x}_{tj}^{i}\right\}$；

② 由状态转移分布 $p\left(\boldsymbol{x}_{(t+1)j}\middle|\boldsymbol{x}_{tj}=\boldsymbol{x}_{tj}^{i}\right)$ 得到 t+1 时刻的粒子集 $\left\{\boldsymbol{x}_{(t+1)j}^{i}\right\}$；

③ 更新权值 $\hat{\omega}_{(t+1)j}=\omega_{tj}$；

④ 对于每个高斯分量 j，更新预测均值和预测方差，即 $\hat{\boldsymbol{\mu}}_{(t+1)j}=\frac{1}{N}\sum_{i=1}^{N}\hat{\omega}_{(t+1)j}\boldsymbol{x}_{(t+1)j}^{i}$ 和 $\hat{\boldsymbol{\Sigma}}_{(t+1)i}=\frac{1}{N}\sum_{i=1}^{N}\left(\boldsymbol{x}_{(t+1)j}^{i}-\hat{\boldsymbol{\mu}}_{(t+1)j}\right)\left(\boldsymbol{x}_{(t+1)j}^{i}-\hat{\boldsymbol{\mu}}_{(t+1)j}\right)^{\mathrm{T}}$。

（6）由状态方程式（6.103）预测位置参数 $\boldsymbol{x}_{t+1}$。

（7）t=t+1，转到步骤（2）。

基于 GSPF 海底地形匹配导航方法流程如图 6.27 所示。

高斯和粒子滤波器利用粒子滤波代替传统 GSF 中的并行扩展卡尔曼滤波，避免了扩展卡尔曼滤波线性化过程带入的误差。与标准粒子滤波相比，GSPF 通过滤波和预测获得粒子，并用这些粒子和其权重代表状态的后验分布。因此，采用 GSPF 可以避免粒子退化问题，从而避免重采样过程，从原理上避免了“粒子贫化”的发生。同时，由于 GSPF 没有重采样过程，其计算量小于 PF，实时性较好。

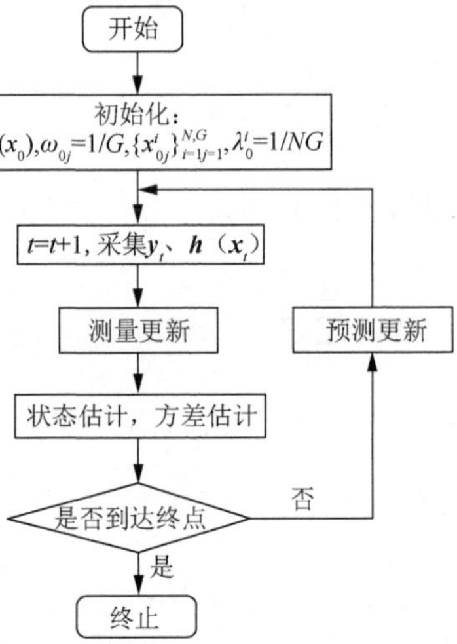

图 6.27　基于 GSPF 的海底地形匹配导航方法流程

6.3.5.3　仿真算例

仿真参数的设定与 6.3.4 节相同，分别选取不同的高斯分量个数进行地形匹配导航仿真，如图 6.28 所示。

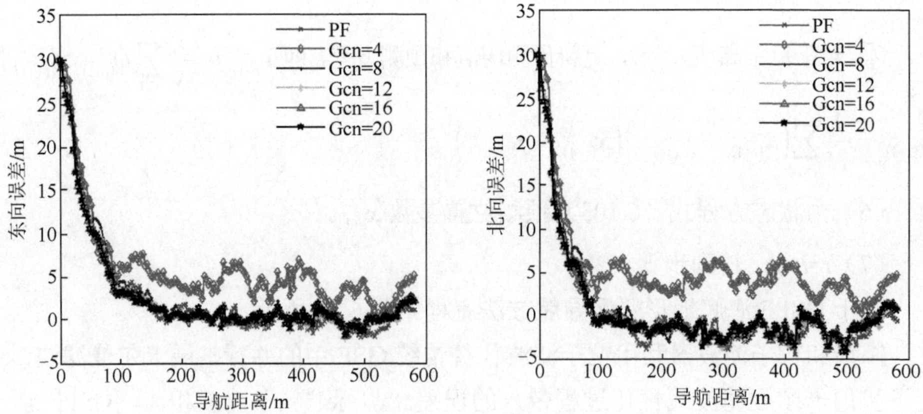

（a）　　（b）

图 6.28　GSPF 和标准 PF 的对比

由图 6.28 可以看出，高斯分量的个数（Gcn）对滤波收敛速度的影响很小，但是高斯分量数目较少时，GSPF 滤波精度与标准 PF 相比偏低；当高斯分量数目增加，GSPF 的滤波精度与标准 PF 基本一致；但高斯分量分别为 8、12、16、20 时，GSPF 滤波精度并未明显增加。在粒子数目一定的条件下，GSPF 的计算量与高斯分量的个数成正比，因此，应选择恰当的高斯分量个数。在基于 GSPF 的地形匹配导航中，选择高斯分量个数为 8，此时 GSPF 的滤波精度为 8.7m，略低于标准 PF 的滤波精度 8.5m。

6.3.6 基于点群滤波的地形匹配导航

点群滤波可以更好地模拟系统状态矢量的概率密度函数，以便解决系统和测量模型的非线性特性。点群滤波利用不同的方法来模拟概率密度函数，最终可获得绝对概率密度函数的计算结果。分解开的概率密度函数可以用其在等距网格点上的值来近似，网格大小取得是否合适直接影响近似的程度。此方法的最大缺点是基于系统多维状态空间和网格的计算量过大。但是对于地形辅助导航，如果只需估计二维坐标矢量，点群滤波的计算量可以满足地形匹配导航的要求[28]。

假设 $\boldsymbol{x}_t$ 代表 AUV 在电子海底地形图中的位置，y_t 代表海底地形高程的测量值，$\boldsymbol{x}_t$ 与 y_t 之间的关系可以用下式表示

$$y_t = h(\boldsymbol{x}_t) + e_t \tag{6.105}$$

式中，$h(\boldsymbol{x}_t)$ 代表 AUV 所在位置在电子海底地形图中对应的高程值；e_t 是附加测量误差，可以假设为以 $p_{e_t}(x)$ 分布的白噪声。噪声模型中包括因单波束测深仪产生的当前高度估计误差和电子海底地形图与真实海底地形之间的误差。在仿真中本节使用高斯分布模拟噪声，用 $N(m,\boldsymbol{P})$ 代表均值为 m 、协方差矩阵为 $\boldsymbol{P}$ 的 n 维高斯分布；

$$N(m,\boldsymbol{P}) = \frac{1}{\sqrt{(2\pi)^n |\boldsymbol{P}|}} \mathrm{e}^{-\frac{1}{2}(x_t - m)^{\mathrm{T}} \boldsymbol{P}^{-1}(x_t - m)} \tag{6.106}$$

e_t 的分布函数可以表示为

$$p_{e_t}(x) = N(0,R) \tag{6.107}$$

值得注意的是对于标量和向量在符号的使用上并无区别，当状态向量 $\boldsymbol{x}_t$ 是二维的时候，y_t 是一个标量。

惯性导航系统可以提供两次测量之间一个相对的运动 u_t，惯性导航位置的飘动可以在状态转移方程中简化为随机游走，即

$$\boldsymbol{x}_{t+1} = \boldsymbol{x}_t + \boldsymbol{u}_t + \boldsymbol{v}_t \tag{6.108}$$

系统的噪声是一个白噪声，其分布函数为

$$p_{v_t}(x) = N(0,Q) \tag{6.109}$$

系统噪声独立于测量噪声 $\boldsymbol{e}_t$，起始状态分布函数为

$$p_{x_0}(x) = N(x_0,P_0) \tag{6.110}$$

并且其独立于 $\boldsymbol{e}_t$ 和 $\boldsymbol{v}_t$。

以下公式描述了地形匹配估计的模型，即

$$\begin{cases}\boldsymbol{x}_{t+1}=\boldsymbol{x}_t+\boldsymbol{u}_t+\boldsymbol{v}_t\\ y_t=h(\boldsymbol{x}_t)+\boldsymbol{e}_t\end{cases},\qquad t=0,1,\cdots \tag{6.111}$$

地形匹配算法就是使用测量值 y_t 估计模型的状态。

6.3.6.1　贝叶斯解

估计问题的最基本问题是找到尽可能多的 x_t，其来源于相应测量的观测，即

$$y^t=\{y_i\}_{i=0}^t \tag{6.112}$$

这个问题经常被当作优化问题，通过一些与真实值偏离的表现判据寻找最优的估计。通过统计学的角度，这个状态模型的概率密度方程（PDF）给出了涉及状态特征的所有信息。条件后验密度方程 $p_{x_t|y_t}(x)$ 总结了通过收集到的测量得知的对于状态的所有信息。因此估计问题可以视为后验密度的取值问题，这通常被认为是贝叶斯逼近。

给定后验密度，一个合适的点估计是条件均值，即

$$\hat{x}_{t|t}=\int xp_{x_t|y_t}(x)\mathrm{d}x \tag{6.113}$$

注意，后验密度应该是单峰以便给出准确的估计。可以看出条件均值同样是对估计量的均方差最小值的估计。这就是有时候可以使用最小均方差估计的原因。

贝叶斯解是基于下列对于条件概率密度函数的解释：

$$p_{\mathrm{z|w}}(z\mid w)=\frac{p_{\mathrm{z,w}}(z,w)}{p_{\mathrm{w}}(w)} \tag{6.114}$$

联合概率密度函数可以表示为

$$p_{\mathrm{z,w}}(z,w)=p_{\mathrm{z|w}}(z\mid w)p_{\mathrm{w}}(w) \tag{6.115}$$

结合以上公式和式（6.111），可以得到一个关于后验的递推计算。这个递推包括观测更新和时间更新。

假设 $p_{x_t|y^{t-1}}(x)$ 已知，使用测量量将 y^t 分为一个以前的量和一个新的量，即

$$y^t=y_t,y^{t-1} \tag{6.116}$$

使用式（6.114）和（6.115），测量更新是

$$p_{x_t|y_t}(x)=p_{x_t|y_t,y^{t-1}}(x)=\frac{p_{x_t,y_t|y^{t-1}}(x,y_t)}{p_{y_t|y^{t-1}}(y_t)}=\frac{p_{y_t|x_t,y^{t-1}}(y_t\mid x)p_{x_t|y^{t-1}}(x)}{p_{y_t|y^{t-1}}(y_t)} \tag{6.117}$$

$p_{y_t|y^{t-1}}(y_t)$ 是一个常量，因为概率密度函数必须整合到统一。式（6.117）表示 x_t 和测量量 y_t 及 e_t 除了均值不同以外有同样的概率分布，具体相似表示为

$$p_{y_t|x_t,y^{t-1}}(y_t\mid x)=p_{e_t}[y_t-h(x)] \tag{6.118}$$

将式（6.118）代入式（6.117），可以得到测量更新的公式。

状态模型在 t 时刻和 $t+1$ 时刻的联合概率密度函数可以使用式（6.115）表示。边缘化状态模型 x_t，时间更新可以写为

$$p_{x_{t+1}|y^t}(x)=\int_{R^2} p_{x_{t+1},x_t|y^t}(x,\chi)\mathrm{d}\chi=\int_{R^2} p_{v_t(x-\chi-u_t)}p_{x_t|y^t}(\chi)\mathrm{d}\chi \tag{6.119}$$

在式（6.118）中已经提到，已知 x_t 情况下，x_{t+1} 的概率密度函数和 v_t 的概率密度函数具有适当调整的平均值相等。这就完成了时间更新。

当没有可用的观测信息时，对状态模型的认识在初始化递推时由 $p_{x_0}(x)$ 概括。通过下列的定理证明。

定理 6.1：地形匹配导航估计的贝叶斯递推公式为

$$\begin{cases} p_{x_t|y^t}(x)=\dfrac{1}{c}p_{e_t|y^{t-1}}(x) \\ p_{x_{t+1}|y^t}(x)=\int_{R^2} p_{x_t|y^t}(\chi)p_{v_t}(x-\chi-u_t)\mathrm{d}\chi \end{cases} \tag{6.120}$$

式中，$c=\int_{R^2} p_{e_t}[y_t-h(x)]p_{x_t|y^{t-1}}(x)\mathrm{d}x$。使用 $p_{x_0|y-1}(x)=p_{x_0}(x)$ 初始化递推。

6.3.6.2　算法实现

定理 6.1 中的贝叶斯方法，在每次迭代过程中都要进行乘积、线性卷积和积分运算。而且要获得式（6.113），还要进行一次积分运算，由于 $h(\cdot)$ 的非线性和非结构特征使得积分无法闭合，必须要设计一种估计方法，在有限维度空间对先验概率 $P_{x_t|y^t}(x)$ 进行描述。

归一化网格状态空间方法是其中一种解决方法，其优点是使得计算简化，积分运算转化为求和，而且容易实现大量网格点的更新。网格估计方法可以视为对概率的质点估计方法，因此称之为点群估计滤波方法。

如果状态维度为 2，用归一化网格描述其状态空间。截断小采样值之后的先验密度函数 $P_{x_t|y^t}(x)$ 可以由一个包含采样值的矩阵、网格密度变量和定位矩阵在地图上的参考点表示。测量更新包括对数字地形高程数据（digital terrain elevation data，DTED）插值来获得对质点矩阵中非零元素的高度值，计算似然矩阵 $\boldsymbol{P}_{e_t}[y_t-h(x)]$，将其按对应矩阵元素相乘，将积分运算量化为求和运算。时间更新矩阵变成质点测量更新矩阵和采样概率函数的离散化卷积，点估计式（6.113）质点矩阵元素的加权求和运算，也就是点估计的中心点。

测量更新将增大网格中预测量值一致的点的值，并对不一致的点进行抑制。时间更新卷积运算对测量更新矩阵进行平滑处理，归一化保持每次迭代中网格点

的值有界，经过多次测量更新之后某些节点的值将变得非常小，并且质点矩阵会有很多零元素，利用质点滤波可以跟踪多个平行目标，而且当质点数量的阈值下降到 N_0 以下时，可以将网格进行细化插值使网格数加倍，以提高定位的精度。

6.3.6.3 地形匹配导航的 C-R 下界

C-R 下界 $\boldsymbol{P}_t$ 对无偏估计的误差协方差设定了最低的限制，即

$$\boldsymbol{C}=E[(\boldsymbol{x}_t-\hat{\boldsymbol{x}}_{t|t-1})(\boldsymbol{x}_t-\hat{\boldsymbol{x}}_{t|t-1})^{\mathrm{T}}]\geqslant \boldsymbol{P}_t \tag{6.121}$$

事实证明，在高斯噪声的假设条件下，当非线性测量公式转化为 $h(\cdot)$ 的梯度时，C-R 下界与模型（6.111）对真实状态值的评价的结果相一致。结果总结在定理 6.2 中。

定理 6.2：C-R 下界对于模型（6.111）的一步预测满足递推方程

$$\boldsymbol{P}_{t+1}=\boldsymbol{P}_t-\boldsymbol{P}_t\boldsymbol{H}_t(\boldsymbol{H}_t^{\mathrm{T}}\boldsymbol{P}_t\boldsymbol{H}_t+\boldsymbol{R}_t)^{-1}\boldsymbol{H}_t^{\mathrm{T}}\boldsymbol{P}_t+\boldsymbol{Q}_t \tag{6.122}$$

初始值为 $\boldsymbol{P}_0$。$\boldsymbol{H}_t$ 是 $h(\cdot)$ 在 t 时刻真实状态值的评估的梯度，即

$$\boldsymbol{H}_t=\frac{\partial h(\boldsymbol{x}_t)}{\partial \boldsymbol{x}_t} \tag{6.123}$$

因此，C-R 下界是噪声等级和真实状态序列的函数。

6.3.6.4 仿真算例

相较于 C-R 下界的均方误差，本节能够评价蒙特卡罗模拟的算法。为了更逼真的模拟结果，本节使用点群滤波的方法，进行 M 次相同噪声特性的蒙特卡罗模拟，对每个 t 的一个序列的 n 次测量的均方误差是

$$\mathrm{MSE}_t^M=\frac{1}{M}\sum_{i=1}^{M}(\boldsymbol{x}_t-\hat{\boldsymbol{x}}_{t|t-1}^i)^{\mathrm{T}}(\boldsymbol{x}_t-\hat{\boldsymbol{x}}_{t|t-1}^i) \tag{6.124}$$

式中，$\hat{\boldsymbol{x}}_{t|t-1}^i$ 是蒙特卡罗 i 次模拟对于 t 时刻状态的一步预测。对误差协方差矩阵的对角元素求和就是预计的平方误差，使用下列不等式确定界限：

$$\lim_{M\to\infty}\mathrm{MSE}_t^M\geqslant \mathrm{tr}\,\boldsymbol{P}_t, \tag{6.125}$$

取上式两侧的平方根作为根均方差（RMSE）。

为测试算法在不同地形特征的表现，进行两次模拟：一个模拟选取一个地形平缓的靠近湖泊的区域；另一个选取有高峰和深谷的地形崎岖不平的山区。这两个区域都来自于真实的电子地形图，在模拟器上产生的路径已经根据实际航行测试数据证实。

表 6.4 总结了仿真案例中所用的仿真参数，表 6.5 归纳了滤波参数。蒙特卡罗模拟的结果表示在图 6.29 和图 6.30 中，分别针对光滑和崎岖地形。表 6.4、表 6.5

和图 6.29、图 6.30 展示了蒙特卡罗模拟在 PMF 估计中的平均根均方差，均方差加上一个标准的均方误差偏差的根，最大误差出现于蒙特卡罗模拟在每个时刻运行的瞬间，并且，最终得到了 C-R 下界的轨迹。结果显示 PMF 在算法收敛后的确是高效的，并且其表现出高度依赖于 $h(\cdot)$ 的变化。如图 6.29 所示，在第一个模拟轨迹的一半，PMF 不全接近 C-R 下界，但在 PMF 收敛之后，根均方差保持在一个与 C-R 下界非常接近的位置。这个 1-δ 界限表明在不同的蒙特卡罗模拟之间有巨大的变化，这也可以在最大误差中看到。

表 6.4　仿真参数

采样间隔	系统噪声	测量误差	初始协方差	路径长度	蒙特卡罗模拟
$T=0.103\text{s}$	$\boldsymbol{Q}=\begin{bmatrix}4 & 0\\ 0 & 4\end{bmatrix}$	$R=16$	$\boldsymbol{P}_0=\begin{bmatrix}200^2 & 0\\ 0 & 200^2\end{bmatrix}$	$n=300$	$M=500$

表 6.5　滤波参数

初始网格	重采样的限制	截断参数
50m	$N_0=100$ $N_1=500$	$\varepsilon=0.001$

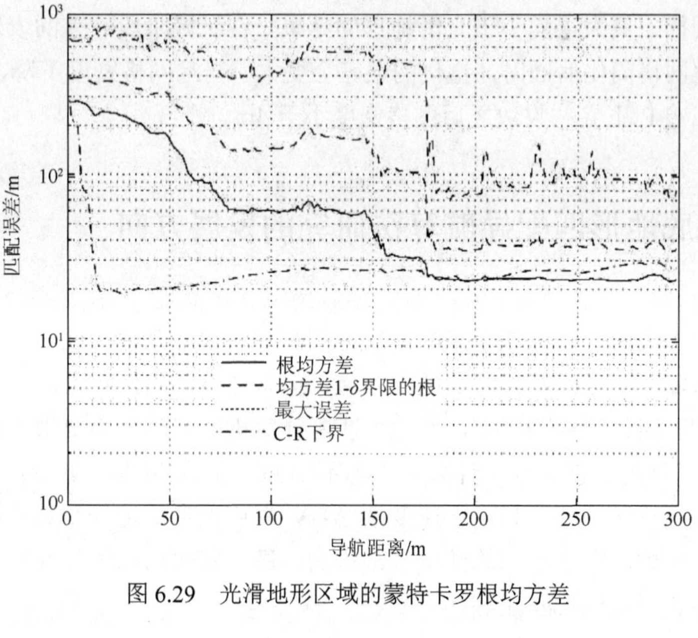

图 6.29　光滑地形区域的蒙特卡罗根均方差

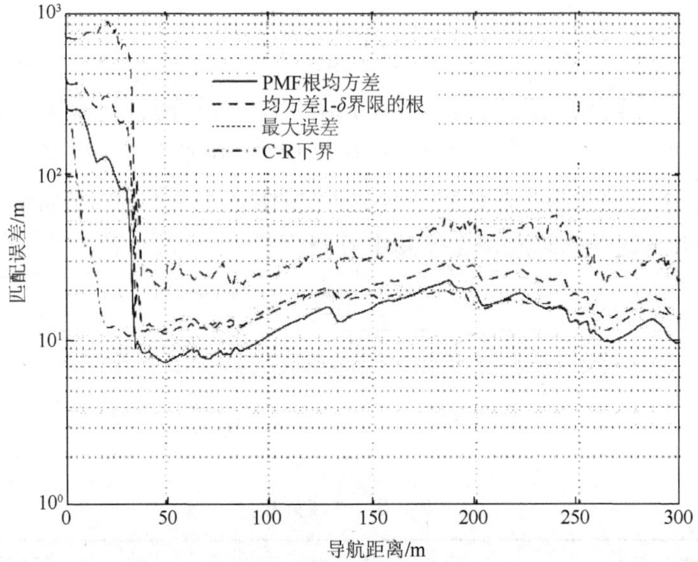

图 6.30　崎岖地形区域的蒙特卡罗根均方差

图 6.29 显示了一个更好的收敛于 C-R 下界的表现。收敛之后根均方差和 C-R 下界有同样的表现。1-δ 界限接近于 C-R 下界显示不同的蒙特卡罗模拟之间的传播很小。同样，最大误差小于光滑地形的结果。在沉降阶段较差的表现是因为在使用稀疏化网格简化后面时，量化的误差会变大。一旦网格密度下降，PMF 可以高效汇聚在 C-R 下界。收敛之后网格密度小于 4m。

6.4　海底地形匹配导航算法研究的发展方向

海底地形匹配导航算法未来的发展方向是智能化、高实时性和高置信度。现有的地形匹配算法虽然有较好的匹配效果，但其计算量仍然较大，且在地形平坦区域的地形匹配效果普遍较差，对地形匹配计算机的计算能力要求相对较高。考虑到 AUV 搭载的小型计算机计算能力远不如 PC 机，如何进一步完善地形匹配算法，以及提高算法的效率和运行速度是 AUV 海底地形匹配导航算法研究的重要方向。可以考虑的方法包括算法自身结构的改进、算法的降维和并行化处理、将智能计算理论引入地形匹配等。

参考文献

[1] 苑娜. 地形辅助导航系统的匹配算法研究. 哈尔滨：哈尔滨工程大学，2007.

[2] 冯庆堂. 地形匹配新方法及环境适应性研究. 长沙：国防科学技术大学，2004.

[3] 刘建成，刘学敏，徐玉如. 极大似然法在水下机器人系统辨识中的应用. 哈尔滨工程大学学报，2001，22（5）：1-4.

[4] Kay S M. 统计信号处理基础. 罗鹏飞，张文明，刘忠，等译. 北京：电子工业出版社，2003.

[5] 李建扣. 极大似然估计和贝叶斯估计. [2015-7-9]. http://blog.sciencenet.cn/blog-520608-703219.html.

[6] 王志贤. 最优状态估计与系统辨识. 西安：西北工业大学出版社，2004.

[7] 陈小龙，庞永杰，李晔，等. 基于极大似然估计的 AUV 水下地形匹配定位方法. 机器人，2012，34（5）：559-565.

[8] 王学民. 应用多元分析. 上海：上海财经大学出版社，2004.

[9] Eckhorn R, Reitboeck H J, Arndt M, et al. Feature linking via stimulus-evoked oscillations: experimental results from cat visual cortex and functional implications from a network model. International Joint Conference on Neural Networks, 1989, 1(6): 723-730.

[10] Lindblad T，Kinser J. Image processing using pulse-coupled neural networks：applications in python. Springer Science & Business Media，2013.

[11] 马义德，李廉，绽琨，等. 脉冲耦合神经网络与数字图像处理. 北京：科学出版社，2008.

[12] Besl P J，Mckay N D. Method for registration of 3-D shapes. IEEE Transactions on Pattern Analysis & Machine Intelligence，1992，14（3）:239-256.

[13] Zhang Z. Iterative point matching for registration of free-form curves and surfaces. International Journal of Computer Vision，1994，13（2）:119-152.

[14] 刘承香. 水下潜器的地形匹配辅助定位技术研究. 哈尔滨：哈尔滨工程大学，2003.

[15] 武殿梁，黄海量，丁玉成，等.基于遗传算法和最小二乘法的曲面匹配.航空学报，2002，23（3）:284-288.

[16] 张洪钺，黄劲东，范文雷.全最小二乘法及其在参数估计中的应用.自动化学报，1995，21（1）:40-47.

[17] 陈小龙. AUV 水下地形匹配辅助导航技术研究. 哈尔滨：哈尔滨工程大学，2013.

[18] Nygren I. Terrain navigation for underwater vehicles. Stockholm: Royal Institute of Technology，2005.

[19] 韩崇昭，朱红艳，段战胜，等. 多源信息融合. 2 版. 北京：清华大学出版社，2010.

[20] 权太范. 目标跟踪新理论与技术. 北京：国防工业出版社，2009.

[21] Blake A，Kohli P，Rother C. Markov Random Fields for Vision and Image Processing. Boston，Massachusetts:MIT Press，2011.

[22] Geman S，Geman D. Stochastic relaxation，Gibbs distributions，and the Bayesian restoration of images. IEEE Transactions on Pattern Analysis and Machine Intelligence，1984（6）：721-741.

[23] 田峰敏. 基于先验地形数据处理的水下潜器地形辅助导航方法研究. 哈尔滨：哈尔滨工程大学，2007.

[24] 潘晓宏，赵龙. 基于 Unscented 卡尔曼滤波算法在海底地形辅助导航中的应用. 应用科技，2015，（1）：49-52，56.

[25] 张琪，胡昌华，乔玉坤. 基于权值选择的粒子滤波算法研究. 控制与决策，2008，23（1）：117-120.
[26] 林青，尹建君，张建秋，等. 非线性非高斯模型的高斯和滤波算法. 系统工程与电子技术，2010，32（12）：2493-2499.
[27] 占荣辉，张军，欧建平，等. 非线性滤波理论与目标跟踪应用. 北京：国防工业出版社，2013.
[28] Bergman N，Ljung L. Point-mass filter and Cramer-Rao bound for terrain-aided navigation.IEEE Conference on Decision & Control，2009:850-855.

7 海底地形辅助导航系统

作为一种独立无源的导航方式，只要搜索范围足够大、DTM 精度足够高且测深误差足够小，海底地形匹配导航可以满足 AUV 长时间潜航时连续导航的需要。然而，在实际中由于 DTM 的精度、地形获取传感器测量误差及 AUV 搭载计算机计算能力的限制，很难单独采用地形匹配导航技术进行 AUV 水下导航。在地形匹配导航系统中，参考导航系统是整个系统主要信息源，其给地形匹配模块提供位置信息，通常将地形匹配导航系统和参考导航系统的组合称为地形辅助导航系统。通常情况下，参考导航系统为 INS 或 DR。

无论是地形匹配导航，还是INS或DR的导航结果，均为真实导航情况的状态估计，并且，由于各种导航方法所用传感器特性和导航原理的不同，所得到的导航结果并不一致。因此，地形辅助导航问题可以表示为多源传感器导航的信息融合问题。本章分析影响匹配导航误差的因素，从信息融合原理出发，提出地形匹配导航对参考导航系统的修正方法，并从模块化设计思想出发，设计AUV海底地形辅助导航系统的体系结构。

7.1 地形匹配导航对导航系统的修正方式

在使用地形匹配进行导航时，需要将海底地形匹配导航和参考导航系统相结合，形成 AUV 海底地形辅助导航系统（seabed terrain aided navigation system，STANS）。STANS 将地形匹配导航结果作为观测量，实现潜航时的参考导航系统累积误差修正，能满足 AUV 长时间水下导航需要。根据是否有反馈，按照组合导航模式，地形匹配导航的结果对参考导航系统的修正方式可分为开环组合和闭环组合两种[1]。

在开环组合中，地形匹配单元的搜索范围和初始位置由参考导航单元提供，并将地形匹配导航结果与参考导航数据融合后的信息作为导航输出。因此，开环组合的稳定性较高，且容易实现，即使地形匹配单元出现错误定位也不会影响到参考导航单元，系统稳定性高。开环组合方式的缺点在于没有利用地形匹配信息对参考导航系统的基本导航信息进行修正，参考导航系统提供的初始定位误差随时间累积，地形匹配定位的搜索范围也随之增加，导致地形匹配的计算量随着时间推移而增大。STANS 的开环组合方式如图 7.1（a）所示。

STANS 的闭环组合方式如图 7.1（b）所示，在闭环组合中，地形匹配单元的匹配结果在和参考导航数据融合并输出导航数据的同时，又对参考导航单元进行修正。由于有地形匹配导航结果的修正，可以有效抑制参考导航单元的累积误差，同时较小的初始误差可以有效减小地形匹配时搜索范围，从而减小匹配计算量。但是，闭环组合模式直接使用地形匹配导航的结果来修正参考导航单元的导航数据，因此，当地形匹配导航的误差较大时，采用闭环组合模式不但不能提高导航系统的导航精度，还会对参考导航系统的导航信息造成污染，从而使导航结果产生波动。

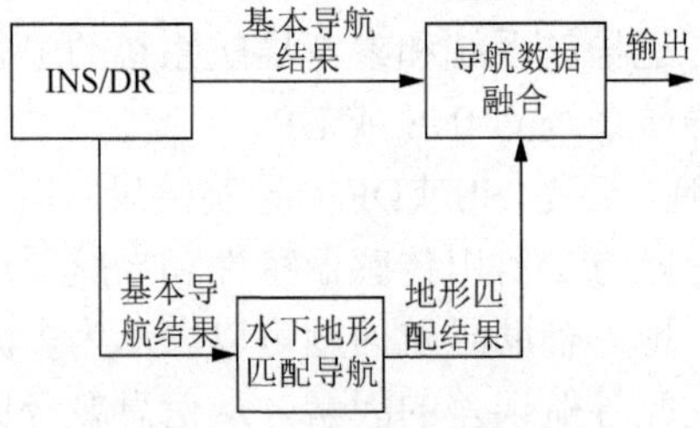

（a）开环组合模式

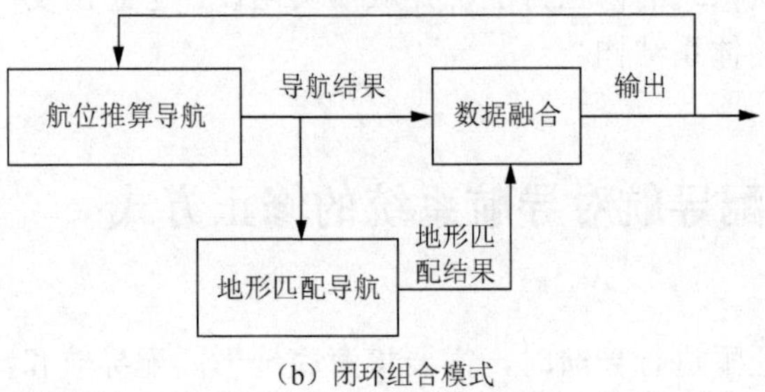

（b）闭环组合模式

图 7.1　地形辅助导航修正方式

从以上分析可知，基于开环组合和闭环组合方式的地形辅助导航修正都有缺陷：当 AUV 潜航时，采用开环组合方式的地形匹配修正有利于导航结果稳定输出，但是会对地形匹配的实时性造成影响；采用闭环组合方式可以对参考导航误差进行修正，可有效缩小地形匹配定位的地形搜索区域，但对地形匹配的误差敏感。

综合开环组合和闭环组合方式的优点，结合下文 7.3 节提出的定位-跟踪的地形匹配导航模式，本节提出一种包含有效性判定环节的地形辅助导航修正方式。当地形匹配导航滤波时，若出现位置方差估计和连续导航时间低于事先设定的阈值，导航结果直接修正参考导航单元；若高于事先设定的阈值，则激活搜索定位模式进行地形匹配搜索定位。同时，为了减小误差较大的地形匹配搜索定位结果对参考导航信息的污染，在将其用于修正参考导航单元之前进行定位结果的有效性判定，只有当判定结果有效匹配时才将定位结果和参考导航结果进行融合，并对 INS/DR 的导航误差进行修正，改进地形辅助导航修正方式结构如图 7.2 所示。

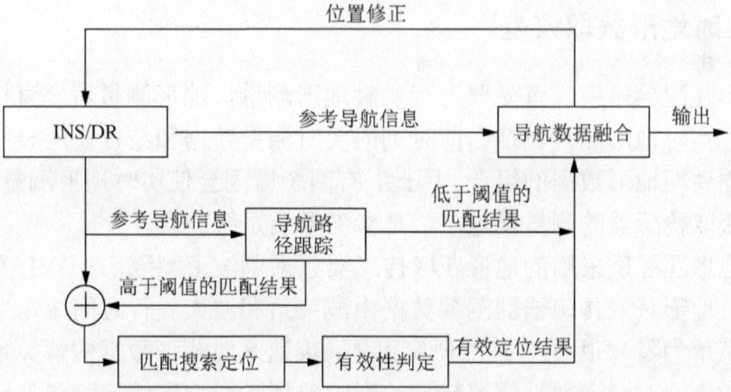

图 7.2　改进地形辅助导航修正方式

改进的地形修正方式同时具有开环组合修正和闭环组合修正的特点，如果地形匹配导航滤波的出现位置方差估计和连续导航时间低于事先设定的阈值，认为导航结果有效，实行闭环组合方式，融合后的导航结果用于修正参考导航单元；当导航滤波的位置方差估计和连续导航时间达到阈值时，激活地形匹配搜索定位并对定位结果进行有效性检测，此时执行开环组合方式，导航滤波和匹配搜索定位的结果均不用于修正参考导航单元；若判定搜索定位的结果是有效定位，此时执行闭环组合修正方式，匹配结果用于导航数据融合并修正参考导航单元，同时对导航滤波进行初始化。

研究海底地形匹配导航的最终目的是建立 AUV 海底地形辅助导航系统。本章以 AUV 常用的传感器为模型，进行海底地形辅助导航系统的设计，最后提出基于多传感器条件下的 AUV 海底地形辅助导航系统结构。

7.2 海底地形匹配导航的误差分析

AUV 在海底地形匹配时，并不是每次匹配运算都能得到正确的定位值，由于各种噪声的影响，地形匹配导航结果总是存在一定程度的误差。从海底地形匹配的实施过程来看，地形匹配误差的来源可分为三个部分：数字地图制图误差、实时地形获取误差和匹配算法误差。数字地图制图误差在前文中已经分析，因此，这里主要探讨地形获取误差和匹配算法误差，分析导致误差的因素及减小误差的方法。

7.2.1 实时地形获取误差

在地形匹配导航中，首先要进行实时地形测量，地形测量精度直接影响地形匹配精度。实时地形测量包括当前时刻的实时测量数据和结合参考导航系统所建立的多采样周期地形数据的组合。因此，有两个原因会使实时地形测量产生误差：一是地形获取传感器的测量误差；二是参考导航系统的误差[2,3]。

海底地形匹配所采用的地形获取传感器包括单波束测深仪、DVL 及多波束测深系统等。地形获取传感器的测深数据由波束角和波束旅行时间决定（单波束测深仪的波束角为零）。由第 3 章的研究可知，声速是对测深数据的解算精度影响最大的因素。声速对测深数据解算精度的影响包括：影响声线追踪和补偿、影响波束角归位。

对声线追踪和补偿来说，多波束数据处理中假定 SVP 沿水深方向分层且在数据处理中同一层的声速结构是均匀的。但实际上很难实现这种理想条件，若某个 SVP 内的声速结构不均匀，这个 SVP 内的声线计算会产生水平位移，到下一声速层的入射角也会发生变化，影响下一层的折射角。在波束旅行过程中，这种影响具有累积效应[4]。

声速剖面的分层特性不仅影响声线追踪和补偿，还会使波束的宽度发生改变，不利于控制波束。声速的测量误差与 SVP 的个数成反比，同时还和波束入射角有关，波束的折射角随着入射角的增大而增大，测深点坐标推算的误差也随之增大。与中央波束相比，声速测量误差对边缘波束的影响要大很多[5,6]。

利用声学传感器进行地形测量时，还需要考虑在发射声脉冲时 AUV 实时姿态的影响。在多个地形测量周期内，还需要考虑参考导航系统误差对测深点相对位置的影响。因此，在地形匹配过程中，其地形测量时间不能过长，以免过大的参考导航系统误差对地形匹配产生消极影响。

从上面的分析可知，为了减小实时地形测量误差对地形匹配导航的影响需要做到如下几点：①增加声速剖面的分层个数以提高声速测量的精度；②尽可能准确地测量声学传感器在声脉冲发射时的位姿信息对实时测深数据进行修正；③在组合测深数据的获取中，在减小地形数据冗余度的前提下尽量减小地形测量时AUV的航行距离，减小导航系统带入的误差。

7.2.2 匹配算法误差

当利用测深传感器获取实时地形数据并与DTM提取的先验地形组成地形匹配面后，匹配算法的特性也会对地形匹配导航的结果产生影响。参考导航系统提供的初始位置定位误差、实时地形测量误差、DTM制图精度等因素都可以影响海底地形匹配算法的性能[7]。

对于地形匹配搜索定位方法来说，地形匹配的初始搜索区域范围由参考导航系统得到，如果参考导航数据的初始位置误差越大，实时地形匹配中其搜索范围越大，过大的搜索范围严重影响地形匹配的效率。对于地形匹配导航滤波方法来说，较大的初始位置误差使滤波的收敛时间延长，AUV要航行更长的距离才能得到有效的地形匹配结果。总体来说初始位置误差对地形匹配搜索定位的影响小于对地形匹配导航滤波的影响。

实时地形测量对地形匹配算法的影响与DTM制图精度类似。对于地形匹配搜索定位，较大的实时地形测量误差和较低的DTM制图精度会使匹配位置的概率降低，得到的匹配位置偏离AUV的真实位置。对于地形匹配导航滤波，较大的实时地形测量误差和较低的DTM制图精度将使滤波的概率模型分布和真实状态有差异，导航滤波的精度也会因此降低。

由此可以看出，地形匹配导航算法误差和地形测量精度密切相关（DTM制图精度很大程度取决于在先验地形测量时的地形测量精度），提高测量精度有助于改善地形匹配算法的性能。由于初始位置误差对地形匹配搜索定位的影响小于对地形匹配导航滤波的影响，可以将两种算法结合以提高地形匹配导航的性能。

7.3 定位-跟踪模式的地形匹配导航策略

由前面的研究可知，海底地形匹配导航可分为间断性的地形匹配定位和连续的地形匹配导航滤波。间断性的地形匹配定位其定位精度较高，但其对测深设备的要求较高，且在定位间隔内不能实现连续导航；海底地形匹配导航滤波方法可以满足实时地形导航修正要求，但其对初始误差比较敏感，当初始定位误差较大时，滤波性能将急剧下降，虽然可以通过改进抑制，但并不能完全消除。综合两种方法的优点，在路径规划获取最优适配区域基础上，本节提出一种基于定位-跟踪的双重模式地形匹配导航策略，即同时采用搜索定位和导航滤波跟踪两种模式进行海底地形匹配导航，如图 7.3 所示。

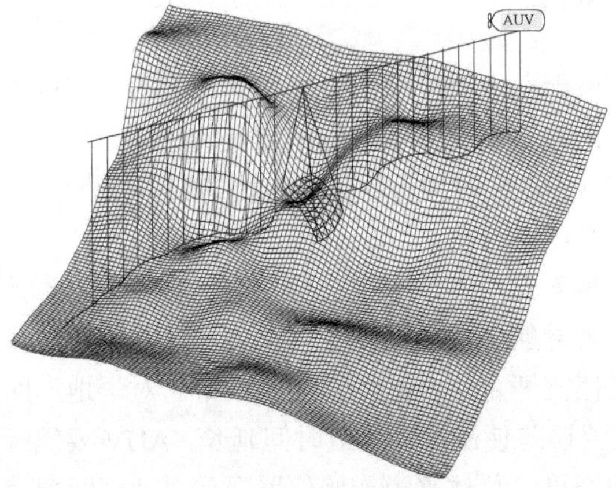

图 7.3　基于定位-跟踪的地形匹配导航示意图

1. 搜索定位模式

当 AUV 开始潜航或潜航一段时间后，导航系统的误差需要进行修正时，开启多波束测深系统进行搜索模式下的海底地形匹配定位，并利用定位结果修正导航系统的误差，休眠多波束测深系统，进入导航滤波模式。

2. 导航滤波跟踪模式

进入导航滤波跟踪模式后，如果连续出现位置方差估计高于预先设定的阈值，或到达预先设定的定位区域，则退出导航滤波跟踪模式，再次开启多波束测深系统进行搜索模式下的海底地形匹配定位。

在定位-跟踪模式下，利用导航滤波可以实现搜索定位间隔内的实时导航，弥补只依靠搜索的地形匹配定位不能实现连续定位的缺陷，且导航滤波跟踪模式对测深设备要求较低，可以采用低成本、低能耗传感器，避免长期开启多波束测深系统造成的大量能源消耗；另外导航滤波跟踪模式有效减小导航系统的累积误差，大大缩减搜索定位时的搜索区域，提高搜索定位的实时性；而搜索定位较高精度的匹配结果可以有效降低导航滤波的初始误差，进行粒子重置，避免粒子退化现象，因此其满足 AUV 进行潜航时连续精确导航定位的需求。

7.3.1 搜索定位规划点的设置

由于海底地形的适配区域较少而且不连续，AUV 在潜航时不可避免地会航行于非适配区[7]。当 AUV 长期航行于非适配区时，若仅使用导航滤波跟踪方法进行地形匹配可能会出现位置方差估计方差过大的情况，导致导航精度下降或出现滤波发散现象；另外，当长时间地形匹配导航滤波跟踪后，无论采用哪种方法均有可能导致滤波性能的下降，影响地形匹配导航结果。因此，当出现以上两种情况时，需要通过搜索定位方式进行地形的精确定位，并对导航滤波跟踪进行初始化[8]。

由上可知，设置搜索定位的规划点需要考虑两种情况：位置方差估计方差过大和连续导航时间过长。因此，需要事先设定阈值 $\boldsymbol{P}_{t|t}$ 和 $T_{\max}$，当导航滤波跟踪模式的估计方差或导航时间达到阈值后，开启多波束测深系统进行地形匹配的搜索定位并根据定位结果重置导航滤波的初始参数。

7.3.2 基于定位-跟踪模式的地形匹配导航流程

根据上节的设定，可以得到基于搜索定位-跟踪模式的地形匹配导航流程，如图 7.4 所示。需要指出的是，地形匹配搜索定位对于地形匹配导航滤波来说是一个相对独立的过程，因此在地形匹配搜索定位过程中仍可采用导航滤波进行导航，且其导航结果可以在某种程度上作为搜索定位的参照。

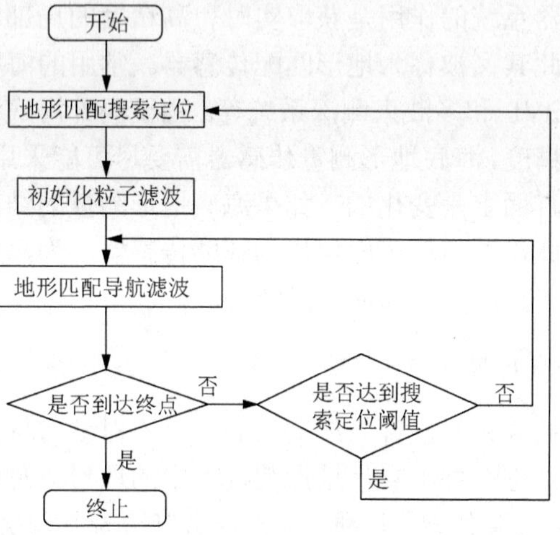

图 7.4 基于定位-跟踪模式的地形匹配导航流程

7.4 AUV 海底地形辅助导航系统

建立 AUV 海底地形辅助导航系统，是研究海底地形匹配导航的最终目的。本节以 AUV 常用导航传感器为原型，进行地形匹配导航系统的设计，建立基于 AUV 海底地形匹配辅助导航系统的体系结构。

7.4.1 硬件系统

参考飞行器地形匹配系统，海底地形匹配导航所需要的硬件系统由参考导航系统、地形获取传感器系统、地形匹配导航计算机三部分组成。

1. 参考导航系统

参考导航系统为地形匹配运算提供初始的定位信息，其精度不影响地形匹配的最终精度，因此参考导航系统可采用低精度的 INS 或是通过 DR 来实现。参考导航系统的主要传感器为低精度的陀螺仪与加速度计搭配的低成品 INS，或 DVL 与罗经搭配的 DR 导航系统。另外，参考导航系统还需要为海底地形的实时测量提供姿态信息，对获取的局部海底地形数据提供空间归位所需的信息。

2. 地形获取传感器系统

地形获取传感器系统的作用是获取实时、高精度的局部海底地形数据，用于地形匹配运算，因此其又被称为地形匹配传感器。常用的海底地形测量传感器包括单波束测深仪、DVL 和多波束测深系统等。由于局部海底地形测量的精度直接影响到地形匹配的精度，海底地形测量传感器需要尽可能采用高精度的测深设备。

水下声速在垂直面上是变化的，如果海底地形测量的结果不进行修正会导致匹配精度较低，因此需要声速剖面仪作为辅助传感器，为海底地形测量提供当前的声速剖面信息，修正海底地形的测量结果。

3. 地形匹配导航计算机

地形匹配导航计算机是硬件系统的核心，负责对参考导航系统和海底地形测量传感器数据进行处理，并与参考地形数据库中的地形信息进行比较，从而解算出当前 AUV 所处的实际位置。其硬件系统的各部分及其与 AUV 控制执行机构的关系如图 7.5 所示。

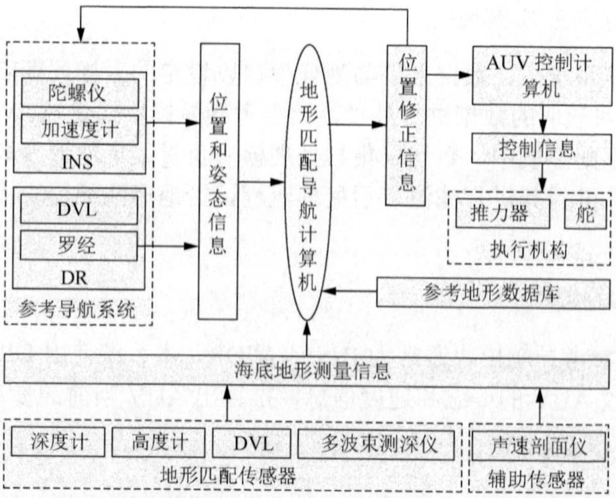

图 7.5　AUV 海底地形辅助导航的硬件结构及其与 AUV 控制执行机构的关系

7.4.2　导航系统体系结构

与飞行器的地形匹配导航系统相似，AUV 海底地形辅助导航系统结构如图 7.6 所示。

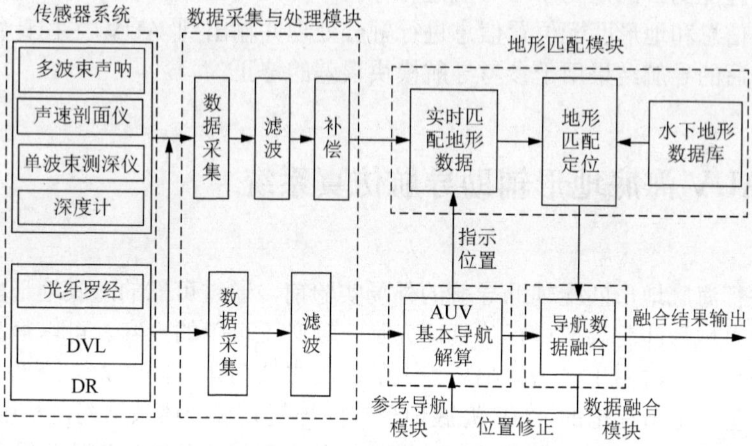

图 7.6　AUV 海底地形辅助导航系统

由图 7.6 可知，AUV 海底地形辅助导航系统包括以下几个功能模块。

1. 传感器系统

传感器包括：由 GS+多波束声呐、声速剖面仪、单波束测深仪和深度计等组成的地形获取传感器系统；由光纤罗经和 DVL 组成的 DR 导航系统。

2. 数据采集与处理模块

在参考导航系统中，数据采集与处理模块以设定的采样周期获取光纤罗经和DVL 信号，并对获取的数据进行处理，给参考导航模块提供 AUV 的姿态和速度信息。在地形匹配导航中，数据采集与处理模块负责采集地形获取传感器得到的实时测深信息，并对其进行滤波等后处理流程，给地形匹配模块提供实时地形测量数据。

3. 参考导航模块

STANS 的参考导航模块通常为 INS 或者 DR，本系统使用 DR 作为参考导航系统，通过接收 AUV 的姿态和速度信息，推算出 AUV 当前的参考导航数据。

4. 地形匹配模块

通过接收参考导航模块提供的参考导航数据，从 DTM 中提取局部海域的地形序列，并与数据采集和处理模块提供的实时地形测量数据做匹配运算，得到当前的匹配位置信息。

5. 数据融合模块

地形匹配的目的是为了对导航进行修正，因此数据融合模块的工作是将参考导航数据信息和地形匹配位置信息进行融合处理并输出到 AUV 主控计算机，然后将融合后的导航结果用于参考导航模块误差的修正。

7.5 AUV 海底地形辅助导航仿真系统

在进行海底地形匹配辅助导航的外场实验前，通过可靠的海底地形辅助导航仿真系统对地形匹配导航进行仿真研究是一项必不可少的内容，可以最大限度地避免在外场实验时由于方法缺陷所造成的匹配失败问题，同时大大降低了研究成本。本节基于上节提出的 AUV 海底地形辅助导航系统的体系结构，利用 Vega 视景仿真软件设计了 AUV 海底地形辅助导航仿真系统，并进行海底地形辅助导航仿真实验。

根据仿真实验的要求，地形辅助导航仿真系统应包含以下几个模块：载体运动模块、参考导航模块、地形测量模块、数据采集与处理模块、地形匹配模块、数据融合模块、仿真管理模块等。由于数据采集与处理模块、地形匹配模块和数据融合模块为仿真系统需要验证的内容，因此下面重点介绍载体运动模块、参考导航模块、地形测量模块和仿真管理模块的建模与设计。

7.5.1 载体运动模块建模

载体运动模块用于提供 AUV 水下航行时的运动状态数据，根据仿真实验的要求产生不同的运动轨迹和航行方式，为参考导航模块提供 AUV 载体加速度和姿态等数据信息。

载体运动模块建模需要构建两个坐标系[9]：定系 $E\text{-}\xi\eta\zeta$ 和动系 $O\text{-}xyz$。两者均按照右手定则确定。其中，$E\text{-}\xi\eta\zeta$ 作为惯性参考坐标系，原点 E 取海平面上一点，$E\zeta$ 轴垂直指向地心，$E\xi$ 轴和 $E\eta$ 轴分别为东向和北向坐标；动系 $O\text{-}xyz$ 为载体坐标系，原点 O 选在 AUV 的重心位置，Ox 轴、Oy 轴和 Oz 轴分别是经过原点 O 的 AUV 水线面、横剖面和纵剖面交线，且正向按照右手定则确定，即 Ox 轴指向 AUV 艇首、Oy 轴指向右舷、Oz 轴指向艇底。两个坐标系之间的关系如图 7.7 所示。

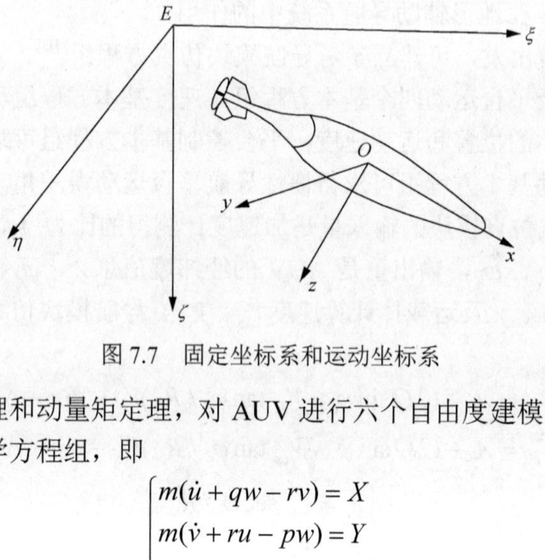

图 7.7 固定坐标系和运动坐标系

根据动量定理和动量矩定理，对 AUV 进行六个自由度建模，可得到 AUV 六个自由度的动力学方程组，即

$$\begin{cases} m(\dot{u}+qw-rv)=X \\ m(\dot{v}+ru-pw)=Y \\ m(\dot{w}+pv-qu)=Z \\ I_{\mathrm{x}}\dot{p}+(I_{\mathrm{z}}-I_{\mathrm{y}})qr=K \\ I_{\mathrm{y}}\dot{q}+(I_{\mathrm{x}}-I_{\mathrm{z}})rp=M \\ I_{\mathrm{z}}\dot{r}+(I_{\mathrm{y}}-I_{\mathrm{x}})pq=N \end{cases} \tag{7.1}$$

在动力学方程组中，前三式为质心运动定理在动系上的表示式，后三式即著名的刚体绕定点（质心）转动的欧拉动力学方程式。式（7.1）中，u、v、w 和 p、q、r 分别表示 x、y、z 方向的速度和角速度。AUV 的横倾角ϕ、纵倾角θ、航向角ψ由以下方程组确定：

$$\begin{cases}\dot{\phi}=p+q\tan\theta\sin\psi+r\tan\theta\cos\psi\\ \dot{\theta}=q\cos\phi-r\sin\phi\\ \dot{\psi}=(q\sin\phi+r\cos\phi)/\cos\theta\end{cases} \tag{7.2}$$

AUV 实际位置的精度和纬度由以下方程组计算：

$$\begin{cases}\lambda(t)=\int_0^t \dfrac{V_{\mathrm{E}}(t)}{R_{\mathrm{N}}}\mathrm{d}t+\lambda_0\\ \varphi(t)=\int_0^t \dfrac{V_{\mathrm{N}}(t)}{R_{\mathrm{M}}}\mathrm{d}t+\varphi_0\end{cases} \tag{7.3}$$

式中，R_{M} 和 R_{N} 为地球主曲率半径。

7.5.2 参考导航模块建模

参考导航模块通过载体运动模块提供的 AUV 加速度和姿态信息进行导航解算，用于模拟 INS 在地形辅助导航系统中的作用。

从动力学角度出发，可建立参考导航模块仿真方程组[10]。方程组包括速度、位置、平台控制及平台运动四个基本方程组。速度基本方程组和位置基本方程组联立可求得运载体的位置和运动速度；平台控制基本方程组可求得加给陀螺的控制信息；平台运动基本方程组可求得惯性导航平台运动误差角。从整个控制方程组来看，参考导航仿真模块的输入量是加速度计测得的比力 A_{x}、A_{y} 和地理坐标系旋转角速度 ω_{x}、ω_{y}、ω_{z}，输出量是 AUV 的经纬度信息 λ_{c}、φ_{c} 和惯性导航仿真的平台误差角 α、β、γ 及运载体计算速度 V_{cx}、V_{cy}。导航模块仿真方程组的表达式归结如下：

$$\begin{cases}\dot{V}_{\mathrm{cx}}=A_{\mathrm{x}}+(2\Omega\sin\varphi_{\mathrm{c}}+V_{\mathrm{cx}}\tan\varphi_{\mathrm{c}}/R_{\mathrm{N}})V_{\mathrm{cy}}-\beta g+\Delta A_{\mathrm{x}}\\ \dot{V}_{\mathrm{cy}}=A_{\mathrm{y}}-(2\Omega\sin\varphi_{\mathrm{c}}+V_{\mathrm{cx}}\tan\varphi_{\mathrm{c}}/R_{\mathrm{N}})V_{\mathrm{cx}}-\alpha g+\Delta A_{\mathrm{y}}\end{cases} \tag{7.4}$$

$$\begin{cases}\dot{\lambda}_{\mathrm{c}}=V_{\mathrm{cx}}\sec\varphi_{\mathrm{c}}/R_{\mathrm{N}}\\ \dot{\varphi}_{\mathrm{c}}=V_{\mathrm{cy}}/R_{\mathrm{M}}\end{cases} \tag{7.5}$$

$$\begin{cases}\omega_{\mathrm{cx}}=-V_{\mathrm{cy}}/R_{\mathrm{M}}\\ \omega_{\mathrm{cy}}=\Omega\cos\varphi_{\mathrm{c}}+V_{\mathrm{cx}}/R_{\mathrm{N}}\\ \omega_{\mathrm{cz}}=\Omega\sin\varphi_{\mathrm{c}}+V_{\mathrm{cx}}\tan\varphi_{\mathrm{c}}/R_{\mathrm{N}}\end{cases} \tag{7.6}$$

$$\begin{cases}\dot{\alpha}=\omega_{\mathrm{cx}}-\omega_{\mathrm{x}}-\gamma\omega_{\mathrm{y}}+\beta_{\mathrm{z}}+\varepsilon_{\mathrm{x}}\\ \dot{\beta}=\omega_{\mathrm{cy}}-\omega_{\mathrm{y}}-\alpha\omega_{\mathrm{z}}+\gamma\omega_{\mathrm{x}}+\varepsilon_{\mathrm{y}}\\ \dot{\gamma}=\omega_{\mathrm{cz}}-\omega_{\mathrm{z}}-\beta\omega_{\mathrm{x}}+\gamma\omega_{\mathrm{y}}+\varepsilon_{\mathrm{z}}\end{cases} \tag{7.7}$$

7.5.3 地形测量模块建模

地形测量模块用于提供实时测量地形，通常提取在 DTM 中 AUV 所处实际位置附近的水深数据，并在其基础上加上高斯白噪声进行模拟[11]，其建模原理如图 7.8 所示。

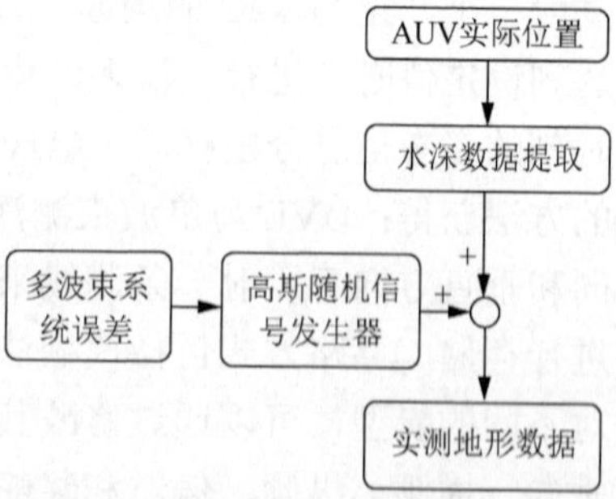

图 7.8 传统地形测量仿真原理

由图 7.8 可知，传统的地形测量数据仿真是基于 DTM 原始测深数据得到的，与真实的地形测量情况并不相符，而 Vega 视景仿真软件提供了强大的相交线检测功能[12]，因此，利用 Vega 的相交线检测结果加上高斯白噪声模拟地形测量传感器，实现仿真中地形测量数据的实时获取。

7.5.4 仿真管理模块设计

仿真管理模块便于操作人员与仿真系统的人机交互：操作人员可通过该模块装订初始仿真参数；仿真实验的数据也可以通过该模块进行在线显示、存储和事后评估。

仿真系统可以通过在设置菜单中分别调整自动/手动、扫描方式、寻路方式、水动力系数、主尺度和海流进行初始化。仿真系统的初始化界面如图 7.9 所示，显示的是在仿真系统未启动时对水动力系数进行调整。

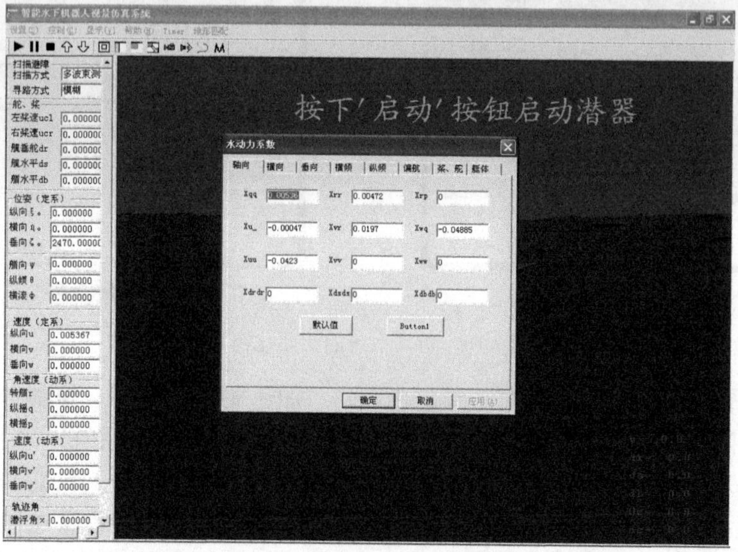

图 7.9 仿真系统的启动界面

扫描方式包括多波束测深声呐和 DVL+单波束测深仪扫描。多波束扫描一次发射一个开角为 120°的扇面，该扇面由 31 条相交线组成，每当机器人前进距离达到设定值时，进行一次多波束测深即相交线检测，并将检测结果及机器人当前时刻的姿态信息分别存储，AUV 的姿态信息通过读取载体的推力，使用船位推算的方法获得；DVL 与单波束测深仪分别向机器人东北、东南、西北、西南四个方向和垂直方向各发射一条测线来模拟，并将测量结果加上每帧机器人的姿态信息进行存储。寻路方式包括模糊法和势场法，可针对不同的控制需求进行选择。针对不同的艇型，可以通过修改其水动力系数和主尺度，包括机器人纵向、横向、垂向、横倾、纵倾、偏航和桨舵的水动力系数及机器人的排水量、长宽高、三个方向的惯性矩和稳心高，使运动控制结果更符合真实结果。还可以通过设置海流的速度大小和方向，模拟各种海洋环境。仿真系统的初始化窗口如图 7.10 所示。

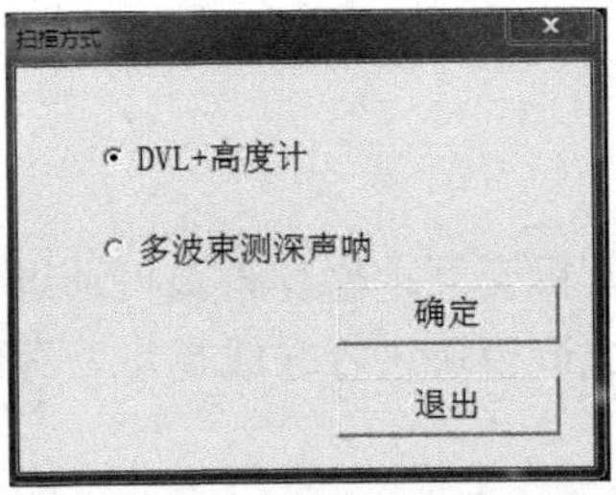

（a）扫描方式选择

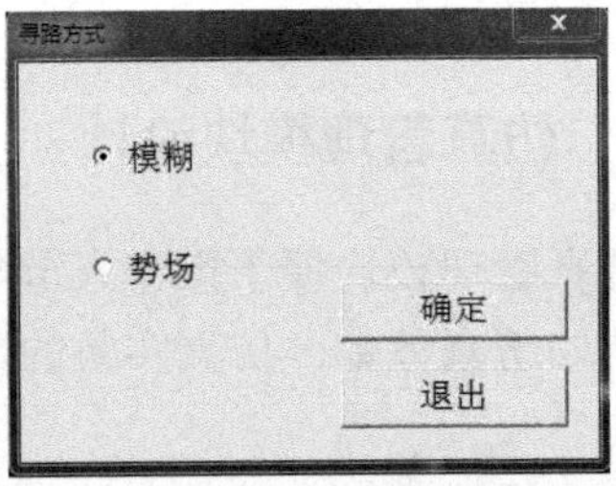

（b）寻路方式选择

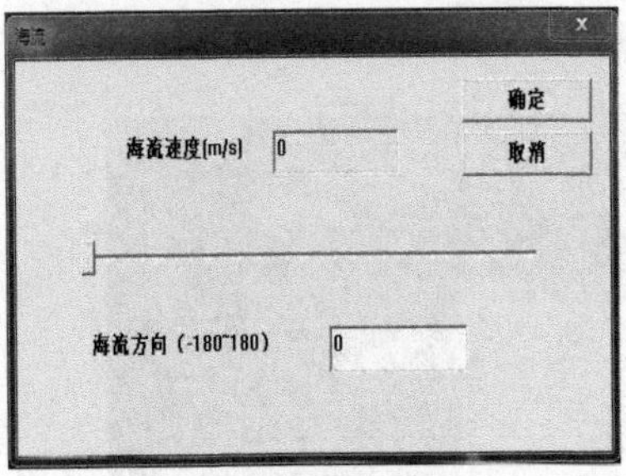

（c）海流选择

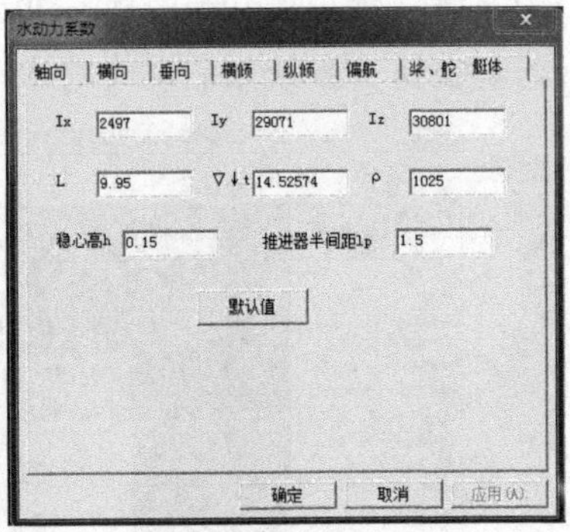

（d）水动力系数设定

图 7.10　仿真系统的初始化窗口

在仿真系统中可以在控制菜单栏中点击“加速/减速”按钮，控制机器人速度或仿真时间，点击“启动”“暂停”和“重新启动”使用仿真系统。

在显示菜单中，可以调整全屏、现实状态窗口、显示机器人轨迹等。

“Timer”菜单可以调整仿真系统中多波束测深系统等测深设备在控制计算机中的时间延迟。

仿真系统的运行界面如图 7.11 所示，显示的是机器人进行多波束测深声呐的模拟过程。

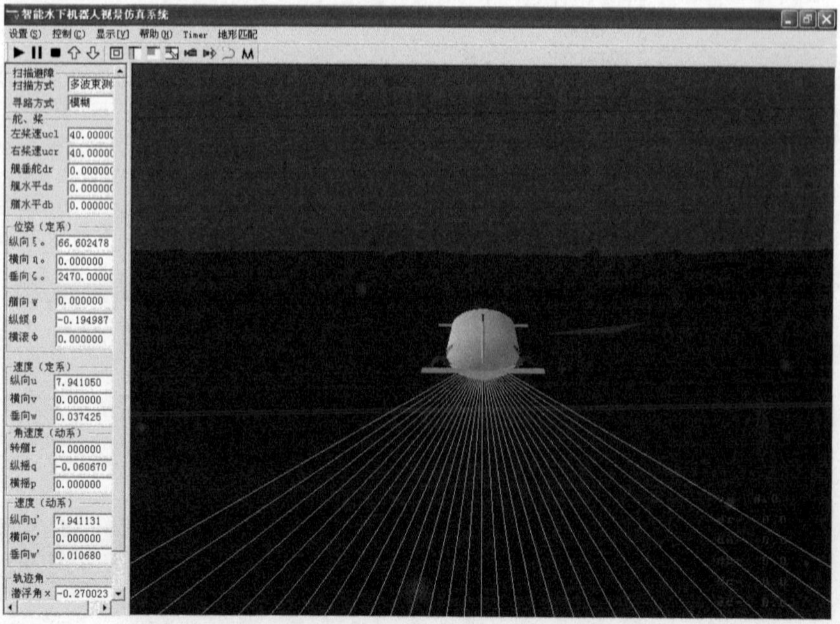

图 7.11 仿真系统的运行界面（见书后彩图）

仿真系统的运行流程大致为初始化艇型和海洋环境参数、选择寻路方式、选择扫描方式、启动仿真系统、获取并记录实时机器人自身信息和测线信息、进行实时的地形匹配。

启动仿真系统之后，机器人的自身姿态信息和实时的测线信息开始记录，并且可以通过菜单栏的地形匹配按钮进行当前时刻的地形匹配。该匹配选取的是当前时刻及前 9 个时刻的多波束测深声呐或 DVL+单波束测深仪数据，通过匹配结果与当前时刻机器人的姿态信息进行融合和容错处理，对机器人当前船位推算得到的位姿进行校正。

7.5.5 仿真实验

为了对仿真系统的可靠性进行验证，同时验证 7.3 节提出的导航模式的有效性，本节利用真实测深数据获得的 DTM 进行地形匹配仿真实验，实验所用的 DTM 如图 7.12 所示。

对 DTM 进行 Creator 地形建模[13]并导入仿真系统，作为相交线检测的检测目标，进行基于定位-跟踪模式的地形匹配导航仿真实验，实验包括以下两种形式。

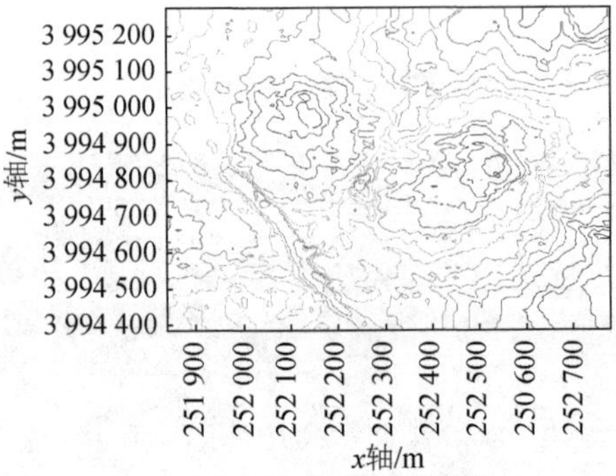

（a）等高线图

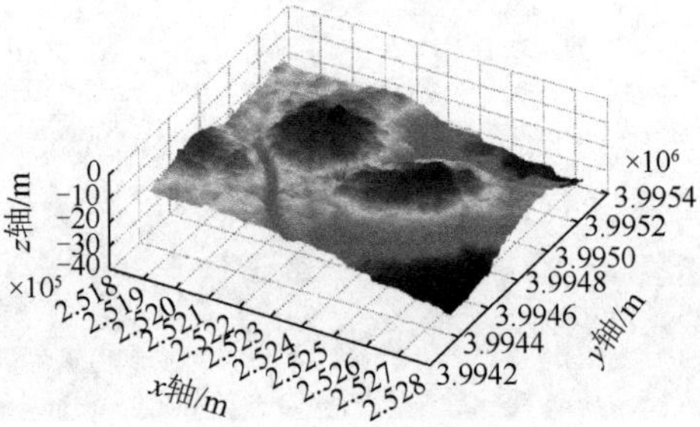

（b） 三维地形图

图 7.12　DTM

仿真实验 1：地形匹配搜索定位后的导航路径跟踪，即在导航开始时首先利用地形匹配搜索定位方法进行定位，之后进行地形匹配导航路径跟踪。地形匹配定位采用 80m×3m 的局部“面地形”，匹配长度为 20m；导航路径跟踪中 DVL 和单波束测深仪的模拟采样时间间隔为 0.5s，且滤波的时间间隔为 2s，AUV 的航速为 2 节，开始导航时的东向和北向的初始定位误差为 30m，UDTM 的分辨率为 1m。仿真实验的结果如图 7.13 所示。

由图 7.13 可以看出，在航行开始约 30m 后，导航定位的误差迅速减小，这是因为地形匹配搜索定位的测深数据采集需要 AUV 航行一定距离，之后才能进行匹配定位、给出搜索定位结果并将此定位结果用于初始化粒子滤波。由于具有较小的初始定位误差，导航路径跟踪的误差迅速趋于收敛。

仿真实验 2：定位-跟踪切换下的双重模式导航。仿真条件与仿真实验 1 相同，进行连续的定位-跟踪仿真实验，以检验在两种模式的切换条件下，地形匹配导航的性能。由于本节所使用海底地形大小的限制，仿真中设每次路径跟踪时间的阈值为 100s。仿真实验的结果如图 7.14 所示。

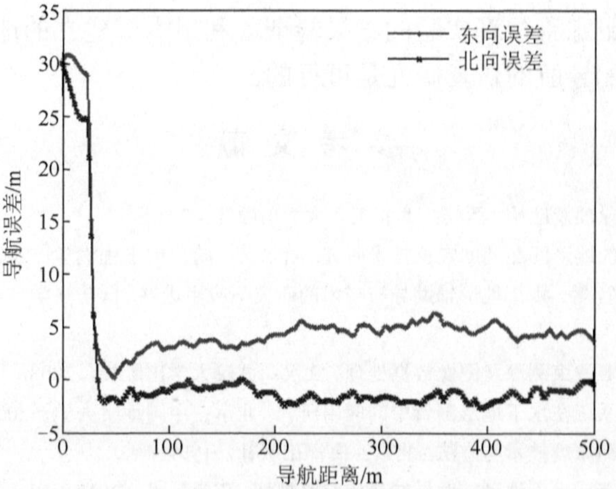

图 7.13 有搜索定位的导航路径跟踪

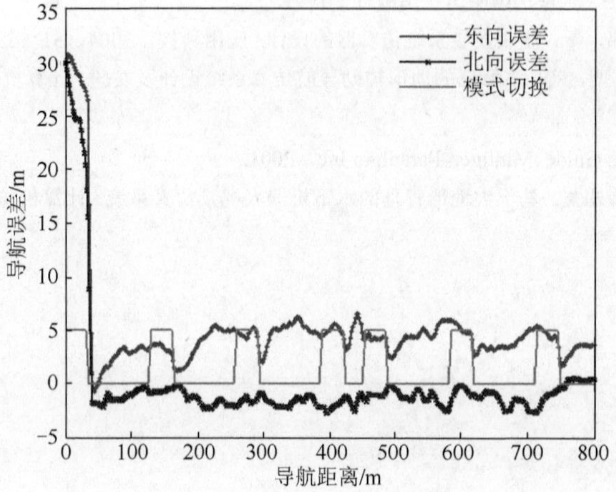

图 7.14 定位-跟踪切换模式下的地形匹配导航

与图 7.13 类似，从图 7.14 中可以看出，在每次进行地形匹配搜索定位后，系统的误差迅速减小且在定位后的路径跟踪均能迅速趋于收敛状态，由于路径跟踪的误差小于参考导航系统的误差，能够有效缩小搜索定位的地形搜索范围。

图 7.14 中模式切换表示当前位置的导航模式，“5”表示搜索定位，“0”表示路径跟踪。从图 7.14 中还可以看出，即使激活搜索定位模式，其也必须在航行一段时间后才可以进行匹配定位，导航实时性不如路径跟踪模式。在图 7.14 中可以看出，航行约 430m 处提前出现搜索定位，这是在当前位置地形特征不明显以致连续出现位置方差估计过高的情况而提前激活搜索定位模式所造成的。

仿真实验表明，AUV 在潜航时实行定位-跟踪的地形匹配导航，可以结合基于地形匹配搜索定位和地形匹配导航跟踪的优点，同时实现间隔距离的定位修正和潜航中的导航跟踪。仿真实验的结果验证了利用本节建立的地形辅助导航仿真系统进行地形匹配导航的仿真研究是可行的。

参 考 文 献

[1] 高社生. 组合导航原理及应用. 西安：西北工业大学出版社，2012.

[2] 刘承香. 水下潜器的地形匹配辅助定位技术研究. 哈尔滨：哈尔滨工程大学，2003.

[3] 张静远，谌剑，李恒，等. 水下地形辅助导航技术的研究与应用进展. 国防科学技术大学学报，2015（3）：128-135.

[4] 赵建虎，刘经南. 多波束测深及图像数据处理. 武汉：武汉大学出版社，2008.

[5] 张伟. 多波束测深系统在水下地形测量中的应用研究. 北京：中国地质大学，2009.

[6] 李家彪. 多波束勘测原理技术与方法. 北京：海洋出版社，1999.

[7] 谌剑，李恒，张静远. 水下地形辅助导航最优航路规划. 鱼雷技术，2012，20（4）：276-280.

[8] 冯庆堂. 地形匹配新方法及环境适应性研究. 长沙：国防科学技术大学，2004.

[9] 施生达. 潜艇操纵性. 北京：国防工业出版社，1995.

[10] 刘柱，陈勤，高伟，等. 捷联惯导系统仿真器的设计. 应用科技，2004，31（7）：40-42.

[11] 邓鬼，晏磊，袁书明，等. 多算法的地形辅助导航仿真系统设计及实验. 计算机仿真，2006，23（9）：290-293.

[12] Vega Programmer’s Guide. Multigen-Paradigm Inc，2001.

[13] 李晔，邢若琳，庞永杰. 基于大地形管理的水下机器人视景仿真系统. 计算机仿真，2011，28（10）：146-150.

索　　引

彩　　图

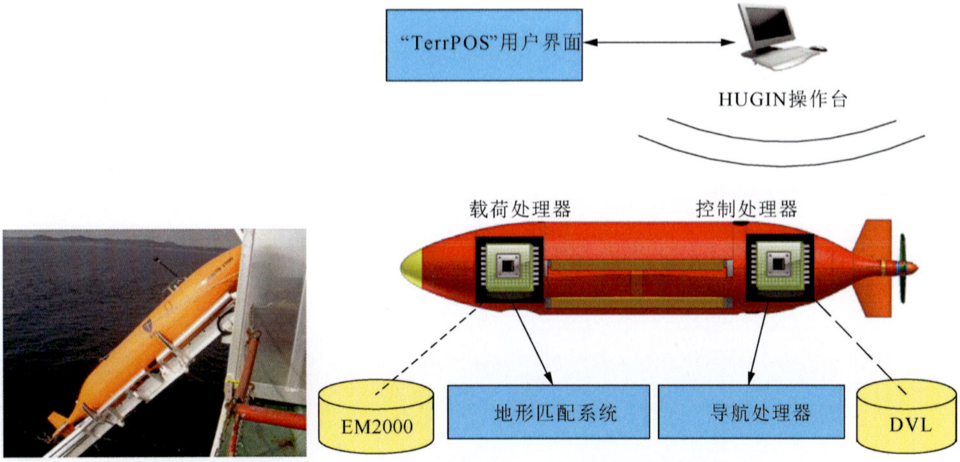

（a）HUGIN 1000 AUV　　　　（b）地形匹配导航系统

图 1.3　海试中的 HUGIN 1000 AUV 及其地形匹配导航系统

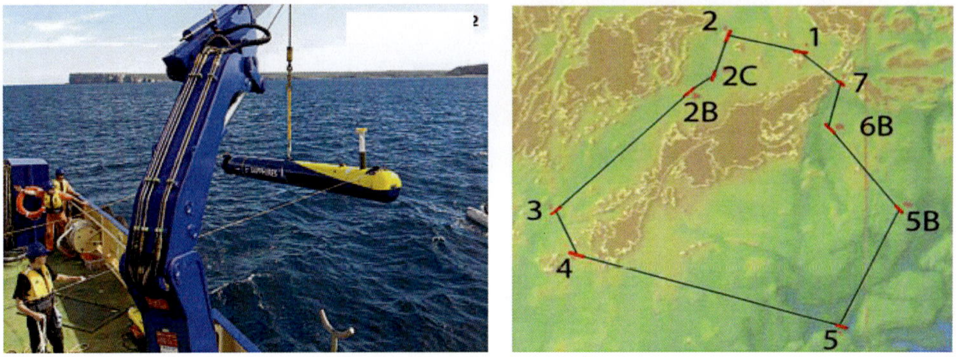

（a）Saab 公司的 AUV62F 水下机器人　　　　（b）地形匹配实验中的规划航路

图 1.4　AUV62F 及其在地形匹配实验中的规划航路

（a）Autosub 6000

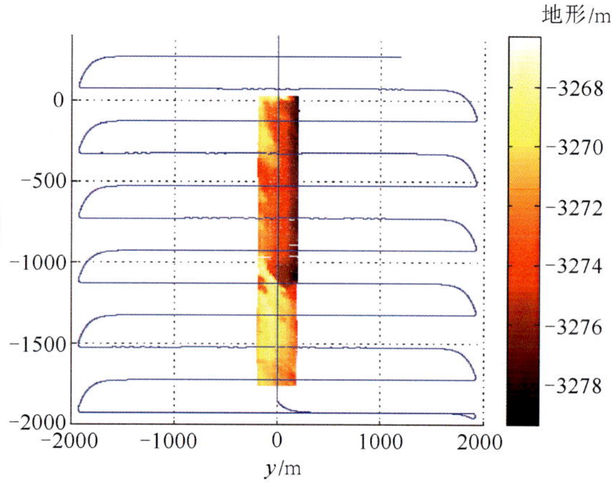

（b）海底地形匹配穿越路径

图 1.5　Autosub 6000 平台和海底地形匹配穿越路径

（a）TUNA-SAND 开架式 AUV

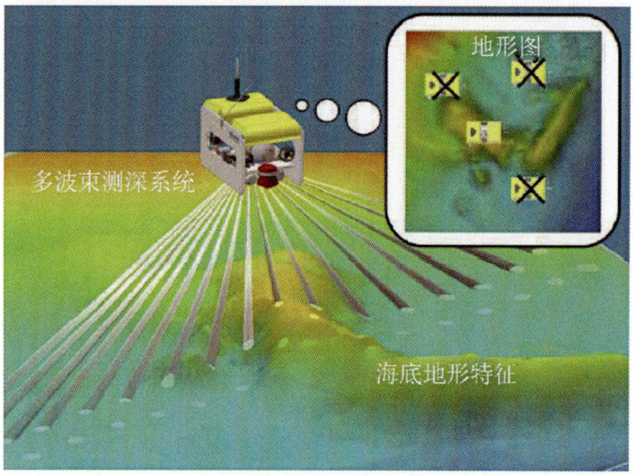

（b）海底地形匹配导航实验

图 1.6　TUNA-SAND 开架式 AUV 及其海底地形匹配导航实验

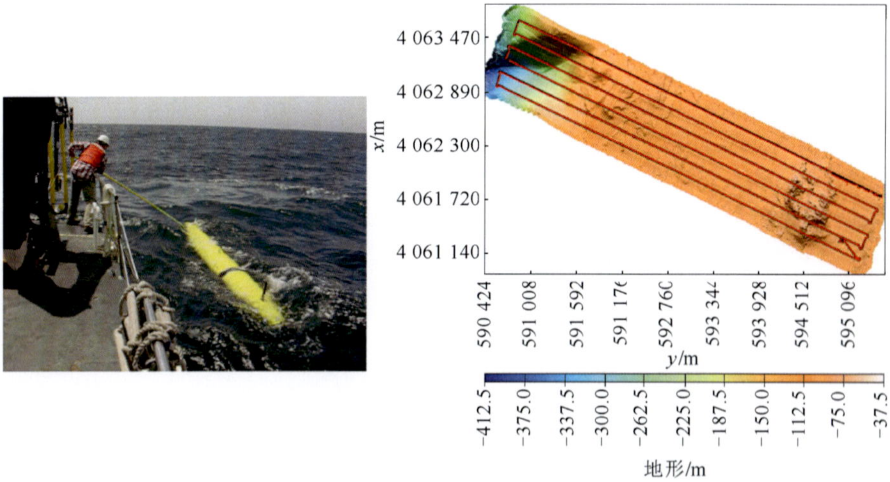

（a）MBARI Dorado AUV　　（b）带有 AUV 航迹的海底地形图

图 1.7　MBARI Dorado AUV 及带有 AUV 航迹的海底地形图

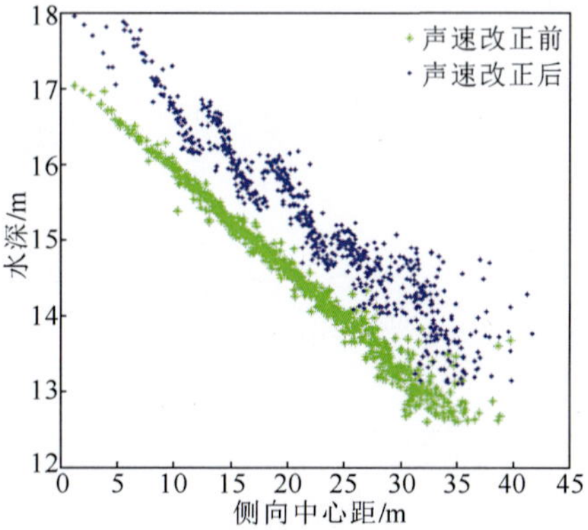

图 3.5　声速改正前后地形剖面对比

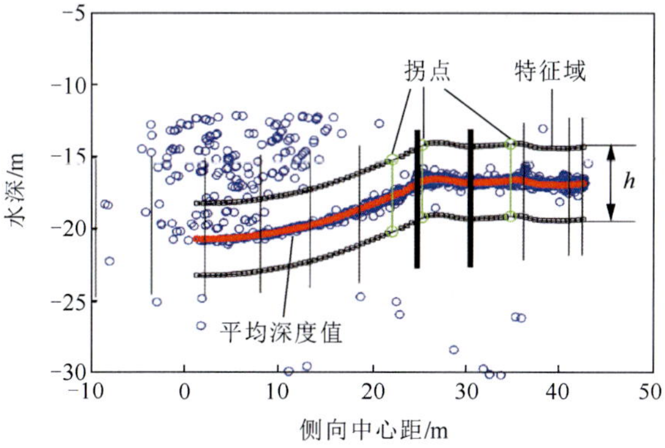

图 3.11　单 ping 下的水深测点特征域的选定

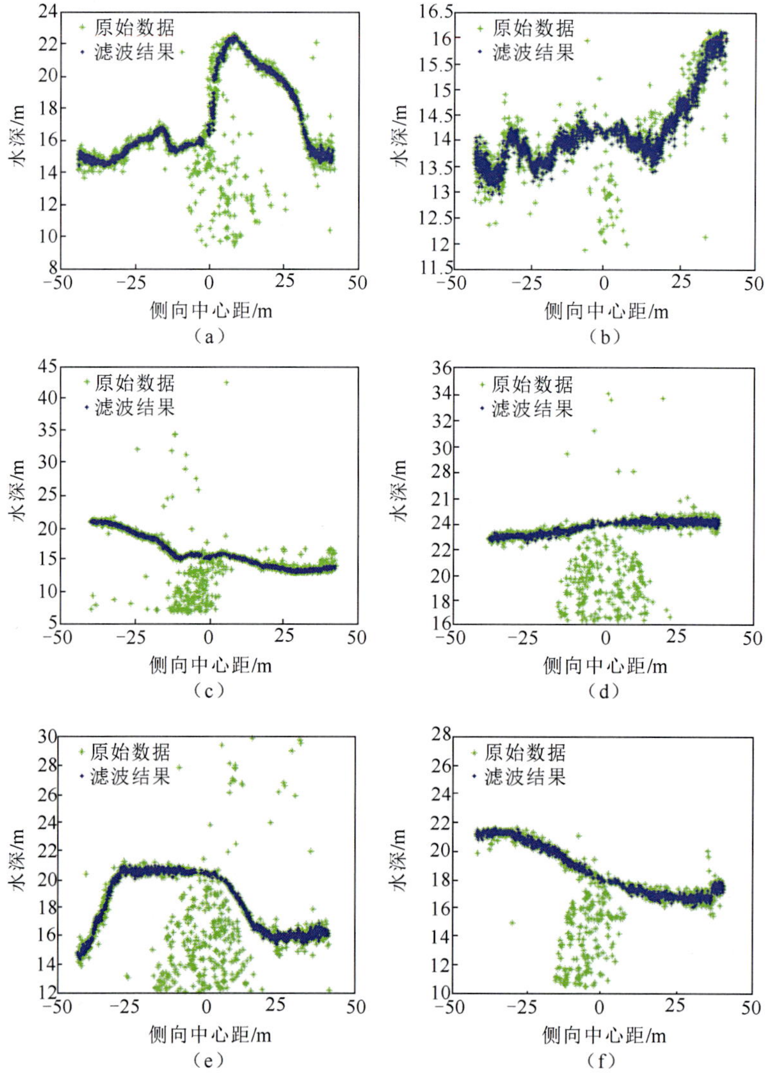
原始数据
滤波结果
水深/m
侧向中心距/m
（a）
原始数据
滤波结果
水深/m
侧向中心距/m
（b）
原始数据
滤波结果
水深/m
侧向中心距/m
（c）
原始数据
滤波结果
水深/m
侧向中心距/m
（d）
原始数据
滤波结果
水深/m
侧向中心距/m
（e）
原始数据
滤波结果
水深/m
侧向中心距/m
（f）

图 3.15　滤波结果

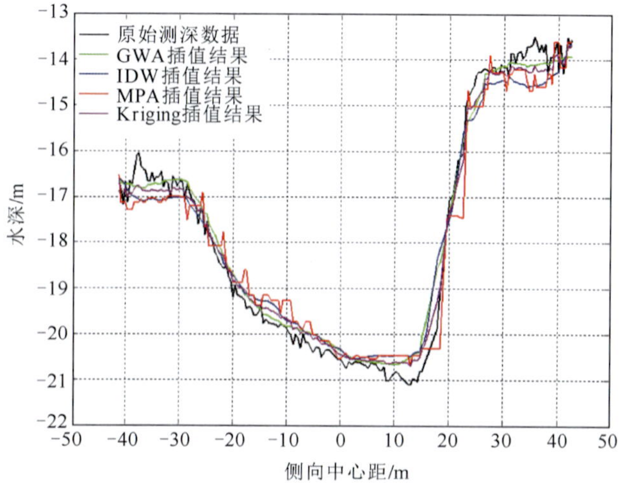

图 3.19　四种插值方法在地形剖面插值结果和原始测深数据的对比

图 5.3　多波束测深系统实时海底地形测量示意图

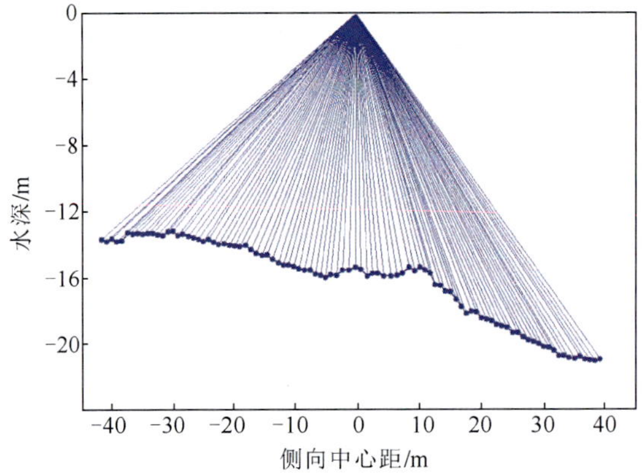

（a）单剖面

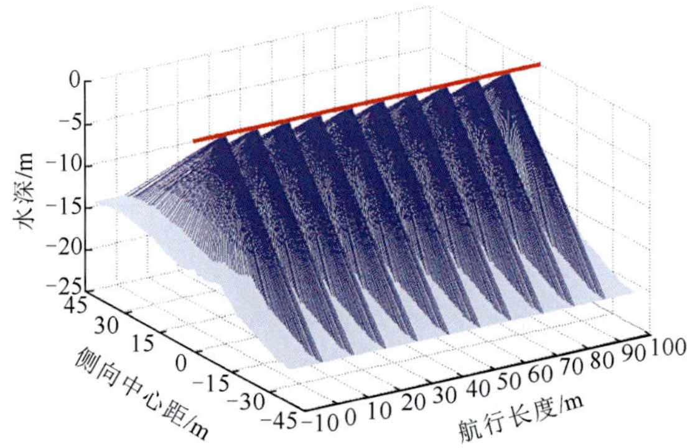

（b）组合剖面

图 5.4　多波束地形剖面

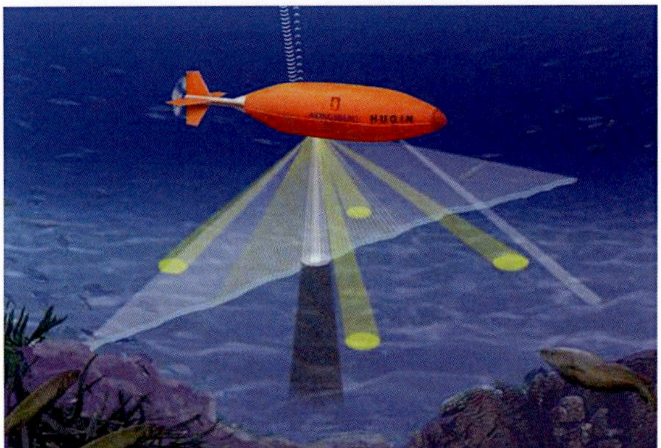

图 5.5　DVL 实时海底地形测量示意图

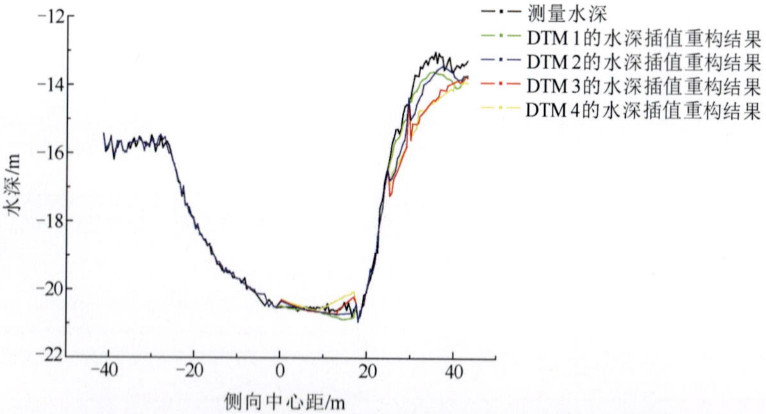

（a）

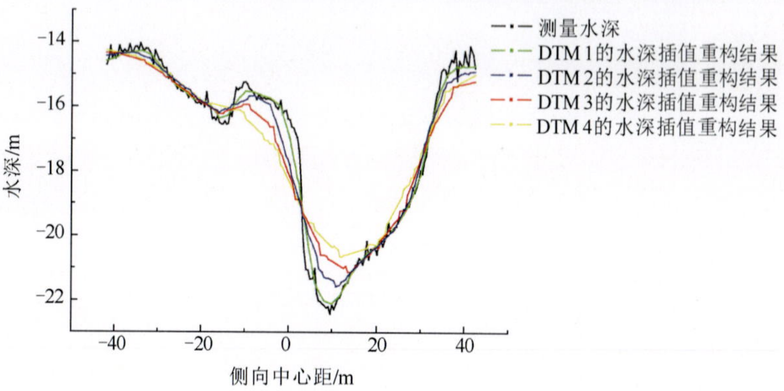

（b）

图 5.11　不同网格间距下的 DTM 水深插值重构值与测量值对比

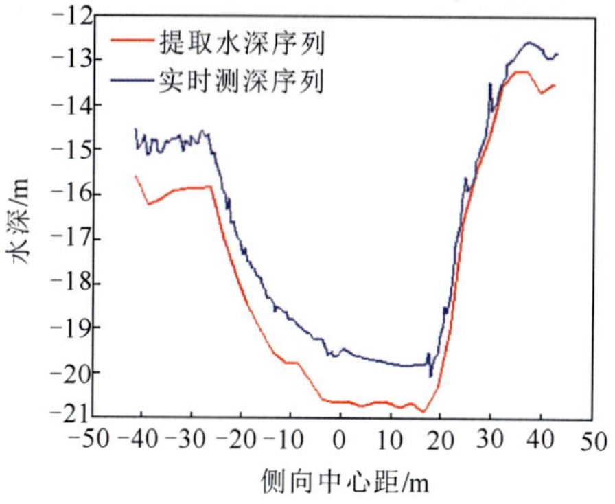

（a）水深偏差消除前

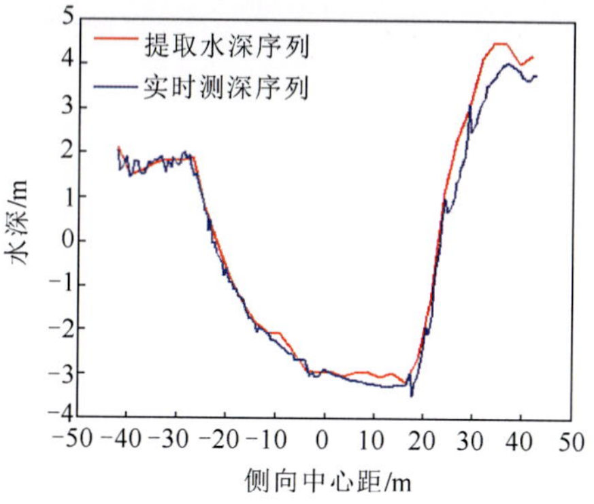

（b）水深偏差消除后

图 5.16　实时测深序列和 DTM 提取水深序列的对比

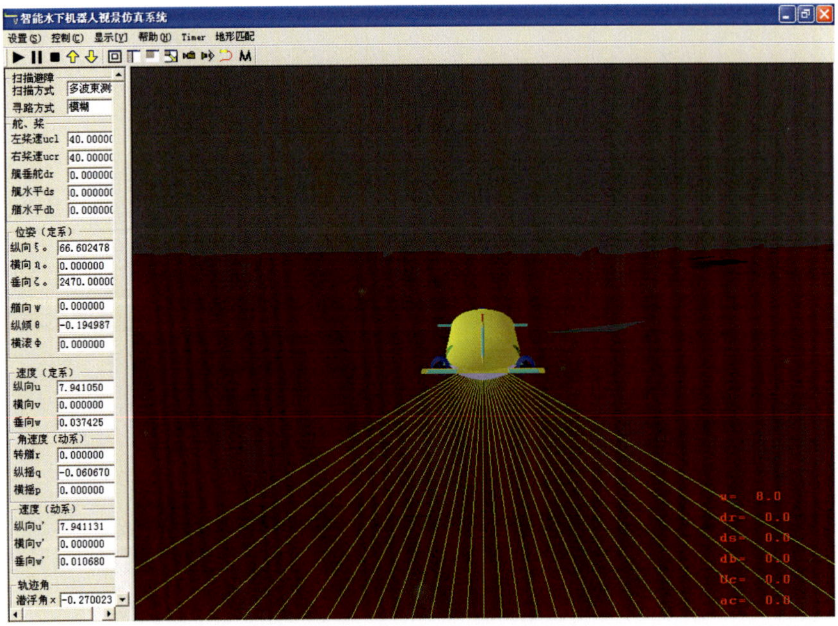

图 7.11　仿真系统的运行界面